Treasures for Scholars Worldwide

龙向洋 编

哈佛燕京图书馆书目丛刊第19种

美国哈佛大学哈佛燕京图书馆藏中国新方志目录

Catalogue of the New Chinese Local Gazetteers in the Harvard-Yenching Library, Harvard University, U.S.A.

［赣鲁豫鄂］

·3·

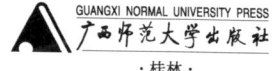
广西师范大学出版社
·桂林·

江西省

009392443
江西省苏区志
江西省苏区志编纂组编 北京 方志出版社 2004年 340页〔江西省志丛书 66〕

008586620
江西省志
张伊总纂 朱祥清 范银飞副总纂 江西省地方志编纂委员会编 北京 方志出版社 1993年

010294097
江西省志 纺织工业志 送审稿
江西省地方志编纂委员会办公室编 江西 江西省地方志编纂委员会办公室 1993年 449页

010777321
江西省志 江西省统计志
江西省统计志编纂委员会编 2000年 2册 428页

009001336
江西省大事记
江西省地方志编纂委员会办公室编 北京 方志出版社 2002年 437页〔江西省志丛书 1〕

008299062
江西乡镇志
江西省地方志编委会办公室编 顾问朱祥清 吴志成 俞红飞主编 范茂芝 虞桃秀 喻方华副主编 北京 中国城市出版社 1996年

009147476
江西省宗教志
江西省宗教志编纂委员会编 北京 方志出版社 2003年 518页〔江西省志丛书 95〕

009840149
中国共产党江西省地方组织志
中国共产党江西省地方组织志编纂委

员会编 江西 中国共产党江西省地方组织志编纂委员会 2005 年 967 页〔江西省志丛书 55〕

010476411
中国国民党江西省地方组织志
刘斌总纂 吴小瑜 周慧副总纂 黄智权主修 江西省地方志编纂委员会编 北京 团结出版社 2006 年 427 页〔江西省志丛书 57〕

012839340
中国农工民工（主）党江西省地方组织志 1930—2000
中国农工民主党江西省委员会编 江西 中国农工民主党江西省委员会 2002 年 197 页

009147470
江西省工会志
江西省工会志编纂委员会编 北京 方志出版社 2003 年 883 页〔江西省志丛书 58〕

009386077
江西省邮电工会志
中国邮电工会江西省委员会编 南昌 中国邮电工会江西省委员会 1994 年 661 页

009687438
江西省青少年组织志
江西省青少年组织志编纂委员会编 北京 方志出版社 2004 年 482 页〔江西省志丛书 59〕

009055273
江西省妇女组织志
江西省妇女组织志编纂委员会编 北京 方志出版社 2002 年 327 页〔江西省志丛书 60〕

009310601
江西省人民政府志
江西省人民政府志编纂委员会编 南昌 江西人民出版社 2002 年 2 册 1918 页〔江西省志丛书 68〕

008692740
江西省政协志
江西省政协志编纂委员会编 合肥 黄山书社 1999 年 342 页〔江西省志丛书 64〕

011580182
江西省公安派出所简志
江西省公安厅史志办公室编 江西 江西省公安厅史志办 1993 年 441 页

008389993
江西省公安志
江西省公安志编纂委员会编 北京 方志出版社 1996 年 426 页〔江西省志丛书 76〕

008847201
江西省民政志
江西省民政志编纂委员会编 合肥 黄山书社 1999年 506页〔江西省志丛书69〕

010252871
中国民主党派江西省地方组织志 送审稿
中国民主党派江西省地方组织志编纂委员会编 江西 中国民主党派江西省地方组织志编纂委员会 2001年 533页〔江西省志丛书〕

009198431
中国民主党派江西省地方组织志
中国民主党派江西省地方组织志编纂委员会编 江西 江西省新闻出版局 2001年 530页〔江西省志丛书56〕

009387084
中国民主建国会江西省地方组织志
中国民主建国会江西省委员会编 吴吉如总纂 徐良平主编 王松年主笔 南昌 南昌市百花印刷厂印刷 1999年 468页

009338454
江西省外事志
江西省外事志编纂委员会编 南昌 江西省新闻出版局 2001年 197页〔江西省志丛书70〕

008423019
江西省法院志
江西省法院志编纂委员会编 北京 方志出版社 1996年 374页〔江西省志丛书79〕

013687079
江西省劳改劳教志
江西省劳改劳教志编纂委员会编 江西 江西省劳改劳教志编纂委员会 1994年 2册〔江西省志丛书〕

008692715
江西省司法行政志
江西省司法行政志编纂委员会编纂 南昌 江西人民出版社 1995年 285页〔江西省志丛书80〕

011497884
江西省武警志
江西省武警志编纂委员会 江西省地方志编纂委员会编 南昌 江西人民出版社 2007年 2册24页〔江西省志丛书77〕

008692559
江西省军事志
江西省军事志编纂委员会编 南昌 江西省军事志编纂委员会 1997年 934页〔江西省志丛书82〕

009385316
当代江西经济科学志

杨天赐主编 匡萃坚副主编 北京 企业管理出版社 1994年 357页

009198424
江西省国民经济计划志
江西省国民经济计划志编纂委员会编 南昌 江西人民出版社 1999年 311页〔江西省志丛书 47〕

009993514
江西省工商行政管理志
江西省工商行政管理志编纂委员会编 北京 中国工商出版社 2005年 429页〔江西省志丛书 51〕

009348138
江西省物资志
江西省物资志编纂委员会编 北京 方志出版社 2004年 330页〔江西省志丛书 49〕

008986326
江西省乡镇企业志
江西省乡镇企业志编纂委员会编 北京 中华书局 2001年 370页〔江西省志丛书 32〕

010252685
江西省城乡建设志 评审稿
江西省城乡建设志编纂委员会编 江西 江西省城乡建设志编纂委员会 1999年 3册

008865145
江西省城乡建设志
江西省城乡建设志编纂委员会编 北京 方志出版社 2000年 647页〔江西省志丛书 45〕

008298973
江西省农垦志
江西省农垦志编纂委员会编 北京 方志出版社 1998年 460页〔江西省志丛书 13〕

008664263
江西省林业志
江西省林业志编辑委员会编 合肥 黄山书社 1999年 562页〔江西省志丛书 14〕

013704373
江西竹资源与产品图志
余江帆主编 北京 中国林业出版社 2012年 248页

008664257
江西省农牧渔业志
江西省农牧渔业志编纂委员会编 合肥 黄山书社 1999年 1031页〔江西省志丛书 12〕

009385955
赣南蔗糖志
赣南蔗糖志编纂领导小组 周凤鸣主编 江西 赣南蔗糖志编纂领导小组 1988

年 234页

007590099

江西钢铁志 内部本

江西省冶金工业厅江西钢铁志编辑委员会编 江西 江西省冶金工业厅 1987年 481页

013861821

江西省电力工业志 1991—2002

江西省电力工业志办公室编 北京 中国电力出版社 2012年 594页〔中国电力工业志丛书〕

007482054

江西省电力工业志

江西省电力工业志编委会编 北京 水力电力出版社 1994年 357页〔江西省志丛书 30〕

010143158

江西省电力科技志 1904—1990

哈志德主编 江西省电力科技志编纂委员会编 南昌 江西省电力科技志编纂委员会 1992年 188页

007491017

江西省纺织工业志

江西省纺织工业志编委会编 北京 中共中央党校出版社 1993年 474页〔江西省志丛书 22〕

008664262

江西省机械工业志

江西省机械工业志编纂委员会编 合肥 黄山书社 1999年 459页〔江西省志丛书 27〕

010242608

江西省建筑业志 评审稿

江西省地方志编纂委员会办公室编 江西 江西省地方志编纂委员会办公室 1994年 2册

007482055

江西省建筑业志

江西省建筑业志编纂委员会编 北京 中共中央党校出版社 1994年 609页〔江西省志丛书 31〕

008692584

江西省煤炭工业志

中国煤炭志编纂委员会编 北京 煤炭工业出版社 1997年 653页〔江西省志丛书 16〕

008298991

江西省民用航空志

江西省民用航空志编纂委员会编 北京 方志出版社 1997年 224页〔江西省志丛书 35〕

009115848

江西省轻工业志

江西省轻工业志编纂委员会编 北京 方

志出版社 1999 年 375 页〔江西省志丛书 20—21〕

007482058
江西省石油化学工业志
江西省石油化学工业志编纂委员会编 北京 中共中央党校出版社 1993 年 355 页〔江西省志丛书 24〕

009472623
江西省陶瓷工业志
江西省陶瓷工业志编纂委员会编 北京 方志出版社 2005 年 333 页〔江西省志丛书 26〕

008865148
江西省铜业志
江西省铜业志编委会编 北京 方志出版社 2000 年 574 页〔江西省志丛书 18〕

008420594
江西省钨钽妮工业志
江西省钨钽妮工业志编纂委员会编 北京 中共中央党校出版社 1994 年 369 页〔江西省志丛书 19〕

008692755
江西省冶金工业志
江西省冶金工业志编纂委员会编 北京 方志出版社 1999 年 580 页〔江西省志丛书 17〕

009386071
江西省邮电服装厂志
江西省邮电供应工业志丛书编辑部编 江西 江西省邮电供应工业志丛书编辑部 1998 年 81 页〔江西省邮电供应工业志丛书 5〕

007666264
江西医药志
江西省医药总公司编 李叔墉主编 南昌 江西省医药总公司 1985 年 238 页

008299058
江西厂矿志
江西省省志编辑室编 南昌 江西人民出版社 1991 年 545 页

010251839
江西厂矿志 第 2 辑
江西省省志编辑室编 合肥 黄山书社 1991 年 290 页

009335364
江西工业产品志
朱祥清主编 刘柏修副主编 江西省省志编辑室编 海口 南海出版公司 1989 年

009198389
江西省电子工业志
江西省电子工业志编纂委员会编 北京 中华书局 1999 年 334 页〔江西省志丛书 28〕

009392123
江西交通史志编纂综录
江西省交通厅交通史志编审委员会编 北京 人民交通出版社 1996 年 374 页

012811583
江西省交通志 1991—2005
江西省交通史志编委会编 北京 人民交通出版社 2010 年 759 页

007482046
江西省交通志
江西省交通厅交通史志编审委员会编 北京 人民交通出版社 1994 年 585 页〔江西省志丛书 33〕

008298986
江西省铁路志
江西省铁路志编纂委员会编 北京 中共中央党校出版社 1994 年 566 页〔江西省志丛书 34〕

009411589
江西铁路百年图志 1899—2003
江西铁路百年图志编委会编 北京 中国铁道出版社 2004 年 332 页

009020795
江西省旅游志
江西省旅游志编纂委员会编 北京 方志出版社 2002 年 411 页〔江西省志丛书 42〕

009386082
江西省邮电供应工业志
江西省邮电供应工业志编辑部编 江西 江西省邮电供应工业志编辑部 1999 年 634 页〔江西省邮电供应工业志丛书 1〕

009386085
江西省邮电科学技术志
高英等编纂 南昌 江西省邮电管理局 1993 年 103 页

009001333
江西省邮电志
江西省邮电志编纂委员会编 北京 商务印书馆 2003 年〔江西省志丛书 36〕

008865142
江西省供销合作业志
江西省供销合作业志编纂委员会编 北京 方志出版社 2000 年 484 页〔江西省志丛书 38〕

007482056
江西省粮食志
江西省粮食志编纂委员会编 北京 中共中央党校出版社 1993 年 278 页〔江西省志丛书 39〕

008299028
江西省百货纺织品商业志
江西省百货纺织品公司编 南昌 江西省百货纺织品公司 1995 年 362 页

008692751

江西省对外经济贸易志

江西省对外经济贸易志编纂委员会编 合肥 黄山书社 1997年 543页〔江西省志丛书 40〕

008299039

江西省五金交电化工商业志 1840—1990

江西省五金交电化工公司编 南昌 江西省五金交电化工公司 1997年 280页

008492506

江西省财政志

华桐主编 江西省财政志编纂委员会编 南昌 江西人民出版社 1999年 1214页〔江西省志丛书 43〕

013684402

江西金融志资料 1990—1993 **合订本**

江西金融志编纂委员会编 南昌 江西金融志编辑室 1990—1993年 1册

009866601

江西省建设银行志 1954—1993

江西省建设银行志编纂委员会编 南昌 江西省建设银行志编纂委员会 1997年 297页

009198386

江西省金融志

江西省金融志编纂委员会编 合肥 黄山书社 1999年 558页〔江西省志丛书 44〕

008664287

江西省文化艺术志

江西省文化艺术志编纂委员会编 北京 新华出版社 1999年 841页〔江西省志丛书 86〕

008672458

江西省广播电视志

江西省广播电视志编纂委员会编 北京 方志出版社 1999年 366页〔江西省志丛书 90〕

008664279

江西省出版志

江西省出版志编纂委员会编 南昌 江西人民出版社 1998年 585页〔江西省志丛书 89〕

009335315

江西省出版志

江西省出版志编纂委员会编 南昌 江西人民出版社 2001年 588页〔江西省志丛书 89〕

008664265

江西省档案志

江西省档案志编纂委员会编 合肥 黄山书社 1998年 242页〔江西省志丛书 73〕

007482057

江西省科学技术志

常世英主编 北京 中国科学技术出版社 1994年 1082页〔江西省志丛书 84〕

009386092

江西学府志

顾问佘立强 黄定元 张伊主编 俞红飞常务副主编 虞桃秀 李国祥副主编 江西学府志编辑委员会编 北京 中共中央党校出版社 1993年 741页

011066349

中华学府志 第6卷 江西卷

中华学府志编辑委员会编 北京 中共中央党校出版社 2006年 1275页

008299003

江西省教育志

江西省教育志编纂委员会编 北京 方志出版社 1996年 699页〔江西省志丛书 83〕

011566117

江西省第十届运动会志

卢明生主编 南昌 江西人民出版社 2001年 821页

009198384

江西省体育志

江西省体育志编纂委员会编 北京 方志出版社 2003年 417页〔江西省志丛书 93〕

011761779

中国歌谣集成 第12卷 江西卷

中国民间文学集成全国编辑委员会 中国歌谣集成江西卷编辑委员会编 北京 中国ISBN中心 2003年 742页

009648701

中国谚语集成 第15卷 江西卷

中国民间文学集成全国编辑委员会 中国民间文学集成江西卷编辑委员会编 北京 中国ISBN中心 2003年 658页

007366683

中国民间歌曲集成 第1卷 江西卷

中国民间歌曲集成全国编辑委员会 中国民间歌曲集成江西卷编辑委员会编 北京 中国ISBN中心 1996年 2册 1480页〔十部文艺集成志书〕

009619582

中国戏曲音乐集成 第22卷 江西卷

中国戏曲音乐集成全国编辑委员会 中国戏曲音乐集成江西卷编辑委员会编 北京 中国ISBN中心 1999年 17册 2187页

013178401

中国民族民间器乐曲集成 第27卷 江西卷

中国民族民间器乐曲集成全国编辑委

员会 中国民族民间器乐曲集成江西卷编辑委员会编 北京 中国ISBN中心出版 2006年 1310页

009059048
中华舞蹈志 第4卷 江西卷
中华舞蹈志编辑委员会编 蓝凡主编 上海 学林出版社 2001年 416页

013996072
中华舞蹈志 第4卷 江西卷
中华舞蹈志编辑委员会编 上海 学林出版社 2014年 412页

004457457
中国民族民间舞蹈集成 第20卷 江西卷
中国民族民间舞蹈集成编辑部编 北京 中国ISBN中心 1992年 2册 1505页〔十部文艺集成志书〕

011762022
中国曲艺音乐集成 第18卷 江西卷
中国曲艺音乐集成全国编辑委员会 中国曲艺音乐集成江西卷编辑委员会编 北京 中国ISBN中心 2003年 1115页

008410290
中国戏曲志 第9卷 江西卷
中国戏曲志编辑委员会 中国戏曲志江西卷编辑委员会编 北京 中国ISBN中心 1998年 1027页〔十部文艺集成志书〕

009009720
赣文化通志
李国强 傅伯言主编 曹国庆 马雪松副主编 南昌 江西教育出版社 2004年 933页

008032722
江西地方志序跋凡例选录
江西省省志编辑室编 南昌 江西省省志编辑室 1986年 226页

011534016
江西省标准计量志
江西省标准计量志编纂委员会编 江西 2005年 334页〔江西省志丛书53—54〕

005705314
江西省地方史志资料选辑
江西师范大学历史系编辑 1985年

008692554
江西省地质矿产志
江西省地质矿产志编纂委员会编 北京 方志出版社 1998年 669页〔江西省志丛书4〕

008423008
江西省动植物志
朱志民主编 黄兆祥 刘世平副主编 江西省动植物志编委会编 北京 中共中

央党校出版社 1994 年 184 页〔江西省志丛书 8〕

009993479
江西省方言志
江西省地方志编纂委员会编 北京 方志出版社 2005 年 922 页〔江西省志丛书 96〕

009020780
江西省方志编纂志
江西省方志编纂志编纂委员会编 北京 方志出版社 2001 年 302 页〔江西省志丛书 97〕

008865155
江西省工商组织志
江西省工商组织志编纂委员会编 北京 方志出版社 2000 年 320 页〔江西省志丛书 61〕

008692556
江西省检察志
杜宝国主编 江西省检察志编纂委员会编 北京 中共中央党校出版社 1995 年 360 页〔江西省志丛书 78〕

009115845
江西省建筑材料工业志
江西省建筑材料工业志编纂委员会编 北京 方志出版社 2000 年 404 页〔江西省志丛书 25〕

008865157
江西省侨联志
江西省侨联志编纂委员会编 北京 方志出版社 2001 年 115 页〔江西省志丛书 62〕

009025845
江西省侨务志
江西省侨务志编纂委员会编 北京 方志出版社 2002 年 224 页〔江西省志丛书 72〕

009472618
江西省人口志
江西省地方志编纂委员会编 北京 方志出版社 2005 年 343 页〔江西省志丛书 9〕

009020784
江西省人民代表大会志
江西省人民代表大会志编纂委员会编 北京 方志出版社 2002 年 498 页〔江西省志丛书 67〕

009310605
江西省人事志
江西省人事志编纂委员会编 南昌 江西省新闻出版局 1993 年 412 页〔江西省志丛书 75〕

008298983
江西省商业志
江西省商业志编纂委员会编 北京 方志

出版社 1998年 623页〔江西省志丛书 37〕

008664268
江西省社会科学志
江西省社会科学志编纂委员会编 合肥 黄山书社 1998年 443页〔江西省志丛书 85〕

012832147
江西省审计志 1998—2008
江西省审计志编纂委员会编 江西 江西省审计志编纂委员会 2010年 401页

009198426
江西省审计志
江西省审计志编纂委员会编 北京 中国审计出版社 1999年 434页〔江西省志丛书 44〕

009001327
江西省统计志
江西省统计志编委会编 北京 方志出版社 2002年 438页〔江西省志丛书 48〕

009025844
江西省土地志
江西省土地志编纂委员会编 北京 方志出版社 2002年 326页〔江西省志丛书 10〕

009198440
江西省物价志
江西省物价志编纂委员会编 北京 方志出版社 2003年 441页〔江西省志丛书 50〕

010143161
江西省烟草志 评审稿
省烟草志编纂办公室编 江西省烟草志编纂办公室 1997年 2册

008423014
江西省烟草志
江西省烟草志编纂委员会编 北京 方志出版社 1998年 319页〔江西省志丛书 23〕

009124593
江西省自然地理志
江西省自然地理志编纂委员会编 北京 方志出版社 2003年 297页〔江西省志丛书 3〕

009472633
江西省人物志
江西省人物编纂委员会编 北京 方志出版社 2007年 854页〔江西省志丛书 98〕

009561952
中央苏区人物志
李云 凌步机主编 胡日旺副主编 北京 中共党史出版社 2004年 648页〔赣

南党史人物系列丛书 1〕

006710657
江西地方志风俗志文辑录
江西省省志编辑室编 南昌 江西省省志编辑室 1987年 328页

001678919
江西风物志
陈翰伯著 南昌 江西教育出版社 1985年 234页〔中国风物志丛书〕

009392115
江西省行政区划志
江西省行政区划志编纂委员会编 北京 方志出版社 2005年 212页〔江西省志丛书 2〕

008036573
江西省测绘志
章华龙主编 北京 方志出版社 1995年 162页〔江西省志丛书 7〕

009687428
江西省地震监测志
江西省地震局编 北京 方志出版社 2004年 140页〔中国地震监测志系列〕

009198442
江西省地震志
江西省地震志编纂委员会编 北京 方志出版社 2003年 241页〔江西省志丛书 6〕

008299021
江西省水文志
江西省水文志编辑室编 程永建主编 南昌 江西省水文志编辑室 1994年 357页

008298997
江西省气象志
江西省气象志编纂委员会编 北京 方志出版社 1997年 358页〔江西省志丛书 5〕

001780927
江西省区域地质志
江西省地质矿产局编 北京 地质出版社 1984年 924页〔地质专报 1 区域地质 第2号〕

010292234
江西动物志 人与动物吸虫志
王溪云 周静仪编著 南昌 江西科学技术出版社 1993年 680页

012139340
江西生态蝶类志
刘良源 熊起明 舒畅 邓清华主编 南昌 江西科学技术出版社 2009年 248页

008692732
江西省卫生志
江西省卫生志编纂委员会编 合肥 黄山

书社 1997 年 485 页〔江西省志丛书 91〕

008865141
江西省医药志
江西省医药志编纂委员会编 北京 方志出版社 1999 年 272 页〔江西省志丛书 92〕

008299069
江西知名医院志
顾问周标 张伊主编 俞红飞常务副主编 陶曦 虞桃秀副主编 江西知名医院志编委会编 北京 中共中央党校出版社 1993 年 439 页

009386065
江西省省属国营垦殖场土壤志
江西省国营垦殖场管理局编 江西 江西省国营垦殖场管理局 198u 年 274 页

010143320
江西植保志
江西植保志编纂委员会编 南昌 江西科学技术出版社 2001 年 738 页

011580131
江西经济植物病害志
黄齐望著 南昌 江西人民出版社 1978 年 297 页

011580142
江西农业病虫害志 害虫部分
江西省农业厅植保植检处 江西农学院昆虫病理教研组编著 南昌 江西人民出版社 1960 年 333 页

010290917
江西蔬菜品种志
江西省农牧渔业厅编 南昌 江西科学技术出版社 1986 年 532 页

009386001
江西柑桔品种志
聂纯清 朱一清 廖振风编著 南昌 江西科学技术出版社 1992 年 95 页

013897622
江西省林学会志
江西省林学会办公室编 南昌 江西省林学会 1998 年 69 页

011497888
江西省畜禽志
江西省农业厅 江西省农林垦殖厅编 南昌 江西省农业厅 1964 年 753 页

008692615
江西省水利志
江西省水利厅编 南昌 江西科学技术出版社 1995 年 649 页〔江西省志丛书 15〕

009385349
赣抚大堤志
江西省赣抚大堤志编纂委员会编 谢银

良主编 江西 江西省测绘局制印大队印刷厂印 1992年 173页

010110538
江西省公路专用通信史志 1928—2003
江西省公路局交通通信总站编 江西 2003年 397页

008298998
江西省环境保护志
韩伟主编 北京 中共中央党校出版社 1994年 245页〔江西省志丛书 46〕

南昌市

009511266
南昌简志
南昌市地方志编纂委员会编 北京 方志出版社 2004年 739页

008299108
南昌市志
南昌市地方志编纂委员会编 北京 方志出版社 1997年 7册

012317869
南昌市志 1986—2004
南昌市地方志编纂委员会编 北京 方志出版社 2009年 3册 2193页

010143332
南昌市志 商业志
南昌市商业志编纂委员会编 南昌 南昌市商业志编纂委员会 1992年 356页

012265348
麻丘镇志
麻丘镇志编纂委员会编 北京 方志出版社 2009年 549页

010200269
南昌月池熊氏教授村志
南昌月池熊氏教授村志编纂小组编 南昌 南昌月池熊氏教授村志编纂小组 2003年 458页

008664298
江西党校志
江西党校志编纂委员会编 温俊彬总纂 北京 新华出版社 1999年 610页

011805788
南昌市工会志
万先勇主编 南昌 江西人民出版社 2008年 597页

009386165
南昌市政府志
南昌市人民政府办公厅编 陈志海主编 南昌 南昌市人民政府办公厅 1990年 284页

009790036

南昌民政志

南昌市民政局编志办公室编 南昌 南昌市民政局编志办公室 1990年 212页

009386161

南昌侨务志

南昌市人民政府侨务办公室主编 李芸主编 南昌 南昌市人民政府侨务办公室 1994年 264页

009840152

南昌外事志

南昌市人民政府外事办公室编 李芸主编 南昌 江西人民出版社 1994年 334页

013793330

南昌法院志 送审本

南昌法院志编纂委员会编 南昌 南昌法院志编纂委员会 2007年 1102页

011566111

江西省第二劳改支队志 1959—1989

江西省第二劳改支队志编纂委员会编 江西 江西省第二劳改支队 1995年 534页

011580170

江西省第一监狱志 1949—1990

江西省第一监狱史志办公室编 江西 江西省第一监狱 1991年 284页

010293541

南昌防空志

南昌市人民防空办公室编 南昌 南昌市人民防空办公室 2001年 328页

011476977

南昌市工商行政管理志

南昌市工商行政管理志编纂委员会 刘东庚主编 南昌 江西人民出版社 2008年 556页

011805794

南昌市审计志

南昌市审计志编纂委员会编 北京 中国时代经济出版社 2005年 471页

009386163

南昌市劳动人事志

南昌市人事局 南昌市劳动局著 北京 亚洲出版社 1991年 357页

008429452

南昌市城市建设志

南昌市城乡建设局编 南昌 南昌市城乡建设局 1992年 355页

010110753

五星垦殖场志

五星垦殖场修史编志领导小组编 北京 方志出版社 1996年 221页

013659669

南昌市林业志 1840—1985

南昌市地方志编纂委员会组织编纂 南昌 南昌市地方志编纂委员会 1991年 213页〔城市专业史志〕

010779201

南昌市农业志

南昌市农业志编纂委员会编 南昌 江西科学技术出版社 2007年 708页

010110524

洪钢志 1958—1984

洪都钢厂编 江西 洪都钢厂 1986年 310页

013820264

华恒矿业志 1993—2011

华恒矿业志编纂委员会编 北京 中国国际文化出版社 2012年 792页〔中华人民共和国地方志丛书〕

008299083

江钢志 1965—1983

江西钢厂志编委会编 江西 江西钢厂志编委会 1985年 457页

009386019

江西涤纶厂志

周立文编写 北京 纺织工业出版社 1991年 266页〔中国地方志丛书〕

008299105

江西棉纺织印染厂志

江纺志编纂委员会编 南昌 江纺志编纂委员会 1989年 604页〔江西省地方志丛书〕

009386008

江西南昌发电厂志 1988—2000

江西南昌发电厂志编纂委员会编 南昌 江西南昌发电厂 2001年 215页

009386011

江西南昌下正街发电厂志

江西南昌下正街发电厂志编纂委员会编 南昌 江西南昌下正街发电厂 19uu年

009386022

江西省电力调度通信局志 1957—2000

江西省电力调度通信局志编辑委员会编 江西 江西省电力调度通信局志 2001年 248页

011566124

江西省电力设备总厂志 1958—2002

江西省电力设备总厂志编纂委员会编 南昌 江西省电力设备总厂志编纂委员会 2003年 248页

008299026

江西省电力试验研究所志

贾松源主编 南昌 1991年 265页

011954376

江西省电力试验研究院志 1990—2000

江西省电力试验研究院志编纂委员会

编 江西 江西省电力试验研究院 2002年 161页

010110564
江西省赣抚平原水利工程志
赣抚平原水利工程管理局编 江西 赣抚平原水利工程管理局 1991年 194页

013774239
江西省建工集团公司志 1993—2012
江西省建工集团公司志编辑委员会编 江西 江西省建工集团公司志编辑委员会 2012年 434页

009386045
江西省建筑工程总公司志 1952—1992
江西省建筑工程总公司修志办公室编 江西 江西省建筑工程总公司 1997年 310页

008299029
江西省水电工程局志
江西省水电工程局志编纂委员会编纂 汪祥鑫主编 严春生主笔 南昌 江西省水电工程局志编纂委员会 1991年 299页〔江西电力企业志丛书〕

009798901
江西省通信电缆厂志
江西省通信电缆厂志编辑部编 南昌 江西省通信电缆厂志编辑部 1999年 192页〔江西省邮电供应工业志丛书 3〕

009798903
江西省邮电印刷厂志
江西省邮电供应工业志丛书编辑部编 江西 江西省邮电供应工业志丛书编辑部 1999年 145页〔江西省邮电供应工业志丛书 4〕

009335356
江西油脂化工厂志 1928—1988
江西油脂化工厂志编纂委员会编 江西 江西油脂化工厂 1989年 255页

010251902
江冶志 1965—1990
江西有色冶炼加工厂志编纂委员会编 江西 江西有色冶炼加工厂 1994年 500页

010110612
南昌柴油机厂志 1953—1992
南柴志编纂委员会编 韩荣圃主编 南昌 南柴志编纂委员会 1993年 461页

008299840
南昌发电厂志 1953—1981
南昌发电厂志编辑室编 南昌 南昌发电厂志编辑室 1989年 191页

012639695
南昌洪狄氯碱有限公司厂志 1966—2008
南昌洪狄氯碱有限公司厂志编纂委员会编 南昌 南昌洪狄氯碱有限公司

2008年 348页

013362654
南昌化工简志
南昌市化学工业局编 南昌 南昌市化学工业局 1989年 120页

012836042
南昌卷烟厂志
南昌卷烟厂志编纂委员会编 南昌 南昌卷烟厂志编纂委员会 2000年 344页

010291864
南昌市建筑科学技术志 送审稿
程向东主编 李世善副主编 吴兴国主笔 南昌 南昌市建筑管理局 1991年 118页

009386177
南昌烟草志
江西省南昌市烟草专卖局 江西省烟草公司南昌分公司编 合肥 黄山书社 1992年 238页

008997545
南昌印钞厂志 1991—2000
南昌印钞厂志编纂委员会编 北京 中国金融出版社 2002年 387页〔中国印钞造币志丛书〕

008299080
南钢志
南昌钢铁厂厂志编纂委员会编 南昌 南昌钢铁厂 1988年

008299835
南昌市轻工业志
南昌市轻工业志编纂委员会 雷武江主编 朱翔宾主笔 南昌 南昌市轻工业志编纂委员会 1990年 432页

009866609
江西省交通设计院志
江西省交通设计院志编纂委员会 邓振胜主编 合肥 黄山书社 1998年 352页

008299846
南昌市交通志
南昌市交通史志编纂办公室编 北京 人民交通出版社 1996年 435页

012970973
中铁大桥局五公司史志
江西 中铁大桥局五公司 2006年 527页

010110685
南昌公路史志资料汇编 1949—1990
江西省南昌公路分局史志办公室编 南昌 江西省南昌公路分局史志办公室 1992年 934页

009798889
江西省南昌电信器材厂志
江西省邮电供应工业志丛书编辑部编

南昌 江西省南昌电信器材厂 1998年 208页〔江西省邮电供应工业志丛书 2〕

010143160
江西省微波通信局志 1973—1992
江西省微波通信局编 江西 江西省微波通信局 1993年 147页

012613265
江西省邮电建设工程局志
袁家义主编 江西省邮电建设工程局编 南昌 江西省邮电建设工程局 1999年 231页

009335383
南昌邮政志
南昌市邮政局编 北京 方志出版社 2003年 417页

011570134
南昌商会志 1901—2002
南昌市工商联 南昌市总商会编制 南昌 南昌市工商业联合会会志编纂委员会 2003年 219页

012051727
南昌市财政志
南昌市财政志编纂委员会编 南昌 江西人民出版社 2009年 654页

013863052
南昌市建设银行专业志
南昌市建设银行编纂办公室编 南昌 南昌市建设银行编纂办公室 1990年 187页

008299867
南昌市金融志
李辉主编 南昌 江西人民出版社 1991年 433页

008664372
南昌市农村金融志
中国农业银行南昌市分行编 南昌 江西人民出版社 1995年 451页

010110546
江西日报社志 1949—2000
江西日报社志编辑部编 南昌 江西日报社志编辑部 2002年 433页

010110703
南昌科学技术团体志 1925—1986
林伯辉主编 南昌 南昌科学技术团体志编纂委员会 1989年 229页

013897615
江西南昌十九中校志 1942—2012
许建成主修 邵明灿总纂 南昌十九中校志编纂委员会编 南昌 南昌十九中校志编纂委员会 2012年 296页

013897619
江西南昌十九中校志 1963—1999
许建成主修 南昌十九中校志编纂委员

会编 南昌 南昌十九中校志编纂委员会 2009年 168页

013508414
江西省立南昌二中校友志稿
江西省立南昌二中天津校友联谊会编 天津 江西省立南昌二中天津校友联谊会 2002年

011320719
江西师范大学校志
江西师范大学校史编写组编 南昌 江西师范大学校史编写组 2000年 346页

010143315
[江西省总工会干部学校]校志 1950—2000
江西省总工会干部学校校志编写办公室编 江西 江西省总工会干部学校 2000年 285页

010061502
南昌民间歌谣集成
南昌市文化局 南昌市民间文艺家协会编 王巧林主编 南昌 南昌市文化局 1988年 312页 〔南昌民间文学丛书〕

011188546
南昌市民间故事集成
江西省民研会编 江西 1985年 451页 〔南昌民间文学丛书〕

011147861
中国民族民间舞蹈集成 江西省南昌市资料卷
1988年 173页

012505245
江西邓氏简志
江西邓氏简志编纂委员会编 2009年

009386049
江西省南昌市地名志
南昌市地名办公室编 南昌 南昌市地名办公室 1992年 433页 〔江西省地名丛书〕

009386051
江西省南昌市地名志 1983年 初稿
南昌市地名办公室编印 南昌 南昌市地名办公室 1983年 369页 〔江西省地名丛书 01〕

008429444
滕王阁志
南昌市地方志编纂委员会办公室编 南昌 江西人民出版社 1993年 298页

010279687
江西有色地质勘查局志
韦星林主编 张祖林 朱小茅副主编 江西有色地质勘查局志编纂委员会编 江西 江西有色地质勘查局 2003年 343页

013730122

江西省劳动卫生职业病防治研究所所志 1958—1990

江西省劳动卫生职业病防治研究所编 南昌 江西省劳动卫生职业病防治研究所 1995年 70页

013957740

江西医学院第一附属医院院志 1946—1992

院志编撰办公室编 南昌 院志编撰办公室 1992年 299页

013774997

南昌大学第二附属医院志 1927—2010

南昌大学第二附属医院院志编辑委员会编 南昌 南昌大学第二附属医院 2011年 1144页

013661579

南昌铁路分局南昌中心医院院志 1946—1991

南昌铁路分局南昌中心医院院志编辑办公室编 南昌 南昌铁路分局南昌中心医院 1992年 328页

010292994

江西省人民医院志 1897—1997

江西省人民医院编 南昌 江西省人民医院 1997年 204页

010110595

江西医学院第二附属医院科技志 1924—1994

江医二附院科技志编辑委员会编 南昌 江医二附院科技志编辑委员会 1995年 182页

013689530

江西省棉花研究所志 1973—2011

江西省棉花研究所所志编纂委员会编 九江 江西省棉花研究所所志编纂委员会 2012年 420页

012139350

江西省城乡规划设计研究院院志 1979—2004

黄国贤主修 江西省城乡规划设计研究院院志编纂委员会编 江西 江西省城乡规划设计研究院院志编纂委员会 2004年 181页

东湖区

009675607

南昌市东湖区志

熊墨辉 莫继明主修 刘维祯 万介明副主修 徐家铭主编 焦选青副主编 北京 方志出版社 2004年 590页

西湖区

009009737

西湖区志

凌学仁 吴志明主修 薄成诚 孟灵源副

主修 孟灵源 谢琦玲主编 蔡硕生 姜焯副主编 江西省南昌市西湖区地方志编纂委员会编 北京 方志出版社 2002年 911页

009386254
西湖区政协志
政协南昌市西湖区委员会编 南昌 政协南昌市西湖区委员会 1999年 136页

青云谱区

009393583
南昌市青云谱区志
南昌市青云谱区地方志编纂委员会 张录光主修 北京 方志出版社 2004年 917页

湾里区

008985782
湾里区志
江西省南昌市湾里区地方志编纂委员会编 北京 方志出版社 2001年 379页

青山湖区

009010100
南昌市郊区志
南昌市郊区地方志编纂委员会编 卢晓健 章小刚主修 邹传坚 张伟副主修

刘忠发主编 淦建平副主编 北京 方志出版社 2002年 507页

南昌县

007348197
南昌县志
南昌县志编纂委员会编 海口 南海出版公司 1990年 687页

010110709
南昌县志 1986—2004
南昌县志编纂委员会编 北京 方志出版社 2006年 547页

012882688
冈上镇志
冈上镇志编纂委员会编 北京 方志出版社 2011年 764页

010143323
蒋巷乡志
樊绍平 应维新编 南昌 1989年 410页

012542704
南昌县人民代表大会志 1949—1997
江西省南昌县人大常委会编 南昌 江西省南昌县人大常委会 1999年 317页

009386174
南昌县政协志
中国人民政治协商会议江西省南昌县委员会政协志编纂委员会编 南昌 中

国人民政治协商会议江西省南昌县委员会政协志编纂委员会 1996 年 346 页

011066938

民星志 1936—1998

江西民星企业集团编 南昌 江西民星企业集团公司 1998 年 220 页

010110707

南昌县交通志

江西省南昌县交通局编志办公室编 南昌 江西省南昌县交通局编志办公室 199u 年 191 页

009386170

南昌县邮电志

南昌县邮电局编 南昌 南昌县邮电局 1999 年 202 页

012872992

蒋巷镇人物志

蒋巷镇党史办编辑出版 蒋巷镇 蒋巷镇党史办 19uu 年 206 页

010143333

南昌县卫生志

中共南昌县委宣传部审稿 南昌县卫生局卫生志编写组编写 南昌 南昌县卫生局卫生志编写组 1988 年 133 页

012899170

南昌县水利志

南昌县水利志编纂委员会编 南昌 南昌县水利志编纂委员会 2004 年 402 页

新建县

004018809

新建县志

江西省新建县志编纂委员会编纂 谢日新主编 南昌 江西人民出版社 1991 年 686 页〔江西省地方志丛书〕

010779197

新建县志 1985—2002

新建县志编纂委员会编 南昌 江西人民出版社 2006 年 1042 页

013133836

新建县人民代表大会志 1949—2002

江西省新建县人大常委会编 新建 江西省新建县人大常委会 2002 年

010143340

新建县政协志 1962—1992

张信江主编 王副主编 邹怀瑞 姜国平 熊美荣编纂 中国人民政治协商会议江西省新建县委员会政协志编纂委员会编 新建 中国人民政治协商会议江西省新建县委员会政协志编纂委员会 1992 年 401 页

011566130

江西省洪都监狱志 1990—2004

江西省洪都监狱志编纂委员会编 江西

江西省洪都监狱志编纂委员会 2005年 536页

011585120
新建县邮电志
新建县邮电局编 新建 新建县邮电局编 2000年 178页

011580191
江西省新建县地名志
新建县地名办公室编印 新建 新建县地名办公室 1983年 413页〔江西省地名丛书 2〕

安义县

004018783
安义县志
江西省安义县志编纂领导小组编纂 刘希林主编 海口 南海出版公司 1990年 548页〔江西省地方志丛书〕

011756368
安义县志 1986—2000
安义县志编纂委员会编 西安 三秦出版社 2007年 555页〔中华人民共和国地方志丛书〕

013751434
安义人大志 1949.5—2009.5
江西省安义县人民代表大会常务委员会编 安义 江西省安义县人民代表大会常务委员会 2009年 619页

008429243
安义县劳动人事局志
安义县劳动人事局志办公室编 安义 安义县劳动人事局志办公室 1986年 139页

009385277
安义县邮电志
安义县邮电局编 安义 安义县邮电局 1999年 471页

011578744
安义县商业志
安义县商业志办公室编 安义 安义县商业志办公室 1988年 200页

011580150
江西省安义县地名志
安义县地名办公室编印 安义 安义县地名办公室 1983年 199页

008844709
安义县水利志
安义县水利电力局水利志编纂委员会编 安义 安义县水利电力局水利志编纂委员会 1992年 154页

进贤县

007903894
进贤县志
江西省进贤县县志编纂委员会编纂 朱啸秋总纂 何国祥 傅登仁副总纂 南

昌 江西人民出版社 1989 年 695 页
〔江西省地方志丛书〕

010110601
进贤县志 1986—2000
进贤县地方志编纂委员会编 北京 方志出版社 2006 年 728 页

008300093
进贤县政协志 1959—1989
中国人民政治协商会议江西省进贤县委员会政协志编纂委员会编 进贤 中国人民政治协商会议江西省进贤县委员会政协志编纂委员会 1990 年 205 页

010143325
进贤县公安志
进贤县公安局编 进贤 进贤县公安局 1994 年 175 页

012661347
进贤县农业志 1986—2005
中共进贤县委农工部编 进贤 中共进贤县委农工部 2006 年 246 页

013424189
江西省进贤县地名志
进贤县人民政府地名办公室编印 进贤 进贤县人民政府地名办公室 1987 年 490 页

013990880
进贤县血防志 1956—2009
进贤县血防志编委会编 2010 年 261 页

景德镇市

008486693
景德镇市志略
景德镇市志编纂委员会编 上海 汉语大词典出版社 1989 年 342 页

009413710
中国共产党景德镇历史图志
中共景德镇市委党史办编 北京 中共党史出版社 2004 年 108 页

008390695
景德镇市政协志
中国人民政治协商会议景德镇市委员会文史资料研究委员会编 北京 中国文史出版社 1992 年 370 页

011566160
景德镇市工商行政管理志 1903—1986
景德镇市工商行政管理局志编纂委员会编 景德镇 景德镇市工商行政管理志编纂委员会 1989 年 145 页

008300115
景德镇市劳动人事志
景德镇市劳动人事局编 景德镇 景德镇市劳动人事局 1990年 322页

013659394
景德镇市城乡建设志
张陆明主编 江海潮主审 南昌 江西科学技术出版社 2000年 273页

008983579
枫树山林场志
枫树山林场志编纂委员会编 北京 中华书局 2002年 316页

010110542
江西景德镇供电局志 1977—2000
江西景德镇供电局志编纂委员会编 景德镇 江西景德镇供电局志编纂委员会 2003年 275页

008300112
景德镇发电厂志 1969—1987
邹文生主编 景德镇 1990年 229页

013508489
景德镇发电厂志续编 1988—1997
景德镇发电厂志编纂委员会编 景德镇 景德镇发电厂志续编编纂委员会 1998年 232页

013659392
景德镇光明瓷厂志

景德镇光明瓷厂志编委会编 景德镇 景德镇光明瓷厂志编委会 1991年 234页

008300138
景德镇市交通志
胡作恒主编 周崇政 周则尧副主编 上海 上海社会科学院出版社 1991年 248页〔景德镇市地方志丛书〕

010200260
景德镇市邮电志
景德镇市邮电局编 景德镇 景德镇市邮电局 1998年 271页

013531112
景德镇市商业志
景德镇市商业志编纂委员会编 景德镇 景德镇市商业志编纂委员会 1994年 416页

012719128
景德镇市文化志 至1990
景德镇市文化志编纂委员会编 景德镇 景德镇市文化志编纂委员会 1998年 229页

013531110
景德镇市报业志
景德镇日报社承编 景德镇 景德镇日报社 1999年 267页

009386103

景德镇市教育志

景德镇市教育志编辑室编 景德镇 景德镇市教育志编辑室 1988年 206页

008914576

江西省景德镇市地名志

景德镇市地名委员会办公室编 景德镇 景德镇市地名委员会办公室 1988年 728页

昌江区

011471266

昌江区志

景德镇市昌江区地方志编纂委员会编 西安 三秦出版社 2008年 499页

珠山区

012680286

景德镇市珠山区志 1970—2003

景德镇市珠山区地方志编纂委员会编 南昌 江西人民出版社 2010年 524页

乐平市

009061766

乐平市志 1985—2000

乐平市地方志编纂委员会编 北京 方志出版社 2002年 551页 〔江西省市县续志丛书〕

003795985

乐平县志

乐平县志编纂委员会编 上海 上海古籍出版社 1987年 532页

011439925

乐平人大志 1930—2000

乐平人大志编纂委员会编 乐平 乐平人大志编纂委员会 2001年 342页

012955004

乐平政协志

中国人民政治协商会议乐平市委员会政协志编纂委员会编 乐平 中国人民政治协商会议乐平市委员会政协志编纂委员会 1998年 372页

008844383

乐平邮电志

乐平市邮电局编 北京 人民邮电出版社 1998年 165页

011589917

江西省乐平县地名志

乐平县人民政府地名办公室编印 乐平 乐平县人民政府地名办公室 1984年 428页 〔江西省地名丛书 10〕

浮梁县

008471080
浮梁县志
浮梁县地方志编纂委员会编 冯云龙主编 北京 方志出版社 1999年 893页〔江西省地方志丛书〕

012049285
浮梁县志 1994—2005
冯云龙总纂 浮梁县地方志编纂委员会编 北京 方志出版社 2009年 647页〔江西省地方志丛书〕

萍乡市

007724498
萍乡市志
萍乡市志编纂委员会编 黄式国主编 北京 方志出版社 1996年 1384页

011534045
萍乡市志 1986—2002
萍乡市地方志编纂委员会 杨富荣主编 黄式国 袁炳均 黎敏副主编 北京 方志出版社 2007年 2册 1219页

010225181
萍乡今古
萍乡地方志文物志编纂委员会办公室编 萍乡 萍乡地方志文物志编纂委员会办公室 1982—1995年 13册

013822150
萍乡市工会志
彭济时主编 萍乡市工会志编纂委员会编 萍乡 编者 1999年 410页

008299873
萍乡市人民代表大会志
萍乡市人大常委会编 萍乡 萍乡市人大常委会 1991年 344页〔萍乡市地方志丛书〕

009386195
萍乡市政府志
江西省萍乡市政府办公室编 北京 新华出版社 1992年 336页〔萍乡市地方志丛书〕

012636576
中共萍乡市委志 1921—1992
中共萍乡市委办公室编 萍乡 中共萍乡市委办公室 1995年 411页

012266021
萍乡市纪检监察志 1951—2003
萍乡市纪检监察志编纂委员会编 萍乡 萍乡市纪检监察志编纂委员会 2006年 375页

008299887
萍乡公安志
萍乡公安局公安史志办公室编 北京 警官教育出版社 1991年 202页

014047864
萍乡市政协志
中国人民政治协商会议江西省萍乡市委员会编 萍乡 萍乡市政协志编纂委员会 1993年 552页〔萍乡市地方志丛书〕

014047862
萍乡市涉台事务志
中共萍乡市委台湾工作办公室 萍乡市人民政府台湾事务办公室编 萍乡 江西省萍乡市印刷厂 2006年 202页

013319947
萍乡市工商行政管理志
萍乡市工商行政管理局编 萍乡 萍乡市工商行政管理局 2011年 480页

013704333
江西萍乡供电局志 1976—2003
江西萍乡供电局志编纂委员会编 萍乡 江西萍乡供电局志编纂委员会 2003年 216页

011320341
萍钢志 1954—1990
萍钢志编纂委员会编 萍乡 萍钢志编纂委员会 1994年 346页

008299903
萍铝志 1970—1989
萍乡铝厂编纂委员会编 萍乡 萍乡铝厂 1990年 320页

008299875
萍乡发电厂志 1958—1986
金德华主编 萍乡 萍乡发电厂志编纂委员会 1990年 356页

011066940
萍乡矿务局志
萍乡矿务局志编纂委员会编 江西 萍乡矿务局志编纂委员会 1998年 738页

008036607
萍乡市地方煤炭工业志
罗晓主编 南昌 江西人民出版社 1992年 179页

008299879
萍乡市轻化纺工业志
萍乡市轻化纺工业志编纂领导小组编 萍乡 萍乡市轻化纺工业志编纂领导小组 1991年 194页

010292780
萍乡市交通志
萍乡市交通史志编纂委员会编 萍乡 萍乡市交通史志编纂委员会 1995年 309页〔萍乡市地方志丛书〕

009687180
萍乡邮电志
萍乡邮电志编纂委员会编 北京 中华书局 1999年 312页

013933303
萍乡物价志 1989—2000
萍乡市物价局编 萍乡 萍乡市印刷厂 2000年 429页

008299885
萍乡市税务志
萍乡市税务局编 萍乡 萍乡市税务局 1990年 189页

013508837
萍乡市文化艺术志
江西省萍乡市文化艺术志编纂委员会编 萍乡 江西省萍乡市文化艺术志编纂委员会 1999年 445页〔萍乡市地方志丛书〕

008036606
萍乡市科学技术志
萍乡市科学技术委员会编 海口 南海出版公司 1990年 243页

012542766
萍乡市教育志
萍乡市教育志编纂委员会编 南昌 江西高校出版社 2009年 577页

008299884
萍乡市气象志
邹克明撰稿 萍乡市气象局编 萍乡 萍乡市气象局 1994年 102页〔萍乡市地方志丛书〕

008299877
萍乡市气候志
萍乡市气象台编 邹克明执笔 萍乡 萍乡市志编纂委员会 1987年 78页

013933301
萍乡市人民医院志 1928—2008
萍乡市人民医院志编审委员会编 2010年 466页

| 安源区 |

010200106
安源区志
安源区志编纂委员会编 北京 方志出版社 2006年 815页

| 湘东区 |

011295923
湘东区志 1971—2002
湘东区地方志编纂委员会编 北京 方志出版社 2007年 2册

莲花县

005559166
莲花县志
江西省莲花县县志编纂委员会编纂 刘丹主编 朱烈副主编 南昌 江西人民出版社 1989年 948页〔江西省地方志丛书〕

013362660
莲花县志 1988—2002
莲花县志编纂委员会编 北京 方志出版社 2004年 603页

010143330
莲花县志 1988—2002 评议稿
莲花县地方志编纂委员会编 莲花 莲花县地方志编纂委员会 2004年 637页

014047518
莲花县交通志
莲花县交通志编纂办公室编 2001年 251页

009798915
莲花县教育志
莲花县教育志编纂领导小组编纂 合肥 黄山书社 1997年 317页〔江西省地方志丛书〕

上栗县

009744828
上栗县志
上栗县志编纂委员会编 北京 方志出版社 2005年 623页〔中华人民共和国地方志丛书〕

芦溪县

010280107
芦溪县志
芦溪县志编纂委员会编 陈明训主编 宋迪维 刘家富主修 北京 方志出版社 2006年 633页〔中华人民共和国地方志丛书〕

九江市

009189855
九江市志
刘积福主修 凌凤章主编 九江市地方志编纂委员会编 南京 凤凰出版社 2004年 4册

013129779
九江市人大志 1994—2011
九江市人大志编纂委员会编 北京 方志出版社 2011年 822页

013531119

九江市人民代表大会志 1925.7—1994.5

九江市人民代表大会志编纂委员会编 江西 江西新华九江印刷总厂社会印件厂印 1995年 489页

012680311

九江市人民政府志

九江市人民政府志编纂领导小组编 北京 新华出版社 2001年 446页

010242581

九江市政协志

九江市政协志编纂办公室编纂 九江 九江市政协志编纂办公室 1993年 273页

013508527

九江市政协志 1994—2006

中国人民政治协商会议九江市委员会编 九江 中国人民政治协商会议九江市委员会 2007年 427页

013995964

中国民主促进会九江市委员会志 1989—2009

中国民主促进会九江市委员会编 2011年 246页

009392318

九江市公安交通管理志

九江市公安交通管理志编纂委员会编 南昌 江西人民出版社 2004年 298页

009386133

九江市公安志

九江市公安局史志编纂办公室编 九江 九江市公安局史志编纂办公室 1993年 284页

013508498

九江民政志

九江市民政志编纂委员会编 九江 九江县印刷厂 1995年 205页〔江西九江地方志丛书〕

011312499

九江市老龄志

九江市老龄志编纂委员会编 北京 方志出版社 2007年 593页

013861861

九江法院志

九江法院志编纂委员会编 九江 九江市立信印刷厂 2008年 356页

011584374

九江市军事志

九江市军事志编纂委员会编 九江 九江市军事志编纂委员会 2002年 262页

013508499

九江市计划志

九江市计划委员会编 九江 九江市计划

委员会 2002 年 157 页

011566167
九江市审计志
九江市审计局编 九江 九江市审计局 1997 年 317 页〔九江市地方志丛书〕

011566169
九江市物资志
九江市物资志编纂委员会编 九江 九江市物资局 1994 年 287 页〔九江市地方志丛书〕

009386136
九江市乡镇企业志
九江市乡镇企业管理局编 九江 九江市乡镇企业管理局 1998 年 281 页

008423039
共青垦殖场志
共青垦殖场志编纂委员会编 宋希淮主编 北京 人民出版社 1993 年 362 页

013774285
九江市林业志
张林生主编 熊修恂等编 九江市林业志编辑委员会编纂 北京 方志出版社 2012 年 798 页

013866289
长江毛纺志 讨论稿
长江毛纺织有限公司修志办公室编 九江 长江毛纺织有限公司 1989 年 235 页

009386142
九江第一棉纺织厂志
九江一棉厂志编纂办公室编 北京 纺织工业出版社 1993 年 380 页〔中国地方志丛书〕

008300243
九江化学纤维厂志
九江化学纤维厂志编纂办公室编 北京 纺织工业出版社 1992 年 282 页

008429269
九江火力发电厂志 1953—1986
九江火力发电厂志编纂委员会编 九江 九江火力发电厂志编纂委员会 1989 年 281 页

012719130
九江锁江楼发电厂志 1953—1999
九江锁江楼发电厂志编纂委员会编 九江 九江锁江楼发电厂志编纂委员会 2000 年 140 页

008300161
九江烟草志
江西省九江市烟草专卖局编志办公室 江西省烟草公司九江分公司编志办公室编 南京 南京大学出版社 1993 年〔九江地方志丛书〕

008300148
九江市交通志
九江市交通志编纂委员会编 北京 人民交通出版社 1993年 360页〔九江市地方志丛书〕

009386169
南昌铁路局九江机务段志
九江机务段志编纂委员会编 九江 九江机务段 1999年 418页

009348848
九江邮电志
刘强主编 李振岭 余秋生副主编 胡盛强等执笔 九江市邮电局史志办编 九江 九江市邮电局史志办 1993年 383页

013793077
九江百货纺织品商业志
九江百货纺织品总公司 九江百货纺织品采购供应站编 王弟松主编 九江 九江百货纺织品总公司 1997年 255页

013531118
九江市供销合作社志
九江市供销合作社志编纂办公室编 九江 九江市供销合作社志编纂办公室 1998年 364页

010577048
九江市财政志 1840—2000
艾宏盛主编 北京 经济日报出版社 2003年 611页〔九江市地方志丛书〕

013774283
九江市财政志 2001—2010
梅华国主编 南昌 江西人民出版社 2013年 276页〔九江市地方志丛书〕

009386124
九江金融志 1840—1990
刘庐生 杨华履主编 九江市金融志编纂委员会编 南昌 江西人民出版社 1995年 348页〔江西省地方志丛书〕

013335442
九江市文化志
九江市文化志编纂委员会编 九江 九江市文化局 1995年 300页〔九江市地方志丛书〕

009386135
九江市科学技术志
罗中人主编 张家兴副主编 刘冀南等编 南昌 江西科学技术出版社 1997年 290页

008486706
九江市教育志
九江市教育志编纂委员会编 北京 中华书局 1996年 620页

013820517

九江一中校志 110 周年校庆丛书 1902—2012

万金陵主编 南昌 江西高校出版社 2012 年 226 页

011566099

江西省九江第一中学百年志 1902—2002

江西九江第一中学编 九江 九江第一中学 2002 年 225 页〔江西九江第一中学百年校庆丛书〕

009411592

九江师范高等专科学校志

欧阳毛荣 祝黄河编审 罗龙炎 王春生主编 冷毛玉等编写 南昌 江西人民出版社 2004 年 464 页

009386127

九江师范高等专科学校志 1958—1997

欧阳毛荣 张乐天编审 罗龙炎主编 王春生等编写 九江 九江日报社印刷厂 1997 年 424 页

008300240

九江人物志稿

凌凤章 张寿生主编 九江 九江市地方志办公室 1992 年 461 页

013508410

江西省九江第一中学百年人物志 1902—2002

江西省九江第一中学编 九江 江西省九江第一中学 2002 年 335 页

009413697

九江市风俗志

九江市文化局编 九江 九江市文化局 2000 年 263 页〔九江市地方志丛书〕

012927695

修河志

余修炎主编 南昌 江西人民出版社 2011 年 2 册

013704392

九江市安全生产监督管理局局志 2002—2012

九江市安全生产监督管理局办公室编 九江 九江市安全生产监督管理局办公室 2012 年 115 页

浔阳区

013793245

龙山小学百年志 1910—2010

校史编辑委员会编 2010 年 165 页

庐山区

009687451

庐山区志

庐山区志编纂委员会编 北京 方志出版

社 2004年 635页

012251439
庐山区政协志
中国人民政治协商会议九江市庐山区委员会编 九江 中国人民政治协商会议九江市庐山区委员会 2005年 247页

009387099
庐山金融志 1933—1990
庐山金融志编委会编 九江 庐山金融志编委会 1991年 232页

011803420
白鹿洞书院艺文新志
李宁宁 高峰主编 吴国富 郭宏达副主编 南昌 江西人民出版社 2008年 333页〔庐山文化研究丛书〕

012049361
共大庐山分校海会师范学校校志
校志编纂委员会编 北京 作家出版社 2006年 506页

009798916
庐山蝶蛾志
方育卿主编 南昌 江西高校出版社 2003年 673页

瑞昌市

012614112
瑞昌市志 1990—2005
瑞昌市地方志编纂委员会编 北京 方志出版社 2009年 980页

007482387
瑞昌县续志
瑞昌市地方志编纂委员会编 朱汉回 张旭明主编 合肥 黄山书社 1993年 307页〔江西省地方志丛书〕

007351318
瑞昌县志
瑞昌县志编纂委员会编纂 朱汉回 张旭明主编 北京 新华出版社 1990年 587页〔江西省地方志丛书〕

008426040
瑞昌县人民代表大会志
瑞昌县人民代表大会志编纂委员会编 北京 方志出版社 1997年 162页

009386220
瑞昌政协志
柯愈谱主编 张远杰 王能水 陈世文副主编 瑞昌政协志编纂委员会编 瑞昌 瑞昌政协志编纂委员会 1999年 253页

009386215
瑞昌市邮电志

瑞昌市邮电局编 瑞昌 瑞昌市邮电志编辑部 1997年 216页

013067048
瑞昌市供销合作社志
瑞昌市供销合作社志编纂委员会编写 瑞昌 瑞昌市供销合作社志编纂委员会 1995年 376页

010061338
中国民间歌曲集成 江西卷 九江分卷 瑞昌民歌集
瑞昌县文化馆编 瑞昌 瑞昌县文化馆 1984年 206页

012661299
江西省瑞昌县地名志
瑞昌县地名办公室编印 瑞昌 瑞昌县地名办公室 1986年 363页

009386252
武山铜矿志
武山铜矿志编委会编 江西 武山铜矿志编纂委员会 1997年 361页

013684587
瑞昌县水利志 征求意见稿
瑞昌县水利志编纂小组编 瑞昌 瑞昌县水利志编纂小组 1988年 3册

九江县

012899012
九江县志 1986—2005
江西九江县县志编纂委员会编 北京 方志出版社 2010年 746页

010777323
九江县民政志
九江县民政志编纂委员会编 九江 九江县民政志编纂委员会 2000年 407页

009386139
九江县邮电志
徐苍松主编 陈文夫主笔 九江县邮电志编纂委员会 九江县邮电局编 北京 北京邮电大学出版社 1997年 347页

008300246
江西省九江县地名志
九江县人民政府地名办公室编 九江 九江县人民政府地名办公室 1988年 311页

武宁县

007764878
武宁县志
江西省武宁县县志编纂委员会编纂 涂兆庆 张镜渊主编 南昌 江西人民出版社 1990年 789页〔江西省地方志丛书〕

012052399
武宁县志
武宁县志编纂委员会编 南昌 江西人民出版社 2009年 1062页

012722980
武宁县人大志 1930—2003
江西省武宁县人大志编纂委员会编纂 武宁 江西省武宁县人大志编纂委员会 2003年 474页

013379063
武宁县政协志
政协江西省武宁县委员会政协志编纂委员会编 武宁 政协江西省武宁县委员会政协志编纂委员会 2011年 635页

008424845
武宁政协志
江西省武宁县政协志编纂委员会编纂 吴卫民 孙功森编 武宁 江西省武宁县政协志编纂委员会 1991年 656页

012545403
武宁县林业志
武宁县林业志编纂委员会编 南昌 江西科学技术出版社 2009年 666页

012970525
武宁县交通志 1991—2005
武宁县交通志编纂委员会编 武宁 武宁县交通志编纂委员会 2006年 432页 〔武宁县地方志丛书〕

011478756
武宁县公路志
武宁县公路志编纂委员会编 武宁 武宁县公路志编纂委员会 2006年 346页 〔武宁县地方志丛书〕

009386249
武宁县邮电志
武宁县邮电局编 北京 北京燕山出版社 1999年 363页

修水县

004893122
修水县志
修水县志编委员会编 梅中生主编 深圳 海天出版社 1991年 771页 〔中华人民共和国地方志丛书〕

009818496
渣津镇志
熊耐久主编 香港 国际炎黄文化出版社 2004年 432页

009386312
修水县政协志
修水县政协志编纂委员会编 修水 修水县政协志编纂委员会 1998年 245页

013321294
修水报志

荣茂凡主编 北京 中国广播电视出版社 2011年 185页

009386306
修水县教育志
修水县教育局编 修水 修水县教育局 1989年 295页

013901012
修水姓氏志 姓氏源流辑 征求意见稿
江西省谱牒研究会修水县研究小组 修水县姓氏文化丛书编纂委员会编 修水 江西省谱牒研究会修水县研究小组 2000年 198页

永修县

006567332
永修县志 第1卷
江西省永修县志编纂委员会编纂 刘极灿主编 张红华 张近瑞 郭能铎副主编 南昌 江西人民出版社 1987年 639页〔江西省地方志丛书〕

009675627
永修县志 第2卷 1985—2000
永修县志编纂委员会编 余明义主编 陈光来 郝卿副主编 郝卿执行主编 北京 方志出版社 2004年 620页

013752633
江西省永修县交通志
江西省永修县交通局编 永修 江西省永修县交通局 1993年 313页

009386327
永修县邮电志
永修县邮电局编 永修 永修县邮电局 1996年 196页

010143365
永修县税务志
永修县税务局编撰 南昌 江西人民出版社 1993年 480页

010143362
永修县金融志
永修县金融志编纂委员会 孙孟长 赵斌国主编 北京 中华书局 1999年 375页

012541898
江西省永修县地名志
永修县地名办公室编印 永修 永修县地名办公室 1984年 434页

009386354
云居山新志
释一诚主修 朱祥清 何明栋 廖震赓编纂 北京 中国文史出版社 1992年 478页

德安县

006924088
德安县志

德安县志编纂领导小组编 孙自诚主编 上海 上海古籍出版社 1991年 950页

012809961

德安县人大志 1928—2008

德安县人大志编纂委员会编 邓木林主编 南昌 江西人民出版社 2010年 629页

012191730

德安县政协志 1984—2006

江西省德安县政协志编纂委员会编 德安 江西省德安县政协志编纂委员会 2006年 334页

013090955

德安县城乡建设志 1949—2009

德安县城乡建设志编纂委员会编 德安 德安县城乡建设志编纂委员会 2009年 351页

010110378

德安一中校志

德安一中校志编委会编 德安 德安一中校志编委会 1996年 296页

011475206

江西省德安县地名志

江西省德安县地名委员会办公室编印 德安 江西省德安县地名委员会办公室 1984年 302页〔江西省地名丛书12〕

星子县

004102836

星子县志

江西省星子县县志编纂委员会编纂 姜南星主编 张汉爱副主编 南昌 江西人民出版社 1990年 654页〔江西省地方志丛书〕

011328664

星子县政协志 1984—2005

星子县政协志编纂委员会编 星子 星子县政协志编纂委员会 2006年 371页

009386262

星子县邮电志

星子县邮电局编 星子 星子县邮电局 1997年 214页

013604261

星子县粮食志

星子县粮食志编纂委员会编纂 郭正诚主编 星子 星子县粮食志编纂委员会 1995年 470页

009116635

星子县供销合作社志

星子县供销合作社社志编纂委员会编纂 程海南主修 张汉爱 卢明佳总纂 北京 方志出版社 1997年 275页

都昌县

007482402
都昌县志
邵天柱总纂 都昌县志编修委员会编纂 北京 新华出版社 1993年 665页〔江西省地方志丛书〕

012264203
都昌县志 1990—2005
都昌县地方志编纂委员会编 南昌 江西人民出版社 2009年 706页

009385344
都昌政协志略
黄世南主编 江西 中国人民政治协商会议江西省都昌县委员会 1992年 119页

009385342
都昌县交通志
都昌县交通局主编 都昌 都昌县交通局 1987年 118页

008831495
都昌县邮电志
都昌县邮电局编 苏欣责任编辑 北京 人民邮电出版社 1996年 210页

011804276
都昌县教育志
都昌县教育志编纂委员会编 都昌 都昌县教育志编纂委员会编 2000年 410页

012811578
江西省都昌县地名志
都昌县地名办公室编印 都昌 都昌县地名办公室 1986年 434页

009385340
都昌县卫生志
都昌县卫生志编纂领导小组 陈齐玉主编 黄昌新副主编 都昌 都昌县卫生志编纂领导小组 1992年〔都昌县地方专业志丛书〕

湖口县

006497419
湖口县志
江西省湖口县志编纂委员会编纂 南昌 江西人民出版社 1992年 837页〔江西省地方志丛书〕

008844370
湖口县邮电志
湖口县邮电局编 北京 人民邮电出版社 1997年 186页

009387100
湖口县金融志
湖口县金融志编纂委员会编 吴兴梅主编 龚铭新 邹松副主编 湖口 湖口县金融志编纂委员会 1993年 279页〔江西省地方志丛书〕

012097585
江西省湖口县第二中学校志
余春明主编 北京 中国环境科学出版社 2008年 436页

011566135
江西省湖口县地名志
湖口县地名办公室编 湖口 湖口县地名办公室 1986年 342页

彭泽县

004893305
彭泽县志
徐鹤龄主编 陈银元 汪秉笔副主编 彭泽县志编纂委员会编 北京 新华出版社 1992年 633页〔江西省地方志丛书〕

012252287
彭泽县志
江西省彭泽县志编纂委员会编 南昌 江西人民出版社 2009年 633页〔江西省地方志丛书〕

011066679
彭泽县政协志
彭泽县政协志编纂委员会编 彭泽 彭泽县政协志编纂委员会 2004年 286页

009386192
彭泽县科技志
彭泽县科技志编纂委员会编 彭泽 彭泽县科技志编纂委员会 1992年 184页

012661280
江西省彭泽县地名志
彭泽县人民政府地名办公室编 彭泽 彭泽县人民政府地名办公室 1986年 376页〔江西省地名丛书〕

新余市

013226650
新余民盟志
新余民盟志编纂委员会 刘智勇主编 新余 新余民盟志编纂委员会 2009年 167页

007905762
新余市志
江西省新余市地方志编纂委员会编 上海 汉语大词典出版社 1993年 1368页

010143344
新余市志 商业志
章学智主编 新余 新余市商业志编写办公室 1988年 176页

012252888

新余市政协志

政协新余市委员会学习文史委员会编 新余 政协新余市委员会学习文史委员会 1997年 369页〔新余文史资料第8辑〕

010201785

中国武警志 水电第二总队志

中国人民武装警察部队水电第二总队编史办公室编 武警水电第二总队 2002年 608页

008299956

新余市城乡建设志

江西省新余市城乡建设局编 新余 江西省新余市城乡建设局 1991年 211页

008299930

新余市林业志

新余市林业局新余市林业志编修组编 南昌 江西科学技术出版社 1989年 245页

012661262

江口水电厂志 1988—1999

江口水电厂志编纂委员会编 江西 江口水电厂志编纂委员会 2000年 239页

008299934

新余钢铁厂志 1958—1988

新钢志编辑室编 新余 新钢志编辑室 1990年 676页

008299931

新余烟草志

江西省新余市烟草专卖局 江西省烟草公司新余分公司编志办公室编 新余 江西省新余市烟草专卖局 江西省烟草公司新余分公司编志办公室 1992年 188页

008299944

新余市交通志

新余市交通局史志编辑办公室 黄守斯主编 新余 新余市交通局史志编辑办公室 1989年 196页

012003013

新余市邮电志

江西省新余市邮电局编 南昌 江西人民出版社 1999年 309页

008299941

新余市税务志

谢钧主编 胡士信副主编 江西省新余市税务局编 新余 江西省新余市税务局 1990年 155页〔新余市地方志丛书〕

008299948

新余市金融志

新余市金融志编写组编 肖清河主编 新余 新余市金融志编纂委员会 1991年 285页〔新余市地方志丛书〕

013732488
新余市金融志 1983—2008
新余市金融志编纂委员会编 北京 中国金融出版社 2012年 359页

008299939
新余市教育志
新余市教育志编辑室编 新余 新余市教育志编辑室 1989年 316页

012545521
新余市教育志
胡建华主编 南昌 江西高校出版社 2009年 498页

009059428
新余市情概要
万南生主编 黄炳福副主编 新余市地方志编纂委员会办公室编 新余 新余市地方志编纂委员会办公室 1988年 264页〔新余市地方志丛书〕

008299947
新余市卫生志
陈荣华主编 新余市卫生志编纂领导小组编 南昌 江西科学技术出版社 1989年 314页〔新余市地方志丛书〕

008424934
袁惠渠志
新余市袁惠渠志编辑小组编 新余 新余市袁惠渠志编辑小组 1990年 202页

〔新余市地方志丛书〕

010292599
新余建筑志 送审稿
新余市城乡建设局编 新余 新余市城乡建设局 1993年 343页

008299936
新余建筑志
新余市城乡建设局编 新余 新余市城乡建设局 1993年 343页

渝水区

009312788
渝水区志 1983—2003
渝水区史志编纂委员会编 北京 方志出版社 2003年 698页

010143343
新余市渝水区政协志
新余市渝水区政协志编辑委员会编 新余 新余市渝水区政协志编辑委员会 2002年 402页〔渝水文史资料 第2辑〕

011147986
中国民间故事集成 江西分卷 新余市渝水区卷
中国民间文艺家协会江西分会编 江西 1988年 215页

分宜县

007342670
分宜县志
分宜县志编纂委员会编 北京 档案出版社 1993年 625页〔江西省地方志丛书〕

011321184
分宜县志
江西省分宜县地方志编纂委员会编 合肥 黄山书社 2007年 2册〔中华人民共和国地方志丛书〕

009560887
分宜县政协志
分宜县政协志编纂委员会编 分宜 分宜县政协志编纂委员会 2004年 345页

008380649
江西分宜发电厂志
江西分宜发电厂厂志编纂委员会编纂 南昌 江西人民出版社 1993年

010250810
分宜卫生志
江西省分宜县卫生志编纂办公室编 分宜 江西省分宜县卫生志编纂办公室 1986年 170页

鹰潭市

009009717
鹰潭市志
胡宪主修 李振雨主编 傅乃吉执行主编 鹰潭市志编纂委员会编 北京 方志出版社 2003年 3册 2310页

013097888
鹰潭市驻鹰单位志
鹰潭市驻鹰单位志编委会编 鹰潭 驻鹰单位志编委会 2002年 290页〔鹰潭市志系列丛书〕

009687497
鹰潭市人民代表大会志
鹰潭市人民代表大会志编纂委员会编 北京 方志出版社 2004年 431页

009312390
鹰潭市人民政府志
鹰潭市人民政府办公室 鹰潭市志编委会办公室编 北京 方志出版社 2003年 390页〔鹰潭市志系列丛书〕

008664374
鹰潭市计划志
鹰潭市计划委员会编 鹰潭 鹰潭市计划委员会 1999年 168页

013093095
九一二大队志 1965—2010
江西省地矿局九一二大队志编纂委员会编 江西 江西省地矿局九一二大队志编纂委员会 2010年 279页

008424812
铁道部鹰潭木材防腐厂志
铁道部鹰潭木材防腐厂志编纂委员会编 张澍培主修 刘谦主编 盛自龄 姜树才副主编 北京 方志出版社 1996年 275页

011585251
鹰潭市交通志
鹰潭市交通志编纂委员会编 鹰潭 鹰潭市交通志编纂委员会 1994年 253页

012878871
鹰潭移动志
鹰潭移动志编纂委员会编 鹰潭 鹰潭移动志编纂委员会 2007年 255页

008664336
鹰潭邮电志
鹰潭市邮电局编 北京 人民邮电出版社 1995年 237页

013604576
鹰潭粮食志
鹰潭粮食局编印 鹰潭 鹰潭粮食局 1993年 144页

011066902
鹰潭市产品志
鹰潭市志编纂委员会编 香港 天马出版有限公司 2000年 175页〔鹰潭市志系列丛书〕

010143353
鹰潭市财政志
卢山主编 南昌 江西人民出版社 2001年 242页

011793369
鹰潭市档案志
鹰潭市档案馆编 鹰潭 鹰潭市档案馆 1996年 218页

011475207
江西省鹰潭市地名志
鹰潭市地名办公室编印 鹰潭 鹰潭市地名办公室 1983年 114页

011499320
龙虎山志
龙虎山志编纂委员会 龙虎山风景旅游区管理委员会 鹰潭市炎黄文化研究会合编 南昌 江西科学技术出版社 2007年 436页

009061187
鹰潭市著作志
鹰潭市科学技术委员会等合编 北京 方志出版社 2002年 288页〔鹰潭市志系列丛书〕

月湖区

011444259

月湖区志

月湖区志编纂委员会编 北京 方志出版社 2007 年 813 页

贵溪市

008389992

贵溪县志

李寅生主编 吴厚荣 上官新中副主编 贵溪县志编纂委员会编 北京 中国科学技术出版社 1996 年 1316 页

011431582

贵溪县政协志

中国人民政治协商会议江西省贵溪县委员会政协志编纂委员会编 贵溪 中国人民政治协商会议江西省贵溪县委员会政协志编纂委员会 1989 年 297 页

008665238

贵溪市邮电志

贵溪市邮电局编 北京 人民邮电出版社 1999 年 507 页

008429275

贵溪冶炼厂科学技术志

贵溪冶炼厂科学技术志编纂委员会编 贵溪 江西铜业公司贵溪冶炼厂 1992 年 221 页

余江县

007478002

余江县志

江西省余江县县志编纂委员会编纂 毛惠人 李贵发主编 刘贵金 吴威亚副主编 南昌 江西人民出版社 1993 年 842 页〔江西省地方志丛书〕

011809697

余江县志 1986—2005

余江县地方志编纂委员会办公室编 北京 方志出版社 2008 年 852 页

008424644

余江县粮食志

余江县粮食局编 余江 余江县粮食局 1988 年 262 页

011580194

江西省余江县地名志

余江县人民政府地名办公室编印 余江 余江县人民政府地名办公室 1986 年 223 页

012900176

江西省余江县血防志 1953—1980

中共余江县委血防领导小组办公室编 余江 中共余江县委血防领导小组办公室 1984 年 153 页

008430560
余江县水利志
余江县水利志编纂委员会编辑 余江 1990年 183页

赣州市

007508995
赣州地区志
江西省赣州地区地方志编纂委员会编 北京 新华出版社 1994年 4册 3540页

008636344
赣州市志
江西省赣州市地方志编纂委员会编 胡长林 单观林主审 刘琮副主审 北京 中国文史出版社 1999年 2册 1209页

008430350
赣州市民政志
江西省赣州市民政局编 赣州 江西省赣州市民政局 1991年 145页〔赣州市地方志丛书 6〕

008435593
赣南外事志
江西省赣州地区外事办公室编 北京 书目文献出版社 1990年 250页

011564594
赣州市工商行政管理志
赣州市工商行政管理局编 赣州 赣州市工商行政管理局 1995年 401页〔赣州市地方志丛书 8〕

011564586
赣州地区国营九连山营林林场场志
九连山营林林场场志办公室编 赣州 九连山营林林场场志办公室 1993年 185页

010577433
赣州地区粮食志
赣州地区粮食局编 赣州 赣州地区粮食局 1988年 454页

013335253
赣东北供电局志 1988—2000
赣东北供电局志编纂委员会编 2001年 184页

009385951
赣南建材志
赣南建材志编纂委员会编纂 赣州 赣南建材志编纂委员会 1989年 177页

010110387
赣南有色冶金志
陈碧晖主编 毛振新副主编 王豫新等编

赣南有色冶金志编纂委员会编 赣州 编者 1993年 675页

011564570
赣南造纸厂志 1949—1988
赣南造纸厂志编辑办公室编 赣州 赣南造纸厂 1990年 502页

010143139
赣南造纸厂志 1950—1986 第二稿
赣南造纸厂志编辑办公室编 赣州 赣南造纸厂 1988年 1册

009866580
赣州供电局志
赣州供电局志办公室编 赣州 江西赣南印刷厂 1989年 283页

008299031
江西齿轮箱总厂厂志 1969—1990
江西齿轮箱总厂志编纂办公室编 南昌 江西齿轮箱总厂编纂办公室 1992年 448页

009385995
江西第二糖厂志 1956—1985
江西 1988年 154页

008430485
江西赣江造纸厂厂志 1958—1987
江西赣江造纸厂厂志编辑室编 赣州 江西赣江造纸厂厂志编辑室 1988年 298页

009386004
江西赣州铝厂志 1958—1986
厂志编纂领导小组编 赣州 1992年 145页

009386043
江西省赣州地区二轻工业志
江西省赣州地区二轻工业局编志办公室编 赣州 江西省赣州地区二轻工业局编志办公室 1988年 195页

012872990
江西省石油总公司赣州分公司志
丁克葵 罗晓云主编 江西省石油总公司赣州分公司编志办编 江西 江西省石油总公司赣州分公司 1998年 222页

009385969
赣州市粮食志
赣州市粮食局编 赣州 赣州市粮食局 1989年 239页〔赣州市地方志丛书3〕

013957003
赣州市商业志
赣州市商业志编纂办公室编 赣州 赣州市商业志编纂办公室 1988年 262页

009115857
赣南名优特新产品志
赣南地区地方志办公室编纂 北京 方志出版社 1996年 294页

009385962
赣州地区金融志
赣州地区金融志编纂组编 赣州 赣州地区金融志编纂组 1989年 230页

012811278
赣州市金融志 1986—2000
赣州市金融志编纂委员会编纂 西安 三秦出版社 2010年 423页

008831345
赣州市金融志 1991—1998
赣州市金融志编纂组编 北京 中华书局 2000年 238页

010962596
赣南日报社志
张秀峰 幸跃凌主编 赣南日报社志编纂委员会编 北京 新华出版社 2006年

011445822
中国民族民间舞蹈集成 江西 赣南卷
江西省赣州地区文化局 民舞集成赣南卷编辑部编 1996年 527页

009866555
赣州地区戏曲志
赣州地区文化局 赣州地区戏曲志编辑部合编 赣州 赣州地区戏曲志编辑部 1991年 468页

013143691
赣南党史人物志 1949—2005
中共赣州市委党史工作办公室编 李云凌步机主编 北京 中国文史出版社 2006年 1册

011497721
赣州专家志
赣州市专家联谊会主修 北京 中国人事出版社 2007年

006733246
江西省赣州市地名志
赣州市地名委员会办公室编印 赣州 赣州市地名委员会办公室 1988年 683页

009385943
赣南地质调查大队志 1980—1989
江西省地质矿产局赣南地质调查大队编 江西 赣南地质调查大队 1991年 277页

011954488
江西省地质矿产局九〇八队志 1952—1987
九〇八大队修志办公室编 1990年 287页

012758820
赣州市卫生防疫志
赣州市疾病预防控制中心编 赣州 赣州市疾病预防控制中心 2003年 304页

章贡区

010230894
湖边镇志
谢凯建总纂 马远旗 张炳华副总纂 香港 华夏文化艺术出版社 2006 年 247 页

南康区

009866659
南康市志 1986—2000
南康市地方志编纂委员会编 武汉 武汉出版社 2005 年 1051 页〔江西省地方志丛书〕

007013600
南康县志
南康县志编纂委员会编 文开金 朱由国主编 北京 新华出版社 1993 年 722 页〔江西省地方志丛书〕

008844335
南康邮电志
南康市邮电局编 北京 人民邮电出版社 1997 年 163 页

009994065
南康市金融志
南康市金融志编纂委员会编 北京 中国金融出版社 2006 年 336 页

013797325
中国南康赤土人物志
扶诗生主编 南康市赤土人物志编委会编 2012 年 343 页

012680392
鲤山塔志
南康市鲤山塔志编纂委员会编 南康 南康市鲤山塔志编纂委员会 2009 年 265 页

瑞金市

010778551
瑞金市志
瑞金市志编纂委员会编 西安 三秦出版社 2007 年 598 页

007482405
瑞金县志
瑞金县志编纂委员会编 北京 中央文献出版社 1993 年 1056 页〔中华人民共和国地方志丛书〕

008423419
象湖镇志
象湖镇志编纂领导小组编 象湖镇 象湖镇志编纂领导小组 1986 年 3 册 648 页

013236353
泽覃乡志
瑞金市泽覃乡志编纂领导小组编 泽覃

乡 泽覃乡志编纂领导小组 2012 年 339 页

009687442
江西省瑞金县工会志 1924—1988
瑞金县总工会编 瑞金 瑞金县总工会 1991 年 183 页

008428910
瑞金县工商行政管理志
瑞金县工商行政管理局编 瑞金 瑞金县工商行政管理局 1990 年 183 页

008429078
瑞金县劳动人事志
瑞金县劳动人事志编纂办公室编 瑞金 瑞金县劳动人事志编纂办公室 1988 年 182 页

008429267
江西红都制糖厂志
江西红都制糖厂志编纂领导小组编 瑞金 江西红都制糖厂志编纂领导小组 1988 年 389 页

009994068
瑞金市电业志 1955—2002
瑞金市供电局 瑞金市供电责任有限公司编 北京 方志出版社 2006 年 315 页

008429109
瑞金县水利志

瑞金县水利水电局编 瑞金 瑞金县水利水电局 1990 年 272 页

008831509
江西省瑞金县化工厂志
江西省瑞金县化工厂志编纂小组编 瑞金 江西省瑞金县化工厂志编纂小组 1987 年 88 页

013755963
瑞金县交通志
瑞金县交通志编纂领导小组编 瑞金 瑞金县交通志编纂领导小组 1990 年 240 页

008471104
瑞金邮电志
瑞金市邮电局编 北京 人民邮电出版社 1998 年 206 页

008914591
江西省瑞金县地名志
瑞金县人民政府地名办公室编印 瑞金 瑞金县人民政府地名办公室 1985 年 436 页

013342452
瑞金市人民医院志
瑞金市人民医院志编纂委员会编 瑞金 瑞金市人民医院志编纂委员会 2011 年 266 页

赣县

007683914
赣县志
江西省赣县志编纂委员会编 石大金主编 李光焘等副主编 北京 新华出版社 1991年 775页〔江西省地方志丛书〕

012831499
赣县志 1986—2000
赣县地方志编纂委员会编 西安 三秦出版社 2010年 710页

012969390
南塘镇志
南塘镇人民政府 赣县地方志办公室编 南塘镇 南塘镇人民政府 赣县地方志办公室 2009年 395页

009010103
赣县政协志 1949—2000
赣县政协志编纂委员会编 北京 方志出版社 2002年 411页

009385960
赣县工商行政管理志 征求意见稿
赣县工商行政管理局编写小组编 赣县 赣县工商行政管理局 1987年 270页

008844406
赣县邮电志
赣县邮电局编 北京 人民邮电出版社 1998年 169页

009880377
赣县老年人体育协会志
赣县老年人体育协会志编纂委员会编 香港 华夏文化艺术出版社 2005年 169页

012173783
赣县钟氏志
赣县钟氏志编纂工作委员会编 香港 华夏文化艺术出版社 2009年 857页

008831298
江西省赣县地名志
赣县地名委员会办公室编印 赣县 赣县地名委员会办公室 1985年 563页

信丰县

007060750
信丰县志
江西省信丰县县志编纂委员会编纂 1991年 828页〔江西省地方志丛书〕

012814436
信丰县志 1986—2006
信丰县地方志编纂委员会编纂 西安 三秦出版社 2010年 887页

009386258
信丰县人民代表大会志

信丰县人大志编纂委员会编 信丰 信丰
县人大志编纂委员会 1992年 216页

009386260
信丰县政协志
政协信丰县委员会编 信丰 信丰县印刷
厂 1999年 155页

013902086
信丰脐橙志
信丰脐橙志编辑部编 南昌 江西人民出
版社 2013年 445页

009386256
信丰交通志
王显瑜主编 陈春发副主编 厦门 厦门
大学出版社 1993年 158页〔赣南交
通志丛书 12〕

008844360
信丰邮电志
信丰县邮电局编 北京 人民邮电出版社
1997年 222页

大余县

007903904
大余县志
江西省大余县志编纂委员会编 胡润选
主编 海口 中国三环出版社 1990年
756页

011566106
大余县二轻工业志
中共大余县委宣传部 大余县志办公室
赣州地区二轻工业局审定 大余 江西
大余县印刷厂 1990年 221页

008831339
江西省大余县地名志
大余县地名办公室编印 大余 大余县地
名办公室 1985年 238页

上犹县

007478004
上犹县志
谢一栋主编 江西省上犹县志编纂委员
会编 上犹 江西省上犹县志编纂委员
会 1992年 1027页〔中华人民共和
国地方志丛书〕

009511270
上犹县志 1986—2000
何福洲主编 上犹县人民政府主修 上犹
县地方志编纂委员会编 北京 方志出
版社 2004年 625页〔江西省地方
志〕

013462002
上犹江电厂志 1957—1987
江西上犹江水力发电厂志编写组编 上
犹 江西上犹江水力发电厂志编写组
1990年 194页

008844346
上犹邮电志
上犹县邮电局编 北京 人民邮电出版社 1998年 142页

008831308
江西省上犹县地名志
上犹县地名办公室编印 上犹 上犹县地名办公室 1985年 345页

崇义县

003801260
崇义县志
江西省崇义县编史修志委员会编 黄诗结主编 海口 海南人民出版社 1989年 734页〔中华人民共和国地方志丛书〕

009799316
崇义县志 1986—2000 二校稿
崇义县地方志编纂委员会编 崇义 崇义县地方志编纂委员会 2001年 1册〔中国竹乡〕

009799317
崇义县志 1986—2000 三校稿
崇义县地方志编纂委员会编 崇义 崇义县地方志编纂委员会 2001年 1册〔中国竹乡〕

009799322
崇义县志 1986—2000 一校稿
崇义县地方志编纂委员会编 崇义 崇义县地方志编纂委员会 2001年 2册〔中国竹乡〕

009675606
崇义县志 1986—2000
曾凡主修 崇义县地方志编纂委员会编 北京 方志出版社 2004年 516页

013221064
崇义县检察志 1986.1—2011.3
崇义县人民检察院编 崇义 崇义县人民检察院 2011年 338页

009385313
崇义县林业志
江西省崇义县林业志编纂领导小组编 崇义 江西省崇义县林业志编纂领导小组 1998年 272页

008844400
崇义邮电志
崇义县邮电局编 钟庆湖主编 北京 人民邮电出版社 1998年 132页

008994330
韩氏历史发展志
韩崇义主编 兰州 甘肃人民出版社 2001年 242页

012173856
韩氏历史人物志
韩崇义主编 太原 山西古籍出版社

1999年 277页

008831301
江西省崇义县地名志
崇义县地名委员会办公室编印 崇义 崇义县地名委员会办公室 1984年 325页

008390689
江西省崇义县水利电力志
崇义县地方志办公室编 黄诗结主编 太原 山西人民出版社 1994年 284页

安远县

007903907
安远县志
江西省安远县志编纂委员会办公室编 安远 安远县印刷厂 1990年 635页

007903908
安远县志
江西安远县志编纂委员会编 北京 新华出版社 1993年 757页

013723433
安远县志 1986—2005
安远县志编纂委员会编 邝光华顾问 周建主修 杜伟雄主编 西安 三秦出版社 2012年 778页

009385286
安远县民政志
江西省安远县民政局编纂 安远 安远县民政局 1989年 264页

009385295
安远县知青志
江西省安远县史志办公室编 安远 安远县史志办公室 1998年 194页

008303819
安远县粮食志
安远县粮食局编 安远 安远县粮食局 1989年 275页

009385282
安远县林业志
安远县林业志编纂办公室编 安远 安远县林业志编纂办公室 1989年 260页

008844690
安远邮电志
安远县邮电局编 北京 人民邮电出版社 1998年 160页

006710892
安远县财政志
安远县财政志编写小组编 安远 江西赣州印刷厂 1989年 278页

012741964
安远县第一中学志 1940—2010
江西省安远县第一中学编 南昌 百花洲文艺出版社 2010年 563页

008914602
江西省安远县地名志
安远县人民政府地名办公室编印 安远 安远县人民政府地名办公室 1985 年 333 页

龙南县

007807095
龙南县志
廖彩烈总纂 龙南县志编修工作委员会编 北京 中共中央党校出版社 1994 年 966 页〔江西省地方志丛书〕

013065014
龙南县志 1986—2009
龙南县地方志编纂委员会编 北京 方志出版社 2011 年 957 页

009687173
龙南邮电志
龙南县邮电局编 北京 人民邮电出版社 1997 年 156 页

009687447
龙南籍人物志
龙南县志编修工作委员会办公室编 龙南 县志办公室 1998 年 214 页

008830658
江西省龙南县地名志
龙南县地名办公室编印 龙南 龙南县地名办公室 1986 年 300 页

定南县

008084280
定南县志
定南县志编纂委员会编纂 赣州 1990 年 875 页〔江西省地方志丛书〕

008844389
定南邮电志
定南县邮电局编 苏欣责任编辑 北京 人民邮电出版社 1998 年 114 页

全南县

013096228
全南县志 1989—2000
全南县地方志编纂委员会编 北京 方志出版社 2011 年 626 页

008423913
江西省全南县小叶楝林场志
曹启兴主编 南昌 江西人民出版社 1991 年 159 页

009687460
全南县林业志
江西省全南县林业志编纂小组编 全南 江西省全南县林业志编纂小组 1996 年 214 页

012872216
大吉山钨矿志

大吉山钨矿志续编领导小组编 大吉山 大吉山钨矿志续编领导小组 2004年 289页

012872215
大吉山钨矿志 1918—1989
大吉山钨矿志编纂委员会编 大吉山 大吉山钨矿志编纂委员会 1992年 591页

008844685
全南邮电志
全南县邮电局编 李家成主编 北京 人民邮电出版社 1998年 109页

008429233
全南县财政志
江西省全南县财政局编 全南 江西省全南县财政局 1988年 104页

008429142
江西省全南县地名志
全南县人民政府办公室编印 全南 全南县人民政府地名办公室 1984年 232页

宁都县

007351308
宁都县志
宁都县志编辑委员会编纂 宁都 宁都县志编辑委员会 1986年 746页

010778507
黄陂镇志
黄陂镇人民政府 宁都县史志办编 香港 华夏文化艺术出版社 2006年 278页

010778517
洛口镇志
洛口镇人民政府 宁都县史志办公室编 洛口镇 洛口镇人民政府 2006年 233页

012099684
宁都县政协志
宁都县政协志编纂委员会编 宁都 宁都县政协志编纂委员会 2008年 324页

010110606
琳池垦殖场志
彭秋英主编 李金生 李晓明副主编 江西省宁都县国营琳池综合垦殖场编 宁都 江西省宁都县国营琳池综合垦殖场 1995年 337页

012661691
宁都林业志
廖庆祥主编 彭秋英执行主编 李晓明 李佑祯执行副主编 江西省宁都县林业局编 宁都 宁都县林业局 1997年 351页

008428888
宁都交通志
宁都县交通志编纂委员会编纂 南昌 江

西人民出版社 1991 年 253 页〔赣南地区交通志丛书 5〕

008844694
宁都邮电志
宁都县邮电局编 北京 人民邮电出版社 1997 年 184 页

008216447
宁都粮食志
江西省宁都县粮食局编 宁都 江西省宁都县粮食局 1991 年 348 页

013753724
宁都县教育志 1998—2010
宁都县教育志编纂委员会编 宁都 宁都县教育志编纂委员会 2012 年 273 页

012099682
宁都人物志
宁都县史志办公室编 北京 清华同方光盘电子出版社 2008 年 656 页

008423925
江西省宁都县地名志
宁都县人民政府地名办公室编印 宁都 宁都县人民政府地名办公室 1985 年 545 页

008423906
翠微峰志
宁都县地方志编纂委员会办公室编 唐小峰 彭秋英主编 南昌 江西人民出版社 1994 年 246 页〔江西省地方志丛书〕

008380057
宁都团结水库志
宁都县志编纂委员会团结水库志编纂小组编 宁都 江西宁都县志编纂委员会 1989 年 174 页

于都县

007479095
于都县志
于都县志编纂委员会编纂 李忠东主编 北京 新华出版社 1991 年 743 页〔江西省地方志丛书〕

009880376
于都县志 1986—2000
于都县人民政府主修 于都县地方志办公室编 北京 方志出版社 2005 年 646 页

012096645
段屋乡志
谢秀珍 曾向荣主编 于都 于都县地方志办公室 2008 年 306 页

010280444
葛坳乡志
葛坳乡人民政府 于都县地方志办公室编 葛坳乡 葛坳乡人民政府 2006 年 320 页

009687416
贡江镇志
蔡昌福主编 胡慈发 钟健瑞副主编 于都 于都县地方志办公室 1995年 392页

011329325
禾丰镇志
刘熙波 钟荣涵主编 李忠东 钟健瑞编纂 于都 于都县地方志办公室 2007年 356页

011497770
黄麟乡志
黄麟乡人民政府 于都县地方志办公室编 于都 于都县地方志办公室 2007年 322页

011439876
靖石乡志
包礼斌 赖晓强主编 于都 于都县靖石乡人民政府 于都县地方志办公室 2007年 298页

008423452
岭背乡志
中共于都县岭背乡委员会 于都县岭背乡人民政府主编 岭背乡志编纂办公室编 岭背乡 岭背乡志编纂办公室 1987年 223页

009996569
岭背镇志
钟荣涵 钟健瑞编纂 于都 于都县地方志办公室 岭背镇人民政府 1997年 348页

010110729
桥头乡志
钟荣涵编纂 桥头乡 桥头乡人民政府 于都县地方志办公室 1999年 190页

011312070
铁山垅镇志
于都县地方志办公室编 于都 于都县地方志办公室 2006年 268页〔于都县地方志丛书〕

013226555
仙下乡志
于都县仙下乡人民政府 于都县地方志办公室编 肖雄 赖晓强主编 仙下乡 仙下乡人民政府 2011年 450页

011809342
新陂乡志
刘明湖 谢宏建主编 于都 于都县新陂乡人民政府 于都县地方志办公室 2008年 430页

009996601
梓山镇志
王慧君 钟荣涵主编 于都 梓山镇人民政府 于都县地方志办公室 2002年 316页

009994092

于都县人大志

朱人旭 钟荣涵主编 吴小明 钟健瑞编 于都 于都县人大常委办公室 于都县地方志办公室 1997年 295页

010280135

于都县政协志

于都县政协志编纂委员会编 于都 政协 2006年 230页

013236284

于都县政协志 2007.3—2011.6

于都县政协志编纂委员会编 于都 于都县政协志编纂委员会 2011年 211页

009386335

于都县人民法院志

钟言树主编 蔡昌福副主编 江西省于都县人民法院编 于都 江西省于都县人民法院 1998年 318页

012662797

于都县国土资源志

于都县国土资源局 于都县地方志办公室编 于都 于都县国土资源局 2009年 406页〔于都县地方志丛书〕

012662783

于都县房地产志

于都县房地产管理局 于都县地方志办公室编 于都 于都县房地产管理局 2009年 370页〔于都县地方志丛书〕

009994089

于都县林业志

肖贱陀 钟荣涵主编 于都县林业局 于都县地方志办公室编 于都 于都县地方志办公室 2001年 306页

009994087

于都县电业志

李巧明 钟荣涵主编 于都县供电局 于都县地方志办公室编 香港 国际展望出版社 2004年 235页

009386332

于都县交通志

于都县交通志编纂办公室编 于都 于都县交通志编纂领导小组 1991年 332页

011329328

于都县交通志

邓庆胜 邓永平主编 于都县交通局 于都县地方志办公室编 于都 2007年 410页

008844680

于都邮电志

于都县邮电局编 北京 人民邮电出版社 1998年 110页

009994083

于都县财政志

杨承焕 钟荣涵主编 于都 于都县财政局 2000年 263页

009560881
于都县税务志
于都县国家税务局 于都县地方税务局 于都县地方志办公室编 赣州 于都县地方志办公室 1998年 320页

009840156
于都县教育志 1986—2003
于都县教育局 于都县地方志办公室编 北京 清华同方光盘电子出版社 2005年 514页

007974685
于都县人物志
于都县志办公室编 钟荣涵主编 蔡昌福 钟健瑞副主编 南昌 江西省新华书店经销 1991年 347页

010731756
于都县钟氏志
于都县钟氏志编纂委员会 于都县地方志办公室编 北京 清华同方光盘电子出版社 2006年 381页

008830641
江西省于都县地名志
于都县地名办公室编印 于都 于都县地名办公室 1985年 583页

008830626
罗田岩志
王学伟编 钟荣涵主编 于都 于都县地方志办公室 1992年 83页

013865575
于都县卫生志
于都县卫生局 于都县地方志办公室编 刘求森 钟荣涵主编 赣州 于都县地方志办公室 2000年 302页

013861830
于都县卫生志 1999—2009
刘为生主编 张日万 邹永明 丁春荣副主编 2012年 324页

013686527
于都县水利志
罗冠群主编 于都县水利电力局编 于都 于都县水利电力局 1994年 182页

兴国县

007903912
兴国县志
兴国县县志编纂委员会编 兴国 兴国县印刷厂 1988年 2册

012613201
兴国县志 1986—2000
兴国县地方志编纂委员会编纂 周慧 谢芳桂顾问 谢兆祥主编 刘宗源 陈玉桃副主编 谢兆祥 陈玉桃 刘宗源编

纂　西安　三秦出版社　2009 年　824 页

012541750
画眉坳钨矿志
画眉坳钨矿志编纂委员会编　宁都　画眉坳钨矿志编纂委员会　1989 年　404 页

008430501
兴国县水利志
兴国县水利电力局编　兴国　兴国县水利电力局　1989 年　270 页

009687477
兴国县交通志
兴国县交通志编纂委员会编　兴国　兴国县交通志编纂委员会　1991 年　250 页〔赣南交通志丛书　4〕

008844411
兴国邮电志
兴国县邮电局编　北京　人民邮电出版社　1998 年　151 页

008428894
兴国县粮油志
兴国县粮油志编纂领导小组编　兴国　江西省兴国县粮油局　1990 年　324 页

010730393
兴国县文化志
兴国县文化局编　兴国　兴国县文化局　2004 年　137 页

010110769
兴国县教育志　修订稿
兴国县教育志编纂委员会编　兴国　兴国县教育志编纂委员会　1988 年　1 册

009961974
兴国县人物志
谢兆祥主编　五洲文明出版社　2005 年　583 页

008430544
江西省兴国县地名志
兴国县地名办公室编印　兴国　江西省兴国县地名办公室　1985 年　537 页〔江西省地名丛书　77〕

010110772
兴国县人民医院志
兴国县人民医院志编纂委员会编　兴国　2000 年　272 页

013686414
兴国县人民医院志 1930—2010
兴国县人民医院志编纂委员会编　兴国　兴国县人民医院志编纂委员会　2010 年　392 页

会昌县

007905732
会昌县志
曾田春主编　彭振凡　刘易　肖昌兰副主编　会昌县志编纂委员会编　北京　新

华出版社 1993年 658页〔江西省地方志丛书〕

012097471

会昌县志 1986—2009

会昌县地方志编纂委员会编 西安 三秦出版社 2010年 856页

008430496

会昌县水利志

李斓斓主编 江西省会昌县水利水电局会昌县水利志编辑组编 会昌 江西省会昌县水利水电局会昌县水利志编辑组 1990年 344页

009744839

会昌县交通志

江西省会昌县交通局编 会昌 江西省会昌县交通局 1989年 157页〔赣南交通志丛书 8〕

009683662

会昌邮电志

会昌县邮电局编 杨新生主编 北京 人民邮电出版社 1998年 141页

009687421

会昌县人物志

陶敏芳主编 石海莲 王驰执行主编 曾礼国等副主编 会昌县人物志编纂委员会编 北京 方志出版社 2004年 413页

008830650

江西省会昌县地名志

会昌县人民政府地名办公室编印 会昌 会昌县人民政府地名办公室 1985年 399页

009687418

会昌县气象志

江西省会昌县气象局编 会昌 江西省会昌县气象局 1995年 45页

寻乌县

012003016

寻乌县志 1986—2000

寻乌县地方志编纂委员会编 合肥 黄山书社 2008年 638页

008844341

寻乌邮电志

寻乌县邮电局编 北京 人民邮电出版社 1998年 112页

008830636

江西省寻乌县地名志

寻乌县地名办公室编印 寻乌 寻乌县地名办公室 1985年 287页

石城县

007903895

石城县志

江西省石城县县志编辑委员会编纂 赖盛庭总编 朱祖振副总编辑 北京 书目文献出版社 1990年 760页〔中华人民共和国地方志丛书〕

012613896
石城县志 1986—2000
黄金龙主修 陈水连主编 西安 三秦出版社 2009年 666页

009866641
江西省石城县烟草志 1988—1996
朱祖振主编 石城 石城县烟草专买局(公司 1996年 102页

008844396
石城邮电志
石城县邮电局编 苏欣责任编辑 北京 人民邮电出版社 1998年 148页

008429161
江西省石城县地名志
石城县地名办公室编 石城 石城县地名办公室 1985年 272页〔江西省地名丛书〕

013899419
石城县卫生志
石城县卫生局编 石城 石城县卫生局 1983年 71页〔石城县地方志丛书5〕

吉安市

012999180
吉安地区志
陈阜东主编 上海 复旦大学出版社 2010年 6册

008830631
吉安市志
欧阳轩主编 熊梅生 李光前 刘春生副主编 吉安市地方志编纂委员会编 珠海 珠海出版社 1997年 1152页〔中华人民共和国地方志丛书〕

012542684
民建吉安市委会志 1956—2006
民建吉安市委会志编纂委员会编 吉安 民建吉安市委会志编纂委员会 2008年 242页

010252916
吉安法院志 1840—2000
吉安法院志编纂委员会编 北京 人民法院出版社 2002年 544页

011432808
吉安地区审计志

李祖江主编 江西省吉安地区审计志编纂委员会编 吉安 江西省吉安地区审计志编纂委员会 2003年 319页

010143149
吉安地区印刷厂志 1949—1991
吉安地区印刷厂志编纂委员会编 吉安 吉安地区印刷厂 1993年 146页

012967949
吉安烟草志
江西省吉安地区烟草专卖局 江西省烟草公司吉安分公司编 吉安 吉安地区烟草专卖局 1992年 185页

008844698
吉安地区交通志
吉安地区交通史志编审委员会编 北京 人民交通出版社 1992年 384页

008664339
吉安地区邮电志
吉安地区邮电局编 南昌 江西人民出版社 1998年 403页

011890925
吉安地区财政志
吉安地区财政志编纂委员会编 吉安 吉安地区财政志编纂委员会 2005年 623页

009385983
吉安市财政志

吉安市财政志编纂委员会编 吉安 吉安市财政志编纂委员会 1993年 288页〔吉安市地方志丛书〕

011890930
吉安市教育志
江西省吉安市教育志编纂委员会编 江西 吉安市教育志编纂委员会编 1995年 224页〔吉安市地方志丛书〕

011890934
吉安市教育志 1990—2000
江西省吉安市教育志编纂委员会编 江西 吉安市教育志编纂委员会编 2000年 158页〔吉安市地方志丛书〕

011916633
白鹭洲书院志
高立人著 南昌 江西人民出版社 2008年 20页

008429146
江西省吉安市地名志
吉安市地名委员会办公室编印 吉安 吉安市地名委员会办公室 1985年 293页

008844706
江西省吉安地区气象志
吉安地区气象管理局编 吉安 吉安地区气象管理局 1993年 367页

青原区

013144443

吉安市青原区志

吉安市青原区地方志编纂委员会编著 北京 方志出版社 2011年 1059页

013342438

青原山志

青原山志编纂委员会编 北京 方志出版社 2011年 368页

井冈山市

013965127

井冈山市志 1991—2010

梅黎明 龙波舟主编 井冈山市地方志编纂委员会编 北京 方志出版社 2012年 2册

007974889

井冈山志

江西省井冈山市地方志编纂委员会编 北京 新华出版社 1997年 915页 〔中国地方志丛书〕

009687457

宁冈苏区志

中共宁冈县委党史工作办公室编 宁冈 中共宁冈县委党史工作办公室 1993年 374页

007589135

宁冈县志

宁冈县地方志编纂委员会编 萧鄹总纂 钟应瑞主编 谢志明等副主编 北京 中共中央党校出版社 1995年 1049页

012898369

鹅岭乡志

鹅岭乡志编写组编 1986年 268页

007508939

井冈山地区军事志

井冈山地区军事志编纂委员会 江西省吉安军分区编 北京 军事科学出版社 1992年 402页

013446286

井冈山军事志

井冈山市人民武装部编 北京 国防大学出版社 1992年 443页

009386102

井冈山垦殖场志

井冈山垦殖场志编纂委员会编 北京 方志出版社 1997年 628页

008664360

井冈山市邮电志

井冈山市邮电局编 南昌 江西人民出版社 1998年 144页

008664352

宁冈县邮电志

宁冈县邮电局编 南昌 江西人民出版社 1997年 190页

011329674

井冈山革命博物馆志

井冈山革命博物馆志编委会编 南京 江苏人民出版社 2007年 388页

009387094

井冈山教育志

江西省井冈山教育志编纂委员会编 井冈山 江西省井冈山教育志编纂委员会 1997年 215页

012554776

井冈山红军人物志

饶道良著 南昌 江西人民出版社 2010年 269页

012613283

井冈巾帼英雄志

刘家桂 丰根凤著 北京 中央文献出版社 2009年 247页

009043188

江西省宁冈县地名志

宁冈县人民政府地名办公室编印 宁冈 宁冈县人民政府地名办公室 1985年 249页

012174077

井冈山蝶类志

陈春泉 贾凤海主编 南昌 江西科学技术出版社 2008年 218页〔井冈山国家级自然保护区生物资源调查系列〕

吉安县

012049529

吉安县志 1986—2005

吉安县地方志编纂委员会编 南昌 江西人民出版社 2008年 720页

008664349

吉安县邮电志

吉安县邮电局编 南昌 江西人民出版社 1998年 203页

013531025

吉安县农村信用社志 1951—2011

鄢新平主编 南昌 江西人民出版社 2011年 428页

吉水县

012097490

吉水县志 1986—2004

吉水县志编纂委员会编著 郭细龙主编 南昌 江西人民出版社 2008年 670页〔中华人民共和国地方志丛书〕

013957674
吉水县政协志
吉水县政协志编纂委员会编 吉水 吉水县政协志编纂委员会 2009年 513页

009385985
吉水县粮食志
吉水县粮食局粮食志编纂领导小组编 北京 新华出版社 1992年 315页

009386150
芦溪岭林场志
吉水县芦溪岭林场志编委会 周庆元主编 南昌 吉水县芦溪岭林场志编委会 1993年 151页

009687423
吉水县交通志
吉水县交通局交通志编纂办公室编 吉水 吉水县交通局交通志编纂办公室 1988年 157页

011311447
吉水县邮电志
吉水县邮电局编 南昌 江西人民出版社 1998年 186页

013092956
吉水县人物志
吉水县人物志编纂委员会编 吉水 吉水县人物志编纂委员会 2006年 642页

010292126
吉水县水利志
吉水县水利电力局编 吉水 吉水县水利电力局 1992年 268页

峡江县

008429250
峡江县水利志
峡江县水利电力局编 峡江 峡江县水利电力局 1991年 153页

010110762
峡江县邮电志
峡江县邮电局编 南昌 江西人民出版社 1997年 178页

013603455
峡江县粮食志
李勤主编 江西省峡江县粮食局编 峡江 中共江西省委党校印刷厂 1995年 245页〔江西省地方志丛书〕

新干县

002988283
新干县志
江西省新干县志编纂委员会编 谢峰主编 廖庆柯 杨火根副主编 北京 中国世界语出版社 1990年 1177页〔中华人民共和国地方志丛书〕

009889677
新干县志 1986—2000
刘洪主编 北京 中央民族大学出版社 2005年 522页

009125953
洋峰垦殖场志
洋峰垦殖场志编纂委员会编 北京 中国世界语出版社 1997年 213页〔江西省地方志丛书〕

013990779
江西省新干中学校志 1940—2010
江西省新干中学校志编纂委员会编 新干 江西省新干中学校志编纂委员会 2010年 273页

011580187
江西省新干县地名志
新干县人民政府地名办公室编印 新干 新干县人民政府地名办公室 1985年 278页

008425985
新干县医药卫生志
江西省新干县医药卫生志编纂委员会编 新干 江西省新干县医药卫生志编纂委员会 1993年 306页〔江西省地方志丛书〕

永丰县

007482386
永丰县志
江西永丰县志编纂委员会编 北京 新华出版社 1993年 888页〔江西省地方志丛书〕

012769491
永丰县志 1986—2005
江西省永丰县县志编纂委员会编 南昌 江西人民出版社 2010年 624页

013604578
永丰林业志
江西省永丰县林业局编 永丰 江西省永丰县林业局 1994年 447页

009386321
永丰县邮电志
永丰县邮电局编 南昌 江西人民出版社 1997年 279页〔吉安地区邮电志系列〕

011585268
永丰县教育志 1054—1990
江西省永丰县教育志编纂委员会编 永丰 江西省永丰县教育志编纂委员会 1993年 248页

012661305
江西省永丰县地名志
永丰县人民政府地名办公室编印 永丰 永丰县人民政府地名办公室 1986 年 428 页

泰和县

007482403
泰和县志
泰和县地方志编纂委员会编 康臣纬主编 萧承钊 刘干副主编 北京 中共中央党校出版社 1993 年 957 页

013646450
泰和县志 1989—2008
泰和县地方志编纂委员会编 北京 方志出版社 2012 年 778 页

013066344
马市镇志 590—2007
马市镇志编纂委员会编 马市镇 马市镇志编纂委员会 2008 年 429 页

011764790
泰和林业志
江西省泰和县林业局编印 泰和 江西省泰和县林业局 1994 年 246 页

008664382
泰和县邮电志
泰和县邮电局编 南昌 江西人民出版社 1997 年 210 页

013991563
泰和县人民医院志 1933—2012
萧晓洪主编 南昌 江西人民出版社 2013 年 250 页

遂川县

008053807
遂川县志
曾琼英主编 邓德模副主编 遂川县地方志编纂委员会编 南昌 江西人民出版社 1996 年 1034 页〔江西省地方志丛书〕

010576821
遂川县志 1991—2003
江西省遂川县地方志编纂委员会编 南昌 江西人民出版社 2006 年 702 页〔中华人民共和国地方志丛书〕

011500659
遂川县林业志
遂川县林业志编纂委员会编 遂川 遂川县林业志编纂委员会 1997 年 217 页

011295510
遂川县林业志 1995—2006
江西省遂川县林业志编纂委员会编 南昌 江西人民出版社 2007 年 300 页〔中华人民共和国地方志丛书〕

011584998
遂川县交通志

江西省遂川县交通局编 江西 遂川县交通局 1989年 165页

008664346
遂川县邮电志
遂川县邮电局编 南昌 江西人民出版社 1997年 186页

013861825
江西省遂川中学志 1938—1998
江西省遂川中学校志编委会编 1998年 352页

万安县

007588007
万安县志
万安县志地方编纂委员会编 合肥 黄山书社 1996年 1015页

010008928
万安县志 1991—2000
江西省万安县地方志编纂委员会编 杨丹主修 廖晓晖主编 唐荣发执行主编 南昌 江西人民出版社 2006年 602页〔中华人民共和国地方志丛书〕

013660369
万安县交通志
万安县交通志编纂领导小组办公室编 安县 万安县交通志编纂领导小组办公室 1989年 256页

009386245
万安县金融志 1939—1990
万安县金融志编纂办公室编 万安 万安县金融志编纂办公室 1993年 181页

安福县

008389982
安福县志
王先顺主编 刘荣昌 赵从春 严滋心副主编 赵从春总纂 江西省安福县志编纂委员会编 北京 中共中央党校出版社 1995年 956页〔中华人民共和国地方志丛书〕

012831043
安福县志 1988—2008
安福县志编纂委员会编著 张平亮主修 肖梓才 刘昔章主编 张安亮副主编 姚义兴总纂 南昌 江西人民出版社 2010年 929页

013817864
安福县工会志
尹三生主编 欧阳力副主编 姚波烈编纂 安福 安福县总工会 2009年 557页

009385273
安福县人民代表大会志
安福县人民代表大会志编纂委员会 王先顺主编 吉安 吉安地区印刷厂印 1997年 184页

008426001

安福县谷源山林场志

安福县谷源山林场志编辑委员会 李武生 王江北主编 安福 安福县谷源山林场志编辑委员会 1997年 236页

012657691

安福县农业志

安福县农业志编纂委员会编 南昌 江西人民出版社 2010年 607页

012889173

安福县水利志

安福县水利局编 安福 安福县水利局 1994年 246页

008986559

安福县金融志

彭文俊主编 安福 安福县金融志编纂领导小组 1996年 276页

011441975

安福县社上水库志

社上水库志编辑室编 安福 社上水库志编辑室 1991年 172页〔江西省安福县地方志丛书〕

008429116

安福县社上水库志

社上水库志编辑室编纂 安福 社上水库志编辑室 1991年 164页〔江西省安福县地方志丛书〕

永新县

008416665

永新苏区志

江西省永新县志办公室编 海口 南海出版公司 1990年 476页

006543112

永新县志

永新县志编纂委员会编 刘永光主编 龙飞 龙仁 谭加庆副主编 北京 新华出版社 1992年 1052页〔江西省地方志丛书〕

012926207

永新县志 1986—2006

永新县志编纂委员会编 北京 方志出版社 2011年 1025页

009386202

七溪岭林场志

七溪岭林场志编纂委员会编 北京 新华出版社 1992年 178页

013686515

永新县水利志

永新县水利电力局水利志编辑室编 永新 永新县水利电力局水利志编辑室 1990年 165页

009386324

永新县邮电志

永新县邮电局编 南昌 江西人民出版社

1998年 263页

宜春市

010143346
宜春地区志 建筑业志
宜春地区城乡建设环境保护志编纂委员会编 宜春 宜春地区城乡建设环境保护志编纂委员会 1991年 1册

007905720
宜春市志
宜春市地方志编纂委员会编 王德全主编 韩际宋副主编 海口 南海出版公司 1990年 1035页

012689881
宜春市志
宜春市人民政府 宜春市志编纂委员会编 北京 方志出版社 2010年 3册 2819页

008300070
宜春地区县市概况
宜春地区史志办公室编 宜春 宜春地区史志办公室 1986年 334页

009386157
梅溪台上村志
孙见远主编 宜春 台上村志编纂小组 1995年 301页

008300066
宜春地区乡镇志
宜春地区地方志编纂委员会 卢明生总编 宜春 宜春地区地方志编纂委员会 1994年 412页〔宜春地区志系列丛书 1〕

011500800
宜春禅宗志
宜春禅宗志编纂委员会编 北京 中国文史出版社 2007年 476页

011586222
中国共产党宜春地区纪检志 1950—1990
中国共产党宜春地区纪检志编辑室编 宜春 中共宜春地区委员会 1993年 173页

009147443
宜春政府志
舒建勋主编 易文杨副主编 北京 中华书局 2003年 295页

013686440
宜春地区审计志 送审稿
宜春地区审计局编 宜春 宜春地区审计局 1991年 440页

009335412
宜春地区劳动志
宜春地区劳动志编纂委员会编 宜春 宜春地区劳动志编纂委员会 2002年 238页

009687480
宜春地区物资志
宜春地区物资志编纂委员会编 宜春 1993年 346页

009386317
宜春地区农牧渔业志
江西省宜春地区农牧渔业志编纂委员会编 刘衍道主编 李英伟 李晓钟 潘莫干副主编 南昌 江西科学技术出版社 1998年 382页

012900133
宜春钽铌矿志 1970—1990
宜春钽铌矿志编纂委员会编 宜春 宜春钽铌矿志编纂委员会 1995年 373页

009386095
江西省宜春地区交通志
宜春地区交通史志编审委员会编 北京 档案出版社 1993年 256页

012689877
宜春市交通志 1991—2007
朱宜民主编 宜春市交通志编纂委员会编 宜春 宜春市交通志编纂委员会 2008年 386页

008844664
宜春地区邮电志
宜春地区邮电局编 北京 人民邮电出版社 1996年 282页

013604572
宜春地区供销合作社志
江西省宜春地区供销合作社编 宜春 江西省宜春地区供销合作社 1995年 707页

009348144
江西省宜春地区名优特新产品志
卢明生主编 南昌 百花洲文艺出版社 1994年 514页

011910044
宜春地区财政志
宜春地区行政公署财政局编 宜春 宜春地区行政公署财政局编 1995年 586页

011910049
宜春地区税务志
宜春地区税务志编纂委员会编 天津 天津人民出版社 1993年 475页

008986584
宜春地区金融志
宜春地区金融志编纂委员会 辛才云 丁国良主编 辛洪启副主编 北京 人民出版社 1999年 439页

008300074
宜春市金融志
宜春市金融志编纂办公室编 宜春 宜春市金融志编纂办公室 1990年 279页

008300068
宜春市文化志
宜春市文化局编 宜春 宜春市文化局 1990年 276页

008300067
宜春市教育志
宜春市教育局编 宜春 宜春市教育局 1991年 191页

010293192
江西省宜春市第三中学二十周年校史志 1980—2000
宜春市第三中学校庆办公室编 宜春 江西省宜春市第三中学 2000年 236页

012900139
宜春一中五十周年校志 1938—1988
宜春一中五十周年校志编纂委员会编 宜春 宜春一中 1989年 370页

011145654
中国民间歌谣集成 江西分卷 宜春市卷
中国民间文艺家协会江西分会等编 1987年 178页

011145660
中国民间故事集成 江西分卷 宜春市卷
中国民间文艺家协会江西分会等编 周佐良主编 宜春 宜春市民间文学三套集成办公室 1987年 400页

011762354
江西省宜春县地名志
宜春县地名委员会办公室编印 宜春 宜春县地名委员会办公室 1985年 459页

012173720
春华秋实 江西省宜春市人民医院院志 1937—2007
江西省宜春市人民医院编 宜春 江西省宜春市人民医院 2007年 249页

012837618
宜春地区卫生志
江西省宜春地区卫生志编纂委员会编 北京 新华出版社 1993年 294页

011910052
宜春地区土种志
江西省宜春地区农牧渔业局 江西省宜春地区土壤普查办公室编 1987年 238页

009386100
江西苎麻品种志
江西宜春地区农科所 江西宜春地区苎麻所编 南昌 江西科学技术出版社 1988年 100页

袁州区

012689939
袁州区民政志
江西省宜春市袁州区民政局编 宜春 江西省宜春市袁州区民政局 2009年 327页

丰城市

011995609
丰城市志 1989—2006
丰城市志编修委员会编 南昌 江西人民出版社 2008年 813页〔江西省市县续志丛书〕

007351323
江西省丰城县志
丰城县县志编纂委员会编 金达迈主编 胡友安副主编 上海 上海人民出版社 1989年 930页〔中国地方志〕

008423408
段潭乡志
段潭乡志编写组编 段潭乡 段潭乡志编写组 1986年 164页

008300056
丰城县荷湖乡乡志
邹水生主笔 丰城 1986年 186页

008423402
湖塘乡志
丰城市湖塘乡湖塘乡志编写组编 湖塘乡 湖塘乡志编写组 1986年

009385989
剑光镇志
江西省丰城县剑光镇志编纂办公室编 丰城 江西省丰城县剑光镇志编纂办公室 1986年 234页

012174879
江西丰城上塘镇志
张重礼主编 上塘镇志编纂委员会编 丰城 盛凯印务有限公司 2008年 411页〔中国地方志〕

008423424
罗山乡乡志
罗山乡乡志编写组编 罗山乡 罗山乡乡志编写组 1985年 200页

008429228
洛市镇志
丰城县洛市镇志编写组编 洛市镇 丰城县洛市镇志编写组 1986年 271页

008429230
梅林乡志
梅林乡志编写组编 梅林乡 梅林乡志编写组 1985年 178页

008423396
桥东志
桥东志编纂组编 桥东 桥东志编纂组 1986年 262页

008300058
泉港镇志
江西省丰城县泉港镇泉港镇志编写组编 泉港镇 泉港镇泉港镇志编写组 1986年 232页〔丰城县地方志丛书2〕

008423405
尚庄志
丰城县尚庄镇志编写组编 尚庄镇 丰城县尚庄镇志编写组 1986年 162页

008423463
铁路乡志
江西省丰城县铁路乡志编纂组编 铁路乡 丰城县铁路乡志编纂组 1986年 176页

008423430
同田志
江西省丰城县同田乡同田志编写组编 同田乡 江西省丰城县同田乡同田志编写组 1986年 177页

013863864
拖船镇志
拖船镇编史修志办公室编 2007年 211页

008423441
小港镇志
小港镇志编写组编 小港镇 小港镇志编写组 1988年 209页

008423457
张巷乡志
丰城县张巷乡修史编志办公室编 张巷乡 丰城县张巷乡修史编志办公室 1986年 198页

008423414
董家志
江西省丰城县董家志编写组编 董家乡 丰城县董家志编写组 1986年 232页

009385346
丰城县民政志
丰城县民政志编纂领导小组编 丰城 丰城县民政志编纂领导小组 1988年 125页

008299959
丰城县农业志
江西省丰城县农业志编写领导组编 丰城 江西省丰城县农业志编写领导组 1985年 170页

011564535
丰城矿务局志 1996—2006
丰城矿务局志编委会编 丰城 丰城矿务局志编委会 2007年 569页

008300059

丰城县食品厂志

丰城县食品厂志编纂组编 丰城 丰城县食品厂志编纂组 1986年 57页

009335402

丰城县水利志

丰城县水利电力局编 上海 上海人民出版社 1990年 423页

012758802

丰城市邮电志

丰城市邮电局编 北京 科学普及出版社 1998年 171页

008299966

丰城县供销商业志

丰城县供销合作社联合社编 丰城 丰城县供销合作社联合社 1986年 228页

008300062

丰城县财税志

江西省丰城县财政税务局编 丰城 江西省丰城县财政税务局 1987年 268页

008300057

丰城县金融志

江西省丰城县金融志编写组编 丰城 江西省丰城县金融志编写组 1986年 202页

011762342

江西省丰城县地名志

丰城县地名委员会办公室编印 丰城 丰城县地名委员会办公室 1985年 498页〔江西省地名丛书 53〕

008426131

丰城县卫生志

丰城县卫生志编纂组编 胡勋之 杨树涛主编 吴东望副主编 上海 上海人民出版社 1991年 412页

樟树市

007903926

江西省清江县志

清江县志编纂委员会编 柳培元主编 刘锡纶 陈光宇副主编 上海 上海古籍出版社 1989年 660页

010278711

临江镇志 625—1988

临江镇志编纂领导小组编 临江镇 临江镇志编纂领导小组 1994年 409页

009386212

清江县政协志

清江县政协志编纂领导小组 中国人民政治协商会议江西省樟树市委员会编 樟树 中国人民政治协商会议江西省樟树市委员会 1989年 463页〔江西省地方志丛书〕

009687195

樟树市邮电志

樟树市邮电局编 北京 科学普及出版社 1998年 184页

008429259
清江县金融志 1870—1985
清江县金融志编纂小组编 清江 清江县金融志编纂小组 1988年 212页

008423571
江西省清江县地名志
清江县地名领导小组办公室编印 清江 清江县地名领导小组办公室 1984年 336页〔江西省地名丛书〕

008429184
樟树市城乡建设环境保护志
樟树市城乡建设环境保护志编纂领导小组编 樟树 樟树市城乡建设环境保护志编纂领导小组 1991年 292页

高安市

012609847
高安市志 1986—2006
高安市志编纂委员会编 北京 方志出版社 2009年 1306页

006718535
高安县志
江西省高安县史志编纂委员会编纂 戴佳臻主编 万新民等副主编 南昌 江西人民出版社 1988年 705页〔江西省地方志丛书〕

012586996
八景镇志
八景镇志编纂委员会编 南昌 江西人民出版社 2009年 634页

013792465
建山镇志 1998—2011
建山镇志编纂委员会编著 简恺主编 南昌 南昌康宇彩色印刷有限公司 2012年 482页

012052499
盐湖团志
高安市八景镇盐湖团志编纂委员会 雷牛保主修 席驰主编 高安 八景镇盐湖团志编纂委员会 2006年 132页

013897138
高安人大志 1949.7—2006.3
江西省高安市人民代表大会常务委员会编 高安 江西省高安市人民代表大会常务委员会 2006年 530页

012967560
高安市政协志 1959—2005
政协高安市委员会编 高安 政协高安市委员会 2005年 714页

013647468
高安民政志
高安民政志编纂委员会编 高安 高安民政志编纂委员会 2011年 715页

009385972

高安市老龄志

高安市老龄志编纂委员会编 高安 高安市老龄志编纂委员会 1999年 349页

010110400

高安市水利志

江西省高安市水利志编纂委员会编 高安 江西省高安市水利志编纂委员会 2000年 386页

008425971

高安县交通资料汇编

高安县交通史志编辑室编 高安 高安县交通史志编辑室 1988年 482页〔宜春地区交通史志丛书 5〕

009687164

高安市邮电志

高安市邮电局编 北京 科学普及出版社 1998年 186页

013989054

高安市财政志

高安市财政志编纂委员会编 北京 中国时代经济出版社 2013年 796页

013528906

高安县文化艺术志

黄鹤鸣主编 高安县文化艺术志编纂委员会编 高安 高安县文化艺术志编纂委员会 1998年 265页

013684406

江西省高安二中三十年史志 1979—2009

江西省高安二中三十年校庆史志资料编纂委员会编 高安 江西省高安二中三十年校庆史志资料编纂委员会 2009年 282页

013091063

高安朱氏通志

高安朱氏通志编纂委员会编 高安 高安朱氏通志编纂委员会 2009年 2册

009227390

高安县文物志

刘裕黑主编 陈行一 熊琳副主编 南昌 百花洲文艺出版社 1990年 392页

008358324

江西省高安县地名志

高安县地名办公室编印 高安 高安县地名办公室 1985年 458页

012263952

碧落桥志

朱志桃编著 高安 江西省高安市印刷有限责任公司 2005年 488页

013925252

高安市卫生志

江西省高安市卫生志编纂委员会编 高安 高安市卫生志编纂委员会 2007年 192页

奉新县

007903924
奉新县志
奉新县地方志编纂委员会编 徐冰云 魏在宽主编 肖正根 杨良恭 鄢祖莹副主编 海口 南海出版公司 1991年 795页〔中国地方志 江西省〕

013045512
奉新县志 1986—2004
奉新县地方志编纂委员会编 徐冰云 刘功林主编 刘屏山等副主编 北京 方志出版社 2011年 961页

009689119
会埠乡志
舒建勋 魏绪良主编 会埠 奉新县会埠乡志编纂委员会 1990年 401页

013369789
奉新人大志 1930—2010
奉新县人民代表大会常务委员会编 奉新 奉新县人民代表大会常务委员会 2011年 469页

011579759
奉新县人民代表大会志
奉新县人大志编纂委员会编 1990年 220页

010143138
奉新县政协志
宋名成主编 温敦辉 杨道正 谢华章责任编辑 中国人民政治协商会议江西省奉新县委员会文史资料研究委员会编 奉新 中国人民政治协商会议江西省奉新县委员会文史资料研究委员会 1988年 511页〔奉新文史资料 第3辑〕

011579768
奉新县信访志
奉新县信访志编纂委员会编 奉新 奉新县信访志编纂委员会 1994年 243页

008421993
奉新县水利志
奉新县水利电力局水利志编纂委员会编 奉新 奉新县水利电力局水利志编纂委员会 1989年 167页

009687149
奉新县邮电志
奉新县邮电局编 北京 科学普及出版社 1998年 215页

009687139
江西省奉新县供销合作社志
奉新县供销合作社志编纂委员会编 况群主编 彭德苹副主编 奉新 奉新县供销合作社志编编纂委员会 1996年 552页

011295926
奉新县财政志

奉新县财政志编纂委员会编 北京 方志出版社 2007年 1188页

011911573
奉新县金融志
奉新县金融志编纂委员会编纂 江西 奉新县金融志编纂委员会编纂 1999年 455页

008429473
奉新县文化艺志
奉新县文化局编 卢拙斋主编 肖正根 刘作奏副主编 奉新 奉新县文化局 1992年 262页

009385347
奉新县教育志
奉新县教育志编纂小组编 奉新 奉新县教育志编纂小组 1984年 340页

009414227
江西省奉新县地名志
奉新县地名办公室编印 冯川镇 奉新县地名办公室 1983年 293页

万载县

003146908
万载县志
江西省万载县志编纂委员会编纂 鲍洪深主编 钟政等副主编 南昌 江西人民出版社 1988年 936页〔江西省地方志丛书〕

012877265
万载县志 1986—2005
江西省万载县史志编纂委员会编纂 南昌 江西人民出版社 2011年 779页〔江西省地方志丛书〕

009386247
万载县政协志
中国人民政治协商会议江西省万载县委员会编 陈述逸主编 万载 中国人民政治协商会议江西省万载县委员会 1991年 640页

009687184
万载县邮电志
万载县邮电局编 北京 科学普及出版社 1998年 155页

012927701
万载县教育志
万载县教育志编纂委员会编 南昌 江西人民出版社 2010年 570页

009441979
万载县文物志 征求意见稿
万载县文物志编写组编 万载 万载县文物志编写组 1983年 168页

004477314
万载县文物志
万载县文物普查领导小组 万载县文物志编委会编 宜春 万载县文物普查领导小组 万载县文物县文物志编委会

1989年 313页

008423035
江西省万载县地名志
万载县地名委员会办公室编 万载 万载县地名委员会办公室 1984年 403页

上高县

007482345
上高县志
上高县史志编纂委员会编 海口 南海出版公司 1990年 558页

009346105
中国共产党上高县历史大事记
1919—2002
上高县史志办公室编 南昌 江西人民出版社 2003年 522页

011441949
上高县邮电志
上高县邮电局编 北京 科学普及出版社 1998年 162页

013660259
上高县文物志
上高县文物志编委会编 上高 上高县文物志编委会 1986年 183页

011439771
江西省上高县地名志
上高县地名办公室编印 上高 上高县地名办公室 1984年 358页〔江西省地名丛书 52〕

宜丰县

007351317
宜丰县志
江西省宜丰县地方志编纂委员会编 姚行先主编 李志成等副主编 上海 中国大百科全书出版社上海分社 1989年 876页〔中华人民共和国地方志丛书〕

012723401
宜丰县志 1986—2005
江西省宜丰县地方史志编纂委员会编 北京 方志出版社 2010年 631页

009234379
敖桥乡志
胡乐辉主编 宜丰 江西省宜丰县敖桥乡乡志编纂委员会 2003年 404页〔江西省宜丰县地方志系列丛书〕

009241670
澄塘镇志
丁继平主编 江西省宜丰县澄塘镇镇志编委会编 澄塘镇 江西省宜丰县澄塘镇镇志编委会 2002年 395页

009335430
芳溪镇志
王苟生主编 宜丰 江西省宜丰县芳溪镇

镇志编纂委员会 2002年 400页〔江西省宜丰县地方志系列丛书〕

008092145
花桥乡志
熊仕跃主编 韩仁芳 陈克生 晏桂芳副主编 花桥乡志编纂委员会编 宜丰 花桥乡志编纂委员会 1995年 535页〔宜丰县地方志系列丛书〕

008069258
桥西乡志
任共华主编 江西省宜丰县桥西乡志编纂委员会编 宜丰 江西省宜丰县桥西乡志编纂委员会 1995年 419页〔宜丰县地方志系列丛书〕

008216921
石市乡志
石市乡志编纂委员会编 石市乡 石市乡志编纂委员会 1994年 403页

009335397
双峰乡志
宜丰县双峰乡志编纂委员会编 宜丰 编者 1993年 615页〔江西省宜丰县地方志丛书〕

008069259
潭山镇志
唐忠良主编 宜丰县潭山镇志编纂委员会编 宜丰 宜丰县潭山镇志编纂委员会 1995年 450页〔宜丰县地方志系列丛书〕

008213687
棠浦镇志
棠浦镇志编纂委员会编 宜丰 编者 1995年 884页〔江西省宜丰县地方志丛书〕

008831498
天宝乡志
韩仁芳主编 宜丰 江西省宜丰县天宝乡乡志编纂委员会 2001年 389页〔江西省宜丰县地方志系列丛书〕

008664442
同安乡志
舒彬主编 江西省宜丰县同安乡乡志编纂委员会编 宜丰 江西省宜丰县同安乡乡志编纂委员会 2000年 407页〔江西省宜丰县地方志系列丛书〕

008216914
新昌镇志
新昌镇志编纂委员会编 1996年 443页〔江西省宜丰县地方志丛书〕

009335407
新庄镇志
王道华主编 宜丰 编者 2002年 270页

010253970
宜丰县政协志 1959—2005
中国人民政治协商会议宜丰县委员会

编 宜丰 中国人民政治协商会议宜丰县委员会 2006年 460页

008092146

宜丰检察志

邹岳明主编 宜丰检察志编纂委员会编 宜丰 宜丰检察志编纂委员会 1996年 382页〔宜丰县地方志系列丛书〕

009335425

宜丰工商行政管理志

易奇浩主编 宜丰工商行政管理志编纂委员会编 宜丰 宜丰工商行政管理志编纂委员会 1998年 461页

008300091

江西省宜丰县石花尖垦殖场志

宜丰县石花尖垦殖场编印 宜丰 宜丰县石花尖垦殖场 1992年 373页

008351227

宜丰林业志

宜丰县林业局编 宜丰 宜丰县林业局 1988年 193页

009335417

宜丰县经委国营工业志

宜丰县经济委员会编 宜丰 宜丰县经济委员会 1991年 143页

008844671

宜丰县邮电志

宜丰县邮电局编 北京 科学普及出版社 1998年 124页

008092147

宜丰粮食志

黄胜华主编 江西省宜丰县粮食志编纂委员会编 宜丰 江西省宜丰县粮食志编纂委员会 1995年 308页〔宜丰县地方志系列丛书〕

008300081

宜丰县财政志 1911—1985

江西省宜丰县财政局编 宜丰 江西省宜丰县财政局 1988年 434页

011585225

宜丰县税务志 1911—1985

江西省宜丰县税务局编 江西 宜丰县税务局编 1987年 200页

008094521

宜丰县文化艺术志

江西省宜丰县文化局编 张耀寰主编 罗晏生 胥海波副主编 陈清华主笔 周绍祖副主笔 宜丰 江西省宜丰县文化局 1992年 484页

011066690

宜丰中学史志 1923—2003

宜丰中学史志编委会编 宜丰 宜丰中学 2003年 613页

009675594

江西省宜丰县地名志

宜丰县地名委员会办公室编印 宜丰 宜丰县地名委员会办公室 1984 年 381 页〔江西省地名丛书 51〕

008300084
宜丰县水利志
宜丰县水利志编辑办公室编 宜丰 宜丰县水利志编辑办公室 1987 年 147 页

靖安县

007295474
靖安县志
江西省靖安县志编纂委员会编纂 钟健华主编 廖延平等副主编 南昌 江西人民出版社 1989 年 872 页〔江西省地方志丛书〕

012999261
靖安县志 1988—2007
靖安县志编纂委员会编 南昌 江西高校出版社 2011 年 673 页

012899008
靖安县政协志 1981—1990
中国人民政治协商会议江西省靖安县委员会编 靖安 中国人民政治协商会议江西省靖安县委员会 1992 年 365 页

013659395
靖安县交通志资料汇编
靖安县交通史志编审委员会办公室编 靖安 靖安县交通史志编审委员会办公室 1988 年 336 页〔宜春地区交通史志丛书 3〕

009687170
靖安县邮电志
靖安县邮电局编 北京 科学普及出版社 1998 年 169 页

013446289
靖安县粮食志
靖安县粮食局编 靖安 靖安县粮食局 2003 年 302 页

铜鼓县

004018805
铜鼓县志
铜鼓县志编纂委员会编 海口 南海出版公司 1989 年 833 页

008389974
铜鼓县志 续编
铜鼓县地方志编纂委员会编 合肥 黄山书社 1994 年 332 页

009687445
江西省铜鼓县民政志
铜鼓县民政局编印 卢复光 朱可三 戴宁执笔 铜鼓 铜鼓县民政局 1987 年 205 页

013686301
铜鼓县水利志 送审稿
铜鼓县水利志编纂办公室编 铜鼓 铜鼓县水利志编纂办公室 1990年 354页

010730210
铜鼓县邮电志
铜鼓县邮电局编 北京 科学普及出版社 1998年 174页

009386241
铜鼓县文化艺术志
铜鼓县文化局编 漆润金主编 李艺川编 铜鼓 铜鼓县文化局 1991年 375页

012661303
江西省铜鼓县地名志
铜鼓县人民政府地名办公室编印 铜鼓 铜鼓县人民政府地名办公室 1986年 318页

008428904
铜鼓县卫生志
铜鼓县卫生志编纂委员会编 香港 香港金陵书社出版公司 1993年 128页

抚州市

007359782
抚州市志
抚州市志编纂委员会编 北京 中共中央党校出版社 1993年 579页

011311824
抚州行政机关志 前202—2002
抚州市政府办公室 抚州市地方志办公室编 江西 江西地矿局测绘大队 2002年 179页

013897118
抚州法院志 1840—1990
抚州地区中级人民法院编 抚州 抚州地区中级人民法院 1991年 176页

013897120
抚州法院志 1991—2010
抚州市中级人民法院编 抚州 抚州市中级人民法院 2011年 435页

010110382
抚州烟草志
抚州烟草志编纂领导小组编 抚州 抚州烟草志编纂领导小组 1998年 363页

008423524
抚州针织厂志
抚州针织厂厂志编纂组编 抚州 抚州针织厂厂志编纂组 1988年 406页

011066967
江西抚州地区企事业单位组织志
1949—1994
中共抚州地委党史工作办公室 抚州地区地方志办公室编 合肥 黄山书社 1996年 470页

010577206
抚州地区粮食志
江西省抚州地区粮食局编 抚州 江西省抚州地区粮食局 1999年 297页

013681558
抚州市财政志 送审稿
1985年 100页

013404295
抚州金融志
黄洪 黄仁祥主编 抚州金融志编纂委员会编 抚州 江西省新闻出版局抚州分局 2002年 260页

011320729
抚州地区教育志 珍藏版
抚州地区教育志编纂委员会编 北京 中华书局 2001年 777页

010060986
抚州地区民间文学集成 黎川县卷
黎川县民间文学集成办公室编 黎川 黎川县民间文学集成办公室 1986年 314页

010060967
抚州地区民间文学集成 临川县卷
临川县民间文学三套集成办公室编 临川 临川县民间文学三套集成办公室 1986年 2册

010060984
抚州市民间文学集成 抚州市卷
抚州市民间文学集成办公室编 抚州 抚州市民间文学集成办公室 1986年 421页

011586259
中国民间歌曲集成 江西卷 抚州地区分卷
江西省抚州地区民间歌曲编辑委员会编 抚州 江西省抚州地区民间歌曲编辑委员会 200u年 316页

012609830
抚州移动通信志
李邵清主编 抚州 中国移动通信集团江西有限公司抚州分公司 2009年 328页

013681554
抚州地区水利志 送审稿
抚州地区水利志编纂委员会编 抚州 抚州地区水利志编纂委员会 1987年 3册

临川区

012613940
临川区志 1987—2005
习东森主修 西安 三秦出版社 2009年 821页

007482382
临川县志
临川县志编纂委员会 扬佐经主编 蔡继祥 顾仕颖副主编 北京 新华出版社 1993年 869页〔江西省地方志丛书〕

012587076
唱凯镇志
万安飞 何钟芳主编 临川 临川区唱凯镇人民政府 2009年 477页〔临川区乡镇地方志丛书〕

012540900
大岗镇志
万安飞 何钟芳主编 抚州 临川区大岗镇人民政府 2008年 396页〔临川区乡镇地方志丛书〕

012541731
湖南乡志
万安飞主编 抚州 湖南乡人民政府 2007年 605页〔临川区乡镇地方志丛书〕

012542607
连城乡志
万安飞 何钟芳主编 连城乡 连城乡编纂委员会 2007年 343页〔临川区乡镇地方志丛书〕

012542774
七里岗乡志
七里岗乡老乡协会编 临川 七里岗乡老乡协会 2006年 304页

012613859
腾桥地方志
盛吉林主编 临川 临川地方特色文化协会 2008年 324页〔临川区乡镇地方志丛书〕

009385306
唱凯志
临川县唱凯志编辑组编 唱凯乡 1987年 170页

010110604
临川政协志 1955—2004
政协抚州市临川区委员会编 抚州 政协抚州市临川区委员会 2004年 324页

008429174
临川县法院志
临川县人民法院编 临川 临川县人民法院 1993年 202页

010252057

临川县财政志

临川县财政局编 临川 临川县财政局 1994年 267页

008429127

江西省临川县地名志

临川县人民政府地名办公室编 临川 临川县人民政府地名办公室 1986年 543页

南城县

007685736

南城县志

章添元 邓遐龄主编 南城县志编纂委员会编纂 北京 新华出版社 1991年 499页〔江西省地方志丛书〕

010143337

南城县政协志

南城县政协志编纂委员会编 南城 南城县政协志编纂委员会 2002年 291页

012658605

洪门水电厂志 1987—2000

洪门水电厂志编纂委员会编 洪门镇 洪门水电厂志编纂委员会 2002年 227页

010060991

抚州地区民间文学集成 南城县卷

南城县民间文学集成办公室编 南城 南城县民间文学集成办公室 1986年 277页

黎川县

007488769

黎川县志

江西省黎川县志编纂委员会编纂 合肥 黄山书社 1993年 774页〔江西省地方志丛书〕

013224577

黎川县志 1991—2004

季来木顾问 聂仕雄主修 顾波 陈俊华副主修 朱建明主编 陈金根副主编 黎川县志编纂委员会编 西安 三秦出版社 2011年 696页

010143327

黎川县政协志

黎川县政协志编纂委员会编 黎川 黎川县政协 2003年 270页

008426049

德胜关垦殖场志

德胜关垦殖场志编纂委员会编 北京 方志出版社 1997年 250页

009386145

黎川县教育志

黎川县教育委员会编 黎川 黎川县教育委员会 2002年 349页

南丰县

008640080
南丰县志
南丰县地方志编纂委员会编 夏老长主编 吴先福 姜宝林副主编 江西省南丰县史志编纂委员会办公室编 北京 中共中央党校出版社 1994年 737页

011321090
南丰县志 1987—2003
南丰县志编纂委员会编 北京 清华同方光盘电子出版社 2006年 501页

010279690
南丰县政协志 1949—2002
南丰县政协志编纂委员会编 彭君仁主编 南丰 南丰县政协志编纂委员会 2003年 325页

008385406
南丰县法院志
南丰县人民法院编 南丰 南丰县人民法院 1992年 182页

012680325
军峰山志
彭君仁主编 南丰 政协江西省南丰县委员会 2008年 195页

崇仁县

004018837
崇仁县志
江西省崇仁县县志编纂委员会编纂 陈勋民主编 罗德保副主编 南昌 江西人民出版社 1990年 840页〔江西省地方志丛书〕

012609483
崇仁县志 1985—2000
崇仁县志编纂委员会编 北京 清华同方光盘电子出版社 2009年 508页

009385310
崇仁县统战政协志
范贤儒主编 崇仁 江西省崇仁县统战政协志编纂领导小组 1986年 195页

011804172
崇仁县教育志
崇仁教育志编纂委员会编 崇仁 崇仁教育志编纂委员会 2001年 525页

乐安县

008429460
乐安县政协志
中国人民政治协商会议江西省乐安县委员会政协志编纂委员会编 乐安 中国人民政治协商会议江西省乐安县委员会政协志编纂委员会 1992年

190 页

010060988
抚州地区民间文学集成 乐安县卷
乐安县民间文学集成办公室编 乐安 乐安县民间文学集成办公室 1986 年 362 页

宜黄县

007010509
宜黄县志
徐禹谟总编 雷文 黄学勋 吴希凌副总编 宜黄县县志编纂委员会编 北京 新华出版社 1993 年 783 页〔江西省地方志丛书〕

011910060
宜黄县志
魏建平 蓝师龙主编 徐国义 伍鹏副主编 邹国荣总纂 宜黄县志编纂委员会编 西安 三秦出版社 2008 年 774 页

009560878
宜黄县邮电志
宜黄县邮电局编 北京 北京邮电大学出版社 1996 年 164 页〔抚州地区邮电志 5〕

金溪县

007903955
金溪县志
金溪县志编纂领导小组编 徐克茂 赵水泉总纂 北京 新华出版社 1992 年 532 页〔江西省地方志丛书〕

010778554
金溪县志
谭小平主修 陈笑涛总纂 金溪县人民政府主修 西安 三秦出版社 2007 年 2 册 1575 页

011497913
金溪县移民志
金溪县地方志办公室编 金溪 金溪县地方志办公室 2002 年 494 页

011954495
康县军事志 约前 920—2007.6
中国人民解放军康县人民武装部队编 康县 康县人民武装部队 2007 年 290 页

010060993
抚州地区民间文学集成 金溪卷
陈样贵 陆炳才 胡德龙主编 金溪县民间文学集成办公室编 金溪 金溪县民间文学集成办公室 1986 年 429 页

资溪县

007850905
资溪县志
游锦生主编 吴鹏等副主编 北京 方正出版社 1997年 579页 〔江西省地方志丛书〕

009378211
马头山林场志
马头山林场志编纂领导小组编 资溪 马头山林场 1990年 152页

008423548
资溪林业志
资溪县林业局编 南昌 江西人民出版社 1991年 423页

东乡县

006440591
东乡县志
江西省东乡县志编纂委员会编纂 南昌 江西人民出版社 1989年 664页 〔江西省地方志丛书〕

012951975
东乡县志 1986—2005
东乡县地方志编纂委员会编 西安 三秦出版社 2010年 891页

013751653
东乡县畜牧志
东乡县畜牧水产局编 东乡 东乡县畜牧水产局 2001年 282页

011497756
红星企业集团志
红星企业集团志编纂委员会编 南昌 江西人民出版社 1993年 381页 〔江西省地方志丛书〕

010060966
抚州地区民间文学集成 东乡县卷
东乡县民间文学集成办公室编 东乡 东乡县民间文学集成办公室 1984年 374页

012636903
东乡县水利志
东乡县水利志编纂委员会编 东乡 东乡县水利志编纂委员会 2004年 225页

广昌县

007676153
广昌县志
江西省广昌县志编纂委员会编 上海 上海社会科学院出版社 1995年 1109页

012811296
广昌县志 1991—2000
广昌县志编纂委员会编 北京 方志出版

社 2010 年 534 页

012832033
广昌县政协志 1958—2008
广昌县政协志编纂委员会编 广昌 广昌县政协志编纂委员会 2008 年 266 页

010200256
广昌公路段志
广昌公路段志编纂委员会编 王金宝主编 广昌 广昌公路段志编纂委员会 2003 年 274 页

013683461
广昌县农村信用合作社志
广昌县农村信用合作社志编纂委员会编 南昌 江西教育印刷厂 2002 年 283 页

010110406
广昌白莲志
符镇国主编 广昌县白莲志编纂委员会编 南昌 江西科学技术出版社 2002 年 197 页

上饶市

009116626
上饶地区志
何细贵主编 谭承志 严振洲副主编 上饶地区地方志编纂委员会编 北京 方志出版社 1997 年 2 册

011566144
上饶地区法院志
江西省上饶地区中级人民法院院志编纂委员会编 上饶 江西省上饶地区中级人民法院院志编纂委员会 1996 年 419 页〔江西省法院志丛书〕

008487113
上饶地区工商行政管理志
江西省上饶地区工商行政管理局编 上饶 上饶地区工商行政管理局 1993 年 265 页

013509369
上饶地区审计志
江西省上饶地区审计志编纂委员会编 北京 中国审计出版社 1999 年 199 页

009866622
江西省上饶电力工业志
上饶地区电力工业局编印 上饶 上饶地区电力工业局 1988 年 130 页

010143338
上饶供电局志 1987—2000
上饶供电局志编纂委员会编 上饶 上饶供电局 2002 年 200 页

013377130
上饶地区交通志
上饶地区交通志编审委员会编 上饶 上饶地区交通志编审委员会 1992年 695页

013731328
上饶市交通志 1986—2005
上饶市交通运输局史志编审委员会编著 上饶 上饶市交通运输局史志编审委员会 2011年 655页

010243547
上饶地区邮电志
吴爱兴主编 上饶地区邮电局编 上饶 上饶地区邮电局 1999年 704页

011441964
上饶地区粮食志
上饶地区粮食志编纂组编 上饶 上饶地区粮食志编纂组 1989年 247页

010251736
上饶地区商业志
上饶地区商业局 上饶地区供销社编 上饶 上饶地区供销社 1990年 397页

009386228
上饶地区财政志
上饶地区财政局编 上饶 上饶地区财政局 1989年 277页

008428898
上饶地区税务志
上饶地区税务志编纂领导小组编 上饶 上饶地区税务志编纂领导小组 1992年 117页〔江西省上饶地区地方志丛书〕

008430504
上饶地区金融志
上饶地区金融志编纂领导小组编 上饶 上饶地区金融志编纂领导小组 1991年 312页

009420749
上饶人物
上饶市地方志编纂委员会办公室编 北京 方志出版社 2004年

011584855
上饶地区卫生志
徐茂良主编 江西省上饶地区卫生志编纂委员会编纂 合肥 黄山书社 1992年 468页〔中华人民共和国地方志丛书〕

信州区

009687467
上饶市志 1986—2000
江西省上饶市信州区地方志编纂委员会编 北京 方志出版社 2005年 778页

009994073
上饶市农业志
上饶市农业志编纂委员会编 北京 方志出版社 2005年 797页

009687464
上饶市二轻工业志
邱元福主编 梁超文主笔 宣军执笔 上饶 上饶市二轻工业志编写小组 1989年 149页

013602026
上饶市金融志
上饶市金融志编纂领导小组编 上饶 上饶市金融志编纂领导小组 1990年 243页

009386057
江西省上饶市地名志
江西省上饶市地名办公室编印 上饶 江西省上饶市地名办公室 1986年 531页

德兴市

012819767
德兴市志 1991—2006
江西省德兴市地方志编纂委员会编 南昌 江西人民出版社 2010年 839页

007482385
德兴县志
德兴市地方志编纂委员会编 何逵东主编 北京 光明日报出版社 1993年 1089页〔江西省地方志丛书〕

012714081
德兴市政协志
江西省德兴市政协志编纂委员会编 德兴 德兴市政协志编纂委员会 2005年 439页

008429438
德兴县政协志
中国人民政治协商会议江西省德兴市委员会政协志编纂委员会编 德兴 江西省德兴市印刷厂 1993年 341页〔江西省地方志丛书〕

013681527
德兴市工商行政管理志
德兴市工商行政管理局编 2010年 318页

008664366
大茅山志
江西大茅山集团有限责任公司大茅山志编纂委员会编 南昌 江西人民出版社 1999年 542页

008429152
德兴黄金工业志
德兴市黄金管理局 何耀庭 平德民主编 德兴 德兴市黄金管理局 1992年 90页

008429349

德兴铜矿科学技术志

德兴铜矿科学技术志编纂委员会编 德兴 江西铜业公司德兴铜矿出版社 1992年 412页

008429097

德兴铜矿志

德兴铜矿志编委会编 德兴 德兴铜矿志编委会 1993年 461页

012898992

江西铜业公司德兴铜矿三期工程建设志

江西铜业公司编 江西 江西铜业公司 1998年 242页

008664385

银山铅锌矿志

银山铅锌矿志编委会编 南昌 江西人民出版社 1998年 418页

014028655

德兴县交通志

江西省德兴县交通志编纂委员会编 吴正平主编 1988年 300页

010200108

德兴邮电志

石家林主编 德兴市邮电局编 德兴 德兴市邮电局 1998年 236页

008430556

江西省德兴县地名志

德兴县地名办公室编印 德兴 德兴县地名办公室 1985年 352页

008424642

三清山志

德兴县县志编纂委员会办公室编 德兴 1990年 250页

上饶县

007482465

上饶县志

上饶县县志编纂委员会 张德金主编 邱敬登 郭佐民副主编 北京 中共中央党校出版社 1993年 648页〔中国地方志丛书〕

009768830

上饶县志 1987—2000

上饶县县志编纂委员会编 北京 方志出版社 2005年 576页

009386233

上饶县政协志

中国人民政治协商会议江西省上饶县委员会政协志编纂委员会编 李良明主编 上饶 中国人民政治协商会议江西省上饶县委员会政协志编纂委员会 1990年 371页

010577216
上饶县邮电志
何继民主编 上饶县邮电局编 上饶 上饶县邮电局 1998年 200页

013342512
上饶县金融志
上饶县金融志编写办公室编 1988年 285页

广丰县

002604041
广丰县志
广丰县县志编纂委员会编 1988年 544页

009744832
广丰县志
广丰县地方志编纂委员会编 北京 方志出版社 2005年 1099页

008429213
广丰县人民代表大会志
广丰县人大志编纂委员会编 广丰 广丰县人大志编纂委员会 1993年 508页

008429478
广丰县政协志
中国人民政治协商会议江西省广丰县委员会编 广丰 中国人民政治协商会议江西省广丰县委员会 1992年 268页

008664381
广丰县邮电志
广丰县邮电局编 南昌 江西人民出版社 1998年 356页

008430552
江西省广丰县地名志
广丰县地名办公室编印 广丰 广丰县地名办公室 1986年 395页

玉山县

008818328
玉山县志
江西省玉山县志编纂委员会编纂 汪风刚主编 林谋泱 吴甫 彭学甫副主编 南昌 江西人民出版社 1985年 680页〔中华人民共和国地方志丛书〕

009744824
玉山县志 1979—2000
玉山县志编纂委员会编 北京 方志出版社 2005年 716页

007351333
玉山县政协志
杨乐福等主编 中国人民政治协商会议江西省玉山县委员会政协志编纂委员会编 江山 中国人民政治协商会议江西省玉山县委员会政协志编纂委员会 1987年 313页〔江西省地方志丛书〕

012175217
玉山县交通警察志
江西省玉山县公安局交通警察大队编 玉山 江西省玉山县公安局交通警察大队 2008年 348页

009385976
怀玉山场志
国营玉山县怀玉山综合垦殖场编印 玉山 国营玉山县怀玉山综合垦殖场 1987年 272页

009687499
玉山县水利志
玉山县水利电力局编纂 玉山 1993年 261页〔江西省地方志丛书〕

008848182
玉山县交通志
玉山县交通志编纂委员会编 北京 人民交通出版社 1992年 346页

009386348
玉山县教育志
江西省玉山县教育志编纂组编 南昌 江西人民出版社 1997年 396页

012541901
江西省玉山县地名志
玉山县地名办公室编印 玉山 玉山县地名办公室 1984年 456页

009386207
七一水库志
七一水库志编纂委员会编 南昌 江西人民出版社 1990年 250页〔江西省地方志丛书〕

铅山县

009249259
铅山县志
铅山县县志编纂委员会编 郑维雄主编 张慕元 陈连生副主编 海口 南海出版公司 1990年 828页

012877083
铅山县人大志
熊火根主编 张明正执行主编 杭州 西泠印社出版社 2011年 381页

009386211
铅山县政协志
政协铅山县委员会政协志编纂委员会编纂 铅山 政协 1998年 392页

008429491
永平铜矿科学技术志
永平铜矿科学技术志编纂委员会编 永平镇 江西铜业公司永平铜矿出版社 1992年 208页

010200263
铅山县邮电志
铅山县邮电局编 赵炳杰主编 铅山 铅

山县邮电局 1998年 349页

008846402
葛仙山志
铅山县委统一战线工作部 铅山县民族宗教事务局 葛仙山寺观管理委员会编 北京 宗教文化出版社 2001年 264页

横峰县

007359842
横峰县志
横峰县志编纂委员会编 杭州 浙江人民出版社 1992年 817页

010200259
横峰县邮电志
横峰县邮电局编 横峰 横峰县邮电局 1998年 269页

弋阳县

006536676
弋阳苏区志
江西省弋阳县县志编纂委员会编 上海 上海三联书店 1989年 225页

009994079
弋阳县志 1986—2000
弋阳县志编纂委员会编 北京 方志出版社 2005年 522页

007482417
弋阳县志 江西省
弋阳县志编委会编 花象太主编 罗道辉副主编 海口 海南出版公司 1991年 795页

010252206
弋阳县邮电志 送审稿
弋阳县邮电局编 弋阳 弋阳县邮电局 1996年 1册

010200267
弋阳县邮电志
弋阳县邮电局编 弋阳 弋阳县邮电局 1998年 329页

012769440
弋阳县财政志 210—2000
弋阳县财政志编纂委员会编 弋阳 弋阳县财政志编纂委员会 2002年 455页

011585237
弋阳县教育志
弋阳县教育志编纂领导小组编 弋阳 弋阳县教育志编纂领导小组 1994年 346页

011585241
弋阳县教育志 1992—2000
弋阳县教育志编纂委员会编 南昌 江西省新闻出版局上饶分局 2001年 211页

011439805
江西省弋阳县地名志
江西省弋阳县地名志编辑部编印 弋阳 江西省弋阳县地名志编辑 1984年 296页〔江西省地名丛书 28〕

010147427
圭峰志
涂新华主编 合肥 黄山书社 1995年 247页

余干县

003796252
余干县志
余干县志编纂委员会编 北京 新华出版社 1991年 705页〔江西省地方志丛书〕

009768859
余干县志 1986—2000
余干县志编纂委员会编 北京 方志出版社 2005年 621页〔江西省地方志丛书〕

013342450
瑞洪方志
余干瑞洪方志编纂委员会编 余干 江西新闻出版社上饶分社 2004年 537页〔余干县地方志丛书〕

013379456
余干县政协志 1959—2010
余干县政协志编纂委员会编 余干 余干县政协志编纂委员会 2010年 345页

008429201
余干县工商行政管理志
余干县工商行政管理志编写小组编 余干 余干县工商行政管理志编写小组 1986年 234页

008430554
康山垦殖场志
康山垦殖场志编纂委员会编 北京 冶金工业出版社 1995年 289页

010143368
余干县邮电志
余干县邮电局编 余干 余干县邮电局 1998年 231页

鄱阳县

005471384
波阳县志
江西省波阳县志编纂委员会编纂 1991年 950页

012542768
鄱阳县志
鄱阳县地方志编纂委员会编 北京 方志出版社 2010年 2册

008486228
波阳县情汇要

波阳县情汇要编纂领导小组 马卿主编 虞尊祖 李炳才副主编 北京 方志出版社 1995年 330页〔江西省地方志丛书〕

009996577
石门街镇志
波阳县石门街镇志编纂领导小组编纂 黎海滨主编 雷振朝 李炳才副主编 波阳 波阳县石门街镇志编纂领导小组 1996年 362页〔波阳县地方志丛书〕

009996588
油墩街乡志
波阳县油墩街乡志编纂领导小组编纂 吴重日主编 吴精华副主编 波阳 波阳县油墩街乡志编纂领导小组 1996年 361页〔波阳县地方志丛书〕

010110371
波阳县人民代表大会志
江西省波阳县人民代表大会志编纂委员会编 波阳 波阳县人民代表大会志编纂委员会 2000年 470页

012503650
波阳县政协志 1953—2002
中国人民政治协商会议江西省波阳县委员会政协志编纂委员会编 波阳 中国人民政治协商会议江西省波阳县委员会政协志编纂委员会 2003年 343页

008385534
波阳县法院志
波阳县法院志编纂委员会编 南昌 江西人民出版社 1995年 397页

009385288
波阳县工商行政管理志
波阳 1993年 354页

009385299
波阳县水利志
郑朝京主编 洪来顺 李柄才副主编 上海 同济大学出版社 1992年 272页

012836100
鄱阳县交通志
鄱阳县交通志编纂委员会编 江西 江西省新闻出版局上饶分局 2005年 486页

008664364
波阳县邮电志
程仁甫 胡天成主编 南昌 江西人民出版社 1998年 417页

008985711
波阳县教育志
波阳县教育志编纂委员会编 北京 中华书局 2001年 424页

009385300
波阳一中志
波阳一中志编纂委员会编 南昌 江西人

民出版社 2002年 397页

011580156
江西省波阳县地名志
波阳县地名办公室编 波阳 波阳县地名办公室 1985年 673页

013093223
鄱阳县人民医院志 1933—2008
康黎主编 南昌 江西人民出版社 2009年 329页

万年县

008831341
万年县志
万年县地方志编纂委员会编纂 郑卫平主编 李圣安 周方铨 徐浩副主编 北京 方志出版社 2000年 968页〔中华人民共和国地方志丛书〕

012836464
万年县政协志 1959—2008
中国人民政治协商会议江西省万年县委员会政协志编纂委员会编纂 万年 中国人民政治协商会议江西省万年县委员会政协志编纂委员会 2009年 326页

009046575
万年县法院志
万年县法院志编纂委员会编 北京 方志出版社 2003年 342页

013756864
万年县交通志
万年县交通史志编审委员会编 万年 万年县交通史志编审委员会 1991年 252页

010200265
万年县邮电志
万年县邮电局编 姜富珍主编 万年 万年县邮电局 1998年 381页

008914566
江西省万年县地名志
万年县人民政府地名办公室编印 万年 万年县人民政府地名办公室 1984年 240页〔江西省地名丛书 24〕

婺源县

007013623
婺源县志 第1卷
婺源县志编纂委员会编 叶义银主编 北京 档案出版社 1993年 674页〔江西省地方志丛书〕

010293982
婺源县志 第2卷 1987—2001
婺源县地方志编纂委员会编 合肥 黄山书社 2006年 513页

011909098
婺源县人民代表大会志 1933.2—2007.1

婺源县人民代表大会志编纂委员会编 婺源 婺源县人民代表大会志编纂委员会 2007年 502页

008300247
婺源检察志 部门志 1955—1988
王志学审稿 程升起主编 婺源县人民检察院检察志编辑组编 婺源 婺源县人民检察院检察志编辑组 1990年 128页

008664388
婺源县邮电志
黄承松主编 南昌 江西人民出版社 1998年 539页

009386069
江西省婺源县地名志
婺源县地名委员会办公室编印 婺源 婺源县地名委员会办公室 1985年 334页〔江西省地名丛书 18〕

山东省

010476417
山东千年古县志
宋军继 王复进主编 济南 山东省地图出版社 2006年 707页

009881237
山东省志 财政志 评议稿
山东省财政厅史志办公室编 济南 山东省财政厅史志办公室 1991年 2册

010474128
山东省志 测绘志 初稿
山东省志测绘志编纂委员会编 济南 山东省志测绘志编纂委员会 1992年 443页

009552797
山东省志 测绘志 送审稿
山东省志测绘志编纂委员会编 济南 山东省志测绘志编纂委员会 1993年 401页

009869468
山东省志 大事记
山东省地方史志编纂委员会编 济南 山东省地方史志编纂委员会 1988年 2册

009962162
山东省志 党派志 民主党派工商联篇 送审稿
山东省直统战系统编 山东 山东省直统战系统 1998年 576页

009817840
山东省志 地震志 送审稿
山东省地震局编 济南 山东省地震局 1993年 2册

009869512
山东省志 电力工业志 送审稿
山东省电力工业局编 山东 山东省电力工业局 1988年 433页

009869552
山东省志 电子工业志 送审稿
山东省志电子工业志编纂委员会编 山东 山东省电子工业局 1994 年 2 册

009881240
山东省志 纺织工业志 修订稿
山东省纺织工业厅编志办公室编 济南 山东省纺织工业厅编志办公室 1995 年 235 页

010200543
山东省志 工人团体志 评审稿
山东省地方史志编纂委员会 山东省工运史研究室拟稿 山东 山东省工运史研究室 1998 年 596 页

010292970
山东省志 工商行政管理志 评议稿
山东省志工商行政管理志编纂委员会编 山东 山东省志工商行政管理志编纂委员会 1996 年 461 页

009869314
山东省志 工业综合管理志 评议稿
山东省经委史志办公室编 山东 山东省经委史志办公室 1996 年 2 册

010292328
山东省志 公安志 征求意见稿
山东省志公安志编纂委员会编 山东 山东省志公安志编纂委员会 1993 年 2 册

009552799
山东省志 供销合作社志 送审稿
山东省志供销合作社志编纂委员会编 济南 山东省志供销合作社志编纂委员会 1994 年 301 页

009869523
山东省志 化学工业志 1840—1988 送审稿
山东省志化学工业志编纂委员会编 济南 山东省志化学工业志编纂委员会 1990 年 533 页

009552802
山东省志 黄河志 送审稿
黄河水利委员会山东河务局黄河志编纂委员会编 济南 黄河水利委员会山东河务局黄河志编纂委员会 1990 年 324 页

009552812
山东省志 机械工业志 评审稿
山东省机械工业志编纂委员会编 山东 山东省机械工业志编纂委员会 1992 年 3 册

009552814
山东省志 计划志 评议稿
山东省志计划志编纂委员会编 济南 山东省志计划志编纂委员会 1995 年 2 册

009869486

山东省志 教育志 评议稿

山东省教育史志编纂委员会编 山东 山东省教育史志编纂委员会 1998年 2册

009552817

山东省志 军事志 送审稿

山东省军区军事志编纂委员会编 济南 山东省军区军事志编纂委员会 1993年 2册

009552824

山东省志 粮食志 送审稿

山东省粮食史志编纂办公室编 山东 山东省粮食史志编纂办公室 1993年 346页

010064522

山东省志 林业志 送审稿

山东省林业厅史志办公室编 济南 山东省林业厅史志办公室 1994年 442页

009552830

山东省志 农机志 送审稿

山东省志农机志编纂委员会编 济南 山东省志农机志编纂委员会 1992年 2册

009869555

山东省志 农业志 送审稿

山东省农业志编纂委员会编 山东 山东省农业志编纂委员会 1997年 2册

009552836

山东省志 农业志 农业科学研究篇 初稿

山东省农业科学院编 济南 山东省农业科学院 1986年 328页

009552839

山东省志 气象志 送审稿

山东省气象志编纂委员会编 山东 山东省气象志编纂委员会 1993年 294页

008831558

山东省志 山东文物事业大事记 1840—1999

山东省文物事业管理局编 济南 山东人民出版社 2000年 399页

009869504

山东省志 商业志 百货业资料长编 送审稿

山东省商业厅史志办公室 山东省百货公司编 济南 山东省百货公司 1991年 162页

009869495

山东省志 石油工业志 初稿

山东省志石油工业志编委会编 山东 山东省志石油工业志编委会 1992年 2册

009869492

山东省志 石油工业志 送审稿

山东省志石油工业志编委会编 山东 山东省志石油工业志编委会 1996年

2 册

009552848

山东省志 水利志 征求意见稿

山东省水利史志编辑室编 山东 山东省水利史志编辑室 1991 年 2 册

009552844

山东省志 水利志 送审稿

山东省水利史志编辑室编 山东 山东省水利史志编辑室 1992 年 345 页

009688207

山东省志 丝绸志 送审稿

山东省丝绸公司丝绸志办公室编 济南 山东省丝绸公司丝绸志办公室 1988 年 1 册

010242594

山东省志 司法志 2 检察 送审稿

山东省人民检察院编 济南 山东省人民检察院 1993 年 280 页

010291720

山东省志 司法志 检察篇 送审稿

山东省人民检察院编志办公室编 济南 山东省人民检察院 1990 年 1 册

009552853

山东省志 铁路志 1899—1985 送审稿

山东省志铁路志编审委员会编 济南 山东省志铁路志编审委员会 1991 年 318 页

010238853

山东省志 外事志 送审稿

山东省志外事志编纂委员会编 山东 1992 年 496 页

009552854

山东省志 卫生志 送审稿

山东省卫生史志编纂委员会编 济南 山东省卫生史志编纂委员会 1993 年 2 册

009552858

山东省志 文化志 第二次评议稿

山东省志文化志编辑室编 山东 山东省志文化志编辑室 1993 年 2 册

009552862

山东省志 文化志 送审稿

山东省志文化志编纂委员会编 山东 山东省志文化志编纂委员会 1993 年 324 页

009552866

山东省志 文物志 送审稿

山东省志文物志编纂委员会编 济南 山东省志文物志编纂委员会 1995 年 695 页

009174455

山东省志 武警志

山东省地方史志编纂委员会编 济南 齐鲁书社 2003 年 554 页

009869483
山东省志 物价志 评议稿
山东省物价局编 济南 山东省物价局 1995年 264页

009869549
山东省志 乡镇企业志 评议稿
山东省乡镇企业管理局编 济南 山东省乡镇企业管理局 1996年 412页

009552869
山东省志 烟草志 送审稿
山东省烟草公司编 济南 山东省烟草公司 1992年 2册

011805864
山东省志 第1卷 工商行政管理志 1991—2005
山东省地方史志编纂委员会编 济南 山东人民出版社 2007年 578页

009392870
山东省志 第1卷 序例目录
山东省地方史志编纂委员会编 济南 山东人民出版社 2004年 509页

008794414
山东省志 第2卷 大事记
山东省地方史志编纂委员会编 济南 山东人民出版社 2000年 3册 1712页

012051888
山东省志 第2卷 铁路志 1986—2005
山东省地方史志编纂委员会编 济南 山东人民出版社 2009年 476页

008696123
山东省志 第3卷 建置志
山东省地方史志编纂委员会编 济南 山东人民出版社 2003年 603页

012051883
山东省志 第3卷 税务志 1986—2005
山东省地方史志编纂委员会编 济南 山东人民出版社 2008年 2册

012614067
山东省志 第4卷 质量技术监督志 1990—2005
山东省地方史志编纂委员会编 济南 山东人民出版社 2009年 517页

008696174
山东省志 第4卷 自然地理志
山东省地方史志编纂委员会编 济南 山东人民出版社 1996年 490页

008664457
山东省志 第5卷 生物志
山东省地方史志编纂委员会编 济南 山东人民出版社 1998年 648页

012814180
山东省志 第5卷 烟草志 1991—2005
山东省地方史志编纂委员会编 济南 山东人民出版社 2009年 535页

012722212
山东省志 第 6 卷 财政志 1986—2005
山东省地方史志编纂委员会编 济南 山东人民出版社 2010 年 562 页

007290007
山东省志 第 6 卷 地质矿产志
山东省地方史志编纂委员会编 济南 山东人民出版社 1993 年 460 页

012955931
山东省志 第 7 卷 共产党志 1921—2005
山东省地方史志编纂委员会编 济南 山东人民出版社 2011 年 2 册

006795927
山东省志 第 7 卷 气象志
山东省地方史志编纂委员会编 济南 山东人民出版社 1994 年 381 页

008696092
山东省志 第 8 卷 地震志
山东省地方史志编纂委员会编 济南 山东人民出版社 1995 年 378 页

012722231
山东省志 第 8 卷 林业志 1988—2005
山东省地方史志编纂委员会编 济南 山东人民出版社 2010 年 391 页

007289996
山东省志 第 9 卷 海洋志
山东省地方史志编纂委员会编 北京 海洋出版社 1993 年 584 页

013320938
山东省志 第 9 卷 民政志 1988—2005
山东省地方史志编纂委员会编 济南 山东人民出版社 2011 年 446 页

013320936
山东省志 第 10 卷 海事志 1861—2005
山东省地方史志编纂委员会编 济南 山东人民出版社 2012 年 476 页

008696084
山东省志 第 10 卷 民主党派工商联志
山东省地方史志编纂委员会编 济南 山东人民出版社 1999 年 647 页

013629522
山东省志 第 11 卷 黄河志 1986—2005
山东省地方史志编纂委员会编 济南 山东人民出版社 2012 年 496 页

008103486
山东省志 第 11 卷 农民团体志
山东省地方史志编纂委员会编 济南 山东人民出版社 1996 年 331 页

009266209
山东省志 第 11 卷 工人团体志
山东省地方史志编纂委员会编 济南 山东人民出版社 2003 年 787 页

009105605
山东省志 第11卷 共青团志
山东省地方史志编纂委员会编 济南 山东人民出版社 2002年 539页

009392835
山东省志 第11卷 妇女团体志
山东省地方史志编纂委员会编 济南 山东人民出版社 2004年 756页

007620824
山东省志 第12卷 政权志
山东省地方史志编纂委员会编 济南 山东人民出版社 1995年 2册 1424页

010962689
山东省志 第13卷 外事志
山东省地方史志编纂委员会编 济南 山东人民出版社 1998年 688页

005536260
山东省志 第14卷 民政志
山东省地方史志编纂委员会编 济南 山东人民出版社 1992年 398页

007589070
山东省志 第15卷 公安志
山东省地方史志编纂委员会编 济南 山东人民出版社 1995年 405页

008664466
山东省志 第16卷 司法志
山东省地方史志编纂委员会编 济南 山东人民出版社 1998年 937页

008696136
山东省志 第17卷 军事志
山东省地方史志编纂委员会编 济南 山东人民出版社 1996年 2册

008492542
山东省志 第18卷 农业志
山东省地方史志编纂委员会编 济南 山东人民出版社 2000年 2册 1542页

008696140
山东省志 第19卷 林业志
山东省地方史志编纂委员会编 济南 山东人民出版社 1996年 644页

007290005
山东省志 第20卷 水利志
山东省地方史志编纂委员会编 济南 山东人民出版社 1993年 691页

007290014
山东省志 第21卷 黄河志
山东省地方史志编纂委员会编 济南 山东人民出版社 1991年 504页

007290008
山东省志 第22卷 水产志
山东省地方史志编纂委员会编 济南 山东人民出版社 1991年 458页

007290065
山东省志 第 23 卷 轻工业志
山东省地方史志编纂委员会编 济南 山东人民出版社 1993 年 560 页

008452075
山东省志 第 24 卷 二轻工业志
山东省地方史志编纂委员会编 济南 山东人民出版社 1997 年 932 页

008696102
山东省志 第 25 卷 纺织工业志
山东省地方史志编纂委员会编 济南 山东人民出版社 1995 年 470 页

005591369
山东省志 第 26 卷 丝绸志
山东省地方史志编纂委员会编 济南 山东人民出版社 1991 年 317 页

007289997
山东省志 第 27 卷 烟草志
山东省地方史志编纂委员会编 济南 山东人民出版社 1993 年 583 页

007665485
山东省志 第 28 卷 陶瓷工业志
山东省地方史志编纂委员会编 济南 山东人民出版社 1995 年 461 页

008528753
山东省志 第 29 卷 乡镇企业志
山东省地方史志编纂委员会编 济南 山东人民出版社 1997 年 661 页

009552808
山东省志 第 30 卷 黄金工业志 初稿
山东省地方史志编纂委员会编 山东 山东省地方史志编纂委员会 1992 年 390 页

008696115
山东省志 第 30 卷 机械工业志
山东省地方史志编纂委员会编 济南 山东人民出版社 1994 年 817 页

008696098
山东省志 第 31 卷 电子工业志
山东省地方史志编纂委员会编 济南 山东人民出版社 1995 年 646 页

008452080
山东省志 第 32 卷 冶金工业志
山东省地方史志编纂委员会编 济南 山东人民出版社 1998 年 768 页

007289998
山东省志 第 33 卷 黄金工业志
山东省地方史志编纂委员会编 济南 山东人民出版社 1993 年 413 页

007290015
山东省志 第 34 卷 化学工业志
山东省地方史志编纂委员会编 济南 山东人民出版社 1992 年 711 页

008103482
山东省志 第35卷 医药志
山东省地方史志编纂委员会编 济南 山东人民出版社 1995年 600页

008452060
山东省志 第36卷 石油工业志
山东省地方史志编纂委员会编 济南 山东人民出版社 1996年 781页

005591330
山东省志 第37卷 电力工业志
山东省地方史志编纂委员会编 济南 山东人民出版社 1991年 472页

008452062
山东省志 第38卷 煤炭工业志
山东省地方史志编纂委员会编 济南 山东人民出版社 1997年 2册 1440页

007289999
山东省志 第39卷 农机志
山东省地方史志编纂委员会编 济南 山东人民出版社 1993年 472页

008103485
山东省志 第40卷 交通志
山东省地方史志编纂委员会编 济南 山东人民出版社 1996年 844页

007290001
山东省志 第41卷 铁路志
山东省地方史志编纂委员会编 济南 山东人民出版社 1993年 618页

008664473
山东省志 第42卷 邮电志
山东省地方史志编纂委员会编 济南 山东人民出版社 2000年 2册 1391页

008664504
山东省志 第43卷 城乡建设志
山东省地方史志编纂委员会编 济南 山东人民出版社 2000年 943页

008452054
山东省志 第44卷 建筑志
山东省地方史志编纂委员会编 济南 山东人民出版社 1998年 1062页

008452085
山东省志 第45卷 环境保护志
山东省地方史志编纂委员会编 济南 山东人民出版社 1999年 896页

005591367
山东省志 第46卷 建材工业志
山东省地方史志编纂委员会编 济南 齐鲁书社 1994年 333页

005591362
山东省志 第47卷 测绘志
山东省地方史志编纂委员会编 济南 山东人民出版社 1993年 571页

008696154
山东省志 第 48 卷 商业志
山东省地方史志编纂委员会编 济南 山东人民出版社 1997 年 678 页

007620825
山东省志 第 49 卷 供销合作社志
山东省地方史志编纂委员会编 济南 山东人民出版社 1995 年 384 页

007290006
山东省志 第 50 卷 粮食志
山东省地方史志编纂委员会编 济南 山东人民出版社 1994 年 427 页

009312500
山东省志 第 51 卷 对外经济贸易志
山东省地方史志编纂委员会编 济南 山东人民出版社 2003 年 2 册 2090 页

008452056
山东省志 第 52 卷 海关志
山东省地方史志编纂委员会编 济南 山东人民出版社 1997 年 958 页

007290002
山东省志 第 53 卷 财政志
山东省地方史志编纂委员会编 济南 山东人民出版社 1993 年 716 页

008696132
山东省志 第 54 卷 金融志
山东省地方史志编纂委员会编 济南 山东人民出版社 1996 年 2 册

008103488
山东省志 第 55 卷 计划志
山东省地方史志编纂委员会编 济南 山东人民出版社 1996 年 985 页

008664476
山东省志 第 56 卷 工业综合管理志
山东省地方史志编纂委员会编 济南 山东人民出版社 1999 年 961 页

008103487
山东省志 第 57 卷 统计志
山东省地方史志编纂委员会编 济南 山东人民出版社 1996 年 485 页

008452052
山东省志 第 58 卷 审计志
山东省地方史志编纂委员会编 济南 山东人民出版社 1998 年 782 页

007665484
山东省志 第 59 卷 物资志
山东省地方史志编纂委员会编 济南 山东人民出版社 1994 年 681 页

009313150
山东省志 第 60 卷 物价志
山东省地方史志编纂委员会编 济南 山东人民出版社 2001 年 670 页

005591371
山东省志 第61卷 标准计量志
山东省地方史志编纂委员会编 北京 中国计量出版社 1993年 764页

008664482
山东省志 第62卷 工商行政管理志
山东省地方史志编纂委员会编 济南 山东人民出版社 1997年 784页

008974045
山东省志 第63卷 进出口商品检验志
山东省地方史志编纂委员会编 济南 山东人民出版社 2001年 961页

008103502
山东省志 第64卷 科学技术志
山东省地方史志编纂委员会编 济南 山东人民出版社 1995年 1367页

009333599
山东省志 第65卷 社会科学志
山东省地方史志编纂委员会编 济南 山东人民出版社 2001年 1092页

007290004
山东省志 第66卷 体育志
山东省地方史志编纂委员会编 济南 山东人民出版社 1993年 615页

007620826
山东省志 第67卷 卫生志
山东省地方史志编纂委员会编 济南 山东人民出版社 1995年 628页

008696129
山东省志 第68卷 教育志
山东省地方史志编纂委员会编 济南 山东人民出版社 2003年 1202页

007848950
山东省志 第69卷 文化志
山东省地方史志编纂委员会编 济南 山东人民出版社 1995年 640页

008452057
山东省志 第70卷 文物志
山东省地方史志编纂委员会编 济南 山东人民出版社 1996年 997页

005591370
山东省志 第71卷 孔子故里志
山东省地方史志编纂委员会编 北京 中华书局 1994年 835页

007290003
山东省志 第72卷 泰山志
山东省地方史志编纂委员会编 北京 中华书局 1993年 765页

007290032
山东省志 第73卷 广播电视志
山东省地方史志编纂委员会编 济南 山东人民出版社 1994年 422页

005591368
山东省志 第74卷 报业志
山东省地方史志编纂委员会编 济南 山东人民出版社 1993年 493页

007290000
山东省志 第75卷 出版志
山东省地方史志编纂委员会编 济南 山东人民出版社 1993年 618页

006795910
山东省志 第76卷 人口志
山东省地方史志编纂委员会编 济南 齐鲁书社 1994年 379页

007289994
山东省志 第77卷 劳动志
山东省地方史志编纂委员会编 济南 山东人民出版社 1993年 442页

008664492
山东省志 第78卷 少数民族志 宗教志
山东省地方史志编纂委员会编 济南 山东人民出版社 1998年 827页

008452058
山东省志 第79卷 侨务志
山东省地方史志编纂委员会编 济南 山东人民出版社 1998年 525页

008103499
山东省志 第80卷 民俗志
山东省地方史志编纂委员会编 济南 山东人民出版社 1996年 541页

007657551
山东省志 第81卷 方言志
山东省地方史志编纂委员会编 济南 山东人民出版社 1995年 648页

008696143
山东省志 第82卷 旅游志
山东省地方史志编纂委员会编 济南 山东人民出版社 2001年 1033页

008452087
山东省志 第83卷 档案志
山东省地方史志编纂委员会编 济南 山东人民出版社 1997年 599页

009392864
山东省志 第84卷 人物志
山东省地方史志编纂委员会编 济南 山东人民出版社 2004年 3册 2576页

008664496
山东省志 第86卷 诸子名家志 颜真卿
山东省地方史志编纂委员会编 济南 山东人民出版社 1999年 827页

009105608
山东省志 第86卷 诸子名家志 诸葛亮
山东省地方史志编纂委员会编 济南 山东人民出版社 2001年 586页

008986807

山东省志 第86卷 诸子名家志 辛弃疾 李清照

山东省地方史志编纂委员会编 济南 山东人民出版社 2001年 474页

011570220

山东省志书大全 图志部

山东省地方史志办公室 齐鲁电子音像出版社编 济南 齐鲁电子音像出版社 2005年 850页

011749144

山东省政权大事记 1840—1985

山东省地方政权沿革丛书编纂委员会编 北京 新华出版社 1993年 335页〔山东省地方政权沿革丛书〕

009010514

山东名镇名村志

山东省民政厅地名研究所编 王复建主编 董珂 徐建良副主编 济南 山东省地图出版社 2002年

009333602

山东强镇名村志

山东省地方史志办公室编 济南 山东省地图出版社 2002年 1045页

012175681

孔子志

孔祥林编著 孔祥林 陈霞撰稿 济南 山东人民出版社 2009年 658页〔齐鲁诸子名家志〕

012175685

孟子志

刘培桂主编 周广志 王彦副主编 济南 山东人民出版社 2009年 613页〔齐鲁诸子名家志〕

008975370

曾子志

山东省志诸子名家志编纂委员会编 济南 山东人民出版社 2001年 362页〔山东省志诸子名家系列丛书〕

009675998

墨子志

山东省志诸子百家系列丛书编纂委员会编 济南 山东人民出版社 2004年 360页

012175668

管子志 附晏子志

胡新生编著 济南 山东人民出版社 2009年 418页〔齐鲁诸子名家志〕

009244827

郑玄志

山东省志诸子名家志编纂委员会 耿天勤主编 济南 山东人民出版社 2003年 452页〔山东省志诸子名家系列丛书〕

011748879
山东人事史志资料
山东省人事局编 南宁 广西人民出版社 198u 年

010244044
山东省高速公路交通安全管理简志
山东省高速公路交通安全管理简志编委会编 山东 山东省公安厅交警总队高速公路支队 2004 年 247 页

012766468
山东省压煤搬迁与采动损害补偿志 1949—2000
山东省人民政府压煤村庄搬迁办公室编 山东 山东省人民政府压煤村庄搬迁办公室 2003 年 467 页

013067208
山东卫生系统援川抗震救灾 来鲁伤员救治 对口支援北川志
山东省卫生厅编 山东 山东省卫生厅 2010 年 317 页

013795620
汶川特大地震山东省救助援建志
汶川特大地震山东省救助援建志编纂委员会编 济南 山东人民出版社 2013 年 2 册

010290303
山东律师志 1901—1995
山东律师志编纂委员会编 济南 齐鲁书社 1998 年 689 页

009228120
山东律师志 1996—2000
山东律师志编纂委员会编 山东 植物园印刷厂 2002 年 503 页

010239248
山东省检察志 讨论稿
山东省人民检察院编志办公室编 山东 山东省人民检察院 1991 年 365 页

010290962
山东省检察志大事记 征求意见稿
山东省人民检察院编志办公室编 山东 山东省人民检察院 1991 年 84 页

013320935
山东省劳改劳教志 1840—1985
山东省劳改局劳改劳教志编纂委员会编 山东 山东省劳改局劳改劳教志编纂委员会 1992 年 578 页

010009673
山东省监狱志 1955—1985
张国新 杨永巨主编 山东 山东省监狱 198u 年 370 页

010293862
山东省监狱志 1986—2004
山东省监狱编 山东 山东省监狱 2005 年 469 页

010009675
山东省监狱志 1991—1995
山东省监狱管理局编 济南 山东省监狱
　1997年 370页

009854356
山东省劳教志 资料长编
山东省司法厅劳动教育工作管理处史
　志编写组编 山东 劳教工作管理处
　1987年 191页

009783947
山东司法行政志 1840—1995
山东省司法厅编 济南 山东省司法厅
　2001年 602页

010010329
山东司法行政志 1996—2000
山东省司法厅编 济南 山东省司法厅
　2001年 598页

012542829
山东司法行政志 2001—2005
山东省司法厅编 济南 山东省司法厅
　2007年 656页

010577075
山东武警志 支队志 1949—2000
中国人民武装警察部队山东省总队编
　审委员会编 山东 武警山东省总队
　2002年 3册

009154332
中国武警志 山东总队志 1949—2000
霍修民主编 中国人民武装警察部队山
　东省总队审委员会编 山东 中国武
　警志山东总队志编辑部 2002年
　746页

013794854
山东省军事志 1986—2005
山东省军事志编纂委员会编 济南 山东
　新华印刷厂 2011年 1176页

011811073
山东省国民经济计划志资料长编
山东 山东省计划经济研究所 1986年

011911593
山东省工商行政管理志 1991—2005
山东省工商行政管理局编 北京 中国工
　商出版社 2008年 563页〔山东省工
　商行政管理志丛书〕

013509262
山东省劳动志稿
山东省劳动局地方志办公室编 济南 山
　东省劳动局地方志办公室 1987年

013755978
山东省水产志资料长编
山东省水产志编纂委员会 张锡纯主编
　山东 山东省水产志编纂委员会 1986
　年 1000页

012252404

山东电力燃料管理志 1949—2003

鲁能物资集团有限公司煤炭营销公司编 济南 鲁能物资集团有限公司煤炭营销公司 2007年 185页

011570209

山东木材流通志

山东木材流通志编纂委员会编 济南 济南新闻出版局 1992年 457页

008298341

山东省电力工业志

山东省电力工业局史志编辑委员会编 济南 山东友谊出版社 1996年 613页〔中国电力工业志丛书〕

010278337

山东省二轻工业志稿

曲东涛主编 济南 山东人民出版社 1991年 863页

011570212

山东省机电设备公司史志 1962—1990

山东省机电设备公司史志编纂委员会编 山东 山东省机电设备公司史志编纂委员会 1990年 404页

009688204

山东省日用机械工业志 1915—1985

山东省日用机械工业公司编 济南 山东省日用机械工业公司 1988年 392页

010275892

山东省蔬菜副食品行业志 1949—1985 初稿

山东省商业厅蔬菜副食品管理编 山东 山东省蔬菜副食品管理处 1988年 286页

011327142

山东省塑料工业志 1930—1985

山东省塑料工业公司编志办公室编 济南 山东省塑料工业公司编志办公室 1990年 318页

009869567

山东省盐业大事记 前26世纪—1985

山东省盐务局编志办公室编 济南 山东省盐务局编志办公室 1987年 210页

010239235

山东省盐业志 征求意见稿

山东省盐务局编志办公室编 山东 山东省盐务局 1990年 960页

009408923

山东省盐业志

山东省盐务局编著 济南 齐鲁书社 1992年 597页

011892485

山东冶炼加工厂志 1970—1985

山东冶炼加工厂编 山东 山东冶炼加工厂 1987年 285页〔山东省冶金企事业志丛书〕

012051828

山东省地方铁路志 1958—2005

山东省地方铁路志编纂委员会编 山东 山东省地方铁路志编纂委员会 2007年 410页

008452091

山东民航志

中国民用航空山东省管理局编 济南 齐鲁书社 1994年 146页

009319884

山东联通志

山东联通史志编纂委员会编纂 北京 中华书局 2004年 861页〔中华人民共和国地方志丛书〕

009869572

山东邮电志 评议稿

山东省邮电管理局编 济南 山东省邮电管理局 199u年 2册 1271页

011321390

山东省拍卖行业协会志

山东省拍卖行业协会志编纂委员会编 北京 人民出版社 2006年 578页

011293544

山东外贸服装志

山东省服装进出口公司编 山东 山东省服装进出口公司 1994年 186页

012614090

山东商业志 饮食服务行业志

山东省商业厅饮食服务管理处编纂 济南 山东省商业厅饮食服务管理处 1991年 109页

011293503

山东省五金矿产进出口贸易志

傅师汉编 山东 傅师汉 1993年 256页

008532359

文化艺术志资料汇编

山东省文化厅文化艺术志编辑办公室编印 济南 山东省文化厅文化艺术志编辑办公室 1984年 25册

008532335

文艺志资料

山东省文化厅史志办公室编 济南 山东省文化厅史志办公室 1984年

009675990

山东省图书馆志

山东省图书馆志编纂委员会编 北京 中华书局 2004年 441页

009866876

山东省科学技术协会志

山东省科学技术协会编 山东 供求报社印刷所印 1992年

012584156

中国歌谣集成 第21卷 山东卷

中国民间文学集成全国编辑委员会 中国歌谣集成山东卷编辑委员会编 北京 中国ISBN中心 2008年 1082页

012877151
山东民间艺术志
李新华主编 济南 山东大学出版社 2011年 631页

009620078
中国民间歌曲集成 第24卷 山东卷
中国民间歌曲集成全国编辑委员会 中国民间歌曲集成山东卷编辑委员会编 北京 中国ISBN中心 2000年 1021页

007562230
中国戏曲音乐集成 第5卷 山东卷
中国戏曲音乐集成编辑委员会 中国戏曲音乐集成山东卷编辑委员会编 北京 中国ISBN中心 1996年 2册 2015页〔十部文艺集成志书〕

008707197
中国民族民间器乐曲集成 第11卷 山东卷
中国民族民间器乐曲集成全国编辑委员会 中国民族民间器乐曲集成山东卷编辑委员会编 北京 中国ISBN中心 1994年 2册〔十部文艺集成志书〕

008410271
中国民族民间舞蹈集成 第12卷 山东卷
中国民族民间舞蹈集成编辑部编 北京 中国ISBN中心 1998年 1043页〔十部文艺集成志书〕

008707375
中国曲艺音乐集成 第13卷 山东卷
中国曲艺音乐集成全国编辑委员会 中国曲艺音乐集成山东卷编辑委员会编 北京 中国ISBN中心 1998年 2册 1379页〔十部文艺集成志书〕

009649606
中国曲艺志 第6卷 山东卷
中国曲艺志全国编辑委员会 中国曲艺志山东卷编辑委员会编 北京 中国ISBN中心 2002年 789页

011750646
山东省修志立法资料汇编
山东省地方史志编纂委员会编 山东 山东省地方史志编纂委员会 2006年 266页

008420677
鲁班志
王弗主编 北京 中国科学技术出版社 1994年 202页

012175676
孔尚任志

张玉芹著 济南 山东人民出版社 2009年 342页〔齐鲁诸子名家志〕

010143814
孔尚任志
张玉芹著 济南 山东人民出版社 2006年 197页〔山东省志诸子名家系列丛书〕

012175697
李清照志 辛弃疾志
刘乃昌主编 济南 山东人民出版社 2009年 393页〔齐鲁诸子名家志〕

012175684
刘勰志
朱文民主编 朱吉高 王国新 张同旭副主编 朱文民撰稿 济南 山东人民出版社 2009年 616页〔齐鲁诸子名家志〕

009333655
蒲松龄志
山东省志诸子名家志编纂委员会 袁世硕主编 赵蔚芝等撰稿 济南 山东人民出版社 2003年 406页〔山东省志诸子名家系列丛书〕

008452070
戚继光志
山东省志诸子名家志编纂委员会编 济南 山东人民出版社 1999年 341页

012175686
孙子志 附孙膑 吴起 司马穰苴志
谢祥皓主编 谢祥皓等撰稿 济南 山东人民出版社 2009年 657页〔齐鲁诸子名家志〕

012175688
王士禛志
张明主编 王小舒 田茂国 李平副主编 王小舒等撰稿 济南 山东人民出版社 2009年 562页〔齐鲁诸子名家志〕

010280140
王士禛志
山东省志诸子名家系列丛书编纂委员会编 济南 齐鲁书社 2006年 457页〔山东省志诸子名家系列丛书〕

008724493
王羲之志
王羲之志编纂委员会编 济南 山东人民出版社 2001年 723页

012175692
王羲之志 附王献之志
刘秋增 王汝涛 刘锡山等主编 王汝涛 刘锡山 刘瑞轩撰稿 济南 山东人民出版社 2009年 635页〔齐鲁诸子名家志〕

008696167
颜真卿志
颜真卿志编纂委员会编 济南 山东人民

出版社 1998 年 494 页

009881273
扁鹊 仓公 王叔和志
山东省志诸子名家系列丛书编纂委员会编 济南 山东人民出版社 2005 年 315 页〔山东省志诸子名家系列丛书〕

008665122
贾思勰志
山东省志诸子名家志编纂委员会编 济南 山东人民出版社 2001 年 460 页

012639003
山东高级医药卫生人物志（市县及企业部分）
孙即昆 刘亚民主编 北京 中国农业科技出版社 1990 年 679 页

009511288
姜太公志
山东省志诸子名家志编纂委员会 刘斌主编 济南 山东人民出版社 2004 年 370 页〔山东省志诸子名家系列丛书〕

012175740
诸葛亮志
王瑞功主编 李遵刚等副主编 王瑞功撰稿 济南 山东人民出版社 2009 年 515 页〔齐鲁诸子名家志〕

011296161
徐福志
中国国际徐福文化交流协会编 青岛 中国海洋大学出版社 2007 年 391 页

001690808
山东风物志
本社编 济南 山东美术出版社 1984 年 416 页〔中国风物志丛书〕

008452092
山东省地名志
山东省地名研究所编 济南 山东省地图出版社 1999 年

011750644
山东省政区地名录
山东省地名委员会编 济南 山东人民出版社 1988 年 295 页

013002431
山东黄河志
黄河水利委员会山东河务局编 济南 黄河水利委员会山东河务局 1988 年 710 页

013239960
中国古城名胜图志 山东卷
彭兴林编 济南 山东美术出版社 2011 年 759 页

013723731
中国海岛志 山东卷

中国海岛志编纂委员会编 北京 海洋出版社 2013年

007685845
山东省科学技术志
济南 山东大学出版社 1990年 994页

009866868
山东黄河水文志
黄河水利委员会山东水文水资源局编 山东 山东水文水资源局 1993年 231页

011805854
山东省地震监测志
山东省地震局编 北京 地震出版社 2008年 409页〔中国地震监测志系列〕

011998156
山东省地质矿产科学技术志
山东省地质矿产局编 济南 山东省地图出版社 1991年 418页

009817836
山东省区域地质志
山东省地质矿产局编 北京 地质出版社 1991年 594页〔地质专报 1 区域地质 第26号〕

010009725
山东省地质矿产志
山东省地质矿产志编纂委员会编 济南 山东省地质矿产局 1992年 332页

009799284
山东省海岛志
山东省科学技术委员会主编 济南 山东科学技术出版社 1995年 212页

008041147
山东苔藓植物志
赵遵田 曹同主编 济南 山东科学技术出版社 1998年 349页

010113083
山东鱼类志
成庆泰 周才武主编 济南 山东科学技术出版社 1997年 575页

008403452
山东省寄蝇志
刘银忠 赵建铭编著 北京 科学出版社 1998年 389页

008665128
山东中医药志
张奇文主编 温如杰副主编 张志远主审 济南 山东科学技术出版社 1991年 473页

010475302
山东省卫生防疫站 山东省环境卫生监测站站志
赵世立等主编 张鸿生等副主编 黄宝童总纂 于国防等编撰 济南 山东科学

技术出版社 1995 年 678 页

007620758
山东省卫生志
山东省卫生史志编纂委员会编 济南 山东人民出版社 1992 年 956 页

012684675
山东省卫生志 1986—2005
山东省卫生史志编纂委员会编 济南 山东人民出版社 2010 年 886 页

009881223
山东省卫生志 医学教育篇资料长编 征求意见稿
山东医科大学编 济南 山东医科大学 1989 年 229 页

011570232
山东土种志
山东省土壤肥料工作站编 北京 农业出版社 1993 年 694 页

009783901
农具农机志 征求意见稿
农具农机志办公室编 山东 农具农机志办公室 1985 年 129 页

010009448
山东省农机志 1940—1985
马洪喜主编 山东省农机志编纂委员会编 济南 山东省农机志编纂委员会 1990 年 301 页

010278805
山东果树志
山东省果树研究所主编 济南 山东科学技术出版社 1996 年 499 页

010113074
山东花卉志
樊守金 范国强（上卷）主编 赵遵田 王锡华（下卷）主编 济南 山东科学技术出版社 2000 年 2 册 687 页

009854357
山东树木志
山东树木志编写组编 济南 山东科学技术出版社 1984 年 986 页

009881176
山东林木病害志
山东林木病害志编委会编著 济南 山东科学技术出版社 2000 年 519 页

011329785
山东省畜禽品种志
山东省畜牧局山东省畜禽品种志编写委员会编 深圳 海天出版社 1999 年 60 页

009962155
山东省畜禽疫病志
山东省畜禽疫病普查领导小组编 济南 山东省畜禽疫病普查领导小组 1990 年 427 页

009869562
山东省标准计量志 1930—1989 初稿
山东省标准计量局编志办公室编 山东 山东省标准计量局 1990年 1册

013190315
中国油气田开发志 第29卷 东海油气区卷
中国油气田开发志总编纂委员会编 北京 石油工业出版社 2011年 133页

009869351
山东省水利志 边界水利问题资料长编 送审稿
山东省水利工程管理局编 山东 山东省水利工程管理局 1989年 206页

009869348
山东省水利志部分篇章资料长编 征求意见稿
山东省水利史志编辑室编 山东 山东省水利史志编辑室 1990年 1册

013002447
山东水利志稿
山东省水利史志编辑室编 南京 河海大学出版社 1993年 942页

济南市

007969333
济南市志
济南市史志编纂委员会编 北京 中华书局 1997年 8册

009962121
济南市志 城市建设分志 初稿
济南市城市建设管理局编 济南 济南市城市建设管理局 1987年 307页

009881071
济南市志 城市建设篇 机构章资料汇编
济南市城建局编志办编 济南 济南市城市建设管理局 1987年 183页

009962123
济南市志 房地产篇 送审稿
济南市房地产管理局编 济南 济南市房地产管理局 1988年 2册

009817816
济南市志 公路运输篇 初稿
济南市交通局编 济南 济南市交通局 1988年 391页

010686853
济南市志 卫生篇
济南市卫生局编 济南 济南市卫生局 1988年 223页

013464438
济南市志资料
济南市志编纂委员会编印 济南 济南市志编纂委员会 1981 年

013991391
西张家庄村志 1911—2010
左文明主编 2011 年 345 页

012811552
济南公安志 1948—1985
济南公安志编纂委员会编 济南 济南公安志编纂委员会 2009 年 448 页

013730076
济南殡仪馆志 1962—2012
济南殡仪馆志编委会编 济南 济南殡仪馆志编委会 2012 年 384 页

011996728
济南民政志 1948—2007
济南市民政局编 济南 济南出版社 2008 年 315 页

013756912
汶川特大地震济南救助援建志
汶川特大地震济南救助援建志编纂委员会编 济南 济南出版社 2012 年 343 页

013730078
济南外事志 1978—2010
济南市人民政府外事办公室编 济南 济南市人民政府外事办公室 2012 年 375 页

013926346
济南法学志 2005.1—2012.9
济南市法学会编 济南 东港股份有限公司 2012 年 601 页

011534007
济南法庭志
济南法庭志编纂委员会编 济南 山东人民出版社 2007 年 1101 页

009340727
济南法院志
济南法院志编纂委员会编 济南 山东人民出版社 2001 年 1130 页〔中华人民共和国地方志丛书〕

011570214
山东省济南市劳教所志 1958—1998
山东省济南市劳教所志编纂委员会编 济南 山东省济南市劳教所志编纂委员会 1998 年 306 页

011890955
济南政法委志
中共济南市委政法委员会编 济南 中共济南市委政法委员会 2002 年 437 页

012661245
济南政法委志 2002—2009
中共济南市委政法委员会编 济南 中共

济南市委政法委员会 2010年 1005页

011890940
济南市工商行政管理志 送审稿
济南市工商行政管理志编纂委员会编 济南 济南市工商行政管理志编纂委员会 2007年 2册 1024页

013509228
[济南]企业史志 1988—1995
企业史志第一届编纂委员会编 济南 企业史志第一届编纂委员会 1996年 291页

011327127
济南市林业志
济南市林业局编 济南 济南市林业局 1989年 290页

013629506
[山东电力建设第二工程公司]志 1952.7—1997.9
山东电力建设第二工程公司编 济南 山东电力建设第二工程公司志编委会 1997年 287页

011328186
[山东电力建设第一工程公司]史志 1956—1995
山东电力建设第一工程公司编 山东 山东电力建设第一工程公司 1995年 433页

011564517
[山东电力设备厂]厂志 1958—1997
山东电力集团公司鲁能山东电力设备厂厂志编纂办公室编 济南 山东电力集团公司鲁能山东电力设备厂 1998年 304页

010577355
济南柴油机厂志 1920—1987
济南柴油机厂厂志编纂委员会编 济南 济南出版社 1992年 380页

010010321
济南第一机床厂志 1944—1985
济南第一机床厂编 济南 济南第一机床厂 1988年 427页

009881050
济南第一棉纺织厂志 1915—1985
济南第一棉纺织厂厂志编纂领导小组编 济南 济南第一棉纺织厂 1987年 315页

011566078
济南帆布厂志 1919—1985
济南帆布厂志编纂委员会编 济南 济南帆布厂 1988年 493页

011762305
济南纺织工业志 1840—1985
济南纺织工业志编纂领导小组编 济南 济南纺织工业志编纂领导小组 1989年 424页

009962109
济南纺织工业志 1986—2002
济南纺织工业志编纂领导小组编 济南 济南纺织工业办公室 2004年 395页

007479153
济南钢铁总厂志
济南钢铁总厂志编纂委员会编 北京 冶金工业出版社 1991年

009881052
济南挂面厂厂志
济南 济南挂面厂 1986年 101页

009009874
济南卷烟厂志 1928—2001
济南卷烟厂志编纂委员会编 北京 中华书局 2003年 525页

012680214
济南炼油厂志
济南炼油厂志编纂委员会编 北京 中国石化出版社 2010年 649页

012811556
济南明湖热电厂志 1983—2006
济南明湖热电厂志编辑委员会编 济南 济南明湖热电厂志编辑委员会 2007年 230页

011310685
济南轻骑摩托车总厂志 1955—1983
济南轻骑摩托车总厂志编纂委员会编 济南 济南轻骑摩托车总厂志编纂委员会 1986年 213页

010275887
济南市机械工业志
济南市机械工业志编纂委员会编 济南 济南市机械工业志编纂委员会 1988年 282页

010278713
济南市水利志
济南市水利志编纂委员会编 济南 济南市水利志编纂委员会 1994年 425页

013045709
济南市水利志 1986—2005
济南市水利志编纂委员会编 济南 济南出版社 2011年 339页

013335404
济南铁厂志 1957—1985
济南铁厂志编委会编 济南 济南铁厂志编委会 1985年 230页〔山东省冶金企业丛书〕

009784068
济南印刷厂志 1940—1985
济南印刷厂志编写小组编 济南 济南印刷厂 1987年 294页

013704310
济南印刷五厂志
厂志编写领导小组编 济南 济南印刷五

厂厂志编写领导小组 1985年 171页

010276030
临盘指挥部志
胜利油田临盘指挥部志编审委员会编 济南 山东人民出版社 1990年 458页

011763315
三棉厂志 1930—1985
济南第三棉纺织厂志编纂委员会编 济南 济南第三棉纺织厂志编纂委员会 1987年 301页

013067079
山东电力超高压公司志 2000—2010
山东电力超高压公司志编委会编 北京 人民日报出版社 2011年 376页

009783958
山东电力建设第二工程公司志 1952.7—2002.6
山东电力建设第二工程公司志编纂委员会编 济南 山东电力建设第二工程公司 2002年 611页

013629509
山东电力建设第二工程公司志 1952.7—2012.7
山东电力建设第二工程公司编 济南 山东电力建设第二工程公司 2012年 1164页

009783975
山东黄台火力电厂志 1958—2000
山东黄台火力电厂志编辑委员会编 山东 山东黄台火力电厂 2001年 560页

011325422
山东酒精总厂志 1920—1985 征求意见稿
山东酒精总厂志编纂组编 山东 山东酒精总厂 1986年 266页

010278495
山东省燃料公司志 1950—1992
山东省燃料集团总公司史志编辑委员会编 山东 山东省燃料集团总公司 1993年 357页

010279758
山东省水利科学研究院院志 1991—2000
山东省水利科学研究院院志编审委员会编 济南 山东省水利科学研究院 2003年 236页

010113089
山东送变电工程公司志 1958—1998
山东送变电工程公司史志编辑委员会编 山东 山东送变电工程公司 1999年 268页

011998163
山东送变电工程公司志 1998.1—

2008.6

山东送变电工程公司编 济南 山东送变电工程公司 2008年 371页

013320943

山东冶金地质公司志 1953—1985

山东冶金地质公司志编辑委员会编 山东 山东冶金地质公司 1985年 448页

013732542

兖矿集团东华建设有限公司三十七处志 2007—2011

兖矿集团东华建设有限公司三十七处史志编纂委员会编 济南 兖矿集团东华建设有限公司三十七处史志编纂委员会 2012年 386页

009962106

济南电务段志 1899—1985

济南铁路局济南电务段志编纂领导小组编 济南 济南铁路局济南电务段志编纂领导小组 1986年 1册

009228125

济南铁路分局志 1899—1985

济南铁路分局史志编审委员会编 北京 中国铁道出版社 1994年 503页

013316336

济南铁路局工程总公司第五工程段志 1953—1993

济南铁路局工程总公司第五工程段史志编纂领导小组编 济南 济南铁路局工程总公司 1995年 321页

013316338

济南铁路局工程总公司电务工程公司志 1955—1985

济南铁路局工程总公司电务工程公司史志编纂领导小组编 济南 济南铁路局工程总公司 1989年 185页

013316342

济南铁路局工程总公司志 1953—1985

济南铁路局工程总公司史志编纂委员会编 济南 济南铁路局工程总公司 1990年 269页

010009433

济南铁路局济南西铁路医院简志 1953—1984/1984.7—1990

济南铁路分局济南西铁路医院编 济南 济南铁路分局济南西铁路医院 1990年 191页

013316345

济南铁路局原第二工程处志 1950—1981

济南铁路局工程总公司史志编纂委员会编 济南 济南铁路局工程总公司史志编纂委员会 1994年 289页

007515141

济南铁路局志 1899—1985

济南铁路局史志编纂领导小组编 济南

济南铁路局史志编纂领导小组 1993
年 812 页

012811564
济南铁路局志 1986—2005
济南铁路局志编纂委员会编 北京 中国
铁道出版社 2010 年 817 页

008874759
[济南市]物资工作志 1948—1996
铁道部第十四工程局物资处编 北京 中
国铁道出版社 1999 年 437 页

009784098
济南市志邮政分志 初稿
济南市邮政局局长办公室史志办编 济
南 济南市邮政局局长办公室史志办
1989 年 80 页

009387151
济南电信志
济南市电信局史志办公室编 济南 济南
市电信局 1991 年 400 页

014050127
山东省长途电信传输局志 1988—2002
山东省长途电信传输局编 山东 山东省
长途电信传输局 2003 年 278 页

013342497
山东省邮电科学研究所志
山东省邮电科学研究所 袁晓龙 孙宪祥
编撰 济南 山东省邮电科学研究所
1998 年 111 页

009962115
济南市商业储运公司志
济南市商业储运公司编 济南 济南市商
业储运公司 1987 年 221 页

009881063
济南日用工业品商业志 1848—1985
济南市第一商业局地方志办公室编纂
济南 济南市第一商业局地方志办公
室 1988 年 307 页

009881075
济南五金商业志
济南五金商业志编写组编 济南 济南五
金商业志编写组 1987 年 181 页

009784108
济南饮食服务行业志 1840—1985
济南市饮食服务公司编志办公室编 济
南 济南市饮食服务公司 1987 年
167 页

012612844
济南财政志 1986—2005
济南财政志编纂委员会编 济南 济南财
政志编纂委员会 2009 年 494 页

010011603
济南市税务志 1840—1985
济南市税务局编 济南 济南市税务局

1988年 286页

011067790
济南金融志 1840—1985
济南金融志编纂委员会编 济南 济南金融志编纂委员会 1989年 292页

013684564
你和我一起走过 招商银行济南分行8周年志
招商银行济南分行编 济南 招商银行济南分行 2008年 72页

010113079
山东省建行志 1951—1985
中国人民建设银行山东省分行编 济南 中国人民建设银行山东省分行 1992年 296页

011763353
山东省艺术馆建馆五十周年馆志 辉煌 1957—2007
山东省艺术馆编 济南 山东省艺术馆 2007年 185页

010011380
济南图书馆志
济南图书馆志编纂委员会编 济南 济南出版社 2003年 367页

009046531
济南科技志 1840—1985
黄维勤主编 济南 山东科学技术出版社 1991年 292页

013045686
济南科技志 1986—2005
济南市科学技术局编 济南 济南出版社 2011年 799页

010010335
山东省科学院志 1978—1993
山东省科学院志编纂领导小组编 济南 山东科学技术出版社 1994年 210页

013732666
济南一中京津校友志
2007年 292页

013660089
山东大学材料科学与工程学院志 1952—2012
山东大学材料科学与工程学院志编委会编 济南 山东大学出版社 2012年 338页

013096324
山东大学药学院院志 1920—2011
山东大学药学院院志编委会编 济南 山东大学出版社 2011年 308页

013991386
山东电力高等专科学校山东省电力学校志 1958—1995

校志编纂委员会编 济南 山东友谊出版社 1996年 268页

011570202
山东劳动职业技术学院建校50周年史志 1956—2006
山东劳动职业技术学院编 济南 山东劳动职业技术学院 2006年 203页

010576950
山东商业职业技术学院校志 1936—2006
李明泉主审 马广水 王宗江主编 朱崇昌 赵清爽副主编 济南 山东商业职业技术学院 2006年 193页

009817833
山东广播电视大学教育志
山东广播电视大学教育志编委会编 济南 山东广播电视大学教育志编委会 1999年 454页

010275930
济南体育志
济南市体委史志办公室编 济南 济南市体委史志办公室 1989年 371页

009783955
山东工艺美术学院志 1973—2003
山东工艺美术学院志编委会编 济南 山东人民出版社 2003年 343页

007682677
山东省济南市地名志 第1—7部分 征求意见稿
1982年 7册 1页

013508017
济南革命烈士陵园志 1948—2011
济南革命烈士陵园 济南战役纪念馆编 济南 济南战役纪念馆 2011年 292页

013792437
济南泉水志
济南市人民民政府主办 济南市史志办公室编 济南 济南出版社 2013年 2册

010577315
济南市黄河志
济南市黄河河务局编 济南 济南市黄河河务局 1993年 295页

010275909
山东地震台志
山东省地震局 张孟昂等编著 北京 学术期刊出版社 1989年 156页

009881087
济南中医药志
济南市卫生局 济南中医学会编印 济南 济南中医学会 1989年 328页

010010017
山东省医学科学院志
山东省医学科学院志编纂委员会编 济南 山东省医学科学院 1998年

009333606
山东医科大学史志
山东医科大学史志编委会 周申主编 桂林 广西师范大学出版社 1991年 316页

013629517
山东省职业卫生与职业病防治研究院志 1959.10—2009.10
山东省职业卫生与职业病防治研究院志编纂委员会编 济南 山东省职业卫生与职业病防治研究院 2009年 181页

011432881
济南市儿童医院院志 1957—2007
马丽霞主编 山东大学齐鲁儿童医院 济南市儿童医院编印 济南 济南市儿童医院 2007年 273页

011329336
山东大学第二医院志 1978—2007
山东大学第二医院志编纂委员会编 济南 山东大学出版社 2007年 582页

013684595
山东大学齐鲁医院志 2000—2010
山东大学齐鲁医院志编纂委员会编 济南 山东大学齐鲁医院志编纂委员会 2011年 652页

008844053
山东大学齐鲁医院志 1890—2000
山东大学齐鲁医院志编纂委员会编 济南 山东大学齐鲁医院志编纂委员会 2000年 830页

009962151
山东省交通医院志 1986—1999
山东省交通医院五十周年院庆办公室编 济南 山东省交通医院五十周年院庆办公室 2000年 154页

013461959
山东省皮肤病防治所所志 1955—1998
山东省皮肤病防治所所志编审委员会编 济南 山东省皮肤病防治所所志编审委员会 1998年 280页

013131170
山东省荣军医院史志 1946—1996
济南 1996年 153页

009881227
山东省血液中心志 1963—2003
山东省血液中心编 山东 山东省血液中心 2003年 170页

008664561
山东医科大学附属医院志 1890—1990
山东医科大学附属医院志编纂委员会

编 济南 山东医科大学附属医院志编
纂委员会 1994年 618页

010009444
山东中医学院院志 1958—1988
山东中医学院院志编纂委员会编 济南
山东中医学院院志编纂委员会 1988
年 161页

012611250
济南市卫生志 1840—1988
济南市卫生局编 济南 济南出版社
2009年 2册

009881084
济南医药志资料汇编
山东省济南医药公司编志办公室编 济
南 山东省济南医药公司 19uu年

008664556
山东省千佛山医院志 1960—1999
山东省千佛山医院志编纂委员会编 济
南 山东科学技术出版社 2000年
309页

012638973
山东省千佛山医院志 2000—2009
山东省千佛山医院志编纂委员会编 济
南 山东科学技术出版社 2010年
597页

013660099
山东省中医药研究院院志 1958—2008
山东省中医药研究院院志编审委员会
编 济南 山东省中医药研究院院志编
审委员会 2008年 161页

012955928
山东省农业机械科学研究所志 1959
—2008
山东省农业机械科学研究所编 济南 山
东省农业机械科学研究所志 2009年
269页

012811559
济南树木志
韩子奎 李景全 董兆昌 张学杰编著 济
南 山东科学技术出版社 2009年
574页

009866858
山东工业大学校志
山东工业大学校史编写组编 济南 山东
工业大学校史编写组 1989年 330页

012969529
山东工业大学志 1949—1998
山东工业大学校史编纂委员会编 山东
山东工业大学 1999年 618页

012140261
山东省特种设备检验研究院志
1978—2008
山东省特种设备检验研究院编 济南 山
东省特种设备检验研究院 2008年
79页

012051833

山东省科学院能源研究所志 1998—2008

孙立主编 山东 山东省科学院能源研究所 2008年 115页

009869607

山东电力工程咨询院志 1958—1998

山东电力工程咨询院志编辑委员会编 山东 山东电力工程咨询院 1998年 431页

012140254

山东电力工程咨询院志 1958—2008

孙剑章主编 山东电力工程咨询院志编辑委员会 济南 山东电力工程咨询院 2008年 682页

010280137

山东省计算中心志 1976—2006

山东省计算中心编 济南 山东省计算中心 2006年 106页

011320345

山东省建筑科学研究院史志 1958—1993

朱克昌主编 山东省建筑科学研究院编写 山东 山东省建筑科学研究院 1994年 239页

012099810

山东省建筑科学研究院史志 1994—2008.06

山东省建筑科学研究院编写 山东 山东省建筑科学研究院 2008年 288页

010732066

山东建筑大学校志 1956—2006

山东建筑大学校志编委会编 卜令元 傅鲁闽主编 济南 山东建筑大学 2006年 477页

011320464

山东建筑工程学院院志 1956—1996

邵长卿 韩福元主审 邢世满等副主审 郭厚基主编 马玉山等副主编 济南 山东建筑工程学院印刷厂印 1996年 326页

009962101

济南城市建设管理志 1840—1985

济南城市建设管理局编纂 济南 济南七二一三工厂 1991年 144页

012661811

山东省环境保护科学研究设计院院志 1978—2008

山东省环境保护科学研究设计院编 济南 山东省环境保护科学研究设计院 2008年 151页

市中区

007969357

市中区志

济南市市中区区志编纂委员会编 济南

齐鲁书社 1997年 639页〔中华人民共和国地方志丛书〕

历下区

007488644
历下区志
济南市历下区编纂委员会编 北京 中国广播电视出版社 1991年 604页

012208136
人民法庭志 1987—2005
济南市历下区人民法院人民法庭志编纂领导小组编 济南 济南市历下区人民法院人民法庭志编纂领导小组 2007年 224页

013752516
济南市历下区军事志 1840—2005
济南市历下区军事志编纂委员会编 济南 济南市历下区军事志编纂委员会 2010年 306页

013897923
历下区教育志
张德中主编 济南市历下区教育局教育志办公室编 济南 济南市历下区教育局教育志办公室 2007年 289页

009962113
济南市历下区地名志
济南市历下区地名委员会编 济南 济南市历下区地名委员会 1994年 283页

槐荫区

007523635
槐荫区志
济南市槐荫区志编纂委员会编 济南 济南出版社 1994年 546页

012999194
济南市槐荫区军事志 1840—2005
济南市槐荫区军事志编纂委员会编 济南 济南市槐荫区军事志编纂委员会 2011年 496页

天桥区

010779216
杨庄社区志
济南市天桥区杨庄社区志编纂委员会编 济南 济南出版社 2006年 1141页〔中华人民共和国地方志丛书〕

006795900
天桥区志
济南市天桥区志编纂委员会编 济南 山东人民出版社 1993年 1036页〔中华人民共和国地方志丛书〕

009253051
黄岗村志
济南市天桥区地方志编纂委员会编 济南 山东人民出版社 1999年 753页〔中华人民共和国地方志丛书〕

008378531
黄台村志
济南市天桥区黄台村志编纂委员会编 济南 山东人民出版社 1995年 490页〔中华人民共和国地方志丛书〕

008812553
清河村志
济南市天桥区清河村志编纂委员会编 济南 山东人民出版社 1997年 1085页〔中华人民共和国地方志丛书〕

009962117
济南市天桥区政协志
济南市天桥区政协志编纂委员会编 济南 济南市天桥区政协志编纂委员会 2002年 440页

010468956
济南市粮食局天桥分局局志
济南市粮食局天桥分局局志编写组编 天桥区 天桥粮食分局 1986年 178页

009105577
济南市天桥区教育志
济南市天桥区教育志编纂委员会编 济南 山东人民出版社 1999年 756页

009332416
香摩李居志
济南市天桥区香摩李居志编纂委员会编 济南 山东人民出版社 2003年 1344页〔中华人民共和国地方志丛书〕

009105580
济南市天桥区市政工程志
济南市天桥区市政工程志编纂委员会编 济南 山东人民出版社 1998年 497页

历城区

004893050
历城县志
山东省历城县志编纂委员会编 济南 济南出版社 1990年 579页

013994026
西顿邱志
西顿邱志编纂委员会编 济南 黄河出版社 2012年 451页

012503942
盖家沟村志
济南市历城区盖家沟村志编纂委员会编 科学文化艺术出版社 2009年 340页

013374010
华山镇志
济南市历城区华山镇志编纂委员会编 济南 济南市历城区华山镇志编纂委员会 2010年 250页

012662305
孙村村志 新石器时期—2008.6
孙村村志编纂委员会编 济南 孙村村志编纂委员会 2009年 375页

012662552
辛庄村志
辛庄村志编纂委员会编 辛庄村 辛庄村志编纂委员会 2008年 348页

011810576
祝甸史志
济南市历城区祝甸史志编纂委员会编 香港 中国文化出版社 2007年 349页

010279169
历城政协志 1984—2002
政协济南市历城区第五届委员会编 历城区 政协 2002年 138页

013772947
济南市历城区军事志 1840—2005
济南市历城区军事志编纂委员会编 济南 山东新华印刷厂 2011年 406页

012661441
历城电力志 1964—2007
历城电力志编纂委员会编 北京 中国出版社 2008年 274页

010275841
济南市郊区供销社社志 1950—1985
济南市郊区供销社联合社编 济南 济南市郊区供销社联合社 1986年 143页

012638983
济南市历城区教育志 1986—2007
郭建军主审 庞振福主编 济南 山东大学出版社 2010年 399页

011313056
历城区教育志
济南市历城区教育委员会编 济南 历城区教育志办公室 1988年 248页

012061166
济南市历城区建设志 1976—2006
济南市历城区建设委员会编 济南 济南市历城区建设委员会 2008年 165页

013627968
济南市历城区水利志
济南市历城区水利志编纂委员会编 济南 济南市历城区水利志编纂委员会 1994年 280页

长清区

007362119
长清县志
长清县志编纂委员会编 济南 济南出版社 1992年 618页

010278491
长清县水利志

长清县水利水产局水利志编写组编 长清 长清县水利水产局 1993 年 200 页

009881018
长清一中百年校志 1904—2004
济南市长清区第一中学编 长清区 长清一中 2004 年 352 页

011496843
长清县土壤志
长清县农业局土肥站编 长清 长清县农业局 1982 年 114 页

章丘市

012816169
章丘市志 1986—2005
章丘市地方史志编纂委员会编 北京 中华书局 2009 年 840 页〔中华人民共和国地方志丛书〕

006806629
章丘县志
杨积清主编 李曰禄 王世琦副主编 章丘县志编纂委员会编 济南 济南出版社 1992 年 703 页

009699827
刁镇志 1840—1995
刁镇镇志办公室编 济南 山东省地图出版社 2001 年 531 页

012264214
分水岭村志 1369—2008
章丘市文祖镇分水岭村志编纂委员会编 刘广发主编 章丘 章丘市文祖镇分水岭村志编纂委员会 2009 年 258 页〔中华人民共和国地方志丛书〕

013821894
龙山村志
山东省章丘市龙山街道办事处 龙山村志编纂委员会编 赵克村主编 香港 中国国际文化出版社有限公司 2010 年 594 页〔中华人民共和国地方志丛书〕

008452383
相公庄志
山东省章丘市相公庄志编纂委员会编 郑新道主编 济南 济南出版社 1998 年 567 页〔中华人民共和国地方志丛书〕

013630278
向高村志 1465—2009
山东省章丘市宁家埠镇向高村村志编纂委员会编 耿广荣主编 北京 团结出版社 2010 年 653 页

012663820
章丘公安志 1941—2008
章丘公安志编委会编 济南 山东省地图出版社 2010 年 763 页

013731168
山东明水经济开发区志
山东明水经济开发区志编纂委员会编 济南 山东明水经济开发区志编纂委员会 2008年 401页

013933347
[山东丰汇集团]五年志 2002.6—2007.6
山东丰汇集团五年志编纂委员会编 2008年 290页

012175238
章丘市城市建设综合开发公司志 1984—2004
钟贵亭主编 章丘市城市建设综合开发公司志编纂委员会编 北京 中国出版社 2004年 412页

011805847
山东百脉泉酒业有限公司志 1948—2008
山东百脉泉酒业有限公司志编纂委员会编 济南 山东省地图出版社 2008年 669页

009962148
山东明水铝土矿志 1957—1985
山东明水铝土矿志编纂委员会编 济南 山东明水铝土矿志编纂委员会 1986年 288页〔山东省冶金企事业志丛书〕

008452316
山东省章丘鼓风机厂志
王传熙 郑新道主编 山东省章丘鼓风机厂史志编纂委员会编 北京 方志出版社 1995年 690页

012100865
章丘电业志 1958—2008
章丘电业志编纂委员会编 北京 中国出版社 2008年 372页

012545707
章丘市水利志 1986—2008
章丘市水利志编纂委员会编 北京 中国国际文化出版社 2009年 362页

009881303
章丘物价志
章丘物价志编委会 章丘市物价局编 济南 山东省地图出版社 2005年 544页

010275941
章丘商志
山东省章丘商志办公室编 章丘 章丘商志办公室 1989年 203页

009046533
章丘广播电视志
章丘广播电视志编纂委员会编 济南 山东省地图出版社 2003年 440页

013606517
章丘教育志 1840—1995
章丘市教育志编纂委员会编 章丘 章丘市教育志编纂委员会 1997年 365页

012723502
章丘方言志
高晓虹著 济南 齐鲁书社 2011年 356页〔山东方言志丛书〕

009881300
章丘市地名志
章丘市地名志编纂委员会编 济南 黄河出版社 1999年 446页

011312837
章丘卫生志
章丘卫生志编纂委员会编 济南 山东省地图出版社 2007年 610页

平阴县

007289992
平阴县志
平阴县地方史志编纂委员会编 济南 济南出版社 1991年 459页

010113065
平阴县志 1988—2003
平阴县地方史志编纂委员会编 北京 方志出版社 2006年 916页

012685001
孝直村志
孝直村志编纂委员会编 北京 中华书局 2010年 684页

010200474
平阴政协志 1981—2005
中国人民政治协商会议平阴县委员会编 平阴 政协 2006年 269页

013775119
平阴县军事志 1840—2005
平阴县军事志编纂委员会编 济南 平阴县军事志编纂委员会 2012年 323页

012955831
平阴县自来水公司志 1979—2009
平阴县自来水公司志编纂委员会编 平阴 平阴县自来水公司志编纂委员会 2009年 267页

012614282
平阴县电业志 1956—2006
平阴县电业志编纂委员会编 北京 中国出版社 2009年 388页

012542762
平阴县教育志 1987—2003
平阴县教育志编纂委员会编 平阴 平阴县教育局 2009年 316页

013730376
平阴一中校志 1954—2004

平阴一中校志编写组编 平阴 平阴一中
校志编写组 2004年 83页

010010299
山东平阴风物志
政协山东省平阴县委员会编 北京 中国
戏剧出版社 2004年 443页

012208110
济南市平阴县地名志
济南市平阴县地名委员会编 济南 济南
市平阴县地名委员会 1999年 333页

009881212
山东省平阴县药志 初稿
山东省药材公司平阴县公司 山东平阴
阿胶厂编 平阴 山东省药材公司平阴
县公司 1986年 1册

012174815
平阴玫瑰志
平阴县史志办公室编 北京 中国楹联出
版社 2009年 220页

济阳县

007486932
济阳县志
济阳县志编纂委员会编 济南 济南出版
社 1994年 691页〔中华人民共和国
地方志丛书〕

013688782
回河镇志
回河镇志编纂委员会编 济阳 回河镇志
编纂委员会 2012年 447页

013753907
曲堤镇志
曲堤镇志编纂委员会编 济阳 曲堤镇志
编纂委员会 2013年 600页

012662310
孙耿镇志
孙耿镇志编纂委员会编 济南 济南出版
社 2010年 431页

010112126
济阳县水利志
李春荣主编 济阳县水利志编纂委员会
编 济阳 济阳县水利志编纂委员会
1990年 308页

010112127
济阳县医药志
济阳县医药志编纂领导小组编 济阳 济
阳县医药志编纂领导小组 1986年
152页

011890670
孤岛油田开发志 1968—2005
孤岛油田开发志编写组编 北京 石油工
业出版社 2008年 287页

商河县

009852696
商河油区志
商河油区志编纂委员会编 北京 方志出版社 2004 年 316 页

007486940
商河县志
商河县志编纂委员会编 济南 济南出版社 1994 年 648 页

011763250
亓家官庄志
亓家官庄志编纂委员会编 亓家官庄 亓家官庄志编纂委员会 2007 年 116 页

010251135
郑路镇志
山东省山河县郑路镇镇志编委会编 郑路镇 山东省山河县郑路镇镇志编委会 1988 年 321 页

013684606
商河政协志 1981.8—2008.6
商河政协志编纂委员会编 济南 山东迅达印务有限公司 2010 年 201 页

013706205
商河民政志 1998
商河县民政局编 济南 济南出版社 1998 年 259 页

013185717
商河县建设志 1975—2011
商河县住房和城乡建设管理委员会编 济南 济南出版社 2011 年 306 页

013684600
商河县林业志
商河县林业志编纂委员会编 深圳 大中华文化出版社 2011 年 202 页

010113091
商河县电业志
商河县电业志编纂办公室编 北京 中华书局 1999 年 452 页

013684599
商河县供电志 1998—2007
商河县供电志编纂办公室编 北京 中国社会科学出版社 2009 年 364 页

013509271
商河县水利志
王笃聪主编 商河县水利志编纂委员会编 商河 商河县水利志编纂委员会 1991 年 343 页

013509274
商河县水利志 1991—2005
商河县水务局编 北京 中国出版社 2007 年 189 页

010113095
商河县医药志
商河县医药志编纂小组编 商河 商河县医药志编纂小组 1986年 110页

011441945
商河邮电志 1343—1998
商河县邮电局史志编纂委员会编 商河 商河县邮电局史志编纂委员会 2000年 381页

青岛市

007735701
青岛市志
青岛市史志办公室编 北京 新华出版社 1994年

009106665
青岛市志 总目录
青岛市史志办公室编 北京 五洲传播出版社 2002年 726页

012899335
青岛市志 第1卷 大事记卷 1978—2005
青岛市史志办公室编 北京 方志出版社 2011年 566页〔中华人民共和国地方志丛书〕

008518266
青岛市志 第1卷 海港志
青岛市史志办公室编 北京 新华出版社 1994年 297页

013731073
青岛市志 第2卷 城市卷 1978—2005
青岛市史志办公室编 北京 方志出版社 2012年 522页〔中华人民共和国地方志丛书〕

007848953
青岛市志 第2卷 邮电志
青岛市史志办公室编 北京 新华出版社 1994年 232页

008520308
青岛市志 第3卷 教育志
青岛市史志办公室编 北京 新华出版社 1994年 388页

013731078
青岛市志 第3卷 经济卷 1978—2005
青岛市史志办公室编 北京 方志出版社 2012年〔中华人民共和国地方志丛书〕

007848954
青岛市志 第4卷 卫生志
青岛市史志办公室编 北京 新华出版社 1994年 365页

014049932

青岛市志 第4卷 文化卷 1978—2005
青岛市史志办公室编 北京 方志出版社
　　2013年 633页〔中华人民共和国地
　　方志丛书〕

007848955

青岛市志 第5卷 体育志
青岛市史志办公室编 北京 新华出版社
　　1994年 312页

014049937

青岛市志 第5卷 政治卷 1978—2005
青岛市史志办公室编 北京 方志出版社
　　2013年 559页〔中华人民共和国地
　　方志丛书〕

007848964

青岛市志 第6卷 交通志
青岛市史志办公室编 北京 新华出版社
　　1995年 533页

008520313

青岛市志 第7卷 外事志 侨务志
青岛市史志办公室编 北京 新华出版社
　　1995年 315页

007848963

青岛市志 第8卷 军事志
青岛市史志办公室编 北京 新华出版社
　　1995年 384页

008520357

青岛市志 第9卷 水利志
青岛市史志办公室编 北京 新华出版社
　　1995年 416页

007848978

青岛市志 第10卷 水产志
青岛市史志办公室编 北京 新华出版社
　　1995年 323页

007849022

青岛市志 第11卷 环保志 环卫志
青岛市史志办公室编 北京 中国大百科
　　全书出版社 1996年 361页

008520309

青岛市志 第12卷 计量标准志 物价志
青岛市史志办公室编 北京 中国大百科
　　全书出版社 1996年 305页

008520316

青岛市志 第13卷 医药志
青岛市史志办公室编 北京 中国大百科
　　全书出版社 1996年 271页

008520310

青岛市志 第14卷 工商行政管理志
青岛市史志办公室编 北京 中国大百科
　　全书出版社 1996年 288页

008520314

青岛市志 第15卷 盐业志
青岛市史志办公室编 北京 中国大百科

全书出版社 1996年 250页

007848977
青岛市志 第16卷 民政志
青岛市史志办公室编 北京 中国大百科
　全书出版社 1996年 323页

008520312
青岛市志 第17卷 财政税务审计志
青岛市史志办公室编 北京 中国大百科
　全书出版社 1996年 312页

008520311
青岛市志 第18卷 农业志
青岛市史志办公室编 北京 中国大百科
　全书出版社 1996年 394页

007849035
青岛市志 第19卷 社团志
青岛市史志办公室编 北京 新华出版社
　1997年 372页

007849036
青岛市志 第20卷 公用事业志
青岛市史志办公室编 北京 新华出版社
　1997年 267页

007849038
青岛市志 第21卷 自然地理志 气象志
青岛市史志办公室编 北京 新华出版社
　1997年 490页

007849037
青岛市志 第22卷 方言志
青岛市史志办公室编 北京 新华出版社
　1997年 264页

007849039
青岛市志 第23卷 园林绿化志
青岛市史志办公室编 北京 新华出版社
　1997年 260页

007849040
青岛市志 第24卷 海洋志
青岛市史志办公室编 北京 新华出版社
　1997年 305页

007849041
青岛市志 第25卷 民族宗教志
青岛市史志办公室编 北京 新华出版社
　1997年 225页

007849042
青岛市志 第26卷 新闻出版志 档案志
青岛市史志办公室编 北京 新华出版社
　1997年 389页

008456371
青岛市志 第27卷 市政工程志
青岛市史志办公室编 北京 新华出版社
　1998年 320页

008380761
青岛市志 第28卷 海关志
青岛市史志办公室编 北京 新华出版社

1998 年 324 页

008380770

青岛市志 第 29 卷 机械冶金工业志
青岛市史志办公室编 北京 新华出版社
1998 年 441 页

008380768

青岛市志 第 30 卷 文化志 风俗志
青岛市史志办公室编 北京 新华出版社
1998 年 405 页

008380766

青岛市志 第 31 卷 公安司法志
青岛市史志办公室编 北京 新华出版社
1998 年 337 页

008380764

青岛市志 第 32 卷 供销合作社志
青岛市史志办公室编 北京 新华出版社
1998 年 278 页

008520350

青岛市志 第 33 卷 纺织工业志
青岛市史志办公室编 北京 新华出版社
1999 年 291 页

008520349

青岛市志 第 34 卷 科学技术志
青岛市史志办公室编 北京 新华出版社
1999 年 333 页

008518208

青岛市志 第 35 卷 电力工业志
青岛市史志办公室编 北京 新华出版社
1999 年 251 页

008520351

青岛市志 第 36 卷 劳动志
青岛市史志办公室编 北京 新华出版社
1999 年 389 页

008520348

青岛市志 第 37 卷 金融志
青岛市史志办公室编 北京 新华出版社
1999 年 315 页

008812981

青岛市志 第 38 卷 民主党派 青岛地方组织志
青岛市史志办公室编 北京 五洲传播出版社 2001 年 271 页

008520354

青岛市志 第 39 卷 二轻工业志
青岛市史志办公室编 北京 新华出版社
1999 年 298 页

008520353

青岛市志 第 40 卷 政协志
青岛市史志办公室编 北京 新华出版社
1999 年 440 页

008665111

青岛市志 第 41 卷 土地志 地震志

青岛市史志办公室编 北京 新华出版社
　1999年 433页

008520352
青岛市志 第43卷 房产志
青岛市史志办公室编 北京 新华出版社
　1999年 312页

008391979
青岛市志 第44卷 城市规划建筑志
青岛市史志办公室编 北京 新华出版社
　1999年 398页

008456374
青岛市志 第45卷 旅游志
青岛市史志办公室编 北京 新华出版社
　1999年 443页

008665109
青岛市志 第46卷 粮食志
青岛市史志办公室编 北京 新华出版社
　2000年 309页

008665107
青岛市志 第47卷 电子仪表工业志
青岛市史志办公室编 北京 新华出版社
　2000年 344页

008665117
青岛市志 第48卷 一轻工业志 建材工业志
青岛市史志办公室编 北京 新华出版社
　2000年 383页

008636338
青岛市志 第49卷 物资志
青岛市史志办公室编 北京 五洲传播出版社 2000年 364页

008391982
青岛市志 第50卷 沿革区划志
青岛市史志办公室编 北京 新华出版社
　2000年 320页

008812973
青岛市志 第51卷 一轻工业志 建材工业志
青岛市史志办公室编 北京 新华出版社
　2000年 383页

008812970
青岛市志 第52卷 市政工程志
青岛市史志办公室编 北京 新华出版社
　1998年 320页

008812946
青岛市志 第53卷 商业志
青岛市史志办公室编 北京 五洲传播出版社 2000年 360页

008812955
青岛市志 第54卷 大事记
青岛市史志办公室编 北京 五洲传播出版社 2000年 637页

008812931
青岛市志 第55卷 人物志

青岛市史志办公室编 北京 新华书店经销 2002 年 615 页

009244807
青岛市志 第 56 卷 政权志
青岛市史志办公室编 北京 五洲传播出版社 2002 年 561 页

008812928
青岛市志 第 63 卷 人口志
青岛市志办公室编 北京 五洲传播出版社 2001 年 311 页

008812959
青岛市志 第 64 卷 对外经济贸易志
青岛市志办公室编 北京 五洲传播出版社 2001 年 370 页

008812925
青岛市志 第 65 卷 中国共产党青岛地方组织志
青岛市志办公室编 北京 五洲传播出版社 2001 年 335 页

013772931
棘洪滩街道志 1370.1—2010.12
棘洪滩街道志编纂委员会编 济南 黄河出版社 2012 年 916 页〔青岛市城阳区地方志丛书〕

010143772
李园街道村志
王洪业主编 北京 方志出版社 2006 年 970 页

011499571
青岛郑庄村志
郑庄村志编纂委员会编 北京 中国出版社 2006 年 298 页

013756904
苇芦村志
苇芦村志编纂委员会编 济南 黄河出版社 2012 年 292 页〔青岛志鉴丛书〕

010143783
青岛社团志
青岛市志社团志编委会 孙炳岳主编 青岛 青岛市志社团志编委会 1993 年 385 页

013225593
青岛市宣传工作志
孔心田主编 青岛 青岛出版社 1996 年 202 页

012505481
青 岛 市 人 民 代 表 大 会 志 1949.9—2000.6
青岛市人大常委会办公厅编 青岛 青岛市人大常委会办公厅 2000 年 225 页

013794845
青岛民政志
青岛市民政局编志办公室编 北京 新华出版社 1995 年 542 页

013225586
青岛市工商行政管理志 1891—1990
青岛市工商行政管理志编纂委员会编
 北京 新华出版社 1996年 477页

011892409
青岛市工商行政管理志 1991—2005 送审稿
青岛市工商行政管理局编 青岛 青岛市工商行政管理局 2007年 646页

011292466
青岛市物资志 1957—1985
青岛市物资局史志办公室编 青岛 青岛市物资局史志办公室 1987年 175页

010200507
青岛市金属材料公司志 1962—1985
青岛市金属材料公司史志办公室编 青岛 青岛市金属材料公司 1988年 144页

012051792
青岛市海洋与渔业志 1979—2005
青岛市海洋与渔业局编 北京 中国国际文化出版社 2008年 371页

011499560
青岛市水产志
青岛市水产局编 青岛 青岛出版社 1994年 429页

013961393
中国水产科学研究院黄海水产研究所志
刘世禄等编 1993年 172页

008664538
[山东电力建设第三工程公司]史志 1985—1994
山东电力建设第三工程公司编 山东 山东电力建设第三工程公司 1995年 427页

013772832
华电青岛发电有限公司志 1935—2009
华电青岛发电有限公司编 青岛 华电青岛发电有限公司 2010年 454页

011292463
青岛电力志
青岛电业局史志办公室编 青岛 青岛电业局史志办公室 1988年 3册

012208117
青岛锻压机械厂厂志 1946—1985
青岛锻压机械厂厂志编纂办公室编 青岛 青岛锻压机械厂厂志编纂办公室 1986年 3册

011892399
青岛钢丝绳厂志 1959—1985
青岛钢丝绳厂志办公室编 青岛 青岛钢丝绳厂 1987年 400页〔山东省冶金企事业志丛书〕

009408059

青岛钢铁总厂志 1958—1990

青岛钢铁总厂志编纂委员会编 北京 冶金工业出版社 1994年 339页

013225569

青岛化工厂志

青岛化工厂志编审委员会编 青岛 青岛化工厂 1997年 306页

012661754

青岛卷烟厂志 1919—2009

青岛卷烟厂厂志编纂委员会编 青岛 青岛卷烟厂厂 2009年 866页

013705575

青岛耐火材料厂志

青岛耐火材料厂厂志编纂委员会编 青岛 青岛耐火材料厂志编纂委员会 1987年 374页〔山东省冶金企事业志丛书〕

009399332

青岛啤酒厂志

青岛啤酒厂编 青岛 青岛出版社 1993年 251页

012836124

青岛啤酒公司志

青岛啤酒股份有限公司编 青岛 青岛啤酒股份有限公司 2004年 367页

013225573

青岛市电子仪表工业公司志

青岛市电子仪表工业公司史志编纂委员会办公室编 青岛 青岛市电子仪表工业公司史志编纂委员会办公室 1989年 276页

008869588

青岛铁路分局志

青岛铁路分局史志编纂委员会编 北京 中国铁道出版社 2000年 604页

011294819

青岛港志 1978—2005

青岛港史志编审委员会编 青岛 青岛港（集团）有限公司 2006年 2册

010253978

青岛邮电志

青岛市邮电局史志编纂委员会编 青岛 青岛市邮电局史志编纂委员会 1988年 292页

010200499

青岛金融志

青岛市青岛金融志编纂办公室编 青岛 青岛市青岛金融志编纂办公室 1988年 280页

010200514

青岛市农村金融志 1897—1988

中国农业银行青岛市分行编 青岛 中国农业银行青岛市分行 1990年 433页

012051790

青岛广播电视志 1979—2005

青岛广播电视志编纂委员会编 北京 中国广播电视出版社 2009年 602页

012505464

青岛市广播电视志 1933—1990

青岛市广播电视志编纂委员会编 北京 知识出版社 1995年 338页

011312734

青岛出版社志 1975—2005

青岛出版社志编委会编 青岛 青岛出版社 2007年 235页

010778520

青岛科协志 征求意见稿

周光召 青岛市科学技术协会编 青岛 青岛市科协史志编辑办公室 2006年 323页

013822214

青岛教育图志 1891—2011

青岛市教育局编著 青岛 青岛出版社 2012年 181页

009333648

百年沧桑 青岛大学医学院附属医院志 1898—1998

青岛大学医学院附属医院院志编写组编 青岛 青岛出版社 1998年 429页

012877111

青岛奥帆赛志

青岛市史志办公室编 北京 中国国际文化出版社 2010年 578页

009001522

青岛世纪图志

青岛市史志办公室 高国耀主编 北京 方志出版社 2001年 344页

009840203

日本两次侵占青岛图志

阎立津 李生德 阎振辉编著 青岛 青岛出版社 2005年 160页

013991384

山东大学(青岛)人物志

山东大学青岛校友会编 北京 海洋出版社 1991年 214页

009675982

青岛文物志

青岛市史志办公室 青岛市文物局编 北京 中国出版社 2004年 202页

011996905

跨越百年 青岛大学医学院附属医院志

苗志敏 姜振家主编 青岛 中国海洋大学出版社 2008年 1003页

009881164

青岛医学院院志 1946—1995

陈在春 郭玮主审 崔华青 曲效文 李善

惠副主审 田广渠 王乃魁 王兰佳主编 青岛 青岛医学院 1996年 358页

009387165
青岛市卫生志 1891—1990
青岛市卫生志编委会编 青岛 青岛海洋大学出版社 1993年 575页

011892403
青岛古树名木志
青岛市史志办公室 青岛市林业局 青岛市城市园林局编 青岛 中国海洋大学出版社 2007年 246页

011499566
青岛优秀建筑志
青岛市史志办公室 青岛市建设委员会编 青岛 青岛出版社 2006年 352页

009869344
山东省水利志资料长编 青岛部分
青岛市水利局水利志办公室提供 青岛 青岛市水利局水利志办公室 1989年 311页

013461900
青岛市环境保护志
青岛市环境保护局编 青岛 青岛市环境保护局 2005年 240页

市北区

013226741
杨家群村志
杨家群村志编纂委员会编 杨家群村 杨家群村志编纂委员会 2005年 460页

013775161
青岛市市北区军事志 1949—2005
青岛市市北区军事志编纂委员会编 济南 青岛市市北区军事志编纂委员会 2011年 244页

013753785
青岛市四方区军事志 1388—2005
青岛市四方区军事志编纂委员会编 济南 青岛市四方区军事志编纂委员会 2012年 212页

008452179
四方机车车辆厂志 1900—1993
四方机车车辆厂史志编纂委员会编 济南 山东画报出版社 1996年 672页

黄岛区

009160115
黄岛简志
黄岛区史志编纂委员会编 北京 五洲传播出版社 2002年 496页〔新编青岛地方志简本〕

008813363
黄岛区志
青岛市黄岛区地方史志编纂委员会办公室编 济南 齐鲁书社 1995年 628页

009160119
胶南简志
胶南市史志编纂委员会编 北京 五洲传播出版社 2002年 526页〔新编青岛地方志简本〕

007289984
胶南县志
山东省胶南县史志编纂委员会编 北京 新华出版社 1990年 656页〔中华人民共和国地方志丛书〕

013630786
中国人民政治协商会议青岛市黄岛区委员会志
中国人民政治协商会议青岛市黄岛区委员会编 青岛 中国人民政治协商会议青岛市黄岛区委员会 2000年

012872534
黄岛检察志
王大海主编 北京 中国检察出版社 2009年 122页

013752637
胶南市军事志 前476—2005
胶南市军事志编纂委员会编 济南 胶南市军事志编纂委员会 2011年 346页

013775158
青岛市黄岛区军事志 1840—2005
青岛市黄岛区军事志编纂委员会编 济南 青岛市黄岛区军事志编纂委员会 2009年 187页

012899026
琅琊台志
山东省胶南市琅琊台志编纂委员会编 济南 齐鲁书社 1997年 465页

012954926
胶南市人民医院志 1950—2010
胶南市人民医院志编纂委员会编 香港 香港东方艺术中心 2010年 376页

崂山区

009160114
崂山简志
崂山区史志编纂委员会编 北京 五洲传播出版社 2002年 533页〔新编青岛地方志简本〕

011475252
崂山区志
青岛市崂山区志编纂委员会编 北京 方志出版社 2008年 827页〔中华人民共和国地方志丛书〕

013220916
磅石村志
磅石村志编纂委员会编 磅石村 磅石村志编纂委员会 2011年 215页〔青岛市崂山区新编地方志丛书〕

013723440
北崂村志
北崂村志编纂委员会编 北京 方志出版社 2013年 355页〔青岛市崂山区新编地方志丛书〕

012249673
北龙口村志
青岛市崂山区北龙口村志编纂委员会编 北京 方志出版社 2008年 353页〔青岛市崂山区新编地方志丛书〕

012679014
北宅街道志
北宅街道志编纂委员会编 青岛 北宅街道志编纂委员会 2007年 403页〔青岛市崂山区新编地方志丛书〕

013758762
长岭村志
长岭村志编纂委员会编 青岛 长岭村志编纂委员会 2011年 177页〔青岛市崂山区新编地方志丛书〕

013369750
大埠东村志
大埠东村志编纂委员会编 北京 中国国际文化出版社 2011年 364页

012898290
大崂村志
大崂村志编纂委员会编 大崂村 大崂村志编纂委员会 2010年 279页〔青岛市崂山区新编地方志丛书〕

012898295
大麦岛村志
青岛市崂山区大麦岛村志编纂委员会编 北京 五洲传播出版社 2003年 382页

012967498
董家下庄村志
董家下庄村志编纂委员会编 济南 黄河出版社 2010年 329页〔青岛市崂山区新编地方志丛书〕

012541544
港西村志
港西村志编纂委员会编 香港 香港天马出版有限公司 2009年 145页〔青岛市崂山区新编地方志丛书〕

012049363
沟崖村志
沟崖村志编纂委员会编 兰州 兰州大学出版社 2006年 238页〔青岛市崂山区新编地方志丛书〕

012251034
荷花村志
荷花村志编纂委员会编 香港 香港天马出版有限公司 2009年 180页〔青岛市崂山区新编地方志丛书〕

011312735
鸿园村志
鸿园村志编纂委员会编 香江出版有限公司 2006年 214页

012811544
黄泥崖村志
黄泥崖村志编纂委员会编 黄泥崖村 黄泥崖村志编纂委员会 2009年 213页〔青岛市崂山区新编地方志丛书〕

013222259
黄山口村志
黄山口村志编纂委员会编 崂山区 黄山口村志编纂委员会 2011年 180页〔青岛市崂山区新编地方志丛书〕

013224550
蓝家庄村志
蓝家庄村志编纂委员会编 崂山 蓝家庄村志编纂委员会 2011年 237页〔青岛市崂山区新编地方志丛书〕

013144530
刘家下庄村志
刘家下庄村志编纂委员会编 北京 方志出版社 2010年 322页〔青岛市崂山区新编地方志丛书〕

012814025
牟家村志
牟家村志编纂委员会编 牟家村 牟家村志编纂委员会 2009年 352页〔青岛市崂山区新编地方志丛书〕

012969387
南龙口村志
南龙口村志编纂委员会编 济南 黄河出版社 2010年 255页

012174827
秦家土寨村志
秦家土寨村志编纂委员会编 香港 香港天马出版有限公司 2008年 172页〔青岛市崂山区新编地方志丛书〕

012252364
曲家庄村志
曲家庄村志编纂委员会编 香港 香港天马出版有限公司 2009年 200页〔青岛市崂山区新编地方志丛书〕

012107771
石老人村志
臧忠卓主笔 青岛市崂山区石老人村志编纂委员会编著 北京 中国国际文化出版社 2008年 2册

012638815
书院村志

书院村志编纂委员会编 香港 香港天马出版有限公司 2010年 239页〔青岛市崂山区新编地方志丛书〕

012252564
双石屋村志
双石屋村志编纂委员会编 香港 香港天马出版有限公司 2009年 209页〔青岛市崂山区新编地方志丛书〕

013756092
宋家下庄村志
宋家下庄村志编纂委员会编 济南 山东省地图出版社 2011年 340页〔青岛市崂山区新编地方志丛书〕

012814260
唐家庄村志
唐家庄村志编纂委员会编 唐家庄村 唐家庄村志编纂委员会 2009年 169页〔青岛市崂山区新编地方志丛书〕

012052037
文张村志
文张村志编纂委员会编 香港 香港天马出版有限公司 2009年 202页〔青岛市崂山区新编地方志丛书〕

013226410
五龙村志
五龙村志编纂委员会编 五龙村 五龙村志编纂委员会 2011年 217页〔青岛市崂山区新编地方志丛书〕

013133797
午山村志
午山村志编委会编 北京 中国国际文化出版社 2010年 275页〔青岛市崂山区新编地方志丛书〕

013321188
西韩村志
西韩村志编纂委员会编 北京 中国国际文化出版社 2010年 345页〔青岛市崂山区新编地方志丛书〕

013145635
西台村志
西台村志编纂委员会编 西台村志编纂委员会 2011年 172页〔青岛市崂山区新编地方志丛书〕

012814418
下葛场村志
下葛场村志编纂委员会编 下葛场村 下葛场村志编纂委员会 2009年 209页〔青岛市崂山区新编地方志丛书〕

012175234
张家河村志
刘伦慧主编 张家河村志编纂委员会编 香港 香港天马出版有限公司 2008年 132页〔青岛市崂山区新编地方志丛书〕

013940779
张家下庄志

张家下庄志编辑委员会编 济南 山东友谊出版社 2013年 362页

012816206
郑张村志
郑张村志编纂委员会编 青岛 郑张村志编纂委员会 2009年 223页

012639822
崂山区社团志
青岛市崂山区史志办公室编 北京 五洲传播出版社 2005年 198页〔青岛市崂山区新编地方志丛书〕

008832000
山东省崂山县地名志
崂山县地名办公室编 崂山 崂山县地名办公室 1984年 348页

009334580
崂山志
青岛市史志办公室编 北京 五洲传播出版社 2003年 462页

012955003
崂山绿石志
李凤海著 青岛 青岛出版社 2004年 190页

李沧区

012542601
李沧区志 1994—2004
青岛市李沧区地方志编纂委员会编 北京 方志出版社 2009年 683页〔中华人民共和国地方志丛书〕

010143789
青岛市沧口区志
青岛市沧口区志编纂委员会编 北京 中国出版社 2004年 481页

012950433
毕家上流村志
毕家上流村志编纂委员会编 济南 黄河出版社 2010年 239页〔青岛市李沧区新编地方志丛书〕

013141099
大枣园村志
青岛市李沧区大枣园村志编纂委员会编 北京 方志出版社 2011年 384页

013753782
青岛市李沧区军事志 1949—2005
青岛市李沧区军事志编纂委员会编 济南 青岛市李沧区军事志编纂委员会 2012年 305页

城阳区

011472193
城阳区志 1994—2005
青岛市城阳区地方志编纂委员会编 北京 中华书局 2007年 874页〔山东省地方志丛书〕

013756871
王家村社区志 2012
王家村社区志编纂委员会编 济南 黄河出版社 2012年 287页〔青岛志鉴丛书〕

013221061
城阳镇志
城阳镇志编纂委员会编 济南 黄河出版社 2011年 645页〔青岛市城阳区地方志丛书〕

012724207
河套街道志
河套街道志编纂委员会编 济南 黄河出版社 2010年 783页

013990673
红岛街道志 1087.1—2005.12
红岛街道志编纂委员会编 济南 黄河出版社 2013年 662页〔青岛市城阳区地方志丛书〕

012541849
棘洪滩镇志 1370.1—2001.6
棘洪滩镇志编纂委员会编 济南 黄河出版社 2009年 669页〔青岛年鉴丛书〕

012968279
流亭街道志
流亭街道志编纂委员会编 济南 黄河出版社 2011年 482页〔青岛市城阳区地方志丛书〕

013377128
上马街道志
上马街道志编纂委员会编 济南 黄河出版社 2011年 713页

011884219
洼里村志
洼里村志编纂委员会编 济南 山东省地图出版社 2008年 287页〔青岛城阳区地方志丛书〕

013226549
夏庄街道志
夏庄街道志编纂委员会编 济南 黄河出版社 2011年 524页〔青岛市城阳区地方志丛书〕

013369672
城阳公路志 1994.8—2011.12
青岛市公路管理局城阳分局编 济南 山东省地图出版社 2012年 521页〔青岛市城阳区地方志丛书〕

胶州市

009160116
胶州简志
胶州市史志编纂委员会编 北京 五洲传播出版社 2002年 557页〔新编青岛地方志简本〕

005331670

胶州市志

胶州市志编纂委员会编 北京 新华出版社 1992年 1068页〔中华人民共和国地方志丛书〕

011892029

李哥庄村志

胶州市李哥庄村志编纂委员会编 北京 中国出版社 2006年 430页

009349691

胜利村志

胶州市胜利村志编纂委员会编 北京 方志出版社 2004年 537页

012202883

胶州市民政志 1840—1987

胶州市民政局 民政志编写办公室编 胶州 民政志编写办公室 1989年 342页

012202879

胶州市工商行政管理志

胶州市工商行政管理局编 胶州 胶州市工商行政管理局 1988年 131页

010200381

胶州市水产志

胶州市水产志编纂委员会编 胶州 胶州市水产志编纂委员会 1987年 97页

011954452

胶州市电业志 1939—2005

胶州市电业志编纂委员会编 北京 中国国际文化出版社 2007年 599页

010200416

胶州邮电志

胶州市邮电局编 青岛 青岛市新闻出版局 1991年 235页

012202881

胶州市供销合作志 1947—1987

胶州市供销合作社联合社编 胶州 胶州市供销合作社联合社 1994年 196页

010200379

胶州市商业志

山东省胶州市商业局编 胶州 胶州市商业局 1987年 755页

010200426

[中国人民银行胶县支行]金融志

中国人民银行胶县支行编 胶州 中国人民银行胶县支行 1986年 151页

013820468

胶州市文化志

胶州市文化志办公室编印 胶州 胶州市文化志办公室 1992年 372页

013688787

胶州市教育体育志 1985—2007

胶州市教育体育志编纂委员会编 徐州

中国矿业大学出版社 2011 年 2 册

009962129
胶县第一中学校志
胶县第一中学校志编写组编 胶县 胶县第一中学校志编写组 1986 年 267 页

008832015
山东省胶县地名志
胶县地名委员会编印 胶县 胶县地名委员会 1984 年 387 页

013092992
胶州市卫生志
山东省胶州市卫生局编 胶州 胶州市卫生局 1990 年 343 页

012202890
胶州市水利志 1993—2003
胶州市水利志编纂委员会编 青岛 青岛出版社 2005 年 519 页

即墨市

009160112
即墨简志
即墨市史志编纂委员会编 北京 五洲传播出版社 2002 年 580 页〔新编青岛地方志简本〕

011580099
即墨市志
即墨市史志编纂委员会编 北京 方志出版社 2007 年 3 册 815 页〔中华人民共和国地方志丛书〕

004344758
即墨县志
即墨县县志编纂委员会编 北京 新华出版社 1991 年 1063 页〔中华人民共和国地方志丛书〕

010112124
即墨县志
即墨市史志办公室编 北京 中国和平出版社 2005 年 3 册

012132656
丁哥庄村志
丁哥庄村志编纂委员会编 北京 中国文史出版社 2008 年 141 页〔即墨市新编地方志丛书〕

010009253
即墨市金口镇志
即墨市金口镇志编纂委员会编 北京 中国和平出版社 2005 年 257 页〔即墨市新编地方志丛书〕

010009258
即墨市通济街道办事处志
即墨市通济街道办事处志编纂委员会编 北京 中国和平出版社 1988 年 265 页〔即墨市新编地方志丛书〕

009744867

南泉村志 1840—1988

南泉村民委员会编 南泉村 南泉村民委员会 1990年 233页

011478659

田横镇志

刁艳艳主编 济南 山东地图出版社 2008年 285页〔即墨市新编地方志丛书〕

009744871

庄头村志

庄头村志编纂委员会编 即墨 庄头村志编纂委员会 1999年 288页

013704306

即墨市人民代表大会志

即墨市人民代表大会志编纂委员会编 北京 方志出版社 2012年 993页

011432847

即墨市民政志

即墨市民政志编纂委员会编 北京 中国和平出版社 2005年 403页〔即墨市新编地方志丛书〕

012661240

即墨市残疾人联合会志

即墨市残疾人联合会编 即墨 即墨市残疾人联合会 2009年 219页

011432830

即墨经济开发区志 1992—2003

即墨经济开发区志编纂委员会编 北京 中国和平出版社 2006年 460页〔即墨市新编地方志丛书〕

009414910

即墨市国土资源志

即墨市国土资源志编纂委员会编 兰州 兰州大学出版社 2003年 217页〔即墨市新编地方志丛书〕

009472734

即墨市工商行政管理志 1988—2002

即墨市工商行政管理局编 兰州 兰州大学出版社 2004年 324页〔即墨市新编地方志丛书〕

013092957

即墨市工商行政管理志 2003—2010

即墨市工商行政管理志编纂委员会编纂 青岛 青岛出版社 2011年 350页

013222269

即墨县劳动志

即墨县劳动志编纂委员会编 即墨 即墨县劳动志编纂委员会 1990年 235页

011294938

即墨市农机管理志

即墨市农业机械管理局编 北京 中国和平出版社 2005年 234页〔即墨市新编地方志〕

012097503
即墨市畜牧兽医志
即墨市畜牧兽医志编纂委员会编 北京 中国和平出版社 2009 年 230 页〔即墨市新编地方志丛书〕

011432851
即墨市农业志
即墨市农业志编纂委员会编 北京 中国和平出版社 2005 年 356 页

011432838
即墨市电业志
即墨市电业志编纂委员会编 北京 中国和平出版社 2006 年 460 页

009414912
即墨市水利志
即墨市水利志编纂委员会编 兰州 兰州大学出版社 2003 年 274 页〔即墨市新编地方志丛书〕

011432842
即墨市公路志
山东省即墨市公路管理局编 北京 中国和平出版社 2006 年 279 页〔即墨市新编地方志丛书〕

009399342
即墨市市场志
即墨市市场志编纂委员会编 兰州 兰州大学出版社 2003 年 189 页〔即墨市新编地方志丛书〕

009688185
即墨市文化志
即墨市文化志编纂委员会编 北京 中国和平出版社 2010 年 381 页

009399350
即墨日报社志
即墨日报社志编纂委员会编 兰州 兰州大学出版社 2003 年 137 页〔即墨市新编地方志丛书〕

009744855
即墨市科学技术志
即墨市科学技术志编纂委员会编 北京 中国和平出版社 2005 年 158 页〔即墨市新编地方志丛书〕

009399341
即墨市教育志 1988—2002
即墨市教育志编纂委员会编 兰州 兰州大学出版社 2003 年 341 页〔即墨市新编地方志丛书〕

009744862
山东省即墨一中志 1904—2004
山东省即墨一中志编纂委员会编 兰州 兰州大学出版社 2004 年 252 页〔即墨市新编地方志丛书〕

008659386
即墨方言志
赵日新 沈明 扈长举等编 北京 语文出版社 1991 年 166 页〔山东方言志

丛书〕

012661603
马山志
即墨市政协文史资料委员会编 即墨 即墨市政协文史资料委员会 1999年 263页

009744858
即墨人物志
即墨市史志办公室编 北京 中国和平出版社 2005年 281页〔即墨市新编地方志丛书〕

012611248
即墨市革命烈士纪念馆志
即墨市革命烈士纪念馆志编纂委员会编 北京 中国和平出版社 2005年 563页〔即墨市新编地方志丛书〕

008832005
山东省即墨县地名志
即墨县人民政府地名办公室编 即墨 即墨县人民政府地名办公室 1986年 398页

013415118
鹤山志
即墨市史志办公室编 济南 黄河出版社 2012年 232页

009399343
即墨市计划生育志 1988—2002
即墨市计划生育委员会编 兰州 兰州大学出版社 2003年 250页〔即墨市新编地方志丛书〕

013792432
即墨市中医医院志
即墨市中医医院志编纂委员会编 北京 方志出版社 2013年 230页

009399348
即墨市卫生志 1986—2002
即墨市卫生志编纂委员会编 兰州 兰州大学出版社 2003年 277页〔即墨市新编地方志丛书〕

012202873
即墨县卫生志
即墨县卫生局卫生志编纂小组编印 即墨 即墨县卫生局编志组 1987年 316页

平度市

009160120
平度简志
平度市史志编纂委员会编 北京 五洲传播出版社 2002年 558页〔新编青岛地方志简本〕

004436212
平度县志
山东省平度县地方史志编纂委员会编纂 魏景瑞主编 陶洪信 杨新民副主

编 青岛 青岛包装印刷厂 1987 年 894 页〔中华人民共和国地方志丛书〕

012609565
戴家庄村志
戴振德主编 戴家庄村志编纂委员会编 平度 戴家庄村志编纂委员会 2009 年 305 页

012610589
何家楼村志
何家楼村志编纂委员会编 平度 何家楼村志编纂委员会 2008 年 312 页

012613935
蓼兰镇志
平度市蓼兰镇志编纂委员会编 平度 平度市蓼兰镇人民政府 2010 年 199 页〔山东省平度市新编地方志丛书〕

011476012
南村镇志
平度市南村镇编 北京 中国出版社 2006 年 378 页〔平度市新编地方志丛书〕

009511281
平度市李园街道志
平度市李园街道志编纂委员会编 北京 方志出版社 2004 年 404 页

011312136
同和街道志
平度市同和街道史志编纂委员会编 北京 中国出版社 2006 年 307 页〔山东省平度市地方志系列丛书〕

012174803
平度市人民代表大会志 1949—2008
平度市人大志编纂委员会编 北京 中央文献出版社 2009 年 1115 页

013731170
山东省平度经济开发区志 1992—2012
山东省平度经济开发区志编纂委员会编 北京 中国文史出版社 2012 年 315 页

012722008
平度工业志
平度工业志编纂委员会编 平度 平度工业志编纂委员会 2010 年 546 页

008528767
平度市公路志
山东省平度市公路管理段编 北京 人民交通出版社 2000 年 379 页

010279879
平度市公路志 2000—2005
山东省平度市公路管理局编 北京 中国出版社 2005 年 266 页〔平度市新编地方志丛书〕

012505445
平度粮食志
平度粮食志编纂委员会编 北京 中国国际文化出版社 2009年 435页

009962137
平度市广播电视志 1950—2004
平度市广播电视志编纂委员会编 北京 中国国际广播出版社 2005年 341页

008594524
平度方言志
于克仁编 北京 语文出版社 1992年 268页〔山东方言志丛书 4〕

013689054
平度民俗志
徐明堂主编 长春 吉林科学技术出版社 2012年 316页

莱西市

009160124
莱西简志
莱西市史志编纂委员会编 北京 五洲传播出版社 2002年 540页〔新编青岛地方志简本〕

013093105
莱西市志 1988—2005
莱西市志编纂委员会编 北京 方志出版社 2011年 782页〔中华人民共和国地方志丛书〕

007289925
莱西县志
山东省莱西县志编纂委员会编 济南 山东人民出版社 1990年 1012页〔中华人民共和国地方志丛书〕

009700243
解家泽口村志
香港 美迪出版社 2002年 420页

013958722
岚上村志
岚上村志编纂委员会编纂 青岛 青岛出版社 2013年 274页

009700292
南龙湾庄村志
莱西经济开发区史志办公室 南龙湾庄村志编纂委员会编 莱西 2003年 421页

012814222
水集二村志
莱西市水集二村志编纂委员会编纂 青岛 青岛出版社 2010年 270页

009700310
咸家屯村志
咸家屯村志编纂委员会编 莱西 咸家屯村志编纂委员会 2004年 338页

012879036
朱墟村志

朱埠村志编纂委员会编 香港 美迪出版社 2003年 484页

011805496
莱西市政协志
莱西市政协编 莱西 莱西市政协 2005年 370页〔莱西市地方志丛书〕

013793099
莱西市军事志 1840—2005
莱西市军事志编纂委员会编 济南 山东新华印刷厂 2012年 296页

012097707
莱西市城乡建设志
莱西市城乡建设局编 济南 山东省地图出版社 2008年 341页〔莱西市地方志丛书〕

012968188
莱西市房产管理志
莱西市房产管理志编纂委员会编 莱西 莱西市房产管理志编纂委员会 2006年 243页

013659567
莱西市水利志
莱西市水利志编纂委员会编 莱西 莱西市水利志编纂委员会 1996年 329页

009799278
莱西市财政志 1726—1995
山东省莱西市财政局编 丁秀军主编 济南 黄河出版社 1998年 348页

011066670
莱西教育体育志 讨论稿
莱西市史志办公室编 莱西 莱西市史志办公室 2004年 453页

013184293
莱西教育志 1840—1987
莱西县教育史志办公室编 莱西 莱西县教育史志办公室 1990年 320页

012954995
莱西市第三中学志 1957—2003
莱西市第三中学志编委会编 莱西 莱西市第三中学志编委会 2004年 245页

淄博市

007426157
淄博市志
淄博市志编纂委员会编 北京 中华书局 1995年 2册 2517页

009334583
淄博市简志
淄博市志办公室编 淄博 1985年 390页

013369223

查王村志 1949—2000

查王村志编纂委员会编 北京 中华书局 2011年 681页

013647463

傅山村志 2000—2010

淄博高新技术产业开发区傅山村志编纂委员会编 济南 山东人民出版社 2012年 529页

009024902

皇城镇志

皇城镇志编纂委员会编 济南 山东省地图出版社 2002年 525页〔中华人民共和国地方志丛书〕

011500770

辛店街道志

辛店街道志编纂委员会编 北京 中国出版社 2007年 753页

008976674

淄城镇志

淄城镇志编纂委员会编 济南 山东省地图出版社 2001年 558页〔中华人民共和国地方志丛书〕

010200714

淄博市人口志

淄博市计划生育委员会编 淄博 淄博市新闻出版局 2002年 696页

009147637

齐鲁石化工会志

齐鲁石化工会志编纂委员会编 北京 中华书局 2003年 1066页

011501621

淄博市工运志

淄博市总工会编 北京 华龄出版社 1989年 670页

012769684

淄博高新技术产业开发区公安志

淄博高新技术产业开发区公安志编纂委员会编 济南 黄河出版社 2010年 322页

011911546

淄博市公安交通管理志

淄博市公安交通管理志编纂委员会编 淄博 淄博市公安交通管理志编纂委员会 2000年 413页

011957561

淄博市公安志

淄博市公安志编纂委员会编 北京 中华书局 2007年 798页

010732067

山东省淄博人民警察学校志 1981—2006

山东省淄博人民警察学校志编纂委员会编 淄博 山东省淄博人民警察学校 2006年 206页

013736557
淄博市民政志
淄博市民政局编 淄博 淄博市民政局 1993年 508页

011911538
淄博市法院志 初稿
淄博市中级人民法院编志办公室编 淄博 淄博市中级人民法院编志办公室 198u年 380页

013824987
淄博监狱志 1951—2010
淄博监狱志编纂委员会编 淄博 淄博监狱志编纂委员会 2011年 350页

013798873
淄博市军事志 前1101—2005
淄博市军事志编纂委员会编 济南 山东新华印刷厂 2010年 1116页

009244934
淄博高新技术产业开发区志
淄博高新技术产业开发区志编纂委员会编 北京 方志出版社 2003年 484页

011911539
淄博市工商行政管理志 工作发端—2005
淄博市工商行政管理局编 淄博 淄博市工商行政管理局 2008年 858页〔山东省工商行政管理志系列丛书〕

012175606
淄博市审计志 1983—2007
淄博市审计志编纂委员会编 淄博 淄博市审计志编纂委员会 2008年 390页〔淄博市直部门（行业、单位）志〕

011501623
淄博物资志
淄博市物资局编 北京 中国物资出版社 1993年 533页

009126042
淄博市城乡建设志
淄博市城乡建设委员会编 北京 中国建筑工业出版社 1997年 328页〔中华人民共和国地方志 山东省〕

012256693
淄博市自来水公司志
淄博市自来水公司志编纂委员会编 济南 山东友谊出版社 2009年 406页

012052545
原山林场志
孙建博主编 北京 中国出版社 2006年 470页〔中华人民共和国地方志丛书〕

008452364
金岭铁矿志
山东省金岭铁矿志编纂办公室编 山东 山东省金岭铁矿志编纂办公室 1987年

013509220

齐鲁石化公司供排水厂志 1984—1989

齐鲁石化公司供排水厂志编纂委员会编 济南 山东人民出版社 1993年 420页

013375409

齐鲁石化公司胜利炼油厂志

胜利炼油厂厂志编纂委员会编纂 北京 企业管理出版社 1995年 891页

008452410

齐鲁石化检修公司志 1985—1993

齐鲁石化公司检修公司史志编纂委员会编 济南 山东人民出版社 1994年 311页

007621221

齐鲁石化志

齐鲁石油化工公司史志编纂委员会编 曹永庆主编 李守苓副主编 北京 中国工人出版社 1993年 1257页

013461875

齐鲁石油化工公司橡胶厂志 1991—2010

橡胶厂志编纂委员会编 北京 中国国际文化出版社 2012年 424页

013145331

山东白杨河发电厂志

山东白杨河发电厂志编纂组编 白杨河 山东白杨河发电厂 1985年 322页

011805851

山东金岭铁矿志 1986—2000

山东金岭铁矿志编纂委员会编 山东 山东金岭铁矿志编纂委员会 2004年 628页

009881196

山东铝厂志

山东铝厂志编纂委员会编 济南 山东人民出版社 1991年 1047页〔山东冶金企事业单位志丛书〕

010200534

山东铝业公司志 1986—2003

山东铝业公司志编纂委员会编 北京 中国出版社 2004年 1141页

013461954

山东美陵集团志

山东美陵集团志编纂委员会编 山东 山东美陵集团 2008年 401页

011763336

山东南定热电厂志

宋金殿主编 孙即玉副主编 山东 山东南定热电厂 2001年 425页

012252415

山东农药工业股份有限公司志

山农志编纂委员会编 淄博 淄博新闻出版局 1999年 492页

011441939
山东齐银水泥公司志
山东齐银水泥公司志编纂委员会编 山东 山东齐银水泥公司 2003年 504页

013509263
山东省淄博市燃料公司志 1950—1987
山东省淄博市燃料公司志办公室编 淄博 淄博市燃料公司 1989年 198页

014050132
山东先河悦新机电股份有限公司志 1986—2011
山东先河悦新机电股份有限公司志编纂委员会编 济南 山东友谊出版社 2013年 403页

012661816
山东辛店发电厂志
山东辛店发电厂志编辑委员会编 辛店 山东辛店发电厂 1998年 330页

010278490
山东新华制药厂志 1943—1990
山东新华制药厂编 山东 山东新华制药厂 1993年 636页

013629524
山东冶金机械厂志 1953—1985
山东冶金机械厂厂志编辑办公室编 淄博 1985年 391页〔山东冶金企事业志丛书〕

011570222
山东淄博矿务局洪山煤矿志 1904—1985 送审稿
洪山煤矿志编纂委员会编 198u年 2册

011909028
王村铝土矿志 1962—1985
山东王村铝土矿编 山东 山东王村铝土矿 1986年 339页〔山东省冶金企事业志丛书〕

008994569
中国石化齐鲁股份有限公司塑料厂志
塑料厂志编纂委员会编 北京 中华书局 2002年 636页

009340767
中国石化齐鲁股份有限公司烯烃厂志
烯烃厂志编纂委员会编 北京 中华书局 2005年 2册 1053页

013512099
中国石油化工股份有限公司齐鲁分公司塑料厂志 2002—2011
塑料厂史志编纂委员会编 济南 山东科学技术出版社 2012年 646页

014056686
中国石油化工股份有限公司齐鲁分公司研究院志 1997—2010
研究院史志编纂委员会编 济南 齐鲁书社 2013年 488页

012690295
淄博供电公司志 2000—2010
徐峰主编 天津 天津科学技术出版社 2010年 295页

012769687
淄博金荣达实业有限公司志 1950—2010
淄博金荣达实业有限公司史志办公室编 淄博 淄博金荣达实业有限公司史志办公室 2010年 131页

011957531
淄博矿务局岭子煤矿志 1958—1985
岭子煤矿志编纂委员会编 淄博 淄博矿务局 1991年 431页

010278540
淄博矿务局志
淄博矿务局志编纂委员会编 北京 煤炭工业出版社 1993年 979页

013759476
淄博矿业集团公司志 1990—2011
淄博矿业集团公司志编纂委员会编 北京 煤炭工业出版社 2013年 1032页

009126045
淄博市建筑志
淄博市城乡建设委员会编 北京 中国建筑工业出版社 1994年 398页〔中华人民共和国地方志 山东省〕

009881306
淄博市水利志
淄博市水利志编纂领导小组编 淄博 淄博市水利志编纂领导小组 1994年 242页

011501622
淄博陶瓷志
王尔孝主编 司书长副主编 淄博 淄博陶瓷志编纂委员会 2003年 468页

011328358
淄博冶金志 1948—1987
淄博冶金志编纂委员会编 淄博 淄博冶金志编纂委员会 1997年 321页

012690290
淄博工务段志 1897—1985
青岛铁路分局淄博工务段志编纂领导小组编 淄博 青岛铁路分局淄博工务段 1990年 229页

008664541
淄博公路志
淄博市公路管理局编 淄博 淄博市公路管理局 1992年 175页

013319992
齐都药业志
齐都药业志编纂委员会编 淄博 山东齐都药业有限公司 2011年 486页

011480758

淄博市粮食志

张洪兴主编 北京 中国文史出版社 2005年 512页〔日影丛书〕

011295483

淄博市物价志

淄博市物价志编纂委员会编 北京 中华书局 2007年 579页

010577444

淄博市商业志 1840—1985

淄博市商业局编志办公室编 淄博 山东省出版总社淄博分社 1988年 339页

013776476

淄博市地方税务志 1994—2011

淄博市地方税务志编纂委员会编 济南 齐鲁书社 2012年 471页

011480756

淄博金融志 1986—2003

淄博金融志编纂委员会编 北京 中国出版社 2006年 300页

013798871

淄博市城市信用合作社社志 1986—1996

淄博市城市信用合作社社志编纂委员会编 淄博 山东淄博新华印刷厂 1997年 433页

009962178

淄博文化志 1949—2002

淄博文化志编纂委员会编 北京 中华书局 2005年 780页

012003254

淄博市博物馆馆志 1958—2008

张永政主编 北京 文物出版社 2008年 275页

011571605

淄博市科学技术志 1986—2003

淄博市科学技术志编纂委员会编 北京 中华书局 2007年 799页

012052677

淄博市教育志 1840—1985

淄博市教育志办公室编 淄博 淄博市教育志办公室 1987年 418页

009340771

淄博市教育志 1986—2000

淄博市教育志编纂委员会编 青岛 青岛海洋大学出版社 2001年 766页

013959339

山东化工职业学院志 2008—2012

山东化工职业学院编 2013年 319页

008452407

齐鲁石化公司技工学校志

技工学校史志编纂委员会编 北京 方志出版社 1997年 372页

011794442
淄博矿物局技工学校志 1954—1989
淄博矿物局技工学校志编纂委员会编 淄博 淄博矿物局技工学校 1991年 222页

013606727
淄博市工业学校校志 1971—2011
淄博市工业学校校庆办公室编 淄博 淄博市工业学校校庆办公室 2011年 150页

009312507
淄博市体育志 1950—2002
张安禄 王敦浦主编 北京 方志出版社 2003年 316页

009340772
淄博市武术志
焦仁芳主编 杨长瀛执行主编 淄博市武术运动协会编 北京 中华书局 2001年 520页〔中华人民共和国地方志丛书〕

012141610
淄博人物志
邹青山著 北京 中国戏剧出版社 2009年 251页〔学思文丛〕

010113278
淄博市文物志
淄博市文物志编纂组编 淄博 山东省淄博市文物志编纂组 1984年 243页

006125660
淄博风物志
山东省出版总社淄博办事处编 济南 山东人民出版社 1985年 178页

008928812
淄博市地名志
山东省淄博市地名委员会办公室编 济南 山东省地图出版社 1989年 428页

011957541
淄博市第五人民医院院志 1966—2006
淄博市第五人民医院编 淄博 淄博市第五人民医院 2006年 333页

009114614
齐鲁石化公司卫生志
齐鲁石化公司卫生志编纂委员会编 北京 方志出版社 1997年 546页

011911543
淄博市卫生志 1840—1985
淄博市卫生局编 淄博 淄博市卫生局 1997年 496页

011957553
淄博市医药志
山东省淄博医药公司编印 淄博 山东省淄博医药公司 1989年 235页

012839361
淄博市中心医院志

淄博市中心医院志编纂委员会编 北京
　方志出版社 2010 年 394 页

009227535
齐鲁石化公司研究院志
研究院史志编纂委员会编 济南 齐鲁书
　社 2001 年 472 页

013684644
胜利炼油厂志 1995—2005
胜利炼油厂志编纂委员会编 山东 胜利
　炼油厂志编纂委员会 2007 年 938 页

013736556
淄博市城市客运管理处志 1987—1997
淄博市城市客运管理处编志领导小组
　编 淄博 淄博市城市客运管理处编志
　领导小组 1997 年 98 页

张店区

007482018
张店区志
山东省淄博市张店区志编纂委员会编
　北京 中国友谊出版公司 1991 年
　730 页

011809795
张店区志 1988—2002
张店区地方史志编纂委员会编 北京 中
　华书局 2008 年 717 页

008971415
傅山村志
淄博张店区傅山村志编纂委员会编 济
　南 山东人民出版社 2001 年 619 页
　〔中华人民共和国地方志丛书〕

011762203
湖田镇志 1840—1985
淄博市张店区湖田镇志编纂小组编 淄
　博 淄博市张店区湖田镇志编纂小组
　1987 年 392 页

011500629
四宝山乡志 1840—1985
淄博市张店区四宝山乡志办公室编纂
　淄博 四宝山乡志办公室 1988 年
　374 页

011480512
张赵村志
张赵村志编纂委员会编 济南 山东省新
　闻出版局 2008 年 527 页

013686601
张店区政协志 1961—2011
政协淄博市张店区委员会编 泰山 泰山
　文艺出版社 2011 年 626 页

013776524
淄博市张店区军事志 1925—2005
淄博市张店区军事志编纂委员会编 济
　南 淄博市张店区军事志编纂委员会
　2011 年 476 页

013994260
张店区房地产管理志 1946—1985
张店区房地产管理局编 1987年 230页

013994261
张店区供销志 1946—1986
淄博市张店区供销合作社联合社编 1987年 366页

010275897
张店区商业志 1115—1986
叶鉴平主编 山东省淄博市张店区商业局编志办公室编 淄博 淄博市张店区商业局 1986年 505页

011910271
张店区金融志
张店区工商银行 农业银行 保险公司编纂 张店区 张店区工商银行 农业银行 保险公司 1988年 197页

008831974
淄博市张店区地名志
张店区地名办公室编 张店区 张店区地名办公室 1985年 164页

011957289
张店区卫生志
淄博市张店区卫生局编 淄博 张店区卫生局 1987年 216页

淄川区

008280888
山东省淄川县志
王书川主编 淄川 淄川县志编纂委员会 1997年 340页

007900107
淄川区志
山东省淄博市淄川区区志编纂委员会编 济南 齐鲁书社 1990年 1025页

011447208
淄川区志 1986—2002
淄川区志编纂委员会编 北京 中华书局 2008年 946页

010112084
城二村志
白富远主编 淄博 淄博前进印刷厂 1992年 325页

011329459
城张村志 1565—2005
淄博市淄川区城张村志城张村志编纂委员会编 济南 山东省地图出版社 2007年 432页〔中华人民共和国地方志丛书〕

008846069
渭二村志
渭二村志编纂委员会编 北京 中华书局 2001年 382页〔中华人民共和国地

方志丛书〕

008528133
西关一村志
淄博市淄川区西关一村志编纂委员会编 北京 中华书局 1998 年 564 页〔中华人民共和国地方志丛书〕

014026391
滨岭矿业志 1972—2003
滨岭矿业有限责任公司编 淄博 滨岭矿业有限责任公司 2003 年 168 页

010197251
洪山铝土矿志 1956—1985
山东洪山铝土矿编 山东 山东洪山铝土矿 1986 年 210 页〔山东省冶金企事业志丛书〕

011571611
淄川区财政志
邱维玉主编 北京 中华书局 2000 年 420 页

008594529
淄川方言志
孟庆泰 罗福腾编 北京 语文出版社 1994 年 263 页〔山东方言志丛书〕

008664545
淄川区卫生防疫志
许永兴主编 济南 山东省地图出版社 2000 年 281 页

012317839
淄川区卫生志
淄川区卫生局编 济南 山东人民出版社 2009 年 496 页

博山区

007350156
博山区志
山东省淄博市博山区区志编纂委员会编 济南 山东人民出版社 1990 年 696 页〔中华人民共和国地方志丛书〕

012889217
博山区志 1986—2002
淄博市博山区区志编纂委员会编 北京 中华书局 2010 年 568 页〔中华人民共和国地方志丛书〕

012096404
博山区人大志
博山区人大常委会编 北京 中国文化出版社 2008 年 640 页

013987572
博山区民政志
博山区民政志编纂委员会编 孔庆文主编 北京 中国文化出版社 2006 年 298 页

013506538
山东白杨河发电厂志 1969—1999

山东白杨河发电厂厂志编纂委员会编
　淄博　山东白杨河发电厂　1999年
　213页

011943140
博山区教育志 1840—1985
淄博市博山区教育志办公室编　淄博　淄博市博山区教育志办公室　1987年　163页

011763361
淄博市博山区地名志
淄博市博山区地名委员会办公室编　淄博　淄博市博山区地名委员会办公室编　1986年　274页

009783917
博山区卫生志
博山区卫生志编纂委员会编　张云春主编　北京　中国出版社　2005年　525页〔中华人民共和国地方志丛书〕

临淄区

002986282
临淄区志
山东省淄博市临淄区志编纂委员会编　朱乐平主编　张庆恩　徐树梓副主编　北京　国际文化出版社　1989年　719页〔中华人民共和国地方志丛书〕

011499279
临淄区志
临淄区史志编纂委员会编　北京　中华书局　2007年　1250页

011757727
凤凰镇志
凤凰镇志编纂委员会编　济南　齐鲁书社　2007年　648页

009675930
南金村志
南金村志编纂委员会编　济南　山东省地图出版社　2004年　367页〔中华人民共和国地方志丛书〕

011501615
朱台镇志
朱台镇志编纂委员会编　深圳　海天出版社　2006年　459页

012051664
临淄区人大志
临淄区人大常委会编　北京　中国出版社　2005年　598页

009817819
临淄政协志
临淄政协志编纂委员会编　香港　香港新时代出版社　2004年　502页

008452414
齐鲁石油化工公司橡胶厂志
橡胶厂志编纂委员会编　济南　济南出版社　1992年　524页

013508652
临淄区学官中学志 1983—2011
临淄区学官中学志编纂委员会编 淄博 泰山文艺出版社 2012年 407页

010143777
临淄文物志
临淄文物志编辑组编 北京 中国友谊出版公司 1990年 241页

周村区

007900156
周村区志
山东省淄博市周村区志编纂委员会编 北京 中国社会出版社 1992年 744页

009962176
周村区志 1986—2002
淄博市周村区史志编纂委员会编 北京 中华书局 2005年 652页

012107761
建国村志
淄博市周村区建国村志编纂委员会编 北京 中国国际文化出版社 2008年 539页

013067188
胜利村志
胜利村志编纂委员会编 北京 中国国际文化出版社 2011年 552页

013225782
山东省淄博市周村区民政志 1840—1985
淄博市周村区民政局民政志编纂办公室编 淄博 淄博市周村区民政局 1989年 316页

013002453
山东周村烧饼公司志 1958—2009
山东周村烧饼公司志编纂委员会编 北京 中国国际文化出版社 2011年 476页

010275854
周村商业志
周村商业史编纂办公室编 周村 周村商业史编纂办公室 1986年 373页

桓台县

007289963
桓台县志
山东省桓台县史志编纂委员会编 济南 齐鲁书社 1992年 823页〔中华人民共和国地方志丛书〕

011804626
桓台县志 1988—2002
桓台县地方史志编纂委员会编 北京 中华书局 2008年 860页

013752463
桓台县军事志 1860—2005

桓台县军事志编纂委员会编 济南 桓台
　　县军事志编纂委员会 2010 年 436 页

013990683
桓台县自来水公司志 1981.3—2011.3
桓台县自来水公司志编纂委员会编
　　2011 年 183 页

009147646
桓台县建筑志
桓台县建筑志编纂委员会编 北京 中国
　　建筑工业出版社 1993 年 439 页

012811504
桓台公路志
淄博市公路管理局桓台分局编 淄博 淄
　　博市公路管理局桓台分局 2008 年
　　237 页

013926339
桓台县教育志
桓台县教育志编辑组编 1987 年 382 页

008928799
山东省淄博市桓台县地名志
桓台县地名委员会办公室编 桓台 桓台
　　县地名委员会 1986 年 212 页

高青县

006497355
高青县志
高青县地方史志编纂委员会编 北京 中
　　国社会出版社 1991 年 584 页

010253380
高青县志 1978—2004 送审稿
高青县史志编纂委员会编 高青 高青县
　　史志编纂委员会 2005 年 811 页

009854350
高青县志 1978—2004
高青县地方史志编纂委员会编 北京 中
　　华书局 2005 年 739 页

010476102
三合店村志
李耕田主编 牟树华副主编 南宁 广西
　　民族出版社 2004 年 164 页

013129031
高青人大志
高青人大志编纂委员会编 济南 齐鲁书
　　社 2011 年 670 页

012049327
高青县政协志 1961—2006
政协高青县委员会编 北京 中国出版社
　　2007 年 534 页

012503985
高青县公安志
高青县公安志编纂委员会编 济南 黄河
　　出版社 2009 年 517 页

013989055
高青县国土资源志 1988—2011
高青县县国土资源局编 北京 中国国际文化出版社 2012 年 476 页

012609851
高青电业志 1998—2008
高青电业志编纂委员会编 北京 中国出版社 2008 年 311 页

009866827
高青县地名志
高青县地名委员会编 济南 山东省地图出版社 1999 年 444 页

013772620
高青县卫生志
高青县卫生志编纂委员会编 2009 年 300 页

沂源县

008664527
沂源县志
山东省沂源县史志编纂委员会编 济南 齐鲁书社 1996 年 700 页〔中华人民共和国地方志丛书〕

013901047
沂源县志 1991—2006
山东省沂源县史志编纂委员会编 北京 方志出版社 2013 年 731 页〔中华人民共和国地方志丛书〕

009340758
沂源县公安志
山东省沂源县公安志编纂委员会编 北京 中华书局 2001 年 292 页

013901040
沂源县鲁村煤矿志 1978—2003
沂源县鲁村煤矿志编纂委员会编 2003 年 275 页

011955845
沂源县水利志
沂源县水利志编纂领导小组编 沂源 沂源县水利志编纂领导小组 199u 年 186 页

008665132
沂源县邮电志
山东省沂源县邮电志编纂委员会编 北京 人民邮电出版社 1995 年 202 页

008838766
山东省沂源县地名志
沂源县地名委员会办公室编制 沂源 沂源县地名委员会办公室 1988 年 403 页

枣庄市

005705503
枣庄市志
枣庄市地方史志编纂委员会编 北京 中华书局 1993 年 1854 页

011319984
枣庄市人口志 1597—1985
山东省枣庄市计划生育委员会编 枣庄 山东省枣庄市计划生育委员会 1987 年 152 页

010279804
枣庄工会志 第 1 卷
枣庄工会志编纂委员会编 济南 山东省新闻出版局 2004 年 551 页

012256561
枣庄工会志 第 2 卷 1986—2005
枣庄工会志编纂委员会编 枣庄 山东省新闻出版局 2007 年 669 页

012003078
枣庄市人民代表大会志
枣庄市人民代表大会志编纂委员会编 北京 中国民主法制出版社 2008 年 714 页

011320491
枣庄市政协志
枣庄市政协志编委会编 枣庄 枣庄市政协志编委会 1998 年 693 页

011500837
枣庄市九三学社志
枣庄市九三学社志编纂委员会编 枣庄 枣庄市九三学社 2007 年 191 页

011320246
枣庄检察志
枣庄市人民检察院编志办公室编 枣庄 枣庄市人民检察院编志办公室 1990 年 264 页

012636677
枣庄军事志
张安元主编 枣庄 枣庄军事志编纂委员会 1986 年 265 页

011910267
枣庄市工商行政管理志
枣庄市工商行政管理局编 枣庄 枣庄市工商行政管理局 2007 年 817 页

010251051
枣庄市物资志
枣庄市物资志编写组编 枣庄 枣庄市物资志编写组 1986 年 174 页

008063814
柴里煤矿志
柴里煤矿志编纂委员会 包志群主编 上海 上海人民出版社 1991 年 517 页

012636670

第二机械厂志 1990—2008

第二机械厂志编审委员会编 济南 第二机械厂志编审委员会 2008 年 549 页

012049303

付村煤业有限公司志 1998—2008

付村煤业有限公司志编纂委员会编 北京 中国档案出版社 2008 年 388 页

012811287

高庄煤矿志

高庄煤矿志编纂委员会编 枣庄 高庄煤矿志编纂委员会 2008 年 706 页

012251312

蒋庄煤矿志

蒋庄煤矿志编纂委员会编 枣庄 山东枣庄市新闻出版局 2003 年 402 页

011566159

井亭煤矿志

井亭煤矿志编纂委员会编 山东 井亭煤矿志编纂委员会 1991 年 452 页

013131176

山东万泰创业投资有限公司二棉分公司志 1981—2011

山东万泰创业投资有限公司二棉分公司志编纂委员会编 山东 山东万泰创业投资有限公司二棉分公司 2011 年 416 页

012766475

山东万泰创业投资有限公司一棉分公司志 1966—2006

山东万泰创业投资有限公司一棉分公司志编纂委员会编 枣庄 山东万泰创业投资有限公司一棉分公司志编纂委员会 2006 年 441 页

011320046

山家林煤矿志

枣庄矿务局山家林煤矿志编纂委员会编 枣庄 山东省枣庄市出版管理办公室 1989 年 408 页

012638965

山家林煤矿志

山家林煤矿志编纂委员会编 枣庄 山家林煤矿志编纂委员会 2007 年 816 页

009349881

陶庄煤矿志

枣庄矿务局陶庄煤矿史志编纂委员会编 上海 上海人民出版社 1990 年 2 册

013706525

田陈煤矿志

田陈煤矿编委会编 枣庄 田陈煤矿委员会 2006 年 426 页

011319979

枣庄地方煤炭志

山东枣庄市煤炭工业局编 枣庄 山东枣

庄市煤炭工业局 1959年 151页

013901152
枣庄矿务局第一机械厂厂志 1909—1986
枣庄矿务局机电修配厂厂志编审委员会编 1988年 224页

011292522
枣庄矿务局基本建设志
枣庄矿务局基本建设志编纂委员会编 枣庄 枣庄矿务局基本建设志编纂委员会 1990年 327页

011320449
枣庄矿务局志
枣庄矿务局志编纂委员会编 北京 煤炭工业出版社 1995年 963页

013797220
枣庄矿业集团公司（矿务局）志 1991—2005
枣庄矿业集团公司（矿务局）志编纂委员会编 北京 中华书局 2012年 2册 1357页

011321129
枣庄煤矿志
枣庄煤矿志编纂委员会编 北京 中华书局 2001年 581页

010200556
枣庄市地质矿产管理志
枣庄市地质矿产管理志编纂委员会编 枣庄 枣庄市新闻出版局 1999年 570页

011319963
枣庄市木材公司志 1956—1985
枣庄市木材公司编 枣庄 枣庄市木材公司 1986年 139页

011320012
枣庄市水利志
枣庄市水利志编纂委员会编 枣庄 枣庄市水利志编纂委员会 1988年 312页

011310829
朱子埠煤矿志
朱子埠煤矿志编纂委员会编 枣庄 山东省枣庄市出版办公室 1989年 322页

011320010
枣庄市交通志
枣庄市交通志编钻委员会编 枣庄 枣庄市交通志编钻委员会 1988年 110页

013758748
枣庄航运志
枣庄航运志编纂委员会编 济南 山东人民出版社 2011年 322页

012836217
山东省枣庄汽车运输有限公司志 1949—2005
山东省枣庄汽车运输有限公司志编纂

委员会编 山东 山东省新闻出版局 2009 年 159 页

011319980
枣庄市对外贸易志
枣庄市对外贸易志编辑办公室编 枣庄 枣庄市对外贸易志编辑办公室 1987 年 129 页

010200560
枣庄市教育志 1840—1985 初稿
枣庄市教育史志办公室编辑 枣庄 枣庄市教育史志办公室 1986 年 123 页

010200559
枣庄市教育志 1840—1985
枣庄市教育志办公室编 枣庄 枣庄市教育志办公室 1986 年 159 页

011571254
枣庄市教育志 1992—2001
枣庄市教育志编纂委员会编 北京 社会科学文献出版社 2004 年 463 页

012837804
枣庄市教育志续编 1986—1991
枣庄市教育志办公室编 枣庄 枣庄市教育志办公室 1994 年 213 页

013901206
枣庄煤炭卫生学校志
枣庄煤炭卫生学校校志编写组编辑 枣庄 枣庄煤炭卫生学校 1989 年 165 页

010143837
枣庄历史人物志
孙桂俭主编 上海 上海三联书店 2006 年 2 册 805 页

012003075
枣庄泉志
韩鹏主编 岳步德 朱鸿轩副主编 济南 齐鲁电子音像出版社 2005 年 170 页

011809785
枣庄市地震志
枣庄市地震局 马志峰主编 北京 新华出版社 2006 年 281 页

011311012
枣庄矿务局枣庄医院志 1963—1993
枣庄矿务局枣庄医院院志编纂办公室编 枣庄 枣庄矿务局枣庄医院院志编纂办公室 1993 年 243 页

012636676
枣庄矿务局中心医院院志 1956—1989
邬华主编 枣庄 枣庄矿务局中心医院 1991 年 172 页

013901214
枣庄市立第二医院院志 1960—2010
枣庄市立第二医院院志编纂委员会编 2009 年 291 页

012052572
枣庄市立医院院志 1958—2008
枣庄市立医院院志编纂委员会编 枣庄 枣庄市立医院 2008年 400页

010469346
枣庄市卫生志
枣庄市卫生志编纂委员会编 枣庄 枣庄市卫生志编纂委员会 1988年 425页

013758757
枣庄市土种志
山东省枣庄市土壤肥料工作站编 枣庄 山东省枣庄市土壤肥料工作站 1987年 287页

011320275
枣庄市畜禽疫病志
枣庄市畜牧局畜禽疫病志编辑委员会编 枣庄 枣庄市畜牧局 1991年 184页

薛城区

008034791
薛城区志
山东省枣庄市薛城区地方志编纂委员会编 北京 中华书局 1997年 777页〔中华人民共和国地方志丛书〕

010687028
薛城城乡建设志
薛城区城乡建设委员会编 薛城区 薛城区城乡建设委员会 1993年 102页

市中区

008665123
枣庄市市中区志
山东省枣庄市市中区地方史志编纂委员会编 北京 中华书局 1998年 1038页〔中华人民共和国地方志丛书〕

013379573
枣庄市市中区志 1986—2005
枣庄市市中区地方史志编纂委员会编 北京 中华书局 2012年 910页

013758755
枣庄市市中区军事志 1840—2005
枣庄市市中区军事志编纂委员会编 济南 枣庄市市中区军事志编纂委员会 2011年 247页

012636664
枣庄市市中区财政志
枣庄市市中区财政编纂委员会编 枣庄 枣庄市市中区财政局 2007年 222页

009867047
枣庄市中区财政志
枣庄市中区财政局编 济南 齐鲁书社 1996年 285页

峄城区

007981853
峄城区志
山东省枣庄市峄城区史志编纂委员会编 济南 齐鲁书社 1995年 611页〔中华人民共和国地方志丛书〕

012175180
峄城区政协志
政协木枣庄市峄城区委员会编 峄城区政协 2002年 454页

008838635
峄城区水利志
峄城区水利志编纂领导小组编 峄城区峄城区水利志编纂领导小组 1991年 176页

008838612
峄城区财政志
枣庄市峄城区财政局编 枣庄 山东省枣庄市出版办公室 1992年 438页

008838626
峄城区税务志
峄城区税务志编纂领导小组编 峄城区峄城区税务志编纂领导小组 1991年 245页

008838648
峄县民俗志
窦若水著 枣庄 山东省枣庄市出版办公室 1991年 287页

012636661
枣庄市峄城区人民医院志 1950—2003
枣庄市峄城区人民医院志编纂委员会编 枣庄 枣庄市峄城区人民医院志编纂委员会 2005年 329页

台儿庄区

007426155
台儿庄区志
山东省枣庄市台儿庄区地方史志编纂委员会编 济南 山东人民出版社 1993年 634页

009387176
台儿庄区档案志 1959—1990 初稿
台儿庄区档案局编 台儿庄区 台儿庄区档案局 1992年 85页

山亭区

008812458
山亭区志
枣庄市山亭区地方史志编纂委员会编 济南 齐鲁书社 1997年 748页〔中华人民共和国地方志丛书〕

010293865
山亭区志 1983—2002 送审稿
枣庄市山亭区史志办公室编 枣庄 枣庄

市山亭区史志办公室 2005 年 2 册

010008952

山亭区志 1983—2002

枣庄市山亭区地方史志编纂委员会编 济南 山东省地图出版社 2005 年 650 页〔中华人民共和国地方志丛书〕

013731635

水泉乡志

水泉乡志编纂委员会编 水泉乡 水泉乡志编纂委员会 1997 年 349 页〔中国地方志丛书〕

011320242

辛召乡志

枣庄市山亭区辛召乡志编纂领导小组编 枣庄 枣庄市山亭区辛召乡志编纂领导小组 1990 年 364 页

012542831

山亭区文化志

山亭区地方史志办公室主编 中国东方艺术出版社 2009 年 329 页

008382682

山亭文明志

王复三主编 北京 中国书籍出版社 1996 年 322 页

滕州市

007289956

滕县志

山东省滕州市地方史志编纂委员会编 北京 中华书局 1990 年 729 页〔中华人民共和国地方志丛书〕

013789848

柴胡店镇志

滕州市柴胡店镇志编纂委员会编 济南 山东省地图出版社 2012 年 504 页

013096519

官桥镇志

官桥镇志编纂委员会编 官桥镇 官桥镇志编纂委员会 1987 年 446 页

011320866

洪绪镇志

洪绪镇志编纂委员会编 滕州 洪绪镇志编纂委员会 2006 年 471 页

012967937

后王晁村志 1369—2008

后王晁村志编纂委员会编 后王晁村 后王晁村志编纂委员会 2009 年 168 页

010778598

界河镇志 1988—2005

界河镇志编纂委员会编 邵长栋主编 北京 中国戏剧出版社 2007 年 335 页〔滕州市镇街志丛书〕

010732057
南沙河镇志 1840—2006
山东省滕州市南沙河镇志编纂委员会编 济南 齐鲁书社 2006年 307页〔滕州市镇街志丛书〕

011908971
滕州市城郊乡志
滕州市城郊乡志编纂委员会编 枣庄 枣庄市出版办公室 1993年 498页

013756274
滕州市龙泉街道志 2001—2011
滕州市龙泉街道志编纂委员会编 北京 方志出版社 2012年 560页

012140417
望庄镇志
望庄镇志办公室编 枣庄 山东省枣庄市出版办公室 1992年 372页

012970503
魏庄志
滕州市魏庄志编纂组编 海口 南海出版公司 1996年 205页

011320481
邢寨村志
邢寨村志编纂委员会编 枣庄 山东省枣庄市新闻出版局 1997年 186页

013148715
羊庄镇志
滕州市羊庄镇史志编纂委员会 张肇登主编 滕州 滕州市羊庄镇史志编纂委员会 1992年 499页〔中国地方志丛书〕

013901225
张汪镇志
张汪镇志编纂委员会编 济南 黄河出版社 2013年 621页

011908963
滕州公安志
滕州公安志编纂委员会编 滕州 滕州市公安局 2000年 285页

013775716
滕州市民政志 1912—2011
滕州市民政志编纂委员会编 北京 方志出版社 2013年 631页

012877254
滕州市政法志 1905—2009
滕州市政法志编纂委员会编 济南 黄河出版社 2011年 453页

013795584
滕州市军事志 1840—2005
滕州市军事志编纂委员会编 济南 山东新华印刷厂 2010年 583页

009126030
滕州市建筑志
滕州市城乡建设委员会编 北京 中国建

筑工业出版社 1989年 237页

011320268
八一煤矿志
梁宝庆主编 合肥 安徽人民出版社 1991年 485页

009334576
鲁化厂志 1966—2000
厂志编纂办公室编 滕州 鲁化厂志编纂办公室 2001年 231页

008986883
滕州市水利志
滕州市水利志编纂委员会编 北京 中国文史出版社 1999年 361页

010275895
滕县商业志
滕县商业志编纂委员会编 滕县 滕县商业志编纂委员会 1988年 431页

012956039
滕州文化志
滕州文化志编纂委员会编 滕州 滕州文化志编纂委员会 1997年 456页

011500687
滕州广播电视志 1956—2006

滕州市广播电视局编 香港 中国艺术出版社 2006年 508页

012662334
滕州市教育志 1840—1999
滕州市教育志编辑委员会编 枣庄 枣庄市新闻出版局 2000年 378页

009414457
滕州当代人物志
张洪德主编 张光本副主编 滕州 2001年 571页

013959433
滕州市妇幼保健院院志 2004—2013
本书编委会编 济南 山东大学出版社 2013年 247页

009962166
滕县卫生志
山东省滕州市卫生局编 滕州 山东省滕州市卫生局 1990年 455页

011955655
滕州市卫生志 1985—2005
滕州市卫生志编纂委员会编 滕州 卫生志编纂委员会 2007年 338页

东营市

008665049
东营油区志
武洪德主编 东营 石油大学出版社 2000年 414页

008645274
东营市志
山东省东营市地方史志编纂委员会编 济南 齐鲁书社 2000年 2册

010278938
东营市统计志
东营市统计编 东营 东营市统计局 1998年 342页

013791146
东营市人口和计划生育志
东营市人口和计划生育志编纂委员会编 北京 中华书局 2012年 553页〔东营市直部门（行业、单位）志〕

013323173
中共东营市委党校志 1985—2010
中共东营市委党校志编纂委员会编 东营 中国石油大学出版社 2011年 446页

009082295
东营共青团志
东营共青团志编委会编 北京 中华书局 2002年 313页〔东营市直部门（行业、单位）志〕

009349677
东营市工会志
东营市工会志编纂委员会编 东营 石油大学出版社 2004年 72页

011321378
胜利油田工会志 1964—1998
胜利油田工会志编纂委员会编 东营 胜利油田工会志编纂委员会 1999年 858页

013660296
胜利油田工会志 1999—2008
胜利油田工会志编纂委员会编 东营 胜利油田工会志编纂委员会 2010年 707页

011804263
东营市妇联志
东营市妇联志编纂委员会编 济南 山东省地图出版社 2008年 437页

009408043
东营市人事志
东营市人事志编纂委员会编 东营 石油大学出版社 2004年 285页〔东营市直部门（行业、单位）志〕

009411624
东营市公安志
东营市公安志编纂委员会编 北京 中华书局 2004年 384页

009799313
胜利油田公安保卫志 1964—1990
胜利油田公安保卫志编审委员会编 东营 胜利油田公安保卫志编审委员会 1993年 397页

011496999
东营市民政志
东营市民政志编纂委员会编 北京 中国社会出版社 2003年 518页

012609661
东营市残联志
东营市残联志编纂委员会编 济南 山东省地图出版社 2009年 440页

011998230
胜利油田孤岛社区管理中心志 1997—2006
胜利油田孤岛社区管理中心志编纂委员会编 北京 石油工业出版社 2008年 431页

009688174
东营市检察志
东营市检察志编纂委员会编 北京 中华书局 2005年 303页〔东营市直部门（行业、单位）志〕

009472726
东营市中级人民法院志
东营市中级人民法院志编纂委员会编 北京 中华书局 2004年 630页〔东营市直部门（行业、单位）志〕

013961379
中共东营市委政法委志
中共东营市委政法委志编纂委员会编 马新华 张文明主编 张丰乐 丁志坤副主编 北京 法律出版社 2013年 370页

011911559
东营市工商行政管理志
东营市工商行政管理志编纂委员会编 东营 中国石油大学出版社 2006年 424页

009442059
东营市审计志
东营市审计志编纂委员会编 北京 中华书局 2003年 276页〔东营市直部门（行业、单位）志〕

009675814
东营市建设志
东营市建设志编纂委员会编 北京 中华书局 2004年 529页

009881201
山东省东营市城乡建设志
东营市城乡建设委员会编 东营 东营市

城乡建设委员会 1989 年 256 页

008452398
胜利油田供水公司志 1965—1987
胜利油田供水公司志编审委员会编 济南 济南出版社 1991 年 329 页

010293888
广北农场志
广北农场志编纂委员会编 济南 山东省地图出版社 2006 年 452 页〔东营市直部门（行业、单位）志〕

010730477
黄河农场志
黄河农场志编纂委员会编 济南 山东省地图出版社 2006 年 329 页〔东营市直部门（行业、单位）志〕

009561517
东营市海洋与渔业志
东营市海洋与渔业志编纂委员会编 北京 中华书局 2004 年 310 页〔东营市直部门（行业、单位）志〕

014028734
东营市畜牧志
东营市畜牧志编纂委员会编 北京 中国文史出版社 2008 年 245 页〔东营市直部门（行业、单位）志〕

009442057
东营市农业志

东营市农业志编纂委员会编 北京 中华书局 2004 年 643 页

011570266
测井公司志
胜利油田测井公司志编辑部编 济南 山东人民出版社 1990 年 480 页

011472931
东营电力志
东营电力志编纂委员会编 北京 中华书局 2003 年 366 页

013706291
胜利石油管理局物资供应处志 1964—1985
胜利石油管理局物资供应处编 北京 海洋出版社 1990 年 359 页

013822694
胜利石油管理局钻井总公司志
林友进主编 钻井总公司志编审委员会编 济南 山东人民出版社 1992 年 520 页

009349696
胜利油田 物资供应处志 1986—2002
胜利油田物资供应处志编审委员会编 东营 石油大学出版社 2004 年 749 页

009333594
胜利油田滨南采油厂志 1968—2000

胜利油田滨南采油厂志编纂办公室编 东营 石油大学出版社 2003年 1101页

009348196
胜利油田电力管理总公司志 1988—2002
胜利油田电力管理总公司志编审委员会编 北京 中国电力出版社 2004年 715页

010010096
胜利油田东辛采油厂志 1986—2001
胜利油田东辛采油厂志编审委员会编 东营 石油大学出版社 2002年 803页

009333590
胜利油田孤岛采油厂志 1972—1995
胜利油田孤岛采油厂志编审委员会编 北京 石油工业出版社 1999年 661页

010010305
胜利油田胜利采油厂志 1964—2002
胜利油田胜利采油厂志编审委员会编 北京 中国工人出版社 2004年 770页

011294627
胜利油田现河采油厂志 1986—2000
胜利油田现河采油厂志编审委员会编 东营 石油大学出版社 2001年 604页

013706320
胜利油田桩西采油厂志 1989—1999
胜利油田桩西采油厂志编审委员会编 北京 石油工业出版社 1999年 553页

009082332
胜利油田钻井工艺研究院志 1991—2000
胜利油田钻井工艺研究院志编审委员会编 东营 石油大学出版社 2002年 604页

012051914
胜利油田渤海钻井总公司志 1997—2006
胜利油田渤海钻井总公司志编纂委员会编 东营 中国石油大学出版社 2009年 361页

012722349
胜利油田测井公司工程志 1961—2008
胜利油田测井公司工程志编审委员会编 东营 中国石油大学出版社 2010年 481页

013706295
胜利油田孤东采油厂志 1986—2009
胜利油田孤东采油厂志编审委员会编 北京 石油工业出版社 2012年 785页

009414930

胜利油田海洋石油开发公司志 1994—2003

胜利油田海洋石油开发公司志编审委员会编 北京 石油工业出版社 2004年 687页

012613971

胜利油田海洋钻井公司志 1983—2007

胜利油田海洋钻井公司志编审委员会编 长春 吉林人民出版社 2009年 533页

012836307

胜利油田技术检测中心志 1991—2010

胜利油田技术检测中心志编审委员会编 北京 石油工业出版社 2010年 392页

008193893

胜利油田井下作业公司志 1965—1988

胜利油田井下作业公司史志编审委员会编 济南 山东人民出版社 1991年 474页

009881283

胜利油田井下作业公司志 1996—2005

井下作业公司史志编审委员会编 东营 中国石油大学出版社 2005年 428页

011805903

胜利油田胜利发电厂志 1988—2007

胜利油田胜利发电厂志编审委员会编 北京 中国石化出版社 2008年 462页

011295640

胜利油田石油化工总厂志 2000—2006

陶连平主编 胜利油田石油化工总厂志编审委员会编 北京 石油工业出版社 2007年 387页

009010511

胜利油田通讯公司志 1983—2000

胜利油田通讯公司志编审委员会编 北京 中华书局 2002年 602页

013706299

胜利油田油建二部志

胜利油田油建二部志编审委员会编 济南 济南出版社 1990年 479页

013603022

胜利油田油气集输公司志 1995—2005

胜利油田油气集输公司志编审委员会编 北京 中国文联出版社 2005年 415页

013706300

胜利油田运输指挥部志 1962—1987

胜利油田运输指挥部编辑委员会编 东营 石油大学出版社 1991年 409页

012836311

胜利油田桩西采油厂志 2000—2009

胜利油田桩西采油厂志编审委员会编

北京 石油工业出版社 2009 年 420 页

008190709
中国石油地质志 第 6 卷 胜利油田
胜利油田石油地质志编写组编 北京 石油工业出版社 1993 年 534 页

014028684
东营市殡仪馆志 1972—2011
东营市殡仪馆志编纂委员会编 新界 中国科学文献出版社 2011 年 456 页

009334597
东营交通志
东营交通史志编纂委员会编 北京 人民交通出版社 1998 年 446 页

012096635
东营市粮食志
东营市粮食志编纂委员会编 济南 山东省地图出版社 2008 年 510 页

012663878
中国石油山东销售公司志 2000—2009
中国石油山东销售公司志编纂委员会编 东营 中国石油大学出版社 2010 年 464 页

012714101
东营市外经贸志
东营市外经贸志编纂委员会编 西安 西安地图出版社 2011 年 565 页〔东营市直部门（行业、单位)志〕

011472950
东营市地方税务志
东营市地方税务志编纂委员会编 北京 中华书局 2007 年 488 页

011757638
东营市国税志
东营市国税志编纂委员会编 谭经宝主编 北京 中华书局 2003 年 416 页

009107313
东营市农村信用社志
东营市农村信用社志编纂委员会编 北京 红旗出版社 2002 年 474 页〔东营市直部门（行业、单位)志〕

011804255
东营日报社志
东营日报社志编纂委员会编 东营 东营日报社 2007 年 272 页

009994953
东营市科协志
东营市科协志编纂委员会编 北京 中华书局 2005 年 322 页

009962093
东营市教育志
东营市教育志编纂委员会编 东营 石油大学出版社 2003 年 521 页

010278340

胜利油田卫生防疫站志

胜利油田卫生防疫站志编审委员会编 济南 山东人民出版社 1991年 177页

008452403

胜利石油管理局钻井工艺研究院志 1973—1990

钻井工艺研究院志编审委员会编 济南 山东人民出版社 1992年 519页

012663902

中国油气田开发志 第15卷 胜利油气区卷

中国油气田开发志总编纂委员会编 北京 石油工业出版社 2011年 614页

013141188

东营市城乡规划志

东营市城乡规划志编纂委员会编 北京 中华书局 2011年 605页

009082338

东营市水利志

东营市水利志编纂委员会编 北京 红旗出版社 2003年 457页

012898366

东营市水利志 2006—2010

东营市水利志编纂委员会编纂 青岛 青岛出版社 2011年 400页

东营区

008636578

东营区志

东营市东营区地方史志编纂委员会编 北京 中华书局 2000年 686页

012096641

东营区志 1998—2005

东营区地方史志编纂委员会编 北京 方志出版社 2008年 654页〔中华人民共和国地方志丛书〕

013647299

东城街道志

东城街道志编纂委员会编 东营 东城街道志编纂委员会 2012年 437页

012174152

龙居镇志

龙居镇志编纂委员会编 北京 中国文化出版社 2009年 706页

013795519

胜利街道志

胜利街道志编纂委员会编 济南 济南世同华印图文有限责任公司 2013年 612页

013702985

东营区人大志

东营区人大常务委员会编 东营 东营区人大常务委员会 2007年 647页

013045501
东营区政协志
中国人民政治协商会议东营市东营区委员会编 东营区 中国人民政治协商会议东营市东营区委员会 2002年 752页

012872239
东营区民政志
东营区民政志编纂委员会编 东营区 东营区民政志编纂委员会 2010年 473页

013726911
东营市东营区人民法院志
东营市东营区人民法院志编纂委员会编 北京 方志出版社 2012年 525页

013894515
东营市东营区军事志 1840—2005
东营市东营区军事志编纂委员会编 东营 东营市东营区军事志编纂委员会 2011年 528页

013702982
东营区工商行政管理志
东营区工商行政管理志编纂委员会编 东营区 东营区工商行政管理志编纂委员会 2008年 376页

009799305
胜利石油管理局钻井五公司志 1976—1996
钻井五公司志编审委员会编 山东 钻井五公司 1997年 486页

009082342
东营区财政志
东营区财政志编纂委员会编 北京 中华书局 2001年 332页

河口区

009081757
河口区志
东营市河口区地方史志编纂委员会编 北京 中华书局 2002年 702页

013687434
孤岛镇志
河口区地方史志编纂委员会编 北京 中国国际文化出版社 2012年 356页〔东营市河口区地方志丛书〕

013791139
六合街道志
河口区地方史志编纂委员会编 北京 中国国际文化出版社 2013年 526页〔东营市河口区地方志丛书〕

013321011
太平乡志
河口区地方史志编纂委员会编 济南 山东省地图出版社 2011年 479页〔东营市河口区地方志丛书〕

013689614
新户镇志
河口区地方史志编纂委员会编 北京 中国国际文化出版社 2012年 534页〔东营市河口区地方志丛书〕

009442052
东营市河口区民政志
东营市河口区民政局 东营市河口区地方史志办公室编 济南 山东省地图出版社 2004年 431页〔东营市河口区地方志系列丛书〕

013751657
东营市河口区军事志 1830—2005
东营市河口区军事志编纂委员会编 济南 东营市河口区军事志编纂委员会 2011年 393页

013959338
山东河口经济开发区志
山东河口经济开发区志编纂委员会编 济南 济南出版社 2013年 470页〔东营市河口区地方志丛书〕

010731667
河口区建设志
东营市河口区建设局 东营市河口区地方史志办公室编 济南 山东省地图出版社 2006年 424页〔东营市河口区地方志系列丛书〕

013706296
河口采油指挥部志 1972—1987
胜利油田河口采油指挥部史志编纂委员会编 济南 山东人民出版社 1992年 325页

012898549
河口油地共建志 1961—2009
河口油地共建志编纂委员会编 济南 山东省地图出版社 2011年 544页

009881045
河口区第一中学志
河口区第一中学志编纂委员会编 济南 山东省地图出版社 2005年 304页

009147631
东营市黄河志
黄河水利委员会黄河河口管理局编 济南 齐鲁书社 1995年 455页

垦利县

008193975
垦利县志
山东省垦利县地方史志编纂委员会编 济南 山东出版社 1997年 1135页

009675917
垦利县志 1986—2002
垦利县地方史志编纂委员会编 北京 中华书局 2005年 1010页〔山东省地方志丛书〕

013956880
大张新张村志
大张新张村志编纂委员会编 2011 年 302 页

012724162
董集乡志
董集乡志编纂委员会编 济南 黄河出版社 2010 年 539 页

012967612
海中村志
海中村志编纂委员会编 济南 黄河出版社 2011 年 623 页

013530817
郝家镇志
郝家镇志编纂委员会编 济南 山东省地图出版社 2012 年 480 页

012724228
胜坨镇志
胜坨镇志编纂委员会编 济南 黄河出版社 2011 年 813 页

012097690
垦利县政协志 1984—2007
垦利县政协志编纂委员会编 北京 中国文史出版社 2008 年 650 页〔垦利县部门（单位）志丛书〕

013752713
垦利县民政志 1991—2009
垦利县民政志编纂委员会编 垦利 垦利县民政志编纂委员会 2011 年 404 页

010230648
垦利县国土资源志
垦利县国土资源志编纂委员会编 北京 中华书局 2006 年 425 页

012139433
垦利县工商行政管理志 1941—2007
垦利县工商行政管理志编纂委员会编 济南 黄河出版社 2009 年 573 页

014047474
垦利县海洋与渔业志 1950—2012
垦利县海洋与渔业志编纂委员会编 济南 山东新华印务有限责任公司 2013 年 446 页

013793088
垦利县交通志 1986—2009
垦利县交通志编纂委员会编 济南 黄河出版社 2012 年 434 页

010275889
垦利县商业志
垦利县商业局商业志办公室编 垦利 垦利县商业局 1988 年 197 页

009472746
垦利县地方税务志
王占华主编 延吉 延边人民出版社 2004 年 334 页

012265189

垦利县档案志 1960—2005

垦利县档案志编纂委员会编 济南 黄河出版社 2009年 472页〔垦利县部门（行业）志丛书〕

012049685

垦利县教育志 1986—2006

垦利县教育志编纂委员会编 济南 山东大学出版社 2008年 481页〔垦利县直部门（行业）志丛书〕

014050119

山东省垦利第一中学志 1958—2008

山东省垦利第一中学志编纂委员会编 济南 黄河出版社 2013年 420页

013897703

垦利县卫生志 1943—2008

垦利县卫生志编纂委员会编 济南 黄河出版社 2012年 545页〔垦利县部门（行业）志丛书〕

011996890

垦利县环境保护志 1978—2006

垦利县环境保护志编纂委员会编 垦利 垦利县环境保护志编纂委员会 2008年 628页〔垦利县部门（行业）志丛书〕

利津县

007289933

利津县志

山东省利津县地方史志编纂委员会编 孙明钦主编 罗先哲 赵安亭副主编 北京 东方出版社 1990年 620页〔中华人民共和国地方志丛书〕

010254185

利津县志 1986—2002

利津县地方史志编纂委员会编 北京 中华书局 2006年 758页

013000327

临河村志 1900—2010 **评审稿**

王曰华主编 济南 黄河出版社 2010年 520页〔山东省利津县基层志丛书〕

011954570

利津县政协志 1984—2006

利津县政协志编纂委员会编 北京 中国国际文化出版社 2007年 429页

012813933

利津县公安志

利津县公安志编纂委员会编 北京 中国国际文化出版社 2009年 590页

010275842

利津县民政志

山东省东营市利津县民政局史志编写组编 利津 山东省东营市利津县民政

局史志编写组 1986年 282页

012813936
利津县国土资源志
利津县国土资源志编纂委员会编 北京 中国国际文化出版社 2009年 419页

010292998
利津县粮食志
利津县粮食史志编纂办公室编 朱长虹主编 利津 利津县粮食史志编纂办公室 1997年 455页

013990901
利华益集团志 1993—2013
利华益集团志编纂委员会编 北京 中国国际文化出版社 2013年 508页

012542605
利津县交通志
利津县交通志编纂委员会编 北京 中国国际文化出版社 2009年 342页

013897926
利津县文化体育志
利津县文化体育志编委会编 北京 中国国际文化出版社 2005年 641页〔利津县直部门（行业、单位）志〕

013704428
利津县广播电视志
利津县广播电视志编纂委员会编 北京 中国国际文化出版社 2011年 512页

011499162
利津县卫生志
利津县卫生局编 利津 利津县卫生局 2004年 523页

011310496
利津县土壤志
第二次土壤普查办公室编 利津 利津县第二次土壤普查办公室社 1981年 178页

012139440
利津县环境保护志 1984—2006
利津县环境保护志编纂委员会编 北京 中国国际文化出版社 2008年 439页

广饶县

008053798
广饶县志
山东省广饶县地方史志编纂委员会编 北京 中华书局 1995年 1046页〔中华人民共和国地方志丛书〕

011295478
广饶县志 1986—2002
广饶县地方史志编纂委员会编 北京 中华书局 2007年 806页〔中华人民共和国地方志丛书〕

011294761
广饶宣传志
中共广饶县委宣传部编 山东 山东电子

音像出版社 2005 年 401 页

011793512
中国共产党广饶县委党校志 1945.5—2005.5
中共广饶县委党校志编纂委员会 中共广饶县委党校编 广饶 中共广饶县委党校 2005 年 406 页

012609871
广饶统战志
中共广饶县委统战部编 东营 中共广饶县委统战部 2008 年 292 页

011473073
广饶县人大志
广饶县人大志编纂委员会编 广饶 广饶县人大 2005 年 668 页

012139138
广饶政协简志 1980—1999
中国人民政治协商会议山东省广饶县委员会编 东营 东营市新闻出版局 1999 年 270 页

012758848
广饶县残疾人联合会志 1990—2007
广饶县残疾人联合会志编纂委员会编 广饶 广饶县残疾人联合会志编纂委员会 2007 年 219 页

013772626
广饶县军事志 前 523—2005
广饶县军事志编纂委员会编 济南 山东新华印刷厂 2011 年 602 页

013507811
广饶房地产志
广饶县房产管理局编 广饶 广饶县房产管理局 2009 年 474 页

012099913
盛泰集团有限公司志
盛泰集团有限公司志编纂委员会编 山东 盛泰集团有限公司 2008 年 201 页

008532156
广饶县盐业志
广饶县盐务局编 济南 济南出版社 1994 年 322 页

012096749
广饶县交通志 1996—2006
广饶县交通志编纂委员会编 广饶 广饶县交通志编纂委员会 2007 年 302 页
〔广饶县地方志丛书〕

013728683
广饶县粮食志
广饶县粮食志编纂办公室编 广饶 广饶县粮食志编纂办公室 1989 年 420 页

010468943
广饶县教育志 1840—1985
广饶县教育志编纂组编 广饶 广饶县教

育志编纂组 1986年 317页

013461957
山东省广饶县第一中学志 1951—2011
山东省广饶县第一中学志编纂委员会编 东营 东营市新华印刷厂 2011年 404页

010010278
广饶县人民医院志 1944—2000
广饶县人民医院志编审委员会编 广饶 广饶县人民医院志编审委员会 2003年 301页

烟台市

013630654
养马岛旅游度假区志
养马岛旅游度假区志编纂委员会编 烟台 养马岛旅游度假区志编纂委员会 2008年 510页

008034119
烟台市志
烟台市地方史志编纂委员会办公室编 北京 科学普及出版社 1994年 2册

011996699
黄家庄村志
王本世 黄宝莹主编 黄家庄村志编纂委员会编 黄家庄村 黄家庄村志编纂委员会 2002年 286页

012542707
南世回尧村志 1360—2005
南世回尧村史志编纂委员会编 北京 中国文史出版社 2007年 498页〔中华人民共和国地方志丛书〕

013319862
宁海镇续志
烟台市牟平区宁海镇续志编纂委员会编 宁海镇 宁海镇续志编纂委员会 2002年 221页

012256640
中共烟台市委党校志
中共烟台市委党校编 烟台 中共烟台市委党校 1988年 147页

012208499
烟台港工人运动志
烟台港工人运动志编审委员会编 大连 大连海事大学出版社 1996年 176页

013148670
烟台妇女志 1937—1985
烟台市妇女联合会编 烟台 烟台市妇女联合会 1987年 178页

010293848
烟台机构编制志 1978—2002

烟台机构编制委员会办公室编 烟台 烟台机构编制委员会办公室 2004 年 329 页

012723348
烟台人事志 1840—1985
烟台人事志编纂委员会编 烟台 烟台市人事局 1990 年 250 页

012636816
烟台人事志 1986—2008
烟台人事局编 烟台 烟台人事局 2008 年 317 页

014052354
汶川特大地震烟台市援助援建志
汶川特大地震烟台市援助援建志编纂委员会编 北京 中华书局 2013 年 220 页

013011220
烟台法院志 1949—2009
烟台法院志编委会编 济南 山东人民出版社 2011 年 928 页

010293919
烟台经济技术开发区建设环保土地志
烟台经济技术开发区建设环保土地志编纂委员会编 北京 方志出版社 2006 年 590 页

012723345
烟台经济技术开发区工商行政管理志 1984—2008
烟台市工商行政管理局经济技术开发区分局编 北京 中国工商出版社 2010 年 519 页

011909932
烟台市工商行政管理志
烟台市工商行政管理局编 烟台 烟台市工商行政管理局 2007 年 662 页

013732517
烟台物资志 1961—1988
烟台市物资局史志办公室编 烟台 烟台市物资局史志办公室 1992 年 374 页

013145333
山东省三环制锁集团公司志 1993—2000
山东省三环制锁集团公司史志办公室编 烟台 山东省三环制锁集团公司 2000 年 128 页

012141471
烟台市林业志 1978—2005
烟台市林业志编纂办公室编 北京 方志出版社 2008 年 446 页

009962171
烟台水产志
烟台水产志编纂委员会编 烟台 山东省出版总社烟台分社 1989 年 352 页

012612852
烟渔志 1996—2000
中国水产烟台海洋渔业公司史志编纂委员会编 烟台 中国水产烟台海洋渔业公司史志编纂委员会 2000年 608页

013630441
烟台农业志 1840—1985
山东省烟台市农业局编 烟台 山东省出版总社烟台分社 1988年 985页

013626292
方圆集团志 1970—2011
烟台 黄海数字出版社 2012年 679页

009881276
山东烟台造锁总厂志 1930—1992
山东烟台造锁总厂厂志办公室编 北京 华龄出版社 1993年 224页

011909137
香夼铅锌矿志 1958—1985
香夼铅锌矿编 山东 香夼铅锌矿 1986年 230页

009867042
烟台钢管厂志 1949—1985
山东烟台钢管厂编 烟台 山东烟台钢管厂 1989年 348页〔山东省冶金企事业志丛书〕

013072733
烟台环球机床附件集团有限公司史志 1949—2007
厂史编纂小组编 烟台 烟台环球机床附件集团有限公司 2009年 345页

012970654
烟台轮胎厂志 1975—1994
烟台轮胎厂志编纂委员会编 烟台 烟台轮胎厂 1995年 374页

010468999
烟台木钟厂志 1915—1985
山东烟台木钟厂编 烟台 烟台木钟厂 1986年 184页

009020553
烟台市纺织志 1858—1985
王晓光主编 烟台 烟台市纺织志编写领导小组 1988年 237页

012256450
烟台市一轻工业志 1892—1985
烟台市一轻局编志室编 北京 中国轻工业出版社 1991年 547页

010113112
烟台冶金志 1956—1985
烟台市冶金工业公司史志办公室编 王荣明主编 刘德昭 孙大鹏编 烟台 烟台市冶金工业公司史志办公室 1988年 515页

008983338
张裕公司志 1892—1998
兰振民主编 北京 人民日报出版社 1999年 300页

011479440
烟台工业志 1978—2005
烟台工业志编纂委员会编 北京 中华书局 2007年 606页

008488225
烟台市交通志 1840—1985
烟台市交通局史志办公室编 北京 科学普及出版社 1993年 333页

012052491
烟台公路志 1949—2005
烟台公路志编纂委员会编 北京 中国国际文化出版社 2008年 606页

009387192
烟台邮电志
烟台市邮电局史志办公室编 烟台 烟台市邮电局史志办公室 1990年 307页

013686427
烟台市供销合作社志
姜立华主编 烟台 烟台市供销社史志办公室 1986年 572页

012256447
烟台市粮食志
张学智主编 烟台市粮食局编 烟台市粮食局 1987年 412页

010275868
烟台市商业志 1861—1985
烟台市商业局史志办公室编 烟台 烟台市商业局史志办公室 1987年 1033页

013379143
烟台市财政志 1840—1985
烟台市财政局史志办公室编 烟台 烟台市财政局史志办公室 1990年 433页

010200544
烟台农村金融志 1840—1985
中国农业银行烟台市分行编 烟台 中国农业银行烟台市分行 1989年 606页

012316983
烟台保险志 1911—1990
中国人民保险公司烟台市分公司编 烟台 中国人民保险公司烟台市分公司 1990年 233页

010293931
烟台日报社志 1945—2005
烟台日报社史志编纂委员会编 北京 新华出版社 2006年 373页

012956584
烟台市广播电视志
烟台市广播电视志编辑办公室编 烟台 烟台市广播电视志编辑办公室 1988

年 220 页

013096330
山东省烟台粮食学校志 1975—2000
山东省烟台粮食学校志编写组编 烟台 山东省烟台粮食学校志编写组 2001 年 135 页

012662675
烟台工程职业技术学院史志 1957—2007
烟台工程职业技术学院史志编委会编 烟台 烟台工程职业技术学院史志编委会 2007 年 184 页

013379145
烟台市体育志 1893—1985
烟台市体育运动委员会编 烟台 烟台市体育运动委员会 1993 年 341 页

013686422
烟台人物志
烟台市地方史志编纂委员会办公室编 尚庆元 张振宝主编 北京 华龄出版社 1998 年 430 页

003919475
烟台风物志
烟台地区出版办公室编写 济南 山东人民出版社 1983 年 158 页

013659564
昆嵛山志
昆嵛山志编纂委员会编 济南 山东省地图出版社 2012 年 716 页

013865476
烟台市口腔医院院志 1952—2012
烟台市口腔医院院志编纂委员会编 烟台 烟台市东风彩印有限公司 2012 年 333 页

011809531
烟台市卫生防疫站志 1956—2005
烟台市卫生防疫站志编纂委员会编 烟台 烟台市卫生防疫站 2006 年 479 页

013133858
烟台市心理康复医院志 1958—2008
烟台市心理康复医院志编纂委员会编 烟台 烟台市心理康复医院志编纂委员会 2008 年 297 页

013072735
烟台市职业病医院肿瘤医院院志
烟台 职业病医院肿瘤医院院 2007 年 190 页

013148673
烟台市中医医院志 1958—1998
烟台市中医医院院志编纂委员会编 烟台 烟台市觉梧广告有限公司 1998 年 340 页

012636811

烟台桃村中心医院志 1942—2002

烟台桃村中心医院志编委会编 烟台 烟台桃村中心医院志编委会 2002 年 158 页

010278718

烟台毓璜顶医院志 1914—1994

烟台毓璜顶医院志编委会编 烟台 烟台毓璜顶医院志编委会 1994 年 409 页

013148676

烟台医药志

烟台医药志编纂委员会编 烟台 烟台医药志编纂委员会 1988 年 257 页

012256671

中国石棉制品工业山东烟台石棉制品总厂厂志 1950—1993

山东烟台石棉制品总厂厂志编委会编 烟台 山东烟台石棉制品总厂厂志编委会 1993 年 302 页

013961166

烟台园林志 1955—2006

烟台市园林管理处编纂 烟台 烟台市园林管理处 2007 年 359 页

013148664

烟台打捞局志 2003.6.28—2008.12.31

烟台打捞局编 烟台 烟台打捞局 2009 年 287 页

莱山区

012613190

烟台市莱山区志

烟台市莱山区地方志编纂委员会编 北京 中华书局 2009 年 738 页

009840181

东泊子村志

东泊子村志编纂委员会编 北京 方志出版社 2005 年 537 页

012612847

烟台市莱山区政协志 1994—2007

中国人民政治协商会议烟台市莱山区委员会编 烟台 中国人民政治协商会议烟台市莱山区委员会 2008 年 220 页

芝罘区

008488311

芝罘区志

山东省烟台市芝罘区地方史志编纂委员会编 于英刚主编 北京 科学普及出版社 1994 年 828 页〔中华人民共和国地方志丛书〕

012662689

小东夼村志 1652—2007

小东夼村志编纂委员会编 北京 中国文史出版社 2009 年 542 页〔中华人民

共和国地方志丛书〕

012545541
幸福镇志
山东省烟台市芝罘区幸福镇志编纂委员会编 张荫家主编 烟台 烟台市新闻出版局 1997年 602页

013732514
烟台市芝罘区东山街道志 1934—2007
烟台市芝罘区东山街道志编纂委员会编 北京 中国文史出版社 2009年 607页

013190090
只楚镇志 1368—2000
只楚镇志编纂委员会编 北京 中国文史出版社 2007年 861页

013464419
朱家庄村志
朱家庄村志编纂委员会编 芝罘区 朱家庄村志编纂委员会 2010年 281页

013866305
芝罘区民政志 1986—2005
芝罘区民政志编纂委员会编 烟台 黄海数字出版社 2012年 540页

010275872
芝罘商业志
烟台市芝罘区商业局史志办公室编纂 烟台 烟台市芝罘区商业局史志办公室 1987年 436页

012252428
山东省烟台市芝罘区地名志
烟台市芝罘区人民政府地名办公室编纂 烟台 山东省出版总社烟台分社 1989年 560页

013186129
烟台市芝罘区卫生防疫站志 1953—2003
烟台市芝罘区卫生防疫站志编纂委员会编 烟台 烟台市芝罘区卫生防疫站 2003年 251页

福山区

007900106
福山区志
山东省烟台市福山区史志编纂委员会编 济南 齐鲁书社 1990年 679页 〔中华人民共和国地方志丛书〕

012635700
城里村志
城里村志编委会编 烟台 城里村志编委会 2010年 463页

012970532
西北关村志
西北关村志编委会编 烟台 西北关村志编委会 2010年 354页

013226541
下夼村志 618—2010
下夼村志编纂委员会编 北京 中国诗词楹联出版社 2011 年 416 页〔中华人民共和国地方志丛书〕

012970659
烟台市福山区福山镇西关村村志 1368—1990
西关村 1991 年 249 页

013708138
中共福山区委党校志 1947—1997
中共烟台市福山区委党校编 烟台 中共烟台市福山区委党校 1997 年 241 页

014028778
福山政协志 1983—2013
政协烟台市福山区委员会编 烟台 福山政协志编纂委员会 2013 年 388 页

011909928
烟台市福山区建设志
烟台市福山区建设志编纂委员会编 烟台 烟台市福山区建设志编纂委员会 2007 年 365 页

013186120
烟台市福山自来水志 1971—2011
烟台市福山自来水志编纂委员会编 烟台 黄海数字出版社 2011 年 470 页

013128922
福山区农业志
烟台市福山区农业志编纂委员会编 福山区 烟台市福山区农业志编纂委员会 2009 年 602 页

013143608
福山区电业志
福山区电业志编辑委员会编 福山区 福山区电业志编辑委员会 1998 年 406 页

013335222
福山铜矿志 1958—1985
福山铜矿矿志编写委员会编 烟台 福山铜矿矿志编写委员会 1985 年 407 页〔山东省冶金志系列丛书〕

013776004
烟台市福山区供电志 1905—2010
烟台市福山区供电志编纂委员会编 烟台 黄海数字出版社 2012 年 546 页

009393537
福山区地名志
福山区地名委员会办公室编 济南 山东省地图出版社 2003 年 428 页

013128908
福山大樱桃志
福山大樱桃志编纂委员会编 烟台 黄海数字出版社 2011 年 181 页

013404269
福山区水利志
烟台市福山区水利志编纂委员会编 烟台 烟台市福山区水利志编纂委员会 2003年 131页

牟平区

005226886
牟平县志
山东省牟平县县志编纂委员会编 王本世主编 北京 科学普及出版社 1991年 775页

013732511
烟台市牟平区志 1978—2000
烟台市牟平区史志编纂委员会编 济南 黄河出版社 2012年 910页〔中华人民共和国地方志丛书〕

011998540
五里头村志
五里头村志编纂委员会编 北京 中国城市出版社 2008年 501页

009228122
西关村志
西关村志编纂委员会编 济南 齐鲁书社 2001年 371页

012052662
中原村志
王本世 杨先壮主编 中原村志编纂委员会编 牟平区 中原村志编纂委员会 2004年 676页

011066876
牟平电业志
牟平电业志编纂委员会编 北京 中国科学技术出版社 2000年 286页

013822090
牟平县交通志
张存光主编 牟平县交通志编纂小组编 烟台 山海书社 1992年 170页〔烟台市交通志丛书〕

013684550
牟平邮电志 1986—1998
山东省牟平邮电局史志办编 牟平 牟平邮电局史志办 1989年 155页

013628750
牟平区实验小学校志 1913—2000
牟平区实验小学校志编委会编 牟平区 牟平区实验小学校志编委会 2006年 578页

013002439
山东省牟平第四中学校志 1978—2000
宿伯安 张书坤主编 烟台 山东省牟平第四中学 2000年 220页

008594519
牟平方言志
罗福腾编 北京 语文出版社 1992年

203 页〔山东方言志丛书 5〕

012251474
牟平教育人物志
牟平教育人物志编委会编 牟平 牟平教育人物志编委会 2002 年 338 页

008831997
山东省牟平县地名志
牟平县地名委员会办公室编 牟平 牟平县地名委员会办公室 1985 年 348 页

龙口市

008452143
龙口市志
山东省龙口市史志编纂委员会编 济南 齐鲁书社 1995 年 903 页〔中华人民共和国地方志丛书〕

008452142
龙口市计划生育志
龙口市计划生育委员会编 北京 方志出版社 1997 年 618 页

012724234
龙口市人大志
龙口市人大志编纂委员会编 北京 中华书局 2010 年 575 页

009340747
龙口外向型经济开发区志
龙口外向型经济开发区志编纂委员会编 龙口 2001 年 441 页

009414300
龙口市邮电志
龙口市邮电局编 山东 山东省龙口市邮电局 1996 年 379 页

008452137
龙口市工商物价志
龙口市工商物价志编纂委员会编 北京 方志出版社 1997 年 656 页

012955077
龙口市卫生防疫站志 1957—2007
龙口市卫生防疫站志编纂委员会编 龙口 龙口市卫生防疫站志编纂委员会 2007 年 311 页

莱阳市

007588022
莱阳市志
山东省莱阳市志编纂委员会编 济南 齐鲁书社 1995 年 833 页〔中华人民共和国地方志丛书〕

011805857
莱阳市民政志 1840—1987
莱阳市民政局民政志编写组编 山东 民政局民政志编写组编 1992 年 538 页

011805505
莱阳市工商行政管理志 1888—1998

莱阳市工商行政管理志编纂委员会编
　莱阳市工商行政管理局编　烟台　烟台
　市新闻出版局　2000年　540页

013179349
[莱阳动力机械厂]厂志 1943—1985
莱阳动力机械厂厂志编纂办公室编　莱
　阳　莱阳动力机械厂　1986年　487页

012265276
莱阳县交通志
莱阳县交通志编写组编　莱阳　莱阳县交
　通志编写组　1987年　178页

012265202
莱阳县财政志 1840—1985
山东省莱阳县财政局编　莱阳　山东省莱
　阳县财政局　1987年　258页

010139933
莱阳教育志
莱阳教育志编纂委员会编　北京　方志出
　版社　2006年　596页

013129867
莱阳县教育志
莱阳县教育局教育志编写组编　莱阳　莱
　阳县教育局　1990年　290页

009340739
莱阳市方志志
莱阳市史志办公室编　烟台　烟台市新闻
　出版局　2001年　115页

008832110
山东省莱阳市地名志
莱阳市人民政府地名办公室编　莱阳　莱
　阳市人民政府地名办公室　1988年
　411页

007936593
中国古生物志　山东莱阳恐龙化石
杨钟健著　中国科学院古生物研究所　中
　国科学院古脊椎动物研究所编辑　北
　京　科学出版社　1958年　149页〔中
　国古生物志　总号第142册　新丙种
　第16号〕

012256444
烟台市莱阳中心医院志 1950—2000
烟台市莱阳中心医院志编委会编　烟台
　烟台市莱阳中心医院志编委会　2000
　年　425页

莱州市

008812633
莱州市志
山东省莱州市史志编纂委员会编　济南
　齐鲁书社　1996年　828页〔中华人民
　共和国地方志丛书〕

012636579
中共莱州市委党校志 1939—2009
中共莱州市委党校志编纂委员会编　莱
　州　中共莱州市委党校志编纂委员会
　2009年　375页

013704409

莱州市政协志

政协莱州市委员会编 莱州 政协莱州市委员会 2011年 461页

013774447

莱州市军事志 前685—2005

莱州市军事志编纂委员会编 济南 山东新华印刷厂 2012年 453页

010290908

掖县工商行政管理志

山东掖县工商行政管理局主编 掖县 山东掖县工商行政管理局 1986年 299页

013064821

莱州市电力志 1922—2010

莱州市电力志编纂委员会编 北京 人民日报出版社 2011年 395页

013224534

莱州市盐业志

莱州市盐业公司编志办公室编 莱州 莱州市盐业公司编志办公室 1987年 338页

011892457

山东镁矿志 1958—1985

山东镁矿编志办公室 武建盛主编 掖县 山东镁矿 1988年 356页〔山东省冶金企业志丛书 24〕

010152989

新城金矿志 1975—2005

新城金矿志编纂委员会编 莱州 新城金矿志编纂委员会 2005年 290页

009881291

掖县医药志 讨论稿

山东省掖县药材公司编志委员会编 掖县 山东省掖县药材公司编志委员会 1986年 209页

009881152

莱州一中史志 1905—2005

莱州一中史志编纂委员会编 北京 社会科学文献出版社 2005年 602页

009588691

莱州方言志

钱曾怡主编 钱曾怡等著 济南 齐鲁书社 2005年 383页〔山东方言志丛书〕

012612850

莱州市第三人民医院院志 1958—2008

莱州市第三人民医院院志编纂委员会编 莱州 莱州市第三人民医院 2009年 213页

012097713

莱州市人民医院志 1947—2007

莱州市人民医院志编纂委员会编 莱州 莱州市人民医院 2007年 672页

009799280

莱州医药志 1978—2003

莱州医药志编委会编 济南 齐鲁书社 2005年 228页

蓬莱市

007587996

蓬莱县志

山东省蓬莱市史志编纂委员会编 济南 齐鲁书社 1995年 817页〔中华人民共和国地方志丛书〕

012099701

蓬莱黄金志

蓬莱黄金志编纂委员会编 济南 山东友谊出版社 2008年 344页

013686399

仙阁下的育人学府 蓬莱师范建校五十五周年志稿 1942—1997

迟克检编写 蓬莱 蓬莱师范校庆筹备委员会 1997年 303页

009387158

蓬莱阁志

蓬莱市地方史志编纂委员会办公室编 蓬莱 蓬莱市地方史志编纂委员会办公室 1992年 103页

招远市

011957302

招远市志 1978—2002

招远市地方史志编纂委员会编 北京 方志出版社 2008年 1157页〔中华人民共和国地方志丛书〕

007900112

招远县志

山东省招远县志编纂委员会编 北京 华龄出版社 1991年 988页〔中华人民共和国地方志丛书〕

009854371

招远市村庄简志

招远市史志编纂委员会编 北京 华龄出版社 1999年 2册

013771863

东良村志

中共东良村委会 东良村民委员会编 烟台 黄海数字出版社 2011年 449页〔招远市地方志书系〕

009856028

金岭镇志

招远市金岭镇志编纂委员会编 招远 招远市金岭镇志编纂委员会 2001年 539页

013793271

马连沟村志

马连沟村志编纂委员会编 烟台 黄海数字出版社 2013 年 706 页

012266325
宋家镇志
宋家镇志编纂委员会编 宋家镇 宋家镇志编纂委员会 1995 年 432 页

013190060
招远县民政志
招远县民政局编 招远 招远县民政局 1987 年 401 页

013735627
招远市劳动保障志
招远市劳动和社会保障局编 招远 招远市劳动和社会保障局 2011 年 643 页

009009928
招远市人民检察志
山东省招远市人民检察院编 王凯春主编 北京 方志出版社 2002 年 346 页

011321151
招远林业志
招远市林业局编 北京 方志出版社 2007 年 553 页

012814178
山东河西黄金集团有限公司志
山东河西黄金集团有限公司志编纂委员会编 北京 方志出版社 2010 年 334 页

009561504
招远电业志
招远电业志编纂委员会编 北京 方志出版社 2004 年 506 页

009867052
招远黄金志 1986—2002
招远黄金志编纂委员会编 北京 方志出版社 2004 年 748 页

009700317
招远金矿志
招远金矿志编纂委员会编 招远 招远金矿志编纂委员会 1993 年 453 页

012317231
招远市龙口粉丝志
招远市地方史志办公室编 北京 方志出版社 2009 年 406 页

012506635
招远交通志
招远市交通局编 北京 方志出版社 2009 年 602 页

013512001
招远邮电志
山东省招远市邮电局史志办编 招远 山东省招远市邮电局史志办 1995 年 320 页

012052597
招远文化志

招远文化志编纂委员会编著 招远 招远文化志编纂委员会 2003年 319页

009554003
招远广播电视志
招远市广播电视局编纂委员会编 杨书清主编 北京 方志出版社 2004年 322页

008928779
山东省招远县地名志
招远县地名委员会办公室编 安丘 招远县地名委员会办公室 1987年 428页

012317190
招远地名志 2005
招远市地名委员会办公室编 招远 招远市地名委员会办公室 2006年 254页

011321153
招远市人民医院志
招远市人民医院志编纂委员会编 北京 方志出版社 2007年 396页

012816172
招远卫生志
招远卫生志编纂委员会编 招远 招远卫生志编纂委员会 2009年 362页

012723982
招远市规划建设管理志 1975—2009
招远市规划建设管理志编纂委员会编 北京 方志出版社 2010年 568页

栖霞市

009002430
栖霞市志 1985—1999
山东省栖霞市地方史志编纂办公室编 济南 齐鲁书社 2001年 690页

013794816
栖霞市志 1985—2002
栖霞市地方史志编纂委员会编 北京 中国国际文化出版社 2012年 1071页〔中华人民共和国地方志丛书〕

004102834
栖霞县志
山东省栖霞县志编纂委员会编 济南 山东人民出版社 1990年 915页〔中华人民共和国地方志丛书〕

013730382
栖霞县城乡建设志
栖霞县城乡建设志编辑室编 栖霞 栖霞县城乡建设志编辑室 1989年 285页

013604270
杏坛春秋 栖霞市第一中学校志 1951—2001
刘成章主编 栖霞 栖霞市第一中学 2001年 297页

海阳市

007900143
海阳县志
山东省海阳县志编纂委员会编纂 荆甫斋 刘志耘主编 刘舒秋副主编 海阳 山东省新闻出版管理局 1988 年 1053 页〔中华人民共和国地方志丛书〕

013660372
望格庄村志
望格庄村志编辑委员会编 海阳 恒利印刷厂 2003 年 533 页

012723021
西河崖村志
西河崖村志编纂委员会编 海阳 西河崖村志编纂委员会 2009 年 438 页

010112111
海阳市镇村简志
海阳市地方史志编纂委员会编 北京 中国出版社 2004 年 2 册 1578 页

012758862
海阳市人民法院志
海阳市人民法院志编纂委员会编纂 北京 华夏出版社 2010 年 592 页

013629511
山东海宇清律师事务所所志 1995—2007
山东海宇清律师事务所所志编委会编 北京 华夏出版社 2008 年 350 页

013222099
海阳县税务志
海阳县税务志编纂组编 海阳 海阳县税务志编纂组 1992 年 355 页

012264955
海阳市教育志
海阳市教育志编纂委员会编 青岛 青岛海洋大学出版社 1998 年 285 页

009392842
山东省海阳第一中学校志 1952—2002
海阳一中校志编委会编 海阳 海阳一中 2002 年 572 页

013647494
海阳市第三人民医院院志 1943—2009
山东省海阳市第三人民医院院志编委会编 北京 人民卫生出版社 2009 年 525 页

013530815
海阳市卫生志
海阳市卫生志编纂委员会编 海阳 海阳市卫生志编纂委员会 2005 年 559 页

长岛县

007342641
长岛县志

山东省长岛县志编纂委员会编 济南 山东人民出版社 1990年 467页〔中华人民共和国地方志丛书〕

013530998
后口村志
长岛县后口村志编撰委员会编 长岛 长岛县后口村志编撰委员会 2012年 390页

012251477
南隍城志
刘文权主编 长岛县南隍城乡政府南隍城村委会编写 长岛 长岛县南隍城乡政府南隍城村委会 1999年 345页

012612854
长岛县政协志
政协长岛县委员会编 长岛 政协长岛县委员会 2003年 581页

013797240
长岛县军事志 1840—2005
长岛县军事志编纂委员会编 济南 山东新华印刷厂 2012年 546页

011319990
长岛县水产志
长岛县水产局水产志编纂组编 长岛 长岛县水产局水产志编纂组 1986年 353页

008928857
长岛县地名志
长岛县人民政府地名办公室编 长岛 长岛县人民政府地名办公室 1989年 261页

潍坊市

007585927
潍坊市志
潍坊市地方史志编纂委员会编 北京 中央文献出版社 1995年 2册 1952页

013185967
潍坊市纪检监察志 1950—2011
中共潍坊市纪委 潍坊市监察局编 北京 中国方正出版社 2011年 838页

012722941
潍坊工会志 1840—2008
潍坊工会志编纂委员会编 北京 中央文献出版社 2011年 924页

012266457
潍坊邮政工会志
潍坊市邮政局工会编 潍坊 潍坊市邮政局工会 2006年 434页

011570916
潍坊市政协志
政协潍坊市委员会编 北京 人民日报出版社 2006年 537页

012266454
潍坊军事志
潍坊军事志编纂委员会编 潍坊 潍坊鸣宇印业有限公司 2001年 606页

013795606
潍坊市军事志 前203—2005
潍坊市军事志编纂委员会编 济南 山东新华印刷厂 2011年 2册 1285页

013863891
潍坊高新技术产业开发区志 1991—2011
潍坊高新技术产业开发区志编纂委员会编 北京 方志出版社 2012年 639页

011909055
潍坊市工商行政管理志
潍坊市工商行政管理局编 潍坊 潍坊市工商行政管理局 2007年 731页

009784113
潍坊市农业机械化志 讨论稿
潍坊市农业机械服务公司编志组编 潍坊 潍坊市农业机械服务公司编志组 1985年 163页

010253278
潍坊供电志 1901—2002
潍坊供电志编纂委员会编 北京 人民日报出版社 2004年 425页

012052020
潍坊海洋化工高新技术产业开发区志 1995—2005
潍坊海洋化工高新技术产业开发区志编委会编 济南 山东友谊出版社 2008年 580页

011320002
潍坊市纺织工业志 1840—1985
潍坊市纺织工业公司编 潍坊 潍坊市纺织工业公司史志组 1989年 218页

011792962
潍坊市商业志
潍坊市商业局编 潍坊 潍坊市商业局 1987年 330页

012638670
潍坊税务志
潍坊市税务局编 潍坊 潍坊税务局 1988年 251页

011570898
潍坊市农村金融志 1840—1985
中国农业银行潍坊市分行编 潍坊 中国农业银行潍坊市分行 1986年 306页

013512088
中国人民银行潍坊市分行行志
徐鹰等编 潍坊 中国人民银行潍坊市分行 1985年 289页

011570908
潍坊市文化志 试写稿
潍坊市文化局志办公室编 潍坊 潍坊市文化局志办公室 1986年 2册

009105610
潍坊文化志
山东省潍坊市文化局史志办公室编 济南 齐鲁书社 1997年 453页

013755980
山东潍坊二中校志 1883—1993
潍坊二中校志编写组编 潍坊 山东潍坊二中 1993年 145页

011570239
山东畜牧兽医职业学院校志 1955—2005
刘常泰 乔立印主编 潍坊 山东畜牧兽医职业学院 2005年 319页

013863894
潍坊市肿瘤医院(潍坊市第四人民医院)志 1992—2012 建院二十周年
潍坊市肿瘤医院(潍坊市第四人民医院)志编纂委员会编 2012年 182页

013072568
潍坊市人民医院志 1881—1991
韩荣芳主编 潍坊 潍坊市人民医院 1991年 517页

013660381
潍坊市人民医院志 1991—2010
潍坊市人民医院志编纂委员会编 济南 齐鲁书社 2011年 1册

012638672
潍坊市药品检验所志
潍坊市药品检验所编印 潍坊 潍坊市药品检验所 2000年 220页

013706861
潍坊市益都中心医院志 1882—2012
潍坊市益都中心医院志编纂委员会编 济南 山东人民出版社 2012年 1018页

011500582
潍坊市益都中心医院志 1892—1992
潍坊市益都中心医院志编纂委员会编 青州 潍坊市益都中心医院 1992年 212页

009881289
潍坊市中医院志 1955—2005
潍坊市中医院志编纂委员会编 潍坊 潍坊市中医院 2005年 383页

013510633
潍坊市农机志
潍坊市农业机械服务公司编 潍坊 潍坊市农业机械服务公司 1986年 339页

012899808
潍坊市环境保护志
潍坊市环境保护局编 温钦祥主编 王承爱 张新国副主编 潍坊 潍坊新闻出版局 1993年 353页

奎文区

013224523
奎文区志 1994—2010
山东省潍坊市奎文区地方志编纂委员会编 北京 方志出版社 2011年 1002页〔中华人民共和国地方志丛书〕

013756903
潍坊市奎文区军事志 1840—2005
潍坊市奎文区军事志编纂委员会编 济南 潍坊市奎文区军事志编纂委员会 2012年 311页

潍城区

007490423
潍城区志
山东省潍坊市潍城区史志编纂委员会编 济南 齐鲁书社 1993年 900页〔中华人民共和国地方志丛书〕

010290539
潍城区地名志
潍城区地名委员会办公室编 潍坊 潍坊市潍城区地名委员会办公室 1992年 235页〔潍坊市地名志丛书 2〕

寒亭区

007486928
寒亭区志
山东省潍坊市寒亭区史志编纂委员会编 济南 齐鲁书社 1992年 869页〔中华人民共和国地方志丛书〕

008038807
杨家埠村志
山东省潍坊市寒亭区杨家埠村志编纂委员会编 济南 齐鲁书社 1993年 506页〔中华人民共和国地方志丛书〕

013704063
寒亭区政协志 1980—2010
政协潍坊市寒亭区委员会编 潍坊 政协潍坊市寒亭区委员会 2011年 381页

013775915
潍坊市寒亭区军事志 1840—2005
潍坊市寒亭区军事志编纂委员会编 济南 潍坊市寒亭区军事志编纂委员会 2012年 370页

013683685
寒亭区医药志
山东省寒亭区药材公司编 潍坊 山东省寒亭区药材公司 1986年 211页〔寒亭区地方史志丛书 5〕

坊子区

008812452
坊子区志
潍坊市坊子区地方史志编纂委员会编 济南 山东友谊出版社 1997年 795页〔中华人民共和国地方志丛书〕

013987645
坊子区志 1990—2007
潍坊市坊子区地方史志编纂委员会编 济南 齐鲁电子音像出版社 2013年 2册〔中华人民共和国地方志丛书〕

013756902
潍坊市坊子区军事志 1840—2005
潍坊市坊子区军事志编纂委员会编 济南 潍坊市坊子区军事志编纂委员会 2011年 309页

011890609
潍坊市坊子区地名志
潍坊市坊子区地名志编纂委员会编 潍坊 潍坊市坊子区地名志编纂委员会编 1989年 296页

青州市

002125543
青州市志
青州市志编纂委员会编 天津 南开大学出版社 1989年 1176页

008025741
青州市志评介集
青州市史志办公室编 天津 南开大学出版社 1990年 246页

013775164
青州市军事志 311—2005
青州市军事志编纂委员会编 济南 青州市军事志编纂委员会 2012年 435页

013991356
青州市国土资源志
刘洪旗主编 北京 中国国际广播出版社 2008年 438页

012099777
青州市审计志 1984—2002
青州市审计局编 青州 青州市审计局 2004年 444页

012766422
青州公路志
青州公路志编纂委员会编纂 北京 中国出版社 2009年 619页

013705580

青州市教育志 1988—2010

青州市教育志编纂委员会编 青州 青州市教育志编纂委员会 2012 年 1007 页

010022585

青州民间文学集成

李建华主编 济南 山东文艺出版社 1989 年 554 页

008382887

山东省青州市地名志

青州市地名委员会办公室编纂 张登弟 冀瑞永主编 张达民 徐方仁副主编 天津 天津人民出版社 1992 年 615 页〔潍坊市地名志丛书 4〕

007753893

云门山志

岑学吕编 香港 云门寺常住 1951 年 243 页

009881232

山东省益都卫生学校志 1885—2005

山东省益都卫生学校志编纂委员会编 济南 山东大学出版社 2005 年 655 页

012836200

山东省益都卫生学校志 1885—2010

山东省益都卫生学校志编纂委员会编 济南 山东大学出版社 2010 年 934 页

011479502

益都县卫生志 初稿

青州市卫生志编纂小组编 青州 青州市卫生志编纂小组 1986 年 265 页

010010112

中国农业科学院烟草研究所 中国烟草总公司青州烟草研究所 山东省烟草研究所所志 1958—1998

中国农业科学院烟草研究所中国烟草总公司青州烟草研究所山东省烟草研究所编辑 中国农业科学院烟草研究所中国烟草总公司 2002 年 227 页

诸城市

007900161

诸城市志

山东省诸城市地方史志编纂委员会编 济南 山东人民出版社 1992 年 800 页〔中华人民共和国地方志丛书〕

013512157

诸城市志 1988—2007

山东省诸城市史志编纂委员会编 北京 中华书局 2011 年 971 页

010730419

诸城政协志 1980—2004

政协诸城市委员会编 诸城 政协 2005

年 250 页

013098073
诸城市劳动和社会保障志
诸城市人力资源和社会保障局编 北京 中华书局 2011 年 452 页

013798864
诸城市军事志 1840—2005
诸城市军事志编纂委员会编 济南 山东新华印刷厂 2012 年 491 页

013344017
诸城市农业志
诸城市农业局编 诸城 诸城市农业局 2011 年 442 页

010113220
诸城文化志
李洪波主编 北京 中国文史出版社 2004 年 739 页

011188914
中国民间文学集成 诸城资料本
王金华主编 诸城市民间文学集成办公室编 1991 年 273 页

012317836
诸城卫生防疫志 1956—2006
玄洪忠主编 诸城 山东省诸城市卫生防疫站 2006 年 702 页

012879058
诸城市卫生志
钟兆湘主编 郑州 中州古籍出版社 2010 年 698 页

013344023
诸城市水利志
诸城市水利水产局编 诸城 诸城市水利水产局 1993 年 291 页

寿光市

007900153
寿光县志
山东省寿光县地方史志编纂委员会编 上海 中国大百科全书出版社上海分社 1992 年 567 页

013373591
寿光县志 1960
寿光县志修编委员会编 上海 东方出版中心 2012 年 625 页

013681523
稻田镇志
稻田镇志编纂委员会编 北京 中国档案出版社 2005 年 483 页

013686664
地沟村志
山东省寿光市地沟村志编纂委员会编 北京 中国文史出版社 2011 年 715 页

009881040
东关村志
山东省寿光市东关村志编纂委员会编 济南 齐鲁书社 2007年 667页

009856024
侯镇志
山东省寿光市侯镇志编纂委员会编 潍坊 潍坊市新闻出版局 2000年 324页

013861573
侯镇志
寿光市侯镇志编纂委员会编 北京 中国文史出版社 2013年 1039页

013093202
牛头镇村志
寿光市牛头镇村志编纂委员会编 潍坊 山东潍坊新闻出版局 1998年 482页

011892440
三元朱村志
山东省寿光市三元朱村志编纂委员会编 济南 齐鲁书社 2008年 290页

012638619
西岔河一村志
寿光市西岔河一村地方志编纂委员会编 潍坊 山东省新闻出版局 2005年 415页

012723368
羊口镇志
山东省寿光市羊口镇志编委会编 潍坊 山东潍坊新闻出版局 1998年 425页

012003121
中共寿光市委党校志 1948—2008
中共寿光市委党校志编纂委员会编 潍坊 潍坊市新闻出版局 2008年 353页

012722371
寿光市纪检监察志 1979—2010
寿光市纪检监察志编纂委员会 王教法主编 北京 中国方正出版社 2011年 436页

011763503
寿光市人大志
寿光市人大志编纂委员会编 北京 方志出版社 2007年 1013页

012506209
寿光市政协志 1979—2009
寿光市政协志编纂委员会编 北京 中国文联出版社 2009年 888页

013603029
寿光市民政志
山东省寿光市民政志编纂委员会编 潍坊 潍坊市新闻出版局 2000年 396页

012899419
寿光市发展和改革局志 1955—2007
寿光市发展和改革局志编纂委员会编 寿光 寿光市发展和改革局志编纂委员会 2007年 166页

013660316
寿光县乡镇企业志
山东省寿光县乡镇企业管理局编 寿光 山东省寿光县乡镇企业管理局 1988年 291页

013899434
寿光市生态农业观光园建设志 2005—2010
山东省寿光市生态农业观光园建设志编纂委员会编 北京 中国文史出版社 2013年 750页

013991393
山东寿光建设集团志 1953—2013
魏金明主编 北京 中国文史出版社 2013年 957页

012661826
山东羊口盐场志
山东羊口盐场编志办公室编 羊口镇 山东羊口盐场编志办公室 1990年 333页

013863657
寿光财政志
魏华山主编 济南 山东人民出版社 2013年 539页〔中华人民共和国地方志丛书〕

014050270
寿光农村商业银行志 1951—2011
寿光农村商业银行志编纂委员会编 北京 中国文史出版社 2013年 619页

013959382
寿光广播影视志
刘水明主编 北京 中国文史出版社 2013年 456页

009348199
寿光市教育志
寿光市教育志编纂委员会编 北京 中国大百科全书出版社 2003年 634页

011066701
山东省寿光市第一中学校志 1957—2002
山东省寿光市第一中学校志编纂委员会编 寿光 山东省寿光市第一中学校志编纂委员会 2002年 431页

013660096
山东省寿光市第一中学校志 1957—2007
山东省寿光市第一中学校志编纂委员会编 寿光 山东省寿光市第一中学印刷厂 2007年 573页

013002516
寿光市第二中学校志 1956—2006
寿光 寿光二中校志编纂委员会 2006 年 213 页

012506213
寿光现代中学校志 1999—2009
山东省寿光现代中学校志编纂委员会编 寿光 山东省寿光现代中学校志编纂委员会 2009 年 493 页

008594530
寿光方言志
张树铮编 北京 语文出版社 1995 年 230 页〔山东方言志丛书 9〕

011908840
寿光卫生防疫志 1957—2007
刘君主编 寿光 寿光市卫生防疫站 2007 年 368 页

012899420
寿光市人民医院志
山东省寿光市人民医院志编纂委员会编 北京 中国人口出版社 2010 年 465 页

安丘市

007350124
安丘县志
山东省安丘县地方史志编纂委员会编 济南 山东人民出版社 1992 年 755 页〔中华人民共和国地方志丛书〕

012141547
安丘市召忽乡志
王培增主编 1995 年 328 页

013751432
安丘市军事志 1840—2005
安丘市军事志编纂委员会编 济南 安丘市军事志编纂委员会 2012 年 483 页

010777059
安丘县土地管理志
安丘县土地管理局编 安丘 安丘县土地管理局 1992 年 142 页

013779548
安丘电力志 1937—2010
安丘电力志编纂委员会编 北京 人民日报出版社 2013 年 5 册

013883834
安丘县医药志
山东省安丘县医药公司编 刘洪波主编 安丘 山东省安丘县医药公司 1986 年 148 页

009880991
安邱县医药志 初稿
刘洪波主编 安邱县药材公司编 安邱 安邱县药材公司 1986 年 130 页

013646792
安丘文化志
山东省安丘市文化局编 山东 山东省新闻出版局 2002 年 426 页

013687107
安丘市第一中学百年志 1911—2011
安丘市第一中学百年志编纂委员会编 烟台 黄海数字出版社 2011 年 650 页

012263896
安丘市王家庄镇民俗志
王君政 王振山编著 安丘 2005 年 460 页〔山东名镇民俗系列丛书〕

008832090
安丘县地名志
安丘县地名委员会编 安丘 安丘县地名委员会 1988 年 444 页

高密市

003801298
高密县志
山东省高密县地方史志编纂委员会编 济南 山东人民出版社 1990 年 637 页〔中华人民共和国地方志丛书〕

012811286
高密宣传志 1925—2008
中共高密市委宣传部编 高密 中共高密市委宣传部 2009 年 515 页

013772616
高密市军事志 1840—2005
高密市军事志编纂委员会编 济南 高密市军事志编纂委员会 2011 年 503 页

012679332
高密县乡镇企业志
高密县乡镇企业志编纂委员会编 高密 高密县乡镇企业志编纂委员会 1992 年 335 页

009744854
高密公路志
山东省高密市公路局编 济南 齐鲁书社 2004 年 406 页

012831511
高密市教学研究室志 1956—2004
高密市教科院编 高密 高密市教科院 2007 年 373 页

013045525
高密市密水街道卞家庄小学校志 1949—2001
张鸿吉编写 高密 高密市密水街道卞家庄小学 2003 年 359 页

012658540
高密方言志
姚增锦 刘学农著 北京 群众出版社 2010 年 418 页

008928869
高密县地名志
高密县地名志编纂委员会编 高密 高密县地名志编纂委员会 1990 年 261 页〔潍坊市地名志丛书 11〕

013860530
高密市人民医院志 1999—2010
高密市人民医院志编纂委员会编 北京 中国国际文化出版社 2011 年 490 页

012503976
高密市卫生防疫志 1956—2006
高密市卫生防疫志编纂委员会编 高密 高密市卫生防疫志编纂委员会 2007 年 678 页

013681566
高密县水利志
高密县水利水产局编 高密 高密县水利水产局 1993 年 307 页

昌邑市

007010374
昌邑县志
山东省昌邑县志编纂委员会编 昌邑 昌邑县印刷厂 1987 年 862 页〔中华人民共和国地方志丛书〕

013530994
后官志
山东省昌邑市后官村志编纂委员会编 海拉尔 内蒙古文化出版社 1999 年 283 页

009554443
青乡乡志
中共青乡乡委员会 青乡乡人民政府编 青乡乡 青乡乡人民政府 1985 年 276 页

010468966
太保庄乡志
太保庄乡 1986 年 166 页

009688223
辛置志
昌邑市辛置志编纂委员会编 辛置 昌邑市辛置志编纂委员会 1998 年 407 页

010475985
昌邑市工会志
山东省昌邑市总工会编 昌邑 山东省昌邑市总工会 2002 年 458 页

012635659
昌邑市政协志 1949—2006
昌邑市政协志编纂委员会编 昌邑 昌邑市政协志编纂委员会 2006 年 690 页

013790275
昌邑市军事志 1840—2005
昌邑市军事志编纂委员会编 济南 山东新华印刷厂 2011 年 537 页

013037910
昌邑市电业志 1933—2010
昌邑市电业志编纂委员会编 北京 人民日报出版社 2011年 697页

012871854
昌邑市盐业志 1986—2005
昌邑市盐业志编纂委员会编 昌邑 昌邑市盐业志编纂委员会 2009年 182页

010265847
昌邑县商业志
昌邑县商业志编纂领导小组编 昌邑 昌邑县商业志编纂领导小组 1986年 205页

008452393
昌邑县地名志
昌邑县地名志编纂委员会编 昌邑 昌邑县地名志编纂委员会 1987年 497页

临朐县

004893173
临朐县志
临朐县史志编纂委员会编 济南 山东人民出版社 1991年 857页〔中华人民共和国地方志丛书〕

009675927
临朐县志 1988—2000
山东省临朐县地方志编纂委员会编 济南 齐鲁书社 2004年 688页〔中华人民共和国地方志丛书〕

012832397
老崖崮村志
临朐县老崖崮村志编纂委员会编 山东 山东省新闻出版局 2009年 420页

013129947
临朐村镇志略 五井卷
临朐县史志办公室编 临朐 临朐县史志办公室 2010年 406页

013862831
临朐村镇志略 冶源卷
临朐县地方志编纂委员会编 北京 方志出版社 2012年 402页〔中华人民共和国地方志丛书〕

012877068
潘家埠村志
临朐县潘家埠村志编纂委员会编 临朐 临朐县潘家埠村志编纂委员会 2010年 526页

012878918
曾家小庄村志
临朐县曾家小庄村志编纂委员会编 临朐 临朐县曾家小庄村志编纂委员会 2010年 517页

013753453
临朐县技工学校校志 1988.4—1997.12
临朐县技工学校校志编写小组编 临朐

山东临朐华兴印刷制版厂 1998 年 213 页

009675924
临朐名胜志
张铭璇著 济南 齐鲁书社 2004 年 346 页

013630674
沂山植物志
赵月玲 宋桂全编著 北京 科学出版社 2012 年 2 册 945 页

昌乐县

006497424
昌乐县志
山东省昌乐县史志编纂委员会编 济南 山东人民出版社 1992 年 704 页〔中华人民共和国地方志丛书〕

012048764
昌乐县志 1986—2007
昌乐县地方史志编纂委员会编 北京 中华书局 2008 年 864 页〔中华人民共和国地方志丛书〕

012679227
东山王村志
昌乐县东山王村志编纂委员会编纂 青岛 青岛出版社 2010 年 379 页

012096419
昌乐县政协志 1980—2003
昌乐县政协志编纂委员会编 北京 中国出版社 2005 年 530 页

013790272
昌乐县军事志 1840—2005
昌乐县军事志编纂委员会编 济南 山东新华印刷厂 2011 年 579 页

012249692
昌乐一中校志 1938—2008
秦汶民主编 北京 中国社会科学出版社 2008 年 654 页

013726805
昌乐县人民医院志 1951—2011
昌乐县人民医院志编审委员会编 济南 山东省地图出版社 2012 年 234 页

济宁市

009009871
济宁市志
济宁市地方史志编纂委员会编 北京 中华书局 2002 年 2 册〔中华人民共和

国地方志丛书〕

012265098

济宁市统计志

济宁市统计局编 北京 中国统计出版社 2009 年 598 页

012903552

中共济宁市委党校志 1951.10—2001.10

中共济宁市委党校志编写组编 北京 中共党史出版社 2001 年 298 页

008662148

济宁市政协志

政协山东省济宁市委员会济宁市政协志编委会编 济南 齐鲁书社 1996 年 558 页

010010338

济宁军事志 1840—1990

济宁军事志编纂委员会编 济宁 济宁市新闻出版局 1995 年 622 页

013316353

济宁市军事志 1986—2005

济宁市军事志编纂委员会编 苍山 苍山县军事志编纂委员会 2009 年 453 页

011911570

济宁市工商行政管理志 发端—2005

济宁市工商行政管理局编 济宁 济宁市工商行政管理局 2007 年 612 页

010278434

济宁市劳动志

济宁市劳动志编纂委员会编 济南 山东人民出版社 1992 年 332 页〔济宁市地方史志系列丛书〕

013627970

济宁市林业志

济宁市林业局史志编纂委员会编 济南 山东人民出版社 1994 年 331 页

009675823

济宁电业志 1918—1995 修订稿

济宁电业局史志办公室编 济宁 济宁电业局史志办公室 1996 年 309 页

012611251

济宁发电厂志 1918—2000

济宁发电厂志编纂委员会编 济宁 济宁发电厂 2003 年 311 页

012541855

济宁三号煤矿志 1999—2006

济宁三号煤矿史志编纂委员会编 济宁 济宁三号煤矿史志编纂委员会 2008 年 702 页

010577378

济宁市建筑工程公司志 1952—1991

济宁市建筑工程公司史志编纂委员会编 济宁 济宁市建筑工程公司 1991 年 263 页

013415310
济宁市水利志
济宁市水利志编纂委员会编 济宁 济宁市新闻出版局 1997年 415页

009994968
鲁抗志
山东鲁抗医药企业集团公司编 济宁 济宁市新闻出版局 19uu年

009866871
山东机床附件厂志 1949—1989
山东机床附件厂编 山东 山东机床附件厂 1990年 340页

009962164
山推厂志 1917—1987
山东推土机总厂厂志办公室编 济宁 山东推土机总厂 1991年 427页

008379626
兴隆庄煤矿志 1957—1985
兴隆庄煤矿志编纂委员会编 济宁 山东省出版总社济宁分社 1989年 658页

012175120
兴隆庄煤矿志 1986—2005
兴隆庄煤矿史志编纂委员会编 北京 中国文化出版社 2008年 652页

008664531
济宁市交通志
济宁市交通志编纂委员会编 济南 齐鲁书社 2000年 544页

012097516
济宁航运志
济宁市航运管理局 济宁航运志编纂委员会编 北京 中国出版社 2005年 469页

013222273
济宁商业志
济宁市商业局编 济宁 济宁市商业局 1992年 310页〔济宁市地方史志系列丛书〕

008385529
济宁市财政志
山东省济宁市财政局史志办公室编 济南 齐鲁书社 1997年 471页

009105584
济宁市财政志
山东省济宁市财政局编 济南 山东人民出版社 2003年 371页

008383890
济宁市金融志
济宁市金融志编纂委员会编 济南 山东人民出版社 1995年 265页

012898658
济宁市教育志 1840—1988
济宁市教育史志编纂委员会编 济宁 济宁市教育史志编纂委员会 1998年

694 页〔济宁市地方史志系列丛书〕

013316351
济宁技术学院志
济宁技术学院志编审委员会编 北京 中国国际广播出版社 2008 年 319 页

013067091
山东省济宁卫生学校志 山东省济宁卫生技工学校志 1978—2008
山东省济宁卫生学校山东省济宁卫生技工学校校志编纂委员会编 济宁 校志编纂委员会 2008 年 315 页

013144445
济宁山水志
济宁市地方史志办公室编 北京 中国出版社 2004 年 402 页

009348208
济宁医学院附属医院志 1951—1996
济宁医学院附属医院志编纂委员会编 济南 山东人民出版社 1998 年 437 页

009700209
济抗厂志 1966—1987
山东济宁抗生素厂编纂 济宁 山东济宁抗生素厂 1991 年 415 页

010730478
济宁市第一人民医院志 1896—2006
济宁市第一人民医院志编纂委员会编 北京 中国文化出版社 2006 年 730 页

009472740
济宁市农机志
济宁市农机局编 济南 山东省地图出版社 2004 年 403 页

任城区

008452165
济宁市中区志
济宁市市中区地方史志编纂委员会编 济南 齐鲁书社 1999 年 822 页〔中华人民共和国地方志丛书〕

008452177
任城区志
山东省济宁市任城区地方志编纂委员会编 济南 齐鲁书社 1999 年 723 页〔中华人民共和国地方志丛书〕

013224425
济宁市郊区人民代表大会志 1949.10—1991.12
济宁市人民代表大会常务委员会编 济宁 济宁市新闻出版局 1992 年 525 页

013730085
济宁市任城区人民代表大会志 1992—2000
济宁市任城区人民代表大会志编纂委

员会编 济宁 济宁市新闻出版局 2002 年 657 页

013374436
济宁市任城区政协志 1984—2011
政协济宁市任城区委员会编 济宁 政协济宁市任城区委员会 2011 年 644 页

013730088
济宁市市中区政协志 1949—2010
政协济宁市市中区委员会编 济宁 政协济宁市市中区委员会 2010 年 444 页

013752529
济宁市任城区军事志 1841—2005
济宁市任城区军事志编纂委员会编 济南 济宁市任城区军事志编纂委员会 2012 年 442 页

013730083
济宁市郊区水产志 1984—1990
济宁市郊区水产志编纂办公室编 济宁 济宁市郊区水产志编纂办公室 1993 年 167 页

009688203
济宁市任城区水利志
济宁市任城区水利志编纂委员会编 王书明主编 北京 中共党史出版社 2004 年 366 页

012542819
任城公路志 1948—2008
任城公路志编纂委员会编 北京 中华书局 2009 年 366 页

013990729
济宁市任城区财政志 1984—2011
济宁市任城区财政志编撰委员会编 2011 年 549 页

014049962
任城区教育志 1997—2010
济宁市任城区教育体育局编 香港 中国国际文化出版社有限公司 2014 年 271 页

013335405
济宁市郊区教育志 1840—1985
济宁市郊区教育志编写组编 济宁 山东省出版社总社济宁分社 1991 年 187 页

013415307
济宁市市中区教育志 1840—1985
济宁市市中区教育史志办公室编 济宁 济宁市市中区教育史志办公室 1996 年 354 页

011145171
济宁市市中区民间文学集成资料本
山东省济宁市市中区民间文学三集成办公室编 济宁 山东省济宁市市中区民间文学三集成办公室 1988 年 207 页

013656351
济宁市市中区卫生志
周长校 万纯光主编 济南 山东科学技术出版社 1994年 265页

兖州区

008452099
兖州市志 送审稿
山东省兖州市地方史志编纂委员会编 兖州 山东省兖州市地方史志编纂委员会 1996年 4册

007987748
兖州市志
山东省兖州市地方史志编纂委员会编 济南 山东人民出版社 1997年 1017页〔中华人民共和国地方志丛书〕

009266195
兖州县志资料
兖州县地方史志编纂委员会办公室编 兖州 198u年

008379596
王因镇志
王庆余主编 王因镇 王因镇史志编纂组 1988年 247页〔兖州县地方志丛书 4〕

008379113
兖州县城郊乡志
兖州县城郊乡志编写组编 城郊乡 兖州县城郊乡人民政府 1988年 318页〔兖州县地方志丛书 5〕

008379024
兖州县谷村乡志
兖州县谷村乡史志编纂办公室编 兖州 兖州县谷村乡史志编纂办公室 1989年 421页〔兖州县地方志丛书 6〕

008378603
兖州县人口计划生育志
周菊娣编 兖州 兖州县计划生育委员会 1988年 258页〔兖州县地方志丛书 2〕

012723353
兖州市人民代表大会志 1990—2010
兖州市人民代表大会志编纂委员会编 济南 齐鲁书社 2010年 481页

008378611
兖州县人民代表大会志
兖州县人民代表大会常务委员会编 兖州 兖州县人民代表大会常务委员会 1991年 138页

008379612
兖州县民政志 讨论稿
兖州县民政局史志编纂办公室编 兖州 兖州县民政局史志编纂办公室 1993年 453页

008378836

兖州县政协志 1955—1991

政协兖州县委员会第八届常务委员会编 兖州 政协兖州县委员会第八届常务委员会 1992 年 130 页

012141474

兖州市军事志 1840—2005

兖州市军事志编纂委员会编 兖州 兖州市军事志编纂委员会 2008 年 402 页

008378616

兖州县军事志资料

山东省兖州县军事志资料编纂办公室编 兖州 山东省兖州县军事志资料编纂办公室 1990 年 341 页

012003020

兖矿集团有限公司实业分公司志

兖矿集团有限公司实业分公司史志编纂委员会编 北京 中国国际文化出版社 2008 年 346 页

013706965

第一工程处志 1958—1988

兖州 兖州矿务局第一工程处 1992 年 301 页

012533135

南屯煤矿志 1973—1985

兖州矿务局南屯煤矿编 兖州 兖州矿务局南屯煤矿 1994 年 552 页

012662695

兖矿集团大陆机械有限公司志 1991—2006

兖矿集团大陆机械有限公司史志编纂委员会编 济南 兖矿集团大陆机械有限公司史志编纂委员会 2008 年 387 页

012689867

兖矿集团东华建设有限公司三十七处志 1986—2006

兖矿集团东华建设有限公司三十七处志史志编纂委员会编 济南 兖矿集团东华建设有限公司三十七处志史志编纂委员会 2008 年 395 页

012613156

兖矿集团有限公司志

兖矿集团有限公司史志编纂委员会编 北京 中国国际文化出版社 2008 年 2 册

013510870

兖矿集团有限责任公司实业分公司志

兖矿集团有限责任公司实业分公司史志编纂委员会编 北京 中国文化出版社 2012 年

013226726

兖矿煤化公司志

兖矿煤化公司志编纂委员会编 香港 中国文化出版社 2009 年 330 页

013148702

兖州矿务局第七十工程处志 1953—1985

兖州 兖州矿务局第七十工程处 1991年 280页

012956587

兖州矿务局第三十二工程处志

兖州矿务局第三十二工程处编 兖州 兖州矿务局第三十二工程处 1990年 205页

013464214

兖州矿务局第三十七工程处志 1959—1985

第三十七工程处史志办公室编 兖州 第三十七工程处史志办公室 1991年 313页

012636798

兖州矿务局唐村煤矿志 1958—1985

兖州矿务局唐村煤矿编 济宁 山东省出版总社济宁分社 1991年 474页

009198457

兖州矿务局志

兖州矿务局史志编纂委员会编 兖州 兖州矿务局 1995年

013226733

兖州矿业(集团)有限责任公司第三十二工程处志 1958—1998

第三十二工程处史志办公室编 兖州 第三十二工程处史志办公室 2000年 492页

008382885

兖州煤矿机械厂志 1958—1990

兖州煤矿机械厂志编审纂委员会编 兖州 兖州煤矿机械厂志编审委员会 1994年 433页

009472752

兖州煤炭基本建设志 1971—1986

兖州矿务局史志办公室编 兖州 兖州矿务局史志办公室 1993年 654页

012100660

兖州煤业股份有限公司志

兖州煤业股份有限公司史志编纂委员会编 北京 中国文化出版社 2008年 719页

013757226

兖州煤业股份有限公司志 2006—2010

兖州煤业股份有限公司史志编纂委员会编 济南 兖州煤业股份有限公司史志编纂委员会 2012年 913页

008378595

兖州县丝绸志

张蓬洲主编 兖州县丝绸志编纂组编 兖州 兖州县丝绸志编纂组 1988年 209页〔兖州县地方志丛书 3〕

013189985

杨村煤矿志

杨村煤矿史志编纂委员会编 北京 中国文化出版社 2008年 315页

012175139

兖州矿区铁路志 1965—1986

杨家渠主编 兖州矿务局铁路运输处编 兖州 兖州矿务局铁路运输处 1989年 355页

008380840

兖州站志 1909—1993

兖州站志编审委员会 济宁市新闻出版局编 济宁 济宁市新闻出版局 1996年 238页

008379095

兖州县邮电志

邱森主编 兖州县邮电志领导小组编 兖州 兖州县邮电志领导小组 1989年 384页〔兖州县地方志丛书 7〕

008193882

兖州县金融志

刘卫东 宋斌 雷文秀主编 桂林 漓江出版社 1992年 565页〔兖州县地方志丛书 9〕

008378592

兖州县教育志

兖州县教育局教育志编纂组编 兖州 兖州县教育局教育志编纂组 1987年 188页〔兖州县地方志丛书 1〕

008379333

山东省兖州县地名志

兖州县地名委员会办公室编 兖州 兖州县地名委员会办公室 1989年 468页

011293344

兖州矿务局总医院院志 1972—1987

李树学主编 兖州 兖州矿务局总医院 1992年 309页

曲阜市

007900147

曲阜市志

山东省曲阜市地方史志编纂委员会编 济南 齐鲁书社 1993年 832页〔中华人民共和国地方志丛书〕

013145728

小雪区志

曲阜市小雪镇编志组编 曲阜 曲阜市小雪镇编志组 1986年 291页

012252759

西林西村志

曲阜市书院街道办事处西林西村志编纂委员会编 济宁 山东省济宁市新闻出版局 2006年 338页

011329704

曲阜市政协志

曲阜市政协志编纂委员会编 香港 中国
　国际图书出版社 2007年 788页

013144678
曲阜二轻工业志
曲阜二轻工业志编写办公室编 1987年
　214页

013991361
曲阜水利志
曲阜水利志编写组编 曲阜 曲阜水利志
　编写组 1989年 188页

013144692
曲阜一轻工业志
曲阜一轻工业志编写办公室编 曲阜 曲
　阜一轻工业志编写办公室 1987年
　213页

013066977
曲阜邮电志
曲阜邮电志编纂委员会编 曲阜 曲阜邮
　电志编纂委员会 2005年 455页〔曲
　阜市地方志系列丛书〕

009290030
新编陋巷志
新编陋巷志编纂委员会编 济南 齐鲁书
　社 2002年 649页

008452162
曲阜市地名志
曲阜市地名志编纂委员会编 孔佾主编

济南 山东友谊出版社 1998年
　634页

邹城市

007881970
邹城市志
山东省邹城市地方史志编纂委员会编
　北京 中国经济出版社 1995年 982
　页〔中华人民共和国地方志丛书〕

012507366
邹城市志 1991—2005
邹城市地方史志编纂委员会编 北京 方
　志出版社 2009年 1025页

013707228
邹县简志
山东省邹县地方史志编纂委员会办公
　室编 邹县 邹县地方史志编纂委员会
　1987年 525页〔邹县地方史志丛书
　3〕

010251882
城关镇志
城关镇地方史志办公室编 济宁 山东省
　济宁市新闻出版局 1993年 290页
　〔邹城市地方志丛书 17〕

013704029
古路口乡志
古路口乡志编纂办公室编 古路口乡 古
　路口乡志编纂办公室 1989年 373页

〔邹县地方史志丛书 5〕

012250995
郭里镇志
郭里镇志编纂委员会编 邹城 郭里镇志编纂委员会 2008 年 335 页

013321015
太平镇志
太平镇志编纂委员会编 太平镇 太平镇志编纂委员会 2003 年 449 页

013775974
香城镇志 初稿
香城镇志编纂委员会编 2012 年 402 页

010577233
邹城市北宿镇志
邹城市北宿镇志编纂委员会 济宁市新闻出版局编 邹城 邹城市北宿镇志编纂委员会 1997 年 369 页〔邹城市地方志丛书 19〕

012684731
邹城市石墙镇志
邹城市石墙镇志编纂委员会编 泰安 泰安市新闻出版局 1998 年 368 页〔邹城市地方志丛书 22〕

013965108
邹城市唐村镇志
邹城市唐村镇志编纂委员会编 2007 年 358 页

009962180
邹城市政协志
政协邹城市委员会编 邹城 政协邹城市委员会 2001 年 772 页

013012751
邹城市工商行政管理志
邹城市工商行政管理志编纂委员会编 泰安 泰安市新闻出版局 2000 年 375 页

013630491
兖矿集团有限责任公司物业分公司志
兖矿集团有限责任公司物业分公司史志编纂委员会编 邹城 兖矿集团有限责任公司物业分公司史志编纂委员会 2008 年 328 页

013236422
邹县粮食志
韩嘉奎主编 山东 山东省出版总社 1990 年 217 页〔邹县地方史志丛书 9〕

012635568
鲍店煤矿志
鲍店煤矿史志编纂委员会编 北京 中国文化出版社 2008 年 843 页

013751441
鲍店煤矿志 2006—2010
鲍店煤矿史志编纂委员会编 北京 中国文化出版社 2012 年 868 页

013751465

北宿煤矿志 1976—1987

北宿煤矿志编纂委员会编 邹城 北宿煤矿志编纂委员会 1991年 373页

011943105

北宿煤矿志 1988—2005

北宿煤矿史志编纂委员会编 北京 方志出版社 2008年 691页

012814450

第六工程处志 1961—1986

第六工程处史志办公室编 兖州 兖州矿务局第六工程处史志办公室 1990年 342页

012096620

东滩煤矿志

东滩煤矿史志编纂委员会编 北京 中国文化出版社 2008年 788页

013793342

南屯煤矿志 2006—2010

南屯煤矿志编纂委员会编 北京 煤炭工业出版社 2012年 550页

009312511

南屯煤矿志 第2卷

南屯煤矿史志编纂委员会编 济南 齐鲁书社 2003年 2册 1522页

013793347

南屯煤矿志 第3卷 1991—2005

兖州煤业南屯煤矿志编委会编 北京 中华书局 2008年 557页

012836407

唐村实业有限公司志

兖矿集团唐村实业有限公司志史志编纂委员会编 山东 兖矿集团唐村实业有限公司志史志编纂委员会 2008年 380页

013661511

兖矿集团机电设备制造厂志 1986—2010

兖矿集团机电设备制造厂史志编纂委员会编 邹城 兖矿集团机电设备制造厂史志编纂委员会 2012年 677页

013797094

兖矿铝业志 2000—2006

兖矿科澳铝业有限公司史志编纂委员会编 北京 中国文化出版社 2008年 416页

013661847

邹县交通志

路贻松主编 邹县交通志编纂办公室编 济宁 山东省出版总社济宁分社 1987年 364页〔邹县地方史志丛书 7〕

012546810

邹城市邮电志

邹城市邮电局编 邹城 邹城市邮电局 1994年 232页〔邹城市地方志丛书

15〕

013074903
邹县供销合作社志
邹县供销合作社志联合社史志办公室编 史怀忱主编 济宁 济宁市新闻出版局 1991年 201页〔邹县地方史志丛书 10〕

013798875
邹县商业志 1904—1990
商业志编纂委员会编 邹县 邹县商业局 1991年 300页〔邹县地方志丛书 13〕

013661853
邹县税务志
邹县税务局史志办公室编 济宁 山东济宁市新闻出版局 1992年 277页〔邹县地方史志丛书 12〕

008452416
邹城市金融志
邹城市金融志编纂委员会编 济南 山东人民出版社 1997年 319页

012816280
邹城市教育志 1990—2005
邹城市教育局编 邹城 邹城市教育局 2009年 343页

013661851
邹县教育志 1840—1989
邹县教育局编 邹县 邹县教育局 1991年 340页〔山东省邹县地方史志丛书 11〕

012956965
邹城市郭里中学校志 1960—2010
郭里中学编 郭里镇 郭里中学 2010年 203页

008976683
邹城市地名志
邵泽元主编 邹城市民政局编 济南 山东人民出版社 2001年 691页

009962174
峄山新志
田振铎 刘玉平 秦显耀编 济宁 济宁市新闻出版局 1993年 235页

008665054
邹城市人民医院志 1948—1999
邹城市人民医院编 邹城 邹城市人民医院 2001年 350页

013148984
邹县卫生志
李昭范 陈锡山主编 济宁 山东省出版总社济宁分社 1989年 261页〔邹县地方史志丛书 6〕

微山县

007969457
微山县志
山东省微山县地方史志编纂委员会编 济南 山东人民出版社 1997年 1316页〔中华人民共和国地方志丛书〕

011909049
微山县志 1991—2005
山东省微山县地方史志编纂委员会编 董学军主编 济南 山东画报出版社 2009年 714页

008487314
微山县志大事记资料
山东省微山县志办公室编 微山 山东省微山县志办公室 1988年 374页

008488186
夏镇史志资料
微山县夏镇史志办公室编 夏镇 夏镇志编纂委员会 1989年

008487303
微山县计划生育志
朱广安主编 微山县计划生育志编写组编 微山 微山县计划生育志编写组 1989年 221页

009700305
微山县政协志 1980—2003
微山县政协志编委会编 微山 微山县政协志编委会 2003年 323页〔微山文史资料 6〕

012956073
微山县法院志
微山县法院志编纂领导小组编 枝江 枝江法院志编纂委员会 2009年 236页〔中华人民共和国地方志丛书〕

013626554
韩庄发电厂厂志 1956—1986
韩庄发电厂志编纂委员会编 韩庄镇 韩庄发电厂志编纂委员会 1987年 206页

013630151
微山县二轻工业志
微山县二轻工业志编纂组编 微山 微山县二轻工业志编纂组 1992年 308页

008487306
微山县交通志
微山县交通志编纂组编 微山 微山县交通志 1992年 400页〔微山县地方志丛书 10〕

014052342
微山县供销合作社志
微山县供销合作社编纂办公室编 微山 微山县供销合作社编纂办公室 1993年 448页

008487308
微山县粮食志
微山县粮食志编纂领导小组编 微山 微山县粮食志编纂领导小组 1991 年 204 页

008487301
微山县财政志
微山县财政志编纂领导小组编 微山 微山县财政志编纂领导小组 1990 年 359 页〔微山县地方志丛书 8〕

012612856
微山县财政志 1986—2000
微山县财政志编纂领导小组编 微山 微山县财政局 2002 年 680 页〔中华人民共和国地方志〕

008487312
微山县税务志
微山县税务志编纂组编 微山 微山县税务志编纂组 1989 年 200 页

012814288
微山县税务志 1986—2000
微山县税务志编纂领导小组编 微山 微山县税务志编纂领导小组 2002 年 346 页

012175033
微山县金融志
微山县金融志编纂组编 微山 微山县金融志编纂组 1986 年 424 页〔微山县地方志丛书 1〕

008665153
山东省微山县地名志
微山县地名委员会办公室编 微山 微山县地名委员会办公室 1986 年 382 页

012814283
微山湖志
山东省微山县地方史志编纂委员会编 董学军主编 济南 黄河出版社 2010 年 496 页

鱼台县

008006071
鱼台县志
山东省鱼台县地方史志编纂委员会编 济南 山东人民出版社 1997 年 881 页〔中华人民共和国地方志丛书〕

012689894
鱼台县志 1991—2005
鱼台县地方史志编纂委员会编 北京 方志出版社 2010 年 529 页

010475781
鱼台县民政志
鱼台县民政志编纂委员会编 鱼台 鱼台县民政志编纂委员会 1998 年 208 页

014053012
鱼台县税务志 1840—1990

鱼台县税务局编 鱼台 鱼台县税务局 1993年 202页

013236285
鱼台县教育志 1840—1990
鱼台县教育局教育志办公室编 鱼台 鱼台县教育局教育志办公室 1994年 193页

008665145
山东省鱼台县地名志
鱼台县地名委员会办公室编纂 韩树杰主编 济南 山东省地图出版社 1996年 562页

013939715
鱼台县卫生志
鱼台县卫生局卫生志办公室编 鱼台 鱼台县卫生局 1996年 330页〔鱼台县地方志丛书〕

013735505
鱼台县建设志 1949—2008
鱼台县建设志编纂委员会编 北京 中国文化出版社 2009年 323页

金乡县

007850880
金乡县志
金乡县地方史志编纂委员会编 北京 生活·读书·新知三联书店 1996年 602页

011805345
金乡人物志
李海燕 姜君杰编 北京 中国文化出版社 2007年 536页

011320270
金乡县水利志
金乡县水利志编纂办公室编 济宁 济宁市新闻出版局 1991年 231页

嘉祥县

008267163
嘉祥县志
山东省嘉祥县地方史志编纂委员会编 济南 山东人民出版社 1997年 851页〔中华人民共和国地方志丛书〕

012613251
嘉祥县志 1991—2005
嘉祥县地方史志编纂委员会编 北京 方志出版社 2010年 778页〔山东省地方志丛书〕

013774219
嘉祥县人民代表大会志 1954—2012
嘉祥县人民代表大会志编纂委员会编 山东 山东新华印务有限责任公司 2012年 610页

013774213
嘉祥县军事志 1840—2005
嘉祥县军事志编纂委员会编 济南 山东

新华印刷厂 2010年 381页

013774214
嘉祥县农业志
王鸿田主编 山东省嘉祥县农业志办公室编 嘉祥 嘉祥县农业志办公室 1992年 399页〔嘉祥县地方志丛书2〕

013415321
嘉祥县教育志
嘉祥县教育委员会教育志编纂组编 嘉祥 嘉祥县教育委员会教育志编纂组 1999年 347页

010293839
嘉祥二中校志 1949—2004
嘉祥二中校志编纂委员会编 嘉祥 嘉祥二中校志编纂委员会 2004年 247页

012099667
萌山中学校志 1998—2008
萌山中学校志编纂委员会编 萌山中学校志编纂委员会 2008年 474页〔中华人民共和国校志丛书〕

012967961
嘉祥东关志
嘉祥东关志编纂委员会编 嘉祥镇 嘉祥东关志编纂委员会 2004年 478页〔中华人民共和国地方志丛书〕

009799269
嘉祥县地名志
曹景祥主编 嘉祥县地名委编 嘉祥 嘉祥县地名委 2003年 380页

汶上县

007881988
汶上县志
山东省汶上县志编纂委员会编 郑州 中州古籍出版社 1996年 675页〔中华人民共和国地方志丛书〕

008535773
汶上县物资局志 1964—1988
汶上县物资局志编纂组编 汶上 汶上县物资局志编纂组 1989年 173页〔汶上方志丛书2〕

010143831
汶上县商业志
汶上县商业局编纂办公室编 汶上 汶上县商业局编纂办公室 198u年 220页

013732028
汶上县广播电视志 1950—2010
汶上县广播电视志编纂委员会编 汶上 汶上县广播电视志编纂委员会 2011年 434页

013342682
汶上县教育志
汶上县教育志编写组编 汶上 汶上县教

育志编写组 1992年 171页

009966011
汶上方言志
钱曾怡主编 宋恩泉著 济南 齐鲁书社 2005年 319页〔山东方言志丛书〕

013795624
汶上县卫生志
汶上县卫生史志编纂委员会编 汶上 汶上县卫生史志编纂委员会 2000年 360页

008535776
汶上县水利志
汶上县水利志编纂办公室编 汶上 汶上县水利志编纂办公室 1991年 303页

泗水县

008812540
泗水县志
山东省泗水县地方史志编纂委员会编 济南 山东人民出版社 1991年 834页〔中华人民共和国地方志丛书〕

010280430
泗水县志 1989—2003
泗水县地方史志编纂委员会编 王乐民主编 北京 中国出版社 2006年 987页〔中华人民共和国地方志〕

012836340
泗水县计划生育志 1991—2000
泗水县计划生育志编纂委员会编 2001年 302页

013795546
泗水县人大志
泗水县人大志编纂委员会编 香港 中国文献出版社 2010年 487页

012877192
泗水县残疾人联合会志
泗水县残疾人联合会志编纂委员会编 泗水 泗水县残疾人联合会志编纂委员会 2011年 228页

012542931
泗水县人民法院志
泗水县法院志编写组编 泗水 泗水县人民法院 1990年 198页〔泗水县地方志丛书 20〕

011998323
泗水县电力志
泗水县电力志编纂委员会编 济南 齐鲁书社 2008年 531页

010476012
泗水县财政志 1840—2000
泗水县财政志编纂委员会编 济宁 济宁市新闻出版局 2003年 378页

013462595
泗水县教育志 1840—1993
泗水县教委教育志办公室编 泗水 泗水县教委教育志办公室 1994 年 259 页〔泗水县地方志丛书 19〕

008665143
泗水县地名志
泗水县地名志编纂委员会编 泗水 泗水县地名志编纂委员会 1998 年 490 页

008949924
泗水县人民医院志 1948—2000
泗水县人民医院志编纂委员会编 海口 南海出版公司 2002 年 458 页

009125559
沂沭泗河道志
水利部淮河水利委员会沂沭泗水利管理局 郭其祥 王润海主编 北京 中国水利水电出版社 1996 年 355 页

梁山县

008255707
梁山县志
梁山县志编纂委员会编 北京 新华出版社 1997 年 630 页

009881157
梁山县城乡建设志
梁山县城乡建设委员会编 梁山 梁山县城乡建设委员会 1988 年 134 页

010577454
梁山县教育志
梁山县教育局教育志编纂办公室编 梁山 梁山县教育局教育志编纂办公室 1987 年 380 页

011146711
中国民间文学集成 梁山民间歌谣谚语卷
山东省梁山县三套集成办公室编 山东 山东省梁山县三套集成办公室 1988 年 438 页

008452369
山东省梁山县地名志
山东省梁山县地名办公室编 梁山 山东省梁山县地名办公室 1984 年 598 页

泰安市

008812544
泰安地区志
山东省泰安市地方史志编纂委员会编 济南 齐鲁书社 1997 年 861 页〔中

华人民共和国地方志丛书〕

012208262

泰安市志 1985—2002

泰安市地方史志编纂委员会编 北京 方志出版社 2009年 1600页〔中华人民共和国地方志丛书〕

012690105

中共泰安市委党校志 1950—2010

中共泰安市委党校志编纂委员会编 济南 山东人民出版社 2010年 563页

013899619

泰安市政协志

政协泰安市委员会编 济南 山东画报出版社 2011年 944页

012051959

泰安市人事志 1985—2006

泰安市人事志编纂委员会编 北京 中国人事出版社 2009年 427页

013321021

泰安市公安交通警察志 1987.3—2011.6

泰安市公安交通警察志编纂委员会编 北京 方志出版社 2012年 663页

011908934

泰安消防志

泰安消防志编纂委员会编 北京 中国出版社 2007年 399页

011955646

泰安市社会福利院志 1916—2006

泰安市社会福利院编 泰安 泰安市社会福利院 2006年 212页

008453900

泰安县检察志

泰安县人民检察院检察志编纂委员会编纂 泰安 泰安县人民检察院检察志编纂委员会 1998年 205页

013756150

泰安工商税志

庄建华主编 北京 新华出版社 1989年 148页

010779095

泰安高新技术产业开发区志

泰安高新技术产业开发区志编纂委员会编 北京 方志出版社 2006年 404页〔泰安市地方史志丛书〕

011908932

泰安市工商行政管理志 送审稿

泰安市工商行政管理局编 泰安 泰安市工商行政管理局 2007年 573页

013185837

泰安市自来水公司志

泰安市自来水公司志编委会编 北京 方志出版社 2011年 452页

013756149

泰安电业志 1973—1990

泰安电业志编纂委员会编 北京 人民日报出版社 2012年 360页

013067307

泰安电业志 2001—2010

泰安电业志编纂委员会编 北京 人民日报出版社 2011年 599页

011909895

新汶矿务局汶南煤矿志

孔令钧主编 新汶矿务局汶南煤矿志编纂委员会编 泰安 新汶矿务局汶南煤矿志编纂委员会 1993年 468页

011909897

新汶矿务局西港煤矿志 1970—1989

新汶矿务局西港煤矿志编纂委员会编 莱芜 新汶矿务局西港煤矿 1991年 424页

011793277

新汶矿务局张庄煤矿志 1922—1987

新汶矿务局张庄煤矿志编纂委员会编 泰安 新汶矿务局张庄煤矿志编纂委员会 1993年 606页

010292242

新汶矿务局志 1840—1987

新汶矿务局志编纂委员会编 王道成主编 北京 中国工人出版社 1993年 731页

008452375

泰安邮电志

泰安邮电志编纂委员会编 北京 中国大地出版社 1999年 494页

009411630

泰安市粮食志

泰安市粮食志编纂委员会编 济南 齐鲁书社 1992年 265页

013131358

泰安金融志 1840—1990

泰安市新闻出版局 泰安金融志编纂委员会编 泰安 泰安市新闻出版局 1995年 750页

011585001

泰安市教育志 1905—1984

泰安市教育志编写组编 胶州 泰安市教育志编写组 2002年 169页

013756223

泰安教育学院（泰山联合大学）志 1978—1998

梅门昌 潘德宏主编 泰安 泰安市新闻出版局 1998年 318页

011749055

东岳志稿 泰安地区史志资料

泰安地区地方史志编纂委员会编 泰安 泰安地区地方史志编纂委员会 1983年

013660349
泰安历史文化遗迹志
泰安市地方史志编纂委员会编 北京 方志出版社 2011年 487页

010475777
山东省泰安市中心医院志 1948—1998
泰安市中心医院志编纂委员会编 泰安 泰安市中心医院 1998年 536页

014052266
泰安市中医二院院志 1986—2013
张富伟主编 北京 中国文史出版社 2013年 438页

011793285
新汶矿务局中心医院志 1948—1989
新汶矿务局中心医院志编纂委员会编 泰安 新汶矿务局中心医院志编纂委员会 1991年 340页

010278344
泰安卫生志
赵之兴主编 安汉 郑新道副主编 济南 山东科学技术出版社 1991年 234页

013822735
泰安市土种志
泰安市土壤肥料工作站编 泰安 泰安市土壤肥料工作站 1986年 319页

012506408
新汶矿务局机电修配厂志
韩希文主编 新汶矿务局机电修配厂志编审委员会编 泰安 新汶矿务局机电修配厂志编审委员会 1993年 327页

012099804
山东省电力学校志 1958—2008
山东省电力学校志编纂委员会编 山东 山东省电力学校 2008年 367页

泰山区

008613626
泰安市志
泰安市泰山区、郊区地方史志编纂委员会编 济南 齐鲁书社 1996年 783页
〔中华人民共和国地方志丛书〕

009414940
泰山区志
泰安市泰山区地方史志编纂委员会编 北京 中华书局 2004年 631页

012836224
山东泰山生力源集团股份有限公司志 1994—2008
山东泰山生力源集团股份有限公司志编纂委员会编 北京 方志出版社 2010年 502页

011793550
中国煤矿工人泰山疗养院志
中国煤矿工人泰山疗养院志编纂委员会编 北京 煤炭工业出版社 1994年

258 页

013329738

泰山区文物资源志

蒋铁生编著 长春 吉林大学出版社 2012 年 292 页

011585003

泰山区地名志

泰安市泰山区地名办公室编纂 泰安 泰安市新闻出版局 1995 年 280 页

010113097

泰山蝶蛾志

卢秀新主编 济南 山东科学技术出版社 1990—1995 年 3 册

013603198

泰山医学院院志 1974—2004

泰山医学院编 泰安 泰山医学院 2004 年 421 页

岱岳区

011188835

泰安市郊区民间文学资料选编 歌谣谚语集

泰安市郊区民间文学集成办公室编 泰安 泰安市郊区民间文学集成办公室 1989 年 672 页

013131361

泰安市水利志

泰安市郊区水利志编纂委员会编 泰安 泰安市郊区水利志编纂委员会 1991 年 271 页

新泰市

006933787

新泰市志

山东省新泰市史志编纂委员会编 济南 齐鲁书社 1993 年 1000 页〔中华人民共和国地方志丛书〕

009190453

新泰市志 1986—2000

山东省新泰市地方志编纂委员会编 北京 中华书局 2004 年 711 页〔中华人民共和国地方志丛书〕

012542951

孙村志

中共孙村社区委员会 孙村社区居民委员会编 北京 中国国际文化出版社 2009 年 571 页

013097845

新泰市政协志 1981—2011

中国人民政治协商会议新泰市委员会编 新泰 中国人民政治协商会议新泰市委员会 2011 年 548 页

013510786

新泰市自来水公司志

新泰市自来水公司志编纂委员会编 北

京 中国国际文化出版社 2011 年 364 页〔中华人民共和国地方志丛书〕

013757154
新泰市林业志
新泰市林业志编纂委员会编 新泰 新泰市林业志编纂委员会 2010 年 413 页

013064836
良庄煤矿志 1988—2008
韩勇主编 良庄煤矿志编纂委员会编 徐州 中国矿业大学出版社 2010 年

011908924
孙村煤矿志 1851—1988
孙村煤矿志编纂委员会编 泰安 新汶矿务局 1993 年 572 页

011810868
协庄煤矿志 1962—1991
新汶矿务局协庄煤矿志编纂委员会编 北京 煤炭工业出版社 2004 年 528 页

009411626
协庄煤矿志 1992—2003
协庄煤矿志编纂委员会编 北京 煤炭工业出版社 2004 年 482 页

013186080
新泰市供电公司志 1933—2010
新泰市供电公司志编纂委员会编 北京 人民日报出版社 2011 年 418 页

013757196
新泰市市中第一建筑工程公司志
新泰市市中第一建筑工程公司志编委会编 新泰 新泰市市中第一建筑工程公司志编委会 2009 年 470 页

009003105
新泰市邮电志
新泰市邮电志编纂委员会编 济南 山东省地图出版社 2002 年 267 页

014050124
山东省新泰市财政志
山东省新泰市财政局财政志编委会编 1988 年 510 页

009266163
新泰方言志
高慎贵编 北京 语文出版社 1996 年 242 页〔山东方言志丛书〕

008928914
新泰市地名志
新泰市地名委员会办公室编 北京 新华出版社 1992 年 388 页

011479379
新矿集团地质勘探公司志
新汶矿业集团地质勘探有限责任公司编 北京 中国文史出版社 2003 年 440 页

011479385
新泰市人民医院志 1945—2004
新泰市人民医院志编纂委员会编 新泰 新泰市人民医院志编纂委员会 2006 年 441 页

肥城市

009840183
肥城市志 1988—2002
肥城市地方史志编纂委员会编 北京 方志出版社 2006 年 781 页〔中华人民共和国地方志丛书〕

007900110
肥城县志
山东省肥城县史志编纂委员会编 济南 齐鲁书社 1992 年 961 页〔中华人民共和国地方志丛书〕

009881009
北仪仙村志
肥城市北仪仙村志编纂委员会编 北京 方志出版社 1998 年 325 页

013894223
潮泉镇志
山东省肥城市潮泉镇史志编纂委员会编 肥城 肥城新华印刷有限公司 2005 年 456 页

009190461
湖屯镇志
山东省肥城市湖屯镇志编纂委员会编 济南 山东省地图出版社 2006 年 547 页

008450978
石横镇志
山东省肥城市石横镇史志编纂委员会编 北京 方志出版社 1997 年 511 页〔中华人民共和国地方志丛书〕

011805941
孙家小庄村志
孙家小庄村志编纂委员会编 济南 齐鲁书社 2008 年 630 页〔中华人民共和国地方志丛书〕

013756868
王瓜店镇志
山东省肥城市王瓜店镇史志编纂委员会编 济南 山东省地图出版社 2005 年 436 页

012543054
王西村志
王西村志编纂委员会编 肥城 王西村志编纂委员会 2009 年 398 页〔地方志丛书〕

011443983
武新村村志
肥城市汶阳镇武新村村志编委会编 肥城 肥城市汶阳镇武新村村志编委会 1999 年 443 页

008846078

仪阳乡志

山东省肥城市仪阳乡史志编纂委员会编 济南 山东省地图出版社 1999年 519页〔中华人民共和国地方志丛书〕

012609726

肥城市政协志 1984—2009

中国人民政治协商会议山东省肥城市委员会编 北京 西苑出版社 2010年 1013页

013883885

查庄煤矿志 1957—1990

查庄煤矿矿志编纂委员会编 肥城 查庄煤矿矿志编纂委员会 1993年 458页

013894474

大封煤矿志 1958—1985

大封煤矿史志办编 刘玉林主笔 肥城 大封煤矿史志办 1989年 340页

011757546

大封煤矿志 1986—1991

大封煤矿史志办编 刘玉林主笔 肥城 大封煤矿史志办 1993年 249页

012831396

肥城供电志 1960—2010

肥城供电志编纂委员会编 北京 中国出版社 2010年 419页

011757704

肥城矿务局志 1958—1990

肥城矿务局志编纂委员会编 北京 红旗出版社 1994年 667页

012264207

肥城矿业集团公司志 1992—2005

肥城矿业集团公司志编审委员会编 北京 新华出版社 2009年 961页

012714176

肥城矿业集团公司志 泰山铝业公司卷 2001—2008

泰山铝业公司志编审委员会编 北京 新华出版社 2009年 204页

013131161

山东肥城精制盐厂志 1991—2011

山东肥城精制盐厂编 肥城 山东肥城精制盐厂 2011年 251页

012099819

山东石横发电厂厂志 1962—2000

山东石横发电厂厂志编辑委员会编 山东 山东石横发电厂 2001年 389页

010279878

肥城市财政志

肥城市财政志编纂委员会 肥城市地方史志办公室编 北京 中国档案出版社 2005年 319页

013819369

肥城市教育志 1904—1995

肥城市教委教育志编纂委员会编 肥城 肥城市新世纪印刷厂 2002年 478页

010112105

肥城地理志

肥城市地方史志编纂委员会办公室编 济南 山东省地图出版社 2002年 275页

010293278

山东省肥城县地名志

肥城县地名委员会办公室编 泰安 山东省出版总社泰安分社 1988年 547页

013894583

肥城矿务局中心医院志 1960—1990

肥城矿务局中心医院志编纂委员会编 肥城 肥城市印刷厂 1993年 298页

013894605

肥城矿业集团公司中心医院志 1991—2000

肥城矿业集团公司中心医院志编纂委员会编 肥城 肥城矿业集团公司中心医院志编纂委员会 2000年 304页

宁阳县

007982864

宁阳县志

宁阳县地方史志编纂委员会编 北京 中国书籍出版社 1994年 972页〔中华人民共和国地方志丛书〕

011296186

宁阳县志 1985—2002

宁阳县地方志编纂委员会编 北京 方志出版社 2007年 906页〔中华人民共和国地方志丛书〕

012995321

大伯集村志

中共大伯集村支部委员会 大伯集村民委员会编 北京 中国文化出版社 2011年 448页

009994985

乡饮乡志

王汝成 王万银主编 济南 山东省地图出版社 2005年 552页

013735538

张家圩子村志 1401—2011

张家圩子村志编纂委员会编 李庆云主编 济南 黄河出版社 2012年 514页

012836057

宁阳民政志

山东省宁阳县民政局编 宁阳 山东省宁阳县民政局 1988年 179页

008928848

山东省宁阳县地名志

宁阳县地名办公室编 宁阳 宁阳县地名

办公室 1993年 585页

012252284
宁阳县第一人民医院志 1948—2007
宁阳县第一人民医院志编纂委员会编 北京 中国文化出版社 2008年 497页

东平县

002988627
东平县志
东平县志编纂委员会编 济南 山东人民出版社 1989年 658页〔中华人民共和国地方志丛书〕

009962091
东平县志 1986—2003
山东省东平县地方史志编纂委员会编 北京 中华书局 2006年 784页〔中华人民共和国地方志丛书〕

008973436
彭集镇志
彭集镇志编纂委员会编 济南 山东省地图出版社 2001年 547页〔中华人民共和国地方志丛书〕

012256510
尹山庄村志
尹山庄村志编纂委员会编 尹承芳主编 东平 尹山庄村志编纂委员会 2009年 258页

012872366
桂井子街志 1000—2010
桂井子街志编纂委员会编 济南 齐鲁电子音像出版社 2010年 299页〔中华人民共和国地方志丛书〕

011312128
东平县人大志
东平县人大志编委会编 北京 中国出版社 2006年 526页

009414269
东平县政协志 1984—2004
中国人民政治协商会议山东省东平县委员会编 济南 山东省地图出版社 2004年 394页

011995509
东平县民政志
东平县民政局编 东平 东平县民政局 2005年 381页

008986825
东平县水利志
东平县水利志编辑组编 东平 东平县水利志编辑组 1983年 164页

013687420
东平鑫海建工志
东平鑫海建工志编纂委员会编 北京 中国建筑工业出版社 2012年 459页

008986823
东平县工业志
东平县工业志编辑组编 东平 东平县工业志编辑组 1983 年 189 页

008986830
东平县交通志
山东省东平县交通局编 东平 山东省东平县交通局 1987 年 140 页

008986836
东平县供销志 1949—1982
东平县供销志编辑组编 东平 东平县供销志编辑组 1983 年 143 页

008986831
东平县商业志 1910—1982
东平县商业志编辑组编 东平 东平县商业志编辑组 1983 年 161 页

008986818
东平县财税志
东平县财税志编辑组编 东平 东平县财税志编辑组 1983 年 108 页

010112101
东平湖志
山东省黄河位山工程局东平湖志编纂委员会编 济南 山东大学出版社 1993 年 370 页

008986828
东平县卫生志
东平县卫生局东平县卫生志编辑组编 东平 东平县卫生局东平县卫生志编辑组 1983 年 99 页

013687419
东平县卫生志
东平县卫生志编委会编 北京 中国图书出版社 2012 年 618 页

威海市

009854363
威海市志 讨论稿
威海市地方史志编纂委员会编 威海 威海市地方史志编纂委员会 1984 年 20 册

007910008
威海市志 1398—1982
威海市地方史志编纂委员会编 济南 山东人民出版社 1986 年 834 页

012174936
陶家夼志 1700—2006
陶家夼居民委员会主办 陶家夼志编纂委员会编 北京 中国出版社 2007 年 305 页

012052011

威海市统计志

威海市统计局编 北京 方志出版社 2008年 404页

011585047

威海市人民代表大会志

威海市人民代表大会志编纂委员会编 北京 中国民主法制出版社 2007年 355页

011478715

威海市政协志

威海市政协志编纂委员会编 北京 中国文史出版社 2007年 662页

013731949

威海经济技术开发区志 1992—2010

威海经济技术开发区地方史志编纂委员会编 北京 方志出版社 2012年 540页

011909039

威海市工商行政管理志 1898—2005

威海市工商局编 威海 威海市工商局 2007年 862页

010009355

威海市审计志

威海市审计志编纂委员会编 北京 中华书局 2006年 434页

009126039

威海房地产市场志

刘玉凯主编 济南 山东人民出版社 2003年 811页

011321117

威海市建设志 1398—2006

威海市建设志编纂委员会编 北京 中华书局 2007年 2册

009024935

威海电业局志

威海电业局志编委会编 北京 中华书局 2002年 179页

013706855

威海建设集团志 1952—2002

威海建设集团股份有限公司编 威海 威海建设集团志编纂委员会 2002年 306页

013757049

武岭志

威海武岭爆破器材有限公司武岭志编纂委员会编 威海 威海武岭爆破器材有限公司武岭志编纂委员会 2006年 353页

012052005

威海铁路志 1987—2002

威海市地方铁路管理局编 威海 威海市地方铁路管理局 2003年 141页

013185882

威海铁路志 1987—2010

威海市地方铁路管理局编 北京 方志出版社 2011年 237页

009676000

威海公路志

威海市公路管理局史志编纂委员会编印 北京 中华书局 2004年 222页

008986840

威海邮电志 1398—1998

威海市邮电局史志编纂委员会编 北京 五洲传播出版社 2001年 581页

009783948

山东大学威海分校志 1984—2004

李建军主编 卢新执行主编 济南 山东人民出版社 2004年 548页

010291574

山东省威海市地名志

威海市地名委员会办公室编 济南 山东省地图出版社 1995年 530页

环翠区

011500722

环翠区志 1983—2002

威海市环翠区地方志编纂委员会编 北京 中华书局 2007年 860页〔中华人民共和国地方志丛书〕

009561512

草庙子镇志

草庙子镇志编纂委员会编 北京 方志出版社 2005年 607页

012969422

戚家夼村志 1949—1999

威海文笔峰集团村志编纂委员会编 威海 威海文笔峰集团村志编纂委员会 2001年 268页

013955634

威海市环翠区孙家疃镇陈家疃村志

宫忠贤策划 陈云夫执笔 陈家疃居民委员会编 威海 陈家疃居民委员会 2008年 300页

013686312

威海市环翠区教育志 1403—1995

威海市环翠区教育委员会编 环翠区 威海市环翠区教育委员会 1997年 455页

009016107

威海市城区环境卫生管理志

威海市环境卫生管理处 威海市环翠区环境卫生管理局 威海市城区环境卫生管理志编纂委员会编 北京 方志出版社 2002年 480页

文登市

007473430
文登市志
文登市志地方史志编纂委员会编纂 北京 中国城市出版社 1996年 1258页

013012696
文登党校志 1950—2010
中共文登市委党校志编纂委员会编 文登 中共文登市委党校志编纂委员会 2010年 414页

013321147
文登市人民代表大会志
谭志杰 车国进主编 文登市人民代表大会志编纂委员会编 济南 山东省地图出版社 2011年 603页

013689608
文登民政志
文登民政志编纂委员会编 济南 山东省地图出版社 2012年 718页

011312055
文登市国土资源志 讨论稿
文登市国土资源局修志办公室编 文登 文登市国土资源局 2006年 465页

011954061
文登市国土资源志
文登市国土资源志编纂委员会编 天津 天津古籍出版社 2007年 486页

012252735
文登县城乡建设志 556—1985
文登县城乡建设委员会史志办公室编 文登 文登县城乡建设委员会史志办公室 1988年 518页

012814405
文登电业志
文登电业志编纂委员会编 天津 天津古籍出版社 2008年 598页

011909075
文登电业志 1926—1997
文登市电业总公司编 文登 文登市电业总公司 1998年 280页

012506283
文登市盐业志 1730—1990
文登市盐务局编 文登 文登市盐务局 1991年 312页

012662390
文登交通志
文登交通志编纂委员会编 天津 天津古籍出版社 2010年 561页

010275844
文登县商业志 1912—1983
山东省文登县商业志编辑室编 文登 文登县商业局 1986年 226页

009244837
中国人民银行文登市支行志

张德胜 杨鸿祥主编 天津 天津古籍出版社 1998年 387页

014052347
文登教育志 1991—2010
文登教育志编纂委员会编 北京 现代教育出版社 2011年 819页

010010341
文登一中志 1952—2001
文登一中志编纂委员会编 文登 文登一中志编纂委员会 2002年 535页

008664535
文登师范志 1930—2000
徐永江编著 天津 天津古籍出版社 2000年 432页

008452371
[文登史志丛书]文登学人
文登市史志办公室编纂 北京 中国城市出版社 1995年

009783965
山东省文登整骨医院志 1958—2003
山东省文登整骨医院志编纂委员会编 文登 山东省文登整骨医院志编纂委员会 2004年 625页

010475965
威海市文登中心医院志 1941—2000
威海市文登中心医院志编委会编 威海 威海市文登中心医院志编委会 2001年 650页

011792968
文登市农机志 1814—2005
文登市农机志编纂委员会编 文登 文登市农机志编纂委员会 2006年 358页

012613313
文登水利志
文登水利志编纂委员会编 天津 天津古籍出版社 2009年 552页

荣成市

008452418
荣成市志
山东省荣成市地方史志编纂委员会编 济南 齐鲁书社 1999年 1200页〔中华人民共和国地方志丛书〕

010200446
梁家村志
梁家村志编纂委员会编 荣成 梁家村志编纂委员会 2005年 416页

013939699
阴亮村志
阴亮村志编纂委员会编 荣成 阴亮村志编纂委员会 2012年 344页

013225728
荣成市人口与计划生育志
荣城市计划生育局编 荣成 荣城市计划

生育局 2003年 664页

013958953
荣成公安志 1940—2009
山东省荣成市公安局编 荣成 荣成市公安局 2010年 472页

012505534
荣成县盐业志 1840—1988
荣成市盐务局编志办公室编 荣成 荣成市盐务局编志办公室 1988年 303页

013342446
荣城六中志 1958—2008
山东省荣城市第六中学编著 荣城 山东省荣城市第六中学 2008年 558页

008594537
荣成方言志
王淑霞编 北京 语文出版社 1995年 247页〔山东方言志丛书 8〕

011296153
山东省荣成市地名志
山东省荣成市民政局编 济南 山东省地图出版社 2007年 722页

乳山市

008812256
乳山市志
山东省乳山市地方史志编纂委员会编 济南 齐鲁书社 1998年 1093页〔中华人民共和国地方志丛书〕

008986814
中共乳山党史大事记 1949—1992
山东省乳山市党史市志办公室编 济南 齐鲁书社 1994年 381页

011998158
山东省乳山市地名志
乳山市民政局编 济南 山东省地图出版社 2008年 367页

日照市

013731188
山海天旅游度假区志
山海天旅游度假区管委会编 日照 山海天旅游度假区管委会 2007年 202页

008812514
日照市志
日照市地方史志编纂委员会编 济南 齐鲁书社 1994年 837页〔中华人民共和国地方志丛书〕

011499614
日照市计划生育志 初稿
山东省日照市计划生育志编纂小组编

日照 日照市计划生育志编纂小组 1985年 178页

013225725
日照市政协志 1981—2011
政协日照市委员会编 北京 北京中国文史出版社 2011年 702页

012814176
日照市人事志 1949—2009
日照市人事局编 北京 中国人事出版社 2010年 258页

011892423
日照市工商行政管理志
日照市工商行政管理志编纂委员会编 日照 日照市工商行政管理志编纂委员会 2007年 834页

009881167
日照城乡建设志
日照市城乡建设委员会编 日照 日照市城乡建设委员会 1988年 238页

013689602
日照电业局志 1969—1999
日照电业局编 日照 日照电业局 2000年 215页

013899362
日照供电公司志 2000—2010
日照供电公司志编纂委员会编 日照 日照供电公司 2010年 355页

008378585
日照港志
日照港志编纂委员会编 济南 齐鲁书社 1996年 218页

008844059
日照邮电志
日照市邮电局编 北京 人民邮电出版社 1998年 249页

012814172
日照市供销合作社志
日照市供销合作社志编纂委员会编纂 北京 中国国际广播出版社 2008年 501页

013753919
日照商业志
山东省日照市商业志办公室编 日照 山东省日照市商业志办公室 1985年 352页

008384026
日照口岸志
日照口岸志编纂委员会编 北京 中华书局 1997年 412页

013706082
日照财政税务志 1984—1985
日照财政税务志编纂组编 日照 日照市财政税务志编纂组 1987年 200页

011892419
日照日报社志 1958—2008
胡全峰主编 济南 黄河出版社 2008 年 465 页

013753917
日照档案志 1949—2009
日照档案志编纂委员会编 北京 中国档案出版社 2011 年 472 页

013794844
秦楼街道教育志
秦楼教育委员会主办 2009 年 184 页

011892428
日照市人民医院志 1949—1999
日照市人民医院志编纂委员会编 日照 日照市人民医院志编纂委员会 1999 年 326 页

013706098
日照市人民医院志 1949—2009
日照市人民医院志编纂委员会编 日照 日照市人民医院志编纂委员会 2009 年 378 页

013991383
日照医药志
山东省日照市药材公司编 日照 山东省日照市药材公司 1986 年 125 页

东港区

013772818
荷疃村村志
荷疃村村志编委 日照 荷疃村村志编委 2007 年 194 页

013897318
后大洼村村志
后大洼村村志编委 日照 后大洼村村志编委 2010 年 244 页

013793121
厉家庄子村村志
厉家庄子村村志编委会编 香港 中国文化出版社 2009 年 224 页

013793327
牟家小庄村志
牟家小庄村志编纂委员会编 北京 中国文史出版社 2012 年 234 页

013775172
沙墩村志
沙墩村志编委 日照 沙墩村志编委 2008 年 212 页

岚山区

010293840
岚山志 1840—2004
岚山办事处地方史志编纂委员会编 岚

山区 岚山办事处 2004年 768页

五莲县

009817918
五莲县志 初稿
五莲县志编委会编 五莲 五莲县志编委会 1960年 4册

006497365
五莲县志
山东省五莲县志编纂委员会编 北京 中国人民大学出版社 1992年 730页〔中华人民共和国地方志丛书〕

012766993
五莲县志 1989—2005
五莲县地方史志编纂委员会编 北京 中共党史出版社 2010年 948页

013994022
五莲县工会志
五莲县总工会 五莲县历史文化研究所编著 香港 中国古籍文物出版社 2012年 492页

013462795
五莲县人大志 1949—2011
五莲县人大志编纂委员会编 北京 中国文史出版社 2011年 736页

012662422
五莲县法院志
五莲县人民法院编审委员会编 北京 中共党史出版社 2010年 592页

014052375
五莲县军事志 1840—2005
五莲县军事志编纂委员会编 2011年 539页

013865169
五莲县电力志 1957—2007
五莲县电力志编辑委员会编 五莲 五莲县电力公司 2008年 477页

012175048
五莲县交通志
五莲县交通志编纂委员会编 北京 中国文史出版社 2008年 244页〔中华人民共和国地方志丛书〕

009994978
五莲邮电志
五莲县邮电局办公室编 济南 山东人民出版社 1998年 232页〔中华人民共和国地方志丛书〕

013795666
五莲县税务志
五莲县税务局编 五莲 五莲县税务局 1988年 168页

013662342
五莲文物志
郭公仕编著 济南 齐鲁书社 2013年

420 页

008831986
山东省五莲县地名志
五莲县地名委员会办公室编 五莲 五莲县地名委员会办公室 1990 年 435 页 〔潍坊市地名志丛书 12〕

013756979
五莲县中医医院志 1989—2010
山东省五莲县中医医院编 北京 中国文史出版社 2013 年 228 页

013072583
五莲县人民医院志 1950—2010
山东省五莲县人民医院编 北京 中国文史出版社 2010 年 365 页

莒县

008392030
莒县志
莒县地方史志编纂委员会编 北京 中华书局 1999 年 1591 页

010778993
长岭镇志
莒县长岭镇人民政府 莒县地方史志办公室编 济南 山东省地图出版社 2007 年 1038 页 〔中华人民共和国地方志丛书〕

010230925
城阳镇志
莒县城阳镇人民政府 莒县地方史志办公室编 济南 山东省地图出版社 2006 年 1222 页 〔中华人民共和国地方志丛书〕

013626266
东莞镇志
莒县东莞镇人民政府 莒县地方史志办公室编 北京 华艺出版社 2010 年 1004 页

012503928
浮来山镇志
莒县浮来山镇人民政府 莒县地方史志办公室编 北京 华艺出版社 2009 年 1384 页 〔中华人民共和国地方志丛书〕

012613965
陵阳镇志
莒县陵阳镇人民政府 莒县地方史志办公室编 北京 华艺出版社 2009 年 1336 页 〔中华人民共和国地方志丛书〕

009881160
洛河镇志
莒县洛河镇人民政府 莒县地方史志办公室编 济南 山东省地图出版社 2005 年 1104 页

010230933
桑园乡志
莒县桑园乡人民政府 莒县地方史志办

公室编 济南 山东省地图出版社 2007年 948页〔中华人民共和国地方志丛书〕

013755973
沙河崖村志
沙河崖村志编纂委员会编 烟台 烟台巨星文化发展有限公司 2010年 220页〔胶东地方志丛书〕

009688232
阎庄镇志
阎庄镇人民政府 莒县地方史志办公室编 济南 山东省地图出版社 2005年 1134页

009799964
招贤镇志
中共莒县招贤镇委员会 莒县招贤镇人民政府编 北京 中国文史出版社 2004年 1092页

011480721
中楼镇志
莒县中楼镇人民政府 莒县地方史志办公室编 济南 山东省地图出版社 2008年 1158页

013224470
莒县公安志
莒县公安局史志编纂委员会 莒县地方史志办公室编 北京 中国方志出版社 2011年 902页

012049666
莒县民政志
莒县民政局 莒县地方史志办公室编 济南 山东省地图出版社 2008年 1074页

012639195
莒县国土资源志
莒县国土资源局编 北京 中国文史出版社 2009年 976页

012541975
莒县畜牧志
莒县畜牧兽医局 莒县地方史志办公室编 济南 山东省地图出版社 2009年 504页

012251339
莒县档案志
莒县档案局 莒县档案馆编 济南 山东地图出版社 2009年 624页

007820410
莒县方言志
石明远著 北京 语文出版社 1995年 266页

010143761
莒县文物志
苏兆庆 夏兆礼 刘云涛编著 济南 齐鲁书社 1993年 322页

008928831
山东省莒县地名志
莒县地名志编审委员会编 莒县 莒县地名志编审委员会 1984年 456页

014047466
莒县人民医院志 1943—2012
莒县人民医院志编纂委员会编 莒县 莒县人民医院志编纂委员会 2013年 1185页

011320824
莒县中医医院志 1984—2004
莒县中医医院志编纂委员会编 莒县 莒县中医医院 2005年 381页

013958701
莒县卫生志
莒县卫生志编纂委员会编 中国教育文献出版社 2013年 1204页

011294775
莒县农机志 1949—2004
莒县农机志编纂委员会编 莒县 莒县农机志编纂委员会 2005年 270页〔中华人民共和国地方志丛书〕

011499260
莒县水利志
山东省临沂地区出版办公室编辑 临沂 山东省临沂地区出版办公室 1991年 253页〔临沂地区地方志丛书〕

008665137
青峰岭水库志
青峰岭水库志编纂委员会编 北京 中华书局 2000年 320页

莱芜市

006497475
莱芜市志
山东省莱芜市地方史志编纂委员会编 济南 山东人民出版社 1991年 1125页〔中华人民共和国地方志丛书〕

012811651
莱钢纪委志 1979—2003
中共莱芜钢铁集团有限公司纪律检查委员会编 莱芜 中共莱芜钢铁集团有限公司纪律检查委员会 2004年 169页

012097697
莱钢共青团志 1973—2002
共青团莱芜钢铁集团有限公司委员会编 莱芜 共青团莱芜钢铁集团有限公司委员会 2003年 181页

013374463
莱钢工会志 1973—2002
莱芜钢铁集团有限公司工会编 莱芜 莱芜钢铁集团有限公司工会 2003 年 222 页

010009396
莱芜公安志 1902—1986
山东省莱芜市公安局编 莱芜 山东省莱芜市公安局 1987 年 156 页

011891921
莱芜市工商行政管理志 送审稿
莱芜市工商行政管理局编 莱芜 莱芜市工商行政管理局 2007 年 599 页

011805487
莱芜农业志
郑德庆主编 北京 中国农业出版社 2009 年 538 页

011890846
黑旺铁矿志 1958—1985
山东 1986 年 281 页〔山东省冶金企事业志丛书〕

011762269
华冠志 1966.6—1996.6
山东华冠集团总公司华冠志编辑部编 山东 山东华冠集团总公司 1996 年 268 页

008452347
莱钢安装工程处处志 1970—1985
莱芜钢铁总厂安装工程处处志编纂委员会编 莱芜 莱钢安装工程处 1986 年 317 页

008452357
莱钢第二钢厂志 1970—1985
莱钢第二钢厂志编委会编 莱芜 莱钢第二钢厂 1990 年 184 页

008452355
莱钢第一钢厂志 1965—1985
莱钢第一钢厂志编纂委员会编 莱芜 莱钢第一钢厂 1989 年 685 页

008452352
莱钢机修厂志
莱钢机修厂厂志编纂委员会编 莱芜 莱钢机修厂 1986 年

008452362
莱钢焦化厂志 1970—1985
莱钢焦化厂厂志编纂委员会编 莱芜 莱钢焦化厂 1986 年 367 页

008452358
莱钢冶炼厂志 1966—1985
莱钢冶炼厂厂志办公室编 莱芜 莱钢冶炼厂厂志办公室 1986 年 259 页

008452348
莱钢运输部志 1970—1985

莱钢运输部部志编纂委员会编 莱芜 莱钢运输部 1988年 272页

008452336
莱钢志
莱芜钢铁厂厂志编纂委员会编 莱芜 莱芜钢铁厂 1987年

011961229
莱钢志 动力部 2001—2005
动力部志编纂委员会编 济南 山东省地图出版社 2008年 472页〔莱钢志第五卷系列丛书〕

011961239
莱钢志 机制公司 2001—2005
机制公司志编纂委员会编 济南 山东省地图出版社 2008年 357页〔莱钢志第五卷系列丛书〕

011961256
莱钢志 建工处 1950—1989
建工处志编纂委员会编 济南 山东省地图出版社 2008年 271页〔莱钢志第五卷系列丛书〕

011961272
莱钢志 焦化厂 2001—2005
焦化厂志编纂委员会编 济南 山东省地图出版社 2008年 350页〔莱钢志第五卷系列丛书〕

011961283
莱钢志 矿山建设有限公司 1976—2006
矿山建设有限公司志编纂委员会编 济南 山东省地图出版社 2008年 585页〔莱钢志第五卷系列丛书〕

011961303
莱钢志 莱钢医院 2001—2005
莱钢医院志编纂委员会编 济南 山东省地图出版社 2008年 355页〔莱钢志第五卷系列丛书〕

011961310
莱钢志 莱芜矿业公司 1996—2005
莱芜矿业公司志编纂委员会编 济南 山东省地图出版社 2008年 621页〔莱钢志第五卷系列丛书〕

011961317
莱钢志 炼钢厂 2001—2005
炼钢厂志编纂委员会编 济南 山东省地图出版社 2008年 556页〔莱钢志第五卷系列丛书〕

011961325
莱钢志 炼铁厂 2001—2005
炼铁厂志编纂委员会编 济南 山东省地图出版社 2008年 398页〔莱钢志第五卷系列丛书〕

011961337
莱钢志 鲁南矿业公司 2001—2006
鲁南矿业公司志编纂委员会编 济南 山

东省地图出版社 2008 年 354 页〔莱钢志第五卷系列丛书〕

011961352

莱钢志 培训中心 1996—2005
培训中心志编纂委员会编 济南 山东省地图出版社 2008 年 297 页〔莱钢志第五卷系列丛书〕

011961356

莱钢志 汽运公司 2001—2005
汽运公司志编纂委员会编 济南 山东省地图出版社 2008 年 271 页〔莱钢志第五卷系列丛书〕

011961365

莱钢志 热电厂 1998—2005
热电厂志编纂委员会编 济南 山东省地图出版社 2008 年 368 页〔莱钢志第五卷系列丛书〕

012043711

莱钢志 山东省冶金设计院志 1958—2000
董成瑞主编 山东省冶金设计院志编纂委员会编 北京 五洲传播出版社 2003 年 531 页

011961371

莱钢志 烧结厂 2001—2005
烧结厂志编纂委员会编 济南 山东省地图出版社 2008 年 330 页〔莱钢志第五卷系列丛书〕

011961378

莱钢志 生活城房部 2001—2007
生活城房部志编纂委员会编 济南 山东省地图出版社 2008 年 297 页〔莱钢志第五卷系列丛书〕

011961389

莱钢志 泰东 劳服公司 2001—2006
泰东劳服公司志编纂委员会编 济南 山东省地图出版社 2008 年 259 页〔莱钢志第五卷系列丛书〕

011961399

莱钢志 特殊钢厂 2001—2005
特殊钢厂志编纂委员会编 济南 山东省地图出版社 2008 年 450 页〔莱钢志第五卷系列丛书〕

011961294

莱钢志 万和 鲁碧公司 2001—2006
万和 鲁碧公司志编纂委员会编 济南 山东省地图出版社 2008 年 401 页〔莱钢志第五卷系列丛书〕

011961412

莱钢志 新泰铜业公司 1986—2006
新泰铜业公司志编纂委员会编 济南 山东省地图出版社 2008 年 469 页〔莱钢志第五卷系列丛书〕

011961430

莱钢志 永锋钢铁公司 2002—2006
永锋钢铁公司志编纂委员会编 济南 山

东省地图出版社 2008 年 441 页〔莱钢志第五卷系列丛书〕

011961440

莱钢志 运输部 2001—2005

运输部志编纂委员会编 济南 山东省地图出版社 2008 年 367 页〔莱钢志第五卷系列丛书〕

011961450

莱钢志 轧钢厂 2001—2005

轧钢厂志编纂委员会编 济南 山东省地图出版社 2008 年 410 页〔莱钢志第五卷系列丛书〕

011961459

莱钢志 中型型钢厂 2001—2005

中型型钢厂志编纂委员会编 济南 山东省地图出版社 2008 年 405 页〔莱钢志第五卷系列丛书〕

011961470

莱钢志 淄博锚链公司 2001—2007

淄博锚链公司志编纂委员会编 济南 山东省地图出版社 2008 年 398 页〔莱钢志第五卷系列丛书〕

011961481

莱钢志 自动化部 2001—2005

自动化部志编纂委员会编 济南 山东省地图出版社 2008 年 362 页〔莱钢志第五卷系列丛书〕

013097979

张家洼矿山公司志 1970—1985

张家洼矿山公司志编纂委员会编 山东 张家洼矿山公司 1987 年 414 页〔山东省冶金场矿志丛书〕

013704408

莱芜邮电志

莱芜邮电志编纂委员会编 莱芜 莱芜邮电志编纂委员会 2003 年 296 页

013958717

莱钢档案志

莱钢档案志编纂委员会编 济南 山东地图出版社 2013 年 464 页

008452341

莱钢档案志 1970—1995

莱芜钢铁总厂档案处编 莱芜 莱芜钢铁总厂 1993 年 118 页

008452350

莱钢医院志 1970—1985

莱芜钢铁厂医院院志编纂委员会编 莱芜 莱芜钢铁厂医院院志编纂委员会 1986 年 158 页

013093103

莱芜市人民医院志 1950—2000

莱芜市人民医院志编纂委员会编 莱芜 莱芜市人民医院志编纂委员会 2002 年 560 页

009962132
莱芜市妇幼保健院 莱芜市第二人民医院院志 1953—2003
莱芜市妇幼保健院 莱芜市第二人民医院院志编纂委员会编 莱芜 莱芜市妇幼保健院 莱芜市第二人民医院院志编纂委员会 2003 年 529 页

009799273
莱芜卫生志
莱芜卫生志编纂委员会编纂 莱芜 莱芜卫生志编纂委员会 2004 年 691 页

莱城区

013375823
莱芜市莱城区志 1993—2005
莱芜市莱城区地方史志编纂委员会编 北京 方志出版社 2012 年 826 页 〔中华人民共和国地方志丛书〕

012832071
华电国际莱城发电厂志 1999—2009
莱城发电厂编委会编 莱城 莱城发电厂编委会 2009 年 422 页

010253384
莱芜市莱城区人民医院志 1956—2005
莱芜市莱城区人民医院志编纂委员会编 莱芜 莱芜市莱城区人民医院志编纂委员会 2005 年 133 页

临沂市

008812212
临沂地区志
临沂市人民政府主修 临沂市地方史志编纂委员会编纂 北京 中华书局 2001 年 2 册 2023 页 〔中华人民共和国地方志丛书〕

011440966
临沂地区民族宗教志
临沂地区民族宗教事务局编 临沂 临沂地区出版办公室 1994 年 351 页 〔临沂地区地方志丛书〕

013512022
中共临沂市委党校志 1942—2002
中共临沂市委党校志编纂委员会编 济南 山东人民出版社 2012 年

012097756
临沂妇女工作志 1927—2007
临沂妇女工作志编 临沂 临沂市妇女联合会 2008 年 671 页

008378612
临沂地区人事志
临沂地区人事局编 北京 中国广播电视

出版社 1992年 919页

013319704
临沂市军事志
临沂市军事志编纂委员会编 临沂 临沂市军事志编纂委员会 2008年 720页

013774531
临沂市军事志 1840—2005
临沂市军事志编纂委员会编 济南 山东新华印刷厂 2010年 2册

012639760
临沂市国土资源志
李彦普主编 济南 山东人民出版社 2010年 617页

011892114
临沂市工商行政管理志 送审稿
临沂市工商行政管理局编 临沂 临沂市工商行政管理局 2007年 430页

010275867
临沂地区纺织工业志 征求意见稿
临沂地区纺织工业公司编志小组编 临沂 临沂地区纺织工业公司 1987年 270页

009866841
临沂地区丝绸志
临沂地区丝绸志编纂委员会编 临沂 山东省临沂地区出版办公室 1992年 298页〔山东省临沂地区地方志丛书〕

009866849
临沂地区中医药志
山东省临沂地区卫生局 中华全国中医学会山东临沂分会编 临沂 山东省临沂地区卫生局中华全国中医学会山东临沂分会 1982年 295页

009244929
临沂市电力工业志 1921—2000
临沂市电力工业志编纂委员会编 北京 中国电力出版社 2003年 400页

011311364
山东兰陵美酒厂厂志
山东兰陵美酒厂厂志编纂委员会编 临沂 山东兰陵企业(集团)总公司 1998年 321页

012266249
山东临沂丝绸厂志
山东临沂丝绸厂志编纂委员会编 临沂 山东省临沂市新闻出版办公室 1997年 527页〔山东省临沂市地方志丛书〕

011908715
山东沂蒙冶炼厂志 1966—1985
山东沂蒙冶炼厂厂志编纂小组编 沂蒙 山东沂蒙冶炼厂厂志编纂小组 1987年 269页〔山东省冶金企事业志丛书 27〕

009866835
临沂地区供销合作社志
临沂地区供销合作社编 临沂 临沂地区出版办公室 1993 年 545 页〔山东省临沂地区地方志丛书〕

010577318
临沂地区物价志 1911—1989
陈桂乔主修 丁作德 辛全方主编 北京 中国物价出版社 1993 年 439 页

009783905
临沂专业市场志
临沂专业市场志编纂委员会编 深圳 海天出版社 2002 年 543 页

011293533
临沂市税务志
临沂市税务编写组编 山东 山东省临沂地区新闻出版办公室 1994 年 401 页

011805539
临沂地区金融志 1834—1989
临沂地区金融志编纂组编 临沂 临沂地区金融志编纂组 1992 年 356 页

012832477
临沂地区报纸志 1916—1990
郝导松主编 崔凤元 刘金柱执笔 临沂大众报社 临沂地区报纸志编纂办公室编 临沂 临沂地区报纸志编纂办公室 1991 年 271 页

013629514
山东省临沂卫生学校志
临沂卫校文史编纂委员会编 临沂 山东省临沂卫生学校 2008 年 421 页

009170836
临沂方言志
钱曾怡主编 马静 吴永焕著 济南 齐鲁书社 2003 年 268 页〔山东方言志丛书〕

011750429
临沂百年大事记
临沂地区史志办公室编 济南 山东人民出版社 1989 年 743 页〔临沂地区地方志丛书〕

012097727
琅邪王氏文化志
临沂市地方史志办公室 临沂市望族文化研究会编 北京 中华书局 2008 年 556 页

002051133
临沂风物志
山东省出版总社临沂办事处编 辛鸿义编 济南 山东人民出版社 1985 年 197 页〔沂蒙山区好地方丛书〕

008832058
山东省临沂市地名志
临沂市地名办公室编 临沂 临沂市地名办公室 1986 年 445 页

008452431
蒙山志
临沂市地方史办公室编 济南 齐鲁书社 1999年 418页

013862834
临沭县地震志
临沭县地震局编 香港 中国科学文化出版社 2012年 366页

012265297
临沂市红十字会中心血站志 1992—2007
临沂市红十字会中心血站志编纂委员会编 临沂 临沂市红十字会中心血站志编纂委员会 2008年 225页

013753486
临沂地区卫生志
临沂地区卫生志编委会编著 莒南 山东省莒南县印刷厂 1989年 284页

009840194
临沂果茶志
申为宝 陈修会主编 北京 方志出版社 2005年 446页

012545599
银光志 1979—2009
银光志编纂委员会编 济南 山东友谊出版社 2009年 631页

011499268
临沂地区水利志
临沂地区水利志编纂办公室编 济南 山东省临沂地区出版办公室 1992年 398页〔临沂地区地方志丛书〕

011499273
临沂市水利志
临沂市水利史志编纂办公室编 临沂 山东省临沂地区出版办公室 1993年 334页〔临沂地区地方志丛书〕

兰山区

013683713
华夏社区志
华夏社区编审委员会编 海口 南方出版社 2009年 432页

012968222
李庄社区志
中共兰山区李庄社区总支委员会 兰山区李庄社区居民委员会编 香港 中国古籍文物出版社 2010年 486页

008492539
临沂市志
临沂市兰山区地方史志编纂委员会编 济南 齐鲁书社 1999年 952页〔中华人民共和国地方志丛书〕

009043178
兰山区人大志

山东省临沂市兰山区人大常委会编 北京 中央文献出版社 2002年 915页

009340743
兰山区政协志
政协山东省临沂市兰山区委员会编 济南 齐鲁书社 2001年 713页

013793237
临沂市兰山区军事志 前524—2005
临沂市兰山区军事志编纂委员会编 济南 山东新华印刷厂 2011年 661页

012505270
兰山区宋家王庄志
兰山区宋家王庄志编纂委员会编 北京 中华书局 2009年 495页

012679025
临沂市兰山区曹家王庄志
临沂市兰山区曹家王庄志编纂委员会编 北京 中华书局 2010年 802页〔中华人民共和国地方志丛书〕

013064824
兰山古树名木图志
王振国主编 北京 中国国际文化出版社 2010年 113页

罗庄区

013958859
罗庄区人大志
山东省临沂市罗庄区人大常委会编 香港 中国文化出版社 2005年 804页

012873288
罗庄区政协志
政协山东省临沂市罗庄区委员会编 香港 中国文化出版社 2005年 546页

013774536
临沂市罗庄区军事志 1840—2005
临沂市罗庄区军事志编纂委员会编 济南 临沂市罗庄区军事志编纂委员会 2011年 485页

014047681
罗庄树木志
石士连 房邵坤主编 北京 新华出版社 2013年 323页

河东区

012832043
河东区人大志
河东区人大常委会编 北京 中国社会科学出版社 2010年 446页

012251418
临沂市河东区政协志
政协临沂市河东区委员会编 韩继霞主编 北京 中央文献出版社 2006年 648页

013774524
临沂市河东区军事志 1840—2005
临沂市河东区军事志编纂委员会编 济南 临沂市河东区军事志编纂委员会 2011年 389页

沂南县

008452310
沂南县志
山东省沂南县地方史志编纂委员会编 济南 齐鲁书社 1997年 762页〔中华人民共和国地方志丛书〕

013597714
沂南县志 1990—2005
沂南县地方史志编纂委员会编 济南 山东画报出版社 2012年 836页

010280144
沂南县大事记 选编 1939.10—2004.12
沂南县地方史志办公室承编 济南 山东省地图出版社 2006年 319页

012636782
沂南县民政志 1986—2005
沂南县民政志编纂委员会编 中国文化艺术出版社 2008年 282页

011955840
沂南电业志
沂南电业志编纂委员会编 济南 山东省地图出版社 2008年 241页

013343507
沂南县水利志
沂南县水利志办公室编 临沂 山东省临沂地区出版办公室 1993年 268页〔临沂地区地方志丛书〕

013686436
沂南县交通志
沂南县交通委员会主办 沂南县交通志编纂办公室编 济南 齐鲁书社 2001年 584页

013510885
沂南县教育志 1939—1985
沂南县教育局教育志办公室编 沂南 沂南县教育局教育志办公室 1988年 254页

012317016
沂南方言志
钱曾怡主编 邵燕梅 刘长锋 邵明武著 济南 齐鲁书社 2010年 472页

008832086
山东省沂南县地名志
沂南县地名委员会编 沂南 沂南县地名委员会 1985年 462页

012100701
沂南县人民医院志 1947.10—2007.10
沂南县人民医院编 沂南 沂南县人民医院 2007年 324页

郯城县

008986877
郯城县志
山东省郯城县地方史志编纂委员会编 深圳 深圳特区出版社 2001 年 1094 页〔中华人民共和国地方志丛书〕

012266392
郯城县公安志
郯城县公安局政策法律研究室主编 临沂 山东省出版社总社临沂分社 1989 年 249 页〔临沂地区地方志丛书〕

013756226
郯城县军事志 前 473—2005
郯城县军事志编纂委员会编 济南 郯城县军事志编纂委员会 2011 年 552 页

013936413
郯城县银杏志
郯城县地方史志办公室 郯城县林业局 郯城县科技局编 北京 方志出版社 2013 年 388 页

009413842
郯城方言志
王希文编著 郯城 郯城县地方史志编纂委员会办公室 1987 年 195 页

010098945
郯城方言志
邵燕梅著 济南 齐鲁书社 2005 年 282 页〔山东方言志丛书〕

沂水县

010113211
沂水县志 初稿
沂水县志办公室编 沂水 沂水县志办公室 1993 年 37 册

008007368
沂水县志
山东省沂水县地方史志编纂委员会编 济南 齐鲁书社 1997 年 916 页〔中华人民共和国地方志丛书〕

013375975
沂水县志 1991—2008
沂水县地方史志编纂委员会编 北京 中华书局 2012 年 800 页〔中华人民共和国地方志丛书〕

013343511
沂水县人大志 1954—2011
沂水县人大志编纂委员会编 北京 中国图书出版社 2012 年 670 页

013323105
沂水县政协志
沂水县政协志编纂委员会编 香港 科学文化艺术出版社 2011 年 494 页

013148741
沂水县民政志 初稿

沂水县民政局编志办公室编 沂水 沂水县民政局编志办公室 1990年 299页

012636776
沂水县国土资源志
沂水县国土资源局编 西安 西安地图出版社 2010年 606页

013776023
沂水县审计志
沂水县审计志编纂委员会编 济南 黄河出版社 2013年 312页

010113201
沂水县城乡建设志
沂水县城乡建设志编纂办公室 临沂地区出版办公室编 沂水 临沂地区出版办公室 1990年 312页〔山东省临沂地区地方志丛书〕

010113203
沂水县电业志 1933—1986 征求意见稿
沂水县电业局史志办公室编 沂水 沂水县电业局 1987年 204页

010275870
沂水县水利志 征求意见稿
沂水县水利局编 沂水 沂水县水利局 1987年 1册

010113210
沂水县工业志 1875—1985
沂水县工业公司编志组编 沂水 沂水县工业公司编志组 1991年 368页

013661549
沂水县交通志 1949—2011
沂水县交通志编纂委员会编 北京 中国图书出版社 2012年 531页

010275932
沂水县供销社志 初稿
沂水 1989年 282页

013189991
沂水县供销社志
沂水县供销社编 临沂地区史志办公室编 临沂 临沂地区出版办公室 1994年 362页〔临沂地区地方志丛书〕

013994229
沂水县商业志 1809—1989
沂水县商业局史志办公室编 临沂 临沂地区出版办公室 1990年 370页〔临沂地区地方志丛书〕

013757244
沂水县税务志
沂水县税务志编撰领导小组编 沂水 沂水县税务志编撰领导小组 2002年 427页

011585222
沂水方言志
张廷兴 王祚厚 李贵友著 北京 语文出版社 1999年 256页〔山东方言志

丛书〕

008832095
山东省沂水县地名志
沂水县地名委员会编 沂水 沂水县地名委员会 1988年 578页

010151345
临沂市沂水中心医院院志(临沂市第二人民医院) 1945—2005
临沂市沂水中心医院院志编委会编 临沂 临沂市沂水中心医院 2005年 621页

010265809
沂水县土壤志
沂水县土壤普查办公室编 沂水 沂水县土壤普查办公室 1985年 192页

苍山县

008034236
苍山县志
苍山县志编纂委员会办公室编 北京 中华书局 1998年 874页

012545635
涌泉村志
张文强主编 香港 中国文化出版社 2008年 396页

012889237
苍山县人大志
苍山县人大志编纂委员会编 济南 黄河出版社 2010年 712页

013309032
苍山县军事志 前1040—2005
苍山县军事志编纂委员会编 苍山 苍山县军事志编纂委员会 2009年 814页

013751469
苍山方言志
钱曾怡 岳立静主编 王晓军 田家成 马春时著 济南 齐鲁书社 2012年 580页〔山东方言志丛书〕

012048752
苍山县人民医院院志 1943—2005
苍山县人民医院编制 苍山 苍山县人民医院 2005年 387页

011499248
苍山县水利志
临沂地区水利志编纂办公室编 临沂 临沂地区新闻出版办公室 1994年 251页〔临沂地区地方志丛书〕

费县

007488661
费县志
山东省费县志编纂委员会编 北京 中国广播电视出版社 1992年 635页〔中华人民共和国地方志丛书〕

012049261
费县纪检监察志
中共费县纪委 费县监察局编 北京 中共党史出版社 2009年 411页

009994961
费县人大志
费县人大常委会编 济南 黄河出版社 2005年 563页

009552791
费县政协志
中国人民政治协商会议山东省费县委员会编 北京 人民日报出版社 2002年 520页

010476011
费县军事志
中国人民解放军费县人民武装部编 济南 黄河出版社 2003年 521页

013791151
费县军事志 1840—2005
费县军事志编纂委员会编 济南 山东新华印刷厂 2011年 636页

012609731
费县国土资源志 1987—2007
费县国土资源局编 北京 中国国际文化出版社 2008年 358页

012679308
费县审计志
费县审计局编 北京 中国时代经济出版社 2010年 397页

011319973
费县林业志 1940—1989
费县林业局编 费县 费县林业局 1990年 272页

010275837
费县商业志 草稿
费县商业局编 费县 费县商业局 1986年 303页

013681550
费县外贸志 1840—1986
山东省费县对外贸易公司编 费县 山东省费县对外贸易公司 1987年 264页

013681545
费县财政志
费县财政志编纂委员会编 临沂 临沂市新闻出版办公室 1997年 562页

013751667
费县第一中学校志
费县第一中学校志编委会编纂 费县 费县第一中学校志编委会 2012年 360页

010779110
费县师范学校志
费县师范学校志编纂委员会编 北京 档案出版社 2006年 392页

008452313
山东省费县地名志
费县地名委员会编 费县 费县地名委员会 1982年 447页

012898375
费县人民医院志 1948—2007
费县人民医院志编纂委员会编 费县 费县人民医院 2008年 997页

011804281
费县奇石志
费县地方史志编纂委员会办公室编 北京 中国出版社 2006年 378页

011757713
费县建设志 1911—2006
费县建设志编纂委员会编 济南 山东地图出版社 2007年 354页

平邑县

007849005
平邑县志
山东省平邑县志编纂委员会编 济南 齐鲁书社 1997年 807页〔中华人民共和国地方志丛书〕

009408055
平邑县人口与计划生育志
平邑县计划生育委员会编 北京 中国人口出版社 2002年 445页

011805819
平邑县人大志
山东省平邑县人大常委会编 济南 齐鲁书社 2007年 828页

011892372
平邑县政协志
中国人民政治协商会议山东省平邑县委员会编 济南 山东大学出版社 2008年 798页

011477117
平邑县国土资源志
平邑县国土资源局编 北京 中国大地出版社 2007年 458页

013689600
平邑县城乡建设志
王照伦主编 平邑县城乡建设环境保护委员会编 平邑 平邑县城乡建设环境保护委员会 1987年 163页

013342433
平邑县财政税务志
平邑县财政税务志编写组编 临沂 山东省临沂地区出版办公室 1987年 207页

011477119
平邑县中医院志
平邑县中医院志编纂委员会编 济南 山东地图出版社 2007年 262页

莒南县

008812609
莒南县志
山东省莒南县地方史志编纂委员会编　济南　齐鲁书社　1998年　1006页〔中华人民共和国地方志丛书〕

012982203
莒南县军事志 前741—2005
莒南县军事志编纂委员会编　莒南　莒南县军事志编纂委员会　2011年　575页

012097667
莒南县国土资源志
李忠余主编　莒南县国土资源志编辑委员会编　北京　中国出版社　2007年　503页

013820528
莒南县电力工业志 1991—2010
莒南县电力工业志编纂委员会编　北京　人民日报出版社　2012年　321页

009340731
莒南县供销社志
莒南县供销社志编委会编　莒南　莒南县供销社志编委会　2001年　493页

008452385
莒南县教育志 1840—1997
莒南县教育志编纂委员会编　济南　山东人民出版社　1999年　653页

013374454
莒南县教育志 1998—2008
莒南县教育志编纂委员会编　北京　中国国际文化出版社　2010年　932页

008928825
山东省莒南县地名志
莒南县地名委员会编　莒南　莒南县地名委员会　1984年　372页

013752701
莒南县地震志
莒南县地震志编纂委员会编　北京　中国图书出版社　2012年　380页

009340735
莒南县卫生志 1840—1999
莒南县卫生志编纂委员会编　深圳　深圳特区出版社　2001年　723页

012832245
莒南县水利志 1989—2006
莒南县水利志编纂委员会编　北京　中国文化出版社　2008年　272页

蒙阴县

008812642
蒙阴县志
蒙阴县志编纂委员会办公室编　济南　齐鲁书社　1992年　649页〔中华人民共和国地方志丛书〕

011584673

蒙阴县人大志

蒙阴县人大常委会编 上海 百家出版社 2007年 634页

012203065

蒙阴县民政志

蒙阴县民政志编纂委员会编 北京 中华书局 2009年 711页

013898429

蒙阴县电业志

蒙阴县电业志编纂委员会编 北京 中国出版社 2010年 729页

009334490

蒙阴县交通志

蒙阴县交通委员会编 蒙阴 蒙阴县交通委员会 1997年 369页

008528140

蒙阴县地名志

蒙阴县地名办公室编印 蒙阴 蒙阴县地名办公室 1983年 355页

011499276

蒙阴县水利志

蒙阴县水利志办公室编 临沂 临沂地区新闻出版办公室 1994年 205页〔临沂地区地方志丛书〕

临沭县

007974875

临沭县志

山东省临沭县史志编纂委员会编 济南 齐鲁书社 1993年 724页〔中华人民共和国地方志丛书〕

012203009

临沭县人大志 1949.10—2007.12

临沭县人大常委会编 北京 中国炎黄文化出版社 2008年 806页

012832447

临沭县政协志

中国人民政治协商会议山东省临沭县委员会编 济南 山东人民出版社 2011年 698页

013793174

临沭县军事志 前585—2005

临沭县军事志编纂委员会编 济南 山东新华印刷厂 2010年 693页

011499264

临沭县水利志

临沭县水利志编纂办公室编 临沂 山东省临沂地区出版办公室 1993年 223页〔临沂地区地方志丛书〕

012542626

临沭县交通志

临沭县交通局编 香港 天马图书有限公

司 2008年 633页

012813948
临沭县财政志
临沭县财政局编 临沭 临沭县财政局 2001年 775页

008832051
山东省临沭县地名志
临沭县地名委员会办公室编纂 济南 山东省地图出版社 1992年 484页

012203013
临沭县人民医院志
临沭县人民医院志编纂小组编 临沭 临沭县人民医院志编纂小组 2004年 245页

德州市

009962094
共青团德州市志
中国共产主义青年团德州市委员会编 德州 中国共产主义青年团德州市委员会 1989年 90页

007482044
德州地区志
山东省德州地区史志编纂委员会编 济南 齐鲁书社 1992年 933页〔中华人民共和国地方志丛书〕

008452230
德州市大事记 1840—1985 初稿
德州市地方志编纂委员会办公室编 德州 德州市地方志编纂委员会办公室 uuuu年 83页

008452224
德州市长庄乡志
长庄乡志编纂组编 长庄乡 长庄乡志编纂组 1987年 347页

008452193
德州市丰华街道办事处志
德州市丰华街道办事处志编纂小组编 德州 德州市丰华街道办事处志编纂小组 1989年 112页

011293090
德州市盐店口街道办事处志
德州市盐店口街道办事处志编纂委员会编 德州 德州市盐店口街道办事处志编纂委员会 1992年 325页

012613273
萧何庄志
刘金忠主编 北京 中国文联出版社 2008年 343页

013687151

大刘庄志

大刘庄志编纂委员会编 北京 中国文史出版社 2012年 468页

008452291

德州市计划生育志

德州市计划生育委员会编 德州 德州市计划生育委员会 198u年 93页

008452221

德州市工会志

山东省德州市总工会编 德州 山东省德州市总工会 1989年 100页

013681530

德州市人民代表大会志 1946.6—1993.1

德州市人民代表大会常务委员会编 德州 德州市人民代表大会常务委员会 1996年 269页

013797316

中共德州市委政策研究室志

中共德州市委政策研究室编 德州 山东德州新华印务有限责任公司 2012年 356页

008452210

德州市民政志 初稿

德州市民政局编 德州 德州市民政局 1989年 356页

012636877

德州市军事志

德州市军事志编纂委员会编 德州 德州市军事志编纂委员会 2009年 911页

008844034

德州市军事志 1368—1988

山东省德州市人民武装部 德州市地方志编纂委员会编 德州 山东省德州市人民武装部 德州市地方志编纂委员会 1990年 302页

008452231

德州市工商行政管理志

德州市工商行政管理局编 德州 德州市工商行政管理局 1987年 91页

011890532

德州市工商行政管理志

德州市工商行政管理局编 北京 中国工商出版社 2008年 702页〔山东省工商行政管理志丛书〕

008452201

德州市劳动志 初稿

德州市劳动志编纂领导小组编 德州 德州市劳动志编纂领导小组 1989年 253页

011496981

德州地区物资局禹城中转站志 1979—1985

德州地区物资局禹城中转站编写组编

禹城 禹城中转站编写组 1986年 71页

010112093
德州地区物资志
德州地区物资志编纂委员会编 天津 南开大学出版社 1990年 334页

008452218
德州市物资志
德州市物资综合公司物资志编纂办公室编 德州 德州市物资综合公司物资志编纂办公室 1987年 147页

009961999
德州地区金属材料公司志 1964—1985
德州地区金属材料公司编写组编 德州 德州地区金属材料公司编写组 1986年 82页

009962004
德州地区物资服务公司志
德州地区物资服务公司编写组编 德州 德州地区物资服务公司编写组 1986年 44页

008452239
德州市乡镇企业志
德州市多种经营乡镇企业局编 德州 德州市多种经营乡镇企业局 1989年 78页

009962002
山东省德州地区燃料公司志 1948—1984
山东省德州地区燃料公司编 德州 山东省德州地区燃料公司 1986年 159页

012249817
德州河东新城建设志
德州河东新城建设志编纂委员会编 德州 德州河东新城建设志编纂委员会 2009年 152页

010151032
德州建设志
德州建设志编纂委员会编 德州 德州建设志编纂委员会 2005年 499页

012758768
德州市房产管理局志
德州市房产管理局志编纂委员会编 德州 房产管理局 2008年 645页

008452207
德州市林业志
德州市林业局编 德州 德州市林业局 1988年 57页

008452293
德州市农业志
德州市农业志编纂委员会 李德人主编 德州 德州市农业志编纂委员会 1990年 524页

009961997
德州地区机电设备公司简志 1963—1983
山东德州地区物资局机电公司编 德州 山东德州地区物资局机电公司 1985年 78页

010200350
德州地区建筑材料公司志
德州地区建筑材料公司编写组编 德州 德州地区建筑材料公司 1986年 57页

009962086
德州地区木材公司志 1953—1985
德州地区木材公司史志编纂委员会编 德州 德州地区木材公司史志编纂委员会 1986年 83页

013221095
德州地区水利志
山东省德州地区水利志编纂委员会编 南京 河海大学出版社 1994年 446页

008452228
德州电子仪器厂厂志
德州 1986年 112页

013681529
德州卷烟厂厂志 征求意见稿
德州卷烟厂厂志编纂委员会编 德州 德州卷烟厂厂志编纂委员会 1985年 432页

010200358
德州市纺织分志 1928—1985 征求意见稿
德州市纺织工业公司编 德州 德州市纺织工业公司 1988年 172页

011496985
德州市机械志 1902—1985
德州市机械志编纂委员会编 德州 德州市机械志编纂委员会 1989年 163页

008452187
德州市建筑材料工业志
德州市建材工业公司史志编写组 董升 张泉林主编 德州 德州市建材工业公司史志编写组 1986年 106页

008452287
德州市建筑工程公司志
德州市建筑工程公司志编纂小组编 德州 德州市建筑工程公司志编纂小组 1986年

013090956
德州市水利志 1986—2000
德州市水利志编纂委员会编 德州 德州市水利志编纂委员会 2005年 360页

008452215
德州市一轻工业志
德州市一轻局编志办公室编 德州 德州

市一轻局编志办公室 1988年 208页

010244222
德州市医药志
德州市医药志编纂领导小组编 德州 德州市医药志编纂领导小组 1987年 148页

008452299
德州市针织分志 草稿
德州市针织工业公司编 德州 德州市针织工业公司 1989年 84页

010290706
德州制药厂志 1971—1985
德州制药厂编 德州 德州制药厂 1986年 162页

009445124
德州市工业志
德州市工业志编纂委员会 德州市经济委员会编 济南 山东人民出版社 1993年 345页

010686835
德州市交通志 征求意见稿
德州市交通志编写组编 德州 德州市交通局 1985年 270页

012132623
德州公路志 1986—2003
德州市公路管理局编纂 北京 中国文化出版社 2008年 178页

012202947
京杭运河山东北段航运简志 送审稿
德州地区汽运公司史志办公室编 德州 德州地区汽运公司史志办公室 1988年 70页

012249820
德州交通集团志
德州交通集团有限公司史志编纂委员会编 德州 德州交通集团有限公司 2009年 375页

013506638
德州邮电志
德州地区邮电局史志办公室编 德州 德州地区邮电局史志办公室 1989年 437页

010200355
德州农业生产资料采购供应站志
德州农业生产资料采购供应站编志小组编 德州 德州农业生产资料采购供应站 1986年 76页

012898342
德州地区供销合作社志
德州地区供销合作社联合社志编辑委员会编 德州 德州地区供销合作社联合社志编辑委员会 1990年 244页

008452301
德州供销志 征求意见稿
山东省德州市供销合作社联合社编 德

州 山东省德州市供销合作社联合社 1985 年 203 页

008452308
德州市供销联合社志 1948—1985
德州市供销联合社编辑 德州 德州市供销联合社 1989 年 294 页

009962017
德州地区药材站志 续篇
德州药材站志续篇编纂领导小组编 德州 德州药材站志续篇编纂领导小组 1992 年 72 页

010112098
德州市粮食志
德州市粮食局编著 德州 德州市粮食局 1993 年 335 页

008452183
德州市物价志
德州市物价局编纂 德州 德州市物价局 1989 年 188 页

009784022
德州物价志
德州物价志编纂委员会编 北京 中国物价出版社 2004 年 332 页

011325409
德州市商业志 1912—1985
德州市商业局编 德州 德州市商业局 1986 年 126 页

012831358
德州地方税务志
德州地方税务局编 德州 德州地方税务局 2010 年 462 页

008844029
德州市财贸志
德州市财政贸易委员会编著 济南 齐鲁书社 1993 年 269 页

008452202
德州市税务志 初稿
德州市税务局编 德州 德州市税务局 1987 年 121 页

008452204
德州市税务志
德州市税务局编 德州 德州市税务局 1987 年 140 页

013314319
德州市文化艺术志 1840—1988
德城区文化局编 德城区 德城区文化局 2008 年 316 页

008532043
德州市报纸志 征求意见稿
德州市报社编 德州 德州市报社 1988 年 115 页

008452302
德州市报纸志
德州市报社编 王明溪主编 德州 德州

市报社 1988年 119页

010476514
德州广播电视志
德州市广播电视局编 德州 德州市广播电视局 2006年 474页

012191736
德州地区科学技术志
德州地区科学技术委员会编 张玉田主编 天津 天津科学技术出版社 1991年 531页

011496979
德州地区教育志
德州地区教育志编纂办公室编 天津 南开大学出版社 1990年 268页

010577449
德州市教育志 1840—1985
德州市教育志编纂委员会编 德州 德州市教育志编纂委员会 1987年 358页

009962084
德州技工学校志 1958—1998
德州技工学校志编纂委员会编 德州 德州技工学校志编纂委员会 1999年 287页

009688172
德州市体育志
德州市体育志编纂委员会编 北京 人民体育出版社 2005年 583页〔山东省

德州市地方志丛书〕

008594540
德州方言志
曹延杰编 北京 语文出版社 1991年 240页〔山东方言志丛书 3〕

012872230
德州人物志 1949—2008
德州市地方史志编纂委员会编 德州 德州市地方史志编纂委员会 2008年 368页

010577446
德州风物志
德州地区地方史志编纂委员会办公室编 济南 山东人民出版社 1987年 217页

012249812
德州地区气象志
德州地区气象局编 德州 德州地区气象局 1986年 72页

009962088
德州市环卫志
德州市环境卫生管理处编 德州 德州市环境卫生管理处 1987年 58页

013314297
德州地区人民医院志
德州地区人民医院院志编纂办公室编 德州 德州地区人民医院 1988年

416 页

013314320
德州市医药卫生志 1840—1985
山东省德州市医药卫生志编纂委员会编 德州 德州市医药卫生志编纂委员会 1989 年 280 页

013987620
德州市农业科学研究院志 1961—2011
德州市农业科学研究院志编纂委员会编 北京 中国文史出版社 2011 年 248 页

010010039
德州地区黄河志 1855—1985
山东黄河河务局德州修防处编 刘宝青主编 德州 山东新华印刷厂潍坊厂印制 1990 年 253 页

009254018
漳卫南运河志
漳卫南运河志编委会编 天津 天津科学技术出版社 2003 年 419 页

德城区

012096612
德城区新湖街道办事处志
田贵宝主编 德州市德城区新湖街道办事处志编纂委员会编 德州 德州市德城区新湖街道办事处志编纂委员会 2007 年 514 页

008844940
罗庄村志
罗庄村志编纂领导小组 罗庄村民委员会编 罗庄村 罗庄村志编纂领导小组 罗庄村民委员会 1996 年 295 页

009994929
德州市德城区政协志 1949.9—2000.12
中国人民政治协商会议德州市德城区委员会编 德州 中国人民政治协商会议德州市德城区委员会 2001 年 282 页

乐陵市

012893421
乐陵市志 1986—2007
山东省乐陵市地方史志编委会编 北京 方志出版社 2011 年 646 页

003801382
乐陵县志
山东省乐陵县志编纂委员会编 袁日法主编 济南 齐鲁书社 1991 年 762 页
〔中华人民共和国地方志丛书〕

010290901
乐陵县医药志
乐陵县药材公司编纂小组编 乐陵 乐陵县药材公司编纂小组 1986 年 117 页

禹城市

007984458
禹城县志
山东省禹城县史志编纂委员会编 济南 齐鲁书社 1995 年 689 页〔中华人民共和国地方志丛书〕

010113216
禹城县医药志 初稿
山东省禹城县药材公司编 禹城 山东省禹城县药材公司 1987 年 198 页

010275936
禹城车务段志 1972—1985
禹城车务段志编纂领导小组编 禹城 禹城车务段志编纂领导小组 1989 年 304 页

012175209
禹城邮电志
禹城市邮电局史志编纂委员会编 禹城 禹城市邮电局史志编纂委员会 1999 年 345 页

010265813
禹城县商业志
山东省禹城县商业志编纂组编 禹城 山东省禹城县商业志编纂组 1985 年 305 页

012003051
禹城市水利志 1986—2005
禹城市水利志编纂委员会编 禹城 禹城市水利志编纂委员会 2006 年 257 页

010278700
禹城县水利志
禹城县水利志编纂委员会编 济南 济南出版社 1994 年 181 页

陵县

007356289
陵县志
陵县志编纂委员会编 陵县 陵县志编纂委员会 1986 年 946 页

013958955
三洄河村志
魏立金主编 2003 年 120 页

013958759
陵县工会志 1950—2010
吕学斌主编 陵县 陵县总工会 2012 年 171 页

013224608
陵县水利志 1986—2005
陵县水利志编纂委员会编 陵县 陵县水利志编纂委员会 2006 年 344 页

宁津县

004436251
宁津县志
山东省宁津县史志编纂委员会编 济南 齐鲁书社 1992 年 855 页〔中华人民共和国地方志丛书〕

014047850
宁津县志 1988—2007
宁津县地方史志编纂委员会编 北京 方志出版社 2013 年 876 页

009043157
宁津邮电志
宁津邮电志编纂委员会编 宁津 宁津邮电志编纂委员会 2000 年 377 页

012766318
宁津广播电视志 1958—2008
宁津县广播电视志编纂办公室编 北京 中国广播电视出版社 2010 年 433 页

010577054
宁津方言志 原名宁晋方言研究
曹延杰著 北京 中国文史出版社 2003 年 319 页〔山东方言志丛书〕

009962135
宁津县医药志
山东省宁津县医药志编写组编 宁津 山东省宁津县医药志编写组 1986 年 138 页

庆云县

008452395
庆云县志
山东省庆云县县志编纂委员会编 庆云 山东省庆云县县志编委会 1988 年 694 页

008452151
东辛店乡志
庆云县东辛店乡志编纂委员会编 庆云 庆云县东辛店乡志编纂委员会 1991 年 193 页

012639051
庆云民政志
山东省庆云县民政局编 庆云 山东省庆云县民政局 2007 年 468 页

008665102
庆云邮电志
庆云县邮电史志编纂委员会编 庆云 庆云县邮电史志编纂委员会 1999 年 451 页

010290903
庆云县医药志 1840—1985 初稿
庆云县药材公司编 庆云 庆云县药材公司 1986 年 171 页

临邑县

006497427
临邑县志
山东省临邑县史志编纂委员会编 济南 齐鲁书社 1993年 724页〔中华人民共和国地方志丛书〕

009561532
临邑县志 1986—2002
山东省临邑县史志编纂委员会编 北京 中华书局 2004年 862页

010151349
临邑县民政志
山东省临邑县民政局编 临邑 临邑县民政局 2005年 282页

010112137
临邑县医药志
临邑县药材公司编 临邑 临邑县药材公司 1987年 130页

012051660
临邑县税务志
临邑县国家税务局编 临邑 临邑县国家税务局 2006年 380页

012051661
临邑县卫生志
山东省临邑县卫生局编 山东 山东省临邑县卫生局 2005年 286页

齐河县

006155276
齐河县志
山东省齐河县志编纂委员会编 北京 中华书局 1990年 905页〔中华人民共和国地方志丛书〕

012722086
齐河县志
山东省齐河县地方史志编纂委员会编 北京 中华书局 2010年 2册〔中华人民共和国地方志丛书〕

010244162
齐河县政协志
中国人民政治协商会议山东省齐河县委员会 齐河县政协志编纂委员会编 齐河 中国人民政治协商会议山东省齐河县委员会 2005年 280页

010143781
齐河县医药志
齐河县医药志编纂小组编 齐河 齐河县医药志编纂小组 1986年 114页

013630693
永锋集团志 2002—2011
永锋集团志编纂委员会编 齐河 永锋集团志编纂委员会 2012年 455页〔齐河县地方志丛书〕

013732023
铁道战备舟桥处志 1964—1995
铁道战备舟桥处史志编审委员会编 北京 铁道战备舟桥处史志编审委员会 2000 年 270 页

008452147
齐河县水利志
齐河县水利志编纂委员会编 济南 山东人民出版社 1990 年 309 页

平原县

006497425
平原县志
山东省平原县县志编纂委员会编 济南 齐鲁书社 1993 年 857 页〔中华人民共和国地方志丛书〕

012661718
平原县志 1986—2008
平原县地方史志编纂委员会编 北京 方志出版社 2010 年 816 页〔中华人民共和国地方志丛书〕

013012629
张官店村志
高峻岭编 北京 中华书局 2011 年 282 页

012140147
平原县纪检监察志 1950—2008 征求意见稿
平原县纪检监察志编纂委员会编 平原 平原县纪检监察志编纂委员会 2009 年 347 页

011763245
平原县政协志 1959.10—2006.12
中国人民政治协商会议山东省平原县委员会编 平原 中国人民政治协商会议山东省平原县委员会 2007 年 390 页

008452435
平原县水利志
平原县水利志编纂委员会编 济南 山东人民出版社 1993 年 228 页

010244224
平原县医药志
平原县医药志编纂领导小组编 平原 平原县医药志编纂领导小组 1987 年 103 页

夏津县

007289957
夏津县志
山东省夏津县志编纂委员会编 济南 山东人民出版社 1991 年 767 页〔中华人民共和国地方志丛书〕

013994108
夏津县民政志
山东省夏津县民政局编 郑州 中州古籍

出版社 2013年 572页

011955708
夏津县棉花志
付晓波主编 济南 山东省地图出版社 2008年 474页

010293874
夏津县电业志 1941—2004
夏津县电业志编纂委员会编 夏津 夏津县电业志编纂委员会 2005年 520页

011327156
夏津县水利志
夏津县水利志编纂委员会编 夏津 夏津县水利志编纂委员会 1989年 414页

013096589
夏津县水利志 1986—2005
夏津县水务局编 夏津 夏津县水务局 2007年 305页

009962169
夏津县医药志
夏津县药材公司编 夏津 夏津县药材公司 1987年 130页

013321196
夏津邮电志
夏津邮电局史志编纂委员会编 夏津 夏津邮电局史志编纂委员会 1999年 258页

013899713
夏津县人物志
中共夏津县委组织部 夏津县地方史志办公室编 济南 山东麦德森文化传媒有限公司 2012年 438页

武城县

008812530
武城县志
山东省武城县史志编纂委员会编 济南 齐鲁书社 1994年 627页〔中华人民共和国地方志丛书〕

012970517
武城县政协志 1981.1—2007.12
武城县政协志编纂委员会编 武城 武城县政协志编纂委员会 2008年 584页

011809252
武城县水利志
武城县水利志编纂委员会编 济南 山东人民出版社 1994年 214页

009962168
武城县医药志
武城县药材公司编 武城 武城县药材公司 1986年 123页

012175052
武城邮电志
武城县邮电局史志编纂委员会编 武城 武城县邮电局史志编纂委员会 1999

年 266 页

008928838
山东省武城县地名志

武城县地名办公室编 武城 武城县地名办公室 1983 年 138 页

聊城市

007930906
聊城地区志
山东省聊城地区地方史志编纂委员会编 济南 齐鲁书社 1997 年 997 页〔中华人民共和国地方志丛书〕

008452153
聊城市志
山东省聊城市地方史志编纂委员会编 济南 齐鲁书社 1999 年 802 页〔中华人民共和国地方志丛书〕

013064946
聊城市宣传志
中共聊城市委宣传部编 聊城 山东省出版总社聊城分社 1989 年 202 页

010278940
中共聊城市委党校志 1948.11—1998.6
中共聊城市委党校编写 聊城 聊城市新闻出版局 1998 年 326 页

011320324
聊城地区政权志 1840—1990
张振生 张辉 崔华君编 济南 山东大学出版社 1993 年 468 页

013064957
聊城市政协志
聊城市政协志编委会编 聊城 聊城市政协志编委会 2003 年 435 页

012873062
聊城市公安志
聊城市公安志编纂委员会编 北京 中国国际文化出版社 2010 年 2 册

012174850
山东省聊城市民政志
山东省聊城市民政局编 聊城 山东省聊城市民政局 1996 年 440 页

014047636
聊城市外事侨务志
聊城市外事侨务办公室编 聊城 聊城市外事侨务办公室 1989 年 22 页

010577343
聊城地区检察志
山东省人民检察院聊城分院编 聊城 山

东省人民检察院聊城分院 1992 年
295 页

014047543
聊城法院志
聊城地区人民法院编志办公室编 1988
年 148 页

014047541
聊城法院志
王广甲 徐广荣主编 聊城法院志编纂委
员会编 聊城 济南新华印刷厂 2003
年 419 页

010475978
山东武警志 聊城支队志 1949—2000
中国人民武装警察部队聊城市支队志
编审委员会编 聊城 武警 2002 年
324 页

012680410
聊城经济开发区志
聊城经济开发区地方史志编纂委员会
编 济南 齐鲁书社 2010 年 446 页
〔中华人民共和国地方志丛书〕

011892075
聊城市工商行政管理志
聊城市工商行政管理局编 聊城 聊城市
工商行政管理局 2007 年 373 页〔山
东省工商行政管理志 聊城卷〕

013064864
聊城地区人事志
赵维保主编 聊城地区人事局 1990 年
175 页

013064857
聊城地区金属材料公司志 1964—1985
聊城 聊城地区金属材料公司 1987 年
146 页

010112134
聊城地区林业志
聊城地区林业志编写组编 聊城 山东省
聊城地区新闻出版局 1993 年 382 页

010112135
聊城地区棉花志
宋杰主编 北京 中国科学技术出版社
1992 年 224 页

013064850
聊城地区纺织工业志 1840—1985
聊城地区纺织工业志编纂委员会编 聊
城 聊城地区纺织工业志编纂委员会
1988 年 233 页

011320001
聊城地区机械工业志
聊城地区机械电子工业公司史志办公
室编 聊城 聊城地区机械电子工业公
司史志办公室 1988 年 250 页

013064853
聊城地区建筑工程公司志 1951—1990

聊城地区建筑工程公司史志编委会编 聊城 聊城地区建筑工程公司史志编委会 1991年 212页

013684545
聊城地区水利志
山东省聊城地区水利志编纂委员会编 聊城 山东省聊城地区水利局 1993年 433页

009312492
聊城地区医药志
聊城地区医药公司史志编纂委员会 张振东主编 济南 齐鲁书社 1993年 251页

009387154
聊城市水利志
聊城市水利志编写组编 聊城 聊城市水利局水利志编纂组 1986年 189页

009962147
山东聊建集团总公司志 续编 1991—2000
山东聊建集团总公司史志编委会编 山东 山东聊建集团总公司 2001年 241页

013045698
山东聊建金柱建设集团有限公司 山东聊建集团有限公司志 续编 2001—2010
山东聊建金柱建设集团有限公司 山东聊建集团有限公司史志编委会编 聊城 山东聊建金柱建设集团有限公司 山东聊建集团有限公司史志编委会 2011年 358页

013067094
山东省聊城地区二轻工业志 第一稿
山东省聊城地区二轻工业公司轻志办公室编 聊城 山东省聊城地区二轻工业公司 1987年 160页

013064866
聊城地区外贸志
李学知主编 聊城 山东省出版总社聊城分社 1989年 377页

013064882
聊城市广播电视志
向文秀主编 聊城 山东省聊城地区新闻出版局 1996年 156页

011321344
聊城地区科技志
聊城地区科学技术委员会编 聊城 聊城地区科学技术委员会 1986年 174页

010275931
聊城地区教育志 1840—1988
聊城地区教育志编纂办公室编 聊城 聊城地区教育志编纂办公室 1989年 430页

010278780
聊城方言志

张鹤泉著 北京 语文出版社 1995年 198页〔山东方言志丛书〕

013064849
聊城大学园林植物志
仇杨 刘玮主编 聊城大学农学院 生命科学学院编 聊城 聊城大学农学院 生命科学学院 2007年 124页

013752808
聊城市食品药品监督管理志 1999—2011
聊城市食品药品监督管理志编纂委员会编 聊城 聊城市食品药品监督管理志编纂委员会 2012年 456页

008452157
聊城市人民医院志 1949—1999
王继宪主编 杨兴菊 丁百莲 孙明润副主编 济南 齐鲁书社 1999年 429页

010577302
聊城地区卫生志
刘代庚主编 丁登森 傅尚坤副主编 周广馥通审 济南 山东科学技术出版社 1993年 403页

009105587
聊城市第二人民医院志 1886—1998
聊城市第二人民医院志编纂委员会编 济南 齐鲁书社 2002年 602页

013064868
聊城市复退军人医院聊城国际和平医院院志 1986—2010
索晶玉 张绪江主编 济南 齐鲁书社 2010年 322页

013064943
聊城市卫生志
聊城市卫生志编纂办公室编 聊城 聊城市卫生志编纂办公室 1991年 656页

013064859
聊城地区农科所史志 征求意见稿
聊城地区农科所史志办公室编 聊城 聊城地区农科所 1987年 79页

011068468
聊城县水利志 第二稿
山东省聊城市史志编纂委员会办公室编 聊城 聊城市水利局 1985年 238页

010112132
聊城地区黄河志
聊城地区黄河河务局编 济南 齐鲁书社 1993年 244页

东昌府区

013771856
东昌府区志 1986—2005
东昌府区地方史志编纂委员会编 北京 方志出版社 2012年 817页〔中华人

民共和国地方志丛书〕

013179435
东昌府区纪检监察志 1950—2009
中共东昌府区纪委 东昌府区监察局编著 东昌府区 东昌府区监察局 2009年 617页

008846146
东昌府区政府志
山东省聊城市东昌府区人民政府办公室编 北京 五洲传播出版社 2000年 517页〔中华人民共和国地方志丛书〕

011564507
东昌府区政协志 1956—2006
政协山东省聊城市东昌府区委员会编 东昌府区 政协 2006年 603页

012191752
东昌府区法院志
东昌府区法院志编纂委员会编 聊城 东昌府区法院志编纂委员会 2005年 288页

013128853
东昌府区检察志
聊城市东昌府区人民检察院编 聊城 聊城市东昌府区人民检察院 2010年

012679221
东昌府区水利志
山东省聊城市东昌府区水利局编纂小组编 北京 五洲传播出版社 2010年 468页〔中华人民共和国地方志丛书〕

临清市

007806751
临清市志
山东省临清市地方史志编纂委员会编 济南 齐鲁书社 1997年 855页〔中华人民共和国地方志丛书〕

012813945
临清市志
临清市地方史志编纂委员会编 济南 山东美术出版社 2010年 854页

011320038
临清市工会志 初稿
临清市总工会工运史征编组编 临清 临清市总工会工运史征编组 1989年 173页

013898033
临清市政协志
政协临清市委员会编 北京 中国诗词楹联出版社 2011年 548页

011319957
临清市二轻工业志 第一稿
山东省临清市第二轻工业公司二轻志办公室编 临清 山东省临清市第二轻

工业公司二轻志办公室 1986 年 205 页

011762876
临清市水利志
临清市水利志编纂办公室编 临清 临清市水利志编纂办公室 1989 年 160 页

008452379
临清邮电志
山东省临清市邮电局史志编纂委员会编 北京 中华书局 1998 年 236 页〔中华人民共和国地方志丛书〕

012051655
临清市金融志
临清市金融志编纂委员会编 临清 临清市金融志编纂委员会 2007 年 128 页

013064998
临清市第二中学志 1950—2010
临清市第二中学志编纂工作委员会编 北京 中国青年出版社 2010 年 331 页

010577388
临清方言志
张鸿魁编 北京 中国展望出版社 1990 年 236 页

011762881
临清姓氏志
山东省临清市地方史志办公室编 香港 香港天马出版有限公司 2006 年 612 页

013958754
临清市人民医院志
临清市人民医院编 北京 华文出版社 2006 年 412 页

阳谷县

005559126
阳谷县志
阳谷县地方史志编纂委员会编 北京 中华书局 1991 年 581 页

013707129
阳谷县志 1988—2008
阳谷县地方史志编纂委员会编 北京 中华书局 2012 年 822 页〔中华人民共和国地方志丛书〕

012100675
阳谷县工会志 1926—2006
阳谷县总工会编 山东 山东省新闻出版局 2006 年 173 页

013706970
阳谷县水利志
阳谷县水务局编纂委员会编 北京 中国文史出版社 2007 年 571 页

009312503
阳谷县医药志

阳谷县医药志编辑委员会编 济南 齐鲁书社 1993年 145页

010113147
阳谷县教育志 1840—1994
阳谷县教育志编纂办公室编 阳谷 阳谷县教育志编纂办公室 1995年 391页

009043162
山东省阳谷县地名志
阳谷县地名委员会办公室编 济南 山东省地图出版社 2000年 495页

莘县

008470924
莘县志
山东省莘县地方史志编纂委员会编 济南 齐鲁书社 1997年 700页〔中华人民共和国地方志丛书〕

009061785
莘县乡村志
莘县乡村志编纂委员会编 深圳 深圳特区出版社 2002年 310页

010280436
莘县财政志
莘县财政志编纂办公室编 济南 山东省新闻出版局 2006年 334页

014050257
莘县水利志 征求意见稿
莘县水利志编纂办公室编 莘县 莘县水利志编纂办公室 1988年 2册

茌平县

007883866
茌平县志
山东省茌平县地方史志编纂委员会编 济南 齐鲁书社 1997年 705页〔中华人民共和国地方志丛书〕

011890512
茌平县志 1986—2005
茌平县地方志编纂委员会编 北京 中华书局 2008年 663页〔中华人民共和国地方志丛书〕

012722181
茌平县政协志 1981—2008
政协山东省茌平县委员会编 聊城 聊城市新闻出版局 2008年 532页〔茌平县政协文史资料 第12辑〕

009881013
茌平县建设志
茌平县城乡建设环境保护委员会编 茌平 茌平县城乡建设环境保护委员会 1989年 160页

013751485
茌平县实验高中校志 2000—2010
茌平实验高中校志编委会编 茌平 茌平实验高中校志编委会 2010年 235页

东阿县

008486317
东阿县志
山东省东阿县地方史志编纂委员会编 济南 齐鲁书社 1998年 752页〔中华人民共和国地方志丛书〕

012540938
东阿县志 1986—2005
山东省东阿县地方史志编纂委员会编 济南 齐鲁书社 2009年 772页〔中华人民共和国地方志丛书〕

013925158
东阿县实验小学校志 1953—2013
东阿县实验小学校志编纂委员会编 济南 山东人民出版社 2013年 616页

冠县

008986872
冠县志
山东省冠县地方史志编纂委员会编 济南 齐鲁书社 2001年 797页〔中华人民共和国地方志丛书〕

013045544
冠县人事志
山东省冠县人事局编 香港 天马图书有限公司 2001年 251页

011320428
冠县粮食志
冠县粮食志编志委员会编 冠县 冠县粮食志编志委员会 1996年 216页

009334543
冠县邮电志
冠县邮电局编 济南 山东人民出版社 2000年 445页

高唐县

008486402
高唐县志
山东省高唐县史志编纂委员会编 济南 齐鲁书社 1996年 711页〔中华人民共和国地方志丛书〕

013507782
高唐县志 1988—2005
高唐县地方史志编纂委员会编 北京 中国民主法制出版社 2012年 592页〔中华人民共和国地方志丛书〕

012139126
高唐一中校志
高唐一中校志编纂委员会编 高唐 高唐一中校志编纂委员会 1991年 512页

012952028
高唐县人民医院志(济宁医学院附属高唐县人民医院志) 1947—2010
高唐县人民医院志编纂委员会编 高唐

高唐县人民医院志编纂委员会 2011 年 663 页

滨州市

012503647
滨南社区志 1997—2007
胜利油田滨南社区志编纂委员会编 滨州 胜利油田滨南社区志编纂委员会 2007 年 533 页

008189796
滨州地区志 第1卷
山东省滨州地区地方史志编纂委员会编 北京 中华书局 1996 年 829 页〔中华人民共和国地方志丛书〕

009125975
滨州地区志 第2卷 1979—2000
山东省滨州市地方史志编纂委员会编 北京 方志出版社 2003 年 1223 页〔中华人民共和国地方志丛书〕

013726793
滨州简志
滨州市地方史志办公室编 香港 香港天马出版有限公司 2009 年 672 页

009442065
北镇志
北镇志编纂委员会编 济南 山东省地图出版社 2003 年 660 页〔中华人民共和国地方志丛书〕

009340753
小营镇志
镇志编委会编 济南 济南出版社 1993 年 574 页

013689490
中共滨州市委党校志 1951—2011
中共滨州市委党校志编纂委员会编 济南 齐鲁书社 2012 年 583 页

013646893
滨州人事志 1840—2009
滨州人事志编纂委员会编 济南 山东省地图出版社 2012 年 330 页

013646899
滨州市劳动和社会保障志 1949.10—2009.12
滨州市劳动和社会保障志编纂委员会编 济南 山东省地图出版社 2012 年 454 页

013955638
滨州市中级人民法院志 1950—2010
滨州市中级人民法院志编纂委员会编 济南 齐鲁出版社 2013 年 636 页

013789844
滨州市军事志 1986—2005
滨州市军事志编纂委员会编 济南 山东新华印刷厂 2010年 591页

010686796
滨州地区林业志
张秀荣主编 滨州地区林业局编 滨州 滨州地区林业局 1995年 392页

013755977
山东滨州交运集团有限责任公司志 1952—2012
山东滨州交运集团有限责任公司志编纂委员会编 北京 中国图书出版社 2013年 442页

013045670
惠民地区公路志
杨志敏主编 东营 石油大学出版社 1989年 197页

010275925
惠民地区商业志 征求意见稿
惠民地区商业局编 惠民 惠民地区商业局 1989年 447页

013333870
滨州文化志 1949—2009
滨州文化志编纂委员会编 北京 方志出版社 2011年 995页

009105572
滨州地区教育志 1978—2000
滨州市教育局编写 济南 济南出版社 2003年 372页

011763340
山东省北镇中学志
山东省北镇中学志编纂委员会编 济南 山东省地图出版社 2007年 455页
〔中华人民共和国地方志丛书〕

011501614
[惠民地区]中医药志
山东省惠民地区卫生局编 惠民 山东省惠民地区卫生局 1983年 149页

010009717
滨州地区文物志
滨州地区文物志编委会编 济南 山东友谊书社 1992年 174页

008844040
滨州地区人民医院志 1950—1999
滨州地区人民医院志编纂委员会编 济南 齐鲁书社 2000年 525页

013092937
惠民地区卫生志
山东省惠民地区卫生史志编纂委员会编 天津 天津科学技术出版社 1992年 525页

012191493

滨州职业学院院志 1956—2006

滨州职业学院院志编纂委员会编 滨州 院志编纂委员会 2006年 380页

013726791

滨州黄河志资料长编 1986—2005

滨州黄河河务局编 滨州 滨州黄河河务局 2012年 584页

滨城区

013687129

滨州市滨城区志 1982—2007

滨州市滨城区地方史志编纂委员会编 北京 方志出版社 2012年 1040页

009106685

滨州市乡镇办简志

滨州市地方史志办公室编纂 香港 香港天马出版社 2001年 745页〔中华人民共和国地方志丛书〕

007478009

滨州市志

山东省滨州市地方史志编纂委员会编 济南 齐鲁书社 1993年 832页〔中华人民共和国地方志丛书〕

009114611

滨城区名村志

山东省滨州市滨城区人民政府编 北京 方志出版社 2002年 476页

008452170

滨州市小康村志

山东省滨州市人民政府编 北京 方志出版社 1998年 301页

008452319

崔傅刘村志

崔傅刘村志编纂委员会编 北京 方志出版社 1995年 264页

012173685

滨城区政协志 1959—2008

中国人民政治协商会议滨州市滨城区委员会编 北京 中国文化出版社 2008年 772页

008452324

郝家居委会志

郝家居委会志编纂委员会编 北京 方志出版社 1998年 296页

009688211

胜利居委会志

滨州市胜利居委会志编纂委员会编 北京 中华书局 1998年 494页〔中华人民共和国地方志丛书〕

013789840

滨州市滨城区军事志 1840—2005

滨州市滨城区军事志编纂委员会编 济南 山东新华印刷厂 2011年 350页

011810883

滨州市工商行政管理志 送审稿

滨州市工商行政管理志编纂委员会编 滨州 滨州市工商行政管理志编纂委员会 200u 年 535 页

013955639

滨城区财政志 1988—2010

滨州市滨城区财政局编 刘殿君主修 张丽军主编 济南 山东省地图出版社 2013 年 447 页〔中华人民共和国地方志丛书〕

013308914

滨城区社会保险志

滨城区社会保险志编纂委员会编 济南 山东省地图出版社 2011 年 348 页〔中华人民共和国地方志丛书〕

011312469

滨城区教育志

滨城区教育志编纂委员会编 济南 山东省地图出版社 2007 年 698 页〔中华人民共和国地方志丛书〕

009442076

梁才乡教育志

滨州市梁才乡教育委员会编 滨州 滨州市梁才乡教育委员会 2002 年 202 页

012809900

滨州水利志

山东省滨州市水利志编纂委员会编 滨州 山东省滨州市水利志编纂委员会 2009 年 535 页

惠民县

007969323

惠民县志

山东省惠民县地方史志编纂委员会编 济南 齐鲁书社 1997 年 736 页〔中华人民共和国地方志丛书〕

013772881

惠民县军事志 1840—2005

惠民县军事志编纂委员会编 济南 惠民县军事志编纂委员会 2011 年 497 页

010010072

惠民县卫生志

山东省惠民县卫生局编 惠民 山东省惠民县卫生局 2002 年 323 页

阳信县

007755133

阳信县志

山东省阳信县史志编纂委员会编 济南 齐鲁书社 1995 年 590 页〔中华人民共和国地方志丛书〕

008452373

阳信县水利志

阳信县水利志编纂办公室编 滨州 山东

省滨州地区新闻出版局 1994 年 298 页

无棣县

007731448

无棣县志

山东省无棣县史志编纂委员会编 济南 齐鲁书社 1994 年 701 页〔中华人民共和国地方志丛书〕

012722959

无棣县志 1990—2007

无棣县地方史志编纂委员会编 北京 方志出版社 2010 年 876 页

010778950

无棣县人民法院志

李全昌主编 北京 人民法院出版社 2007 年 250 页〔基层人民法院文化建设丛书 3〕

014052363

无棣县工商行政管理志

无棣县工商行政管理局编 无棣 无棣县工商行政管理局 2012 年 538 页

009552878

无棣县盐业志

无棣县盐业局编著 济南 山东省地图出版社 2003 年 562 页

012662405

无棣县图书发行志

无棣县图书发行志编纂委员会编 无棣 无棣县图书发行志编纂委员会 2008 年 238 页

013510635

无棣县土壤志

山东省无棣县土壤普查办公室编 1986 年 201 页

沾化县

007588021

沾化县志

山东省沾化县地方史志编纂委员会编 济南 齐鲁书社 1995 年 627 页〔中华人民共和国地方志丛书〕

012723490

沾化县志 1988—2007

沾化县地方史志编纂委员会编 北京 方志出版社 2010 年 1056 页〔中华人民共和国地方志丛书〕

012612961

沾化县人口和计划生育志 1956—2008

沾化县人口和计划生育局编 沾化 沾化县人口和计划生育局 2009 年 378 页

012837824

沾化人大志 1987—2009

沾化县人大常委会编 济南 黄河出版社

2010年 673页〔齐鲁文化丛书〕

010731579
沾化政协志 1984—2006
政协沾化县委员会编 北京 中国文化出版社 2006年 578页

011292482
沾化县民政志 1942—1987
沾化县民政局编 沾化 沾化县民政局 1989年 275页

013797223
沾化县军事志 1840—2005
沾化县军事志编纂委员会编 济南 山东新华印刷厂 2012年 470页

012256565
沾化县广播电视志 1950—2007
沾化县广播电视局编 沾化 沾化县广播电视局 2008年 302页

008832104
山东省沾化县地名志
沾化县地名委员会办公室编 北京 海洋出版社 1988年 251页

009160040
沾化冬枣志
沾化冬枣志编纂委员会编 济南 山东省地图出版社 2000年 177页

博兴县

007482450
博兴县志
山东省博兴县史志编纂委员会编 济南 齐鲁书社 1993年 778页〔中华人民共和国地方志丛书〕

013702903
博兴县人大志
博兴县人大志编纂委员会编 济南 黄河出版社 2013年

011313037
博兴县政协志
政协博兴县委员会编 北京 中国文化出版社 2006年 540页

013090780
博兴县军事志 1840—2005
山东省博兴县军事志编纂委员会编 博兴 山东省博兴县军事志编纂委员会 2009年 759页

013991389
山东省博兴第一中学校志 1952—2002
山东省博兴第一中学校志编纂委员会编 2002年 216页

邹平县

008488423
邹平县志
山东省邹平县地方史志编纂委员会编 北京 中华书局 1992 年 989 页

011471171
柏家村志
李福林主编 北京 中国文化出版社 2008 年 526 页

011757609
大省村志
大省村志编纂委员会编 济南 华新出版社 2006 年 458 页

011757626
东尉村志
北京 中国文史出版社 2004 年 532 页〔邹平县村志文化书库〕

013897189
郭庄村志
郭庄村志编委会编 曲延庆 李福林主编 香港 中国文化出版社 2013 年 516 页

012877304
西王村志
西王村志编纂委员会编 北京 中华书局 2011 年 640 页

012970984
邹平县人大志 1949—2010
邹平县人大志编纂委员会编 济南 黄河出版社 2011 年 733 页

菏泽市

008636541
菏泽地区志
山东省菏泽地区地方史志编纂委员会编 济南 齐鲁书社 1998 年 964 页

007294765
菏泽市志
山东省菏泽市史志编纂委员会编 济南 齐鲁书社 1993 年 786 页〔中华人民共和国地方志丛书〕

013897271
菏泽地区宣传志 1949.8—1990.5
中共菏泽地委宣传部编 菏泽 中共菏泽地委宣传部 1992 年 270 页

012139190
菏泽地区纪律检查志

中共菏泽地区纪律检查委员会编 菏泽 中共菏泽地区纪律检查委员会 1990 年 189 页

011762055
菏泽市人民代表大会志
菏泽市人民代表大会常务委员会编 菏泽 菏泽市人大 1998 年 281 页

011068429
菏泽地区计划志 修改稿
菏泽地区计划委员会编 菏泽 菏泽地区计划委员会 1987 年 197 页

013990671
菏泽市工商行政管理志
菏泽市工商行政管理局编 菏泽 菏泽市工商行政管理局 2007 年 2 册 1250 页

013530957
菏泽地区粮食志
菏泽地区粮食局史志办公室编 菏泽 菏泽地区粮食局史志办公室 1989 年 400 页

009962098
菏泽地区水产志
山东省菏泽地区水产局编 北京 中国农业科技出版社 1992 年 289 页

010112116
菏泽地区农业志
山东省菏泽地区农业局编 北京 中国农业科技出版社 1990 年 406 页

013897263
菏泽地区农业机械化志
菏泽地区农机管理局编 1988 年 190 页

011319975
菏泽地区电业志
菏泽电业局史志办公室编 菏泽 菏泽电业局史志办公室 1987 年 303 页

011579997
菏泽地区电业志
菏泽市电业局史志办公室编 菏泽 菏泽市电业局 1987 年 301 页

010278333
菏泽市水利志
菏泽市水利志编纂委员会编 济南 济南出版社 1991 年 372 页

013683702
菏泽地区财政志
菏泽地区财政局编 葛新生 徐非主编 济南 齐鲁书社 1990 年 230 页

013335351
菏泽建行志
中国人民建设银行菏泽地区中心支行编 菏泽 中国人民建设银行菏泽地区中心支行 1989 年 279 页

012052435
新华书店菏泽店志 1949—2008
曹广建主编 菏泽 菏泽新华书店 2008年 320页

009387148
菏泽市档案志
菏泽市档案局(馆)编 菏泽 菏泽市档案局 1989年 127页

013926297
菏泽教育志 1986—2005
张修田编著 长春 吉林科学技术出版社 2012年 546页

011762063
菏泽地区教育志 1840—1985
山东省菏泽地区教育局史志办公室编 菏泽 菏泽地区教育局史志办公室 1992年 514页

011067693
菏泽地区体育志
菏泽地区体育运动委员会史志办公室编 济南 山东人民出版社 1991年 288页

012173881
菏泽市药品检验所所志 1961—2006
菏泽市药品检验所编 菏泽 菏泽市药品检验所 2006年 116页

013183502
菏泽市药品检验所所志 1961—2006
菏泽市药品检验所编 菏泽 菏泽市药品检验所 2006年 116页

011068512
菏泽县土壤志
菏泽县土壤普查办公室 菏泽县土壤肥料工作站编 菏泽 菏泽县土壤肥料工作站 1980年 177页

010278692
菏泽地区水利志
曹莲舫主编 南京 河海大学出版社 1994年 370页〔菏泽水利史志丛书〕

009676352
菏泽牡丹志
菏泽市地方史志办公室编 香港 银河出版社 2003年 164页

013704187
菏泽市城市建设志 征求意见稿
城建局史志办编 菏泽 菏泽市城建局史志办 1987年 1册

牡丹区

012846130
牡丹区志 1986—2005
菏泽市牡丹区地方志史志编委会编 北京 方志出版社 2010年 959页〔中

华人民共和国地方志丛书〕

012969374
牡丹区人大志 1949—2009
孙世平主编 北京 中央文献出版社 2009年 511页

009700281
牡丹区政协志
政协山东省菏泽市牡丹区委员会编 菏泽 政协山东省菏泽市牡丹区委员会 2003年 772页

013866408
菏泽市牡丹区第二十二初级中学校志 1982—2012
牡丹区第二十二初级中学校志编纂委员会编 北京 线装书局 2012年 434页

013897285
菏泽牡丹黄河志 1986—2005
牡丹黄河河务局编 郑州 黄河水利出版社 2013年 372页

曹县

008664533
曹县志
山东省曹县地方志编纂委员会编纂 北京 中华书局 2000年 724页〔中华人民共和国地方志丛书〕

013751471
曹县军事志 1840—2005
曹县军事志编纂委员会编 济南 曹县军事志编纂委员会 2010年 597页

单县

007981840
单县志
山东省单县地方史志编纂委员会编 济南 山东人民出版社 1996年 914页〔中华人民共和国地方志丛书〕

013771736
单县人民法院志 1940—2008
单县人民法院志编纂委员会编 香港 中国文化出版社 2009年 420页

009881028
单县城乡建设志
单县城乡建设志办公室编 单县 单县城乡建设志办公室 1987年 138页

012132610
单县邮电志
山东省单县邮电局史志编纂委员会编 单县 山东省单县邮电局史志编纂委员会 1999年 512页〔中华人民共和国地方志丛书〕

012658317
单县教育六十年志 1949—2009
单县教育六十年志编纂委员会编 北京

中国文化出版社 2009年 560页

011146896
中国民间文学集成 单县民间故事卷
山东省单县三套集成办公室编 1989年 436页

成武县

006567535
成武县志
山东省成武县史志编纂委员会编 济南 齐鲁书社 1992年 809页〔中华人民共和国地方志丛书〕

011496871
成武县志 1986—2005
山东省成武县地方史志编纂委员会编 北京 方志出版社 2007年 705页

011066924
成武县人大志 1981—1998
成武县人大常委会人大志编写组编 成武 成武县人大常委会人大志编写组 1999年 107页

010276027
成武县水利志
成武县水利局编 济南 济南出版社 1990年 234页

011757465
成武县税务志

成武县税务局编 成武 成武县税务局编 1989年 202页

012871839
伯乐文化志
山东省成武县政协编 成武 政协山东省成武县委员会 2008年 402页

012658254
成武县人民医院志 1949.10—2009.10
成武县人民医院志编纂委员会编 成武 成武县人民医院 2009年 388页

巨野县

008812489
巨野县志
山东省巨野县史志编纂委员会编 济南 齐鲁书社 1996年 718页〔中华人民共和国地方志丛书〕

011566176
巨野县图志
巨野县地方志办公室编 北京 中国文联出版社 2006年 397页

009561519
巨野镇村简志
巨野县地方史志办公室编 香港 银河出版社 2003年 571页

013752709
巨野县军事志 1840—2005

巨野县军事志编纂委员会编 济南 巨野
　县军事志编纂委员会 2009 年 321 页

010577453
巨野县城乡建设志
巨野县城乡建设委员会编 巨野 巨野县
　城乡建设委员会 1988 年 172 页

郓城县

007486929
郓城县志
山东省郓城县史志编纂委员会编 济南
　齐鲁书社 1992 年 755 页〔中华人民
　共和国地方志丛书〕

007885124
郓城县志
徐厚斌编撰 台北 汉生出版社 1997 年
　627 页

013511999
郓城县志 1986—2005
郓城县地方史志编纂委员会编 北京 方
　志出版社 2012 年 938 页〔中华人民
　共和国地方志丛书〕

009881313
郓城县乡村志
山东省郓城县人民政府主办 郓城县地
　方史志办公室编 北京 中国出版社
　2005 年 3 册

012052567
郓城县政协志
郓城县政协志编纂委员会编 北京 中国
　出版社 2006 年 506 页

013797216
郓城县军事志 1840—2005
郓城县军事志编纂委员会编 济南 山东
　新华印刷厂 2010 年 456 页

009881297
郓城县城乡建设志
山东省郓城县城乡建设委员会编 郓城
　山东省郓城县城乡建设委员会 1988
　年 157 页

011480480
郓城电业志 1934—2005
郓城电业志编纂委员会编 北京 中国出
　版社 2007 年 280 页

010200550
郓城师范志
山东省郓城师范学校编 香港 香港新时
　代出版社 2002 年 312 页

008832042
山东省郓城县地名志
郓城县地名委员会办公室编 郓城 郓城
　县地名委员会办公室 1990 年 730 页

011809777
郓城县卫生志

郓城县卫生志编纂委员会编 北京 中国出版社 2006年 397页

鄄城县

007819145
鄄城县志
山东省鄄城县史志编纂委员会编 济南 齐鲁书社 1996年 796页〔中华人民共和国地方志丛书〕

012954952
鄄城县政协志
鄄城县政协志编纂委员会编 鄄城 鄄城县政协志编纂委员会 2011年 512页

013774298
鄄城县军事志 前632—2005
鄄城县军事志编纂委员会编 济南 山东新华印刷厂 2010年 388页

010577024
鄄城人物志
邓忠印主编 北京 中国文史出版社 2004年 364页〔东方文化丛书〕

定陶县

008532104
定陶县志
山东省定陶县县志编纂委员会编 济南 齐鲁书社 1999年 792页〔中华人民共和国地方志丛书〕

012636886
定陶县政协志
张峰 吕玉杰主编 定陶 定陶县政协志编辑委员会 2009年 613页

009881037
定陶县城乡建设志
定陶县城乡建设委员会编 定陶 定陶县城乡建设委员会 1991年 252页

013771854
定陶县金融志
定陶县金融志编纂委员会编 定陶 定陶县金融志编纂委员会 1992年 129页

东明县

008486320
东明县志
山东省东明县志编纂委员会编 北京 中华书局 1992年 638页

012714095
东明县志 1986—2005
东明县地方史志编纂委员会编 北京 中华书局 2010年 770页〔中华人民共和国地方志丛书〕

011564522
东明县人大志 征求意见稿
东明县人大志编纂委员会编 东明 东明

县人大 2001年 628页

011431350
东明县人大志
东明县人大志编纂委员会编 北京 中华书局 2002年 411页

011757617
东明县政协志
杨芳相主编 香港 银河出版社 2004年 357页

010577408
东明县民政志
山东省东明县民政局民政志编辑组编 东明 山东省东明县民政局民政志编辑组 1989年 305页

013687414
东明县国土资源志
东明县国土资源志编纂委员会编 东明 东明县国土资源局 2012年 498页

010577510
东明县城乡建设志
东明县城乡建设环境保护委员会编 东明 东明县城乡建设环境保护委员会 1987年 150页

010265849
东明县水利志
东明县水利局编 东明 东明县水利局 1986年 153页

010278917
东明县水利志 1288—1995
东明县水利志编纂委员会 刘逢钦主编 王大伦 李松茂副主编 菏泽 山东省菏泽地区新闻出版局 1997年 484页

010577470
东明县财政志 1940.3—1983.12
山东省东明县财政局编 东明 山东省东明县财政局 1985年 166页

010577377
东明县科技志
山东省东明县科学技术委员会编 东明 山东省东明县科学技术委员会 1992年 304页

008452159
东明县地名志
山东省东明县地名委员会办公室编 东明 山东省东明县地名委员会办公室 1985年 388页

013702961
东明卫生志
东明卫生史志编纂委员会编 东明 东明卫生史志编纂委员会 2010年 542页

河南省

004129888
河南省志
邵文杰总纂 河南省地方史志编纂委员会编纂 郑州 河南人民出版社 1991年 65册

009412956
河南省志 财政志 初稿
河南省财政厅财政志编辑室编 河南 河南省财政厅财政志编辑室 1989年 2册

009879355
河南省志 出版志 征求意见稿
河南 1989年 368页

009879343
河南省志 出版志 送审稿
河南 1990年 325页

009879346
河南省志 大事记 1840—1919.4 初稿
郑州 河南省地方志编委会省志编辑部 1990年 130页

009879360
河南省志 大事记 1949—1987 初稿
河南省地方志编委会省志编辑部编 郑州 河南省地方志编委会省志编辑部 1992年 478页

009412960
河南省志 档案志 初稿
河南 1989年 202页

010254029
河南省志 地震志 终稿
河南省地震局编 河南 河南省地震局 1989年 1册

010277942
河南省志 供销合作社志 评审稿
河南 1990年 414页

009879369

河南省志 共产党志 征求意见稿

河南省志共产党志总编室编 郑州 河南省志共产党志总编室 1996年 518页

009412976

河南省志 军事志 讨论稿

河南省军区军事史志编辑室编 河南 河南省军区军事史志编辑室 1990年 3册

009412977

河南省志 粮食志 评审稿

河南省粮食志编纂委员会编辑室编 河南 河南省粮食志编纂委员会编辑室 1989年 2册

009887459

河南省志 粮油贸易志 1978—2000 评审稿

河南省粮油贸易志编辑室编 河南 河南省粮油贸易志编辑室 2002年 319页

009412984

河南省志 内河航运志 送审稿

河南省交通厅交通史志编纂委员会编 河南 河南省交通厅交通史志编纂委员会 1987年 125页

009887462

河南省志 轻工业志 送审稿

河南省轻工业厅编 河南 河南省轻工业厅 1989年 2册

008987800

河南省志 第21篇 人民代表大会志 单行本

邵文杰总纂 郑州 河南人民出版社 1988年 152页

009412993

河南省志 商业志 评审稿

河南省商业管理委员会商业志编辑室编 河南 河南省商业管理委员会商业志编辑室 1988年 247页

010251111

河南省志 水利志 评审稿

河南省水利史志编纂办公室编 河南 河南省水利史志编纂办公室 1988年 2册

009412995

河南省志 统计志

河南省统计局编 河南 河南省统计局 1992年 159页

011325443

河南省志 外事志 初稿

河南省人民政府外事办公室外事志编辑室编 河南 河南省人民政府外事办公室外事志编辑室 1987年 352页

009413003

河南省志 新闻篇 1898—1985 试写稿

河南省新闻史志编辑室编纂 河南 河南省新闻史志编辑室 1987年 176页

008581545

河南省志 第 1 卷 总述

邵文杰总纂 河南省地方史志编纂委员会编纂 郑州 河南人民出版社 1997 年 251 页

011745244

河南省志 第 2 卷 大事记

河南省地方史志编纂委员会编纂 郑州 河南人民出版社 1994 年 636 页

009043470

河南省志 第 3 卷 区域建置志 地貌山河志

河南省地方史志编纂委员会编纂 郑州 河南人民出版社 1994 年 477 页

009407964

河南省志 第 4 卷 黄河志

邵文杰总纂 河南省地方史志编纂委员会编纂 郑州 河南人民出版社 1991 年 339 页

011745447

河南省志 第 5 卷 地质矿产志

河南省地方史志编纂委员会编纂 郑州 河南人民出版社 1993 年 445 页

011745487

河南省志 第 6 卷 气象志 地震志

河南省地方史志编纂委员会编纂 郑州 河南人民出版社 1993 年 350 页

009407973

河南省志 第 7 卷 植物志

邵文杰总纂 河南省地方史志编纂委员会编纂 郑州 河南人民出版社 1993 年 473 页

008686001

河南省志 第 8 卷 动物志

河南省地方史志编纂委员会编纂 郑州 河南人民出版社 1992 年 370 页

011882488

河南省志 第 9 卷 人口志 民族志 宗教志

邵文杰总纂 河南省地方史志编纂委员会编纂 郑州 河南人民出版社 1994 年 531 页

009043423

河南省志 第 10 卷 民俗志

河南省地方史志办公室编纂 郑州 河南人民出版社 1995 年 543 页

008686014

河南省志 第 11 卷 方言志

河南省地方史志办公室编纂 郑州 河南人民出版社 1995 年 296 页

009407960

河南省志 第 12 卷 地名志

邵文杰总纂 河南省地方史志编纂委员会编纂 郑州 河南人民出版社 1993 年 372 页

008581895
河南省志 第13卷 共产党志
邵文杰总纂 河南省地方史志编纂委员会编纂 郑州 河南人民出版社 1997年 583页

008581889
河南省志 第14卷 民主党派志 工商业联合会志 国民党志
邵文杰总纂 河南省地方史志编纂委员会编纂 郑州 河南人民出版社 1997年 1册

011745658
河南省志 第15卷 人民代表大会志 人民政治协商会议志
河南省地方史志编纂委员会编纂 郑州 河南人民出版社 1992年 295页

008581893
河南省志 第16卷 政府志
邵文杰总纂 河南省地方史志编纂委员会编纂 郑州 河南人民出版社 1997年 562页

011745724
河南省志 第17卷 民政志
河南省地方史志编纂委员会编纂 郑州 河南人民出版社 1993年 319页

011745743
河南省志 第18卷 劳动人事志
河南省地方史志编纂委员会编纂 郑州 河南人民出版社 1991年 372页

009043270
河南省志 第19卷 公安志 第27篇 检察志
河南省地方史志编纂委员会编纂 郑州 河南人民出版社 1994年 332页

011745779
河南省志 第20卷 审判志 司法行政志
河南省地方史志编纂委员会编纂 郑州 河南人民出版社 1993年 312页

011746343
河南省志 第21卷 外事志 侨务志 旅游志
河南省地方史志编纂委员会编纂 郑州 河南人民出版社 1993年 431页

008422561
河南省志 第22卷 军事志
邵文杰总纂 河南省地方史志编纂委员会编纂 郑州 河南人民出版社 1995年 726页

008486576
河南省志 第23卷 工人运动志 农民运动志
邵文杰总纂 河南省地方史志编纂委员会编纂 郑州 河南人民出版社 1997年 1册

011746382
河南省志 第24卷 青年运动志 妇女运动志
河南省地方史志编纂委员会编纂 郑州 河南人民出版社 1993年 356页

011746396
河南省志 第25卷 农业志
河南省地方史志编纂委员会编纂 郑州 河南人民出版社 1993年 457页

009043316
河南省志 第26卷 林业志 畜牧志
河南省地方史志编纂委员会编纂 郑州 河南人民出版社 1994年 532页

011746416
河南省志 第27卷 水利志
河南省地方史志编纂委员会编纂 郑州 河南人民出版社 1994年 373页

011746477
河南省志 第28卷 纺织工业志
河南省地方史志编纂委员会编纂 郑州 河南人民出版社 1993年 345页

008413351
河南省志 第29卷 食品工业志 烟草工业志 造纸、印刷、包装工业志 日用硅酸盐工业志
邵文杰总纂 河南省地方史志编纂委员会编纂 郑州 河南人民出版社 1995年 1册

008413405
河南省志 第30卷 日用化学工业志 耐用消费品工业志 皮革、塑料、家具工业志 工艺美术品、文化体育用品工业志
邵文杰总纂 河南省地方史志编纂委员会编纂 郑州 河南人民出版社 1994年 1册 20页

011746497
河南省志 第31卷 煤炭工业志
河南省地方史志编纂委员会编纂 郑州 河南人民出版社 1991年 312页

011746512
河南省志 第32卷 电力工业志
河南省地方史志编纂委员会编纂 郑州 河南人民出版社 1991年 316页

008581892
河南省志 第33卷 石油工业志 化学工业志
邵文杰总纂 河南省地方史志编纂委员会编纂 郑州 河南人民出版社 1997年 1册

011746524
河南省志 第34卷 冶金工业志 建筑材料工业志
河南省地方史志编纂委员会编纂 郑州 河南人民出版社 1992年 457页

008686019
河南省志 第35卷 机械工业志 电子工

业志
邵文杰总纂 河南省地方史志编纂委员会编纂 郑州 河南人民出版社 1995年 1册 14页

008686063
河南省志 第36卷 乡镇企业志
河南省地方史志编纂委员会编纂 郑州 河南人民出版社 1995年 233页

011748412
河南省志 第37卷 铁路交通志 民用航空志
河南省地方史志编纂委员会编纂 郑州 河南人民出版社 1991年 388页

011748405
河南省志 第38卷 公路交通志 内河航运志
河南省地方史志编纂委员会编纂 郑州 河南人民出版社 1991年 369页

011746561
河南省志 第39卷 邮电志
河南省地方史志编纂委员会编纂 郑州 河南人民出版社 1993年 341页

011746574
河南省志 第40卷 城乡建设志 环境保护志
河南省地方史志编纂委员会编纂 郑州 河南人民出版社 1993年 325页

009043340
河南省志 第41卷 建筑志 测绘志
河南省地方史志编纂委员会编纂 郑州 河南人民出版社 1994年 530页

011746602
河南省志 第42卷 商业志 供销合作社志
河南省地方史志编纂委员会编纂 郑州 河南人民出版社 1993年 570页

008686004
河南省志 第43卷 对外经济贸易志 进出口商品检验志
邵文杰总纂 河南省地方史志编纂委员会编纂 郑州 河南人民出版社 1995年 366页

011746618
河南省志 第44卷 粮油贸易志 物资管理志
河南省地方史志编纂委员会编纂 郑州 河南人民出版社 1993年 534页

011747007
河南省志 第45卷 财政志 审计志
河南省地方史志编纂委员会编纂 郑州 河南人民出版社 1994年 706页

011746628
河南省志 第46卷 金融志
河南省地方史志编纂委员会编纂 郑州 河南人民出版社 1992年 350页

011746637
河南省志 第47卷 物价志
河南省地方史志编纂委员会编纂 郑州 河南人民出版社 1994年 345页

008486577
河南省志 第48卷 工商行政管理志 计量志 标准化志
邵文杰总纂 河南省地方史志编纂委员会编纂 郑州 河南人民出版社 1997年 1册

008486579
河南省志 第49卷 计划志 统计志 人民生活志
邵文杰总纂 河南省地方史志编纂委员会编纂 郑州 河南人民出版社 1997年 1册

011746907
河南省志 第50卷 教育志
河南省地方史志编纂委员会编纂 郑州 河南人民出版社 1993年 590页

008413401
河南省志 第51卷 社会科学志
邵文杰总纂 河南省地方史志编纂委员会编纂 郑州 河南人民出版社 1995年 349页

008413402
河南省志 第52卷 科学技术志
邵文杰总纂 河南省地方史志编纂委员会编纂 郑州 河南人民出版社 1995年 926页

008413292
河南省志 第53卷 文化志 档案志
河南省地方史志编纂委员会编纂 郑州 河南人民出版社 1994年 644页

011746920
河南省志 第54卷 新闻报刊志 广播电视志
河南省地方史志编纂委员会编纂 郑州 河南人民出版社 1994年 422页

008685957
河南省志 第55卷 出版志
河南省地方史志办公室编纂 郑州 河南人民出版社 1995年 281页

008581879
河南省志 第56卷 著述志
邵文杰总纂 河南省地方史志编纂委员会编纂 郑州 河南人民出版社 1997年 649页

011746949
河南省志 第57卷 文物志
河南省地方史志编纂委员会编 郑州 河南人民出版社 1993年 791页

011746973
河南省志 第58卷 卫生志 医药志
河南省地方史志编纂委员会编纂 郑州

河南人民出版社 1993 年 477 页

011746994
河南省志 第 59 卷 体育志
河南省地方史志编纂委员会编纂 郑州 河南人民出版社 1993 年 443 页

008581891
河南省志 第 60—61 卷 人物志（传记）
邵文杰总纂 河南省地方史志编纂委员会编纂 郑州 河南人民出版社 1997 年 2 册

008581890
河南省志 第 62 卷 人物志（简介）
邵文杰总纂 河南省地方史志编纂委员会编纂 郑州 河南人民出版社 1997 年 696 页

009043384
河南省志 第 63 卷 人物志（表）
河南省地方史志办公室编纂 郑州 河南人民出版社 1995 年 348 页

008424359
河南省志 第 64 卷 市地县概况
邵文杰总纂 河南省地方史志编纂委员会编纂 郑州 河南人民出版社 1995 年 647 页

008581882
河南省志 第 65 卷 附录
邵文杰总纂 河南省地方史志编纂委员会编纂 郑州 河南人民出版社 1997 年 418 页

011579994
河南省志 第 66 卷 电信分志 1978—2000
中国网通（集团）有限公司河南省分公司史志编辑室编 郑州 中国网通（集团）有限公司河南省分公司史志编辑室 2006 年 159 页〔河南省志资料系列丛书〕

009204320
第二届河南省志人物志候选人物名录
河南省地方史志办公室人物志编辑室编 郑州 河南省地方史志办公室人物志编辑室 2001 年

008426110
河南省大事记 1949.3—1990.12 平原省大事记 1949.8—1952.11
李振华主编 河南省地方史志编纂委员会 郑州 河南人民出版社 1993 年 660 页

008987689
河南统计志 1949—1987
陈善书主编 河南省统计局编 河南 河南省统计局 1998 年 272 页

009887231
河南青年运动志 初稿
共青团河南省委 郑州 共青团河南省委

1990年 1册

013683700
河南省政府志 1978—2000
河南省政府志编辑室编 河南 河南省政府志编辑室 2002年 529页

013129117
河南省政府志资料手册 远古—2008
杜冠章等主编 欧阳俊斌副主编 河南省人民政府办公厅编 郑州 河南省人民政府办公厅 2009年 930页〔河南省志资料系列丛书〕

008987287
河南省政协志
河南省政协志编辑室编 郑州 中国人民政治协商会议河南省委员会文史资料委员会 1990年 225页

008987302
河南九三志
戚建庄主编 开封 河南大学出版社 2002年 777页

008422407
河南检察志 1950—1985
河南检察志编辑室编 郑州 河南省人民检察院检察志编辑室 1985年 178页

014032662
河南省监狱志
河南省监狱志编纂委员会编著 郑州 河南省监狱志编纂委员会 2011年 2册〔河南省监狱志系列丛刊〕

008987295
河南省防空志
河南省人民防空办公室编 河南 河南省人民防空办公室 1995年 258页

010243968
中国武警志 河南省总队志 1951.1—1999.12
中国人民武装警察部队河南省总队史志编审委员会编 中国人民武装警察部队河南省总队史志编审委员会 2003年 531页

013222125
河南工商行政管理志 初稿
河南工商行政管理局编 河南 河南工商行政管理局 1984年 266页

012265007
河南省审计志
河南省审计志编纂委员会编 郑州 海燕出版社 2009年 899页

009887448
河南省乡镇企业志 初稿
河南省乡镇企业志编辑室编 河南 河南省乡镇企业志编辑室 1988年 287页

009412911
河南省城建史志稿选编

河南省建设厅城建志编辑室编 河南 河
　　南省建设厅 1987 年 2 册

009527419
河南粮食志专题资料选编(建国前部分)
河南粮食志编辑室编 郑州 河南粮食志
　　编辑室 1986 年 338 页

010250812
河南省水产志 初稿
河南省水利厅水产局编 河南 河南省水
　　利厅水产局 1986 年 371 页

013626591
河南省农业科研志 1948—1985
河南省农业科学院地方志办公室 河南
　　省农业科学院办公室编 郑州 河南省
　　农业科学院地方志办公室 河南省农
　　业科学院办公室 1991 年 516 页

009685193
河南煤炭工业劳动工资志 1949—1985
李廷赟主编 煤炭部河南煤管局劳动工
　　资处 河南省煤炭厅劳动工资处编 郑
　　州 煤炭部河南煤管局 1987 年
　　393 页

012680059
河南省电力工业志 1988—2002
河南省电力工业志编纂委员会编 北京
　　中国电力出版社 2010 年 743 页〔中
　　国电力工业志丛书〕

009232346
河南省电力工业志
河南省电力工业志编委会编 北京 水利
　　电力出版社 1992 年 413 页〔中国电
　　力工业志丛书〕

009887240
河南省机械工业志 仪器仪表专志 征求意见稿
河南省机械电子工业厅编 河南 河南省
　　机械电子工业厅 1987 年 99 页

008666856
河南省医药志 评审稿
河南省医药管理局医药志编辑室编 河
　　南 河南省医药管理局医药志编辑室
　　1989 年

014032665
河南烟草志 征求意见稿
河南烟草志编纂委员会编 郑州 河南省
　　烟草志编纂委员会 2011 年 5 册

009685367
河南冶金志资料汇编
河南省冶金建材工业厅冶金志编辑室
　　郑州 河南省冶金建材工业厅冶金志
　　编辑室 1987 年 4 册

008987189
河南省交通史志资料汇编 地方铁路篇 1959—1982
河南省交通厅交通史志编辑办公室编

郑州 河南省交通厅交通史志编辑办公室 1985年

008987190

河南省交通史志资料汇编 公路篇
1957—1966
河南省交通厅交通史志编辑办公室编 郑州 河南省交通厅交通史志编辑办公室 1984年

008987192

河南省交通史志资料汇编 航运篇
河南省交通史志航运编写组编 郑州 河南省交通史志航运编写组 1983—1993年 5册

009240638

河南民航志
中国民用航空河南省管理局编 郑州 中国民用航空河南省管理局 1987年 164页

009001275

河南邮电概况
河南邮电史志编纂委员会编 北京 人民邮电出版社 1995年〔河南省邮电史志丛书〕

008987293

河南省化工公司志 1953—1985
河南省化工公司编 河南 河南省化工公司 1989年 259页

008421340

河南粮食志 粮油工业篇 初稿
河南粮食志编纂委员会编 郑州 河南粮食志编纂委员会 1990年 287页

010777236

河南省粮食志
河南省粮食志编纂委员会编 北京 中国商业出版社 1997年 256页

008582934

河南省粮食志 大事记
河南省粮食志编纂委员会编 北京 中国商业出版社 1997年 373页

008987289

河南省粮食志 基本建设志
河南省粮食志编纂委员会编 北京 中国商业出版社 1994年 193页

008582977

河南省粮食志 粮油工业志
河南省粮食志编纂委员会编 北京 中国商业出版社 1994年 293页

008583012

河南省粮食志 饲料志
河南省粮食志编纂委员会编 北京 中国商业出版社 1997年 382页

008421348

河南省粮食志专题资料 粮食仓储
河南省粮食公司编 河南 河南省粮食公

司 1987年 140页

009808422
河南出口商品志 初稿
河南省对外经济贸易委员会经贸志编辑室编 河南 河南省对外经济贸易委员会 1985年 370页

011564801
河南出口商品志
河南省对外经济贸易委员会经贸志编辑室编 河南 河南省对外经济贸易委员会 198u年 115页

012832045
河南省对外经济贸易志 1950—2005
河南省对外经济贸易志编纂委员会编 郑州 河南人民出版社 2010年 804页

009251572
河南省石油商业志
河南省石油公司 河南省石油商业志编纂委员会编 郑州 中州古籍出版社 1993年 343页

012611046
河南省地方税务志 1994—2005
河南省地方税务志编委会编 郑州 河南人民出版社 2010年 960页〔河南省志系列资料丛书〕

008413393
河南省税务志
河南省税务局 河南省地方史志编纂委员会编纂 郑州 中州古籍出版社 1995年 752页

008421442
河南省税务志 1840—1990
河南省地方史志编纂委员会 河南省税务局合编 郑州 河南省税务局 1991年 3册 1035页

011579979
河南省金融志 续志 1978—2000 评审稿
河南省金融志总编室编 郑州 2004年 225页

009412870
河南省农村金融志
许家富总纂 河南农村金融志编纂委员会编纂 王祥林 康自强主编 郑州 中州古籍出版社 1996年 694页

013990669
河南省人民银行志 1998—2012
计承江主编 庞贞燕 刘明章副主编 郑州 中州古籍出版社 2013年 966页

009311344
中国银行河南省分行行志 1975.10—1995.10
中国银行河南省分行行志编纂委员会

编 郑州 中国银行河南省分行行志编纂委员会 1995年 127页

008972073
河南省保险志
河南省保险志编纂委员会编 郑州 中州古籍出版社 2001年 799页

013704180
河南省文化志资料选编
河南省文化厅文化志编辑室编 郑州 河南省文化厅文化志编辑室 198u年

013129112
河南省师范院校图书馆志略
苏全有主编 郑州 中州古籍出版社 2011年 2册

010252879
河南图书馆事业志
宋学清主编 北京 中国致公出版社 2001年 300页〔图书馆治学文集〕

009879317
河南省科学技术志 1978—2000
河南省科学技术志编纂委员会编 北京 中国宇航出版社 2005年 805页

013897258
河南教研志 2003—2013
河南省基础教育教学研究室编 郑州 大象出版社 2013年 287页

009319762
河南教研志 河南省基础教育教学研究室五十年史册 1953—2003
河南省基础教育教学研究室编 郑州 大象出版社 2003年 322页

005543394
河南方言资料
卢甲文 胡曜汀 贾文 河南省地方志编纂委员会总编辑室编 郑州 河南人民出版社 1984年 178页〔河南地方志资料丛编 4〕

007836272
河南戏曲史志资料辑丛
中国戏曲志河南卷编委会编 1988年

009649041
中国歌谣集成 第10卷 河南卷
中国民间文学集成全国编辑委员会 中国歌谣集成河南卷编辑委员会编 北京 中国ISBN中心 2003年 805页

012197243
中国谚语集成 第21卷 河南卷
中国民间文学集成全国编辑委员会 中国民间文学集成河南卷编辑委员会编 北京 中国ISBN中心 2006年 1140页

011579944
河南工艺美术图志
杨杰主编 河南省民间文艺家协会编 郑

州 海燕出版社 2002 年 193 页

008707622
中国民间歌曲集成 第 9 卷 河南卷
中国民间歌曲集成全国编辑委员会 中国民间歌曲集成河南卷编辑委员会编 北京 中国 ISBN 中心 1997 年 1238 页〔十部文艺集成志书〕

008853358
中国戏曲音乐集成 河南卷 征求意见稿
中国民族音乐集成河南省编辑办公室编 郑州 中国民族音乐集成河南省编辑办公室 1982 年

008592635
中国戏曲音乐集成 第 9 卷 河南卷
中国戏曲音乐集成编辑委员会 中国戏曲音乐集成河南卷编辑委员会编 北京 中国 ISBN 中心 1993 年 2 册 1955 页〔十部文艺集成志书〕

008707355
中国曲艺音乐集成 第 10 卷 河南卷
中国曲艺音乐集成全国编辑委员会 中国曲艺音乐集成河南卷编辑委员会编 北京 中国 ISBN 中心 1996 年 2 册 1916 页〔十部文艺集成志书〕

008707678
中国民族民间器乐曲集成 第 5 卷 河南卷
中国民族民间器乐曲集成全国编辑委员会 中国民族民间器乐曲集成河南卷编辑委员会编 北京 中国 ISBN 中心 1997 年 2 册〔十部文艺集成志书〕

006080075
中国民族民间舞蹈集成 第 17 卷 河南卷
中国民族民间舞蹈集成编辑部编 北京 中国 ISBN 中心 1993 年 2 册 1326 页〔十部文艺集成志书〕

009414284
中国曲艺志 河南卷 初审稿
中国曲艺志河南卷编辑部编 中国曲艺志河南卷编辑部 1991 年 12 册

008241848
中国曲艺志 第 2 卷 河南卷
中国曲艺志全国编辑委员会 中国曲艺志河南卷编辑委员会编 北京 中国 ISBN 中心 1995 年 744 页〔十部文艺集成志书〕

010577442
中国戏曲志 河南卷 传记 送审稿
中国戏曲志河南卷编辑部编 1988 年 155 页

007542191
中国戏曲志 河南卷
中国戏曲志编辑委员会编 北京 文化艺术出版社 1992 年 810 页〔十部文艺

集成志书〕

009864579
河南电影志 1909—1987
河南省文化厅文化志编辑室 河南省电影公司编 郑州 河南省文化厅文化志编辑室 2000年 305页

009412947
河南省民族志 初稿
河南 1986年 1册

004624409
河南新方志初稿选编
河南省地方史志编纂委员会编 郑州 1985年

013990667
河南连姓志
连殿卿主编 河南连姓文化研究会编 2010年 757页

011579955
河南劳动模范志
张明玉主编 中共河南省委党校党史部 河南省中共党史学会编 郑州 河南省新闻出版局 2002年

012541672
河南劳动模范志 2008
河南省中共党史学会 河南省党校文献情报学会编 北京 中国文史出版社 2009年 908页

009204394
河南修志人物录
河南省地方史志编纂委员会编纂 郑州 河南省地方史志编纂委员会 1993年 428页

012970975
中原崛起之星 河南英模志
河南省地方史志编委会编 郑州 中州古籍出版社 2011年 594页

011294610
河南书画名家志
河南省地方史志办公室 河南省书法家协会 河南省美术家协会编 郑州 中州古籍出版社 2000年 766页

009412930
河南省文物志选稿
河南省文化厅文物志编辑室编 郑州 河南省文化厅文物志编辑室 1984年

012173869
河南文物志
河南省文物局编 北京 文物出版社 2009年 3册

002370579
河南风物志
胡世厚等编 郑州 河南人民出版社 1985年 464页〔中国风物志丛书〕

007591717
河南地理志
王文楷 毛继周 陈代光等编著 河南省地方史志编纂委员会编 郑州 河南人民出版社 1990年 469页

009959823
河南省地震监测志
河南省地震局编 北京 地震出版社 2005年 361页〔中国地震监测志系列〕

011762050
河南省水文志
河南省水文志编纂委员会编 郑州 河南省水文水资源局 2000年 307页

008426819
河南省地质矿产志
河南省地质矿产厅地质矿产志编辑委员会编 北京 中国展望出版社 1992年 2册 1418页

008420760
河南植物志
丁宝章 王遂义 高增义主编 郑州 河南人民出版社 1981年

013045586
河南菌物志
林晓民 赵永谦 陈根强 王少先著 北京 中国农业出版社 2011—2012年 2册

009348673
河南啮齿动物志
路纪琪 吕国强 李新民主编 郑州 河南科学技术出版社 1997年 456页

012898560
河南蜘蛛志 蛛形纲 蜘蛛目
朱明生 张保石编著 河南省农业科学院植物保护研究所 河南省植物保护研究学会主编 北京 科学出版社 2011年 560页

012811404
河南昆虫志 鳞翅目 刺蛾科 枯叶蛾科 舟蛾科 灯蛾科 毒蛾科 鹿蛾科
武春生 方承莱编著 北京 科学出版社 2010年 614页

012191941
河南昆虫志 鳞翅目 螟蛾总科
李后魂 任应党等著 河南省农业科学院植物保护研究所 河南省植物保护学会主编 北京 科学出版社 2009年 536页

012265002
河南昆虫志 膜翅目 姬蜂科
盛茂领 孙淑萍著 河南省农业科学院植物保护研究所 河南省植物保护学会主编 北京 科学出版社 2009年 340页

008666076

河南昆虫志 鞘翅目

祝长清 朱东明 尹新明主编 沈祥林副主编 河南省昆虫学会编 郑州 河南科学技术出版社 1999年 466页

014030863

河南昆虫志 区系及分布

申效诚 任应党 牛瑶等编著 河南省农业科学院植物保护研究所 河南省植物保护学会主编 北京 科学出版社 2014年 1325页

012264989

河南昆虫志 双翅目 舞虻总科

杨定等著 河南省农业科学院植物保护研究所 河南省植物保护学会主编 北京 科学出版社 2010年 418页

008987056

河南农业昆虫志

于思勤 孙元峰主编 北京 中国农业科技出版社 1993年 576页

008666051

河南森林昆虫志

河南省林业厅主编 郑州 河南科学技术出版社 1988年 545页

012898556

河南蜻蜓志 蜻蜓目

王治国编著 郑州 河南科学技术出版社 2007年 194页

011890812

河南直翅类昆虫志 螳螂目 蜚蠊目 等翅目 直翅目 蜻目 革翅目

王治国 张秀江主编 郑州 河南科学技术出版社 2007年 566页

009251577

河南省医药卫生学会志

河南省医药卫生学会志编纂领导小组编 河南 1987年 416页

012635706

大别山药物志略

河南羚锐制药股份有限公司编著 郑州 河南科学技术出版社 2010年 510页

009010161

河南中药志 审订稿

河南中药志编委会编 郑州 河南中药志编委会 1985年

010577254

河南土种志

河南省土壤肥料工作站 河南省土壤普查办公室编 北京 中国农业出版社 1995年 525页

008427158

河南省经济植物病害志

王守正主编 郑州 河南科学技术出版社 1994年 461页

009381345

河南农田杂草志

丁宝章等主编 郑州 河南科学技术出版社 1991年 467页

009310458

河南小麦品种志

河南小麦品种志编审委员会编 郑州 河南科学技术出版社 1983年 262页

013183487

河南省花生品种志 讨论稿

河南省农林科学院经济作物所编 河南 河南省农林科学院经济作物所 1983年 1册

010735938

河南蔬菜优良品种志

河南蔬菜优良品种志协作组编 郑州 河南科学技术出版社 1986年 326页

009414035

中州古树志

中州古树研究课题组编 河南 中州古树研究课题组 1986年 134页

008392556

河南古树志

卢炯林主编 河南古树志编写组编 郑州 河南科学技术出版社 1988年 163页

008666791

泡桐图志

河南省革命委员会农林局 河南省革命委员会外贸局 河南农学院泡桐研究组编 河南 河南省革命委员会 1975年 60页

008427903

河南省地方优良畜禽品种志

河南省家畜家禽品种志编辑委员会编 郑州 河南科学技术出版社 1986年 113页

009251575

河南省畜禽疫病志

河南省畜牧局编 郑州 河南科学技术出版社 1993年 372页

013667174

中国油气田开发志 第16卷 中原油气区卷

中国油气田开发志总编纂委员会编 北京 石油工业出版社 2011年 591页

013667177

中国油气田开发志 第16卷 中原油气区油气田卷

中国油气田开发志总编纂委员会编 北京 石油工业出版社 2011年 1149页

013667180

中国油气田开发志 第17卷 河南油气区卷

中国油气田开发志总编纂委员会编 北京 石油工业出版社 2011年 515页

007311042
河南黄河志
黄河水利委员会黄河志总编辑室编 郑州 黄河水利委员会黄河志总编辑室 1986年 519页

012097417
河南黄河志 1984—2003
河南黄河河务局编 郑州 黄河水利出版社 2009年 551页

012638854
河南省社会科学著述志 1986—2000
王耀主编 郑州 河南人民出版社 2009年 230页

郑州市

009992229
郑州矿区志
郑州矿区志编纂委员会编 郑州 中州古籍出版社 2005年 531页

008421323
郑州市志
郑州市地方史志编纂委员会编 郑州 中州古籍出版社 1997年

010280219
郑州志 荥阳卷
齐岸青主编 古都郑州文化丛书编纂委员会编 郑州 中州古籍出版社 2006年 5册〔古都郑州文化丛书〕

009889470
郑州志 又两种
齐岸青主编 古都郑州文化丛书编纂委员会编 郑州 中州古籍出版社 2005年 4册〔古都郑州文化丛书〕

009959991
花园口乡志 征求意见稿 一稿
花园口乡方志组编写 郑州 郑州市郊区志编纂委员会 1985年 284页

012719186
兰寨村志 1637—2003
郑州高新区石佛办事处兰寨村编志组编 郑州 郑州高新区石佛办事处兰寨村编志组 2010年 337页

008846166
南五里堡村志
南五里堡村志编纂委员会编 北京 方志出版社 1999年 470页

008057179
郑州工会志
王宝善主编 郑州工会志总编室编 郑州 中州古籍出版社 1990年 530页

009332627
郑州铁路局工会志 1919—1996
郑州铁路局工会志编纂委员会编 北京 中国铁道出版社 1998年 302页

008425111
郑州妇女志
郑州 河南人民出版社 1989年 218页

001691615
新中国第一志
新中国第一志编写组编 郑州 河南人民出版社 1986年 539页

009251607
郑州人事志
卢书珍主编 郑州市劳动人事志编纂委员会编 郑州 中州古籍出版社 1990年 422页〔郑州市志丛书〕

013148921
郑州市行政监察志 1950—1959/1988—1993
郑州市监察局编 郑州 郑州市监察局 1993年 89页

013686615
郑州市民政工业志 未定稿
郑州市民政工业公司编志组编 郑州 郑州市民政工业公司编志组 1985年 71页

009889462
郑州市民政志 征求意见稿
郑州市民政志办公室编 郑州 郑州市民政志办公室 1992年 2册

013012677
郑州市社会福利院院志
郑州 郑州市社会福利院 2004年 101页

011480538
郑州市收容遣送站志
郑州市收容遣送站编 郑州 郑州市收容遣送站 2002年 462页

009414022
郑州市外事志
郑州市外事办公室编 郑州 郑州市外事办公室 2002年 149页

011310749
郑州法院志 1913—1985
河南省郑州市中级人民法院郑州法院志编辑室编 郑州 河南省郑州市中级人民法院郑州法院志编辑室 1987年 389页

009391368
郑州检察志 1911—1985
平俊杰主编 康督军副主编 河南省郑州市人民检察院郑州检察志编辑室 郑州 郑州市人民检察院 1988年 413页

013661602
郑州检察志 1986—2003
郑州市人民检察院编 郑州 郑州市人民检察院 2007年 438页

013148926
郑州司法志
郑州市司法局编 郑州 郑州市司法局 1986年 202页

011954208
河南省郑州少年管教所志 1984—2001
河南省郑州少年管教所志编纂委员会编 郑州 河南省郑州少年管教所 2007年 438页〔河南省监狱志系列丛书〕

010778493
郑州市监狱志 1993—2003
郑州市监狱志编纂委员会编 郑州 郑州市监狱志编纂委员会 2005年 284页〔河南省监狱志系列丛书〕

009864653
郑州市工商行政管理志 1991—2000
李哲宏主编 郑州 河南人民出版社 2005年 371页

013735940
郑州市审计志 1983—2009
郑州市审计志编纂委员会编 北京 中国时代经济出版社 2012年 490页

007654343
郑州劳动志
郑州市劳动人事志编纂委员会编 郑州 中州古籍出版社 1990年 378页〔郑州市志丛书〕

008425904
郑州市物资志 1953—1985
郑州市物资局物资志编纂委员会编 郑州 郑州市物资局物资志编纂委员会 1986年 298页

012758890
河南立新监理咨询有限公司公司志 1993—2008
河南立新监理咨询有限公司公司志编委会编 河南 河南立新监理咨询有限公司公司志编委会 2009年 173页

009413897
郑州房地志 1840—1990 讨论稿
郑州市房地志编纂委员会编 郑州 郑州市房地志编纂委员会 1996年 551页〔郑州市志丛书〕

009814295
郑州房地志 1840—1994 评审稿
郑州市房地志编纂委员会编 郑州 中州古籍出版社 1996年 739页〔郑州市志丛书〕

008424748
郑州矿务局房地志 1951—1994

马民喜主编 郑州矿务局房地志编纂委员会编 郑州 中州古籍出版社 1996年 355 页〔郑州房地志丛书〕

009814436
郑州市城乡建设志 送审稿
郑州市建设委员会编 郑州 郑州市建设委员会 19uu年 823 页

010244056
郑州市管城建设综合开发总公司志
朱占通主编 北京 中国经济文化出版社 2004年 208 页

009413939
郑州市建设志
郑州市建设委员会编 郑州 中州古籍出版社 2005年 606 页

009414020
郑州市土地志
刘国喜 王玉学主编 郑州 河南科学技术出版社 1996年 506 页〔郑州市土地志丛书 1〕

009879339
河南省郑州种畜场志
欧阳雅连主编 郑州 河南人民出版社 2005年 393 页

013012673
郑州林业志 综合卷 1978—2008
郑州林业志编纂委员会编 郑州 中州古籍出版社 2009年 400 页

011571315
郑州市园艺场志 1933—1985
郑州市园艺场志编辑小组编 郑州 郑州市园艺场志编辑小组 1989年 343 页

009251016
[郑州纺织机械厂] 厂志 1949—1985
郑州纺织机械厂厂志编纂委员会编 郑州 郑州纺织机械厂厂志编辑室 1990年 580 页

014030786
[郑州纺织机械厂] 厂志 1986—2002
国营郑州纺织机械厂厂志编纂办公室编 郑州 郑州纺织机械厂厂志编辑室 2007年 605 页

008666860
[郑州面粉厂] 厂志 1953—1986
国营郑州面粉厂厂志编纂办公室编 郑州 国营郑州面粉厂 1988年 378 页

009887218
第二砂轮厂厂志 1953—1985 初稿
第二砂轮厂厂志编辑委员会编 1986年

009768312
二砂厂志 1953—1985
第二砂轮厂厂志编辑室编 郑州 第二砂轮厂 1986年 457 页

009768339
河南第一新华印刷厂厂志 1958—1987
厂志编辑室编 郑州 河南第一新华印刷厂 1993年 433页

011579963
河南日报印刷厂厂志 1948.11—1989.5
河南日报印刷厂厂志编纂小组编 开封 河南日报印刷厂 1989年 170页

014030865
河南省第五建筑安装工程有限公司志 1953—2003
河南省第五建筑安装工程有限公司志编委会编 2003年 226页

013683699
河南省第一建筑工程集团有限责任公司志 第1卷 1951—1985
河南省第一建筑工程集团有限责任公司编辑室编 郑州 河南省第一建筑工程集团有限责任公司编辑室 1986年 362页

013647564
河南省第一建筑工程集团有限责任公司志 第2卷 1986—2010
河南省第一建筑工程集团有限责任公司编辑室编 郑州 河南省第一建筑工程集团有限责任公司编辑室 2010年 546页

010735967
河南省纺织机械厂志 1958—1985
河南省纺织机械厂志编纂委员会编 郑州 河南省纺织机械厂 1988年 320页

009887267
河南省建材厂志 1950—1984 征求意见稿
河南 1986年 358页

008987126
河南省建筑材料公司志 1963—1988
河南省建筑材料公司编纂 河南 河南省建筑材料公司 1991年 161页

009768351
河南省木材公司志 1952—1986
刘平宇主编 河南省木材公司编写 河南 河南省木材公司 1988年 242页

008423932
河南省轻工业品进出口公司志 1976—1990
河南省轻工业品进出口公司史志编纂委员会编 郑州 河南省轻工业品进出口公司 1994年 198页

013507864
河南省土产杂品公司志
宋效安主编 郑州 河南省土产杂品公司 1987年 164页

010252950
河南送变电建设公司志 1958—2002
河南送变电建设公司编 郑州 河南送变电建设公司 2003年 256页

012661225
华北石油局第五普查勘探大队志
华北石油局第五普查勘探大队志编纂委员会编 北京 中国石化出版社 2010年 666页

012139260
华北石油局华北分公司志 1975—2005
华北石油局华北分公司志编纂委员会编 北京 中国石化出版社 2009年 1123页

012766439
热力志 2002.1—2006.12
中国铝业河南分公司热力厂编 河南 中国铝业河南分公司热力厂 2008年 460页

009790080
水电十一局志 1955—1995
中国水利水电第十一工程局志编纂委员会编 中国水利水电第十一工程局 1995年 412页

009009888
铁道部电气化工程局第三工程处志 1979—1997
王天录 张建民编 北京 中国铁道出版社 1999年 381页

011793156
新登志
郑州新登企业集团有限公司新登志编纂委员会编 郑州 中州古籍出版社 2008年 642页

009797043
郑工厂志
郑工厂志编辑室编 郑州 郑州工程机械制造厂 1988年

008988223
郑缆志 1958—1986
郑州电缆厂厂志办公室编 郑州 郑州电缆厂 198u年 344页

009959901
郑铝志 1956—1985
郑州铝厂志编辑室编辑 郑州 郑州铝厂志编辑室 1988年 598页

012636605
郑煤机志 1958—2008
郑煤机志编纂委员会编 郑州 郑州煤矿机械集团 2008年 669页

013380183
郑煤集团志 1984—2010
郑州煤炭工业(集团)有限责任公司史志编纂委员会编 郑州 中州古籍出版社 2012年 2册

010239059

郑棉三厂志 1954—1985

郑棉三厂志编辑室编 郑州 郑棉三厂志编纂委员会 1987年 416页

009768533

郑州第二柴油机厂志 1958—1985

郑州第二柴油机厂志编辑室编 郑州 郑州第二柴油机厂 1987年 305页

009010111

郑州电磁线厂厂志 1950—1983

郑州电磁线厂厂志编辑室编 郑州 郑州电磁线厂 1984年 126页

009814412

郑州供电志 1914—1985

郑州供电局编 郑州 郑州供电局 1988年 212页

008848273

郑州国棉六厂志 1956—1985

郑州国棉六厂志编辑室编著 郑州 郑州国棉六厂志编纂委员会 1987年 728页

009814421

郑州国棉四厂志 1954—1985

郑棉四厂志编辑室编 郑州 郑棉四厂志编纂委员会 1989年 327页

009814423

郑州国棉五厂志 1956—1985

郑州国棉五厂志编辑室编著 郑州 郑州国棉五厂志编纂委员会 1991年 320页

008666842

郑州国棉一厂志 1953—1984

国营郑州第一棉纺织厂编 郑州 国营郑州第一棉纺织厂 1987年 336页

010250752

郑州化学制药厂志 1958—1982 讨论稿

厂志编纂领导小组编 郑州 郑州化学制药厂厂志编纂领导小组 1984年 287页

008422606

郑州建筑业志

郑州市城乡建设管理委员会编志室编 郑州 河南人民出版社 1988年 357页

013012661

郑州卷烟厂志 1944—2003

郑州卷烟厂志编委会编 郑州 中州古籍出版社 2004年 785页

013012665

郑州卷烟厂志 2003—2008

郑州卷烟厂志编纂委员会编 郑州 中州古籍出版社 2011年 625页

010250791

郑州乐器厂志 1955—1984

郑州 郑州乐器厂 1986年 271页

009959950
郑州内燃机配件厂志 1953—1983
郑州内燃机配件厂志编写组编 郑州 郑州内燃机配件厂志编写组 1984年 130页

013776421
郑州轻金属研究院志 1965—1995
郑州轻金属研究院志编纂委员会编 郑州 郑州轻金属研究院志编纂委员会 1995年 354页

008427942
郑州热电厂志 1914—1985
郑州热电厂厂志编辑办公室 补凤玺主编 张文彬 张侠 戴洪年编 郑州 郑州热电厂厂志编辑办公室 1987年 232页

009413928
郑州食品总厂厂志 1950—1982
郑州食品总厂厂志编纂办公室编 郑州 郑州食品总厂厂志编纂办公室 1983年 221页

010238996
郑州市标牌厂厂志 1955—1984
郑州 郑州市标牌厂 1986年 173页

009814441
郑州市第二化肥厂志 1976—1995

郑州市第二化肥厂编 郑州 郑州市第二化肥厂 1996年 203页

011320016
郑州市纺织品行业志 初稿
郑州市纺织品行业志编纂委员会编 郑州 郑州市纺织品行业志编纂委员会 1988年 2册

010251052
郑州市纺织志 1911—1985
郑州市纺织公司编 郑州 郑州市纺织公司 1986年 262页

010251139
郑州市工艺美术文化用品志 初稿
郑州市工艺美术总公司编 郑州 郑州市工艺美术总公司 1988年 111页

010250794
郑州市金银漆器工艺厂志 1955—1985
郑州 郑州市金银漆器工艺厂 1985年 112页

013940812
郑州市煤建公司志 1949—1989
国营郑州市煤建公司编 郑州 郑州市煤建公司 1990年 326页

013940816
郑州市色织一厂志 1949—1985
郑州市色织一厂厂志编纂委员会编 郑州 郑州市色织一厂厂志编纂委员会

1986年 209页

010253992
郑州市商标印刷厂厂志 1955—1984
郑州市商标印刷厂编 郑州 郑州市商标印刷厂 1986年 126页

010251054
郑州市文化用品厂志
郑州市文化用品厂编 郑州 郑州市文化用品厂 1986年 187页

010251056
郑州市医药志 初稿
郑州市医药志编纂领导小组编 郑州 郑州市医药志编纂领导小组 1986年 269页

009768580
郑州市医药志 1905—1985
郑州市医药志编辑室编 郑州 郑州市医药志编辑室 1987年 158页

010250736
郑州嵩山制药厂厂志 讨论稿
郑州嵩山制药厂厂志编纂办公室编 郑州 郑州嵩山制药厂 1983年 150页

010251058
郑州体育用品厂志 1955—1985 初稿
郑州 郑州体育用品厂 1985年 138页

011328561
郑州铁路局印刷厂志 1949—2004
郑州铁路局印刷厂编 郑州 郑州铁路局印刷厂 2004年 162页

010250745
郑州卫生材料厂厂志 讨论稿
张维涛 王福安 杨导之编 郑州 郑州卫生材料厂 1983年 118页

009889465
郑州无线电总厂厂志
郑州无线电总厂编 郑州 郑州无线电总厂 1985年 262页

013512019
郑州一建集团志 1951—2011
郑州一建集团志编纂委员会编 郑州 郑州一建集团志编纂委员会 2011年 196页

009348660
郑州一轻志
郑州市地方史志编纂委员会 郑州市第一轻工业局编纂 郑州 中州古籍出版社 1990年 521页〔郑州市地方志丛书〕

007520229
郑州印染厂志 1958—1985
韩庆喜主编 郑州 河南人民出版社 1989年 610页

008848306

中国杜康酒志

李耀曾主编 郑州 河南人民出版社 1989年 208页

010243915

中国建筑第七工程局志 1955—1995

中国建筑第七工程局编 北京 中国建筑工业出版社 2001年 510页〔中国建筑工程总公司企业志系列丛书 8〕

011957401

中国铝业河南分公司志 2002—2006

中国铝业河南分公司志编辑办公室编 河南 中国铝业河南分公司志编辑办公室 2007年 1035页

010243953

〔中国铝业河南分公司〕热力志 1998.1—2002.6

热力志编纂委员会编 河南 中国铝业河南分公司热力厂 2003年 267页

008987927

郑州重工业志 1911—1987

李子乾总编 郑州 郑州市重工业管理局 1989年 3册 1821页

008988088

郑州市交通志

郑州市交通志编纂委员会编纂 河南省交通史志编纂委员会编审 北京 方志出版社 1999年 521页〔河南省交通志丛书〕

013379584

郑州市交通志 1995—2000

郑州市交通志编委会编 郑州 中州古籍出版社 2003年 366页

009251966

中国外运河南公司志 1962—1990

中国外运河南公司志编辑室编 河南 中国外运河南公司 1994年 191页

011440946

〔郑州〕车辆南段志 1949—1985

郑州车辆南段编 郑州 辆南段志领导小组 1987年 239页

013098030

郑州车辆轮轴段段志 1954—2004

郑州车辆轮轴段段志编纂委员会编 郑州 郑州车辆轮轴段段志编纂委员会 2004年 223页

011910307

郑州电务段志

郑州电务段段志编纂委员会编 郑州 郑州电务段段志编纂委员会 1992年 732页

013759078

郑州东站志 1953—1990

刘培忠主编 郑州东站史志编纂委员会 郑州 郑州东站史志编纂委员会 1993

年 434 页

008424620
郑州铁路分局郑州水电段段志 1948—1987
郑州水电段史志办公室编纂 郑州 郑州水电段史志办公室 1989 年 278 页

009010114
郑州铁路分局志 1897—1990
郑州铁路分局史志编纂委员会编 北京 中国铁道出版社 1997 年 907 页

009814407
郑州铁路局郑州工程公司志 1953—1985
郑州工程公司史志编辑委员会编 郑州 郑州工程公司 1990 年 491 页

009251933
郑州铁路局志 1893—1991
郑州铁路局史志编纂委员会编 北京 中国铁道出版社 1998 年 2 册

013736505
中铁隧道股份有限公司志 2006—2010
中铁隧道股份有限公司志编委会编 北京 中国铁道出版社 2011 年 316 页

008421339
郑州市公共交通总公司志
郑州市公共交通总公司志编辑部 张子全主编 北京 方志出版社 1998 年 351 页

012903513
郑州市第二十三中学 郑州旅游学校校志 1962—2003
珠海 珠海出版社 2004 年 240 页〔郑州市教育志系列丛书〕

008414554
郑州电信志
郑州市地方志编纂委员会 郑州市电信局史志编委会编纂 郑州 中州古籍出版社 1991 年 294 页〔郑州市地方志丛书〕

009020903
郑州邮政志
郑州市邮政局史志编纂领导小组编 北京 方志出版社 2001 年 697 页

009768581
郑州饮食行业志
郑州市饮食公司编 郑州 郑州市饮食公司 1988 年 280 页

009685201
河南省金属材料公司志
河南省金属材料公司编 郑州 河南省金属材料公司 1989 年 158 页

008424961
河南省粮食志 郑州市县市简志 开封市县市简志

河南省粮食志编纂委员会编纂 北京 中国商业出版社 1995年 1册

012141555
郑州物价志
郑州市物价局编 郑州 郑州市物价局 2007年 393页

009251962
郑州一商志
郑州市第一商业局一商志编委编 郑州 郑州市第一商业局一商志编委 1993年 304页〔郑州市志丛书〕

011585408
郑州市对外经贸志
郑州市对外经济贸易委员会志编室编 郑州 郑州市对外经济贸易委员会志编室 1988年 219页

008421965
郑州市财政志
郑州市财政志编辑办公室编 成都 西南财经大学出版社 1995年 343页

008988243
交通银行郑州分行志
交通银行郑州分行志编纂委员会编 郑州 交通银行郑州分行志编纂委员会 1998年 324页

010251775
郑州交通银行志 1912—1990
交通银行郑州支行编志委员会编 郑州 交通银行郑州支行编志委员会 1991年 161页

009251909
郑州市建行志 1951—1985
郑州市建行志编辑室编 郑州 郑州市建行志编辑室 1987年 203页

008987923
郑州市建行志 续篇 1986—1990
郑州市建行编辑室编 郑州 郑州市建行 1992年 132页

009382379
郑州市农村金融志 1840—1990
中国农业银行郑州市分行编 郑州 中国农业银行郑州市分行 1992年 470页

010244050
中国农业发展银行河南省分行志 1995—2002
李春亭主编 中国农业发展银行河南省分行志编纂委员会编纂 河南 中国农业发展银行河南省分行 2004年 480页

012545807
中国农业银行河南省分行行志 1979—2002
王祥林主编 中国农业银行河南省分行办公室编 郑州 中国农业银行河南省分行 2004年 545页

011579951
河南金融管理干部学院志 1950—1992
河南 河南金融管理干部学院 1992年 1册

012251023
河南省图书馆志
王爱功 张松道主编 长春 吉林文史出版社 2009年 432页〔河南省图书馆百年馆庆丛书〕

010252876
河南省图书馆志略
李和邦主编 北京 中国致公出版社 2001年 320页〔图书馆治学文集〕

013148853
郑州市博物馆馆志 1957—1986
谢遂莲 李思聪主编 郑州 中原文物编辑部 1987年 156页

008422412
河南省社会科学院志 1979—1999
王天林主编 河南省社会科学院志编写组编 郑州 河南省社会科学院志编写组 1999年 481页

010140401
郑州市教育志 1978—2001
郑州市教育局编 郑州 中州古籍出版社 2006年 407页

007531979
郑州市教育志 1628—1985
郑州市教育志编辑组编 郑州 中州古籍出版社 1994年 506页〔河南省专业志丛书〕

008666172
河南省计划统计学校志
王志电主编 郑州 中州古籍出版社 1996年 250页

012690046
郑州市实验幼儿园园志 1958—2002
郑州市实验幼儿园园志编辑组编 珠海 珠海出版社 2004年 197页〔郑州市教育系统专业志丛书〕

012903507
郑州市第二十六中学校志
郑州市教育局主编 珠海 珠海出版社 2004年 165页〔郑州市教育志系列丛书〕

010253288
郑州市第二中学校志 1941—2003
郑州市教育局主编 珠海 珠海出版社 2004年 742页〔郑州市教育志系列丛书〕

010253896
郑州市第九中学校志 1953—2003
郑州市教育局主编 珠海 珠海出版社 2005年 530页〔郑州市教育志系列

丛书〕

013994286

郑州市第九中学校志 1953—2013

郑州市第九中学编 2013 年 613 页

012903528

郑州市第六十二中学校志

珠海 珠海出版社 2004 年 285 页〔郑州市教育志系列丛书〕

012903531

郑州市第六十三中学校志

谢淑芳主编 郑州市教育局主编 珠海 珠海出版社 2004 年 180 页〔郑州市教育志系列丛书〕

012903536

郑州市第三十九中学校志 1959—2003

李志国主编 珠海 珠海出版社 2004 年 266 页〔郑州市教育志系列丛书〕

012837901

郑州市第三十四中学校志 1965—2002

校志编辑组编著 珠海 珠海出版社 2004 年 213 页〔郑州市教育志系列丛书〕

012903541

郑州市第三十五中学 郑州市金融学校校志 1971.2—2002.12

郑州 郑州市第三十五中学 郑州市金融学校 2004 年 281 页〔郑州市教育志系列丛书〕

012837895

郑州市第三中学校志 1959—2003

李允仁 宁瑞莲主编 珠海 珠海出版社 2004 年 160 页〔郑州市教育志系列丛书〕

010778352

郑州市第十九中学校志

孙晓丽主编 珠海 珠海出版社 2004 年 244 页〔郑州市教育志系列丛书〕

009814430

郑州市第十一中学校志 1953—2003

郑州市第十一中学校志编纂委员会编 郑州 郑州市第十一中学校志编纂委员会 2004 年 545 页〔郑州市教育志系列丛书〕

012837916

郑州市第四十二中学校志 1988.8—2003.8

郑州市教育志编写委员会编 郑州 郑州大学出版社 2005 年 155 页〔郑州市教育志系列丛书〕

011311878

郑州市第四十九中学校志 1955—2003

郑州市第四十九中学校志编辑领导小组编 郑州 郑州大学出版社 2004 年 305 页〔郑州市教育志系列丛书〕

012839271

郑州市第四十三中学 郑州市商贸管理学校校志 1972—2003

郑州市教育局编 珠海 珠海出版社 2004年 172页〔郑州市教育志系列丛书〕

012690027

郑州市第四十四中学校志 1973—2003

郅广武主编 珠海 珠海出版社 2004年 322页

014053103

郑州市第五十二中学校志 2003—2013

郑州市第五十二中学编 2013年 202页

012839276

郑州市第五十七中学校志 1974—2002

楚玉春主编 珠海 珠海出版社 2004年 157页〔郑州市教育志系列丛书〕

013994287

郑州市第五十一中学校志 1962—2012

郑科建主编 郑州市教育局编著 珠海 珠海出版社 2012年 292页〔郑州市教育志系列丛书〕

012690035

郑州市第五十中学 郑州市第二职业中专校志 1963—2003

郑州市教育局编 珠海 珠海出版社 2004年 467页〔郑州市教育志系列丛书〕

013512016

郑州市第五中学校志

李成立主编 郑州 郑州市第五中学 2008年 347页

013148919

郑州市第一零一中学校志 1929—2009

郑州市第一零一中学校志编纂委员会编 郑州 郑州市第一零一中学 2009年 282页

012723999

郑州市第一中学校志

郑州市教育局编 珠海 珠海出版社 2004年 232页〔郑州市教育志系列丛书〕

013994288

郑州外国语学校校志 2003—2013

郑州外国语学校校志编纂委员会编 2013年 350页

008408712

郑州工学院志 1963—1992

沈宁福主编 郑州 郑州工学院 1993年 622页

012636601

郑州大学水利与环境学院院志 1959—2009

郑州大学水利与环境学院院志编写委员会编 郑州 郑州大学水利与环境学院院志编写委员会 2009年 179页

012049454

河南教育学院志 1955—2001

刘金海主编 南晓庄副主编 王冬桦编审 郑州 中州古籍出版社 2009 年 721 页

011311868

郑州幼儿师范学校志 1954—2004

张兰英主编 郑州 郑州幼儿师范学校 2005 年 261 页〔郑州市教育志系列丛书〕

013143830

河南电力工业学校 河南电力技师学院校志 1958—2008

河南电力工业学校 河南电力技师学院校志编纂委员会编 河南 河南电力工业学校 河南电力技师学院 2008 年 230 页

011762047

河南广播电视大学志

高自双 逯文超主编 郑州 河南人民出版社 2007 年 401 页

013373957

河南省交通学校志 1953—2000

陈志红主编 郑州 河南现代印刷包装有限公司 2003 年 228 页

013045587

河南省经贸工程技术学校 河南省地质职工学校校志 1980—2009

河南省经贸工程技术学校 河南省地质职工学校校志编辑委员会编 郑州 河南省经贸工程技术学校 河南省地质职工学校校志编辑委员会 2010 年 186 页

012837905

郑州市第三职业中专校志 1985—2002

郑州市教育局编 珠海 珠海出版社 2004 年 122 页〔郑州市教育志系列丛书〕

012769588

郑州市第十五中学 郑州市财贸学校校志 1954—2004

郑州市第十五中学 郑州市财贸学校校志编纂领导小组编 郑州 郑州市第十五中学 郑州市财贸学校校志编纂领导小组 2004 年 310 页

012317240

郑州市扶轮外国语学校校志 1929—2009

梁寅峰主编 珠海 珠海出版社 2004 年 583 页〔郑州市教育志系列丛书〕

009768570

郑州市技工学校志

郑州市技工学校志编纂委员会编 郑州 河南医科大学出版社 2002 年 215 页

013961373

郑州市四职专校志 1965—2001

张翠芝主编 郑州市教育局编著 珠海 珠海出版社 2004年 162页〔郑州教育志系列丛书〕

008987930
郑州体育志
郑州市体育史志编纂领导小组 贺耀臣 吴树林主编 郑州 中州古籍出版社 2001年 917页

008579802
郑州方言志
卢甲文编 北京 语文出版社 1992年 174页

010275901
郑州市戏曲志 初稿
郑州市文化局编 郑州 郑州市文化局 1989年 2册

013661792
中讯邮电咨询设计院人物志(原信息产业部邮电设计院) 1952—2002
中讯邮电咨询设计院人物志编辑委员会编 郑州 中讯邮电咨询设计院人物志编辑委员会 2002年 346页

009441889
郑州市文物志
郑州历史文化丛书编纂委员会编 郑州 河南人民出版社 1999年 640页〔郑州历史文化丛书〕

013802642
郑州市文物志
郑州市文物志编辑委员会编 北京 中华书局 2013年 368页〔郑州历史文明丛书〕

009768578
郑州民俗志
郑州民俗志编纂委员会编 北京 首都经济贸易大学出版社 1997年 231页

012139186
河南省地矿局测绘队河南省地质测绘总院队志 1996—2007
河南省地矿局测绘队(总院)队志编纂委员会编 郑州 河南省地矿局测绘队(总院)队志编纂委员会 2008年 349页

012718919
河南省地质矿产勘查开发局第一水文地质工程地质队志 1996—2007
河南省地质矿产勘查开发局第一水文地质工程地质队志编辑委员会编 河南 河南省地质矿产勘查开发局第一水文地质工程地质队志编辑委员会 2009年 219页

011957364
郑州植物志
崔波 李服 马杰主编 北京 中国科学技术出版社 2008年 1373页

011585420
郑州市卫生学校校志
郑州市卫生学校编 郑州 郑州市卫生学校 1986年 151页

012872460
河南电力医院志 1979—1995
河南电力医院志编纂委员会编 郑州 河南电力医院志编纂委员会 1998年 489页

009251030
河南省地方病防治研究所所志
河南省地方病防治研究所编 河南 河南省地方病防治研究所 1996年 208页

010777256
河南中医学院第一附属医院院志 1953—1998
河南中医学院第一附属医院编辑 深圳 河南中医学院第一附属医院 1998年 283页

009959976
郑州市第四人民医院院志 1954—1985
张丙辰主编 郑州市第四人民医院院志编纂委员会编 郑州 郑州市第四人民医院院志编纂委员会 1986年 106页

009959980
郑州市儿童医院院志
院编纂领导小组编 郑州 郑州市儿童医院院志编辑室 1986年 102页

013866303
郑州市妇幼保健院志 1953—2013
郑州市妇幼保健院志编纂委员会编 郑州 中州古籍出版社 2013年 343页

013759081
郑州市骨科医院简志 1952—2012
郑州市骨科医院编 郑州 郑州市骨科医院 2012年 415页

009959983
郑州市骨科医院志
郑州市骨科医院编 郑州 郑州市骨科医院 1985年 87页

014053104
郑州市疾病预防控制中心志 1952—2012
郑州市疾病预防控制中心志编辑委员会编 郑州 中州古籍出版社 2013年 431页

013343610
郑州市金海皮肤病专科医院院志 1983—1999
郑州市金海皮肤病专科医院编 郑州 郑州市金海皮肤病专科医院院志编纂委员会 1999年 150页

011585414
郑州市卫生防疫站志
郑州市卫生防疫站站志编辑组编 郑州 郑州市卫生防疫站 1986年 122页

010253988

郑州市职业病防治所志 1949—1985

郑州市职业病防治所 郑州 郑州市职业病防治所 1985年 152页

010238864

中国人民解放军第一五三医院院志

第一五三医院院志编纂组编 郑州 第一五三医院 1982年 266页

008987112

河南省卫生防疫站志 1953—1993

河南省卫生防疫站站志编委会编 郑州 河南省卫生防疫站站志编委会 1993年 196页

009808427

河南省卫生防疫站志 1953—2003

河南省卫生防疫站编 开封 河南省卫生防疫站志编委会 2003年 268页

011311832

郑州铁路局中心医院院志 1915—2000

郑州铁路局中心医院编 郑州 郑州铁路局中心医院 2002年 552页

009348668

郑州卫生志 1986—2000

郑州市卫生局编 郑州 中州古籍出版社 2004年 658页

012724003

郑州市丝虫病防治志

郑州市卫生局 郑州市疾控中心编 郑州 郑州市卫生局 郑州市疾控中心 2002年 284页

012505153

河南省农业科学院志 1909—2008

河南省农业科学院志编纂委员会编 郑州 中州古籍出版社 2009年 1195页

012545736

郑州土种志

牛河钧 康超主编 郑州 中原农民出版社 2009年 183页

009387200

黄河水土保持志 送审稿

黄河水土保持志编辑室编 黄河水土保持志编辑室 1991年 3册

009960098

郑州市水利志 初稿

郑州市水利志编辑室编 郑州 郑州市水利志编辑室 1988年 22册

013686616

郑州市水利志

郑州市水利志编辑委员会 郑州市水利局主编 郑州 郑州市水利局 1995年 423页

012816224

中国农业科学院郑州果树研究所志 1960—1999

中国农业科学院郑州果树研究所志编纂委员会编 郑州 中国农业科学院郑州果树研究所 2000年 317页

012839333
中国农业科学院郑州果树研究所志 1960—2010
中国农业科学院郑州果树研究所志编纂委员会编 郑州 中国农业科学院郑州果树研究所志编纂委员会 2010年 410页

013045632
河南省林业调查规划院志 1951—2010
河南省林业调查规划院志编委会编 郑州 河南科学技术出版社 2011年 433页

003901909
黄河大事记
黄河水利委员会黄河志总编辑室编 郑州 河南人民出版社 1991年 586页〔黄河志 卷1〕

007683810
黄河防洪志
黄河防洪志编纂委员会 黄河水利委员会黄河志总编辑室编 郑州 河南人民出版社 1991年 674页〔黄河志 卷7〕

007295407
黄河规划志
黄河水利委员会勘测规划设计院编 郑州 河南人民出版社 1991年 556页〔黄河志 卷6〕

008421035
黄河河政志
黄河水利委员会黄河志总编辑室编 郑州 河南人民出版社 1996年 596页〔黄河志 卷10〕

009768488
黄河河政志稿
黄河水利委员会黄河志总编辑室编 黄河水利委员会黄河志总编辑室 1993年 492页〔黄河志 卷10〕

009045578
黄河勘测志
黄河水利委员会勘测规划设计院编 郑州 河南人民出版社 1993年 529页〔黄河志 卷4〕

008420539
黄河科学研究志
黄河水利委员会水文科学研究院编 郑州 河南人民出版社 1998年 904页〔黄河志 卷5〕

009045603
黄河人文志
黄河水利委员会黄河志总编辑室编 郑州 河南人民出版社 1995年 793页〔黄河志 卷11〕

008421051
黄河水利水电工程志
黄河水利委员会勘测规划设计院编 郑州 河南人民出版社 1996年 913页 〔黄河志 卷9〕

009045596
黄河水土保持志
黄河水利委员会 黄河中游治理局编 郑州 河南人民出版社 1993年 632页 〔黄河志 卷8〕

010252067
黄河水文志 送审稿
黄委会水文局黄河水文志编辑室编 黄委会水文局黄河水文志编辑室 1995年 752页 〔黄河志 卷3〕

008421052
黄河水文志
黄河水利委员会水文局编 郑州 河南人民出版社 1996年 772页 〔黄河志 卷3〕

009889450
郑州黄河志 征求意见稿
郑州市郊区黄河修防段编 郑州 郑州市郊区黄河修防段 1984年 320页

006434161
郑州黄河志
郑州黄河志编辑室编 1988年 323页

013686595
郑州市金水河志
牛志曼 牛国盈主编 郑州 河南人民出版社 1994年 76页

009348697
郑州环境保护志
郑州环境保护志编纂委员会编 郑州 中州古籍出版社 2004年 606页

中原区

008421910
河南省郑州市中原区志
郑州市中原区志编纂委员会编 郑州 中州古籍出版社 1996年 580页

010251793
郑州市中原区志 1948—1990 初稿
郑州市中原区志编纂委员会编 郑州 郑州市中原区志编纂委员会 1992年 2册

011810595
郑州市中原区志 1991—2000
中原区地方史志编纂委员会编 郑州 中州古籍出版社 2008年 603页 〔中国地方志丛书〕

009814457
郑州市中原区志 民政 征求意见稿
郑州市中原区地方志办公室编 郑州 郑州市中原区地方志办公室 1987年

124 页

009879199
大岗刘乡志
大岗刘乡志领导小组编 大岗刘乡 大岗刘乡志领导小组 1987 年 164 页

010275899
建设路街道志 1955—1987
郑州市中原区建设路街道办事处编 郑州 建设路街道办事处 1989 年 144 页

011584529
林山寨街道志 1959—1996
郑州市中原区林山寨办事处编 林山寨街道 林山寨办事处 1997 年 252 页

012203021
绿东村街道志 1959—1988
郑州市中原区绿东村街道办事处编 郑州 郑州市中原区绿东村街道办事处 1989 年 224 页

010251118
秦岭路街道志
郑州市中原区秦岭路街道办事处编 郑州 郑州市中原区秦岭路街道办事处 1988 年 154 页

009685477
三官庙街道志 1956—1997
三官庙办事处编 郑州 三官庙办事处 1999 年 279 页

009879569
中原乡志 征求意见稿
郑州市中原区中原乡编 中原乡 郑州市中原区中原乡 1987 年 261 页

012903545
郑州市中原区民族宗教志
郑州市中原区民族宗教局编 郑州 郑州市中原区民族宗教局 1988 年 120 页

013343614
郑州市中原区计划生育志 1956—1989
郑州市中原区计划生育委员会编 郑州 京广印刷厂 1990 年 151 页

012690053
郑州市中原区民政志 1948—1996
郑州市中原区民政局编 郑州 中原区民政局 1997 年 251 页

012690063
郑州市中原区民政志 1997—2002
郑州市中原区民政局编 郑州 中原区民政局 2003 年 237 页

010140678
郑州市中原区工商行政管理志 征求意见稿
郑州市工商行政管理局中原区分局编 郑州 1990 年 234 页

013148923
郑州市中原区城市建设志
郑州市中原区城建环保局编 郑州 中原区城建环保局 1995年 245页

013148972
郑州市中原区房地产志 1948—1994
宋运东主编 中原区 郑州市中原区房地产志编纂委员会 1995年 168页〔郑州房地产志丛书〕

011329760
郑州市中原区人民政府城市建设拆迁志 1994—2005
郑州市中原区人民政府城市建设拆迁办公室编 郑州 郑州市中原区人民政府城市建设拆迁办公室 2005年 174页

010252149
郑州市中原区土地志
杨其广主编 郑州市中原区土地管理局编 郑州 河南科学技术出版社 1995年 273页〔郑州市土地志丛书9〕

012052615
郑州市中原区农业志
张松 朱永忠主编 郑州市中原区农经委编 郑州 郑州市中原区农经委 1997年 399页

013647578
河南省中原棉纺织厂志 1946—1981 未定稿
河南省中原棉纺织厂厂志编纂领导小组编 新乡 河南省中原棉纺织厂厂志编纂领导小组 1983年 142页

009814443
郑州市中原铝厂志 1966—1983 初稿
郑州 1984年 286页

009814452
郑州市中原区工业志 1948—1996
郑州市中原区经贸委编 郑州 郑州市中原区经贸委 1998年 240页

010275876
郑州市中原区教育志 1948—1987
帖占国主编 郑州市中原区文教局编 郑州 郑州市中原区文教局 1988年 274页

012256631
郑州市中原区教育志 2001—2005
中原区教育志编纂委员会编 郑州 中原区教育志编纂委员会 2007年 183页

011911512
中原区教育志 1948—2000
中原区教文体局编 郑州 中原区教文体局 2004年 405页〔郑州市教育志系列丛书〕

二七区

008425937
郑州市二七区志
郑州市二七区地方史志编纂委员会编 郑州 中州古籍出版社 1994年 546页〔河南地方志丛书〕

013940805
郑州市二七区志 1991—2000
郑州市二七区地方史志编纂委员会编 郑州 中州古籍出版社 2013年 671页〔中国地方志丛书〕

010239065
大学路街道志 1958—1985
郑州市二七区大学路街道办事处编 郑州 郑州市二七区大学路街道办事处 1987年 187页

009685406
侯寨乡志
侯寨乡志编纂委员会编 上海 社会科学院出版社 1994年 302页

013792398
淮河路街道志 1997—2005
郑州市二七区淮河路街道办事处编 郑州 二七区淮河路街道办事处 2006年 216页〔郑州市二七区地方史志丛书 10〕

012174053
建中街街道志 1986—2000
郑州市二七区建中街街道办事处编 郑州 郑州市二七区建中街街道办事处 2003年 284页〔郑州市二七区地方史志丛书 1〕

008989944
路砦村志
郑州市二七区齐礼阎乡路砦村志编纂委员会编 郑州 郑州市二七区齐礼阎乡路砦村志编纂委员会 1999年 442页

013958866
马寨镇志 1991—2009
马寨镇志编纂委员会编 马寨镇 马寨镇志编纂委员会 2011年 399页

009685454
铭功路街道志
郑州市二七区铭功路街道办事处编 郑州 郑州市二七区铭功路街道办事处 1986年 71页

009685472
齐礼阎乡志
郑州市二七区齐礼阎乡志编委编 齐礼阎乡 郑州市二七区齐礼阎乡志编委 1992年 245页

013775932
五里堡街道志

郑州市二七区五里堡街道办事处编 郑州 郑州市二七区五里堡街道办事处 1995年 176页

013145624
五里堡街道志 1995—2002
郑州市二七区五里堡街道办事处编 郑州 郑州市二七区五里堡街道办事处 2003年 350页〔郑州市二七区地方史志丛书 5〕

008426126
小李庄村志
郑州市二七区小李庄村志编纂委员会编 郑州 中州古籍出版社 1996年 307页

009411523
一马路街道志
郑州市二七区一马路街道办事处编 郑州 郑州市二七区一马路街道办事处 2003年 283页

011311863
二七区计划生育志 1986—2002
郑州市二七区计划生育志委员会编 郑州 郑州市二七区计划生育志委员会 2004年 399页〔郑州市二七区地方史志丛书〕

013726964
二七区人口和计划生育志 2002—2010
郑州市二七区人口和计划生育委员会编 郑州 郑州市二七区人口和计划生育委员会 2011年 319页

012816209
郑州市二七区总工会志 1987—2002
郑州市二七区总工会编 郑州 郑州市二七区总工会 2003年 221页

008987792
郑州市二七区房地产志 1901—1992
郑州市二七区房地产志编纂委员会编 郑州 中州古籍出版社 1994年 178页〔郑州房地产志丛书 4〕

010777136
二七区土地志
张菊焕等主编 郑州市二七区土地管理局编 郑州 河南科学技术出版社 1994年 197页〔郑州市土地志丛书 8〕

010239029
郑州市二七区工业志
郑州市二七区工业志办公室编 郑州 郑州市二七区工业志办公室 1986年 241页

010109036
郑州市二七区粮食志
郑州市二七区粮食局编 郑州 郑州市二七区粮食局 1994年 182页

013957616
侯寨乡财政志
侯寨乡财政志编纂组委会编 郑州 侯寨乡财政志编纂组委会 2001年 174页

012052610
郑州市二七区财政志 1986—2000
郑州市二七区财政志编纂组委会编 郑州 郑州市二七区财政志编纂组委会 2002年 485页

010008569
二七区文化馆简志
二七区 郑州市二七区文化馆 1987年 43页

012810029
二七区教育文化体育志
郑州市教育局编 珠海 珠海出版社 2004年 411页

008422445
郑州市二七区教育志
二七区文教局编 郑州 二七区文教局 1987年 140页

012724173
二七区文物志
政协二七区委员会编 郑州 河南人民出版社 2010年 555页

010778384
郑州市二七区卫生志 1912—2003
郑州市二七区卫生志编纂委员会编 郑州 郑州市新闻出版局 2005年 395页〔郑州市二七区地方史志丛书〕

管城回族区

012541554
管城回族区志 1991—2003
管城回族区地方史志编纂委员会编 郑州 中州古籍出版社 2009年 683页

009412853
管城回族区志 管城沿革
戴济民主编 郑州市管城回族区地方志编纂委员会编 郑州 郑州市管城回族区地方志编纂委员会 1988年 106页

007530757
郑州市管城回族区志
郑州市管城回族区史志编纂委员会编 郑州 中州古籍出版社 1993年 470页

008988276
十八里河镇志
十八里河镇志编纂委员会编 郑州 中州古籍出版社 2001年 599页

012256615
郑州市管城回族区北下街街道志
杨爱玲 姚志刚主编 呼和浩特 远方出版社 2006年 427页

012317246
郑州市管城回族区城东路街道志
城东路街道办事处编 郑州 城东路街道办事处 2006年 404页

012816211
郑州市管城回族区东大街街道志
东大街街道办事处编 东大街街道办事处 2006年 288页

012816213
郑州市管城回族区二里岗街道志
郑向阳 闫凯主编 郑州 二里岗街道办事处 2006年 417页

012175554
郑州市管城回族区南曹乡志
马欢 周福利主编 呼和浩特 远方出版社 2006年 354页

013098032
郑州市管城回族区南关街道志
赵晨阳 李振涛主编 郑州 南关街道办事处 2006年 311页

012256624
郑州市管城回族区圃田乡志
谷合群主编 北京 中国经济文化出版社 2005年 497页

012816214
郑州市管城回族区西大街街道志
刘剑辉 高建峰主编 北京 中国经济文化出版社 2006年 401页

012317248
郑州市管城回族区紫荆山南路街道志
杨胜军 邵会文主编 紫荆山南路街道办事处编 郑州 紫荆山南路街道办事处 2006年 254页

012144898
管城回族区民政志
姚文学主编 管城回族区民政局编 郑州 管城回族区民政局 2004年 292页〔郑州市管城回族区志丛书 10〕

010140390
残疾人联合会志 1991—2003
李世欣主编 管城回族区残疾人联合会编 郑州 残疾人联合会 2004年 208页〔郑州市管城回族区志丛书 7〕

010244097
郑州市管城回族区国土资源志
柯当学主编 北京 中国经济文化出版社 2005年 246页

010140393
管城回族区市政管理志 1991—2003
陈彦军主编 管城回族区市政管理局编 郑州 管城回族区市政管理局 2004年 255页〔郑州市管城回族区志丛书 11〕

011943198

城市建设拆迁志 1991—2003

李志强主编 管城回族区城市建设拆迁办公室编 郑州 管城回族区城市建设拆迁办公室 2004年 233页〔郑州市管城回族区志丛书 8〕

009412861

管城回族区土地志

管城回族区土地管理局编 郑州 河南科学技术出版社 1995年 302页〔郑州市土地志丛书 10〕

010244099

郑州市管城回族区农业志

卢明立主编 北京 中国经济文化出版社 2005年 370页

010244100

郑州市管城回族区财政志

闫德本主编 郑州市管城回族区财政局编 管城回族区 管城回族区财政局 2005年 358页〔郑州市管城回族区志丛书 12〕

013860562

郑州市管城回族区教育志

郑州市管城回族区文教局编 珠海 珠海出版社 2004年 488页

013348365

管城回族区文物志

管城回族区文物局编 郑州 中州古籍出版社 2012年 366页

009413932

郑州市管城回族区地名志

管城回族区人民政府编 郑州 中州古籍出版社 1992年 448页

金水区

009768576

郑州市金水区志

金水区地方史志编纂委员会编 郑州 中州古籍出版社 1994年 438页

012100920

郑州市金水区志 1991—2002

金水区地方史志编纂委员会编 郑州 中州古籍出版社 2008年 800页

009768316

关虎屯村志

关虎屯村民委员会编 郑州 关虎屯村民委员会 1992年 192页

012541548

关虎屯村志

郑州市金水区关虎屯村志编纂委员会编 郑州 中州古籍出版社 2009年 761页

012758990

祭城镇志

郑州市金水区祭城镇地方史志编纂委

员会编 郑州 中州古籍出版社 2010年 742页

010143121
柳林镇志
郑州市金水区柳林镇地方志编纂委员会编 郑州 郑州市金水区柳林镇地方志编纂委员会 2005年 689页

012899418
沈庄村志家谱
沈庄村编辑小组编 沈庄村 沈庄村编辑小组 2010年 133页

011480500
张家村志
郑州市金水区庙李镇张家村志编纂委员会编 郑州 张家村编纂委员会 2005年 324页

009960000
郑州市金水区祭城乡志 征求意见稿一稿
祭城乡志办公室编 祭城乡 祭城乡志办公室 1988年 532页

012256608
郑州市公安局金水分局史志 1991.1—2002.12
郑州市公安局金水分局编 郑州 郑州市公安局金水分局 2004年 338页

009675218
金水区土地志
张胜利主编 郑州市金水区土地管理局编 郑州 河南科学技术出版社 1996年 313页〔郑州市土地志丛书 11〕

011311966
郑州市金水区财政志 1960—2000
郑州市金水区财政志编纂委员会编 郑州 郑州市金水区财政志编纂委员会 2005年 502页

012811597
金水区教育志 1986—2002
金水区教文体局编 郑州 金水区教文体局 2004年 223页〔郑州市教育志系列丛书〕

012903510
郑州市第二十七中学 郑州艺术中学校志 1965—2004
郑州 郑州大学出版社 2004年 271页〔郑州市教育志系列丛书〕

上街区

009414016
郑州市上街区志
郑州市上街区地方史志编纂委员会编 北京 中华书局 1999年 551页

009411525

聂寨村志

聂寨村志编纂委员会编 香港 天马图书有限公司 2002年 372页

010252172

郑州市上街区土地志

申明安 王宝英主编 郑州市上街区土地管理局编 郑州 河南科学技术出版社 1996年 275页〔郑州市土地志丛书12〕

012814194

上街区教育志

郑州市教育局编 珠海 珠海出版社 2004年 405页

惠济区

008421314

邙山区简志 修改稿

郑州市邙山区地方史志编纂委员会编 郑州 郑州市邙山区地方史志编纂委员会 1992年 444页

008488438

邙山区志

郑州市邙山区地方史志编纂委员会编 郑州 中州古籍出版社 1994年 337页

009959998

郑州市郊区志 篇目 第二稿

郑州市郊区地方志总编室编 郑州 郑州市郊区地方志总编室 1985年 98页

008422410

郑州市郊区志 邮电 交通 征求意见稿

郑州市邙山区地方史志办公室编 郑州 郑州市邙山区地方史志办公室 1987年 74页

008425899

郑州市邙山区概况 农业 工业交通 街乡企业 征求意见稿

郑州市邙山区地方史志办公室编 郑州 郑州市邙山区地方史志办公室 1991年 114页

008421939

郑州市邙山区概况 人大 政协 政法 人民武装 人物

郑州市邙山区地方史志办公室编 郑州 郑州市邙山区地方史志办公室 1991年 79页

008421286

郑州市邙山区概况 商业 财税 物价 体改 经协 保险 工商 征求意见稿

郑州市邙山区地方史志办公室编 郑州 郑州市邙山区地方史志办公室 1991年 112页

009959986

郑州市郊区白庄志 征求意见稿 一稿

郑州市郊区志编纂委员会编 郑州 郑州

市郊区志编纂委员会 1985年 196页

008421261
郑州市郊区白庄志 征求意见稿 二稿
郑州市郊区志编纂委员会编 郑州 郑州市郊区志编纂委员会 1986年 227页

009959995
郑州市郊区计划生育志 征求意见稿 一稿
郑州市郊区计划生育委员会计划生育志编写组编 郑州 郑州市郊区志编纂委员会 1985年 230页

013772878
惠济人大三十年志
惠济区人大常委会办公室编 郑州 惠济区人大常委会办公室 2011年 556页

008421292
郑州市郊区人大志
郑州市郊区人民代表大会常务委员会编 郑州 郑州市郊区人民代表大会常务委员会 1985年 113页

012758973
惠济区政协志 2003—2006
政协惠济区第五届委员会编 惠济区政协惠济区第五届委员会 2006年 140页

011311826
邙山区政协志 1998—2003

政协邙山区第四届委员会编 政协邙山区第四届委员会 2002年 125页

008421265
郑州市郊区民政志 征求意见稿 二稿
郑州市郊区民政志编写组编 郑州 郑州市郊区民政志编写组 1986年 426页

008421457
郑州市郊区法院志 征求意见稿 一稿
郑州市郊区志编纂委员会编 郑州 郑州市郊区志编纂委员会 1986年 198页

008421268
郑州市郊区农业志 征求意见稿 一稿
郑州市郊区志编纂委员会编 郑州 郑州市郊区志编纂委员会 1986年 338页

011311334
郑州市邙山区土地志
宋改云 李圣民编 郑州市邙山区土地管理局编 郑州 河南科学技术出版社 1990年 291页〔郑州市土地志丛书13〕

008425905
郑州市郊区煤建志 征求意见稿 二稿
郑州市郊区煤建志编写组编 郑州 郑州市郊区煤建志编写组 1985年 204页

008422442
郑州市郊区食品志 征求意见稿 一稿
郑州市郊区志编纂委员会编 郑州

市郊区志编纂委员会 1986 年 138 页

009768571

郑州市郊区供销社志

郑州市郊区供销社志编辑办公室编 郑州 郑州市郊区供销社志编辑办公室 1985 年 264 页

008421448

郑州市郊区石油商业志 征求意见稿 一稿

郊区石油公司编纂组编 郑州 郊区石油公司编纂组 1985 年 367 页

008422433

郑州市郊区石油商业志 征求意见稿 二稿

郑州市郊区石油商业志编写组编 郑州 郑州市郊区石油商业志编写组 1986 年 225 页

008421473

郑州市郊区外贸志 征求意见稿

郊区外贸公司编志组编 郑州 郊区外贸公司编志组 1986 年 74 页

008421306

郑州市郊区财政志 征求意见稿 二稿

郑州市郊区财政志编写组编 郑州 郑州市郊区财政志编写组 1986 年 345 页

011310521

郑州市郊区文化志 征求意见稿 一稿

郑州市郊区文化志编写组编 郑州 郑州市郊区文化志编写组 1986 年 1 册

008421279

郑州市邙山区概况 政党 政权

郑州市邙山区地方史志办公室编 郑州 郑州市邙山区地方史志办公室 1991 年 124 页

010252198

邙山区荣誉志

邙山区地方史志编纂委员会 中共邙山区委宣传部编 郑州 邙山区地方史志编纂委员会 中共邙山区委员会 1996 年 346 页

008422423

郑州市郊区人物志资料选辑 征求意见稿 一稿

郑州市郊区志编纂委员会编 郑州 郑州市郊区志编纂委员会 1986 年 70 页

009413923

郑州市郊区人物志资料选辑 征求意见稿 二稿

郑州市郊区志编纂委员会编 郑州 郑州市郊区志编纂委员会 198u 年 46 页

008427912

郑州市郊区卫生志

郑州市郊区卫生志编辑室编 郑州 郑州市郊区卫生志编辑室 1986 年 210 页

008427908
郑州市郊区医药志 征求意见稿 二稿
郑州市郊区医药志编写组编 郑州 郑州市郊区医药志编写组 1986年 352页

008421556
郑州市郊区农机志 征求意见稿 二稿
郑州市郊区农机志编写组编 郑州 郑州市郊区农机志编写组 1985年 102页

008421547
郑州市郊区水利志篇目 征求意见稿 一稿
郊区水利志编辑室编 郑州 郊区水利志编辑室 1985年 44页

巩义市

008820084
巩县志
巩县志编纂委员会编 郑州 中州古籍出版社 1991年 803页

013689498
巩义市志 1986—2005
巩义市地方史志编纂委员会编 郑州 中州古籍出版社 2012年 903页

008822960
白沙志
河南省巩义市白沙志编纂委员会 傅瑞清主编 北京 方志出版社 1996年 496页〔中华人民共和国地方志丛书〕

014052256
苏家庄村志
巩义市苏家庄村志编纂委员会编 巩义 巩义市苏家庄村志编纂委员会 2009年 232页

013464351
芝田村志
周西钊主编 巩义市芝田村志编纂委员会编 巩义 芝田村志编纂委员会 2003年 561页

011954030
巩义公安志
张志杰 李新安主编 巩义市公安志编纂委员会编 北京 新华出版社 2008年 811页

010777141
巩义市土地志
李英宸主编 郑州 河南科学技术出版社 1995年 307页〔郑州市土地志丛书 2〕

008988374
巩县烟草志
巩县烟草专卖局编 巩县 巩县烟草专卖局 1986年 152页

011954035
巩义国税志 1986—2005

巩义市国家税务局编 巩义 巩义市国家税务局 200u 年 237 页

009387146
巩县教育志 1840—1985
雷浩哲主编 巩县 巩县教育志编辑委员会 1989 年 365 页

011329714
巩县戏曲志
艾方平主编 巩县文化局编 中国戏曲志河南卷编辑委员会 1988 年 244 页

012639006
沙鱼沟志
李天贵主编 沙鱼沟 巩县志编纂委员会 1987 年 235 页

013129039
巩义风物志
邰红涛著 北京 大众文艺出版社 2011 年 207 页

010229454
巩县卫生志
巩县卫生志编纂室编 巩县 巩县卫生志编纂室 1985 年 274 页

荥阳市

008001440
荥阳市志
荥阳市志编纂委员会编 北京 新华出版社 1996 年 1124 页

008821926
荥阳市志
荥阳市志编纂委员会编 北京 新华出版社 1996 年 1117 页〔中国地方志丛书〕

013707147
荥阳市土地志
张鹏责任编辑 荥阳市土地管理局编 郑州 河南科学技术出版社 1998 年 456 页〔郑州市土地志丛书 3〕

012769477
荥阳市粮食志
郑国华主编 荥阳市粮食局编 荥阳 荥阳市粮食局 1998 年 350 页

010250789
荥阳县农业志
荥阳县农业局编 荥阳 荥阳县农业局 1985 年 331 页

012814498
荥阳教育志
荥阳教育志编纂委员会编 荥阳 荥阳教育志编纂委员会 2004 年 953 页〔郑州市教育志系列丛书〕

010239188
荥阳戏曲志
王黎主编 荥阳县文化广播电视局编 中

国戏曲志河南卷编委会 1990 年 277 页

012956605
荥阳文物志
荥阳文物志编纂委员会编著 郑州 中州古籍出版社 2011 年 335 页

010238992
河南省荥阳县卫生志
荥阳县卫生志编辑组编 荥阳 荥阳县卫生志编辑组 1986 年 231 页

013097900
荥阳市建设志
荥阳市建设志编纂委员会编 荥阳 荥阳市建设管理局 2009 年

新密市

005536259
密县志
密县地方史志编纂委员会编 郑州 中州古籍出版社 1992 年 802 页

007992177
新密市志 1986—1995
河南省新密市地方史志编纂委员会编 郑州 中州古籍出版社 1997 年 649 页

012612899
郑州志 密县 荥泽卷
齐岸青主编 古都郑州文化丛书编纂委员会编 郑州 中州古籍出版社 2009 年 3 册〔古都郑州文化丛书〕

009472026
牛店乡志 征求意见稿
密县牛店乡人民政府编 牛店乡 密县牛店乡人民政府 1987 年

012052456
新密市五里店村志
张金河主编 五里店村志编纂委员会编 郑州 中州古籍出版社 2006 年 707 页

011311328
新密市土地志
司书宪主编 郑州 河南科学技术出版社 1997 年 247 页〔郑州市土地志丛书 5〕

013148910
郑州林业志 新密卷 1978—2008
郑州林业志新密市卷编纂委员会编 郑州 中州古籍出版社 2009 年 158 页

010250751
新密煤矿志
新密矿务局编 新密 新密矿务局 1984 年 344 页

009808375
新密市交通志

新密市交通志编纂委员会编 郑州 中州古籍出版社 2005年 442页

009413759
密县财政志
李治淮 梁国安主编 郑州 河南科学技术出版社 1994年 389页

011479383
新密市财政志
屈学敏主编 天津 天津人民出版社 2007年 584页

009813691
密县金融志
密县金融志编纂委员会编 荥阳 河南省荥阳县印刷厂印刷 1989年 237页

012764740
刘寨教育志
刘寨镇教育志编纂委员会编 刘寨镇 刘寨镇教育志编纂委员会 2003年 205页

012661764
曲梁教育志
曲梁乡教育管理委员会编 新密 曲梁乡教育管理委员会 2003年 337页

009391358
新密教育志
新密市教育史志编纂委员会编 郑州 中州古籍出版社 2004年 472页

012718928
河南省示范性高中新密市第一高级中学校志 2001.11—2007.2
新密市第一高级中学编 新密 新密市第一高级中学 2007年 500页

012718924
密县一中志
密县一中志编写领导小组编 密县 密县一中志编写领导小组 1987年 166页

012767105
新密市第二高级中学校志 芳华春秋 1952—2003
河南省新密市第二高级中学校志编纂委员会编 新密 河南省新密市第二高级中学校志编纂委员会 2004年 486页

012767117
新密市教师进修学校校志 1840—2000
新密市教师进修学校校志编委会编 新密 新密市教师进修学校校志编委会 2003年 273页

012767124
新密市市直第一初级中学校志 1986—2002
新密市市直一中校志编委会编 新密 新密市市直一中校志编委会 2003年 284页

012718929
新密市一中校志 第 2 辑 1985—1997
河南省新密市第一中学编 新密 河南省新密市第一中学 1997 年 230 页

011320294
密县戏曲志
李凯主编 密县文化广播电视局 密县戏曲志编辑组编 郑州 中州古籍出版社 1991 年 164 页

013321252
新密民俗志
新密民俗志编委会 高力升主编 成都 时代出版社 2009 年 2 册〔中国民间文化遗产抢救工程〕

008425122
河南省密县地名志
密县地名志编纂委员会编 西安 陕西人民出版社 1991 年 452 页

010265832
河南省郑州市密县山水志
密县水利局编 密县 密县水利局 1986 年 104 页

009814243
新密市中医院院志 1988—2002
新密市中医院院志编委会编 新密 新密市中医院院志编委会 2002 年 308 页

010238979
密县卫生志
密县卫生局编 密县 密县卫生局 1986 年 351 页

013939502
新密市水利志
新密市水务局编 郑州 中州古籍出版社 2013 年 953 页

新郑市

013959624
新郑市志 1986—2005
新郑市地方史志编纂委员会编 郑州 中州古籍出版社 2013 年 833 页

007900159
新郑县志
刘文学主编 新郑县地方史志编纂委员会编 西安 陕西人民出版社 1992 年 718 页〔中华人民共和国地方志丛书〕

011957378
郑州志 新郑 巩县卷
齐岸青主编 古都郑州文化丛书编纂委员会编 郑州 中州古籍出版社 2008 年 4 册〔古都郑州文化丛书〕

012545524
新郑公安志
新郑公安志编纂委员会编 新郑 新郑市

公安局 2009 年 474 页

013994202
新郑市民政志 1948—2008
刘彤彬主编 新郑市民政局编 香港 香港国际出版社 2009 年 220 页

011474426
河南省新郑监狱志 1951—2005
河南省新郑监狱志编纂委员会编 新郑 河南省新郑监狱志编纂委员会 2007 年 522 页〔河南省监狱志系列丛刊〕

010252953
新郑房地产志
新郑市房地产管理所编制 新郑 新郑市房地产管理所 2003 年 285 页〔新郑市志丛书〕

010109014
新郑县建设志
杨学忠主编 郑州 河南人民出版社 1991 年 215 页

012316964
新郑卷烟厂志 1990—2009
新郑卷烟厂志编委会编著 开封 河南大学出版社 2009 年 613 页

008421894
新郑市水利志
新郑市水利志编纂办公室编 郑州 中州古籍出版社 1994 年 202 页〔河南专

业志丛书〕

011327613
新郑烟厂志 1949—1989
新郑卷烟厂厂志编委会编 合肥 黄山书社 1991 年 428 页

007530776
新郑县教育志
新郑县教育志编纂委员会 张金才主编 赵宪立副主编 胡文祥编 郑州 中州古籍出版社 1992 年 410 页

010251762
新郑曲艺志
新郑县文化局曲艺志编纂组编 新郑 新郑县文化局曲艺志编纂组 1990 年 276 页

011295859
黄帝故里志
刘文学主编 河南新郑黄帝故里文化研究会 新郑市地方史志办公室编 郑州 中州古籍出版社 2007 年 578 页

010152996
新郑市文物志
新郑市文物管理局编 北京 中国文史出版社 2005 年 390 页

010238876
新郑县卫生志
新郑县卫生局编纂 新郑 新郑县卫生局

1986年 348页

013689617
新郑市建设志
张书谦主编 香港 香港国际出版社 2008年 604页

007685396
新郑市环境志
新郑市环境志编纂委员会编 郑州 中州古籍出版社 1994年 308页〔河南省专业志丛书〕

登封市

011943419
登封市志
吕宏军主编 登封市地方志编纂委员会编 郑州 中州古籍出版社 2008年 2册 1955页〔中国地方志丛书〕

009412826
登封县志 大事记 征求意见稿
登封县志办公室编 登封 登封县志办公室 1986年 87页

008987005
登封县志简编
登封县革命委员会文化局编 登封 登封县革命委员会文化局 1979年 249页

011500857
郑州志 登封 中牟卷
齐岸青主编 古都郑州文化丛书编纂委员会编 郑州 中州古籍出版社 2007年 4册〔古都郑州文化丛书〕

013955616
八方村志
告成镇八方村志编纂委员会编 告成镇 告成镇八方村志编纂委员会 2009年 309页

008823335
大冶镇志
大冶镇地方志编纂委员会编 郑州 河南人民出版社 1994年 624页

011533897
大冶镇志
郝焕斌主编 郑州 河南人民出版社 2008年 946页

010732104
告成镇志
告成镇志编纂委员会编 郑州 河南人民出版社 2007年 645页

009381338
河南登封县告成乡志
赵怀珍主编 登封县告成乡志编纂办公室编 太康 河南省太康县印刷厂 1985年 536页

012639203
君召乡志

君召乡志编纂委员会编 君召乡 君召乡政府地方志编纂委员会 2007 年 430 页

003713416
少林武僧志
德虔编著 北京 北京体育学院出版社 1988 年 176 页

012998906
登封工会志
登封工会志编纂委员会编 北京 中国工人出版社 2011 年 585 页〔中国地方工会史志丛书〕

009560787
登封市政协志
政协登封市委员会编 登封 政协登封市委员会 2001 年 175 页

009082522
登封市公安志
任长霞 刘从德主编 北京 中国文史出版社 2003 年 423 页

014028666
登封检察志
登封检察志编纂委员会编 郑州 中州古籍出版社 2013 年 565 页

013141140
登封市军事志 约前 30 世纪—2005
登封市军事志编纂委员会编 登封 登封市军事志编纂委员会 2008 年 437 页

012714084
登封国土资源志
高玉杰主编 登封国土资源志编纂委员会编 郑州 中州古籍出版社 2010 年 614 页

011311050
登封市土地志
登封市土地志编纂委员会编 郑州 河南科学技术出版社 1996 年 228 页〔郑州市土地志丛书 7〕

009412810
登封煤炭志
登封煤炭志编纂委员会编 郑州 中州古籍出版社 1995 年 576 页

013090960
登封煤炭志
登封煤炭志编纂委员会编 郑州 中州古籍出版社 2011 年 785 页

009334826
登封水务志
登封市水务局编 北京 解放军文艺出版社 2002 年 411 页

008426137
登封县烟草志
登封县烟草志编纂委员会编 郑州 中州古籍出版社 1991 年 330 页〔河南省

地方志丛书〕

009768307
磴槽煤矿志
矿志编写领导组编 郑州 河南人民出版社 1991年 224页

013681533
登封县交通志
登封 1986年 154页

009082520
登封市财政志
李慧军主编 唐志福 王丙欣执行主编 北京 中国文史出版社 2003年 357页

012609601
登封文化志
李书建主编 登封市文化局编 郑州 河南人民出版社 2009年 717页

010778376
登封市教育志 1986—2002
登封市教育局编 登封 登封市教育志编纂委员会 2005年 337页

008426240
登封县教育志
登封县教育志编纂委员会 杨东仁主编 郑州 河南人民出版社 1988年 385页〔河南地方志丛书〕

013899601
嵩山少林寺塔沟武校志
塔沟武校志领导组编纂 登封 少林寺塔沟武术学校 2003年 446页

012970971
中国嵩山少林寺武术学校志 1980—2000
中国嵩山少林寺武术学校编 香港 天马图书有限公司 2000年 333页

009808407
登封文物志稿
登封县志编纂委员会编 登封 登封县志编纂委员会 1983年 232页

007772958
登封名胜文物志
河南省登封县地方志编纂委员会编 郑州 河南省登封县地方志编纂委员会 1985年 111页

009413830
嵩山旅游志
登封县外事办公室编 登封 登封县外事办公室 1987年 400页

010730774
嵩山志
河南省嵩山风景名胜区管理委员会编著 郑州 河南人民出版社 2007年 851页

007457511
新编少林寺志
登封县志办公室编 北京 中国旅游出版社 1988年 225页

013403083
登封市人民医院院志 1951—2001
登封市人民医院院志编委会编 2001年 388页

009560785
登封市卫生志
阎保寅 吴庆和主编 阎锦木执行主编 登封 登封报社印刷厂 2003年 384页

中牟县

008819816
中牟县志
中牟县地方志编纂委员会编 北京 生活·读书·新知三联书店 1999年 892页〔中华人民共和国地方志丛书〕

011066380
中牟县志 1991—2000
中牟县地方志编纂委员会编 郑州 中州古籍出版社 2006年 812页〔中国地方志丛书〕

010140685
中牟县志 1991—2000 送审稿
中牟县志总编室编 中牟 中牟县志总编室 2003年 892页〔河南省地方志丛书〕

013148916
郑州林业志 中牟卷 1978—2008
郑州林业志中牟县卷编纂委员会编 郑州 中州古籍出版社 2009年 158页

011311320
中牟土地志
张鹏责任编辑 郑州 河南科学技术出版社 1997年 278页〔郑州市土地志丛书 6〕

013661776
中牟县交通志
董南方主编 中牟县交通志编委会编 中牟 中牟县交通志编委会 1990年 238页

012175587
中牟教育志
中牟县教育志编纂委员会编 珠海 珠海出版社 2006年 1005页〔郑州市教育志系列丛书〕

009414033
中牟黄河志
中牟黄河修防段编写组编 中牟 中牟黄河修防段编写组 198u年 176页

010251070
中牟县卫生志

中牟县卫生局编 中牟 中牟县卫生局 1986年 316页

开封市

008392578
开封简志
郭书学主编 赵道山副主编 周芳霞编 开封市地方史志编纂委员会编纂 郑州 河南人民出版社 1988年 679页

007817979
开封市志
开封市地方志编纂委员会编 郑州 中州古籍出版社 1996年

009992180
开封市志
开封市地方史志编纂委员会编 北京 北京燕山出版社 2004年

008666846
开封市志 第1卷 人防志 初稿
王尚义撰稿 开封 人民防空办公室 1987年 99页

012811643
开封市志 卫生医药卷
开封市地方史志编纂委员会编 北京 方志出版社 2008年 658页

009675266
开封市志 第1卷 教育卷 1986—2003
开封市地方史志编纂委员会编 北京 方志出版社 2004年 531页

011312092
开封市志 第2卷 财税金融卷
开封市地方史志编纂委员会编 北京 方志出版社 2006年 540页

011312094
开封市志 第3卷 城市建设卷
开封市地方史志编纂委员会编 北京 方志出版社 2006年 353页

013659406
开封市志 第4卷 综合卷 1986—2004
开封市地方史志编纂委员会编 北京 北京燕山出版社有限公司 2012年 512页

008987756
开封民族宗教志
开封民族宗教志编纂委员会 赵家珍主编 香港 天马出版社 2000年 353页

008425919
开封市人口志
开封市计划生育委员会编 郑州 中州古籍出版社 1991年 171页

009407955

开封市工会志

开封市总工会工运研究室编 开封 开封市总工会工运研究室 1988年 212页

011566183

开封法院志 1840—1983 第一稿

河南省开封市中级人民法院开封法院志编辑室编 开封 河南省开封市中级人民法院开封法院志编辑室 198u年 291页

013224508

开封市监狱志 1983—2001

开封市监狱志编纂委员会 胡成群主编 开封 开封市监狱志编纂委员会 2009年 323页〔河南省监狱志系列丛刊〕

011564810

河南省开封经济技术开发区志

河南省开封经济技术开发区管理委员会编 河南 河南第一新华印刷厂印 2002年 243页

013224499

开封市工商行政管理志 1965—1994

河南省开封市工商行政管理局编 开封 开封市工商行政管理局 1996年 268页

007534738

开封市劳动志

开封市劳动局编 郑州 河南人民出版社 1989年 521页

013774424

开封市物资局志 1958—1985

开封市物资局志编写组编 开封 开封市物资局志编写组 1986年 311页

011566279

开封市电石厂厂志

厂志办公室编 开封 开封市电石厂厂志办公室 1984年 96页

011566184

开封房地产志

开封市房地产管理局编 开封 开封市房地产管理局 1988年 198页

011566242

开封市城建志

开封市城建志编辑室编 北京 测绘出版社 1989年 312页

009334803

开封市房地产志

开封市房地产管理局编 开封 开封市房地产管理局 1988年 199页

011497955

开封市自来水厂志

开封 开封市自来水厂 1985年 129页

009252008

开封市土地志

开封市土地房屋管理局编 郑州 中州古籍出版社 1999 年 483 页〔河南省土地志丛书〕

013183736
开封农林科研所志 1958—1996
开封市农林科学研究所所志编纂委员会编 开封 开封市农林科学研究所所志编纂委员会 1998 年 169 页

012097675
开封市农林科学研究所志 1958—2007
开封市农林科学研究院编 开封 开封市农林科学研究所 2008 年 295 页

010250649
河南省开封制药厂志 1949—1982 讨论稿
开封制药厂厂志编纂办公室编 开封 开封制药厂厂志编纂办公室 1983 年 392 页

010250647
河南省开封制药厂志 1949—1982 初稿
开封制药厂厂志编纂办公室编 开封 开封制药厂厂志编纂办公室 1984 年 272 页

013628018
开封电线厂志 1956—1985
开封电线厂志编纂办公室编 开封 开封电线厂志编纂办公室 1985 年 169 页

011566227
开封缝纫机总厂厂志 1959—1987
开封 开封缝纫机总厂 19uu 年 251 页

010108857
开封钢丝绳厂志 1956—1984 征求意见稿
开封钢丝绳厂志编写领导小组编 1984 年 137 页

010008564
开封卷烟厂志 1950—1982
开封卷烟厂编 开封 开封卷烟厂 198u 年 184 页

011584396
开封毛纺织总厂志 1955—1985
开封毛纺织总厂厂志编纂办公室编 开封 开封毛纺织总厂 1985 年 158 页

013932198
开封石油商业志
河南省石油总公司开封分公司石油商业志编纂委员会编 郑州 河南人民出版社 1994 年 329 页

011566255
开封市第一建筑工程公司志 1952.6—1992.6
开封市一建公司志编辑室编 开封 开封市一建公司志编辑室 1992 年 197 页

011566275
开封市第一印刷厂厂志 1950—1984
开封 开封市第一印刷厂 1985 年 74 页

011310742
开封市煤炭公司志 1949—1985
开封市煤炭公司志编辑室编 开封 开封市煤炭公司 1985 年 237 页

011329712
开封市棉麻公司志 1950—1985
开封市棉麻公司志编辑室编 开封 开封市棉麻公司 198u 年 189 页

011497953
开封市食品志
开封市食品公司史志编辑室编 开封 开封市食品公司史志编辑室 1986 年 137 页

010250749
开封市医药志 1960—1983 初稿
开封市医药志编辑室编 开封 开封市医药志编辑室 1984 年 200 页

013628022
开封市油脂化工厂志
开封市油脂化工厂厂志编写小组编 开封 开封市油脂化工厂厂志编写小组 1984 年 95 页

011566432
开封市针织内衣厂志 1951—1982 征求意见稿
开封市针织内衣厂志办公室编 开封 开封市针织内衣厂志办公室 1983 年 96 页

013317837
开封搪瓷厂志 1916—1982
开封搪瓷厂志办公室编 开封 开封搪瓷厂志办公室 1984 年 136 页

010108870
开封橡胶厂厂志
开封橡胶厂志编写组编 1988 年 278 页

013628024
开封油脂化工厂厂志 1984.7—1999.6
开封油脂化工厂厂志编写小组编 开封 开封油脂化工厂厂志编写小组 1999 年 67 页

013184273
开封造纸网厂志 1955—1982
开封造纸网厂志编纂办公室编 开封 开封造纸网厂志编纂办公室 1987 年 168 页

011566441
开封针织厂志 1956—1982
开封针织厂厂志办公室编 开封 开封针织厂 1984 年 119 页

013704403
开封市交通志

开封市交通志编纂委员会编 北京 人民交通出版社 1994年 325页〔河南省交通志丛书〕

013183731
开封工务段志 1905—1986
郑州铁路局编 郑州 郑州铁路局印刷厂 1989年 413页

011566294
开封市公路志
开封市公路管理局公路史志编纂委员会编纂 北京 中国广播电视出版社 2003年 399页

009001375
开封市邮电志
开封市邮电史志编纂委员会编 北京 方志出版社 2001年 590页〔河南邮电史志丛书〕

011310793
开封市日用杂品公司志 1956—1985
孙开国主编 开封市日用杂品公司编 开封 开封市日用杂品公司 1989年 149页

008424353
开封市供销合作社志
尤勇主编 郑州 中州古籍出版社 1992年 716页

011566315
开封市粮食志
常金海主编 张斌副主编 开封市粮食局编 开封 开封市粮食局 1986年 419页

009413720
开封糖业烟酒志
开封市糖业烟酒公司史志编辑室编 郑州 河南人民出版社 1988年 539页

010473854
开封物价志
马庆海主编 郑州 河南人民出版社 1990年 435页

011566180
开封百货文化行业志
开封百货文化行业志编辑室编 1987年 295页

007659656
开封商业志
王命钦主编 郑州 中州古籍出版社 1994年 608页〔河南专业志丛书〕

009413048
开封市第二商业局志 讨论稿
开封市第二商业局史志编辑室编 开封 开封市第二商业局史志编辑室 1988年 2册

011566267
开封市第一商业局志 1948—1985
开封市第一商业局志编辑室编 开封 开封市第一商业局志编辑室 1987 年 275 页

013144485
开封市商务志
开封市商务局编纂 开封 开封市商务局 2011 年 342 页

011566317
开封市蔬菜行业志
蒋斯立总编辑 开封 开封市蔬菜盐业公司 1989 年 163 页

009381442
开封市税务志
徐清臣主编 开封市税务局编 郑州 中州古籍出版社 1993 年 223 页〔河南地方志丛书〕

011566312
开封市建设银行志 1954—1985
中国人民建设银行开封市支行行志办公室编 开封 开封市建设银行 1989 年 202 页

013932232
开封市建设银行志 1986—1993
中国人民建设银行开封市分行行史行志办公室编 开封 中国科学院开封印刷厂 1994 年 379 页

012636557
中国农业发展银行开封市分行志 1996—2004
李世兴主编 开封 中国农业发展银行开封市分行志编纂委员会 2005 年 249 页

012816232
中国农业银行开封市分行行志 1955—2004
中国农业银行开封市分行编 开封 中国农业银行开封市分行 2005 年 389 页

012762153
开封日报社志
刘会敏主编 开封 开封日报社 2008 年 502 页

011566430
开封市新闻志 初稿
开封市新闻志编纂小组编 开封 开封市新闻志编纂小组 1986 年 164 页

012811397
河南大学出版志
张天定 李建伟主编 开封 河南大学出版社 2010 年 560 页

011566325
开封市图书馆馆志 征求意见稿
开封市图书馆馆志编写组编 开封 开封市图书馆 1987 年 117 页

007654342
开封市科学技术志
郑州 中州古籍出版社 1991年 240页

007523422
开封市教育志 1840—1985
开封市教育志编辑室编 郑州 中州古籍出版社 1991年 560页

012049676
开封市教育志 1978—2000
开封市教育志编纂委员会编 郑州 大象出版社 2008年 605页

013926285
河南大学药学院院志
刑煜君主编 冯文平 杨凌 吕敏副主编 开封 河南大学药学院 2011年 321页

012719147
辉煌三十年 开封大学校志
辉煌三十年开封大学校志编审委员会编 开封 辉煌三十年开封大学校志编审委员会 2010年 340页

013093098
开封市教育学院院志 1979—2002
开封市教育学院院志编委会编 开封 开封市教育学院院志编委会 2003年 104页

009768336
河南大学教育科学学院志
河南大学教育科学学院志编写组编 开封 河南大学出版社 2002年 523页

012541777
黄河水利职业技术学院志
黄河水利职业技术学院志编纂委员会编 郑州 黄河水利出版社 2009年 1010页

011328661
黄河水利职业技术学院志 1929.3—2004.12 送审稿
黄河水利职业技术学院志编纂委员会编 开封 黄河水利职业技术学院志编纂委员会 2006年 2册

009839606
河南大学体育学院志
杨改生主编 开封 河南大学出版社 2003年 484页

011566427
开封市文物志 征求意见稿
开封市博物馆 开封市文物志编辑组合编 开封 开封市博物馆 开封市文物志编辑组 1985年 310页

012265178
开封市地名志
开封市民政局编 开封 开封市民政局 2000年 326页

011566234
开封菊花志
开封市地方史志编纂委员会编 北京 北京燕山出版社 2005年 305页〔开封地方史志汇编〕

009768501
开封医专校志
开封医专校志编写组 王志永主编 北京 中国县镇年鉴社 1999年 372页

011320838
河南大学淮河医院志 1985—2004
河南大学淮河医院编 开封 河南大学淮河医院 2005年 260页

014032664
河南省开封医学专科学校附属医院院志 1949—1983
开封医专附属医院编 开封 开封医专附属医院 1985年 123页

011566258
开封市第一人民医院志
开封市第一人民医院编 开封 开封市第一人民医院 1984年 221页

013184272
开封市第一人民医院志 1983—1998
开封市第一人民医院编 开封 开封市第一人民医院 2000年 237页

011566308
开封市回族医院院志
开封市回族医院编 开封 开封市回族医院 1998年 99页

011497950
开封市结核病防治所志 1979—1984
开封市结核病防治所编 开封 开封市结核病防治所 1985年 122页

009413715
开封市卫生防疫站志 征求意见稿
开封市卫生防疫站志编写组编 开封 开封市卫生防疫站志编写组 1983年 150页

012613298
开封市卫生防疫站志 1952—2002
开封 开封市卫生防疫站 2002年 247页〔临川区乡镇地方志丛书〕

012952071
河南大学附属南石医院志 1970—2008
南石医院志编纂委员会编 郑州 中州古籍出版社 2010年 339页

013064802
开封市第二人民医院志
开封 开封市第二人民医院 2001年 142页

013064805
开封市第二人民医院志 2002—2011

（续编）

开封市第二人民医院编纂委员会编 开封 开封市第二人民医院 2001年 302页

011566247
开封市第二人民医院志 续修 1983—2001

赵奈汤主编 开封市第二人民医院编 开封 开封市第二人民医院 2001年 330页

008421871
开封市卫生志

开封市卫生局编 郑州 河南人民出版社 1990年 388页

013659417
开封制药厂志 1949—1982

开封制药厂厂志编纂办公室编 开封 开封制药厂厂志编纂办公室 1986年 149页

008424339
开封地区农机志

谭锡禄主编 开封 河南人民出版社 1989年 318页

009413712
开封市黄河志

开封市黄河志编辑室编 开封 开封市第一印刷厂 1991年 233页

鼓楼区

009412845
鼓楼区志 征求意见稿

开封市鼓楼区地方史志编纂委员会编 开封 开封市鼓楼区地方史志编纂委员会 1990年 2册

012250964
鼓楼区志

开封市鼓楼区地方志编纂委员会编 开封 开封市新闻出版局 1999年 761页

011320032
开封市鼓楼区教育志 初稿

开封市鼓楼区文教局教育志编纂室编 开封 开封市鼓楼区文教局教育志编纂室 1988年 325页

龙亭区

008822241
龙亭区志

开封市龙亭区地方史志编纂委员会编 开封 开封市新闻出版局 1999年 901页

顺河回族区

009415078
开封市顺河回族区志

顺河回族区地方史志编纂委员会编 开封 开封市新闻出版局 1999 年 689 页

011566322

开封市顺河回族区教育志

开封市顺河回族区文化教育局教育志编辑委员会编 开封 开封市顺河回族区文化教育局教育志编辑委员会 1992 年 236 页

禹王台区

008819895

开封市南关区志

开封市南关区地方史志编纂委员会编 开封 开封市南关区地方史志编纂委员会 1999 年 476 页

金明区

011566313

开封市郊区志

开封市郊区地方志编纂委员会编 开封 开封市新闻出版局 1999 年 844 页

013793084

开封市郊区志 1989.1—2005.9

开封市金明区地方史志编纂委员会编 郑州 中州古籍出版社 2013 年 729 页

012832271

开封市金明区财政志 1989—2009

程传敬主编 开封市金明区财政志编纂委员会编 开封 开封市金明区财政志编纂委员会 2010 年 392 页

009045830

开封市郊区黄河志

开封市郊区黄河志编纂领导组编 开封 开封市郊区黄河志编纂领导组 1994 年 309 页

杞县

013776111

开封市土地志 第 9 卷 杞县卷

侯国刚 任世贤主编 杞县土地房屋管理局编 郑州 中州古籍出版社 1999 年 255 页〔河南省土地志丛书〕

010140243

杞县戏曲志

郜明堂主编 河南省杞县文化局编 中国戏曲志河南卷编辑委员会 1988 年 188 页

008666155

河南省杞县地名录

杞县地名委员会编 杞县 杞县地名委员会 1982 年 150 页

013629388

杞县地名志

杞县地名志编纂委员会编 郑州 中州古籍出版社 2012年 471页

通许县

010476158
通许县志 1986—2000 一稿
通许县地方史志编纂委员会编 通许 通许县地方史志编纂委员会 2005年 651页

008037825
通许县志 第1卷
通许县地方志编纂委员会编 郑州 中州古籍出版社 1995年 732页

010293878
通许县志 第2卷 1986—2000
通许县地方志编纂委员会编 北京 北京燕山出版社 2005年 601页

011570846
通许县人大志
通许县人大常委会编 通许 2006年 385页

013990887
开封市土地志 第9卷 通许卷
袁永功主编 通许县土地房屋管理局编 郑州 中州古籍出版社 1999年 282页〔河南省土地志丛书〕

011570839
通许县农业气候志 初稿
开封 开封地区气象局气候普查队通许县气象站 1979年 276页

尉氏县

006933823
尉氏县志
尉氏县志编纂委员会编 郑州 中州古籍出版社 1993年 881页

011311831
尉氏县人大志
尉氏县人大常委会编 尉氏 人民代表大会 2002年 400页

011585054
尉氏县政协志 1959—2001
中国人民政治协商会议河南省尉氏县委员会编 尉氏 中国人民政治协商会议河南省尉氏县委员会 2002年 948页

012638660
尉氏县卫生志
尉氏县卫生局编 尉氏 尉氏县卫生局 2006年 240页

开封县

009887471
开封县志 征求意见稿
开封县志总编辑室编 开封 开封县志总编辑室 1990 年 13 册

007900125
开封县志
开封县志编纂委员会编 郑州 中州古籍出版社 1992 年 675 页

013093099
开封县学校志
开封县教育志编纂委员会编 开封 开封县教育志编纂委员会 2003 年 451 页

010139930
开封县戏曲志
张庆云主编 开封县文化局编 开封 开封县文化局 1988 年 204 页

011325012
开封县卫生防疫站志
开封县卫生防疫站编 开封 开封县卫生防疫站 1983 年 149 页

012661388
开封县卫生志 1983—2005
开封县卫生志编纂委员会编 开封 开封县卫生志编纂委员会 2005 年 227 页

兰考县

008819877
兰考县志
河南省兰考县地方史志编纂委员会编 郑州 中州古籍出版社 1999 年 845 页

013129876
兰考县供销合作社志 1951—1985
河南省兰考县供销合作社编 兰考 河南省兰考县供销合作社 1987 年 324 页

012661414
兰考县农村金融志 1914—1999
兰考县农村金融志编纂委员会编 兰考 兰考县农村金融志编纂委员会 2000 年 237 页

009189753
兰考黄河志
翟自豪编著 郑州 黄河水利出版社 1998 年 212 页

洛阳市

007585914

洛阳市志

刘典立总纂 陆新朔 来学斋副总纂 洛阳市地方史志编纂委员会编 郑州 中州古籍出版社 1995 年

012139494

洛阳市志 1991—2000

洛阳市地方史志编纂委员会编 郑州 中州古籍出版社 2006 年 6 册〔中国地方志丛书〕

009959865

洛阳市志 民族宗教志 评审稿

洛阳市地方史志办公室 洛阳市民族宗教事务委员会编 洛阳 洛阳市民族宗教事务委员会 1998 年 113 页

009334782

洛阳市志 第 1 卷 总述 大事记 属县概况

洛阳市地方史志编纂委员会编 郑州 中州古籍出版社 2002 年 608 页

009334784

洛阳市志 第 2 卷 建置沿革志 自然环境志 人口志

洛阳市地方史志编纂委员会编 郑州 中州古籍出版社 2000 年 629 页

009043785

洛阳市志 第 3 卷 城市建设志 交通志 邮电志

洛阳市地方史志编纂委员会编 郑州 中州古籍出版社 1997 年 566 页

009310463

洛阳市志 第 4 卷 政党志 政权志 人民政协志 社会团体志

洛阳市地方史志编纂委员会编 郑州 中州古籍出版社 2001 年 655 页

008471251

洛阳市志 第 5 卷 外事 旅游 侨务志

洛阳市地方史志编纂委员会编 郑州 中州古籍出版社 1999 年 305 页

009310467

洛阳市志 第 6 卷 政法志 民政志 军事志

洛阳市地方史志编纂委员会编 郑州 中州古籍出版社 2001 年 603 页

008471259

洛阳市志 第 7 卷 工业志

洛阳市地方史志编纂委员会编 郑州 中州古籍出版社 2000 年 551 页

009043790

洛阳市志 第 8 卷 农业志

洛阳市地方史志编纂委员会编 郑州 中州古籍出版社 1999年 457页

009043805
洛阳市志 第9卷 商业志
洛阳市地方史志编纂委员会编 郑州 中州古籍出版社 1998年 414页

009043839
洛阳市志 第10卷 财政 税务 金融志
洛阳市地方史志编纂委员会编 郑州 中州古籍出版社 1996年 494页

009043971
洛阳市志 第11卷 计划 统计 劳动工资 物价 物资 工商行政 标准计量 审计志
洛阳市地方史志编纂委员会编 郑州 中州古籍出版社 1998年 474页

009043863
洛阳市志 第12卷 教育 科技志
洛阳市地方史志编纂委员会编 郑州 中州古籍出版社 1995年 491页

009043879
洛阳市志 第13卷 文化艺术 新闻 卫生 体育志
洛阳市地方史志编纂委员会编 郑州 中州古籍出版社 1998年 644页

009043892
洛阳市志 第14卷 文物志
洛阳市地方史志编纂委员会编 郑州 中州古籍出版社 1995年 517页

009044025
洛阳市志 第15卷 白马寺 龙门石窟志
洛阳市地方史志编纂委员会编 郑州 中州古籍出版社 1996年 405页

009044047
洛阳市志 第16卷 牡丹志
洛阳市地方史志编纂委员会编 郑州 中州古籍出版社 1998年 284页

008486805
洛阳市志 第17卷 人民生活 民族宗教 民俗 方言志
洛阳市地方史志编纂委员会编 郑州 中州古籍出版社 1999年 556页

009992200
洛阳市志 第18卷 人物志 附录
洛阳市地方史志编纂委员会编 李贵基 郭俊民总纂 郑州 中州古籍出版社 2002年 461页

011294791
中共洛阳市委党校志
任海航总纂 侯永生 朱德奎副总纂 马国图主编 曲泽民 张红涛副主编 中共洛阳市委党校志编纂委员会编 洛阳 中共洛阳市委党校志编纂委员会 2005年 416页

007534733
洛阳工会志
洛阳市总工会编著 张兴霖主编 郑州 中州古籍出版社 1994年 683页〔河南专业志丛书〕

013066342
洛阳市公安志
洛阳市公安局史志编纂委员会编 洛阳 洛阳市公安局 1999年 429页

011805621
洛阳铁路公安处志 1986—1990
郑州铁路公安局洛阳铁路公安处编 洛阳 郑州铁路公安局洛阳铁路公安处 1994年 358页

013775921
汶川特大地震洛阳救援志
汶川特大地震洛阳救援志编纂委员会编 郑州 中州古籍出版社 2012年 950页

013705174
洛阳九三志
李红川主编 九三学社洛阳市委员会编 洛阳 九三学社洛阳市委员会 2003年 372页

013224672
洛阳市监狱志 1984—2004
洛阳市监狱志编纂委员会 史庚寅 何龙山主编 洛阳 洛阳市监狱志编纂委员会 2007年 331页〔河南省监狱志系列丛刊〕

012811419
河南省第四监狱志 1955—2001
河南省第四监狱志编纂委员会编 洛阳 河南省第四监狱志编纂委员会 2006年 666页〔河南省监狱志系列丛书〕

012658587
河南省洛阳监狱志 1951—2001
河南省洛阳监狱志编纂委员会编 洛阳 河南省洛阳监狱志编纂委员会 2006年 548页〔河南省监狱志系列丛刊〕

013222168
河南省豫西监狱志 1980—2001
河南省豫西监狱志编纂委员会编 豫西 河南省豫西监狱志编纂委员会 2006年 558页〔河南省监狱志系列丛刊〕

008666824
洛阳市工商行政管理志
洛阳市工商行政管理局编 北京 工商出版社 1987年 320页

009813602
洛玻集团公司志
洛玻集团公司志编委会编著 郑州 中州古籍出版社 1995年 507页

009413732
洛阳房地志 讨论稿

洛阳市房地志编纂领导小组编 洛阳 1990年 1册

013461654
洛阳市政建设志
洛阳市市政工程管理处编 洛阳 洛阳市市政工程管理处 1984年 303页

013990925
洛阳市土地志
刘振立 郝忠孝主编 郑州 中州古籍出版社 1999年 356页〔河南省土地志丛书〕

013375255
洛阳林业志
洛阳市林业局编 洛阳 洛阳市林业局 2004年 442页

011294751
洛阳农业志
洛阳市农业局编 呼和浩特 远方出版社 2004年 451页

012097808
洛阳市农业科学研究所志 1941—2006
张灿军 梁维超主编 洛阳市农业科学研究所志编辑部编 洛阳 洛阳市农业科学研究所 2006年 344页

011579936
河南柴油机厂厂志 1955—1985
河南柴油机厂厂史办公室编 洛阳 河南柴油机厂 1988年 303页

009888224
洛阳地区医药志 讨论稿
河南省洛阳地区医药管理局编 洛阳 河南省洛阳地区医药管理局 1984年 2册

011475489
洛阳供电志 1920—1985
洛阳供电局编 洛阳 洛阳供电局 1991年 337页

011805614
洛阳供电志 1986—2006
洛阳市供电志编纂委员会编 郑州 中州古籍出版社 2008年 630页〔洛阳地方志丛书〕

013144589
洛阳机车工厂志 1969—1985
铁道部洛阳机车工厂编纂小组编 洛阳 洛阳机车工厂 1987年 266页

009391098
洛阳建筑志
高元池 何肃然 贺廷栋主编 王民华特邀主编 孙中科特邀副主编 洛阳建筑志编纂委员会编纂 郑州 中州古籍出版社 2004年 566页

009992190
洛阳卷烟厂志

厂志编纂委员会编 郑州 中州古籍出版社 2004年 494页

013958861
洛阳卷烟厂志 2003—2010
洛阳卷烟厂志编纂委员会编 郑州 中州古籍出版社 2013年 447页

009813616
洛阳矿山机器厂志
洛阳矿山机器厂志总编室编 洛阳 洛阳矿山机器厂 1986年 282页

009125488
洛阳耐火材料厂志 1956—1984
洛阳耐火材料厂志编委会编 洛阳 洛阳耐火材料厂 1986年 381页

013793269
洛阳热电厂志
1987年 256页

009334792
洛阳石化工程公司志 1956—1985
洛阳石化工程公司志编辑组编辑 洛阳 洛阳石化工程公司 1988年 418页

013461644
洛阳石化志 2001—2010
洛阳石化志编纂委员会编 北京 中国石化出版社 2011年 442页

009839609
洛阳石油化工总厂志
洛阳石油化工总厂志编纂委员会编 北京 中国石化出版社 2005年 495页

010195502
洛阳市化轻公司志 1964—1984
洛阳 洛阳市化轻公司 1985年 153页

009813674
洛阳铜加工厂志 1954—1985
洛阳铜加工厂志编纂办公室编 洛阳 洛阳铜加工厂志编纂办公室 1986年 499页

009814507
洛阳有色金属加工设计研究院院志 1964—1984 送审稿
洛阳有色金属加工设计研究院院志编纂办公室编 洛阳 洛阳有色金属加工设计研究院 1985年 2册

009813680
洛阳有色金属加工设计研究院志 1964—1985
洛阳有色加工院院志编纂办公室编 洛阳 洛阳有色金属加工设计研究院 1988年 318页

008874700
铁道部第十五工程局志 1948—1999
周文元主编 北京 中国铁道出版社 1999年 1376页

011328657

中国石化集团洛阳石油化工工程公司志 1996—2005

中国石化集团洛阳石油化工工程公司志编纂委员会编 洛阳 中国石化集团洛阳石油化工工程公司志编纂委员会 2006年 459页

010475786

中国石化洛阳石油化工工程公司志 1986—1995

洛阳石油化工工程公司志编纂委员会编 洛阳 中国石化洛阳石油化工工程公司 1998年 547页

009393635

中国石油一建公司志 1954—2003

中国石油一建公司志编委会编 北京 石油工业出版社 2004年 344页

011810573

中信重型机械公司志 1986—2005

中信重型机械公司编 洛阳 中信重型机械公司 2005年 330页

009061800

洛阳交通扶贫志

洛阳市人民政府 姚孝斌主编 北京 中华书局 2001年 412页

009204325

洛阳市交通史志资料汇编 公路篇 1949—1981

洛阳市交通局交通史志编写办公室编 洛阳 洛阳市交通局交通史志编写办公室 1983年 496页

009204328

洛阳市交通史志资料汇编 运输篇 1958—1966

洛阳市交通局交通史志编写办公室编 洛阳 洛阳市交通局交通史志编写办公室 1983年 568页

007508834

洛阳市交通志

洛阳市交通志编纂委员会编 河南省交通史志编纂委员会编审 郑州 河南人民出版社 1986年 547页〔河南省交通志丛书〕

012614069

洛阳市交通志 1985—2007

洛阳市交通志编纂委员会编 郑州 中州古籍出版社 2009年 590页

009768511

洛阳市汽车运输公司志

洛阳市汽车运输公司志编纂委员会编 郑州 中州古籍出版社 1991年 416页

008486809

洛阳铁路分局志 1905—1985

洛阳铁路分局志编纂委员会编 洛阳 洛阳铁路分局 1992年 864页

009198630
铁道部隧道工程局志 1978—1997
铁道部隧道工程局志编纂委员会编 北京 中国铁道出版社 1998年 521页

012956942
中铁隧道集团二处有限公司志 1984—2002
中铁隧道集团二处有限公司编 燕郊 中铁隧道集团二处有限公司 2004年 401页

009010106
洛阳市公共交通志
崔振杰 葛松 洛阳市公共交通公司编志室编 洛阳市公用事业局审定 洛阳 洛阳市公共交通公司编志室 1987年 249页

009675273
洛阳市公共交通志 1985—2003
洛阳市公共交通总公司编志办公室编 郑州 中州古籍出版社 2004年 301页

008421384
河南省粮食志 洛阳市县市简志 三门峡市县市简志
河南省粮食志编纂委员会编纂 北京 中国商业出版社 1996年 1册

009240666
洛阳市粮食志
辛育生主编 洛阳市粮食志编辑办公室编辑 洛阳 洛阳市粮食志编辑办公室 1987年 325页

010254028
洛阳市医药商业志 1911—1984 初稿
洛阳市医药志编辑室编 洛阳 洛阳市医药志编辑室 1986年 270页

010244261
洛阳市商业志
洛阳市第一商业局 第二商业局 供销合作社合编 北京 光明日报出版社 1990年 620页

013066335
洛阳地税志 1994.9—2003.12
洛阳市地方税务局编 洛阳 洛阳市地方税务局 2004年 541页

009413743
洛阳市财政志
洛阳市财政局编 郑州 中州古籍出版社 1996年 646页

014047722
洛阳税务志 1652—1985
洛阳市税务局编 洛阳 洛阳市税务局 1990年 255页

008428002
洛阳地区金融志
洛阳地区金融志编辑室编 洛阳 洛阳地

区金融志编辑室 1986 年 562 页

011311036
洛阳市建设银行志 1954—1990
洛阳市建设银行志编纂委员会编 郑州 中州古籍出版社 1994 年 378 页

008369959
洛阳市保险志
傅筱玲主编 北京 生活·读书·新知三联书店 1992 年 319 页

012051694
洛阳日报社志
邓明选主编 潘庆明执行主编 洛阳日报社编 洛阳 洛阳日报社 2008 年 586 页

008988370
洛阳电视台志
朱学升主编 洛阳电视台志编纂委员会编 郑州 中州古籍出版社 1998 年 2 册 682 页

007506813
洛阳地区教育志
洛阳地区教育志编委会编 郑州 中州古籍出版社 1992 年 385 页

014047690
洛阳市实验小学校志 1954—2009
洛阳市实验小学校志编纂委员会编 洛阳 洛阳市实验小学 2009 年 482 页

013862964
洛阳市第九中学校志 1956—2006
洛阳市第九中学校志编纂委员会编 2007 年 318 页

013863022
洛阳市第十二中学第二个三年计划校志 2007—2010
洛阳市第十二中学校志编纂委员会编 2010 年 618 页

013461650
洛阳市第十二中学校志
洛阳市第十二中学校志编委会编 洛阳 洛阳市第十二中学校志编委会 2006 年 237 页

013898424
洛阳市第十九中学校志 1959—2009
洛阳市第十九中学校志编纂委员会编 洛阳 洛阳市第十九中学 2009 年 308 页

013898425
洛阳市第四十三中学志 1979—2009
洛阳市第四十三中学志编委会编 洛阳 洛阳市第四十三中学 2009 年 268 页

009813623
洛阳市第一高级中学校志 1904—2004
洛阳市第一高级中学校志编纂委员会

编 北京 中国教育出版社 2004 年 567 页

013066339
洛阳市第一中学校志 1948—2008
贺朝曾主编 洛阳 洛阳市第一中学 2008 年 116 页

009685445
洛阳工学院志
洛阳工学院志编纂委员会编 郑州 中州古籍出版社 1998 年 688 页

008988372
洛阳工业高等专科学校校志
洛阳工业高等专科学校校志编辑部编 郑州 中州古籍出版社 2001 年 581 页

012505366
洛阳师范学院体育学院志
高松山 周明华主编 郑州 中州古籍出版社 2009 年 303 页

013933196
洛阳教育学院志 1981—1997
高绍禹主编 洛阳 洛阳教育学院 1999 年 319 页

008425948
洛阳师范高等专科学校志 1916—1995
洛阳师范高等专科学校志编纂委员会 叶鹏主编 郭恒坦 杨作龙 贺巷超副

主编 郑州 中州古籍出版社 1996 年 728 页

010293521
洛阳市第二师范学校志 1916—2000
校志编纂委员会 吉瑞林主编 洛阳 校志编纂委员会 2000 年 370 页〔中国中等师范名校〕

012813987
洛阳市第一师范学校志 1924—1999
李正本主编 程振锁副主编 洛阳 洛阳市第一师范学校志编纂委员会 1999 年 370 页

011892150
洛阳市第一师范学校志 1924—1999
李正本主编 程振锁副主编 洛阳市第一师范学校志编纂委员会编 洛阳 洛阳市新闻出版局 1999 年 369 页〔河南洛阳地方志〕

013705176
洛阳一师校志 1924—1999
洛阳市第一师范学校志编纂委员会编 洛阳 洛阳市第一师范学校志编纂委员会 1999 年 370 页

013507855
河南科技大学林业职业学院 河南省林业学校志 1951—2011
河南科技大学林业职业学院 河南省林业学校校志编纂委员会编 河南 河南

科技大学林业职业学院 河南省林业学校校志编纂委员会 2011年 674页

011311787
河南省林业学校志 1951—2000
河南省林业学校志编纂委员会编 洛阳 洛阳市新闻出版局 2001年 483页

011312103
洛阳工业高等专科学校志 1956—2006
校志编纂委员会编 北京 方志出版社 2006年 699页

011911500
中铁隧道集团职工大学志 1979—2007
中铁隧道集团职工大学志编纂委员会编 北京 中国铁道出版社 2008年 328页

009813658
洛阳体育志
洛阳市体育运动委员会体育志编纂领导小组编 北京 学苑出版社 1990年 601页

008388736
洛阳方言志
曾光平 张启焕 许留森 洛阳市地方史志办公室编 郑州 河南人民出版社 1987年 121页〔河南省地方志丛书〕

013753582
洛阳舞蹈志
洛阳舞蹈志编委会编纂 郑州 中州古籍出版社 2011年 364页

008372679
河洛史志
河洛史志编辑部编 洛阳 洛阳市地方史志办公室 19uu年

009332613
洛阳当代英才志
洛阳市地方史志办公室编 北京 中国广播电视出版社 2003年 690页

008404847
洛阳工运人物志 1921—1992
张兴霖编 洛阳市总工会著 郑州 河南人民出版社 1993年 458页

009382193
洛阳市文物志 征求意见稿
徐金星 黄明兰主编 洛阳 洛阳市文化局 1985年 525页

006788456
洛阳万安桥志 泉州洛阳桥志
刘浩然编著 香港 香港华星出版社 1993年 252页〔泉州文物志 3 泉州学丛书〕

011584668
洛阳民俗志

韩彦刚 孙素玲 尚仁杰编著 香港 香港教科文出版有限公司 1999年 420页

008417034
洛阳市地理志
洛阳市地方志编纂委员会编 北京 红旗出版社 1992年 215页〔河南地方志丛书〕

012049391
洛阳关林志
洛阳市文物管局 洛阳关林管理处编 西安 三秦出版社 2009年 244页

014047686
医林春晓 洛阳市第二中医院志 1978—1986
洛阳市第二中医院志编纂组编 1986年 91页

013375269
洛阳市卫生志
洛阳市卫生局编 洛阳 洛阳市卫生局 1986年 282页

012203023
洛阳市中心医院志 1984—2005
洛阳市中心医院志编纂委员会编 郑州 中州古籍出版社 2009年 544页

010151384
洛阳正骨志
河南省洛阳正骨医院洛阳正骨志编纂委员会编 郑州 中州古籍出版社 2005年 533页

010250655
洛阳地区鹿场志 初稿
洛阳地区鹿场编 洛阳 洛阳地区鹿场 1983年 86页

009813643
洛阳水利勘测设计院志 1959—1998
洛阳水利勘测设计院史志编纂委员会编 洛阳 洛阳水利勘测设计院史志编纂委员会 2001年 416页

012813991
黄河小浪底水利枢纽 洛阳移民志
张法政主编 北京 方志出版社 2008年 397页

西工区

007347889
洛阳市西工区志
洛阳市西工区志纂委员会编 郑州 河南人民出版社 1988年 451页〔河南地方志丛书〕

011954665
洛阳市西工区志 1986—2000
西工区地方志编纂委员会 陈淑欣主编 郑州 中州古籍出版社 2008年 702页〔中国地方志丛书〕

012100074

西工区志 1986—2000 送审稿

洛阳市西工区史志编纂委员会编 洛阳 洛阳市西工区史志编纂委员会 2007年 652页〔中国地方志丛书〕

012097804

洛阳市瀍河回族区志 1986—2000

瀍河回族区地方史志编纂委员会编 郑州 中州古籍出版社 2010年 449页〔中国地方志丛书〕

老城区

010230790

老城区志 1989—2000

洛阳市老城区志编纂委员会 杨栾福主编 郑州 中州古籍出版社 2006年 637页〔中国地方志丛书〕

009412774

老城区志资料汇编 教育志 草稿

洛阳市老城区教育志编写小组编 洛阳 洛阳市老城区教育志编写小组 1985年 1册

007443487

洛阳市老城区志

洛阳市老城区志编纂委员会编 郑州 河南人民出版社 1989年 395页

瀍河回族区

007520070

洛阳市瀍河回族区志

洛阳市瀍河回族区地方志编纂委员会编 洛阳 洛阳市瀍河回族区地方志编纂委员会总编室发行 1988年 487页

涧西区

007482009

洛阳市涧西区志

洛阳市涧西区志编纂委员会编 北京 海潮出版社 1988年 495页

012505369

洛阳市涧西区志 1986—2006

洛阳市涧西区志编纂委员会编 郑州 中州古籍出版社 2010年 679页

009992222

一拖厂志 1953—1984

第一拖拉机制造厂厂志总编辑室编 洛阳 第一拖拉机制造厂厂志总编辑室 1985年 2册

吉利区

007482006

洛阳市吉利区志

吉利区地方史志编纂委员会编 北京 光明日报出版社 1991年 551页

009009777
洛阳市吉利区志 1989—2000
洛阳市吉利区地方史志编纂委员会编 北京 中华书局 2002年 563页

洛龙区

009888228
洛阳市郊区志 征求意见稿
洛阳市郊区地方史志编纂委员会编 洛阳 洛阳市郊区地方史志编纂委员会 1992年

008820754
洛阳市郊区志
洛阳市郊区地方史志编纂委员会编 郑州 中州古籍出版社 1998年 2册 1036页

013375268
洛阳市郊区志 1991—2000
洛阳市洛龙区史志编纂委员会编 郑州 中州古籍出版社 2011年 627页

009887227
工农乡志
洛阳市郊区工农乡志编纂委员会编 洛阳 洛阳市郊区工农乡志编纂委员会 1991年 397页

009887441
河南省洛阳市郊区关林镇志 征求意见稿
关林镇人民政府编 关林镇 关林镇人民政府 1992年 3册

009887477
龙门镇志 征求意见稿
洛阳市郊区龙门镇地方史志编纂委员会编 洛阳 洛阳市郊区龙门镇地方史志编纂委员会 1992年 220页

008427116
洛阳市土地志 郊区卷
洛阳市郊区土地规划管理局编 郑州 中州古籍出版社 1999年 387页〔河南省土地志丛书〕

偃师市

005536248
偃师县志
偃师县志编纂委员会编 北京 生活·读书·新知三联书店 1992年 1031页

010280183
苗湾村志
苗湾村志编委会编 郑州 中州古籍出版社 2006年 602页

013186144
偃师政协志
偃师政协编纂委员会编 偃师 偃师政协编纂委员会 2011年 293页

013990941

洛阳市土地志 偃师卷

段志军主编 河南省偃师市土地规划管理局编 郑州 中州古籍出版社 1999年 289页〔河南省土地志丛书〕

008424681

偃师市水利志

张安民主编 偃师市水利志编纂委员会编著 郑州 黄河水利出版社 1998年 336页

010250787

偃师县对外贸易志 征求意见稿

偃师县对外贸易公司编 偃师 偃师县对外贸易公司 1985年 109页

009413884

偃师市教育志

偃师市教育志编纂委员会编 郑州 中州古籍出版社 2001年 694页

009251602

偃师县文物志 修改本

偃师县文物保护管理委员会编 洛阳 洛阳地区文物管理委员会 1979年 90页

011909960

偃师市建设环保志

偃师市建设环保志编纂委员会编 偃师 偃师市建设环保志编纂委员会 2000年 396页

009045839

伊洛河志

郭建民 郑金亮主编 刘洪仁副主编 北京 中国科学技术出版社 1995年 321页

孟津县

007900140

孟津县志

河南省孟津县地方史志编纂委员会编纂 郑州 河南人民出版社 1991年 926页〔中华人民共和国地方志丛书〕

010576634

孟津县志 1986—2000

张元文主编 潘炎军 裴绍武副主编 孟津县地方史志编纂委员会编 北京 方志出版社 2006年 734页〔中国地方志丛书〕

013990933

洛阳市土地志 孟津卷

孟津县土地管理规划局编 郑州 中州古籍出版社 1999年 303页〔河南省土地志丛书〕

012505371

孟津县林业志

孟津县林业局编 孟津 孟津县林业局 2005年 211页

011954698
孟津烟草志 1978—2003
周世敬主编 孟津 孟津县烟草专卖局 2005年 367页

013184396
孟津县戏曲志
雷光顺主编 赵振华副主编 孟津 河南省戏曲志编辑委员会 1998年 196页〔河南省戏曲志〕

008386602
龙马负图寺志 河图之源
孙顺通主编 郑州 中州古籍出版社 1997年 179页

新安县

003801295
新安县志
林志冠主编 张友仁 裴西川副主编 新安县地方史志编纂委员会 郑州 河南人民出版社 1989年 782页

012100557
新安县志 1986—2000
葛新士 张友仁 孙三刚主编 新安县志地方志编纂委员会编 郑州 中州古籍出版社 2008年 762页〔中国地方志丛书〕

013507792
关址村志
司赞东鉴审 郑金亮主编 郑州 中州古籍出版社 2011年 349页

011066366
新安电力集团志
新安电力集团志编纂委员会编 郑州 中州古籍出版社 2006年 614页

012140792
新安煤矿志 1978—2008
新安煤矿志编纂委员会编 郑州 中州古籍出版社 2008年 391页

012956572
新安煤矿志 1996—2010
新安煤矿志编纂委员会编 微山 新安煤矿志编纂委员会 2011年 570页

013010919
新安县财政志
新安县财政志编纂委员会编 郑州 郑州市中州古籍出版社 2011年 544页

008424662
新安民间兴学志
聂治华主编 聂红星副主编 郑州 河南人民出版社 1997年 362页

008421812
新安县教育志
周廷翰 聂治华主编 杨中策 董建业副主编 新安县教育志编纂领导组编 郑州 河南人民出版社 1996年 519页

〔中国地方志丛书〕

010238873
新安县卫生志 1932—1984
新安县卫生局编纂 新安 新安县卫生局 1985年 193页

栾川县

007983937
栾川县志
栾川县地方史志编纂委员会编 郑州 生活·读书·新知三联书店 1994年 820页

011805597
栾川县志 1986—2000
栾川县地方史志编纂委员会编 郑州 中州古籍出版社 2009年 701页〔中国地方志丛书〕

013066331
栾川县审计志
栾川县审计志编纂委员会 程大聚主编 栾川 栾川县审计志编纂委员会 2000年 251页

013990927
洛阳市土地志 栾川卷
张保杰主编 栾川县土地房产管理局编 郑州 中州古籍出版社 1999年 182页〔河南省土地志丛书〕

013933193
栾川县物价志 2000—2011
栾川县物价志编辑委员会编 栾川 栾川县物价局 2012年 292页

008421513
河南省栾川县地名志
栾川县地名办公室编 西安 三秦出版社 1992年 563页

013045675
鸡冠洞志
河南 鸡冠洞风景名胜区管理处 2008年 226页

嵩县

003807961
嵩县志
河南省嵩县志编纂委员会编 郑州 河南人民出版社 1990年 1160页

011908912
嵩县志 1986—2000
龚新贞主编 王巧玲 王元立执行主编 嵩县地方史志编纂委员会编 郑州 中州古籍出版社 2008年 885页〔中国地方志丛书〕

009889243
嵩县志 土特名产集 初稿
嵩县志编委总编辑室编 嵩县 嵩县志编委总编辑室 1985年 75页

010244036
嵩县人大志 1949—2004
嵩县人大常委会编 嵩县 人大 2004 年 443 页

013990939
洛阳市土地志 嵩县卷
嵩县土地管理局编 郑州 中州古籍出版社 1999 年 206 页〔河南省土地志丛书〕

012766875
嵩县交通志
嵩县交通志编纂委员会编 洛阳 嵩县交通志编纂委员会 2001 年 226 页

012766878
嵩县科技志 1986—2000
嵩县科技局编 嵩县 嵩县科技局 2004 年 209 页

汝阳县

009888903
汝阳县志 送审稿
汝阳县地方史志编纂委员会总编辑室编 汝阳 汝阳县地方史志编纂委员会总编辑室 1989 年 22 册

007132535
汝阳县志
汝阳县地方史志编纂委员会编 北京 生活·读书·新知三联书店 1995 年 857 页〔中国地方志丛书〕

010140284
汝阳县志 1989—2000 评审稿
汝阳县地方史志编纂委员会编 汝阳 汝阳县地方史志编纂委员会 2005 年 519 页

011955333
汝阳县志 1989—2000
吕土旺总编 汝阳县地方史志编纂委员会编 郑州 中州古籍出版社 2008 年 621 页〔中国地方志丛书〕

013990934
洛阳市土地志 汝阳卷
汝阳县土地规划管理局 中共汝阳县委党史研究室编 郑州 中州古籍出版社 1999 年 303 页〔河南省土地志丛书〕

009116476
汝阳县财政志
汝阳县财政局 中共汝阳县委党史研究室编 北京 方志出版社 1999 年 544 页

013096279
汝阳县第一高级中学志 1935—2003
汝阳县第一高级中学编 汝阳 汝阳县第一高级中学 2004 年 385 页

013377039
汝阳县卫生志
河南省汝阳县卫生局编 汝阳 河南省汝阳县卫生局 1985年 279页

宜阳县

007883888
宜阳县志
河南省宜阳县地方志编纂委员会编 北京 生活·读书·新知三联书店 1996年 888页

009768529
宜阳县志 1990—2000
程汴玲主编 赵苗远 刘雷 孙银虎 孟红梅副主编 宜阳县地方史志编纂委员会编 北京 方志出版社 2005年 699页

009411513
宜阳县人民代表大会志
程汴玲 丁擘飞主编 香港 香港天马出版社 2002年 285页

012769611
政协宜阳县委员会志
李铁芳 程汴玲主编 政协宜阳县委员会编 宜阳 政协宜阳县委员会 2003年 363页

013757256
宜阳林业志
宜阳县林业局编 宜阳 宜阳县林业局 2009年 290页

011955854
义络煤业公司志
义络煤业公司志编纂委员会编 郑州 中州古籍出版社 2008年 656页

008989730
宜阳县文物志
宜阳县地方志史志办公室编 郑州 中州古籍出版社 2001年 216页

洛宁县

007900128
洛宁县志
洛宁县志编纂委员会编 北京 生活·读书·新知三联书店 1991年 836页

009888127
洛宁县志 1988—2000
洛宁县志编纂委员会编 郑州 中州古籍出版社 2005年 700页

013990931
洛阳市土地志 洛宁卷
闫耀林主编 洛宁县土地管理局编 郑州 中州古籍出版社 1999年 225页〔河南省土地志丛书〕

010251100
洛宁县金融志

洛宁县金融志编写小组编 洛宁 洛宁县金融志编写小组 1986年 256页

010475297
洛宁县教育志
谭杰 柴鸾苗主编 洛宁县教育志编纂委员会编 郑州 中州古籍出版社 1995年 776页〔河南地方志丛书〕

008421330
洛河故县水库志
洛河故县水库志编纂委员会编 北京 方志出版社 1998年 518页

伊川县

007900150
伊川县志
李耀曾主编 周天才 王全乐主审 许光彦 董九州编审 郑州 河南人民出版社 1991年 945页〔中国地方志丛书〕

009002412
伊川县志 1986—2000
伊川县史志编纂委员会编 方占杰主编 王娇朋执行主编 北京 中华书局 2004年 538页

010250652
河南省伊川制药厂厂志 1969—1982
河南省伊川制药厂编 伊川 河南省伊川制药厂 1983年 127页

012689873
伊川县财政志
伊川县财政志编纂委员会编 北京 方志出版社 2010年 705页

平顶山市

007480651
平顶山市志
平顶山市地方史志编纂委员会编 郑州 河南人民出版社 1994年 2册 1535页

010251370
平顶山市志 医药 初稿
平顶山市地方史志编纂委员会办公室编 平顶山 平顶山市地方史志编纂委员会办公室 1990年 47页

009768516
平顶山市工商行政管理志
何献伦 陶洪臻主审 邵秀水主编 林植民 段聚良副主编 合肥 黄山书社 1998年 438页

009685459

平顶山市物资志 1960—1986

韩东生 侯英武主编 何绍练编 平顶山市物资志编纂办公室编 平顶山 1989年 208页

007505428

平顶山市城市建设志

平顶山市城市建设局编 郑州 中州古籍出版社 1991年 221页

008421294

平顶山市房地产志

张新潮 易恩重主审 刘海波主编 平顶山市房地产志编纂委员会编 北京 方志出版社 1997年 434页

013991282

平顶山市土地志

杨建国主编 汝州市土地管理局编 郑州 中州古籍出版社 1998年 266页〔河南省土地志丛书〕

008666380

朝川煤矿志 1970—1985

聂增安主编 陆平责任编辑 郑州 河南人民出版社 1987年 237页

009159350

平顶山电厂志 1955—2001

平顶山电厂志编委会编 郑州 中州古籍出版社 2003年 369页

008989753

平顶山高压开关厂厂志 1970—1985

平顶山高压开关厂厂志编辑委员会编 平顶山 平顶山高压开关厂 1987年 588页

011477104

平顶山轨枕厂志 1970—1989

铁道部平顶山混凝土轨枕工厂志办公室编辑 平顶山 铁道部平顶山混凝土轨枕工厂 1990年 340页

009405906

平顶山矿务局志

平顶山矿务局志编委会编 北京 煤炭工业出版社 1995年 634页

010779099

平顶山市煤炭志

平顶山市煤炭工业局史志编辑组编 北京 中华书局 2007年 438页

009813727

平顶山市啤酒总厂志 1975.1—1997.8

平顶山市啤酒总厂编 郑州 中州古籍出版社 1997年 246页

009021807

平顶山烟草志

平顶山烟草志编纂委员会编 北京 方志出版社 2001年 697页

013379369
姚电公司志
姚电公司志编纂委员会编 北京 中国科学技术出版社 2010年 496页

009106520
姚孟电厂志
姚孟电厂志编委会编 北京 中国电力出版社 1999年 274页

010779044
平顶山市交通志
平顶山市交通局交通志编纂委员会编 西安 西安地图出版社 2007年 430页

007534764
平顶山市邮电志 1956—1990
平顶山市邮电局编 宁玉海主编 石南方审稿 郑州 中州古籍出版社 1994年 467页

010252159
河南省粮食志 平顶山市县市简志 许昌市县市简志 漯河市县市简志
河南省粮食志编纂委员会编纂 北京 中国商业出版社 1996年 1册

013629315
平顶山市工业品商业志
河南省平顶山第一商业局编 平顶山 河南省平顶山第一商业局 1993年 372页

008846391
平顶山市金融志
平顶山市金融志编纂委员会编 北京 中华书局 2001年 464页

012099703
平顶山日报社志
娄禾青主编 平顶山日报社编 平顶山 平顶山日报社 2008年 586页

012690143
中国平煤神马报社志
中国平煤神马报社编 平顶山 中国平煤神马报社 2009年 582页

012661703
平顶山煤业集团教育志
平煤集团教育志编委会编 平顶山 平煤集团教育志编委会 2003年 480页

013626601
河南省平顶山市第二高级中学校志
河南省平顶山市第二高级中学校志编纂委员会编 平顶山 河南省平顶山市第二高级中学校志编纂委员会 2009年 537页

012252291
平顶山学院志 1977—2005
平顶山学院志编纂委员会 郑新灵主编 华培芳 杨欣副主编 郑州 中州古籍出版社 2007年 432页

011810854
平顶山市戏曲志
周斌主编 北京 文化艺术出版社 1991年 213页

008421466
平顶山市曲艺志
平顶山市文化局编 河南省曲艺志系列丛书编审委员会总纂 郑州 中州古籍出版社 1995年 277页〔河南省曲艺志系列〕

008424866
平顶山历史人物志
潘民中 杨晓宇 李瑞编著 郑州 中州古籍出版社 1995年 189页

011499506
平顶山市卫生防疫站志 1986—2005
平顶山市疾病预防控制中心编 平顶山 平顶山市疾病预防控制中心 2006年 158页

013702858
白龟山水库志
河南省白龟山水库灌溉工程管理局编 郑州 黄河水利出版社 1998年 246页

新华区

006548148
新华区志

新华区地方史志编纂委员会编 郑州 中州古籍出版社 1993年 503页

012175549
郑营村志
郑海林主编 郭友超副主编 平顶山 河南省平顶山新城区郑营村 2009年 223页

卫东区

008819961
卫东区志
平顶山市卫东区地方史志编委会编 郑州 中州古籍出版社 1991年 418页

011321186
卫东区志 1989—2000
平顶山市卫东区地方史志编委会编 郑州 中州古籍出版社 2007年 741页〔中国地方志丛书〕

013131065
平顶山市卫东区科技志
平顶山市卫东区科技志编纂委员会编 郑州 郑州市中共党史出版社 2011年 354页

石龙区

008820269
平顶山市西区志

刘天育 孙恩重主编 平顶山市西区志编
　纂委员会编 郑州 中州古籍出版社
　1995年 429页

012208105
平顶山市石龙区人民代表大会志
平顶山市石龙区人民代表大会志编纂
　委员会编 北京 中国民主法制出版社
　2009年 610页

013601944
平顶山市石龙区政协志
平顶山市石龙区政协志编纂委员会编
　北京 中国文史出版社 2011年
　403页

湛河区

008421290
平顶山市郊区志
平顶山市郊区志编纂委员会编 郑州 中
　州古籍出版社 1995年 408页

009888884
平顶山市郊区志稿
平顶山市郊区地方史志编纂委员会编
　纂 平顶山 平顶山市郊区地方史志编
　纂委员会 1990年 560页

013093217
平顶山市湛河区志
平顶山市湛河区地方史志编纂委员会
　编 郑州 中州古籍出版社 2011年
　619页

舞钢市

009879535
平顶山市舞钢区志稿
平顶山市舞钢区地方史志编纂委员会
　编 平顶山 平顶山市舞钢区地方史志
　编纂委员会 1987年 698页

007477994
舞钢市志
舞钢市地方史志编纂委员会编 郑州 中
　州古籍出版社 1993年 919页

013226432
舞钢市志 1991—2000
舞钢市地方史志编纂委员会编 北京 方
　志出版社 2012年 789页

011585091
舞钢市人大志
舞钢市人大志编纂委员会编 香港 天马
　图书有限公司 2000年 434页

013775949
舞钢市政协志 1983—2008
舞钢市政协志编纂委员会编 北京 中国
　文联出版社 2009年 359页

012766860
石漫滩林场志
石漫滩林场志编纂委员会编 河南 石漫

滩林场志编纂委员会 2009 年 481 页

009002165
舞钢市邮电志
舞钢市邮电史志编纂委员会编 北京 方志出版社 2001 年 208 页〔河南邮电史志丛书〕

013865243
舞钢职工医院志
舞钢职工医院志编纂委员会编 郑州 河南人民出版社 2011 年 436 页

汝州市

007482026
汝州市志
汝州市地方史志编纂委员会编 郑州 中州古籍出版社 1994 年 949 页〔河南地方志丛书〕

011477189
汝州市统战志 1911—2006
何振国主编 中共汝州市委统战部 汝州市侨台联编 北京 中国文史出版社 2006 年 378 页〔当代学者人文论丛〕

013689061
汝州市人民代表大会志 1949—2011
汝州市人民代表大会志编纂委员会编 北京 中国民主法制出版社 2011 年 934 页

012639025
汝州市政协志
政协汝州市委员会编 汝州 政协汝州市委员会 2009 年 234 页

009864618
汝州市烟草志
汝州市烟草专卖局 汝州市烟草公司编 香港 天马出版有限公司 2004 年 347 页

013705133
临汝县交通志 1948—1986
临汝县交通局编 临汝 临汝县交通局 1987 年 234 页

012218620
汝州市邮电志
汝州市邮电史志编纂委员会编 北京 方志出版社 2001 年 269 页〔河南邮电史志丛书〕

宝丰县

009887149
宝丰县志 修改稿
宝丰县地方史志编纂委员会办公室编 宝丰 宝丰县地方史志编纂委员会办公室 1991 年 9 册

008299772
宝丰县志
宝丰县史志编纂委员会编 北京 方志出

版社 1996 年 964 页

013222137
宝丰县志 1988—2005
宝丰县志编纂委员会编 郑州 中州古籍出版社 2011 年 1180 页

008421906
宝丰县工商行政管理志
宝丰县工商行政管理志编委会 王诺玲主审 李树春主编 北京 方志出版社 1998 年 342 页

008427078
宝丰县土地志 第1卷
宝丰县土地志编纂委员会编 郑州 中州古籍出版社 1998 年 279 页〔河南省土地志丛书〕

012048716
宝丰县商务志
宝丰县商务志编纂委员会编 郑州 河南人民出版社 2008 年 469 页

011756407
宝丰县农业财政志
常干挺主编 河南省宝丰县财政局农业股编 郑州 中州古籍出版社 2007 年 315 页

008835494
宝丰县第一高级中学校志
宝丰县第一高级中学校志编委会编 郑

州 中州古籍出版社 2000 年 406 页

011312115
赵庄魔术志
赵庄魔术志编纂委员会编 郑州 中州古籍出版社 2006 年 257 页

008420956
河南省宝丰县地名志
河南省宝丰县地名委员会办公室编 西安 三秦出版社 1995 年 357 页

叶县

009959890
叶县志 送审稿
叶县地方史志编纂委员会办公室编 叶县 叶县地方史志编纂委员会办公室 1991 年 5 册

007488757
叶县志
叶县地方史志编纂委员会编 郑州 中州古籍出版社 1995 年 767 页

011909995
叶县志 1986—2002
叶县地方史志编纂委员会编 郑州 中州古籍出版社 1995 年 759 页

008427107
平顶山市土地志 叶县卷
叶县土地管理局编 郑州 中州古籍出版

社 1999 年 312 页〔河南省土地志丛书〕

008414601
叶县烟草志
叶县烟草志总编室编 郑州 中州古籍出版社 1991 年 383 页

012256485
叶县金融志
叶县金融志编纂委员会编 郑州 中州古籍出版社 2000 年 349 页

010238986
叶县卫生志
叶县卫生志编辑组编 叶县 1986 年 332 页

鲁山县

009887505
鲁山县志 征求意见稿
鲁山县地方史志编纂委员会办公室编 鲁山 鲁山县地方史志编纂委员会办公室 1989 年 9 册

009887483
鲁山县志 第二稿
鲁山县地方史志编纂委员会办公室编 鲁山 鲁山县地方史志编纂委员会办公室 1990 年 10 册

008427097
平顶山市土地志 鲁山卷
尹崇智总纂 范永杰副总纂 鲁山县土地管理局编 郑州 中州古籍出版社 1999 年 302 页〔河南省土地志丛书〕

009334849
五一一三厂志 1968—1985
五一一三厂厂志编纂委员会编 鲁山 五一一三厂厂志编纂委员会 1988 年 408 页

010151367
鲁山商业志
鲁山商业志编纂委员会编 鲁山 鲁山商业志编纂委员会 2005 年 350 页

009382170
鲁山县戏曲志
禹瑞祥主编 乔书明副主编 鲁山县文化局编 中国戏曲志河南卷编辑委员会 1991 年 114 页

007520224
河南省鲁山县地名志
鲁山县地名志办公室编 郑州 中州古籍出版社 1990 年 637 页

012613986
熊背乡地名志
鲁山县熊背乡人民政府编 鲁山 鲁山县熊背乡人民政府 1989 年 60 页

012612917
昭平台库区乡地名志
鲁山县昭平台库区乡人民政府编 鲁山 鲁山县昭平台库区乡人民政府 1989年 55页

郏县

007903461
郏县志 第1卷
郏县地方史志编纂委员会编 郑州 中州古籍出版社 1996年 762页

009311155
郏县志 第2卷 1987—2000
郏县地方史志编纂委员会 鲁德政顾问 叶营 贾永志主编 郑州 中州古籍出版社 2003年 657页

008416654
郏县自来水志
叶国杰主编 郑州 中州古籍出版社 1993年 141页

013990735
郏县土地志
郏县土地管理局编 郏县 郏县土地管理局 1997年 219页〔平顶山市土地志丛书 2〕

009864595
郏县农业志
郏县农业志编纂委员会编 香港 天马图书有限公司 1999年 233页

008303147
郏县教育志
郏县教育志编委会编 郑州 中州古籍出版社 1993年 340页

008424222
河南省郏县地名志
郏县地名办公室编 郏县 郏县地名办公室 1989年 370页

012898665
郏县卫生志 1986—2006
郏县卫生志编纂委员会编 北京 中国新时代出版社 2010年 419页

安阳市

008338552
安阳市志
河南省安阳市地方史志编纂委员会编 郑州 中州古籍出版社 1998年 4册

012105142
安阳市志 1988—2000
安阳市地方史志编纂委员会编 郑州 中州古籍出版社 2008年 2册 1526页

〔中国地方志丛书〕

011496812
安阳市工会志 1949—1989
安阳市总工会工运研究室编 安阳 安阳市总工会 1990年 497页

012173653
安阳市政协志
安阳市政协志编纂小组编 安阳 政协安阳市委员会 1999年 558页

011312222
安阳公安志
张弛主编 安阳市公安局公安史志编纂委员会编著 郑州 中州古籍出版社 2007年 597页

008424702
安阳市民政志 1912—1987
安阳市民政局民政志编辑室编 安阳 安阳市民政局民政志编辑室 1994年 414页

011469929
安阳市监狱志 1982—2003
安阳市监狱志编纂委员会编 安阳 安阳市监狱志编纂委员会 2007年 303页
〔河南省监狱志系列丛书〕

009125467
安阳市城市建设志
张平主编 冯翔红 陈献省副主编 安阳市城市建设志编纂委员会编 北京 中国建筑工业出版社 1997年 519页
〔中华人民共和国地方志 河南省〕

009252000
安阳市土地志
安阳市土地志编纂委员会编 郑州 中州古籍出版社 2002年 524页

011325263
[安阳火柴厂]厂志 1946—1983
安阳火柴厂厂志编纂委员会编 安阳 安阳火柴厂 198u年 249页

011943011
安钢志 1998—2007
安钢志编纂委员会编 北京 冶金工业出版社 2008年 596页

008986913
安阳钢铁公司志 1957—1985
安阳钢铁公司志编纂委员会编 安阳 安阳钢铁公司 1988年 1439页

009412784
安阳钢铁集团公司志 1986—1997
安阳钢铁集团公司志编纂委员会编 安阳 安阳钢铁集团公司 199u年 540页

009332570
安阳卷烟厂志
雷天河主编 北京 新华出版社 2001年

587 页

008424357
安阳市建筑志
安阳市建筑志编辑室编 北京 中国展望出版社 1989 年 531 页

009796997
安阳市水利志
安阳市水利志编纂委员会编 郑州 黄河水利出版社 2005 年 474 页

009808440
河南玉源化学工业公司志 1970—2000
河南玉源公司志编纂委员会编纂 河南 河南玉源公司 2000 年 189 页

007019980
安阳市交通志
安阳市交通志编纂委员会编 北京 人民交通出版社 1990 年 393 页〔河南省交通志丛书〕

008421403
河南省粮食志 安阳市县市简志 濮阳市县市简志 鹤壁市县市简志
河南省粮食志编纂委员会编纂 北京 中国商业出版社 1996 年 1 册

011496815
安阳市商业志
安阳市商委商业志编纂委员会编纂 安阳 安阳市商委商业志编纂委员会

1993 年 481 页

011496810
安阳市财政志
安阳市财政志编纂委员会编 安阳 安阳市财政志编纂委员会 1989 年 228 页

011310735
安阳市金融志 1911—1985
河南省安阳市金融志编纂委员会编 安阳 安阳市金融志编纂委员会 1987 年 503 页〔安阳市志丛书 7〕

011890434
安阳新闻志 1911—2003
尹平 马沛云著 北京 中国戏剧出版社 2005 年 513 页〔世纪文库全书〕

013090684
安阳市教育志 1840—1987
安阳市教育史志年鉴编纂委员会编 郑州 中州古籍出版社 2011 年 630 页

011496811
安阳市第九中学校志
安阳 安阳市第九中学 1986 年 78 页

013506453
安阳市第五中学志
安阳市第五中学志编纂委员会编 2000—2010 年 2 册

011563524

安阳市第一中学校志 1946—1985

安阳市第一中学编 安阳 安阳市第一中学 1986年 63页

011804078

安阳市七中校志 1956—2006

安阳市第七中学校志编纂委员会编 安阳 安阳市第七中学 2006年 633页

011496817

安阳市实验中学校志 五十年风雨历程 1953.5—2003.5

安阳市实验中学校志编辑委员会编 安阳 安阳市实验中学校志 2003年 153页

010061622

安阳歌谣集成

王劲宣 刘二安主编 郑州 中州古籍出版社 1994年 230页〔河南民间文学集成〕

008421967

安阳市曲艺志

安阳市文化局编 河南省曲艺志系列丛书编审委员会总纂 郑州 中州古籍出版社 1995年 426页〔河南省曲艺志系列〕

011496814

安阳市人民医院志 1887—1984

河南省安阳市人民医院编 安阳 河南省安阳市人民医院 1986年 226页

009412766

安阳地区医药志 初稿

河南省安阳地区医药管理局 河南省安阳地区医药公司编 安阳 河南省安阳地区医药公司 1983年 147页

010731787

河南省豫北水利勘测设计院志 1949—2004

河南省豫北水利勘测设计院志编纂委员会编 北京 线装书局 2008年 321页〔河南文史志鉴丛书〕

北关区

008421497

安阳市北关区志

安阳市北关区地方史志编纂委员会编 北京 国际文化出版公司 1997年 469页

010230876

安阳市北关区志 1991—2002

安阳市北关区地方史志编纂委员会编 郑州 中州古籍出版社 2008年 574页〔中国地方志丛书〕

010108802

安阳市北关区志 1991—2002 评审稿

安阳市北关区地方史志编纂委员会编 安阳 安阳市北关区地方史志编纂委

员会 2005年 526页

文峰区

008840976

安阳市文峰区志

安阳市文峰区地方史志编纂委员会编 郑州 中州古籍出版社 2000年 461页

011943014

安阳市文峰区志 1988—2002

安阳市文峰区地方史志编纂委员会编 郑州 中州古籍出版社 2008年 588页

010140308

文峰区志 送审稿

安阳市文峰区志编纂委员会编 文峰区 安阳市文峰区志编纂委员会 1988年 3册

殷都区

003728788

安阳市郊区志

安阳市郊区志编纂委员会编 北京 中国标准出版社 1990年 469页

012095888

安阳市铁西区志 1991—2002

安阳市铁西区地方史志编纂委员会编 郑州 中州古籍出版社 2010年 669页

010143453

铁西区志 初稿

安阳市铁西区地方史志编纂委员会编 安阳 安阳市铁西区地方史志编纂委员会 1998年 3册 845页

010732070

殷都区西郊乡志

安阳市殷都区西郊乡志编纂委员会编 安阳 安阳市殷都区西郊乡志编纂委员会 2006年 649页

龙安区

011892157

马投涧乡志

马投涧乡 马投涧乡志编辑室 198u年 226页

林州市

006555969

林县志

林县志编纂委员会编 郑州 河南人民出版社 1989年 790页

009332602

林州市志

李学勤 王荣祖 张旺增主编 郑州 中州

古籍出版社 2004 年 720 页

009768371
河顺镇志
河顺镇志编纂委员会 常明礼主编 北京 方志出版社 2005 年 785 页

011890844
横水镇志
林州市横水镇志编纂委员会编 北京 北京艺术与科学电子出版社 2006 年 536 页

011475298
陵阳镇志
常明礼主编 北京 线装书局 2008 年 565 页

012505440
盘山村志
王文学 岳旺子主编 郑州 中原农民出版社 2009 年 380 页

009441881
桑耳庄村村志
桑耳庄村村志编纂委员会 桑继禄主编 香港 天马出版社 2001 年 374 页

011998271
石圪当村志
村志编纂小组编 石圪当 石圪当村村志编纂小组 2007 年 166 页

009332599
林州市公安志
林州市公安志编纂委员会编 北京 中华书局 2002 年 609 页

014047637
林州市城乡建设志
林州市城乡建设志编纂委员会编 郑州 中州古籍出版社 2014 年 696 页

009334836
林州市土地志
林州市土地志编纂委员会编 郑州 中州古籍出版社 2003 年 486 页

011892080
林州市建筑志
林州市建筑志编纂委员会编 郑州 中州古籍出版社 2008 年 668 页

008666387
林州市交通志
林州市交通志编纂委员会编 北京 中国县镇年鉴社 1999 年 612 页

010230879
林州市旅游志
林州市旅游志编纂委员会编 王宏民主编 北京 光明日报出版社 2007 年 651 页

008417021
林州财政志

林州市财政局 林州市史志办编 郑州 中州古籍出版社 1995年 335页

012505327
林州市教育志
林州市教育志编纂委员会编 郑州 中州古籍出版社 2009年 542页

010139952
林县戏曲志
彭新生主编 胡俊山 呼广东副主编 林县文化局编 河南 中国戏曲志河南卷编委会 1988年 283页

011499226
林县民俗志
李金生 李庆林编著 林县民俗志编写领导小组编 郑州 黄河文艺出版社 1988年 356页

009554122
石林志
石林风景名胜区管理局 政协石林县文史委 石林县文体局编 昆明 云南民族出版社 2006年 290页

008358103
红旗渠志
林州市红旗渠志编纂委员会编 北京 生活·读书·新知三联书店 1995年 588页

安阳县

007289923
安阳县志
安阳县志编纂委员会编 北京 中国青年出版社 1990年 1343页

010108838
安阳县志 1986—2002 **征求意见稿**
安阳县地方史志编纂委员会编 安阳 安阳县地方史志编纂委员会 2003年 3册

009743675
安阳县志 1986—2002
安阳县志编纂委员会编 郑州 中州古籍出版社 2005年 972页

010108833
安阳县志 1986—2002 **送审稿**
金静主编 安阳县地方史志编纂委员会编 安阳 安阳县志编纂委员会编辑室 2004年 916页

012889169
安丰乡志
安丰乡志编纂委员会编 郑州 中州古籍出版社 2010年 578页

011890901
黄口村志
黄口村志编纂委员会 王长庆主编 香港 天马图书有限公司 2005年 362页

013707150
永和乡志
永和乡志编纂委员会编 北京 中国文史出版社 2012年 486页

008865383
安阳县公安志
李德贵主编 北京 方志出版社 1998年 508页

008421947
安阳县农业区划志
安阳县农业区划办公室 安阳县地方史志总编室编 郑州 中州古籍出版社 1995年 414页〔河南地方史志系列丛书〕

009879575
安阳县水利志
安阳县水利志编委会编 安阳 安阳县水利志编委会 2004年 239页

009684753
安阳县教育志
王生 任为民 刘书文主编 安阳县教育志编纂委员会编 合肥 黄山书社 1998年 603页〔河南省地方志丛书〕

013680539
安阳县第一高级中学志 1948—2008
河南省安阳县第一高级中学建校六十周年校志编辑委员会编 安阳 河南省安阳县第一高级中学建校六十周年校志编辑委员会 2008年 174页

011310775
安阳县曲艺志
安阳县文化局编 安阳 安阳县文化局 1989年 68页

汤阴县

003075672
汤阴县志
汤阴县志编纂委员会编纂 1987年 747页

009675561
汤阴县志 1985—2002
汤阴县史志编纂委员会编 郑州 中州古籍出版社 2004年 910页〔中国地方志丛书〕

010108884
汤阴县志 1985—2002 初稿
庞敬国 曹瑞相 殷时学主编 汤阴县史志编纂委员会编 汤阴 汤阴县史志编纂委员会 2004年 3册 832页

010108878
汤阴县志 1985—2002 送审稿
汤阴县史志编纂委员会编 汤阴 汤阴县史志编纂委员会 2002—2004年 902页

013861515
河南汤阴南申庄村志
丁浩善主编 殷洪善 王武全副主编 平原文化编辑部编 平原文化编辑部 2007年 465页〔平原文化丛书〕

012903504
镇抚寨村志
栗文飞 李相臣编 汤阴 汤阴县镇抚寨村志编写组 1989年 106页

012836399
汤阴县人民代表大会志 1954—2008
汤阴县人大常委会编 汤阴 汤阴县人大常委会 2008年 471页

011500667
汤阴县政协志
中国人民政治协商会议汤阴县委员会编 汤阴 政协 2004年 264页

009685484
汤阴县公安志
汤阴县公安志编纂委员会编 郑州 中州古籍出版社 2005年 310页

009334835
汤阴县土地志
汤阴县土地志编纂委员会编 郑州 中州古籍出版社 2003年 212页

013756267
汤阴县地方税务局志 1994—2007
汤阴县地方税务局 李连彬主编 汤阴 河南汤阴地方税务局 2008年 181页

011312053
汤阴人物志
汤阴县人民政府史志办公室编 汤阴 汤阴县人民政府史志办公室 2006年 402页〔岳飞故里地情丛书〕

013991565
汤阴县人物志 征求意见稿
汤阴县史志办公室编 2005年 335页

012613860
汤阴风物民俗志
庞敬国主编 北京 光明日报出版社 2009年 352页〔岳飞故里地情丛书〕

011955865
羑里城志
殷时学 陶涛主编 郑州 河南人民出版社 2007年 270页

007472004
岳飞庙志
殷时学主编 曹瑞相等编 汤阴县志编纂委员会 汤阴岳飞纪念馆编 郑州 汤阴县志编委会、岳飞纪念馆发行 1987年 339页

011329663
岳飞庙志

殷时学 陶涛主编 郑州 河南人民出版社 2007年 369页

011585005
汤阴县卫生志 1984
汤阴县卫生志编辑组编 汤阴 汤阴县卫生志编辑组 1984年 452页

011310733
汤阴县水利志
汤阴县水利局编 汤阴 汤阴县水利局 1986年 174页

滑县

007849000
滑县志
滑县地方史志编纂委员会编 郑州 中州古籍出版社 1997年 994页

013143962
滑县志 1988—2000
滑县地方史志编纂委员会编 郑州 中州古籍出版社 2011年 974页〔中国地方志丛书〕

013646944
大吕庄村志
大吕庄村志编纂委员会编 郑州 中州古籍出版社 2012年 736页

011954306
滑县财政志
邵学才主编 滑县财政志编纂委员会编 北京 方志出版社 2008年 688页

012611117
滑县税务志
滑县税务志编纂委员会编 郑州 中州古籍出版社 2009年 718页

013772850
滑县人民医院院志 1952.5—2002.5
滑县人民医院编 2002年 152页

内黄县

008486965
内黄县志
内黄县志编纂委员会编 郑州 中州古籍出版社 1987年 584页

009116177
内黄县志
史其显主编 冯连河副主编 郑州 中州古籍出版社 1993年 930页

011312215
内黄县志 1988—2000
内黄县地方史志编委会编 郑州 中州古籍出版社 2007年 789页〔中国地方志丛书〕

012766285
内黄县乡镇村志 东庄镇卷
内黄县乡镇村志编纂委员会编 香港 天

马图书有限公司 2001年 688页

008836306
内黄县乡镇村志 窦公乡卷
史其显主编 内黄 2000年 333页

010282896
内黄县乡镇村志 二安乡卷
郭铭杰主编 香港 天马出版社 2000年 828页

008836311
内黄县乡镇村志 后河镇卷
史其显主编 内黄 2000年 631页

008836309
内黄县乡镇村志 宋村乡卷
史其显主编 内黄 1999年 376页

008836302
内黄县乡镇村志 中召乡卷
史其显主编 香港 天马出版社 2000年 419页

010576678
内黄县人民代表大会志 1940—2004
内黄县人民代表大会常务委员会编 北京 中国文史出版社 200u年 425页

013730291
内黄县政协志 1940—2011
政协内黄县委员会编 北京 中国文史出版社 2011年 473页

008999353
内黄县公安志
内黄县公安志编纂委员会编 北京 方志出版社 2001年 371页

012661216
河南省内黄监狱志 1952—2001
河南省内黄监狱志编纂委员会编 内黄 河南省内黄监狱志编纂委员会 2006年 358页〔河南省监狱志系列丛刊〕

012661661
内黄县建设志
内黄县建设志编委会编 北京 中国文史出版社 2009年 547页

012661664
内黄县林业志
内黄县林业局编 北京 中国文史出版社 2009年 524页

012099672
内黄县土地志
内黄县土地志编纂委员会编 北京 中国文史出版社 2006年 361页

009553723
内黄县电业志
内黄县电业志编纂委员会编 北京 方志出版社 2004年 340页

013958891
内黄县财政志

内黄县财政志编纂委员会编 郑州 中州古籍出版社 2013年 688页

007531990
内黄县教育志
内黄县教育委员会编纂 刘尊主编 郑州 中州古籍出版社 1993年 388页〔河南地方志丛书〕

012832611
内黄县教育志 1987—2006
内黄县教育委员会编纂 北京 中国文史出版社 2009年 406页

010022866
中国歌谣集成 河南内黄县卷
内黄县民间文学集成编委会编 内黄 内黄县民间文学集成编委会 1990年 347页

011310803
内黄县曲艺志
内黄县文化局编 内黄 内黄县文化局 1989年 65页

008836293
内黄县当代人物志
内黄县当代人物志征编委员会编 香港 天马图书有限公司 2000年 595页

鹤壁市

008424152
鹤壁市志
鹤壁市地方史志编纂委员会编 郑州 中州古籍出版社 1998年 3册

011432702
鹤壁市志 1986—2000
鹤壁市地方史志编纂委员会编 郑州 中州古籍出版社 2007年 2册 1325页

009959849
鹤壁市人民代表大会志
鹤壁市人民代表大会志编纂委员会编 郑州 河南人民出版社 2006年 467页

009413007
鹤壁市土地志
鹤壁市土地管理局编 北京 中国大地出版社 2001年 388页〔河南省鹤壁市土地志丛书〕

012967636
鹤壁供电志 2006—2010
鹤壁供电志编纂委员会编 郑州 河南人民出版社 2011年 376页

012658596
鹤壁市电业局志
鹤壁市电业局志编纂委员会编 郑州 河南人民出版社 2010年 432页

008987748
鹤壁市交通志
鹤壁市交通志编纂委员会编写 河南省交通厅交通史志编委会审 郑州 中州古籍出版社 1996年 352页〔河南省交通志丛书〕

009381351
河南省鹤壁市地名志
鹤壁市地名志办公室编 郑州 中州古籍出版社 1992年 293页

淇滨区

008822226
鹤壁市郊区志
鹤壁市郊区地方史志编纂委员会编 鹤壁 鹤壁市郊区地方史志编纂委员会 1999年 601页

011295846
鹤壁市郊区志 1991—2001
鹤壁市淇滨区地方史志编纂委员会编 郑州 中州古籍出版社 2007年 770页〔中国地方志丛书〕

鹤山区

008822230
鹤山区志 1961—1987
鹤壁市鹤山区地方史志编纂委员会编 鹤壁 鹤壁市鹤山区地方史志编纂委员会 1999年 359页

山城区

010779120
鹤壁市山城区志 1986—2000
鹤壁市山城区地方史志编纂委员会编 郑州 中州古籍出版社 2007年 594页〔中国地方志丛书〕

009332582
山城区志 1961—1985
鹤壁市山城区地方史志编纂委员会编 鹤壁 鹤壁市山城区地方史志编纂委员会 2002年 389页

013704033
故县村志 596—2011
鹤壁市山城区故县村志编纂委员会编 鹤壁 鹤壁市山城区故县村志编纂委员会 2012年 176页

浚县

008820768
浚县志
浚县地方史志编纂委员会编 郑州 中州

古籍出版社 1990 年 1179 页

011762401
浚县志 1986—2000
浚县地方史志编纂委员会 王文章主编 刘会喜 田青副主编 郑州 中州古籍出版社 2007 年 836 页〔中国地方志丛书〕

008836327
浚县土地志
王之让 和宝镜主编 北京 中国大地出版社 2000 年 279 页〔河南省鹤壁市土地志丛书〕

011066600
浚县电业志
浚县电业志编纂委员会编 浚县 浚县电业志编纂委员会 2006 年 477 页

012541980
浚县水利志
郭心田主编 浚县水利志编纂委员会编 郑州 黄河水利出版社 2009 年 601 页

013932196
河南省浚县第一中学校志 1950—2010
浚县一中校志编纂办公室编 2010 年 248 页

011497948
浚县第一高级中学校志 1950—2000
浚县第一高级中学编 浚县 浚县第一高级中学 1999 年 123 页

008353269
大伾山志
大伾山志编纂委员会 郑永立 田青主编 王文章等副主编 郑州 中州古籍出版社 1995 年 384 页

010250748
浚县卫生志 初稿
浚县卫生局卫生志编纂领导小组办公室编 浚县 浚县卫生局卫生志编纂领导小组办公室 1984 年 271 页

淇县

008006143
淇县志
淇县志编纂委员会编 郑州 中州古籍出版社 1996 年 1161 页

008666801
淇县土地志 送审稿
淇县土地管理局编 淇县 淇县土地管理局 1999 年 3 册

009797053
淇县土地志
淇县土地管理局编 北京 中国大地出版社 1999 年 348 页〔河北省鹤壁市土地志丛书〕

新乡市

007587987
新乡市志
新乡市地方史志编纂委员会编 北京 生活·读书·新知三联书店 1994年 3册

011534072
新乡市志 1986—2000
新乡市地方史志编纂委员会编 郑州 中州古籍出版社 2008年 2册〔中国地方志丛书〕

009959881
新乡市志 新闻报刊志
新乡市志总编辑室编 新乡 新乡市志总编辑室 198u年 81页

013772810
何屯村志
河南省新乡市北站区何屯村志编纂委员会编 新乡 何屯村志编纂委员会 2002年 333页

012900068
新乡市宗教志 初稿
河南省新乡市人民政府宗教事务局编 新乡 河南省新乡市人民政府宗教事务局 1990年 80页

013823004
新乡改革开放三十年图志
新乡市人民政府主办 郑州 中州古籍出版社 2008年 228页

013507866
河南省新乡市人民代表大会志 1948—1989
新乡市人民代表大会常务委员会编 新乡 新乡市人民代表大会常务委员会 1992年 243页

011954149
河南省新乡监狱志 1951—2001
河南省新乡监狱志编纂委员会编 新乡 新乡监狱志编纂委员会 2007年 785页〔河南省监狱志系列丛刊〕

012175106
新乡市人民法院志
新乡市中级人民法院编 新乡 新乡市中级人民法院 199u年 317页

011954127
河南省第二监狱志 1949—2001
河南省第二监狱志编纂委员会编 河南 河南省第二监狱 2007年 726页〔河南省监狱志系列丛书〕

011474432

河南省豫北监狱志 1954—2005

河南省豫北监狱志编纂委员会编 河南 河南省豫北监狱志编纂委员会 2007 年 770 页〔河南省监狱志系列丛书〕

009959879

新乡市物资志 1949—1985

新乡市物资局编 新乡 新乡市物资局 1987 年 265 页

013510791

新乡市房地产志

新乡市房地产管理局编 新乡 新乡市房地产管理局 1998 年 225 页

009159392

新乡市自来水公司志 评审稿

新乡市自来水公司志编辑小组编 新乡 新乡市自来水公司志编辑小组 2002 年 505 页

009334752

新乡市自来水公司志

新乡市自来水公司志编辑小组编 北京 方志出版社 2003 年 511 页

013661505

新乡市土地志

新乡市土地管理局编 香港 新风出版社 2001 年 618 页

009413878

新乡市蔬菜行业志

李玉亭主编 新乡 1984 年 258 页

011292494

风云器材厂志 1955—1988

风云器材厂厂志编纂委员会编 新乡 风云器材厂厂志编纂委员会 1990 年 466 页

008989695

国营七六零厂志

国营第七六零厂厂志编委会编 新乡 国营第七六零厂 1988 年 499 页

013092886

河南省第二建筑工程公司志 1954—1985

河南省第二建筑工程公司志编辑室编 新乡 河南省第二建筑工程公司志编辑室 1988 年 242 页

012265010

河南心连心公司志

河南心连心公司志编纂委员会编 北京 新华出版社 2009 年 527 页

010250722

新乡地区制药厂志 1969—1982 讨论稿

新乡地区制药厂编纂办公室编 新乡 新乡地区制药厂编纂办公室 1983 年 149 页

010108892

新乡机床厂志 1947—1982 未定稿

新乡机床厂志编辑组编 新乡 新乡机床厂 1983年 160页

010008611

新乡市电业局志 1986—2001

新乡市电业局志编纂委员会编 郑州 中州古籍出版社 2006年 386页

013939597

新乡市电子工业志 1956—1984

新乡市电子工业志编辑办公室编 新乡 新乡市电子工业志编辑办公室 1985年 483页

009413874

新乡市化纤纺织厂志 1918—1981 未定稿

河南省新乡市化纤纺织厂志编写组编 新乡 河南省新乡市化纤纺织厂志编写组 1983年 198页

008424355

新乡市建筑工程志

新乡市建筑工程志编辑委员会编 郑州 中州古籍出版社 1991年 359页

010468433

新乡市棉织厂志 1927—1981 未定稿

新乡市棉织厂编 新乡 新乡市棉织厂 1982年 217页

012613221

新乡市燃料化肥总厂厂志 1958—2000

新乡市燃料化肥总厂厂志编写办公室编 新乡 新乡市燃料化肥总厂 2002年 261页

012052460

新乡市水利志

新乡市水利局编 郑州 黄河水利出版社 2005年 798页

012900062

新乡市针织厂志 1958—1984

河南省新乡市针织厂志编辑部编 新乡 河南省新乡市针织厂志编辑部 1987年 314页

012613219

新乡树脂厂志 1966—1995

新乡树脂厂志办公室编 新乡 新乡树脂厂志办公室 1996年 200页

008421937

新乡交通志

新乡市交通志编纂委员会编 河南省交通史志编纂委员会审 北京 人民交通出版社 1993年 188页〔河南省交通志丛书〕

011444057

新乡车站志 1904—1986

郑州铁路分局新乡车站编 新乡 新乡车站 1989年 319页

007986739

新乡铁路分局志 郑州铁路分局志分册 1902—1986

郑州铁路分局史志编纂委员会编 郑州 郑州铁路局郑州铁路分局 1994 年 488 页

013604233

新乡地区供销合作社志 1949.10—1986.6

新乡地区供销合作社志编纂委员会编 新乡 新乡地区供销合作社志编纂委员会 1991 年 422 页

010108899

新乡市服务行业志

新乡市饮食服务公司服务行业志编辑室编 新乡 新乡市饮食服务公司服务行业志编辑室 1983 年 161 页

009814254

新乡市饮食行业志 1923—1983

新乡市饮食公司修志编辑室编 新乡 新乡市饮食公司修志编辑室 1983 年 127 页

008421414

河南省粮食志 新乡市县市简志 焦作市县市简志

河南省粮食志编纂委员会编纂 北京 中国商业出版社 1995 年 1 册

011571018

河南省新乡市粮食志 1928—1985

河南省新乡市粮食局编撰 新乡 新乡市粮食局 1987 年 254 页

009685619

新乡石油商业志

新乡石油分公司新乡石油商业志编纂委员会编 新乡 河南省石油公司新乡分公司 1988 年 314 页

009413865

新乡地区商业志

新乡地区商业志编辑室编 郑州 中州古籍出版社 1993 年 555 页〔河南地方志丛书〕

008422774

新乡市一商志

新乡市一商志编辑室编 郑州 中州古籍出版社 1993 年 555 页〔河南地方志丛书〕

013661504

新乡市税务志 1911—1985

新乡市税务局编 新乡 新乡市税务局 1989 年 452 页

013133842

新乡市建设银行志 1951—1982

新乡市建设银行志编纂小组编 新乡 新乡市建设银行志编纂小组 1983 年 152 页

013133848
新乡市金融志 1899—1982
新乡市金融志编纂领导小组编 1984 年 308 页

013098049
中国建设银行新乡分行志 1983—1995
中国建设银行新乡分行志编纂领导小组编 新乡 中国建设银行新乡分行志编纂领导小组 1996 年 447 页

013464200
新乡市文化志
新乡市文化局编 新乡 新乡市文化局 1990 年 398 页

010468990
新乡市博物馆志
新乡 1986 年 345 页

011804495
河南省新乡市三中校志 1930—1982
新乡 1983 年 96 页

013728939
华彩二十年 新乡市第三十中学校志 1991—2011
新乡市第三十中学校志编辑委员会编 新乡 新乡市第三十中学校志编辑委员会 2011 年 188 页

012723224
新乡市第一中学校志 1940—2010
新乡市第一中学校志编纂委员会编 新乡 新乡市第一中学校志编纂委员会 2010 年 619 页

012767134
新乡市田家炳高级中学校志(新乡市第三中学) 1930—2010
熊夫征主编 新乡市田家炳高级中学校志编写委员会编 新乡 新乡市田家炳高级中学校志编写委员会 2010 年 189 页

013823011
新乡市铁路高级中学校志 1954—2012
校志编委会编 新乡 新乡市铁路高级中学 2012 年 240 页

009814261
新乡市重工局职工大学校志 1971—1981 未定稿
新乡市重工局职工大学编 新乡 新乡市重工局职工大学 1982 年 100 页

010109002
新乡市戏曲志
傅以达主编 王宏啸副主编 新乡市文化局编 中国戏曲志河南卷编辑委员会 1990 年 226 页

008422760
新乡市曲艺志
新乡市文化局编 河南省曲艺志系列丛书编审委员会总纂 郑州 中州古籍出

版社 1995 年 308 页〔河南省曲艺志系列丛书 2〕

012900058
新乡市民族志 1780—1985 初稿
河南省新乡市民族事务委员会编 新乡 河南省新乡市民族事务委员会 1990 年 78 页

013686410
新乡地区公路志
河南省新乡市公路总段史志编委会编 新乡 河南省新乡市公路总段史志编委会 1989 年 1 册〔河南省交通志丛书〕

013510787
新乡当代英才志
新乡市地方史志编纂委员会编 北京 中国档案出版社 2008 年 502 页〔新乡市志丛书〕

008424230
河南省新乡市地名志
新乡市地名办公室编 西安 陕西人民出版社 1991 年 295 页

011533906
河南省荣军休养院院志 1947—2007
杨建生主编 河南 河南省荣军休养院 2007 年 227 页

013939600
新乡市中心医院志 1986—2002
新乡市中心医院志编纂委员会编 新乡 新乡市中心医院 2004 年 438 页

010735950
新乡市卫生志 1368—1985
新乡市卫生局编 新乡 新乡市卫生局 1987 年 364 页

010250783
新乡市医药志
新乡市医药志编纂办公室 新乡市医药总公司编 新乡 新乡市医药总公司 1985 年 270 页

010250723
新乡地区中药厂志 1956—1982 初稿
新乡地区中药厂厂志编纂办公室编 新乡 新乡地区中药厂厂志编纂办公室 1983 年 281 页

010777273
新乡市农业科学研究所志 1949—1999
新乡 新乡市农业科学研究所 1999 年 212 页

012506413
新乡市农业科学院志 1949—2009
新乡市农业科学院志编委会编 郑州 中州古籍出版社 2009 年 520 页

013959386

水利部中国农业科学院农田灌溉研究所建所四十周年志略 1959—1999

水利部中国农业科学院农田灌溉研究所建所四十周年志略编辑委员会编 1999年 248页

012970968

中国农业科学院水利部农田灌溉研究所所志 1959—2009

农田灌溉研究所编 新乡 农田灌溉研究所 2009年 422页

009814250

河南省新乡市耐火材料厂志 1958—1981 未定稿

刘安鑫主编 贾连强 王文军编 新乡 新乡市耐火材料厂厂志编纂办公室 1983年 224页

013604237

新乡市城市建设志 586—1985

新乡市城市建设局编 新乡 新乡市城市建设局 1988年 450页

卫滨区

011811205

新华区志

新乡市新华区史志编纂委员会编 郑州 中州古籍出版社 1991年 465页

013680550

八里营村志

村志编纂委员会编 八里营村 八里营村村志编纂委员会 2008年 290页

红旗区

007900247

红旗区志

新乡市红旗区史志编纂委员会编 北京 生活·读书·新知三联书店 1991年 550页〔中国地方志丛书〕

012723233

新乡市红旗区志 1986—2000

新乡市红旗区史志编纂委员会编 郑州 中州古籍出版社 2011年 672页

凤泉区

007535952

北站区志

新乡市北站区史志编纂委员会编 郑州 河南人民出版社 1994年 657页

013994195

新乡市北站区志 1987—2000

新乡市凤泉区史志编纂委员会编 呼和浩特 内蒙古人民出版社 2004年 431页〔新乡市志书丛书〕

012655263

河南省新乡市北站区地名志

新乡市北站区史志办公室编 郑州 河南人民出版社 1994年 199页

008421954

北站农机志

新乡市北站区农机志编纂领导小组编 北京 燕山出版社 1997年 300页

牧野区

007490996

新乡市郊区志

新乡市郊区史志编纂委员会编 北京 生活·读书·新知三联书店 1993年 609页〔中国地方志丛书〕

012723241

新乡市郊区志 1986—2000

新乡市郊区地方史志编纂委员会编 郑州 中州古籍出版社 2010年 424页

卫辉市

007132508

卫辉市志

卫辉市地方史志编纂委员会编 北京 生活·读书·新知三联书店 1993年 913页〔中国地方志丛书〕

012052028

卫辉市志 1989—2000

姚航主编 卫辉市地方史志编纂委员会编 郑州 中州古籍出版社 2008年 713页

011311044

河南省华新棉纺织厂志 1915—1994

申雨明主编 潘家千 袁宗瑞副主编 河南省华新棉纺织厂志编纂委员会办公室编 北京 新华出版社 1995年 465页

009335348

华新厂志 1946—1986

吕相铭等编纂 黄石 华新厂志编辑委员会 1986年 569页

012722946

卫辉市电业志 1920—2008

卫辉市电业志编纂委员会编 卫辉 卫辉市电业志编纂委员会 2009年 492页

012722950

河南省卫辉市第一中学校志

河南省卫辉市第一中学校志编委会编 卫辉 河南省卫辉市第一中学校志编委会 2009年 468页

008425853

河南省卫辉市地名志

刘乐善 谭羽亭主编 尚世英特邀审稿 河南省卫辉市人民政府地名办公室

编 卫辉 河南省卫辉市人民政府地名办公室 1990年 304页

辉县市

007900148
辉县市志
辉县市史志编纂委员会编 郑州 中州古籍出版社 1992年 986页

011804649
辉县市志 1989—2002
辉县市史志编纂委员会编 郑州 中州古籍出版社 2008年 815页〔中国地方志丛书〕

009879181
百泉村志
崔灿主编 北京 中国广播电视出版社 2002年 356页

013222261
辉县市胡桥乡志
胡桥乡志编纂委员会编 郑州 中州古籍出版社 2011年 674页

013683726
辉县市军事志
中国人民解放军河南省辉县市人民武装部编 辉县 中国人民解放军河南省辉县市人民武装部 2006年 192页

011996703
辉县市电业志 1950—2003
辉县市电业志编纂委员会编 北京 中国文联出版社 2004年 414页

011474536
辉县市农村信用社志 1946—2006
辉县市农村信用社编 郑州 中州古籍出版社 2007年 508页

013415299
辉县教育志 1904—2004
辉县市教育局编印 辉县 辉县市教育局 2005年 269页

011995728
河南省辉县市第一高级中学校志
秦克凌 李帮栓主编 北京 中国档案出版社 2004年 474页

010730288
河南省辉县市地名志
秦玉良主编 香港 中华文献出版社 2003年 401页

013897586
辉县市人民医院志 1949—2009
辉县人民医院志编委会编 齐海龙主编 郑州 中州古籍出版社 2012年 561页

013861737
辉县市卫生志

辉县市卫生志编纂委员会编 辉县 辉县市卫生志编纂委员会 2012年 591页

013627954
辉县水利志
徐志敏主编 毛有德 高建新 聂贵龙编 辉县 辉县水利志编辑室 1984年 285页

新乡县

008257712
新乡县志
新乡县史志编纂委员会编 北京 生活·读书·新知三联书店 1991年 659页〔中国地方志丛书〕

009334851
新乡市北站区潞王坟乡堡上村志
堡上村村志编纂领导小组编 新乡 堡上村村志编纂领导小组 1996年 201页

013686412
新乡县人民法院志
新乡县人民法院志编纂领导小组编 新乡 新乡县人民法院志编纂领导小组 1987年 254页

009864624
新乡县水利志
河南省新乡县水利志编纂办公室编 香港 新风出版社 2002年 600页

012636856
新乡市第二十一中学(新乡县三中关堤中学)校志
新乡市第二十一中学五十年校庆筹备委员会编 新乡 新乡市第二十一中学五十年校庆筹备委员会 2006年 506页

009799950
小宋佛姓氏志 村志分册
河南省新乡县小宋佛村志编纂委员会编 新风出版社 2000年 543页

获嘉县

005591375
获嘉县志
获嘉县志编纂委员会编 北京 生活·读书·新知三联书店 1991年 752页

011474552
获嘉县志 1986—2000
朱保东主编 宋连会执行主编 获嘉县地方史志编纂委员会编 郑州 中州古籍出版社 2008年 734页

011534024
楼村志
中共获嘉县楼村委员会 河南省获嘉县楼村村民委员会编 获嘉 获嘉县楼村村民委员会 2007年 638页〔全国文明志〕

012832086

获嘉县电业志 2002—2009

获嘉县电业志编纂委员会编 获嘉 获嘉县电业志编纂委员会 2010年 241页

013990697

获嘉县财政志 初稿

获嘉县财政局编 获嘉 获嘉县财政局 1986年 308页

原阳县

005591274

元阳县志

云南省元阳县志编纂委员会编纂 贵阳 贵州民族出版社 1990年 725页〔中华人民共和国地方志丛书〕

013707171

元阳县志 军事志 1382—2011

元阳县志军事志编纂委员会编 元阳 元阳县志军事志编纂委员会 2012年 239页〔云南军事志丛书〕

008392577

原阳县志

原阳县志编纂委员会编 郑州 中州古籍出版社 1995年 849页

012689925

原阳县志 1986—2000

原阳县地方史志编纂委员会编 郑州 中州古籍出版社 2010年 718页

012680471

马井村志

桥北乡马井村民委员会编 桥北乡 桥北乡马井村民委员会 2006年 196页

010151428

沙岭村志

河南省原阳县大宾乡沙岭村志编委会编 原阳 河南省原阳县大宾乡沙岭村志编委会 2005年 311页

013604612

原阳县教育志

原阳县教育局教育志编纂办公室编 原阳 原阳县教育局教育志编纂办公室 1989年 119页

011310773

原阳县曲艺志

徐颖 韩文修主编 原阳县文化局曲艺志编辑室编 原阳 原阳县文化局曲艺志编辑室 1989年 283页〔中国戏曲志 原阳卷〕

012636760

原阳县人民医院志 1928—2009

原阳县人民医院志编委会编 原阳 原阳县人民医院志编委会 2009年 278页

延津县

007900121

延津县志

延津县志编纂委员会编 北京 生活·读书·新知三联书店 1991 年 822 页

012208511

延津县志 1986—2000

陈廷芝主编 延津县史志编纂委员会编 郑州 中州古籍出版社 2009 年 793 页〔中国地方志丛书〕

009204268

延津县志 人物 社会 乡（镇）简介 修改稿

延津县志编纂委员会总编室编 延津 1989 年

013604548

延津县志别集

李志玺主编 北京 生活·读书·新知三联书店 1996 年 473 页

011571164

延津县人大志

河南省延津县人大志编写组编 延津 河南省延津县人大志编写组 1985 年 47 页

013630478

延津县第一高级中学校志 1905—2005

延津县第一高级中学校志编纂委员会编 广州 新世纪出版社 2005 年 668 页

010008625

延津县戏曲志

武英杰主编 延津县曲志编辑室编 延津 延津县曲志编辑室 1987 年 136 页

封丘县

007291116

封丘县志

封丘县志编纂委员会编 郑州 中州古籍出版社 1994 年 826 页

012898384

封丘县志 1986—2002

封丘县地方史志编纂委员会编 郑州 中州古籍出版社 2010 年 796 页

009887219

封邱县志 初稿

封丘县志编纂委员会编 封丘 封丘县志编纂委员会 1987 年 10 册

009412840

封邱县志 风化

198u 年 147 页

010239244

封丘文物志

李俊主编 封丘 封丘县文化局 1991 年 124 页

长垣县

004516184
长垣县志
长垣县地方史志编委会编纂 郑州 中州古籍出版社 1991 年 775 页

013687134
长垣县志 1986—2003
长垣县地方史志编纂委员会编 郑州 中州古籍出版社 2012 年 957 页

009332571
长垣县志 人物志
长垣县地方史志编委会编 呼和浩特 远方出版社 2001 年 620 页

013758767
长垣邮电志
长垣邮电志编辑委员会编 长垣 长垣邮电志编辑委员会 2005 年 434 页

010278982
长垣文化志
师鸿光主编 北京 华夏文化出版社 1999 年 226 页

008987177
河南省长垣县第一中学校志 1951—2001
长垣一中校庆筹备委员会编 长垣 长垣一中校庆筹备委员会 2001 年 102 页

011757403
长垣方言志语音篇
王青锋著 郑州 中州古籍出版社 2007 年 381 页

焦作市

007900256
焦作市志
河南省焦作市地方史志编纂委员会编纂 北京 红旗出版社 1993 年 3 册 1594 页

009743460
焦作市志 1987—2000
焦作市地方史志编纂委员会编 郑州 中州古籍出版社 2005 年 2 册 1280 页

010253993
焦作市志 1987—2000 评审稿
焦作市地方史志编纂委员会编 焦作 焦作市地方史志编纂委员会 200u 年 2 册

012759014
焦作市统计志 1949—2000
焦作市统计局编纂 焦作 焦作市统计局 2002年 304页

011480549
中共焦作市委党校志 1957—2007
中共焦作市委党校志编纂委员会编 焦作 中共焦作市委党校志编纂委员会 2007年 288页

011439826
焦作市纪检监察志 1950—2002
中共焦作市委焦作市监察局编著 北京 当代中国出版社 2003年 323页

011891869
焦作市行政服务中心建设志 2000.11—2004.6
焦作市行政服务中心编 焦作 焦作市行政服务中心 2004年 134页

011439850
焦作市政协志
中国人民政治协商会议河南省焦作市委员会焦作市政协志编审委员会编 南部 南部县政协志编纂组 1993年 233页

012719119
焦作市政协志 1949—2006
政协焦作市委员会编 焦作 政协焦作市委员会 2007年 388页

011954137
河南省焦作少年管教所志 1955—2001
河南省焦作少年管教所志编纂委员会编 焦作 河南省焦作少年管教所 2007年 655页〔河南省监狱志系列丛刊〕

013508425
焦作工商行政管理志 初稿
焦作市工商行政管理局编 焦作 焦作市工商行政管理局 1989年 272页

008427135
焦作市土地志
焦作市土地管理局编 郑州 中州古籍出版社 1999年 332页〔河南省土地志丛书〕

011292462
国营第二五八厂志 1964—1986
国营第二五八厂厂志编纂委员会编 1988年 458页

010776983
河南轮胎厂志 1965—1985
河南轮胎厂厂志编辑室编 焦作 河南轮胎厂 1989年 335页

013143836
河南轮胎厂志 1986—1995
公司志办公室编 河南 河南轮胎厂 1996年 365页

010229472
焦作丹河电厂志 1966—1983
厂志编纂办公室编 焦作 焦作丹河电厂 1985年 201页

010229477
焦作电厂志 1902—1984
焦作电厂编 焦作 焦作电厂 1985年 228页

012097588
焦作电厂志 1985—2004
焦作电厂志编辑委员会编 焦作 焦作电厂 2005年 437页

010229484
焦作化工三厂志 1958—1985
焦作市化工三厂厂志编纂办公室编 焦作 焦作市化工三厂 1987年 264页

013684408
焦作化学工业志
赵梦梧主编 河南省焦作市化学工业局编 焦作 焦作市化学工业局 1986年 762页

010229490
焦作机械工业志 1904—1983
河南省焦作市机械工业局编 北京 机械工业出版社 1986年 768页

013958683
焦作坚固水泥有限公司志 1958—2006
焦作坚固水泥有限公司志编撰办公室编 2007年 221页

012505249
焦作建工集团志 1949—2009
焦作建工集团志编纂委员会编 焦作 焦作建工集团志编纂委员会 2009年 264页

011439823
焦作军事工业志 1945—1985
焦作军事工业志编纂委员会编 北京 兵器工业出版社 1989年 418页〔中国兵器工业史丛书〕

009808445
焦作矿山机械厂志 1948—1982
厂志编辑室编 焦作 焦作矿山机械厂 1985年 378页

008422398
焦作煤矿志 1898—1985
焦作煤矿史志编纂委员会编 郑州 河南人民出版社 1989年 822页

009808449
焦作耐火材料一厂志 1953—1983
焦作市耐火材料一厂编志办公室编 焦作 耐火材料一厂 1985年 338页

009348677
焦作市建筑工程志
郑州 河南人民出版社 1988年 218页

〔河南地方志丛书〕

009808485
焦作市铝厂志 1966—1985
焦作市铝厂志编纂办公室编 焦作 焦作市铝厂 1986年 269页

010229495
焦作市群英机械厂志 1961—1982
焦作市群英机械厂志编纂委员会编辑室编 焦作 焦作市群英机械厂 1986年 268页

008422387
焦作市冶金建材工业志
焦作市冶金建材工业志编辑室编 郑州 河南人民出版社 1989年 463页

009010154
焦作市制动器厂志 1964.10—1984.12
焦作市制动器厂编志办公室编 焦作 焦作市制动器厂 1985年 252页

012663909
中马村矿志 1955—2005
焦煤集团中马村矿志编纂委员会编 中马村 焦煤集团中马村矿志编纂委员会 2007年 558页

008421701
焦作市交通志
焦作市交通志编纂委员会编写 河南省交通史志编纂委员会编审 北京 当代中国出版社 1996年 458页〔河南交通志丛书〕

008422460
焦作市税务志 1898—1986
张天云主编 郑州 中州古籍出版社 1992年 386页

010229503
焦作市文化志 征求意见稿
焦作市文化局文化志编纂室编 焦作 焦作市文化局文化志编纂室 1986年 1册

011310784
焦作市教育志 1898—1985
焦作市教育志编辑室 王垂熙主编 开封 河南大学出版社 1989年 560页

012968091
焦作市第十二中学校志
祁宏伟主编 焦作市第十二中学编 焦作 焦作市第十二中学 2004年 293页

012139408
焦作市实验中学校志 1954—2004
李怀银主编 焦作市实验中学编 焦作 焦作市实验中学 2004年 506页

011473175
河南省焦作市中医中药学校志 1974—1985
河南省焦作市中医中药学校编 焦作 河

南省焦作市中医中药学校 1986 年
82 页

012999124
河南省焦作卫生学校志
河南省焦作卫生学校志编辑室编 焦作 河南省焦作卫生学校志编辑室 1986 年 173 页

009959861
焦作市化工技工学校志 1979—2003
焦作市化工技工学校编纂 焦作 焦作市化工技工学校 2004 年 311 页

007661156
焦作体育志 1902—1985
张文英主编 焦作市体委编纂 郑州 河南人民出版社 1992 年 355 页

010151284
焦作市文物志
焦作市文物局编 郑州 中州古籍出版社 2005 年 540 页

010195490
焦作植物志
辛泽华 张子健 范喜梅主编 西安 西安地图出版社 2002 年 1154 页

012139361
焦作矿务局医院志 1948—1985
焦作矿务局医院史志编辑室编 焦作 焦作矿务局医院史志编辑室 1985 年 254 页

013958685
焦作市第二人民医院续志 1986—2000
焦作市第二人民医院续志编纂委员会编 2002 年 217 页

013335418
焦作市第二人民医院志 1965—1985
院志编辑室编 1986 年 179 页

012139364
焦作矿务局中央医院志 1986—2000
焦作矿务局中央医院编 焦作 焦作矿务局中央医院 2001 年 301 页

010229500
焦作市卫生志 1904—1985
焦作市卫生局编 焦作 焦作市卫生局 1987 年 416 页

012680274
焦作中医志
何银堂主编 北京 三辰影库音像出版社 2010 年 876 页

010278945
引沁灌区志
焦作市引沁灌区管理局编 中国人民解放军测绘学院印刷厂印 1998 年 362 页

011320339
焦作矿业学院志
薛世孝主编 曾恒初 聂志平副主编 郑州 河南人民出版社 1994年 564页

009413027
焦作园林志
李天雄主编 焦作市园林绿化管理局编 郑州 河南美术出版社 2004年 334页

013704377
焦作园林志 2003.9—2011.6
李天雄主编 香港 中国摄影文化出版社 2011年 364页

012814154
沁河志
焦作黄河河务局编 郑州 黄河水利出版社 2009年 379页

解放区

010730590
焦作市解放区志 1986—2000
焦作市解放区地方史志编纂委员会编 郑州 中州古籍出版社 2006年 440页〔中国地方志丛书〕

007657580
解放区志
焦作市解放区志编纂委员会编 北京 红旗出版社 1993年 431页

012954930
焦作市解放区政协志 1984—2009
政协焦作市解放区委员会编 焦作 政协焦作市解放区委员会 2010年 154页

010275875
焦作市解放区教育志 1912—1985 征求意见稿
焦作市解放区文教体委教育志编辑室编 焦作 焦作市解放区文教体委教育志编辑室 1988年 272页

008421959
焦作市解放区教育志 1912—1985
焦作市解放区教育委员会教育志编辑室编 北京 方志出版社 1997年 410页

中站区

010730601
焦作市中站区志 1990—2000
焦作市中站区地方史志编纂委员会编 郑州 中州古籍出版社 2006年 408页〔中国地方志丛书〕

008821856
中站区志
焦作市中站区志编纂委员会编 郑州 中州古籍出版社 1995年 456页

013606626
中站区政协志 1984.5—1998.3

政协焦作市中站区委员会 中站区政协志编审委员会编 中站区 中站区政协志编审委员会 2001年 170页

012546757
中站区朱村中心学校校志 1908—2008
焦作市中站区朱村中心学校编 焦作 焦作市中站区朱村中心学校 2008年 35页

马村区

010730593
焦作市马村区志 1991—2000
焦作市马村区地方史志编纂委员会编 郑州 中州古籍出版社 2006年 431页〔中国地方志丛书〕

008666141
马村区志
焦作市马村区志编纂委员会编 北京 当代中国出版社 1994年 340页

013440999
焦作市马村区政协志 1984.5—2006.5
马村区政协志编审委员会编 焦作 马村区政协志编审委员会 2006年 150页

山阳区

010008572
焦作市郊区志
焦作市郊区志编纂委员会编 北京 红旗出版社 1993年 592页

010730597
焦作市山阳区志 1986—2000
焦作市山阳区地方史志编纂委员会编 郑州 中州古籍出版社 2006年 571页〔中国地方志丛书〕

沁阳市

007478015
沁阳市志
马修杰主编 北京 红旗出版社 1993年 701页

011311875
沁阳市政协志 1956.6—2003.4
政协河南省沁阳市委员会编 沁阳市政协志编审委员会编 香港 天马图书有限公司 2004年 388页

013822166
沁阳市电业志
沁阳市电业志编纂委员会编 沁阳 沁阳市电业志编纂委员会 2003年 531页

011441867
沁阳市邮电志
沁阳市邮电局编 沁阳 沁阳市邮电局 1999年 345页

013730282

沁阳县交通志 续编 1985—1989 征求意见稿

沁阳县交通局制 张洪敏主编 沁阳 沁阳县交通局 1989年 89页

008986999

沁阳市教育志

刘峻 丁江图主修 宁国清主编 郑州 中州古籍出版社 1992年 573页〔河南地方志丛书〕

010730281

沁阳市第一中学校志 1902—2002

沁阳市第一中学编 沁阳 沁阳市第一中学 2002年 421页

013822182

沁阳市第一中学校志 1902—2012

沁阳市第一中学校志编辑委员会编 沁阳 沁阳市第一中学 2012年 487页

013659770

沁阳一中校志 1902—1997

河南省沁阳市第一中学编纂 沁阳 河南省沁阳市第一中学编纂委员会 1997年 333页

011763263

沁阳师范学校志 1907—2002

校志编纂委员会编 郑州 中州古籍出版社 2007年 666页

010140276

沁阳县戏曲志

郭全仁主编 沁阳县文化局编 中国戏曲志河南卷编辑委员会 1988年 243页

009864586

河南省沁阳市地名志

李长吉主编 郑州 中州古籍出版社 1991年 339页

013093256

沁阳市卫生防疫站志 1986—2000

张明有 沁阳市卫生防疫站志编辑领导小组主编 沁阳 沁阳市卫生防疫站志编辑领导小组 2002年 72页

011805838

沁阳市卫生志 1986—2000

沁阳市卫生志编纂委员会编 沁阳 沁阳市卫生志编纂委员会 2003年 326页

013753777

沁阳县人民医院院志

沁阳县人民医院编 沁阳 沁阳县人民医院 1986年 109页

孟州市

006555922

孟县志

孟县志编纂委员会编 西安 陕西人民出版社 1991年 772页

009391121
孟州市志 1986—2000
河南省孟州市地方史志编纂委员会编 郑州 中州古籍出版社 2004 年 782 页

012722446
寺上村志
孟州市西虢镇寺上村民委员会编 孟州 孟州市西虢镇寺上村民委员会 2010 年 496 页

012837695
孟县人大志
孟县人大志编纂委员会编 太原 山西人民出版社 2010 年 1050 页

012832561
孟县人民政协志 1984.9—1995.12
中国人民政治协商会议孟县委员会编 孟县 中国人民政治协商会议孟县委员会 1996 年 144 页

012203079
孟州市粮食志
河南省孟州市粮食局编 香港 国际炎黄文化出版社 2007 年 514 页

013628739
孟县教育志
河南省孟县教育局编 孟县 河南省孟县教育局 1985 年 234 页

012051697
孟州市第一高级中学校志 1905—2000
孟州市第一高级中学编 孟州 孟州市第一高级中学 2005 年 284 页

011325318
孟县体育志
1985 年 27 页

011579982
河南省孟县地名志
孟县地名委员会办公室编 孟县 孟县地名委员会办公室 1986 年 291 页

修武县

008819846
修武县志
修武县志编纂委员会编 郑州 河南人民出版社 1986 年 823 页

013375960
修武县志 1985—2000
修武县地方史志编纂委员会编 郑州 中州古籍出版社 2012 年 1043 页

012173680
河南省修武县北洼村志
李万诚主编 北洼村志编纂委员会编写

北洼村 北洼村志编纂委员会 2007年 272页

008488214
修武县电业志
修武县电业志编纂委员会编 修武 修武县电业志编纂委员会 1998年 447页

010279097
中州铝厂志 1978—1998
中州铝厂志编纂委员会编 河南 中州铝厂 2000年 675页

008421974
修武县教育志 863—1993
修武县教育志编纂委员会 焦廷秀主编 郑州 中州古籍出版社 1998年 597页〔河南省地方志丛书〕

013901014
修武县第一中学志
修武县第一中学志编纂委员会编 郑州 中州古籍出版社 2013年 353页

011585165
修武一中校志 1936—2000 审定稿
修武一中编 修武 修武一中 2002年 2册 469页

012900114
修武县防疫站志
1986年 111页

博爱县

007482379
博爱县志
李英芳主编 贺铭文 窦德华副主编 河南省博爱县志编纂委员会编纂 北京 中国国际广播出版社 1994年 875页

013789847
博爱县志 1986—2000
博爱县地方史志编纂委员会编 郑州 中州古籍出版社 2013年 663页

012713895
博爱县政协志 1981—2009
政协博爱县委员会编 博爱 政协博爱县委员会 2009年 246页

008427128
焦作市土地志 博爱卷
博爱县土地管理局编 郑州 中州古籍出版社 1999年 191页〔河南省土地志丛书〕

009684757
博爱县竹志
博爱县志总编室编 博爱 1997年 156页

009412787
博爱县戏曲志
宋继光主编 博爱县文化体育广播事业局编 中国戏曲志河南卷编委会 1988

年 190 页

013090776
博爱县丝虫病防治志
博爱县疾病预防控制中心编 博爱 博爱县疾病预防控制中心 2004 年 217 页

武陟县

007486943
武陟县志
武陟县地方史志编纂委员会编 郑州 中州古籍出版社 1993 年 687 页

010730584
武陟县志 1986—2000
河南省武陟县地方史志编纂委员会编 郑州 中州古籍出版社 2007 年 916 页〔中国地方志丛书〕

010244207
詹店镇志
詹店镇志编辑室编 武陟 詹店镇志编辑室 1986 年 295 页

010108850
河南省武陟县粮食局志
武陟县粮食志编写小组编 武陟 武陟县粮食志编写小组 1984 年 238 页

013226420
武陟电业志 1954—2009
武陟县电业局电业志编撰委员会编 武陟 武陟县电业局电业志编撰委员会 2011 年 439 页

010244236
武陟县二轻工业志 1950—1985
武陟县二轻工业管理公司专志编写组编 武陟 武陟县二轻工业管理公司 1988 年 58 页

010108888
武陟县水利志
武陟县水利局编志组编 武陟 武陟县水利局编志组 1984 年 121 页

010244197
武陟县商业志
侯滋寅主编 周友钦 冯欣编审 郭世松部分拟稿 陈立强摄影 武陟 河南省武陟县商业局商业志编纂室 1984 年 210 页

010245053
武陟县教育志 1840—1985
武陟县教育志编纂委员会编 武陟 武陟县教育志编纂委员会 1993 年 421 页

010245093
武陟一中校志 1837—1996
河南省武陟县第一中学编纂 武陟 河南省武陟县第一中学 1997 年 274 页

010244237
武陟县戏曲志

王广先主编 武陟县戏曲志编写组编 中国戏曲志河南卷编委会 1988年 261页

012613296
武陟县民俗志
武陟县民俗志编纂委员会编 郑州 中州古籍出版社 2009年 359页

010244216
河南省武陟县卫生志
河南省武陟县卫生局编纂 武陟 河南省武陟县卫生局 1987年 351页

温县

007900146
温县志
温县志编纂委员会编 北京 光明日报出版社 1991年 755页

011804118
仓头村志 第7卷
仓头村民委员会编 仓头村 仓头村民委员会 2004年 287页〔地方志丛书〕

012723338
薛肇村志
薛肇村志征编委 温县 薛肇村志征编委 2007年 152页

012613316
温县政协志
政协温县委员会编 温县 政协温县委员会 1997年 363页

012175035
温县电业志
温县供电有限责任公司编 郑州 中州古籍出版社 2008年 772页

012836469
温县公路段志 1956.6—2000.12
李树国 温县公路管理段编 温县 温县公路管理段 2002年 230页

008388822
陈氏太极拳志
程齐 赵乾杰 姬怀志 温县陈氏太极拳研究会主编 郑州 中州古籍出版社 1996—1997年 2册

012048784
陈式太极拳志
焦作市地方史志办公室 温县人民政府编 郑州 中州古籍出版社 2008年 612页

濮阳市

008820796
濮阳市区志
濮阳市市区史志办公室编 郑州 中州古籍出版社 1996年 509页

009808364
濮阳市志
濮阳市地方史志编纂委员会编 郑州 中州古籍出版社 2005年 6册〔中国地方志丛书〕

008820784
濮阳大事记 远古—1999
王从敏编著 濮阳市地方史志办公室编 郑州 中州古籍出版社 2000年 567页〔濮阳地情丛书〕

013925159
东白仓村志
东白仓党支部、村委会编审 濮阳 濮阳日报社印刷厂 2002年 192页

013512005
赵村村志
赵村党支部、村委会编审 赵村 赵村村委会 2002年 207页

013753752
濮阳市军事志 前21世纪—2005
濮阳市军事志编纂委员会编 济南 濮阳市军事志编纂委员会 2012年 778页

009888887
濮阳市城市建设志
何文超 陈贵新主编 北京 新华出版社 2006年 672页

013822159
濮阳市土地志
濮阳市土地管理局编 郑州 中州古籍出版社 1999年 298页〔河南省土地志丛书〕

013705554
濮阳市土地志 台前卷
台前县土地管理局编 郑州 中州古籍出版社 1998年 208页〔河南省土地志丛书〕

012639081
濮阳市农牧志
周国学 王怀善 孙纪庄主编 北京 经济科学出版社 2002年 442页

008190706
中国石油地质志 第7卷 中原南阳油田
中原油田石油地质志编辑委员会编 北京 石油工业出版社 1993年

012690182
中原石油化工总厂志 1986—1999
中原石油化工总厂志编纂委员会编 北京 中国石化出版社 2000年 391页

014056714
中原石油化工总厂志 2000—2011
中原石油化工总厂志编纂委员会编 北京 中国石化出版社 2013年 310页

008421912
中原油田志 1975—1982
中原油田志编纂委员会编 濮阳 中原油田志编纂委员会 1985年 369页

013736507
中原油田钻井三公司志 1982—2011
中原油田钻井三公司志编委会编 濮阳 中原油田钻井三公司志编委会 2012年 610页

012505449
濮阳市国税志 1994—2007
濮阳市国税志编纂办公室编 濮阳 濮阳市国税志编纂办公室 2009年 487页

008426120
濮阳市税务志
吴希军主编 郑州 中州古籍出版社 1995年 348页

013866361
中原油田建设银行志 1981—1992
中原油田建设银行志编纂委员会编纂 郑州 河南第一新华印刷厂 1994年 407页

013375403
濮阳市科技志
濮阳市科学技术委员会编 北京 北京燕山出版社 1998年 439页

013002407
濮阳市教育志
濮阳市教育委员会 路秉灿主编 合肥 黄山书社 1998年 559页

013002379
濮阳市第六中学志 1999—2009
岳喜山主编 濮阳市第六中学编 濮阳 濮阳市第六中学 2009年 144页

013508897
濮阳市第五中学校志 2001.9—2011.9
濮阳市第五中学校志编委会编 濮阳 濮阳市第五中学 2011年 161页

011955262
濮阳市实验中学志 1988—2008
杨汉宇 黄付合主编 濮阳 濮阳市实验中学 2008年 194页

010022847
中国歌谣集成 中国谚语集成 河南濮阳市卷
河南濮阳市民间文学集成编委会编 濮

阳 河南濮阳市民间文学集成编委会 1990年 153页

010140241
濮阳市戏曲志
武丰登主编 濮阳市文化局编 中国戏曲志河南卷编辑委员会 1988年 228页

013030689
河南濮阳孟村郭村闫氏家谱人物志
孟村郭村闫氏家谱续修编委会编 濮阳 孟村郭村闫氏家谱续修编委会 2008年 137页

009391541
濮阳民俗志
田聚常主编 刘永立审订 郑州 中州古籍出版社 1993年 268页〔中州民俗丛书〕

011499526
河南省濮阳市卫生防疫站志
濮阳市卫生防疫站志编写组编 濮阳 1986年 134页

008421335
濮阳市卫生志
濮阳市卫生志编纂委员会编 北京 方志出版社 1998年 472页

华龙区

012718943
胡干城村志
胡干城党支部 村委会编审 濮阳 胡干城党支部 村委会 2007年 207页

012721846
马拐村志
马拐村党支部 村委会编审 濮阳 马拐村党支部 村委会 2004年 202页

012140208
濮阳市华龙区高级中学校志
濮阳市华龙区高级中学校志编委会编 濮阳 华龙高中 2007年 213页

清丰县

004102674
清丰县志
清丰县地方史志编纂委员会编 济南 山东大学出版社 1990年 624页

008427146
濮阳市土地志 清丰卷
清丰县土地管理局编 郑州 中州古籍出版社 1998年 204页〔河南省土地志丛书〕

013731089
清丰名人志

孙惠民主编 河南省清丰县地方志编纂委员会编 清丰 河南省清丰县地方志编纂委员会 1997年 402页〔河南省清丰县地情资料丛书〕

南乐县

008034790
南乐县志
南乐县地方史志编纂委员会编 郑州 中州古籍出版社 1996年 1111页

013730314
南乐县国税志 1994—2007
南乐县国税志编纂办公室编 南乐 南乐县国税志编纂办公室 2009年 293页

009864607
南乐县教育志
南乐县教育委员会编 合肥 黄山书社 1998年 419页

008987123
河南南乐一中校志 1951—2001
河南南乐一中校志编委会编 南乐 河南南乐一中校志编委会 2001年 388页

013222129
河南南乐一中校志 1951—2011
南乐 河南南乐一中 2011年 388页

范县

008821918
范县志
范县地方史志编纂委员会编 郑州 河南人民出版社 1993年 642页

011757697
范县志 1988—2000
范县地方史志编纂委员会编 郑州 中州古籍出版社 2008年 643页〔中国地方志丛书〕

009382229
濮阳市土地志 范县卷
范县土地管理局编 郑州 中州古籍出版社 1998年 331页〔河南省土地志丛书〕

009412832
范县财政志
范县财政志编纂委员会编 郑州 中州古籍出版社 2002年 294页

台前县

009527411
台前县志 征求意见稿
河南省台前县地方史志办公室编 台前 河南省台前县地方史志办公室 1986—1989年 2册

009334833

台前县志

台前县地方史志编纂委员会编 郑州 中州古籍出版社 2001年 867页〔中华人民共和国地方志丛书〕

濮阳县

006497434

濮阳县志

濮阳县地方史志编纂委员会编纂 北京 华艺出版社 1989年 756页

011805823

濮阳县志 1980—2000

濮阳县地方史志编纂委员会编 郑州 中州古籍出版社 2008年 1047页

010008581

濮阳县志 1980—2000 评审稿

濮阳县地方史志编纂委员会编 濮阳 濮阳县地方史志编纂委员会 2004年 910页

009743677

濮阳县公安志

濮阳县公安志编纂委员会 姚刚林主编 郑州 中州古籍出版社 2005年 540页

013507862

河南省濮阳县第一中学校志

濮阳 河南省濮阳县第一中学 2005年 89页

009382236

濮阳县曲艺志

濮阳县文化局编 濮阳 濮阳县文化局 1990年 147页

009251590

濮阳县文物志

中共濮阳县委宣传部编 濮阳 中共濮阳县委宣传部 1980年 77页

013002382

濮阳市郊区卫生防疫站站志

濮阳市郊区卫生防疫站站志编纂组编 濮阳 濮阳市郊区卫生防疫站站志编纂组 1986年 77页

013002400

濮阳市郊区卫生志

濮阳市郊区卫生志编纂办公室编 濮阳 濮阳市郊区卫生志编纂办公室 1986年 312页

许昌市

006865753
许昌市志
许昌市地方志编纂委员会编 天津 南开大学出版社 1993年 877页

012252920
许昌公安志
许昌市公安局公安史志编纂委员会编著 郑州 中州古籍出版社 2009年 722页

009382333
许昌市土地志
陈明初主编 李文钊 娄明振 吴清法副主编 许昌市土地管理局编 郑州 中州古籍出版社 1999年 353页〔河南省土地志丛书〕

011066381
许昌卷烟厂志 1949.2—2003.7
许昌卷烟厂志编纂委员会编 郑州 中州古籍出版社 2006年 658页

010252842
许昌市水利志
许昌市水利志编纂委员会编 许昌 许昌市水利志编纂委员会 2000年 469页

010250725
许昌市医药志 1644—1982 初稿
许昌市医药局编志办公室编 许昌 许昌市医药局编志办公室 1983年 173页

009382341
许昌烟草志
许昌烟草志编委会编著 郑州 河南科学技术出版社 1993年 552页

009814278
许昌地区交通志
许昌地区交通志编纂委员会编写 河南省交通史志编纂委员会编审 郑州 河南人民出版社 1988年 289页〔河南省交通志丛书〕

010239125
许昌地方铁路志 1966—1985 暂定稿
河南省地方铁路管理局许昌分局编 许昌 河南省地方铁路管理局许昌分局 1988年 222页

008666393
许昌地区供销合作志
吕宜年主编 郑州 河南人民出版社 1988年 448页

010250785
许昌地区药品生产流通志
许昌地区药品生产流通志编辑室编 许昌 许昌地区药品生产流通志编辑室

1985年 268页

008426143
许昌食品志
陈德勋主编 郑州 河南人民出版社 1989年 536页

010735826
许昌地区饮食服务志
许昌地区饮食服务公司编 许昌 许昌地区饮食服务公司 1984年 147页

011068410
许昌地区教育志 上篇 清末 中华民国时期 初稿
许昌市教育志编辑室编 许昌 许昌市教育志编辑室 1986年 1册

011068616
许昌地区教育志 下篇 中华人民共和国时期 初稿
许昌市教育志编辑室编 许昌 许昌市教育志编辑室 1986年 2册

010061331
中国民间歌曲集成 许昌地区卷
中国民族音乐集成许昌地区编辑办公室编 许昌 中国民族音乐集成许昌地区编辑办公室 1981年 250页

011313065
许昌市曲艺志
许昌市文化局曲艺志编辑部编 许昌 许昌市文化局曲艺志编辑部 198u年

010278928
许昌戏曲志
韩伟 李宗南主编 许昌 河南省许昌市文化局 1993年 307页

008425913
河南省许昌地区地名资料汇编
许昌地区地名委员会编 许昌 许昌地区地名委员会 1983年 215页

011068452
许昌市卫生防疫站志
许昌市卫生防疫站编 许昌 许昌市卫生防疫站 1985年 144页

魏都区

011310816
许昌市魏都区曲艺志
许昌市魏都区曲艺志编纂组编 许昌 许昌市魏都区曲艺志编纂组 1989年 112页

禹州市

007290070
禹州市志
禹州市志编纂委员会编 郑州 中州古籍出版社 1989年 825页〔中华人民共和国地方志丛书〕

009879565
禹州市志 1985—2000
袁宝根主纂 孙延春执行主编 禹州市地方史志编纂委员会编 北京 方志出版社 2005 年 919 页〔中华人民共和国地方志丛书〕

013994215
许昌市土地志 禹州卷
李长庚总纂 贾克明副总编 禹州市土地管理局编 郑州 中州古籍出版社 1999 年 255 页〔河南省土地志丛书〕

009382360
禹州曲艺志 征求意见稿
禹州市文化局曲艺志编辑室编 禹州 禹州市文化局曲艺志编辑室 1989 年 198 页

013236398
中国钧窑志
孙彦春主编 中国钧窑志编纂委员会编 郑州 中州古籍出版社 2011 年 768 页

008420954
河南省禹州市地名志
禹州市地名办公室编 禹州 禹州市地名办公室 1988 年 554 页

011585291
禹州市人民医院志 1951—2000
禹州市人民医院编 禹州 禹州市人民医院 2001 年 273 页

010230888
禹州中药志
李英杰 马庚全主纂 孙彦春执行主编 贾向阳 刘峰领执行副主编 禹州市地方史志编纂委员会 禹州市革命老区建设促进会编 北京 光明日报出版社 2006 年 347 页〔河南地方文史志鉴丛书〕

008989676
钧瓷志
苗锡锦主编 郑州 河南人民出版社 1999 年 342 页

009699454
白沙水库志
河南省白沙水库灌溉工程管理局编 哈尔滨 哈尔滨地图出版社 2004 年 282 页

长葛市

010108843
长葛市志 1986—2000 **评审稿**
长葛市人民政府编 长葛 长葛市人民政府 2005 年 910 页

012658231
长葛市志 1986—2000
长葛市志编纂委员会编 郑州 中州古籍

出版社 2010年 813页

007900120
长葛县志
长葛县志编纂委员会编 北京 生活·读书·新知三联书店 1992年 778页

012587051
长葛市太平店村志
长葛市太平店村志编纂委员会编 郑州 中州古籍出版社 2009年 302页

007508985
长葛侨务志 1980—1991
陈瑞松主编 郑州 中州古籍出版社 1993年 165页

008427111
许昌市土地志 长葛卷
郭松银主编 长葛市土地管理局编 郑州 中州古籍出版社 1999年 291页〔河南省土地志丛书〕

009839596
长葛电业志 1953—2002
李福全等编纂 郑州 中州古籍出版社 2005年 562页

011148756
中国民间歌谣集成 中国民间谚语集成 河南省许昌市长葛县卷
长葛县民间文学三套集成编委会编 长葛 长葛县民间文学三套集成编委会 1990年 130页

009381307
长葛县曲艺志
长葛县曲艺志编纂组编 长葛 长葛县曲艺志编纂组 1989年 111页

008421507
河南省长葛县地名志
长葛县地名委员会办公室编 西安 三秦出版社 1991年 370页

010735936
河南省长葛县卫生志
长葛县卫生局编 河南 长葛县卫生局 1983年 292页

许昌县

006497409
许昌县志
许昌县志编纂委员会编 天津 南开大学出版社 1993年 1069页

012506449
许昌县志 1986—2000
河南省许昌县地方史志编纂委员会编 郑州 中州古籍出版社 2009年 910页〔中华人民共和国地方志丛书〕

009382336
许昌市土地志 许昌县卷
朱洪亮主编 许昌县土地管理局编 郑州

中州古籍出版社 1999 年 261 页〔河南省土地志丛书〕

007506839
许昌县财政志
许昌县财政志编纂委员会编 郑州 中州古籍出版社 1991 年 314 页

008421539
河南省许昌县地名志
许昌县人民政府地名办公室编 西安 陕西人民出版社 1989 年 432 页

鄢陵县

007900097
鄢陵县志
鄢陵县地方志编纂委员会编 天津 南开大学出版社 1989 年 650 页

012100641
鄢陵县志 1987—2000
鄢陵县地方史志编纂委员会编 郑州 中州古籍出版社 2008 年 694 页〔中国地方志丛书〕

008427142
许昌市土地志 鄢陵卷
王文学主编 鄢陵县土地房产管理局编 郑州 中州古籍出版社 1999 年 277 页〔河南省土地志丛书〕

009382347
鄢陵县供销合作志
鄢陵县供销合作志编审委员会编 郑州 河南人民出版社 1994 年 264 页

007532046
鄢陵县教育志
陈国占 刘根旺主修 高云周主编 郑州 中州古籍出版社 1991 年 380 页〔河南地方志丛书〕

009381397
河南省鄢陵县地名志
鄢陵县地名委员会编 鄢陵 鄢陵县地名委员会 1988 年 407 页

010735914
河南省鄢陵县卫生志
鄢陵县卫生局编 鄢陵 鄢陵县卫生局 1985 年 309 页

007518746
鄢陵花卉志
鄢陵县地方志编纂委员会总编辑室编 鄢陵 鄢陵县地方志编纂委员会总编辑室 1985 年 158 页

襄城县

007900162
襄城县志
襄城县史志编纂委员会编 郑州 中州古籍出版社 1993 年 702 页

013096632
襄城县志 1988—2000
襄城县地方史志编纂委员会编 郑州 中州古籍出版社 2011年 785页

010008732
襄城县人民代表大会志 1949—1999
河南省襄城县人大常委会编 香港 天马图书有限公司 2001年 238页

013994213
许昌市土地志 襄城县卷
阎洪主编 襄城县土地管理局编 郑州 中州古籍出版社 1999年 244页〔河南省土地志丛书〕

008994549
襄城县电业志
襄城县电业志编辑室编 北京 中华书局 2002年 392页

012767060
襄城县邮电志
襄城县邮电志编辑室编 郑州 中州古籍出版社 1997年 250页

011327197
襄城烟草志
襄城烟草志编辑室编 北京 中国展望出版社 1989年 268页

011955722
襄城烟草志 1998—2007
李福兴主编 襄城烟草志编辑室编 北京 中共党史出版社 2008年 368页

漯河市

008421334
漯河市志
漯河市地方史志编纂委员会编 北京 方志出版社 1999年 1165页

012203057
漯河市审计志 1986—2007
漯河市审计志编纂委员会编 漯河 漯河市审计志编纂委员会 2009年 359页

009413755
漯河市土地志
漯河市土地志编纂委员会编 北京 中国大地出版社 1999年 306页〔漯河市土地志丛书〕

011310985
漯河市烟草志 1858—1990
漯河市烟草志编纂委员会编 郑州 河南人民出版社 1993年 332页

012832537

漯河市公路志 干线公路 1988—2000

漯河市公路管理局编 漯河 漯河市公路管理局 2001 年 157 页

010251851

漯河市金融志 1906—1990

漯河市金融志编纂室编 北京 中国金融出版社 1993 年 437 页

013705180

漯河市高级中学校志 1948—2008

漯河市高级中学校志编纂组编 漯河 漯河市高级中学校志编纂组 2008 年 160 页

011311836

漯河师范学校志 1953—2000

校志编纂委员会编 漯河 漯河师范学校 2003 年 487 页

010250775

漯河市医药志 1907—1983

漯河市医药公司编纂室编 漯河 漯河市医药公司编纂室 1985 年 264 页

源汇区

010777228

源汇区志 送审稿

漯河市源汇区志编纂委员会编 1996 年 984 页

012612968

寨内村志

漯河市源汇区寨内村志编纂委员会编 漯河 漯河市源汇区寨内村志编纂委员会 2002 年 244 页

召陵区

007903746

郾城县志

郾城县志编纂委员会编 郑州 中州古籍出版社 1997 年 798 页

舞阳县

007563622

舞阳县志

河南省舞阳县志编纂委员会编 郑州 中州古籍出版社 1993 年 542 页

013010707

舞阳县志 1986—2005

舞阳地方史志编纂委员会编 郑州 中国古籍出版社 2011 年 792 页

012662486

舞阳县公安交警志

马国正主编 香港 天马图书有限公司 2001 年 309 页

011310768

舞钢志 1970—1983

舞阳钢铁公司史志编纂委员会编 河南 河南省第二新华印刷厂 1988 年 473 页

008415704
舞阳烟草志 1880—1987
舞阳烟草志编纂委员会编 郑州 中州古籍出版社 1991 年 283 页

010238847
漯舞地方铁路志 1959—1982 征求意见稿
漯舞地方铁路志编辑室编 舞阳 漯舞地方铁路志编辑室 198u 年 125 页

012767010
舞阳县教体志
舞阳县教育体育委员会编 香港 天马图书有限公司 2001 年 579 页

008424610
河南省舞阳县地名志
舞阳县地名志编辑室 宋运兴主编 舞阳 舞阳县人民政府地名办公室 1988 年 315 页

012252750
舞阳县地名志 北舞渡乡分册
舞阳县人民政府地名办公室编 舞阳 舞阳县人民政府地名办公室 1985 年 37 页

临颍县

007806629
临颍县志
临颍县志编纂委员会编 李留根主编 郑州 中州古籍出版社 1996 年 879 页〔中国地方志丛书〕

008426147
临颍县农业生产资料志
王洪涛主编 郑州 中州古籍出版社 1993 年 300 页〔河南地方志丛书〕

013898036
临颍地方税务志
临颍县地方税务局志书编纂委员会编 郑州 中州古籍出版社 2013 年 381 页

012719198
临颍县戏曲志
姚新灿主编 1997 年 152 页

008422419
临颍县卫生志
卫生志领导组编 临颍 1986 年 167 页

013684546
临颍县水利志
樊学灿主编 河南省临颍县水利局编 临颍 临颍县水利局 1988 年 236 页

三门峡市

008819800
三门峡市志
三门峡市地方史志编纂委员会编 郑州 中州古籍出版社 1997年 4册

012266228
三门峡市志 1991—2000
三门峡市地方史志编纂委员会编 北京 方志出版社 2010年 4册

013735972
中国共产党三门峡市组织工作志 1924—1990
昝武健主编 三门峡 三门峡日报印刷厂印 1993年 448页

012722203
三门峡市工会志
赵长法主编 三门峡市工会志编纂委员会编 三门峡 三门峡市工会志编纂委员会 1992年 296页

009330486
中国武警志 黄金第六支队志 1979—2000
中国人民武装警察部队黄金第六支队史志编审委员会编 中国人民武装警察部队黄金第六支队政治处 2001年 251页

013899378
三门峡市工商行政管理志
王振清主编 北京 工商出版社 1990年 192页〔河南省地方史志资料丛书〕

009382263
三门峡市土地志
三门峡市土地管理局编 三门峡 三门峡市土地管理局 1996年 466页

012173793
观音堂煤矿志
观音堂煤矿志编纂委员会编 河南 观音堂煤矿志编纂委员会 2005年 550页

010476492
三门峡市黄河河务移民管理局志
三门峡市黄河河务移民管理局志编纂委员会编 北京 方志出版社 2006年 450页

013320932
三门峡市黄金志 1964—2007
三门峡市黄金志编纂委员会编 郑州 中原农民出版社 2011年 950页

009240633
三门峡市水利志
三门峡市水利局史志编纂领导小组编 西安 陕西人民出版社 1999年

575 页

013659781
三门峡水利枢纽简志
三门峡水利枢纽管理局工程志编辑室编 三门峡 三门峡水利枢纽管理局工程志编辑室 1990 年 113 页

008424773
三门峡市交通志
三门峡市交通志编纂委员会编 北京 人民交通出版社 1991 年 255 页〔河南省交通志丛书〕

008848215
三门峡市邮电志
三门峡市邮电志编纂委员会编 北京 方志出版社 1999 年 471 页〔河南邮电史志丛书〕

012614095
三门峡财政志 1991—2000
三门峡市财政局编 北京 方志出版社 2009 年 298 页

009251593
三门峡市财政志
三门峡市财政局编 郑州 河南人民出版社 1993 年 597 页

013863616
三门峡市农村合作金融志
河南省农村信用社联合社三门峡市办公室编 三门峡 河南省农村信用社联合社三门峡市办公室 2011 年 688 页

011763300
三门峡市文化志
三门峡市文化志编纂委员会编 郑州 中州古籍出版社 2007 年 938 页

012174843
三门峡图书馆事业志
王流芳著 长春 时代文艺出版社 2007 年 337 页

013899383
三门峡市教育志
三门峡市教育局编 北京 方志出版社 2013 年 758 页

010061020
中国民间故事集成 河南三门峡卷 民间歌谣集
三门峡市民间文学集成编辑委员会编 北京 中国文联出版社 2002 年 327 页

010061013
中国民间故事集成 河南三门峡卷 民间故事集
三门峡市民间文学集成编辑委员会编 北京 中国文联出版社 2002 年 2 册

013731163
三门峡市戏曲志

戴征贤主编 三门峡市戏曲志编纂委员会编 三门峡 三门峡市戏曲志编纂委员会 1997年 343页

007685480
三门峡市曲艺志
三门峡市文化局编 郑州 河南人民出版社 1993年 344页

009699649
黄河医院志 1956—1996
黄河三门峡医院志编写领导小组编 三门峡 黄河三门峡医院志编写领导小组 1996年 214页

008427161
黄河三门峡水利枢纽志
黄河三门峡水利枢纽志编纂委员会编 北京 中国大百科全书出版社 1993年 474页

湖滨区

008819801
三门峡市湖滨区志
湖滨区地方史志编纂委员会编 郑州 河南人民出版社 2000年 635页

012684647
三门峡市湖滨区志 1999—2000
三门峡市湖滨区地方史志编纂委员会编 郑州 中州古籍出版社 2010年 680页

012505195
湖滨区地名志
张冠云编 三门峡 三门峡市湖滨区史志地名办公室 1989年 106页

008492552
三门峡市湖滨区水利志
湖滨区水利志编纂小组编 西安 陕西人民出版社 1999年 1册

义马市

007900133
义马市志
义马市地方史志编纂委员会编 郑州 中州古籍出版社 1991年 365页〔中华人民共和国地方志丛书〕

009852751
义马市志 1987—2000
义马市志编纂委员会编 郑州 中州古籍出版社 2005年 632页〔中国地方志丛书〕

013626640
河南省义马市千秋村志
北京 中国图书出版社 2011年 539页

012141484
河南省义马市义马村志
义马村志编纂委员会编 郑州 中州古籍出版社 2009年 570页

007359835
义马村志
义马村志编纂委员会编 郑州 中州古籍出版社 1993年 343页

013824265
义马市政协志 1984—2007
宋伏林 王遂朝主编 义马 政协义马市委员会 2009年 413页

009887151
北露天煤矿志
北露天煤矿志编纂委员会编 北京 方志出版社 2005年 461页

011995324
常村煤矿志 1958—2007
常村煤矿志编纂委员会编 郑州 中州古籍出版社 2008年 548页

012096734
耿村煤矿志 1975—2009
耿村煤矿志编纂委员会编 郑州 中州古籍出版社 2009年 748页

013627985
金马重机志 1958—2010
金马重机志编纂委员会编 郑州 中州古籍出版社 2012年 534页

011805832
千秋煤矿志 1956—2006
千秋煤矿志编纂委员会编 郑州 中州古籍出版社 2008年 684页

012814481
义马煤矿志
义马煤矿志编纂委员会编 郑州 中州古籍出版社 2010年 2册 1237页

013961197
义马市水利志
义马市水利局编 义马 义马市水利局 1998年 162页

007684116
义马民俗志
戴景琥编 郑州 中州古籍出版社 1991年 360页〔中州民俗丛书〕

灵宝市

010778514
灵宝市志 1988—2000 送审稿
灵宝市志编纂委员会编 灵宝 灵宝市志编纂委员会 2005年 1013页

010008578
灵宝市志 1988—2000
灵宝市志编纂委员会编 郑州 中州古籍出版社 2006年 1006页〔中国地方志丛书〕

007900164
灵宝县志
灵宝县地方史志编委会主编 郑州 中州

古籍出版社 1992 年 1047 页

012678332
安家底村志
安家底村两委会编 安家底村两委会 2001 年 249 页

013373425
川口村志 1949—2011
川口村志编纂委员会编 郑州 河南人民出版社 2012 年 332 页

012503825
大湖村志
灵宝市阳平镇大湖村党支部 村委会编 樊建涛主编 灵宝 灵宝市阳平镇大湖村 2003 年 226 页

012658424
冯佐村志
冯佐村党总支 村委会编 冯佐村 冯佐村党总支 冯佐村村委会 2007 年 475 页

012722003
牛庄村志
牛庄村党支部 村委会编 灵宝 牛庄村党支部 村委会 2006 年 251 页

012684684
尚家湾村志
灵宝市故县镇尚家湾村两委编 灵宝 灵宝市故县镇尚家湾村两委 2002 年

230 页

009413828
寺河乡志
寺河乡人民政府编 灵宝 寺河乡人民政府 1995 年 278 页〔灵宝地方史志丛书〕

012877299
西水头村志 1949—2009
西水头村党支部 村委会编 郑州 河南人民出版社 2011 年 347 页

012723408
尹庄镇志 1949—2008
尹庄镇志编纂委员会编 尹庄镇 尹庄镇志编纂委员会 2009 年 559 页

009334838
灵宝市法院志 1947—1994
灵宝市人民法院史志编纂组编 灵宝 灵宝市人民法院 1995 年 398 页〔灵宝市地方史志志丛书 15〕

011440978
灵宝市地质矿产志 至 1999
河南省灵宝市地质矿产局编 灵宝 河南省灵宝市地质矿产局 2000 年 223 页

008421056
灵宝市邮电志
灵宝市邮电志编纂委员会编 郑州 中州古籍出版社 1995 年 248 页〔灵宝市

地方史志丛书 16〕

013659587
灵宝市粮食志 2001—2011
灵宝市粮食志编纂委员会编 郑州 中州古籍出版社 2012年 187页

008844982
灵宝市财政志
灵宝市财政局编 郑州 河南人民出版社 1996年 501页〔灵宝市地方史志丛书 13〕

013898362
灵宝市财政志 1995—2010
灵宝市财政志编委会编 北京 中国财政经济出版社 2012年 434页

010280129
灵宝市广播电视志 1950—2005
灵宝市广播电视志编纂委员会编 北京 线装书局 2006年 401页

013508655
灵宝市教育志 2005—2011
灵宝市教育志编纂委员会编 郑州 中州古籍出版社 2012年 459页

009992184
灵宝市教育志 1994—2004
乔天民主编 李东超副主编 郑州 中州古籍出版社 2005年 409页

011997357
灵宝市文物志
杨连珍主编 灵宝 灵宝市文化局 2005年 484页

013065003
灵宝民俗志
周家樵主编 杨英华副主编 刘永立审订 郑州 中州古籍出版社 1993年 345页〔中州民俗丛书〕

013129952
灵宝苹果志 1921—2010
灵宝苹果志编纂委员会编 郑州 中州古籍出版社 2011年 450页

008424674
窄口水库志
灵宝市窄口水库管理局编 郑州 黄河水利出版社 1998年 263页

012661473
灵宝黄河志 1949—2006
灵宝市黄河河务移民管理局编 灵宝 灵宝市黄河河务移民管理局 2007年 420页

009819197
灵宝市环境保护志
灵宝市环境保护志编纂委员会编 郑州 中州古籍出版社 1998年 301页

渑池县

010151452
渑池县志 1986—2000
渑池县地方史志编纂委员会编 渑池 渑池县地方史志编纂委员会 2005年 862页

007226408
渑池县志 第1卷
渑池县志编纂委员会编 上海 汉语大词典出版社 1991年 788页

010476502
渑池县志 第2卷 1986—2000
渑池县地方史志编纂委员会编 北京 方志出版社 2006年 843页〔中国地方志丛书〕

013342539
渑池政协志 1984—2007
中国人民政治协商会议渑池县委员会编 渑池 中国人民政治协商会议渑池县委员会 2009年 333页

011995298
曹窑煤矿志 1958—2007
曹窑煤矿志编纂委员会编 郑州 中州古籍出版社 2008年 726页

011998236
渑池县水务志
范天平主编 西安 陕西人民出版社 2008年 533页

013731366
渑池县商业志
渑池县商业局编纂 渑池 渑池县商业局 1990年 169页

012542905
渑池县财政志 内部资料
渑池县财政局编 三门峡 渑池县财政局财政志编写组 1986年 240页

013731363
渑池县金融志
赵明智总编 渑池县金融志编辑室编 渑池 渑池县金融志编辑室 1997年 350页

008666364
渑池县地名简志
渑池县地名办公室编纂 渑池 渑池县地名办公室 1986年 431页

陕县

008822217
陕县志
陕县地方史志编纂委员会编 郑州 河南人民出版社 1988年 725页

009888908
陕县志 1986—2000
陕县地方史志编纂委员会编 郑州 中州

古籍出版社 2006年 901页

009204316
陕县志 人物 初稿
陕县地方史志编纂委员会总编辑室编 陕县 1985年 165页

010139927
凡村村志
凡村村志编纂领导小组编 三门峡 凡村村志编纂领导小组 2005年 144页

008096716
陕县大营村志
陕县大营村志编委会编著 郑州 河南人民出版社 1990年 627页

013320947
陕县宫前乡志
宫前乡史志总编室编 三门峡 陕县宫前乡党委 乡政府 2002年 407页〔第二届陕县志专志系列丛书 2〕

009348403
温塘村志
曲景义主编 师落雁等副主编 郑州 中州古籍出版社 2004年 484页

012722255
陕县下庄村志张氏家谱
2003年 474页

013096356
陕县人民代表大会志 1949—1985
人民代表大会志编辑组编 陕县 人民代表大会志编辑组 1986年 262页

011805872
陕县政协志 1949—2006
杨军茂 阮剑平主编 北京 中国图书出版社 2006年 476页

013731286
陕县土地志
河南省陕县土地管理局 陕县土地志编纂委员会编 陕县 河南省陕县土地管理局 陕县土地志编纂委员会 1997年 300页〔三门峡市土地志系列丛书 3〕

013728749
河南陕县二轻工业志
河南陕县二轻工业志编辑领导小组编 陕县 河南陕县二轻工业志编辑领导小组 1986年 189页

013731202
陕县农村信用社志
陕县农村信用社联合社编 陕县 陕县农村信用社联合社 1999年 344页

013096361
陕县文化志
河南省陕县文化志编辑室编 陕县 河南省陕县文化志编辑室 1985年 285页

〔河南省洛阳地区文化专志丛书〕

013174674
陕县教育志
陕县教育委员会编 陕县 陕县教育委员会 1991年 285页

011325322
陕县体育志
陕县 1985年 19页

013731289
陕县戏曲志
杨军茂主编 河南省陕县文化局编 中国戏曲志河南卷编委会 1988年 274页

012766483
陕县卫生志 1985—2000
河南省陕县卫生局编 陕县 河南省陕县卫生局 2002年 316页〔第二届陕县志专志系列丛书 3〕

012638939
陕县水利志
陕县水利局史志编纂委员会 刘邦古主编 北京 国际文化出版公司 2000年 390页

卢氏县

008819952
卢氏县志
李啸东主编 郑州 中州古籍出版社 1998年 1038页

010730407
卢氏县志 1988—2000 送审稿
卢氏县志编纂委员会编 卢氏 卢氏县志编纂委员会 2005年 761页

010730558
卢氏县志 1988—2000
李啸东主编 郭永祥副主编 卢氏县志编纂委员会编 北京 方志出版社 2006年 689页〔中国地方志丛书〕

009332606
卢氏县人民代表大会志
李啸东主编 北京 人民日报出版社 2002年 399页

012097787
卢氏县政协志
尚丁午主编 卢氏县政协志编纂委员会编 北京 人民日报出版社 2002年 362页

008424734
卢氏县民政志
卢氏县民政志编辑组编 卢氏 卢氏县民政志编辑组 1992年 261页

013684548
卢氏县土地志
卢氏县土地管理局编 卢氏 卢氏县土地管理局 1996年 234页〔三门峡市土

地丛书〕

008420946
卢氏县教育志
李啸东主编 孙学斌 戴景琥副主编 郑州 中州古籍出版社 1997年 401页

008414951
卢氏民俗志
曹金财主编 莫肇基副主编 郑州 中州古籍出版社 1991年 253页〔中州民俗丛书〕

009125484
卢氏县水利志
卢氏县水利志编纂领导小组编 西安 陕西人民出版社 2001年 417页

南阳市

007480674
南阳地区志
南阳地区地方史志编纂委员会编 郑州 河南人民出版社 1994年 3册

005696733
南阳市志
南阳市地方史志编纂委员会编 郑州 河南人民出版社 1989年 1002页

009888420
南阳县志 修改稿
南阳县志编纂委员会总编辑室编 南阳 南阳县志编纂委员会总编辑室 1988年 28册

009888254
南阳县志 初稿
南阳县志编纂委员会总编辑室编 南阳 南阳县志编纂委员会总编辑室 1988年 2册

007290027
南阳县志
南阳县地方史志编纂委员会编 郑州 河南人民出版社 1990年 741页〔中华人民共和国地方志丛书〕

009413793
南阳民族宗教志
南阳民族宗教志编辑室编 南阳 南阳民族宗教志编辑室 1989年 561页

010239053
南阳天主教志 初稿
中共南阳地委统战部编 南阳 1987年 67页

007682732
中共南阳县委志

李国廷主编 中共南阳县委志编辑室编 郑州 河南人民出版社 1992 年 295 页

009412922
河南省南阳地区老干部暨高级知识分子志
南阳地区退休科技协会编 郑州 中州古籍出版社 1992 年 522 页

009413781
南阳地区民政志
南阳地区民政局编 南阳 南阳地区民政局 1991 年 2 册

013822101
南阳地区信访志
南阳地区信访办公室编 南阳 南阳地区信访办公室 1988 年 162 页

013319849
南阳市民政志 1986—2006
南阳市民政志编纂委员会编 南阳 南阳市民政志编纂委员会 2007 年 498 页

013373961
河南省南阳监狱志 1949—2005
河南省南阳监狱志编纂委员会编 南阳 河南省南阳监狱志编纂委员会 2007 年 368 页〔河南省监狱志系列丛刊〕

013375380
南阳地区工商志 初稿
南阳地区工商行政管理局编 南阳 南阳地区工商行政管理局 1987 年 249 页

010239042
南阳市城市建设志 1840—1985
南阳市城乡建设管理委员会编 南阳 南阳市城乡建设管理委员会 1987 年 866 页

013705218
南阳市土地志
马凤鸣 王明军主编 南阳市土地管理局编 郑州 中州古籍出版社 1998 年 436 页〔河南省土地志丛书 南阳卷〕

012721950
南阳农机化志 1986—2005
南阳市农业机械管理局编 南阳 南阳市农业机械管理局 2006 年 286 页

008422576
南阳蚕业志
赵魁编纂 河南省南阳地区农业志编纂委员会编 郑州 中州古籍出版社 1990 年 300 页〔中国地方志丛书〕

013659688
南阳棉花志
薛增荣主编 李福田编 郑州 中州古籍出版社 2012 年 418 页

009413805
南阳畜牧志

柏卫平 赵文汉编纂 马增云 毕树 杨廷献审定 河南省南阳地区农业志编纂委员会编 郑州 中州古籍出版社 1992年 305页〔中国地方志丛书〕

009382218
南阳地区农业志
王明聚主编 郭其发审定 南阳地区农牧局编 郑州 中州古籍出版社 1992年 479页〔河南地方志丛书〕

013957430
河南油田工程院志 2000—2010
河南油田工程院志编纂委员会编 郑州 河南人民出版社 2012年 373页

009251579
河南油田志
河南油田志编纂委员会编 郑州 中州古籍出版社 1993年 867页〔中华人民共和国地方志丛书〕

008422558
南阳地区石油商业志
南阳地区石油商业志编纂委员会编 郑州 中州古籍出版社 1991年 252页

009413785
南阳地区水利志
南阳地区水利局编 南阳 南阳地区水利局 1990年 868页

013508760
南阳地区水利志 水产志
南阳地区水利局编 南阳 南阳地区水利局 1990年 39页

013508762
南阳地区水利志述要
南阳地区水利局编 南阳 南阳地区水利局 1990年 160页

009813702
南阳防爆电机厂志 1970—1990
南阳防爆电机厂志编审小组编 南阳 南阳防爆电机厂 1990年 202页

010251342
南阳副食志
李玉敏主编 南阳地区副食品公司编纂 郑州 河南人民出版社 1989年 349页

009888236
南阳化学制药厂志 初稿
南阳市化学制药厂编 南阳 南阳市化学制药厂 1983年 143页

012814043
南阳卷烟厂志 1950.7—2008.12
南阳卷烟厂志编委会编 郑州 中州古籍出版社 2010年 750页

011570148
南阳肉联厂志

马中民主编 南阳 河南省南阳肉类联合加工厂 1988年 223页

013822110
南阳市电业志 1986—2000
南阳市电力行业协会编 南阳 南阳信谊印刷厂 2001年 350页

009888237
南阳市医药志 初稿
南阳市医药管理局编 南阳 南阳市医药管理局 1983年 151页

013461703
南阳水利志 1986—2005
南阳市水利局编 南阳 南阳市水利局 2009年 491页

013508842
蒲山电厂志 1999—2000
蒲山电厂志编辑办公室编 南阳 蒲山电厂志编辑办公室 2004年 147页

009854124
石油二厂志 1939—1992
石油二厂志编委会编 沈阳 辽宁人民出版社 1994年 906页

008426281
石油二机厂志 1969—1994
石油二机厂志编纂委员会编 郑州 中州古籍出版社 1995年 306页

008422563
南阳地区交通志
南阳地区交通志编纂委员会编写 河南省交通厅交通史志编纂委员会编审 郑州 河南人民出版社 1995年 426页〔河南交通志丛书〕

011570141
南阳车务段志 1969—1985
郑州铁路局南阳车务段编 南阳 南阳车务段 1986年 250页

008841153
南阳市邮电志
南阳市邮电史志编纂委员会编 北京 方志出版社 1999年 638页〔河南邮电史志丛书〕

007690930
南阳地区供销合作社志
南阳地区供销合作社编 郑州 河南人民出版社 1991年 350页

008045725
河南省粮食志 南阳地区县市简志
河南省粮食志编纂委员会编纂 北京 中国商业出版社 1995年 353页

011320247
南阳百货站志
河南省南阳百货采购供应站 南阳百货站志编纂办公室编 郑州 南阳百货站 1990年 641页

008424331
南阳地区粮食志
马彬主编 杨泽辉编审 南阳地区粮食局编 郑州 中州古籍出版社 1991年 421页

007654346
南阳县粮食志
南阳县粮食志编纂领导小组编 郑州 中州古籍出版社 1991年 172页

008422586
南阳地区商业志
南阳地区商业志编纂委员会编 北京 中国展望出版社 1989年 593页〔河南地方志丛书〕

008392573
南阳市商业志
南阳市商业局地方史志编纂委员会 侯玉兴主编 郑州 中州古籍出版社 1992年 559页

008422567
南阳地区经贸志
南阳地区对外经济贸易委员会编 郑州 河南人民出版社 1989年 371页

009413777
南阳地区财政志
李青恚主编 郑州 中州古籍出版社 1995年 500页

011067741
南阳地区税务志
王玉烨编审 王静主编 河南省南阳地区税务局编 南阳 河南省南阳地区税务局 1990年 382页

010239055
南阳县税务志
河南省南阳县税务局编 南阳 河南省南阳县税务局 1987年 341页

009413787
南阳地区文化志
南阳地区文化局编 南阳 南阳地区文化局 1989年 213页

009413800
南阳市文化志
南阳市文化局编 南阳 南阳市文化局 1989年 2册

012814046
南阳市教育志
南阳市教育志编纂委员会编 郑州 大象出版社 2010年 500页

013375388
南阳县教育志 初稿
南阳县教育志编写组编 南阳 南阳县教育志编写组 1988年 2册

010242576
南阳县教育志

南阳县教育志编纂委员会编 郑州 中州古籍出版社 1993 年 255 页〔河南地方志丛书〕

013822107
南阳市第八小学校志 1925—2000
南阳市第八小学校志编纂委员会编 南阳 南阳市第八小学 2003 年 193 页

013863110
南阳市第五小学校志 1923—2013
南阳市第五小学校志编纂委员会编 2013 年 281 页

013092890
河南省南阳市第八中学校校志 1949—2009
南阳 河南省南阳市第八中学校 2009 年 467 页

011320828
南阳市第三中学校志 1905—2000
南阳市第三中学校志编纂委员会编 南阳 南阳市第三中学 2004 年 412 页

013730316
南阳市第十中学校校志 1954—2003
南阳市第十中学校校志编纂委员会编 南阳 南阳市第十中学校 2004 年 303 页

011311887
南阳市宛东中等专业学校志 1955.7—2004.12
南阳市宛东中等专业学校志编纂委员会编 北京 大众文艺出版社 2005 年 486 页〔河之南丛书〕

011570159
南阳中医药学校志 1978—1998
南阳中医药学校志编纂委员会编 南阳 南阳中医药学校 1998 年 170 页

010022863
中国歌谣集成 河南南阳地区卷
阎天民主编 谢起超副主编 河南省南阳地区民间文学集成编委会编 南阳 河南省南阳地区民间文学集成编委会 1989 年

010022870
中国歌谣集成 河南南阳市卷
南阳市民间文学集成编委会编 南阳 南阳市民间文学集成编委会 1987 年 165 页

009413789
南阳地区戏曲志
高波群主编 姜淑华副主编 姜华建 郑少华 任秀范编 南阳地区文化局编 南阳 南阳地区文化局 198u 年 700 页

009413798
南阳市曲艺志 征求意见稿
南阳市文化局编 南阳 南阳市文化局

1988年 304页

008422480
南阳市戏曲志
姚寿仁主编 郑州 中州古籍出版社 1992年 175页

009310470
南阳市文物志
南阳市文物工作队 陈长生主编 郑州 中原农民出版社 1993年 161页

010238867
河南省南阳县地名录
南阳县地名领导小组编 南阳 1983年 234页

008427053
河南省南阳县地名志
南阳县地名委员会办公室编 福州 福建省地图出版社 1990年 526页

010292778
南阳市地名志 修改稿
南阳市地名委员会办公室编 西安 三秦出版社 1995年 860页

008672848
南阳市地名志
南阳市地名委员会办公室编 西安 三秦出版社 1997年 860页

010294071
南阳地区地理志
河南省退休科技工作者协会南阳地区分会南阳地区地理志办公室编 南阳 河南省退休科技工作者协会南阳地区分会南阳地区地理志办公室 1991年 537页

012541540
伏牛山药用植物志
尹卫平 王忠东等著 北京 科学出版社 2009年

010293522
南阳市农村卫生协会志
南阳市农村卫生协会编 南阳 南阳市农村卫生协会 2000年 493页

010735939
南阳地区卫生志
南阳地区卫生局编 南阳 南阳地区卫生局 1986年 139页

013319856
南阳市卫生志 1986—2004
南阳市卫生局编 南阳 南阳市卫生局 2010年 641页

010238983
南阳县卫生志
南阳县卫生志编辑组编 南阳 1986年 245页

009888241

南阳市中药厂志 初稿

南阳市中药厂编 南阳 南阳市中药厂 1983 年 176 页

卧龙区

009852680

南阳市卧龙区人民代表大会志

王明堂主编 南阳市卧龙区人民代表大会志编纂委员会编 北京 朝华出版社 2006 年 996 页

013820235

河南省南阳县工商志

南阳县工商行政管理局编 南阳 南阳县工商行政管理局 1986 年 139 页

宛城区

011441100

南阳市宛城区志 1978—2000

于金献总纂 白献康主编 北京 科学出版社 2007 年 872 页

012955301

南阳市宛城区教育志

南阳市宛城区教育志编纂委员会编 南阳 南阳市宛城区教育体育局 2004 年 398 页

011570152

南阳市宛城区金华乡中小学校校志

唐文海主编 南阳 2004 年 362 页

邓州市

008821966

邓州市志

邓州市地方史志编纂委员会编 郑州 中州古籍出版社 1996 年 835 页〔中国地方志丛书〕

009839599

邓州市志 1990—2000

邓州市地方史志编纂委员会编 郑州 中州古籍出版社 2005 年 889 页

013819248

邓州市电业志 1995—2000

邓州市电业志编纂委员会编 定州 2005 年 276 页

011564808

河南省邓州市第一小学校志 1905—2005

河南省邓州市第一小学编 邓州 河南省邓州市第一小学 2005 年 181 页

南召县

011295934

南召县志 1986—2002

南召县史志编纂委员会编 北京 方志出
　　版社 2007年 1153页

009204263
南召县志 人物志 初稿汇编
南召县志总编室编 南召 南召县志总编
　　室 1985年

010238905
南召县卫生志
河南省南召县卫生局编 南召 河南省南
　　召县卫生局 1985年 256页

方城县

007900137
方城县志
方城县地方志编纂委员会编 郑州 中州
　　古籍出版社 1992年 789页〔中华人
　　民共和国地方志丛书〕

013626287
方城县土地志
方城县土地管理局编 郑州 中州古籍出
　　版社 1998年 226页〔河南省土地志
　　丛书 南阳卷〕

008846392
五一二三厂志 1969—1986
五一二三厂志编纂委员会编 五一二三
　　厂志编纂委员会 1988年 346页〔中
　　国兵器工业史资料丛书〕

008486325
方城县粮食志
方城县粮食局编 郑州 中州古籍出版社
　　1992年 316页

010735965
方城县经贸志
河南省方城县对外经济贸易局编 方城
　　河南省方城县对外经济贸易局 1987
　　年 80页

007506812
方城县教育志
方城县教育志编纂领导小组 程国珍主
　　编 郑州 中州古籍出版社 1991年
　　433页〔河南地方志丛书〕

012679305
方城县教育志 1978—2005
方城县教育志编纂委员会编 郑州 大象
　　出版社 2010年 856页

009381407
方城县函授志 1987—1996
方城县函授站编 方城 方城县函授站
　　1996年 161页

011310818
中国曲艺志 方城县卷
吴金泉主编 1989年 130页

007684048
方城民俗志

王金祥主编 郑州 中州古籍出版社 1991年 462页〔中州民俗丛书〕

008426902
河南省方城县地名志
方城县地名办公室编 郑州 河南人民出版社 1993年 691页

010735913
河南省方城县卫生志
方城县卫生局编 方城 方城县卫生局 1985年 489页

西峡县

007900099
西峡县志
西峡县志编纂委员会编 郑州 河南人民出版社 1990年 698页

012140696
西峡县志 1986—2000
西峡县地方史志编纂委员会编 郑州 中州古籍出版社 2010年 772页〔中国地方志丛书〕

镇平县

008380116
镇平县志
镇平县地方史志编纂委员会编 北京 方志出版社 1998年 1141页〔中华人民共和国地方志丛书〕

010279891
镇平县志 1986—2000 评议稿
镇平县地方史志编纂委员会编 镇平 2005年 9册

011295860
镇平县志 1986—2000
镇平县地方史志编纂委员会编 郑州 中州古籍出版社 2007年 744页

013824329
镇平县粮食志
李恒宾主编 河南省镇平县粮食局编 镇平 镇平县印刷厂 1990年 223页

013824328
镇平县教育志
镇平县教育志编纂委员会编 镇平 镇平县教育志编纂委员会 2008年 732页

012956872
镇平玉雕志
镇平玉雕志编纂委员会编 郑州 中州古籍出版社 2011年 668页

内乡县

007482384
内乡县志
内乡县地方史志编纂委员会编 北京 生活·读书·新知三联书店 1994年

923 页

011892262
内乡县志 1978—2003
内乡县史志研究室编 郑州 中州古籍出版社 2008年 874页

013933245
内乡县电业志 1986—2000
内乡县电业志编委会编 内乡 内乡县电业志编委会 2001年 195页

010291678
内乡县二轻工业志
内乡县第二工业局编 内乡 内乡县第二工业局 1990年 263页

008426907
内乡县税务志 1473—1990
河南省内乡县税务局编 郑州 中州古籍出版社 1992年 320页〔河南省方志丛书〕

013144611
内乡县教育志
内乡县教育志编纂领导小组 李云芳主编 郑州 中州古籍出版社 1993年 〔河南地方志丛书〕

011310821
中国曲艺志 河南省内乡县卷
河南省内乡县文化局曲艺志编辑室编 内乡 河南省内乡县文化局曲艺志编辑室 1989年 214页

013000611
内乡民俗志
孙国文主编 张文伦副主编 郑州 中州古籍出版社 1993年 421页〔中州民俗丛书〕

009413770
内乡县卫生志 1483—1984
内乡县卫生局卫生志编纂办公室编 内乡 内乡县卫生局卫生志编纂办公室 1985年 260页

012505384
内乡县卫生志 1984—2004
内乡县卫生局编 内乡 内乡县卫生局 2009年 457页

淅川县

007478007
淅川县简志 1986—1992
淅川县地方史志编纂委员会 吴云贵主编 郑州 河南人民出版社 1994年 386页

007060785
淅川县志
淅川县地方史志编纂委员会 王本庆主编 郑州 河南人民出版社 1990年 673页

009251598

淅川县移民志

淅川县移民志编纂委员会编纂 武汉 湖北人民出版社 2001年 384页

008987913

淅川县畜牧场志

淅川县畜牧场志编纂委员会编 郑州 中州古籍出版社 1996年 264页

008416689

淅川烟草志

淅川县烟草志编纂办公室 闫淅荆主编 郑州 河南人民出版社 1988年 196页〔河南地方志丛书〕

009839624

淅川县工业志

淅川县工业志编纂委员会编 北京 方志出版社 2004年 326页

010239122

淅川县财政志

淅川县财政局编 淅川 淅川县财政局 1988年 305页

009814203

淅川金融志

淅川县金融志编辑室编 郑州 河南人民出版社 1988年 175页〔河南地方志丛书〕

009413860

淅川县戏曲志

魏华岐主编 梁铁柱副主编 河南省淅川县文化局编 中国戏曲志河南卷编委会 1989年 207页

社旗县

010127926

社旗县志 征求意见稿 修改稿 评审稿

河南省社旗县志编纂委员会总编室编 社旗 河南省社旗县志编纂委员会总编室 1987—1989年

008392611

社旗县志

邱应欣主编 郑州 中州古籍出版社 1997年 578页

011584905

社旗县志 地理卷 修改稿

社旗县地方志总编室编 社旗 社旗县地方志总编室 uuuu年 105页

011584883

社旗县粮食志 初稿

社旗县粮食局编 社旗 社旗县粮食局 uuuu年 163页

011579985

河南省社旗县供销合作社志 1965—1985 初稿

社旗 社旗县供销社 1988年 428页

012684704

社旗县教育志 1840—2005

社旗县教育志编纂委员会编 郑州 大象出版社 2011年 290页

011586264

中国民间故事集成 河南社旗县卷

河南省社旗县民间文学集成编委会编 社旗 河南省社旗县民间文学集成编委会 1987年 616页

011763441

社旗县大冯营乡地名志

社旗县地名办公室编 社旗 社旗县地名办公室 1989年 58页

011955421

社旗县桥头镇地名志

社旗县人民政府地名办公室编 社旗 社旗县人民政府地名办公室 1988年 54页

011584893

社旗县太和乡地名志

社旗县地名办公室编 社旗 社旗县地名办公室 1987年 32页

011584896

社旗县卫生志 1782—1985

社旗县卫生志编纂办公室编 社旗 社旗县卫生志编纂办公室 1986年 316页

唐河县

007010519

唐河县志

唐河县地方史志编纂委员会编 郑州 中州古籍出版社 1993年 851页

012684754

唐河县志 1986—2000

唐河县地方史志编纂委员会编 郑州 中州古籍出版社 2010年 894页

008666788

源潭镇志

源潭镇志编纂委员会编 开封 河南大学出版社 1999年 495页

013822741

唐河县民政志 1986—2006

唐河县民政志编纂委员会编 唐河 唐河县民政志编纂委员会 2008年 297页

013510597

唐河县粮食志

白福禄主编 唐河 唐河县粮食局粮食志编纂领导小组 1988年 256页

012766951

唐河县地税志

唐河县地方税务局编 唐河 唐河县地方税务局 2003年 424页

011585007
唐河县档案志
唐河县档案局编 唐河 唐河县档案局 1987年 134页

013822739
唐河县教育志
唐河县教育委员会 刘国生主编 张占宇编 王洛山审修 唐河 唐河县教育委员会 1996年 303页

011570381
唐河县卫生志
唐河县卫生志编纂小组编 河南 唐河县卫生志编纂小组 1985年 296页

新野县

004102708
新野县志
新野县史志编纂委员会编纂 郑州 中州古籍出版社 1991年 739页〔中华人民共和国地方志丛书〕

010230884
新野乡村志
新野县地方史志编纂委员会编 北京 光明日报出版社 2006年 823页〔河南省地方文史志鉴丛书〕

010275859
新野县城乡建设志
新野 1987年 274页

010140311
新野县工业志 初稿
新野县经济委员会编 新野 新野县经济委员会 1987年 198页

011311858
新野县地方税务志 1994.9—2004.5
新野县地方税务局编 新野 新野县地方税务局 2004年 467页

013379120
新野县教育志 初稿
新野县教育局编 新野 新野县教育局 1987年 2册 602页

006395521
新野县教育志
新野县教育志编纂委员会 刘振义 刘贵主修 田永亮主编 郑州 中州古籍出版社 1991年 438页〔河南地方志丛书〕

009560790
新野方言志
徐奕昌 张占献编 郑州 文心出版社 1987年 157页

013901007
新野县民族志
新野县民族宗教事务局编 新野 新野县民族宗教事务局 1987年 60页

010239182
河南省新野县地名志
周华亭主编 郝全成 周成立副主编 王化南等撰稿 新野县地名办公室编 郑州 河南人民出版社 1990年 323页

桐柏县

007588012
桐柏县志
桐柏县地方史志编纂委员会编 郑州 中州古籍出版社 1995年 877页

013507512
桐柏仙域志
赵子廉著 北京 中央编译出版社 2012年 269页

009889283
桐柏县土特产类编 征求意见稿
桐柏县地方志编委会总编室编 桐柏 桐柏县地方志编委会总编室 1985年 45页

013316248
河南省桐柏县第一高级中学校志
1935—2005
河南省桐柏县第一高级中学校志编纂委员会编 西安 三秦出版社 2007年 371页〔淮风馨香 史志篇〕

009382297
桐柏县曲艺志
桐柏 1989年 99页

商丘市

010252856
商丘地区志 续卷 征求意见稿
商丘市地方史志编纂委员会编 商丘 2001年 1190页

008388832
商丘地区志 第1卷
商丘地区地方志编纂委员会编 郑州 生活·读书·新知三联书店 1997年 2册 2025页〔中国地方志丛书〕

009311320
商丘地区志 第2卷 续卷
商丘市地方史志编纂委员会编 北京 方志出版社 2003年 1198页

007490429
商丘市志
商丘市地方史志编纂委员会编 北京 生活·读书·新知三联书店 1994年 737页

007900124

商丘县志

商丘县志编纂委员会编 北京 生活·读书·新知三联书店 1991年 698页

010195520

商丘地区人口计划生育志

商丘地区计划生育委员会编辑 商丘 商丘地区计划生育委员会 1988年 228页

009413434

商丘县政协志 1956—1997

商丘县政协志编纂委员会编 商丘 商丘县政协志编纂委员会 2000年 277页

013222161

河南省商丘监狱志 1982—2007

河南省商丘监狱志编纂委员会编 商丘 河南省商丘监狱志编纂委员会 2008年 370页〔河南省监狱志系列丛刊〕

011954195

河南省豫东监狱志 1952—2001

河南省豫东监狱志编纂委员会编 河南 河南省豫东监狱志编纂委员会 2007年 763页〔河南省监狱志系列丛书〕

013145341

商丘市军事志 前1600—2005

商丘市军事志编纂委员会编 商丘 商丘市军事志编纂委员会 2009年 587页

012684679

商丘地区计划志

商丘地区计划建设委员会编 商丘 商丘地区计划建设委员会 1989年 224页

012722279

商丘地区物资志 1950—1985

商丘地区物资局编 商丘 商丘地区物资局 1990年 187页

010195521

商丘地区土产果品公司志 1953—1985

朱有才 解道路编著 商丘 商丘地区土产果品公司 1987年 201页

012684677

商丘地区城乡建设志

商丘地区城乡建设计划委员会编 商丘 商丘地区城乡建设计划委员会 1989年 213页

008424785

商丘地区建筑志

杨瑞奇主编 郑州 河南人民出版社 1990年 256页

013712507

商丘地区土地志

商丘市土地管理局编 郑州 中州古籍出版社 1998年 337页〔河南省土地志丛书〕

012722265
商丘地区农业机械志
商丘地区农机管理总站编 商丘 商丘地区农机管理总站 1990年 212页

010195523
商丘地区畜牧志 初稿
商丘地区畜牧局编 商丘 商丘地区畜牧局 1988年 2册

009813732
商丘地区水利志
商丘地区水利志编纂委员会编 商丘 商丘地区水利志编纂委员会 1992年 412页

013991403
商丘市二轻工业志 1918—1985
商丘市第二轻工业局编 上海 上海市印刷四厂 1987年 212页

012722295
商丘市国基建筑安装有限公司志 1968—2008
商丘市国基建筑安装有限公司志编纂委员会编 商丘 商丘市国基建筑安装有限公司志编纂委员会 2008年 266页

008835465
神火集团志 1983—1997
神火集团志编纂委员会编 北京 中华书局 1999年 551页

012613981
神火铝业股份公司志 1970—2008
神火铝业股份公司志编纂委员会编 郑州 中州古籍出版社 2009年 550页

011570254
商丘地区交通志
商丘地区交通志编纂委员会编 河南省交通志编纂委员会编审 商丘 商丘地区交通志编纂委员会 1989年 295页〔河南省交通志丛书〕

010195533
商丘车站站志 1913—1985 征求意见稿
商丘站史志编纂办公室编 商丘 商丘车站 1986年 211页

013731292
商丘地区供销合作事业志
李卫东主编 商丘地区供销合作事业志编纂领导组编 商丘 商丘地区供销合作事业志编纂领导组 1992年 424页

008582976
河南省粮食志 商丘地区县市简志
河南省粮食志编纂委员会编纂 北京 中国商业出版社 1994年 348页

008989721
商丘地区粮食志
商丘地区粮食局编纂 郑州 中州古籍出版社 1990年 298页

013731303

商丘市粮食志

商丘市粮食局编 商丘 商丘市粮食局 1987年 225页

010195513

商丘地区经贸志

商丘地区对外经济贸易委员会编 商丘 商丘地区对外经济贸易委员会 1987年 336页

010195529

商丘县外贸志 1900—1985 初稿

河南省商丘县对外贸易局编 商丘 河南省商丘县对外贸易局 1986年 238页

013936344

商丘市税务志 1948—1985

河南省商丘市税务局编 商丘 商丘市税务局 1986年 291页

008424667

商丘地区金融志

商丘地区金融志编委会编 郑州 中州古籍出版社 1990年 441页

012722305

商丘市金融志

商丘市金融志编纂领导小组编 商丘 商丘市金融志编纂领导小组 1986年 140页

013684612

商丘市文化志 1998—2007

商丘市文化志编辑委员会编 商丘 商丘市文化志编辑委员会 2008年 2008页 〔商丘文化丛书〕

009411508

商丘文化志

商丘文化志编辑委员会编 商丘 商丘文化志编辑委员会 2001年 398页

012722263

商丘地区广播电视志

商丘地区广播电视局编 商丘 商丘地区广播电视局 1989年 162页

010195518

商丘地区科学技术志

商丘地区科学技术委员会编 商丘 商丘地区科学技术委员会 1989年 272页

010195524

商丘市科技志 1949—1985

河南省商丘市科技志编写组编 商丘 河南省商丘市科技志编写组 1987年 188页

010195525

商丘县科技志 征求意见稿

商丘县科学技术委员会编 商丘 商丘县科学技术委员会 1987年 130页

013731295
商丘地区教育志
商丘地区教育志编纂委员会 赵清九主编 北京 中国展望出版社 1990年 497页

007682727
商丘县教育志
沈其丽编 商丘县教育志编纂委员会编 郑州 中州古籍出版社 1991年 374页

011955384
商丘市回民中学校志
马昌永主编 商丘 商丘市回民中学 2006年 96页

012877164
商丘市戏曲志
邓同德主编 北京 中国戏剧出版社 2008年 2册

013731313
商丘县人物志 当代卷
商丘县志总编室编 郑州 中州古籍出版社 1996年

012722291
商丘市第三人民医院志 1986—2000
商丘市第三人民医院志编纂委员会编 商丘 商丘市第三人民医院志编纂委员会 2001年 314页

008422399
河南省商丘县卫生志
商丘县卫生局编 商丘 商丘县卫生局 1984年 251页

010195522
商丘地区卫生志
河南省商丘地区卫生局编 商丘 商丘地区卫生局 1988年 244页

013509366
商丘市第一人民医院志 1912—1999
商丘市第一人民医院志编纂委员会编 商丘 商丘市第一人民医院志编纂委员会 2001年 251页

009413806
商丘县医药志 初稿
河南省商丘县医药管理局编 商丘 河南省商丘县医药管理局 1983年 250页

013731297
商丘市城市建设志
河南省商丘市城乡建设局城建志编辑室编 商丘 河南省商丘市城乡建设局 1987年 164页

梁园区

013705127
梁园区政协志 1956—2011
政协河南省商丘市梁园区委员会编 商丘 政协河南省商丘市梁园区委员会

2011年 354页

睢阳区

013377110
商丘市睢阳区志 1986—2005
睢阳区地方史志编纂委员会编 郑州 中州古籍出版社 2012年 880页

009147355
商丘县人大志
商丘市睢阳区人大常委会编 郑州 中州古籍出版社 2003年 633页

013706405
睢阳区政协志 1997—2011
睢阳区政协志编纂委员会编 睢阳区 睢阳区政协志编纂委员会 2012年 402页

013731307
商丘市睢阳区档案志
秦红霞主编 商丘 睢阳区档案局 2009年 110页

永城市

012837653
永城市志 1986—2007
永城市地方史志编纂委员会编 郑州 中州古籍出版社 2010年 926页

007900163
永城县志
永城县地方史志编纂委员会编 北京 新华出版社 1991年 723页〔中国地方志丛书〕

013898369
刘河乡志
刘河乡人民政府编 商丘 刘河乡人民政府 2012年 286页

013961204
永城市政协志 1981—2008
永城市政协志编纂委员会编 永城 永城市政协志编纂委员会 2009年 283页

009382282
商丘地区土地志 永城卷
永城市土地管理局编 郑州 中州古籍出版社 2000年 365页〔河南省土地志丛书〕

008828304
葛店煤矿志 1955—1998
葛店煤矿志编纂委员会编 北京 中华书局 1999年 564页

008828316
神火选煤厂志
神火选煤厂志编纂委员会编 北京 中华书局 2001年 374页

013732603
永城县金融志
永城县金融志编纂领导组编 永城 永城县金融志编纂领导组 1989年 228页

013661567
永城市教育志
刘怀彬主编 永城市教育志编纂委员会编 郑州 中州古籍出版社 2012年 908页

民权县

008989728
民权县大事记
民权县史志总编室编 北京 中国戏剧出版社 2001年 241页〔民权县地方志丛书〕

013706213
商丘地区土地志 民权卷
民权县土地管理局编 郑州 中州古籍出版社 2002年 263页〔河南省土地志丛书〕

010140229
民权县教育志
王友善主修 陶景云主编 王春德 张九德 周复初副主编 郑州 中州古籍出版社 1997年 368页〔河南地方志丛书〕

013774989
民权第一高中校志 1933—2002
民权第一高中校志编审组编 郑州 中州古籍出版社 2002年 384页

013689037
民权高中志 1978—2011
民权高中志编纂委员会编 郑州 中州古籍出版社 2012年 966页

009382209
民权县曲艺志
民权县文化局曲艺志编纂领导小组编 民权 民权县文化局曲艺志编纂领导小组 1989年 174页

008666853
民权县人物志
民权县地方史志编纂委员会办公室编 北京 中国戏剧出版社 1999年〔商丘文史丛书 第2辑〕

008424603
河南省民权县地名志
民权县地名志编委会编 西安 陕西人民出版社 1992年 426页

008666851
民权县卫生志
民权县卫生局编 民权 民权县卫生局 1985年 188页

012955220

民权县水利志

民权县水利志领导编辑小组编纂 民权 民权县水利局 1986年 168页

睢县

007289936

睢县志

睢县志编纂委员会编 郑州 中州古籍出版社 1989年 577页

010730603

睢县志 1986—2000

睢县地方史志编纂委员会编 郑州 中州古籍出版社 2006年 814页〔中国地方志丛书〕

012662304

睢县政协志 1960—2004

丁显臣主编 睢县政协志编纂委员会编 北京 作家出版社 2007年 198页

013686256

睢县交通志

河南省睢县交通局编 睢县 睢县交通局 1983年 106页

009382294

睢县曲艺志

睢县曲艺志编委会编 睢县 睢县曲艺志编委会 1984年

008422503

睢县卫生志

睢县卫生局编 睢县 睢县卫生局 1984年 341页

宁陵县

007477999

宁陵县志

宁陵县志编纂委员会编 郑州 中州古籍出版社 1992年 602页〔中华人民共和国地方志丛书〕

009382220

宁陵县曲艺志

宁陵县曲艺志编纂委员会编 宁陵 宁陵县曲艺志编纂委员会 1989年 231页

008422402

宁陵县卫生志

河南省宁陵县卫生志编辑室编 宁陵 宁陵县卫生局 1986年 326页

柘城县

007900122

柘城县志

柘城县志编纂委员会编 郑州 中州古籍出版社 1991年 606页

013343586

柘城县志 1986—2000

柘城县地方志编纂委员会编 郑州 中州古籍出版社 2012年 876页

013190069
柘城县民政志
河南省柘城县民政局编 柘城 柘城县民政局 1984年 180页

009959893
柘城劳动志 初稿
河南省柘城县劳动局编 柘城 河南省柘城县劳动局 1984年 98页

007532075
柘城县教育志
柘城县教育志编纂委员会 朱初基 杜文中主修 张云祥主编 郑州 中州古籍出版社 1992年 546页〔河南地方志丛书〕

009382365
柘城县曲艺志
柘城 1989年 199页

009441888
柘城县人物志
柘城县人物志编纂委员会编 柘城 柘城县人物志编纂委员会 2003年 362页

009959831
河南省柘城县地名志 征求意见稿
柘城县人民政府地名志办公室编 柘城 柘城县人民政府地名志办公室 1989年 718页

008666166
河南省柘城县地名志
柘城县地名志编辑室编 西安 陕西人民出版社 1994年 381页

013072867
柘城县人民医院志 1985—2011
柘城县人民医院志编纂委员会编 郑州 河南人民出版社 2011年 450页

011445702
柘城县卫生志 1840—1984
河南省柘城县卫生志局编 柘城 柘城县卫生志局 1986年 246页

虞城县

007900109
虞城县志
虞城县志编纂委员会编 北京 生活·读书·新知三联书店 1991年 726页

013797202
虞城县志 1986—2005
虞城县地方史志编纂委员会编 郑州 中州古籍出版社 2013年 831页

013961227
虞城当代人物志
马俊华等编 郑州 河南农业大学印刷厂 1997年 545页

夏邑县

007289935
夏邑县志
夏邑县志编纂委员会编 郑州 河南人民出版社 1989年 688页〔中华人民共和国地方志丛书〕

013012772
夏邑县志 1985—2006
夏邑县地方史志编纂委员会编 郑州 中州古籍出版社 2011年 978页

008427133
商丘地区土地志 夏邑卷
彭印 陈自廉主编 夏邑县土地管理局编 郑州 中州古籍出版社 1998年 313页〔河南省土地志丛书〕

013732407
夏邑县教育志 1985—2010
夏邑县教育志编纂委员会编 郑州 中州古籍出版社 2012年 397页

010577210
夏邑县人物志 当代
夏邑县地方史志编纂委员会 张金榜主编 夏邑 夏邑县地方史志编纂委员会 1998年 712页〔河南省夏邑县地方史志系列丛书〕

008422488
夏邑县卫生志
夏邑县卫生局编 夏邑 夏邑县卫生志编辑室 1985年 301页

信阳市

007900149
信阳地区志
信阳地区地方史志编纂委员会编 北京 生活·读书·新知三联书店 1992年 1146页

009010104
信阳市志
信阳市志编纂委员会编 郑州 中州古籍出版社 2001年 894页

004893156
信阳县志
信阳县地方史志总编室编 郑州 河南人民出版社 1990年 942页

009685644
信阳民政志
河南省信阳地区民政局编 信阳 河南省信阳县地区民政局 1989年 481页〔信阳地区史志丛书 13〕

011954154
河南省信阳监狱志 1951—2005
河南省信阳监狱志编纂委员会编 信阳 信阳监狱志编纂委员会 2007年 722页〔河南省监狱志系列丛刊〕

009685631
[信阳地区]检察志
河南省人民检察院信阳分院编 信阳 河南省检察院信息分院 1986年 346页〔信阳地区史志丛书志丛书 3〕

013732489
信阳司法行政志
信阳地区行政公署司法处编 信阳 信阳地区行政公署司法处 1995年 283页〔信阳地区史志丛书 24〕

009685636
[信阳市]劳动人事志
河南省信阳地区劳动人事局编 信阳 1987年 467页〔信阳地区地方史志丛书 7〕

013530954
信阳县物资志 1918—1985
信阳县物资志编辑室编 信阳 信阳县印刷厂 1987年 268页〔信阳县史志丛书 2〕

009382316
信阳地区建设志
信阳地区城乡建设环境保护局编 北京 中国展望出版社 1990年 427页

009685634
信阳地区交通志
信阳地区交通志编纂委员会编写 河南省交通厅史志编纂委员会 信阳地区地方志总编室编审 信阳 信阳地区交通志编纂委员会 1988年 214页〔河南省交通志丛书〕

008421247
信阳地区邮电志
信阳地区邮电史志编纂委员会编 北京 方志出版社 1998年 498页〔河南邮电史志丛书〕

009437798
河南省粮食志 信阳地区县市简志
河南省粮食志编纂委员会编纂 北京 中国商业出版社 1996年 282页

009382323
信阳地区商业志
信阳地区商业局编志室编 郑州 河南人民出版社 1989年 699页〔河南地方志丛书〕

009685645
信阳县外贸志
河南省信阳县对外贸易局编 信阳 河南省信阳县对外贸易局 1986年 125页〔信阳县史志丛书 4〕

011585139
信阳地区城市金融志
中国金融出版社编 北京 中国金融出版社 1991 年 274 页

009251600
信阳地区金融志
信阳地区金融志编纂委员会编 郑州 河南人民出版社 1989 年 614 页

009685627
信阳地区保险志 1936—1987
章旭升主编 中国人民保险公司信阳地区中心支公司编 信阳 中国人民保险公司信阳地区中心支公司 1988 年 229 页〔信阳地区史志丛书 12〕

009685629
信阳地区广播电视志
信阳地区广播电视局编 信阳 信阳地区广播电视局 1986 年 329 页〔信阳地区史志丛书 8〕

007506811
信阳地区教育志
信阳地区教育志编纂委员会 郑大略 乔士华主编 郑州 中州古籍出版社 1991 年 651 页〔河南地方志丛书〕

010275861
信阳市教育志 1371—1985
信阳市教育志编辑室编 信阳 信阳市教育志编辑室 1987 年 329 页

007684099
信阳师范学校志 1903—1992
郑州 中州古籍出版社 1993 年 550 页

009743681
信阳师范学校志 续编
周培聚主编 北京 中国民族摄影艺术出版社 2003 年 612 页〔河南地方志丛书〕

009382328
信阳市戏曲志
董伟主编 信阳市文化局编 中国戏曲志河南卷编辑委员会 1990 年 82 页

008425922
河南省信阳地区地名资料汇编
信阳地区行政公署地名办公室 陈世禄等审稿 信阳 信阳地区行政公署地名办公室 1985—1987 年 2 册〔信阳地名丛书〕

010251105
信阳地区医药志
信阳地区医药管理局编 信阳 信阳地区医药管理局 1987 年 259 页〔信阳地区地方史志丛书〕

009959867
南湾水库志
南湾水库志编委会编 北京 中国档案出版社 2005 年 142 页

平桥区

013148634

信阳市平桥区志 1986—2005

信阳市平桥区地方史志编纂委员会编 郑州 中州古籍出版社 2011 年 804 页

012680506

明港镇志

明港镇志编纂委员会编 郑州 中州古籍出版社 2010 年 567 页

012767143

信阳市平桥庄王岗乡志 1644—2000

陈儒典主编 信阳 信阳市平桥庄王岗乡志编委会 2008 年 366 页

012545530

信阳市平桥区人大志

平桥区人大志编纂委员会编 郑州 中州古籍出版社 2009 年 267 页

012052462

信阳市平桥区政协志 1998—2006

中国人民政治协商会议信阳市平桥区委员会编 信阳 中国人民政治协商会议信阳市平桥区委员会 2006 年 520 页

009959886

信阳县政协志

中国人民政治协商会议信阳市平桥区委员会编 信阳 中国人民政治协商会议信阳市平桥区委员会 2000 年 424 页

罗山县

009382189

罗山县志 征求意见稿

河南省罗山县地方史志编纂委员会编 罗山 河南省罗山县地方史志编纂委员会 1986 年 692 页〔中华人民共和国地方志丛书〕

003146902

罗山县志

罗山县地方史志编纂委员会编纂 郑州 河南人民出版社 1987 年 695 页

012899144

罗山县志 1986—2003

罗山县地方史志编纂委员会编 郑州 中州古籍出版社 2010 年 904 页

光山县

007900126

光山县志

光山县史志编纂委员会编 郑州 中州古籍出版社 1991 年 701 页

009685463

泼陂河志 1622—1985

光山县史志编纂委员会编辑室 泼陂河镇修志领导组编 光山 泼陂河镇修志领导组 1986年 303页

012718829
光山县政协志 1981—2010
光山县政协志编纂委员会编 光山 光山县政协志编纂委员会 2010年 374页

009768322
光山畜牧志 1894—1999
光山县畜牧局畜牧志编辑室编 光山 光山县畜牧局 2003年 222页

009684886
光山县教育志
光山县教育局教育志总编室编 光山 光山县教育局教育志总编室 1986年 265页

009381336
光山县戏曲志
裴传厚主编 蔡崇春副主编 光山县文化局编 中国戏曲志河南卷编辑委员会 1990年 135页

新县

003491338
新县志
新县志编纂委员会编 郑州 河南人民出版社 1990年 899页

013630420
新县志 1986—2005
新县地方志编纂委员会编 郑州 中州古籍出版社 2012年 1014页

008414606
新县教育志 1783—1994
新县教育志编纂委员会编 郑州 中州古籍出版社 1995年 440页〔河南地方志丛书〕

商城县

007900134
商城县志
商城县志编纂委员会编 郑州 中州古籍出版社 1991年 878页

013863629
商城县志 1978—2005
商城县地方史志编纂委员会编 郑州 中州古籍出版社 2013年 1070页

011325429
商城县教育志 征求意见稿
河南省教育史志编辑室编 商城 河南省教育史志编辑室 1986年 1册

009382276
商城县戏曲志
芮祚国主编 张德光副主编 商城县文化局编撰 中国戏曲志河南卷编辑委员会 1988年 106页

009381383
河南省商城县地名志
商城县地名志编纂委员会编 郑州 河南人民出版社 1989年 781页

008421957
鲇鱼山水库志
鲇鱼山水库管理局编 郑州 黄河水利出版社 1998年 251页

固始县

006697082
固始县志
固始县志编纂委员会编 郑州 中州古籍出版社 1994年 666页

013792146
固始县志 1987—2003
固始县地方史志编纂委员会编 郑州 中州古籍出版社 2013年 1372页

008427072
信阳地区土地志 固始卷
黄明远总纂 侯建荣主编 固始县土地管理局编 郑州 中州古籍出版社 1998年 309页〔河南省土地志丛书〕

011310789
固始县曲艺志
固始县曲艺志编辑室编 固始 固始县曲艺志编辑室 1989年 102页

012250972
河南省固始县地名志
固始县地名志编辑部 固始县地名办公室编 郑州 中州古籍出版社 2007年 792页

010238920
固始县中医院 黄山医院 妇幼保健院 药品检验所 卫生学校志
固始县中医院、黄山医院、妇幼保健院、药品检验所、卫生学校志编 固始 固始县中医院、黄山医院、妇幼保健院、药品检验所、卫生学校志 1986年 159页

潢川县

007900119
潢川县志
潢川县志编纂委员会编 北京 生活·读书·新知三联书店 1992年 810页〔中国地方志丛书〕

012139283
潢川县志 1987—2001
潢川县地方史志编纂委员会编 郑州 中州古籍出版社 2009年 1104页〔中国地方志丛书〕

012872548
潢川县文化志
潢川县文化局文化志编辑室编 潢川 潢川县文化局文化志编辑室 1987年

379 页

011325452

潢川县教育志 初稿

潢川县教育志编辑室编 潢川 潢川县教育志编辑室 1987 年 2 册 679 页

008421275

潢川县地名资料汇编

潢川县人民政府地名办公室编 满城 满城县地名办公室 1990 年 112 页

淮滨县

007289909

淮滨县志 1951—1983

淮滨县志办公室编 郑州 淮滨县志办公室发行 1986 年 894 页

013792396

淮滨县志 1984—2005

淮滨县地方史志编纂委员会编 郑州 中州古籍出版社 2013 年 1145 页

息县

003801405

息县志

息县志编纂委员会编 郑州 河南人民出版社 1989 年 586 页

012175073

息县民政志

河南省息县民政局编 息县 河南省息县民政局 1991 年 540 页〔息县地方志丛书〕

009813787

息县第一高级中学校志 1956—1996

校志编纂领导小组编 息县 息县第一高级中学校志编纂领导小组 1996 年 416 页〔息县地方志丛书〕

009382304

息县戏曲志

雷桂华主编 息县文化局编 息县 息县文化局 1988 年 126 页

010238872

息县卫生志

息县卫生局编 息县 息县卫生局 1985 年 422 页

周口市

006555948
周口地区志
周口地区地方史志编纂办公室编 郑州 中州古籍出版社 1993 年 1106 页 〔中国地方志丛书〕

013987647
奋进二十年 1975—1995
周口地方铁路分局奋进二十年编委会编 北京 中国铁道出版社 1995 年 479 页

013344009
周口市审计志
周口市审计局编 周口 周口市审计局 2009 年 218 页

013996203
周口地区工商企业志
周口日报社 周口地区工商行政管理局编 郑州 中州古籍出版社 1995 年 402 页

013712516
周口地区土地志
周口地区土地管理局编 郑州 中州古籍出版社 2000 年 306 页 〔河南省土地志丛书〕

008427124
周口地区土地志 鹿邑卷
傅金华主编 何增固 张新建副主编 鹿邑县土地管理局编 郑州 中州古籍出版社 1999 年 275 页 〔河南省土地志丛书〕

013705583
周口地区土地志 周口市卷
完有太主编 周口市土地管理局编 郑州 中州古籍出版社 1999 年 268 页 〔河南省土地志丛书〕

010243049
周口地区农业志
周口地区农业局编 郑州 中州古籍出版社 1997 年 533 页 〔河南周口地方志丛书 2 周口地区地方史志丛书 2〕

008425943
河南省周口市罐头厂厂志 修改稿
周口 1983 年

010251337
周口地区医药志
周口地区医药管理局医药志编纂办公室编 周口 周口地区医药管理局医药志编纂办公室 1988 年 116 页

012839353

周口供电志 1991—2008

周口供电志编纂委员会编 郑州 中州古籍出版社 2010年 400页

013512123

周口市烟草志

周口市烟草志编纂委员会编 郑州 中州古籍出版社 2011年 750页

008426142

周口地区交通志

周口地区交通志编纂委员会编 北京 人民交通出版社 1992年 318页〔河南省交通志丛书〕

012317827

周口地区无线电管理志

周口地区无线电管理委员会 周口地区地方史志办公室编 郑州 中州古籍出版社 1995年 235页〔周口地方史志丛书 10〕

008421373

河南省粮食志 周口地区县市简志

河南省粮食志编纂委员会编纂 北京 中国商业出版社 1994年 1册

013236409

周口市城市信用社志

周口市城市信用社编 周口 周口市城市信用社 2000年 438页

013899413

声屏辉煌十五年 周口广播电视志 1991—2005

赵大钢著 郑州 中州古籍出版社 2013年 293页

009010120

周口地区教育志 征求意见稿

周口地区教育志编纂办公室编 周口 周口地区教育志编纂办公室 1992年 5册

007532024

周口地区教育志

周口地区教育志编纂办公室编 郑州 中州古籍出版社 1994年 489页〔河南专业志丛书〕

012814413

西华师范学校志

西华师范校志编写组编 周口 周口地区新闻出版局 2000年 449页

009814537

周口师范高等专科学校志

周口师范高等专科学校编 郑州 中州古籍出版社 1997年 385页〔河南周口地方志丛书 9〕

012505159

河南越调 河南省越调剧团史志

张振立主编 郑州 河南人民出版社 2009年 511页

009381421

河南省周口地区气象志

刘金华主编 郑州 中州古籍出版社 1993年 266页

009381427

河南省周口地区人民医院志

周口地区人民医院编 周口 周口地区人民医院 198u年 250页

013074901

周口市卫生防疫站志 1965.7—2002.12

梁照升主编 周口 周口市卫生防疫站 2003年 302页

012769677

周口市中医院志 1978—2005

周口市中医院志编辑室编 周口 周口市中医院 2007年 422页

009768583

周口地区卫生志

河南省地方史志编纂委员会主编 郑州 河南人民出版社 1987年 419页〔河南地方志丛书〕

013902037

周口市农业科学院志 1965—2010

周口市农业科学院志编委会编 郑州 中州古籍出版社 2013年 364页

川汇区

009852768

河南省周口市川汇区地名志

马雪主编 周口市川汇区地名办公室编 周口 周口市川汇区地名办公室 2004年 444页

项城市

008666812

河南省项城县志

项城市地方志办公室编 天津 南开大学出版社 1999年 809页

013959606

项城市志 1986—2000

项城市地方史志编纂委员会编 郑州 中州古籍出版社 2013年 878页

013706066

周口地区土地志 项城市卷

张礼堂主编 项城市土地管理局编 郑州 中州古籍出版社 1999年 264页〔河南省土地志丛书〕

012506363

项城市交通志 1995—2003

龚秀真总编 项城市交通局史志编纂办公室编 北京 中国新时代出版社 2005年 383页

009382306
项城县第一人民医院院志
项城 项城县第一人民医院 198u 年 112 页

扶沟县

007512926
扶沟县志
扶沟县志总编辑室编 郑州 河南人民出版社 1986 年 796 页

008427881
周口地区土地志 扶沟卷
杨二顺主编 王连政等副主编 扶沟县土地管理局编 郑州 中州古籍出版社 1999 年 278 页〔河南省土地志丛书〕

012191774
扶沟县教育志
扶沟县教育志编纂委员会编 扶沟 扶沟县教育志编纂委员会 1992 年 471 页

009381312
扶沟县人民医院志
扶沟县人民医院编 扶沟 扶沟县人民医院 1986 年 77 页

009381327
扶沟县卫生防疫站志
扶沟县卫生防疫站站志编写组编 扶沟 扶沟县卫生防疫站站志编写组 1986 年 183 页

010469058
扶沟县乡卫生志 合订本
扶沟县卫生局编 扶沟 扶沟县卫生局 1987 年 253 页

西华县

009889288
西华县志 终审稿
西华县地方志总编室编 西华 西华县地方志总编室 1991 年 4 册

006795904
西华县志
西华县史志编纂委员会编 郑州 中州古籍出版社 1993 年 742 页

013732378
西华县志 1986—2000
西华县地方史志编纂委员会编 郑州 中州古籍出版社 2012 年 662 页

013996257
周口地区土地志 西华卷
时玉龙主编 西华县土地管理局编 郑州 中州古籍出版社 2000 年 283 页〔河南省土地志丛书〕

006548241
黄泛区农场志
黄泛区农场志编纂委员会编 郑州 河南

人民出版社 1987 年 340 页

011295847
黄泛区农场志 1985—2004
黄泛区农场史志办公室编 郑州 中州古籍出版社 2007 年 678 页

012541767
黄泛区农场志 大事记
段耀华 翟国胜主编 郑州 中州古籍出版社 2001 年 372 页

013186032
西华县财政志
西华县财政局编 西华 西华县财政局 1986 年 285 页

013186039
西华县财政志 1985—2000
西华财政局编 何全银主编 西华 西华财政局 2004 年 439 页

009382298
西华县曲艺志 征求意见稿
西华县文化局曲艺志编辑室编 西华 西华县文化局 1988 年 1 册

009413846
西华县戏曲志
黄玉芳 赵强主编 西华县文化局编 中国戏曲志河南卷编辑委员会 1988 年 179 页

商水县

007900102
商水县志
商水县地方志编纂委员会编 郑州 河南人民出版社 1990 年 573 页

012661836
商水县志 1986—2008
商水县地方志编纂委员会编 郑州 中州古籍出版社 2010 年 850 页

013706071
周口地区土地志 商水卷
郭同勤主编 商水县土地管理局编 郑州 中州古籍出版社 1999 年 278 页〔河南土地志丛书〕

009251595
商水县教育志
商水县教育志编纂委员会编 商水 商水县教育志编纂委员会 1989 年 249 页

009413446
商水县教育志续编
商水县教育志编纂委员会编 商水 商水县教育志编纂委员会 1997 年 450 页

010061581
商水县曲艺音乐集成
河南省商水县文化局编 商水 商水县文化局 1988年 108页

009382286
商水县人民医院志 1950—1985
商水县人民医院编志组编 商水 商水县人民医院编志组 1986年 139页

010468914
商水县卫生志 1949—1985
商水县卫生志编辑组编 商水 商水县卫生志编辑组 1985年 343页

沈丘县

007060651
沈丘县志
沈丘县志编纂委员会编 郑州 河南人民出版社 1987年 828页

011295853
沈丘县志 1985—2000
沈丘县地方史志编纂委员会编 郑州 中州古籍出版社 2007年 667页〔中国地方志丛书〕

013629667
沈丘县乡镇志
沈丘县史志编纂办公室编 郑州 中州古籍出版社 1998年 630页〔中国河南周口地方史志丛书 8〕

013706067
周口地区土地志 沈丘卷
王玉玺主编 沈丘县土地管理局编 郑州 中州古籍出版社 1999年 281页〔河南省土地志丛书〕

011804490
河南省沈丘县电力工业志
沈丘电力工业志编写组编 河南 沈丘电力工业志编写组 1984年 95页

013684631
沈丘县交通志
沈丘县交通志编纂委员会编 沈丘 沈丘县交通志编纂委员会 1996年 226页〔河南省交通志丛书〕

013684632
沈丘县经贸志 1950—1986
沈丘县经贸志编纂组编 沈丘 沈丘县经贸志编纂组 1989年 156页

008987773
沈丘县学校人物志 学校志
欧阳连选主编 郑州 中州古籍出版社 1995年 442页

009381389
河南省沈丘县人民医院院志
沈丘县人民医院院志编写组编 沈丘 沈丘县人民医院院志编写组 1985年 137页

013684634

沈丘县水利志

沈丘县水利志编辑组编 沈丘 沈丘县水利志编辑组 1984年 178页

郸城县

007900227

郸城县志

郸城县地方志编纂委员会编 郑州 中州古籍出版社 1992年 677页

013686656

郸城县志 1986—2005

郸城县地方史志编纂委员会编 郑州 中州古籍出版社 2012年 928页

013705586

周口地区土地志 郸城卷

刘广玉主编 郸城县土地管理局编 郑州 中州古籍出版社 1999年 306页〔河南省土地志丛书〕

012877316

郸城县谢氏史志

河南省郸城县谢氏宗亲会编 郸城 河南省郸城县谢氏宗亲会 2008年 384页

009242676

河南省郸城县卫生志

郸城县卫生局编 郸城 郸城县卫生局 1985年 303页

淮阳县

006795903

淮阳县志

淮阳县地方志编纂委员会编 郑州 河南人民出版社 1991年 1025页〔中国地方志丛书〕

012638896

淮阳县人大志

淮阳县人大志编纂委员会编 北京 中国社会出版社 2010年 619页

013706077

周口地区土地志 淮阳卷

成富才主编 淮阳县土地管理局编 郑州 中州古籍出版社 1999年 345页〔河南省土地志丛书〕

012049509

淮阳县畜牧志

范霖主编 淮阳县畜牧局编 淮阳 淮阳县畜牧局 2005年 431页〔河南—周口淮阳地方史志丛书 6〕

009808425

河南省淮阳中学志

王子顺主编 淮阳 淮阳中学 2003年 657页

009332588

淮阳一中志

淮阳县第一中学编 周口 周口市新闻出

版局 2001年 374页

009332587
淮阳县回族志
袁世明主编 淮阳县回族志编纂委员会 淮阳县地方史志办公室编 淮阳 淮阳县地方史志办公室 2001年 396页〔河南周口淮阳地方史志丛书 3〕

012680166
淮阳县人物志
袁世明主编 淮阳县地方史志办公室编 郑州 河南省新闻出版局 2003年 2册

011890897
淮阳县卫生志 1983—2002
淮阳县卫生志编辑组编 淮阳 淮阳县卫生志编辑组 2003年 527页

太康县

007900138
太康县志
太康县志编纂委员会编 郑州 中州古籍出版社 1991年 873页

011534051
太康县志 1986—2000
太康县地方史志编纂委员会编 郑州 中州古籍出版社 2007年 892页〔中国地方志丛书〕

009413840
太康县志 概述 大事记 地理 征求意见稿
太康县志总编辑室编 太康 太康县志总编辑室 198u年 71页

013706069
周口地区土地志 太康卷
孙绍辉主编 太康县土地管理局编 郑州 中州古籍出版社 1999年 308页〔河南省土地志丛书〕

007534772
太康县水利志
太康县水利志编纂办公室编 郑州 中州古籍出版社 1994年 477页

013660336
太康县教育志
河南省太康县教育局编 太康 河南省太康县教育局 1992年 375页

009813782
太康县学校志
太康县教育局编 太康 太康县教育局 1995年 673页

鹿邑县

007585444
鹿邑县志
鹿邑县地方志编纂委员会主编 郑州 中州古籍出版社 1992年 856页

013996255

周口地区土地志 鹿邑卷

傅金华主编 鹿邑县土地管理局编 郑州 中州古籍出版社 1999年 275页〔河南省土地志丛书〕

008381168

鹿邑民俗志

张鹏举 丁云岸主编 刘永立 宋子牛 李定矩审订 郑州 中州古籍出版社 1991年 304页〔中州民俗丛书〕

驻马店市

011890821

河南省驻马店高新区志 1994—2005

驻马店高新区志编纂委员会编 驻马店 驻马店高新区志编纂委员会 2006年 511页

011890816

河南省驻马店高新区志 1994—2003

驻马店高新区志编纂委员会编 驻马店 驻马店高新区志编纂委员会 2004年 375页

008839908

驻马店地区志

驻马店市地方史志编纂委员会编 郑州 中州古籍出版社 2001年 2册 2145页

008488412

驻马店市志

驻马店市地方史志编纂委员会编 郑州 河南人民出版社 1989年 652页〔中华人民共和国地方志〕

011474435

河南省驻马店监狱志 1953—2001

河南省驻马店监狱志编纂委员会编 驻马店 河南省驻马店监狱志编纂委员会 2007年 700页〔河南省监狱志系列丛刊〕

008426121

驻马店地区交通志

驻马店地区交通志编纂委员会编写 河南省交通史志编纂委员会编审 北京 人民交通出版社 1991年 317页〔河南省交通志丛书〕

009381377

河南省粮食志 驻马店地区县市简志

河南省粮食志编纂委员会编纂 北京 中国商业出版社 1995年 273页

013798868

驻马店地区税务志 1840—1994

驻马店国家税务局 驻马店市地方税务局编纂 河南 1995年 544页

013759464

驻马店市财政志 1995—2005

驻马店市财政局编 驻马店 驻马店市财政局 2007年 317页

012839360

驻马店市国税志 1994—2001

驻马店市国家税务局编纂 驻马店 驻马店市国家税务局编纂 2004年 384页

009414043

驻马店地区文化志 征求意见稿

驻马店地区文化志编辑室编 驻马店 驻马店地区文化志编辑室 1987年 1册

009174322

驻马店地区戏曲志

方仲根主编 驻马店 驻马店地区文化局 1998年 318页

010244273

驻马店市戏曲志

路平主编 驻马店市文化局编 中国戏曲志河南卷编辑委员会 1990年 122页

011311351

驻马店地区曲艺志

驻马店地区文化局 河南省曲艺志系列丛书编审委员会总纂 驻马店 驻马店地区曲艺志编辑部 1998年 529页〔河南省曲艺志系列丛书〕

013704171

[河南省地质矿产厅第三水文地质工程队]队志 1986—1998

河南省地质矿产厅第三水文地质工程队队志编辑委员会编 河南 河南省地质矿产厅第三水文地质工程队队志编辑委员会 1999年 318页

010250801

驻马店地区医药志 初稿

游家喜主编 驻马店 驻马店地区医药志办公室 1985年 165页

009814551

河南省驻马店地区"75.8"抗洪志

驻马店地区水利局编 郑州 黄河水利出版社 1998年 213页

驿城区

013606627

驻马店市驿城区人大志

驻马店市驿城区人大志编纂委员会编 驻马店 驻马店市驿城区人大志编纂委员会 2006年 601页

西平县

007289937

西平县志

西平县史志编纂委员会编 北京 中国财政经济出版社 1990年 652页

009889296
西平县志
西平县地方史志编纂委员会编 郑州 中州古籍出版社 2005年 800页

013730321
盆尧乡志
西平县盆尧乡志编纂委员会编 西平 西平县盆尧乡志编纂委员会 2012年 833页

012837447
西平县盆尧镇叶李村志
西平县盆尧镇叶李村志编纂委员会编 西平 西平县盆尧镇叶李村志编纂委员会 2010年 312页

012208356
西平县烟草志 1639—1986
西平县烟草志编辑组编 西平 西平县烟草志编辑组 1988年 167页〔西平县史志丛书 2〕

012208349
西平县财政志
西平县财政志编纂委员会编 郑州 中州古籍出版社 2008年 665页

012723063
西平县回族志
西平县回族志编纂委员会编 郑州 中州古籍出版社 2010年 329页

013757060
西平县卫生防疫志
西平县卫生防疫志编纂委员会编 郑州 中州古籍出版社 2012年 304页

上蔡县

009888913
上蔡县志 初稿
上蔡县地方史志编纂办公室编 上蔡 上蔡县地方史志编纂办公室 1987年 32册

007850907
上蔡县志
上蔡县地方史志编纂委员会编 北京 生活·读书·新知三联书店 1995年 835页

013689604
上蔡县志 1986—2000
上蔡县地方史志编纂委员会编 郑州 中州古籍出版社 2012年 999页

011908726
上蔡民政志
上蔡民政志编审委员会编 河南 上蔡民政志编审委员会 2005年 506页

009382288
上蔡县曲艺志
上蔡县曲艺志编辑组编 上蔡 上蔡县曲艺志编辑组 1989年 174页

008422483
上蔡县卫生志
河南省上蔡县卫生局编 上蔡 河南省上蔡县卫生局 1986 年 265 页

平舆县

008820103
河南省平舆县志
平舆县史志编纂委员会编 郑州 中州古籍出版社 1995 年 625 页〔中国地方志丛书〕

009382389
中国曲艺志 河南卷 平舆县卷
平舆县文化局编 平舆 平舆县文化局 1989 年 128 页

正阳县

010101644
正阳县志 初稿
正阳县志编纂委员会编 正阳 正阳县志编纂委员会 1989 年 24 册

007807152
正阳县志
正阳县地方史志编纂委员会编 北京 新华书店经销 1996 年 706 页

012837880
正阳县志 1986—2000
正阳县地方史志编纂委员会编 郑州 中州古籍出版社 2010 年 778 页

009382367
正阳县曲艺志
曹宏主编 正阳 正阳县文化局 1989 年 301 页

011321164
正阳人物志
正阳县地方史志办公室编 王玉丰主编 北京 线装书局 2007 年 495 页〔河南文史志鉴丛书〕

009348018
正阳县地名志
正阳县地名办公室编 北京 中国致公出版社 1999 年 604 页

确山县

005536239
确山县志
确山县志编纂委员会编 北京 生活·读书·新知三联书店 1993 年 716 页

009839622
确山县志 1986—2000
确山县地方史志编纂委员会编 郑州 中州古籍出版社 2005 年 761 页

011310744
确山县水利志 修改稿

确山县水利渔业局编 确山 确山县水利渔业局 1987年 141页

009888898
确山县医药志
确山县医药管理局编 确山 确山县医药管理局 1984年 160页

011584804
确山县外贸志 1906—1990
确山县对外贸易局编 确山 确山县对外贸易局 1991年 130页

013991362
确山县教育体育志 1986—2000
确山县教育体育局编 郑州 郑州美联印刷有限公司 2004年 396页

009382252
确山县曲艺志
确山县文化局编 确山 确山县文化局 1989年 300页

008424616
河南省确山县地名录
河南省确山县地名委员会办公室编 确山 河南省确山县地名委员会办公室 1985年 223页

泌阳县

007771073
泌阳县志
泌阳县地方史志编纂委员会编 郑州 中州古籍出版社 1994年 836页

013375338
泌阳县志 1986—2005
泌阳县地方史志编纂委员会编 郑州 中州古籍出版社 2011年 850页

011310794
泌阳县曲艺志
泌阳县文化局曲艺志编纂组编 泌阳 泌阳县文化局曲艺志编纂组 1989年 162页

汝南县

008386613
汝南县志
河南省汝南县志编纂委员会 张文远主编 郑州 中州古籍出版社 1997年 1125页〔中华人民共和国地方志丛书〕

013222152
汝南县志 1986—2000
汝南县地方史志编纂委员会编 郑州 中州古籍出版社 2011年 995页

013096268
汝南县人大志 1949—2011
汝南县人大志编纂委员会编 汝南 汝南县人大志编纂委员会 2011年 648页

010250815
汝南县外贸志
汝南县对外贸易公司编 汝南 汝南县对外贸易公司 1986年 194页

008988366
汝南县教育志
汝南县教育志编纂委员会编 郑州 中州古籍出版社 1998年 536页

009382257
汝南县曲艺志 初稿
汝南县文化局编 汝南 汝南县文化局 1988年 1册

遂平县

007488638
遂平县志
遂平县志编纂委员会编 郑州 中州古籍出版社 1994年 648页

011442044
遂平县志 1986—2000
河南省遂平县地方史志编纂委员会编 郑州 中州古籍出版社 2007年 691页〔中国地方志丛书〕

011310825
中国曲艺志 遂平县卷
1989年 130页

009413833
遂平县环境保护志
建委环境保护志编辑组编 遂平 建委环境保护法编辑组 1984年 169页

新蔡县

007587993
新蔡县志
新蔡县地方史志编纂委员会编 郑州 中州古籍出版社 1994年 969页〔中国地方志丛书〕

013797015
新蔡县人口计生志
新蔡县人口和计划生育志编纂委员会编 郑州 中州古籍出版社 2013年 715页

013660451
新蔡县教育体育志
新蔡县教育体育志编纂委员会编 郑州 大象出版社 2012年 562页

007508973
新蔡县教育志
许泽林 贾兴武主修 李坦主编 郑州 中州古籍出版社 1991年 485页〔河南地方志丛书〕

009382311
新蔡县曲艺志
新蔡县文化局曲艺志编辑室编 新蔡 新

蔡县文化局 1989年 264页

008987909
新蔡人物志
王尽忠主编 郑州 中州古籍出版社
　2000年 620页

013797009
新蔡县教育人物志 283—2008
新蔡县教育人物志编纂委员会 杨崇祯
　主编 郑州 郑州方志印务有限公司印
　刷 2011年 731页

008425165
河南省新蔡县地名录
新蔡县地名领导小组编 新蔡 新蔡县地
　名领导小组 1982年 211页

省直辖县级行政区划

济源市

008820763
济源市志
济源市地方史志编纂委员会编 郑州 河
　南人民出版社 1993年 694页

012954908
济源市志 1990—2000
济源市地方史志编纂委员会编 郑州 中
　州古籍出版社 2011年 2册 1492页
　〔中国地方志丛书〕

010008609
柿槟村志
柿槟村志编纂委员会编 郑州 中州古籍
　出版社 2006年 414页

011474440
豫光集团 河南豫光金铅集团公司志
1957—2007
河南豫光金铅集团公司志编纂委员会
　编 济源 河南豫光金铅集团公司
　2007年 465页

012724027
中国兵器装备集团公司中原特钢股份
有限公司炼钢厂志 1970—2008
柴甫生主编 曲根林副主编 河南 中原
　特钢股份有限公司炼钢厂 2009年
　235页

010279131
济源交通志
济源市交通志编纂委员会编写 河南省
　交通厅交通史志编纂委员会编审 郑
　州 中州古籍出版社 2002年 392页
　〔河南交通志丛书〕

010238975
济源地方铁路志

济源 1986年 114页

009511216
济源公路志
侯飞主编 济源市公路志编纂委员会编 北京 方志出版社 2004年 611页

008836284
济源广播电视志 1949—2000
济源市广播电视局编 郑州 中州古籍出版社 2001年 513页

013090707
百年砺剑 济源市邵原镇实验小学校志 1889—2010
济源市邵原镇实验小学编 济源 济源市邵原镇实验小学 2010年 387页

011579975
河南省济源第一中学校志 1926—2006
济源一中校庆办公室编 济源 济源一中校庆办公室 2006年 476页

014032658
河南省济源第一中学校志 2006.9—2011.9
济源一中校志编纂室编 2011年 647页

008386600
王屋山志
济源市地方史志办公室编 郑州 中州古籍出版社 1996年 262页

湖北省

008600411
湖北省志
湖北省地方志编纂委员会编 武汉 湖北
　人民出版社 1990 年

009241113
湖北省志 附录
湖北省地方志编纂委员会编 武汉 湖北
　人民出版社 2002 年 533 页

008687491
湖北省志 工业志稿 冶金
湖北省地方志编纂委员会编 北京 中国
　书籍出版社 1990 年 345 页

009334941
湖北省志 经济综述 送审稿
湖北省计划委员会编 湖北 湖北省计划
　委员会 1989 年 265 页

009241109
湖北省志 卷首
湖北省地方志编纂委员会编 武汉 湖北
　人民出版社 2002 年 620 页

007342634
湖北省志 第 1 卷 大事记
湖北省地方志编纂委员会编 武汉 湖北
　人民出版社 1990 年 890 页

005709476
湖北省志 第 2 卷 体育
湖北省地方志编纂委员会编 武汉 湖北
　人民出版社 1990 年 299 页

007735754
湖北省志 第 3 卷 交通邮电
湖北省地方志编纂委员会编 武汉 湖北
　人民出版社 1995 年 1116 页

007342645
湖北省志 第 4 卷 地质矿产
湖北省地方志编纂委员会编 武汉 湖北
　人民出版社 1990 年 438 页

007620771
湖北省志 第 5 卷 金融
湖北省地方志编纂委员会编 武汉 湖北
　人民出版社 1993 年 414 页

007620772
湖北省志 第 6 卷 贸易
湖北省地方志编纂委员会编 武汉 湖北
　人民出版社 1992 年 960 页

007620773
湖北省志 第 7 卷 新闻出版
湖北省地方志编纂委员会编 武汉 湖北
　人民出版社 1993 年 2 册

007620770
湖北省志 第 8 卷 民政
湖北省地方志编纂委员会编 武汉 湖北
　人民出版社 1994 年 447 页

007735752
湖北省志 第 9 卷 政权
湖北省地方志编纂委员会编 武汉 湖北
　人民出版社 1996 年 641 页

007735674
湖北省志 第 10 卷 经济综述
湖北省地方志编纂委员会编 武汉 湖北
　人民出版社 1994 年 237 页

007735753
湖北省志 第 11 卷 军事
湖北省地方志编纂委员会编 武汉 湖北
　人民出版社 1996 年 863 页

007735755
湖北省志 第 12 卷 农业
湖北省地方志编纂委员会编 武汉 湖北
　人民出版社 1994 年

007735751
湖北省志 第 13 卷 财政
湖北省地方志编纂委员会编 武汉 湖北
　人民出版社 1995 年 1117 页

008028112
湖北省志 第 14 卷 教育
湖北省地方志编纂委员会编 武汉 湖北
　人民出版社 1993 年 971 页

008452443
湖北省志 第 15 卷 水利
湖北省地方志编纂委员会编 武汉 湖北
　人民出版社 1995 年 653 页

008452446
湖北省志 第 16 卷 地理
湖北省地方志编纂委员会编 武汉 湖北
　人民出版社 1997 年 2 册

008452439
湖北省志 第 17 卷 宗教
湖北省地方志编纂委员会编 武汉 湖北
　人民出版社 1997 年 434 页

008452450
湖北省志 第 18 卷 科学
湖北省地方志编纂委员会编 武汉 湖北人民出版社 1998 年 3 册

008452445
湖北省志 第 19 卷 文艺
湖北省地方志编纂委员会编 武汉 湖北人民出版社 1997 年

008452449
湖北省志 第 20 卷 司法
湖北省地方志编纂委员会编 武汉 湖北人民出版社 1998 年 436 页

008381116
湖北省志 第 21 卷 民族
湖北省地方志编纂委员会编 武汉 湖北人民出版社 1997 年 351 页

008659565
湖北省志 第 22 卷 文物名胜
湖北省地方志编纂委员会编 武汉 湖北人民出版社 1996 年 871 页

008845986
湖北省志 第 23 卷 政党社团
湖北省地方志编纂委员会编 武汉 湖北人民出版社 2000 年 465 页

008687509
湖北省志 第 24 卷 外事侨务
湖北省地方志编纂委员会编 武汉 湖北人民出版社 1996 年 477 页

008845042
湖北省志 第 25 卷 人物
湖北省地方志编纂委员会编 武汉 湖北人民出版社 2000 年 2 册 1793 页

008687456
湖北省志 第 26 卷 城乡建设
湖北省地方志编纂委员会编 武汉 湖北人民出版社 1999 年 2 册 1068 页

008687465
湖北省志 第 27 卷 工业
湖北省地方志编纂委员会编 武汉 湖北人民出版社 1995 年 2 册 1867 页

008687497
湖北省志 第 28 卷 民俗方言
湖北省地方志编纂委员会编 武汉 湖北人民出版社 1996 年 1 册

008687477
湖北省志 第 29 卷 工业志稿 二轻
湖北省地方志编纂委员会编纂 北京 中国轻工业出版社 1992 年 472 页

007916978
湖北省志 第 29 卷 工业志稿 石油
丘昌济主编 湖北省地方志编纂委员会编 武汉 湖北人民出版社 1990 年 362 页

007620970
湖北省志 第29卷 工业志稿 建材
湖北省地方志编纂委员会编 北京 新华出版社 1991年 457页

007620833
湖北省志 第29卷 工业志稿 机械
湖北省地方志编纂委员会编纂 武汉 武汉大学出版社 1990年 373页

008687486
湖北省志 第29卷 工业志稿 化工
湖北省地方志编纂委员会编 北京 中国文史出版社 1991年 278页

008989989
湖北省志 第29卷 工业志稿 电力
湖北省地方志编纂委员会编 北京 人民出版社 1993年

008687519
湖北省志 第30卷 卫生
湖北省地方志编纂委员会编 武汉 湖北人民出版社 2000年 2册 1191页

009334952
湖北省志 第31卷 经济综合管理
湖北省地方志编纂委员会编 武汉 湖北人民出版社 2002年 768页

002210705
湖北省志人物志稿
湖北省地方志编纂委员会编 北京 光明日报出版社 1989年 4册

007342606
湖北通志
吕调元 刘承恩修 张仲炘 杨承禧等纂 上海 上海古籍出版社 1990年 3册 5182页

012903600
中国共产党湖北历史图志
中共湖北省委党史研究室编 武汉 中国地质大学出版社 2001年 227页

011571437
中国共产党湖北志
中共湖北省委党史研究室编 北京 中央文献出版社 2007年 548页

011954260
湖北省人民代表大会志 1922.1—2008.2
湖北人民代表大会志编纂委员会编 武汉 湖北人民出版社 2008年 584页

011474483
湖北省政协志 1983.4—2003.1
湖北省政协志编纂委员会编 武汉 湖北人民出版社 2008年 463页

009335299
湖北外事志 1858—1985
湖北省人民政府外事办公室编 武汉 湖北省人民政府外事办公室 1989年

380 页

012611059
湖北法院志
李其凡主编 樊后钧 李文学副主编 北京 人民法院出版社 1995 年 586 页

009241090
湖北检察志
湖北检察志编纂委员会编 武汉 湖北人民出版社 2003 年 620 页

012139223
湖北检察志 1978—2000
湖北检察志编纂委员会编 武汉 崇文书局 2008 年 589 页

013316265
湖北省发展改革志 1949—2009
湖北省发展和改革委员会 许克振主编 武汉 湖北人民出版社 2011 年 503 页

010251360
湖北工商行政管理志
湖北省工商行政管理局编 北京 中国文史出版社 1990 年 471 页

013507956
湖北省物资志
湖北省物流与采购联合会编 湖北 湖北省物流与采购联合会 2010 年 420 页

008452458
湖北乡镇企业志
湖北省乡镇企业管理局湖北乡镇企业志编辑室编 北京 新华出版社 1991 年 554 页

012097424
湖北建设志
湖北建设志编委会编 武汉 湖北省人民出版社 2009 年 492 页

011294239
湖北建设志 城乡建设
湖北省建设厅编 武汉 湖北省建设厅 1995 年 367 页

013373970
湖北土地志
湖北省土地管理局 湖北土地志编辑委员会编 武汉 湖北土地志编辑委员会 1999 年 402 页

002870296
湖北林业志
湖北林业志编纂委员会编 武汉 武汉出版社 1989 年 499 页

009252557
湖北农牧业志
湖北省农牧业志编纂委员会编 武汉 湖北科学技术出版社 1996 年 850 页

012898594
湖北省林业志 1980—2003
湖北省林业地方志编修办公室主编 湖北 湖北省林业地方志编修办公室 2009年 462页〔湖北省地方志丛书〕

011762150
湖北省水产供销志 1949—1985
湖北省水产公司编 湖北 湖北省水产公司 1988年 122页

008453158
鄂西农特志
鄂西农特志编纂组编 武昌 武汉大学出版社 1993年 314页

008990073
湖北农牧业志附录 1949—1993
湖北 湖北省农牧业厅 1994年 316页

008452462
湖北省农业机械化志
湖北省农业机械管理局编 武汉 武汉大学出版社 1991年 283页

010473834
湖北电力工业农电志
湖北省电力工业局农电管理局编 湖北 湖北省电力工业局 1989年 233页

009790353
湖北锻压机床厂志
湖北锻压机床厂志编纂委员会编 湖北 湖北锻压机床厂 1989年 167页

013693882
湖北省电力工业志 1991—2002
北京 中国电力出版社 2012年 720页〔中国电力工业志丛书〕

009252638
湖北省电力工业志
湖北省电力工业志编纂委员会编 北京 水利电力出版社 1994年 574页〔中国电力工业志丛书〕

013957633
湖北省电力试验研究所志 1952—1990
湖北省电力试验研究所志编纂领导小组编 湖北 湖北省电力试验研究所 1993年 301页

009961494
湖北省纺织工业志
湖北省纺织工业志编纂委员会编 北京 中国文史出版社 1991年 450页

013183521
湖北省光化水泥厂志 1969—1988
湖北省光化水泥厂厂志编委会编 光化 光化水泥厂 1988年 549页

010576599
湖北省烟草志
湖北省烟草志编纂委员会编 武汉 崇文

书局 2006 年 2 册〔湖北省烟草志丛书〕

013772848
华中电力工业志 1991—2002
华中电力工业志编纂委员会编 北京 中国电力出版社 2013 年 873 页〔中国电力工业志丛书〕

008528146
华中电力工业志
华中电力工业志编纂工作委员会编 北京 水利电力出版社 1993 年 605 页〔中国电力工业志丛书〕

013861808
江汉油田志 2001—2005
江汉油田志编委会编 武汉 湖北人民出版社 2012 年 448 页

011310499
湖北省交通志 水运篇 轮船运输 上册 1858—1949
湖北省志交通志水运篇编写组编 湖北 湖北省志 交通志 水运篇编写组 1983 年 223 页

012811490
湖北道路运输志 1990—2005
湖北省交通厅道路运输管理局 湖北省公路规费征收稽查局编 武汉 湖北道路运输志编纂工作专班 2009 年 415 页

009252283
湖北公路运输志
陈中琼责任编辑 武汉 湖北人民出版社 1998 年 670 页

008665711
湖北水运志
徐诚主编 梅雪 岳启富副主编 武汉 武汉出版社 1996 年 674 页〔湖北省交通志丛书〕

013045623
湖北省长途电信传输志 1884—2000
中国电信股份有限公司湖北传输局编 湖北 中国电信股份有限公司湖北传输局 2008 年 487 页

009797117
湖北省沙市市饮食服务行业志
湖北省沙市市饮食服务公司编 沙市 湖北省沙市市饮食服务行业志编纂委员会 1989 年 219 页

008989992
湖北省供销合作社志
湖北省供销合作社联合社编 武汉 湖北省供销合作社联合社 1988 年 341 页

009768589
湖北粮食志
湖北粮食志编写组编 武汉 皇冠彩印厂彩印 1985 年 455 页

013222228
湖北省供销合作社行业志 茶叶卷
湖北省茶麻公司编 湖北 湖北省茶麻公司 1985年 375页

009252644
湖北省供销合作社行业志 土特产品废旧物资卷 1950—1984
湖北省土产公司编 汉口 湖北省土产公司 1986年 258页

010596022
湖北省商业简志
湖北省商业厅主编 武汉 湖北省商业厅 1988年 12册

009252675
湖北物价志 1875—1985
湖北物价志编辑室编 湖北 湖北物价志编辑室 1988年 502页

010468535
湖北茶叶贸易志
中国土产畜产进出口公司湖北省茶麻分公司编 汉口 中国土产畜产进出口公司湖北省茶麻分公司 1985年 375页

008989996
湖北对外贸易简志 1949—1985
湖北对外贸易简志编纂委员会编 湖北 湖北对外贸易简志编纂委员会 1989年 436页

008383442
鄂豫皖革命根据地财政志
周质澄 吴少海编 武汉 湖北人民出版社 1987年 237页

009839673
湖北金融志 建行志
湖北省建行志编纂办公室编 湖北 中国人民建设银行湖北省分行投资研究所 1985年 81页

009790348
湖北省金融志
湖北省志金融志编纂委员会编 湖北 湖北省志金融志编纂委员会 1985年 210页

012663845
中国工商银行湖北省分行行志 1985—2005
中国工商银行湖北省分行行志编写组编 湖北 中国工商银行湖北省分行 2008年 184页

010290929
湖北省保险志
湖北 1987年 150页

012139238
湖北文化艺术教育志
沈海宁 陈汉明主编 雷鸣副主编 武汉 崇文书局 2008年 366页

008665691

湖北省报业志

湖北省报业志编纂委员会编　北京　新华出版社　1996年　766页

013074843

湖北省档案志　1949—2000

湖北省档案志编纂委员会　石山主编　武汉　湖北人民出版社　2011年　325页

009619317

湖北省体育志　评审稿

湖北省体育运动委员会体育志编辑室编　湖北　湖北省体育运动委员会体育志编辑室　1986年　2册

008665707

湖北省体育志

湖北省体育运动委员会编　北京　中国文史出版社　1992年　673页

012796732

中国歌谣集成　第25卷　湖北卷

中国民间文学集成全国编辑委员会　中国歌谣集成湖北卷编辑委员会编　北京　中国ISBN中心　2009年　806页

006310997

中国谚语集成　第4卷　湖北卷

中国民间文学集成全国编辑委员会　中国民间文学集成湖北卷编辑委员会编　北京　中央民族大学出版社　1994年　1061页〔十部文艺集成志书〕

007475883

中国民间歌曲集成　第2卷　湖北卷

中国民间歌曲集成全国编辑委员会编　北京　人民音乐出版社　1988年　2册　1672页〔十部文艺集成志书〕

011188716

湖北说唱音乐集成

湖北省群众艺术馆编　武汉　湖北省群众艺术馆　1981年

008438322

中国戏曲音乐集成　第3卷　湖北卷

中国戏曲音乐集成全国编辑委员会　中国戏曲音乐集成湖北卷编辑委员会编　北京　中国ISBN中心　1998年　2册　1807页〔十部文艺集成志书〕

005471687

中国曲艺音乐集成　第4卷　湖北卷

中国曲艺音乐集成全国编辑委员会　中国曲艺音乐集成湖北卷编辑委员会编　北京　新华出版社　1992年　2册　1576页〔十部文艺集成志书〕

008707167

中国民族民间器乐曲集成　第7卷　湖北卷

中国民族民间器乐曲集成全国编辑委员会　中国民族民间器乐曲集成湖北卷编辑委员会编　北京　中国ISBN中心出版　1994年　2册〔十部文艺集成志书〕

007474377

中国武当山道教音乐

史新民主编 中国民族民间器乐曲集成湖北卷编辑部编 北京 中国文联出版公司 1987年 277页

007366686

中国民族民间舞蹈集成 第4卷 湖北卷

中国民族民间舞蹈集成编辑部编 北京 中国ISBN中心 1995年 2册 1312页〔十部文艺集成志书〕

009298074

古傩史料 湖北方志卷

袁艳梅主编 北京 中央民族大学出版社 2003年 210页

009649610

中国曲艺志 第7卷 湖北卷

中国曲艺志全国编辑委员会 中国曲艺志湖北卷编辑委员会编 北京 中国ISBN中心 2000年 859页

007542190

中国戏曲志 第8卷 湖北卷

中国戏曲志编辑委员会编 北京 文化艺术出版社 1993年 685页〔十部文艺集成志书〕

013506651

鄂豫边区新四军人物志

湖北省新四军暨华中抗日根据地历史研究会 鄂豫边区革命史编辑部编 武汉 湖北人民出版社 1999年 450页

009335304

湖北历代医林人物志

黄乃奎 张林茂编 钱远铭审定 武汉 武汉出版社 1991年 159页

008989969

湖北民俗志

李德复 陈金安主编 武汉 湖北人民出版社 2002年 1537页

003055665

中国地方志民俗资料汇编 中南卷

丁世良 赵放主编 白玉新等编 北京 书目文献出版社 1991年 2册 1135页

001718682

湖北风物志

湖北人民出版社编 武汉 湖北人民出版社 1985年 754页〔中国风物志丛书〕

008379863

湖北省光化县地名志

光化县地名领导小组办公室编 光化 光化县地名领导小组办公室 1982年 341页

009252575

湖北省测绘志 1840—1985

湖北省测绘志编纂委员会编 湖北 湖北

省测绘志编纂委员会 1991 年 292 页

012680083
湖北省测绘志 1979—2005
湖北省测绘志编纂委员会编 北京 测绘出版社 2010 年 424 页

009675311
湖北省地震监测志
湖北省地震局编 北京 地震出版社 2005 年 248 页〔中国地震监测志系列〕

008379336
湖北地震志
湖北地震志编纂委员会编 北京 地震出版社 1990 年 324 页

012845997
湖北省地震志
湖北省地震志第二卷编委会编 武汉 湖北人民出版社 2008 年 362 页

009348077
湖北气象志
湖北省气象局编 北京 气象出版社 2002 年 564 页

002986530
湖北省气候志
乔盛西等编著 湖北省地方志编纂委员会办公室编 武汉 湖北人民出版社 1989 年 368 页

012626273
湖北省气象志 1979—2000
崔讲学主编 北京 气象出版社 2009 年 192 页

009814612
湖北省区域地质志
湖北省地质矿产局编 北京 地质出版社 1990 年 705 页〔地质专报 1 区域地质 第 20 号〕

005981520
中国古生物志 华中及西南奥陶纪三叶虫动物群
卢衍豪著 北京 科学出版社 1975 年 463 页〔中国古生物志 总号第 152 册 新乙种 第 11 号〕

006325455
湖北植物志
湖北省植物研究所编著 武汉 湖北人民出版社 1976 年

009472517
湖北检验检疫商检志
湖北检验检疫商检志编纂委员会编 武汉 湖北人民出版社 2005 年 1021 页

012611066
湖北省妇幼保健院志 1977—2004
杜光华主编 武汉 湖北省妇幼保健院 2005 年 238 页

009992406
鄂西南药用森林植物志
吴先金 刘晓洪主编 武汉 湖北科技出版社 2005 年 233 页

008972096
湖北药材志
万定荣 陈家春 余汉华主编 湖北省药品检验所 湖北中医学院药学系编 武汉 湖北科学技术出版社 2002 年

006133856
湖北中草药志
湖北省革命委员会卫生局编 汉口 湖北人民出版社 1978 年

009382442
湖北中草药志
湖北省卫生局编 武汉 湖北人民出版社 1982 年 1237 页

012611069
湖北省临床检验中心志 1987—2007
湖北省临床检验中心志编纂委员会编 武汉 湖北省临床检验中心 2008 年 380 页

008839939
湖北水利志
湖北省水利志编纂委员会编 北京 中国水利水电出版社 2000 年 1716 页 〔湖北省水利志丛书〕

010142613
湖北蔬菜品种志
湖北省农牧业厅编 湖北 湖北省农牧业厅 1989 年 270 页

009961497
湖北省家畜家禽品种志
湖北省家畜家禽品种志编辑委员会编著 武汉 湖北科学技术出版社 1985 年 192 页

006046835
湖北省鱼病病原区系图志
湖北省水生生物研究所主编 北京 科学出版社 1973 年 456 页

010292649
湖北省计量志
湖北省计量志编纂委员会编 北京 中国计量出版社 1995 年 500 页

007677590
湖北省环境保护志
湖北省环境保护志编纂委员会编 北京 中国环境科学出版社 1989 年 213 页

武汉市

011809262
武汉市志 1980—2000
武汉地方志编纂委员会编 武汉 武汉出版社 2006年 8册

003425522
武汉市志 财政志
武汉地方志编纂委员会主编 武昌 武汉大学出版社 1992年 438页

003801442
武汉市志 大事记
武汉地方志编纂委员会主编 武昌 武汉大学出版社 1990年 329页

002990099
武汉市志 教育志
武汉地方志编纂委员会主编 武昌 武汉大学出版社 1991年 581页

002990092
武汉市志 金融志
武汉地方志编纂委员会主编 武昌 武汉大学出版社 1989年 349页

004436225
武汉市志 军事志
武汉地方志编纂委员会主编 武昌 武汉大学出版社 1992年 471页

002990599
武汉市志 民政志
武汉地方志编纂委员会主编 武昌 武汉大学出版社 1991年 229页

002990095
武汉市志 农业志
武汉地方志编纂委员会主编 武昌 武汉大学出版社 1991年 592页

002990096
武汉市志 商业志
武汉地方志编纂委员会主编 武昌 武汉大学出版社 1989年 886页

003425523
武汉市志 税务志
武汉地方志编纂委员会主编 武昌 武汉大学出版社 1992年 270页

002990097
武汉市志 体育志
武汉地方志编纂委员会主编 武昌 武汉大学出版社 1990年 243页

002988334
武汉市志 文物志
武汉地方志编纂委员会主编 武昌 武汉大学出版社 1990年 264页

008453085
武汉市志 第1卷 总类志
武汉地方志编纂委员会主编 武汉 武汉大学出版社 1998年 301页

008453089
武汉市志 第3卷 政党志
武汉地方志编纂委员会主编 武汉 武汉大学出版社 1998年 318页

009044147
武汉市志 第4卷 社会团体志
武汉地方志编纂委员会主编 武昌 武汉大学出版社 1997年 390页

008338395
武汉市志 第5卷 政权 政协志
武汉地方志编纂委员会主编 武汉 武汉大学出版社 1998年 634页

007919050
武汉市志 第7卷 政法志
武汉地方志编纂委员会主编 武昌 武汉大学出版社 1993年 459页

007919029
武汉市志 第9卷 外事志
武汉地方志编纂委员会主编 武昌 武汉大学出版社 1991年 311页

009044151
武汉市志 第10卷 城市建设志
武汉地方志编纂委员会主编 武昌 武汉大学出版社 1996年 2册 1245页

008338357
武汉市志 第11卷 工业志
武汉地方志编纂委员会主编 武汉 武汉大学出版社 1999年 2册 1645页

008607849
武汉市志 第12卷 交通邮电志
武汉地方志编纂委员会主编 武汉 武汉大学出版社 1998年 736页

009044161
武汉市志 第15卷 对外经济贸易志
武汉地方志编纂委员会编 武昌 武汉大学出版社 1996年 300页

007919040
武汉市志 第21卷 科学志
武汉地方志编纂委员会主编 武昌 武汉大学出版社 1990年 948页

008338392
武汉市志 第22卷 文化志
武汉地方志编纂委员会主编 武汉 武汉大学出版社 1998年 370页

007919028
武汉市志 第23卷 新闻志
武汉地方志编纂委员会主编 武昌 武汉大学出版社 1991年 448页

007919049
武汉市志 第 25 卷 卫生志
武汉地方志编纂委员会主编 武昌 武汉大学出版社 1993 年 628 页

008659575
武汉市志 第 27 卷 社会志
武汉地方志编纂委员会主编 武昌 武汉大学出版社 1997 年 354 页

009117067
武汉市志 第 28 卷 人物志
武汉地方志编纂委员会主编 武汉 武汉大学出版社 1999 年 1198 页

013959579
武汉市志简明读本
武汉地方志办公室编 武汉 武汉出版社 2010 年 559 页

009335498
武汉市志勘误表
武汉地方志编纂委员会办公室编 武汉 武汉地方志编纂委员会办公室 2000 年 67 页

009335493
武汉市志索引
武汉地方志编纂委员会主编 武汉 武汉大学出版社 2000 年 2 册 1519 页

008835209
武汉修志二十年
武汉地方志编纂委员会办公室编 武汉 武汉出版社 2001 年 539 页

012610581
汉正街志
陈佑湘主编 汉正街志编纂委员会编 武汉 湖北人民出版社 2009 年 366 页〔武汉市名街名镇名乡名村志丛书〕

010280284
江堤乡志
江堤乡志编纂委员会编 武汉 武汉出版社 2006 年 287 页〔武汉市名街名镇名乡名村志丛书〕

009310520
中国共产党武汉历史图志
中共武汉市委党史研究室 武汉市档案馆 武汉市文物管理办公室编 武汉 武汉出版社 2001 年 401 页

011328558
武汉市人民代表大会志 1949.9—2003.1
武汉市人民代表大会志编纂委员会编 武汉 武汉市人民代表大会志编纂委员会 2004 年 410 页

008452484
武汉市人事制度改革志 1978—1998
张永安 陈春逢主编 武汉市人事局编 武汉 武汉市人事局 1998 年 149 页

009252701

武汉公安志

武汉市公安局史志办公室编 武汉 武汉市公安局史志办公室 1988年 270页

008452508

武汉民政(志稿) 1840—1985

武汉民政志编纂办公室编 武汉 武汉民政志编纂办公室 1987年 420页

012636599

郑州铁路局武汉老协分会武汉老干部部志 1980—1994

郑州铁路局武汉老干部部编 武汉 郑州铁路局武汉老干部部 1995年 319页

009312728

汉口租界志

汉口租界志编纂委员会编 武汉 武汉出版社 2003年 649页

002155701

武汉抗战法制文献选编

湖北政法史志编纂委员会编 武汉 农村读物出版社 1987年 604页〔湖北政法史志资料丛刊 第2辑〕

013353486

中南地区人民防空志 1949—2000

广州军区人民防空办公室编 广州 广州军区人民防空办公室 2002年 413页

008842838

武汉改革志

武汉改革志编纂委员会编 武汉 武汉出版社 2001年 728页

007836279

武汉地方志资料 武汉近代(辛亥革命前)经济史料

皮明庥等编 1981年 292页

008452503

武汉劳动史志

武汉劳动史志编纂委员会编 武汉 武汉劳动史志编纂委员会 1990年 426页

011325472

武汉市物资志 自编本

武汉市物资局修志办公室编 武汉 武汉市物资局修志办公室 1987年 336页

012714137

房产公司志 1954—1994

房产公司志编纂委员会编 武汉 房产公司志编纂委员会 1995年 231页

012714164

房产公司志 1995—2001

房产公司志编纂委员会编 武汉 房产公司志编纂委员会 2003年 346页

008452487

武汉房地志

蓝宾亮主编 周茂棣 李楚星副主编 武

汉 武汉大学出版社 1996年 151页

008452488
武汉公用事业志 1840—1985
武汉公用事业志编纂委员会编 武汉 武汉出版社 1990年 493页

013689476
武汉市房产测绘志 1906—2012
武汉市房产测绘志编纂委员会编 2012年 252页

011570938
武汉土地志 1980—2000
武汉市城市规划管理局 武汉市国土资源管理局主编 武汉 武汉出版社 2008年 362页

009335478
辛安渡场志
严家来主编 辛安渡场志编纂委员会编 湖北 辛安渡农场 1991年 636页

009252722
武汉市蔬菜行业
武汉市志商业蔬菜行业编写组编 武汉 武汉市志商业蔬菜行业编写组 1986年 440页

013379060
武汉市畜牧兽医志 1949—2009
高长明主编 武汉市畜牧兽医志编纂委员会编 武汉 湖北人民出版社 2012年 714页

013775938
[武汉钢铁集团机械制造有限责任公司]厂志 1957—2007
武汉钢铁集团机械制造有限责任公司厂志编委会编 2007年 224页

013092902
湖北超高压输变电公司志 1982—2006
湖北超高压输变电公司志编纂委员会编 武汉 湖北超高压输变电公司志编纂委员会 2010年 328页

010576595
湖北省烟草公司卷烟材料厂志
湖北省烟草公司卷烟材料厂志编纂委员会编 武汉 崇文书局 2006年 312页〔湖北省烟草志丛书〕

010576597
湖北省烟草科研所志
湖北省烟草科研所志编纂委员会编 武汉 崇文书局 2006年 306页〔湖北省烟草志丛书〕

009311439
[武汉钢铁公司]燃气厂志 1958—1989
燃气厂志编纂委员会编 武汉 武汉钢铁公司 1990年 214页

011292238
十五治志第1卷 1953—1983

十五冶编志办公室编 1985 年 383 页

009962611
铁道部大桥工程局志 1953—1995
中铁大桥局集团有限公司史志编纂委员会编 武汉 中铁大桥局集团有限公司 2001 年 866 页

012638627
乌龙泉矿志 1991—1997
武钢矿业有限责任公司乌龙泉矿志编纂办公室编 武汉 武钢矿业有限责任公司 1998 年 439 页

013321156
武钢焦化厂志 1958—1983
武汉 武钢焦化厂 1985 年 269 页

008990385
武钢灵乡铁矿志 1958—1994
本志编纂委员会编 武汉 武汉测绘科技大学出版社 1998 年 279 页

010475805
武钢企发综合服务公司志 1989—1998
武汉 武钢企发综合服务公司 1999 年 257 页

009252685
武钢乌龙泉矿志 1953—1990
武钢乌龙泉矿志编纂组编 武汉 华中理工大学出版社 1993 年 432 页

010468504
武钢氧气厂志 1972—1982
武汉钢铁公司编 武汉 武钢氧气厂志 1984 年 280 页

012316901
武钢冶金渣公司志 1984—2002
武钢冶金渣公司志编纂委员会编 武汉 武钢冶金渣公司 2003 年 205 页

006567450
武钢志
武钢志编纂委员会主编 武汉 武汉出版社 1988 年 551 页

008990383
武钢志 1952—1981
武汉钢铁公司编 武汉 武汉钢铁公司 1983 年

010195616
武汉纺织器材厂志 1958.6—1982.12
武汉纺织器材厂修志办公室编 武汉 武汉纺织器材厂 1983 年 369 页

013226412
武汉钢丝绳厂志 1958—1980
武汉钢丝绳厂志编纂小组编 武汉 武汉钢丝绳厂 1983 年 119 页

011324969
武汉钢铁公司初轧厂志 1955—1981
武汉 武汉钢铁公司 198u 年 479 页

011324970
武汉钢铁公司电修厂志 1957—1981
武汉 武汉钢铁公司 198u 年 250 页

013630250
武汉钢铁公司电讯厂志 1957—1985
武汉钢铁公司电讯厂修志办公室编 武汉 武汉钢铁公司电讯厂修志办公室 1985 年 218 页

011325290
武汉钢铁公司机械总厂志 1954—1982
武汉 武汉钢铁公司 198u 年 343 页

013379056
武汉钢铁公司机修厂志 1977—1981
武汉钢铁公司机修厂志编纂办公室编 武汉 武汉钢铁公司 1983 年 198 页

011325250
武汉钢铁公司计控厂厂志 1958—1981
武汉 武汉钢铁公司 1983 年 281 页

011324971
武汉钢铁公司金山店铁矿志 1958—1981
金山店铁矿修志办公室编 金山店 金山店铁矿修志办公室 1984 年 369 页

011325510
武汉钢铁公司热轧带钢厂志 1974—1985
刘家庆主编 武钢热轧带钢厂志编委会编 武汉 武汉钢铁公司 1988 年 270 页

011325301
武汉钢铁公司修建部志 1961—1981
武汉 武汉钢铁公司 198u 年 225 页

012662453
武汉钢铁集团矿业建设有限责任公司志 1984—2004
武汉钢铁集团矿业建设有限责任公司志编纂委员会编 武汉 武汉钢铁集团矿业建设有限责任公司 2004 年 366 页

012814411
武汉供电志 1906—2008
武汉供电志编纂委员会编 武汉 武汉出版社 2009 年 525 页

011325431
武汉锅炉厂志 1953—1983
武汉锅炉厂志办公室编 武汉 武汉锅炉厂 1986 年 304 页

012970520
武汉华中华能发电股份有限公司 华能阳逻电厂志 1993—2003
武汉华中华能发电股份有限公司 华能阳逻电厂志编辑委员会编 武汉 武汉华中华能发电股份有限公司 华能阳逻电厂志编辑委员会 2003 年 404 页

013342695
武汉化工志稿
武汉市化学医药工业局编 武汉 武汉市文明印刷厂 1983年 532页

011324975
武汉卷烟厂厂志 1916—1980
武汉卷烟厂编 武汉 武汉卷烟厂 1982年 190页

013865181
武汉肉联厂志 1952—1985
武汉肉联厂修志办公室编 武汉 武汉肉联厂修志办公室 1990年 256页

011793004
武汉石化志
武汉石化志编纂委员会编 武汉 武汉出版社 2007年 2册 983页

009335506
武汉市第二棉纺织厂厂志 1958—1982
武汉市第二棉纺织厂厂志编纂领导小组编 武汉 武汉市第二棉纺织厂厂志编纂领导小组 1983年 358页

011324976
武汉市第三棉纺织厂厂志 1921—1982
武汉市第三棉纺织厂厂志编纂委员会编 武汉 武汉市第三棉纺织厂 198u年 666页

011324978
武汉市电子仪器二厂厂志
艾章达执笔 武汉 武汉市电子仪器二厂 1982年 127页

009685711
武汉市烟草志
武汉市烟草志编纂委员会编 武汉 崇文书局 2006年 2册〔武汉市烟草志丛书〕

008835263
武汉糖果厂厂志 1946—1980
武汉糖果厂编 武汉 武汉糖果厂 1981年 55页

011295878
武汉烟标图志
康永胜 刘裕堂主编 武汉 湖北美术出版社 2007年 448页

011292266
武汉冶金建筑研究所所志 1963—1988
武汉冶金建筑研究所所志编写组编 1988年 91页

013185983
武汉制漆总厂厂志
裘宝华等编纂 武汉 武汉制漆总厂 1984年 131页

009961622
武汉重型机床厂厂志

武汉重型机床厂厂志办公室编 武汉 武汉重型机床厂 1988年

009961629
武冶志 1954—1984
武汉冶金设备制造厂厂志办公室编 武汉 武汉冶金设备制造厂 1986年 218页

009382657
新州磷肥厂志 1971—1985
武汉市新州县磷肥厂编 武汉 武汉市新州县磷肥厂 1988年 201页

009744770
一炼钢厂志 1982—2003
武汉钢铁(集团)公司第一炼钢厂志编 北京 冶金工业出版社 2004年 309页

012613047
一炼钢厂志 2004—2008
一炼钢厂志编纂委员会编 武汉 武钢股份条材总厂一炼钢分厂 2009年 386页

010118647
一冶志
冶金工业部第一冶金建设公司编 武汉 第一冶金建设公司 1987年 395页

011328413
[武汉钢铁公司]运输部志 1986—1996
武汉钢铁(集团)公司运输部编 武汉 武汉钢铁(集团)公司运输部 1999年 520页

012663815
[武汉钢铁公司]运输部志 1997—2005
武汉钢铁(集团)公司运输部编 武汉 武汉钢铁(集团)公司运输部 2006年 541页

009408262
中国建筑第三工程局志 1965—1995
中国建筑第三工程局编 北京 中国建筑工业出版社 2002年 660页〔中国建筑工程总公司企业志系列丛书 4〕

009254205
中南冶勘志 1952—1985
冶金工业部中南冶金地质勘探公司编 武汉 冶金工业部中南冶金地质勘探公司 1991年 462页

008990387
汉口车站志 1898—1998
汉口车站志编纂委员会编 武汉 武汉铁路分局汉口车站 1998年 297页

008874576
铁道部第十一工程局志 1948—1995
铁道部第十一工程局史志编审委员会编 北京 中国铁道出版社 1999年 847页

009252739

武汉铁路分局志 1893—1990

武汉铁路分局志编纂委员会编 北京 中国铁道出版社 1998年 885页

010468501

武钢交运公司志 1960—1982

武钢交通运输公司编 武汉 武钢交运公司 1984年 399页

012832154

交运公司志 1983—2008

武汉钢铁集团交通运输有限责任公司编 武汉 武汉钢铁集团交通运输有限责任公司 2010年 559页

011292515

武汉港口志

武汉港史志编纂委员会主编 武汉 武汉出版社 1990年 192页

012722973

武汉市港口运输总公司企业志

武汉市港口运输总公司企业志编写委员会编 武汉 武汉市港口运输总公司企业志编写委员会 2010年 378页

011068522

武汉电信志 1884—2005

湖北省电信有限公司武汉市分公司编 武汉 湖北省电信有限公司武汉市分公司 2006年 678页

009252718

武汉粮食志 1840—1986

武汉市粮食局编 武汉 武汉市粮食局 1988年 498页

009252744

武汉医药商业行业志

刘明森主编 北京 中国医药科技出版社 1991年 521页

008452465

汉正街市场志

朱文尧主编 萧凯 傅万铭副主编 武汉 武汉出版社 1997年 342页

012638626

武汉海关志

中华人民共和国武汉海关编 武汉 中华人民共和国武汉海关 1995年 226页

011762120

湖北财税职业学院志 1987—2007

湖北财税职业学院志编辑委员会编 湖北 湖北财税职业学院 2007年 382页

012249719

长江文艺志 1949.6—2009.6

刘益善主编 罗维扬编撰 武汉 长江文艺出版社 2009年 288页〔长江文艺六十年丛书〕

009961486
湖北省档案局(馆)志
湖北省档案局(馆)编 武汉 华中师范大学出版社 2006年 310页

008452478
武汉市科技体制改革志 1978—1998
武汉市科学技术委员会编 武汉 武汉市科学技术委员会 1999年 189页

008990367
武汉民办学校志 1978—1999
武汉教育志编纂委员会编 武汉 武汉出版社 2001年 440页

009992704
武汉名校志 2005
武汉市教育科学研究院教育信息资源中心编 武汉 武汉出版社 2005年 233页

012837435
武汉市新沟中学志 1959—2009
新沟中学志编纂委员会编 武汉 新沟中学志编纂委员会 2009年 320页

012758963
湖北税校校志 1986—1998
湖北省税务学校编 湖北 湖北省税务学校 1999年 268页

013732367
武汉大学水利水电学院院志 1952—2012
武汉大学水利水电学院院志编纂组编 武汉 武汉大学水利水电学院院志编纂组 2012年 343页

012638625
武汉理工大学志
张清杰 邱观建主编 武汉 武汉理工大学出版社 2010年

013090914
长江职业学院志 1984—2008
戴能宏主编 武汉 湖北人民出版社 2010年 309页

013728909
湖北生态工程职业技术学院志 1952—2012
湖北生态工程职业技术学院志编委会编 武汉 湖北生态工程职业技术学院 2012年 242页

011762134
湖北省建材学校志 1975—1990
余祥纪主编 肖义雄 李斌怀副主编 湖北 湖北省建材学校志编审委员会 1990年 429页

011328510
武汉电力职业技术学院志 1953—2003
武汉 武汉电力职业技术学院 2003年 333页

008379732
楚剧志
中国戏曲志湖北卷编辑委员会 武汉市文化局编 北京 中国戏剧出版社 1993年 179页

008379728
汉剧志
中国戏曲志湖北卷编辑委员会 武汉市文化局 邓家琪主编 北京 中国戏剧出版社 1993年 272页

009074534
武汉文化史料
武汉文化志办公室编 汉口 武汉文化志办公室 1983年〔武汉地方志资料丛刊 1〕

011066989
湖北建材学校人物志
余祥纪主编 武汉 武汉工业大学出版社 1995年 363页

011432748
湖北中医学院名师名医志
周安方主编 北京 中国医药科技出版社 2007年 493页

006862700
楚文化志
张正明主编 武汉 湖北人民出版社 1988年 447页

009157371
长江志通讯 总第1—8期 1984—1986 合订本
水电部长江流域规划办公室 长江志总编辑室编 水利电力部 198u年

009996620
新编灵泉志
张高荣主编 武汉 武汉出版社 2006年 372页

008990356
武汉测绘志
武汉市勘测院地方志办公室 武汉测绘志编委会编 武汉 武汉市勘测院地图制印厂 1990年 149页

011312549
武汉测绘志 1980—2000
武汉市城市规划管理局 武汉市国土资源管理局主编 武汉 武汉出版社 2008年 340页

011067716
长江水利测绘志
水利部长江水利委员会勘测总队编 水利部长江水利委员会勘测总队 1991年 553页

011312551
武汉地质矿产志 1980—2000
武汉市城市规划管理局 武汉市国土资源管理局主编 武汉 武汉出版社

2008年 340页

009389874
中南冶勘六〇九队志
湖北 1987年

008992828
湖北植物志
傅书遐主编 中国科学院武汉植物研究所编著 武汉 湖北科学技术出版社 2001—2002年 4册

012192010
华中科技大学同济医学院公共卫生学院志 1953—2003
公共卫生学院志编纂组编 武汉 华中科技大学同济医学院公共卫生学院 2003年 249页

009252274
汉口铁路医院志 1897—1997
汉口铁路医院编 汉口 汉口铁路医院 1997年 276页

013316269
湖北省中山医院志 1951—2011
湖北省中山医院志编纂委员会编著 湖北 湖北省中山医院志编纂委员会 2011年 816页

011320269
湖北医学院口腔医院志 1960—1990
1990年 117页

011328467
华中科技大学同济医学院志 1907—2002
同济医学院志编写组 武汉 编者 2002年 622页

012052398
武汉大学人民医院湖北省人民医院志 1990—2002
武汉大学人民医院湖北省人民医院编 湖北 湖北省人民医院 2003年 272页

011294782
武汉市第七医院志 1955—2005
王忠诚 白莲升主编 沈佳 谢建中副主编 武汉市第七医院志编辑委员会编 武汉 武汉市第七医院志编辑委员会 2005年 273页

009335515
武汉市第一医院武汉市中西医结合医院院志
武汉市第一医院武汉市中西医结合医院院志编纂委员会编 武汉 武汉市第一医院武汉市中西医结合医院 1996年 448页

009348069
武汉市儿童医院志 1954—1994
武汉市儿童医院编纂委员会编 武汉 武汉市儿童医院 1994年 292页

011327611
武汉市精神病医院院志 1956—1991
刘安求主编 武汉 武汉市精神病医院 1991 年 131 页

012636553
中国人民解放军第四五七医院志 1950—2005
第四五七医院院志编辑委员会编 武汉 中国人民解放军第四五七医院 2005 年 417 页

009254210
中国人民解放军第一六一中心医院志 1944—1994
第一六一中心医院院志编辑委员会编 武汉 第一六一中心医院院志编辑委员会 1994 年 350 页

009382434
湖北制药厂厂志 1968—1988
湖北制药厂厂志编撰组编 湖北 湖北制药厂 1989 年 236 页

009126440
华中科技大学同济医学院同济医院志 1900—2000
马先松 赵小抗主编 刘建凡 陈安民主审 武汉 武汉出版社 2000 年 458 页

011328650
协和医院志
华中科技大学同济医学院附属协和医院 王国斌主编 武汉 华中科技大学同济医学院附属协和医院 1986 年

010142766
湖北中医附院院志
湖北中医学院附属医院 李岩等编写 武汉 湖北中医学院附属医院 1990 年 318 页

011294614
湖北省农业科学院志 1986—1999
湖北省农业科学院编 湖北 湖北省农业科学院 2000 年 392 页

009252726
武汉市土壤志
武汉市土壤普查办公室编 武汉 武汉市土壤普查办公室 1985 年 211 页〔湖北省第二次土壤普查资料 98—1〕

013759306
中国农业科学院油料作物研究所志 1960—2009
中国农业科学院油料作物研究所编 2010 年 381 页

012877291
武汉市蔬菜科学研究所所志 1950—2010
武汉市蔬菜科学研究所编 武汉 武汉市蔬菜科学研究所 2010 年 231 页

013342692
武钢矿研所志 1963—1988
武钢矿山设计研究所所志办公室编 1990年 205页

011324974
武汉钢铁公司设计院志 1952—1981
武汉 武汉钢铁公司 198u年 231页

010577543
武建院志 1963.6—2003.6
武建院志编纂委员会主编 武汉 武汉冶金建筑研究院 200u年 246页

008382643
一冶教育志
武汉教育志丛编纂委员会主编 武汉 武汉工业大学出版社 1993年 359页〔武汉教育志丛〕

011329732
中南建筑设计院四十年志 1952—1992
院志编辑组编 武汉 中南建筑设计院 1994年 159页

012252749
武汉城市规划志 1980—2000
武汉市城市规划管理局 武汉市国土资源管理局主编 武汉 武汉出版社 2008年 655页

008835204
武汉市城市规划志
武汉市城市规划管理局主编 武汉 武汉出版社 1999年 547页

009252730
武汉市市政建设志
武汉市市政建设管理局编 武汉 武汉市市政建设管理局 1989年 168页

010280106
湖北水利水电职业技术学院志 1952—2003
湖北水利水电职业技术学院志编纂委员会编 武汉 崇文书局 2006年 295页

009252669
湖北省水利水电勘测设计院院志
湖北省水利水电勘测设计院院志编纂委员会 王培元总编 武汉 湖北科学技术出版社 1996年 263页〔湖北省水利志丛书〕

009311438
荆江大堤志
荆江大堤志编纂委员会编 南京 河海大学出版社 1989年 478页

009252736
武汉堤防志
武汉市防汛指挥部办公室编 武汉 武汉市防汛指挥部办公室 1986年 143页

010160698
长江志
水利部长江水利委员会主修 长江志编纂委员会编纂 北京 中国大百科全书出版社 2000 年

008835235
铁道部武汉工程机械研究所志 1979—1996
武汉工程机械研究所志编辑委员会编 武汉 武汉工程机械研究所志编辑委员会 1998 年 276 页

009745136
铁四院志 1953—1993
车相吉主编 刘果副主编 沈斌才等编 铁道部第四勘测设计院 1992 年 384 页

006806563
武汉环境志
武汉市环境保护局编 北京 中国环境科学出版社 1991 年 266 页

008452501
武汉市容环境卫生志 1900—1995
武汉市容环境卫生管理局编 武汉 武汉市容环境卫生管理局 1997 年 291 页

江岸区

012097569
江岸区志
武汉市江岸区地方志编纂委员会编 武汉 武汉出版社 2009 年 2 册 1867 页

008385416
武汉江岸车辆厂志 1901—1993
武汉江岸车辆厂厂志编纂委员会编 武汉 武汉江岸车辆厂厂志编纂委员会 1996 年 561 页

008990617
江岸车站志 1898—1998
武汉铁路分局江岸车站站志编纂委员会编 武汉 武汉铁路分局江岸车站站志编纂委员会 1986 年 162 页

008383881
江岸区教育志
武汉教育志丛编纂委员会主编 武汉 武汉工业大学出版社 1992 年 484 页〔武汉教育志丛〕

江汉区

011432900
江汉区志
武汉市江汉区地方志编纂委员会编 武汉 武汉出版社 2008 年 1098 页

008382712
江汉区教育志
武汉教育志丛编纂委员会主编 武汉 武汉工业大学出版社 1992 年 378 页

〔武汉教育志丛〕

013183669
武汉市江汉区教育志
吴松林主编 江汉区地方志编纂委员会办公室 江汉区教育局编 江汉区 江汉区教育局 2004年 271页〔江汉区志系列丛书〕

013792472
江汉第四石油机械厂志 2001—2011
江汉第四石油机械厂志编纂委员会编 湖北 江汉第四石油机械厂志编纂委员会 2011年 486页

硚口区

011312836
硚口区志
武汉市硚口区地方志编纂委员会编 武汉 武汉出版社 2007年 1050页

008382720
硚口区教育志
武汉教育志丛编纂委员会主编 武汉 武汉工业大学出版社 1993年 398页〔武汉教育志丛〕

汉阳区

011473136
汉阳区志
武汉市汉阳区地方志编纂委员会编 武汉 武汉出版社 2008年 2册

013957729
简明汉阳区志
方东平主编 武汉市汉阳区地方志编纂委员会编纂 汉阳区 武汉市汉阳区地方志编纂委员会 2009年 847页

009992688
晴川街志
晴川街志编纂委员会编 武汉 武汉出版社 2005年 188页〔武汉市名街名镇名乡名村志丛书〕

008990390
汉阳造纸厂志 1950—1991
汉阳造纸厂志编纂委员会编 北京 中国轻工业出版社 1993年 513页

008453090
汉阳区教育志
武汉教育志丛编纂委员会主编 武汉 武汉工业大学出版社 1998年 289页〔武汉教育志丛〕

012658581
汉阳桥梁小志
武汉市汉阳区地方志办公室编 武汉 武汉出版社 2010年 153页

008453185
月湖桥志

武汉建通股份有限公司编 武汉 武汉建通股份有限公司 1998年 164页

武昌区

011478746
武昌区志
武汉市武昌区地方志编纂委员会编 武汉 武汉出版社 2008年 2册

009252680
金口镇志
任永山主编 武昌 武昌县金口镇志编纂委员会 1991年 483页

013959619
新华村志
新华村志编纂小组编 武汉 新华村志编纂小组 2004年 163页

011328229
湖北省武昌热电厂厂志 1946—1996
湖北省武昌热电厂厂志修编室编 武昌 湖北省武昌热电厂厂志修编室 1996年 284页

011793000
武昌车辆厂志 1986—1995
武昌车辆厂史志编纂委员会编 武昌 武昌车辆厂 1995年 428页

008193843
汉冶萍公司志
湖北省冶金志编纂委员会 刘明汉主编 马景源副主编 武汉 华中理工大学出版社 1990年 319页

008385146
武昌区教育志
武汉教育志丛编纂委员会主编 武汉 武汉工业大学出版社 1995年 714页
〔武汉教育志丛〕

007767551
辛亥武昌首义史事志
皮明麻等编 西安 陕西师范大学出版社 1986年 193页

008452473
黄鹤楼志
冯天瑜主编 萧凯等副主编 武汉 武汉大学出版社 1999年 440页

009382430
湖北省肿瘤医院志 1973—1998
湖北省肿瘤医院编委会编 武昌 湖北省肿瘤医院 1999年 295页

012814409
武昌卫生志 1840—2000
杨志主编 武昌 武昌区卫生局 2005年 255页

青山区

010731682
青山区志
武汉市青山区地方志编纂委员会编 武汉 武汉出版社 2006年 2册

010475757
湖北省青山热电厂志 1982—1995
湖北省青山热电厂编 青山区 青山热电厂 1997年 270页

010577530
青山热电厂厂志 1953—1981
青山热电厂厂志编纂委员会编 武汉 青山热电厂厂志编纂委员会 1985年 240页

008382665
青山区教育志
武汉教育志丛编纂委员会主编 武汉 武汉工业大学出版社 1992年 333页 〔武汉教育志丛〕

洪山区

012811487
洪山区志
武汉市洪山区地方志编纂委员会主编 武汉 武汉出版社 2009年 1003页

008382670
洪山区教育志
武汉教育志丛编纂委员会主编 武汉 武汉工业大学出版社 1996年 272页 〔武汉教育志丛〕

东西湖区

013956891
东西湖区简志
武汉市东西湖区地方志编纂委员会编 武汉 武汉出版社 2012年 710页

012758785
东西湖区志
武汉市东西湖区地方志编纂委员会编 武汉 武汉出版社 2010年 2册

010008660
东西湖区专志 人物志
武汉市东西湖区地方志编纂委员会办公室编 武汉 武汉出版社 2006年 605页

011496995
东西湖区专志 艺文志
张明祥编 武汉 武汉出版社 2007年 585页 〔东西湖区专志丛书〕

013090972
东西湖土壤志
武汉市东西湖区土壤普查办公室 刘志正主编 武汉 武汉市东西湖区土壤普

查办公室 1985年 110页

008382663

东西湖区教育志

武汉教育志丛编纂委员会主编 武汉 武汉工业大学出版社 1992年 312页〔武汉教育志丛〕

汉南区

010731681

汉南区志

武汉市汉南区地方志编纂委员会编 武汉 武汉出版社 2006年 738页

013096544

乌金场志

乌金场志编纂委员会编 武汉 长江出版社 2010年 317页〔武汉市名街名镇名乡名村志丛书〕

008379252

汉南农垦志

汉南区农垦志编纂委员会编 汉南 汉南区农垦志编纂委员会 1992年 481页

008382659

汉南区教育志

武汉教育志丛编纂委员会主编 武汉 武汉工业大学出版社 1992年 233页〔武汉教育志丛〕

蔡甸区

011804110

蔡甸区志 1980—2000

武汉市蔡甸区地方志编纂委员会编 武汉 武汉出版社 2008年 660页

007378958

汉阳县志

汉阳县县志编纂委员会编 武汉 武汉出版社 1989年 612页

013506632

大集镇志 修订本

蔡甸区大集镇镇志编纂办公室编 武汉 蔡甸区大集镇镇志编纂办公室 2005年 623页

011764776

索河镇志 1911—1985

湖北省武汉市汉阳县索河镇志编纂委员会编 索河镇 索河镇志编委会 1991年 495页

012658191

蔡甸区民政志 1980—2000

蔡甸区民政局编 武汉 蔡甸区民政局 2000年 279页

010962442

蔡甸区烟草志

蔡甸区烟草志编纂委员会编 武汉 崇文书局 2006年 354页〔武汉市烟草志

丛书〕

011327177
汉阳县水利志
汉阳县水利局编 汉阳 汉阳县水利局 1990年 213页

013923885
蔡甸区交通志 1986—2006
蔡甸区交通志编纂办公室编 武汉 蔡甸区交通志编纂办公室 2007年 240页

014030798
汉阳县交通志
汉阳县交通局编 汉阳 汉阳县交通局 1985年 134页

011292121
汉阳县粮食志
汉阳县粮食局编 汉阳 汉阳县粮食局 1985年 341页

013990658
汉阳县物价志
汉阳县物价局编 汉阳 汉阳县物价局 1987年 261页

012809903
蔡甸区教育志 1980—2000
武汉教育志丛编纂委员会主编 武汉 武汉教育志丛编纂委员会 2005年 270页〔武汉教育志丛〕

008385592
汉阳县地名志
汉阳县地名委员会办公室编 汉阳 汉阳县地名委员会办公室 1991年 305页

011328116
汉阳县续辑水利志 1986—1992
武汉市蔡甸区水利局编 武汉 武汉市蔡甸区水利局 1994年 232页

江夏区

011891014
江夏区志 1980—2004
武汉市江夏区地方志编纂委员会编 武汉 武汉出版社 2007年 767页

007900101
武昌县志
武昌县志编纂委员会编 武昌 武汉大学出版社 1989年 712页

013659377
江夏区城市管理行政执法志 1949—2011
江夏区城市管理（执法）局编 武汉 长江出版社 2012年 344页

012049597
江夏区建设志 1975—2008
江夏区建设志编纂委员会编 武汉 崇文书局 2009年 482页

010962454
江夏区烟草志
江夏区烟草志编纂委员会编 武汉 崇文书局 2006年 348页〔武汉市烟草志丛书〕

013861840
江夏广电志
江夏广电志编纂委员会编 武汉 长江出版社 2011年 286页〔江夏区地方志系列丛书〕

007829825
武昌县教育志
武汉教育志丛编纂委员会主编 武汉 武汉工业大学出版社 1990年 377页〔武汉教育志丛〕

013508418
江夏区教育志
武汉市教育志丛编纂委员会主编 武汉 教育科学出版社 2006年 469页〔武汉教育志丛〕

008452466
江夏史志
金锋著 武昌 1996年 315页

008378826
武昌县地名志
武昌县地名委员会编 明正国等编 武昌 武昌县地名委员会 1984年 279页

010109740
武昌县卫生志
武昌县卫生志编纂领导小组编 武昌 武昌县卫生志编纂领导小组 1985年 157页

011325000
武昌县土壤志
武昌县土壤普查办公室编 武昌 武昌县土壤普查办公室 1984年 119页〔湖北省第二次土壤普查资料 03〕

黄陂区

012097462
黄陂区志 1980—2004
武汉市黄陂区地方志编纂委员会编 武汉 武汉出版社 2008年 791页

006924078
黄陂县志
黄陂县县志编纂委员会编 武汉 武汉出版社 1992年 577页

013752440
横店镇志
黄陂县横店镇志编纂委员会编 黄陂 黄陂县横店镇志编纂委员会 1988年 381页

012878864
叶店村志
中共武汉盘龙城经济开发区叶店村支

部委员会 武汉盘龙城经济开发区叶店村村民委员会编 叶店村 2008 年 226 页

013686398
武汉盘龙城经济开发区志
武汉盘龙城经济开发区志编纂委员会编著 谌向红主编 武汉 长江出版社 2011 年 411 页〔武汉市黄陂区地方志系列丛书〕

010962452
黄陂区烟草志
黄陂区烟草志编纂委员会编 武汉 崇文书局 2006 年 288 页〔武汉市烟草志丛书〕

013861731
黄陂县交通志
黄陂县交通志编纂办公室编 黄陂 黄陂县交通志编纂办公室 1988 年 267 页

012719002
武汉市黄陂区交通志 1980—2000
黄陂区交通志编纂办公室编 武汉 黄陂区交通志编纂办公室 2005 年 263 页

013990687
黄陂区教育志
武汉教育志丛编纂委员会主编 武汉 武汉教育志丛编纂委员会 2012 年 314 页〔武汉教育志丛〕

008382655
黄陂县教育志
武汉教育志丛编纂委员会编 武汉 武汉工业大学出版社 1990 年 386 页〔武汉教育志丛〕

012999152
黄陂三中志
黄陂三中志编纂领导小组编 黄陂区 黄陂三中 2008 年 403 页

012811507
黄陂人物志
武汉市黄陂区地方志办公室主编 武汉 长江出版社 2010 年 395 页〔武汉市黄陂区地方志系列丛书〕

012718988
黄陂创业功勋志
武汉市黄陂区地方志学会编著 武汉 长江出版社 2010 年 277 页

008380909
黄陂县地名志
黄陂县地名领导小组编 黄陂 黄陂县地名领导小组 1981 年 548 页

013957655
黄陂县土壤志
盛昌学主编 张少生 梅云新编 黄陂 黄陂县土壤普查办公室 1983 年 142 页〔湖北省第二次土壤普查资料 18〕

011325445

黄陂县水利志

黄陂县水利志编纂领导小组办公室编辑 黄陂 黄陂县水利志编纂领导小组办公室 1987年 319页

新洲区

012662647

新洲区志 1979—2005

武汉市新洲区地方志编纂委员会编 武汉 武汉出版社 2010年 778页

002371420

新洲县简志

胡金豪编纂 1987年 39页

006776553

新洲县志

新洲县志编纂委员会编 武汉 武汉出版社 1992年 837页

008990396

新洲县志略

新洲县志编纂委员会办公室编 新洲 新洲县志编纂委员会办公室 1984年 143页

012540858

仓埠街志

新洲区仓埠街志编纂委员会编 武汉 武汉出版社 2009年 555页〔武汉市名街名镇名乡名村志丛书〕

010731683

阳逻街志

新洲区阳逻街志编纂委员会编 武汉 武汉出版社 2006年 433页〔武汉市名街名镇名乡名村志丛书〕

012636845

新洲区人大志 1951—2002

新洲区人大志编纂委员会编 武汉 新洲区人大志编纂委员会 2004年 241页

012613205

新洲区人民法院志 1979—2005

武汉市新洲区人民法院志编纂委员会编 武汉 武汉市新洲区人民法院志编纂委员会 2006年 113页

012613212

新洲工商行政管理志 1949—2005

新洲工商分局修志办公室编 武汉 新洲工商分局修志办公室 2007年 429页

009864805

新洲县畜牧志 1882—1985

新洲县畜牧局编 新洲 新洲县畜牧局 1990年 229页

012636839

新洲区水务志

武汉市新洲区水务局编 北京 中国水利水电出版社 2008年 195页

010962455
新洲区烟草志
新洲区烟草志编纂委员会编 武汉 崇文书局 2006年 290页〔武汉市烟草志丛书〕

012175110
新洲县水利志
武汉市新洲区水务局编 北京 中国水利水电出版社 2008年 213页

009382660
新洲县供销社志
新洲县供销社志编纂领导小组编 新洲 1987年 284页

009252774
新洲县商业志 1882—1985
新洲县商业局编 新洲 新洲县商业局 1988年 338页

009338187
新洲县金融志 1840—1985
新洲县金融志编辑室编 新洲 新洲县金融志编辑室 1987年 270页

009338193
新洲县文化志
新洲县文化局编 新洲县志编纂委员会审定 新洲 新洲县印刷厂 1989年 262页

003146868
新洲县教育志
武汉教育志丛编纂委员会主编 武昌 武汉工业大学出版社 1990年 381页〔武汉教育志丛〕

012723270
新洲二中学校志 1931—2005
新洲二中学校志编纂委员会编 新洲 新洲二中学校志编纂委员会 2008年 898页

008382624
湖北省新洲县地名志
新洲县地名普查领导小组办公室编 新洲 新洲县地名普查领导小组办公室 1981年 420页

010686806
新洲土壤志
新洲县土壤普查办公室编 新洲 新洲县土壤普查办公室 1983年 238页〔湖北省第二次土壤普查资料 07〕

009382666
新州县水利志
新州县水利志编写组编 新州 新州县水利志编写组 1986年 204页

黄石市

008865183
黄石市志
黄石市地方志编纂委员会编纂 北京 中华书局 2001年 2册 1621页〔中华人民共和国地方志丛书〕

013990690
黄石市志 1980—2002
黄石市地方志编纂委员会编 武汉 湖北人民出版社 2013年 2册 1349页

013374035
黄石市志 金融
黄石市地方志编纂委员会 黄石市金融志编纂领导小组编 黄石 黄石市金融志编纂领导小组 1990年 346页

012611131
黄石市志 粮食志 1986—2002
黄石市粮食局编纂 黄石 黄石市粮食局 2008年 228页〔黄石地方志系列丛书〕

012638971
黄石市人口和计划生育志
黄石市计划生育委员会编纂 黄石 黄石市计划生育委员会 2003年 703页

009790357
黄石市人民代表大会志 1954.7—2004.2
黄石市人民代表大会志编纂委员会编 黄石 黄石市人民代表大会志编纂委员会 2004年 394页

009241079
黄石市工商行政管理志 1949—1985
黄石市工商行政管理志编纂委员会 胡承运主编 操信 余传学副主编 胡家才 章炜编写 武汉 湖北科学技术出版社 1994年 253页

009961570
黄石市物资局志 1953—1985
黄石市物资局志纂编室编 黄石 黄石市物资局志纂编室 1987年 245页

008990399
黄石长江公路大桥志
黄石市长江公路大桥管理局编 武汉 武汉大学出版社 1998年 288页〔湖北省交通志丛书〕

009125500
黄石市建设志
黄石市建设志编纂委员会编 北京 中国建筑工业出版社 1994年 365页〔中华人民共和国地方志 湖北省〕

009437245

[黄石市]灰石厂志

陈出新主纂 湖北省黄石市灰石厂志编纂室编 黄石 灰石厂 1985年 156页

009961483

红旗水泥厂志 1958—1988

湖北省红旗水泥厂编 湖北 红旗水泥厂 1988年 255页

012251060

湖北省黄石市橡胶厂厂志 1958—1983

黄石橡胶厂编 黄石 黄石市橡胶厂 1985年 126页

013374016

华新志 1986—1996

华新志编辑委员会编 华新 华新志编辑委员会 1996年 551页

012967942

华新志 1997—2006

华新志编纂委员会编 黄石 华新志编纂委员会 2008年 471页

009391553

黄石电厂志 1945—1990

黄石电厂史志编辑室编 黄石 黄石电厂 1992年 400页

013374052

黄石纺织机械厂志 第1卷 1965—1985

黄石纺织机械厂志办公室编 黄石 黄石纺织机械厂志办公室 1993年 261页

013374050

黄石纺织机械厂志 第2卷 1986—2000

黄石纺织机械厂志办公室编 黄石 黄石纺织机械厂志办公室 2003年 326页

009961563

黄石矿务局煤炭志

黄石矿务局煤炭志编纂委员会编 黄石 黄石矿务局煤炭志编纂委员会 1998年 955页

013380185

黄石市锻压机床厂志 1954—1985

黄石市锻压机床厂志编纂委员会编 黄石 黄石市锻压机床厂志编纂委员会 1987年 246页

009685699

黄石市烟草志

黄石市烟草志编纂委员会编 武汉 崇文书局 2006年 570页〔黄石市烟草志丛书〕

013144405

中国华电集团公司湖北华电黄石发电股份有限公司黄电公司志 1991—2004

中国华电集团公司湖北华电黄石发电股份有限公司编 湖北 中国华电集团公司湖北华电黄石发电股份有限公司 2005年 356页

009312801

中国有色五建志 1984—1985

中国有色五建志编纂委员会编 黄石 中国有色五建志编纂委员会 1987 年 198 页

007659728

黄石市交通志

北京 人民教育出版社 1995 年 463 页

012999161

黄石道路交通管理志

黄石道路交通管理志编纂委员会编纂 武汉 湖北人民出版社 2011 年 2 册

010109704

黄石市粮食志 1949—1985

黄石市粮食志编修组编纂 湖北 湖北省测绘队地图印刷厂印刷 1990 年 256 页

009382475

黄石市物价志 1949—1985

黄石市物价志编纂组编 黄石 黄石市物价志编纂组 1988 年 419 页

009961566

黄石市商业志

黄石市商业局商业志编纂办公室编 黄石 黄石市商业局编纂办公室 1992 年 342 页

009961574

黄石税务志

黄石市税务局黄石税务志编写组编 黄石 黄石市税务局黄石税务志编写组 1990 年 350 页

009348058

黄石文化新闻体育志

周密 祁少斌主编 罗总达等副主编 黄石文化新闻体育志编纂委员会编 武汉 湖北人民出版社 1993 年 937 页

009992464

黄石殡葬志

黄石殡葬志编纂委员会编 北京 中国社会出版社 1999 年 255 页

008377931

黄石市地名志

黄石市地名委员会编 黄石 黄石市地名委员会 1989 年 344 页

009382544

黄石市第三人民医院志 1956—1993

黄石市第三人民医院院志编纂委员会编 黄石 黄石市第三人民医院院志编纂委员会 1994 年 314 页

009335330

黄石市卫生志 1880—1985

黄石市卫生志编纂委员会编 黄石 黄石市卫生志编纂委员会 1990 年 306 页

下陆区

013899712
下陆区志 1994—2005
黄石市下陆区地方志编纂委员会编 武汉 崇文书局 2012年 366页

黄石港区

013647653
黄石港区志
黄石市黄石港区地方志编纂委员会编 武汉 湖北人民出版社 2012年 980页

西塞山区

012952068
河口志
黄石市西塞山区河口镇编 19uu年 247页

铁山区

008990402
铁山区志
黄石市铁山区地方志编纂委员会编 武汉 湖北人民出版社 1998年 311页 〔中华人民共和国地方志丛书〕

大冶市

007378012
大冶县志
湖北省大冶县地方志编纂委员会编纂 武汉 湖北科学技术出版社 1990年 576页 〔中华人民共和国地方志丛书〕

011474497
还地桥镇志
大冶市还地桥镇志编纂委员会编 还地桥镇 大冶市还地桥镇志编纂委员会 1998年 286页

010008658
大冶市人民代表大会志
大冶市人民代表大会志编纂委员会编 大冶 人大常委 2004年 476页

008453130
大冶县劳动人事志
大冶县劳动人事志编纂委员会编 北京 中国人事出版社 1992年 359页 〔中华人民共和国地方专志〕

008453153
大冶城乡建设志
黄振余主编 明秉刚副主编 大冶城乡建设志编纂委员会编 北京 中国建筑工业出版社 1995年 322页 〔中华人民共和国地方志 湖北省〕

008990403
大冶钢厂志
大冶钢厂厂志编纂委员会编 黄石 大冶钢铁厂 1985—1988 年 3 册

010109663
大冶市烟草志
大冶市烟草志编纂委员会编 武汉 崇文书局 2006 年 290 页〔黄石市烟草志丛书〕

013369757
大冶有色金属公司志 1953—1992
大冶有色金属公司志编辑委员会编 大冶 大冶有色金属公司 1993 年 792 页

013369756
大冶县交通志
大冶县交通局交通志办公室编印 1988 年 2 册

013860374
大冶县交通志
大冶县交通局交通志编纂委员会编 南宁 广西人民出版社 1989 年 254 页

010109662
大冶县文化志
湖北省大冶县文化教育局编 大冶 大冶县文教局印刷厂 1983 年 313 页

009382417
大冶县教育志 1840—1982
大冶县教育志编纂组编 大冶 大冶县教育志编纂组 1983 年 259 页

013751615
大冶一中校志 1912—2012
大冶一中校志编纂委员会编 大冶 大冶一中校志编纂委员会 2012 年 450 页

008385584
湖北省大冶县地名录
大冶县地名办公室编 大冶 大冶县地名办公室 1980 年 325 页

012111052
大冶铁矿志 1986—1995
武钢矿业公司大冶铁矿矿志办公室编 大冶 武钢矿业公司大冶铁矿矿志办公室 1995 年 431 页

012355263
大冶铁矿志 1996—2000
武钢矿业公司大冶铁矿矿志办编 大冶 武钢矿业公司大冶铁矿矿志办 2002 年 320 页

013956879
大冶县土壤志
大冶县土壤普查办公室编 大冶 大冶县土壤普查办公室 1984 年 274 页〔湖北省第二次土壤普查资料 5〕

010109657

大冶市畜牧兽医志 1952—2003

大冶市畜牧兽医志编纂委员会编 北京 中国农业出版社 2006年 382页

阳新县

007903916

阳新县志

湖北省阳新县县志编纂委员会编纂 北京 新华出版社 1993年 943页〔中华人民共和国地方志丛书〕

013823141

阳新县志 1986—2005

阳新县县志编纂委员会编 武汉 崇文书局 2011年 946页

011909979

阳新县人民代表大会志

阳新县人民代表大会志编纂委员会编 阳新 阳新县人民代表大会志编纂委员会 2005年 491页

011310739

军垦农场志

湖北省国营军垦农场志编纂委员会编 阳新牵洲 军垦农场志编纂委员会出版 1987年 341页

010109702

阳新县烟草志

阳新县烟草志编纂委员会编 武汉 崇文书局 2006年 356页〔黄石市烟草志丛书〕

012613066

阳新县交通志 1986—2005

阳新县交通志编纂委员会编 阳新 阳新县交通志编纂委员会 2009年 453页

013707132

阳新县财政志 1889—1985

阳新县财政局编 阳新 阳新县财政局 1994年 262页

009382673

阳新县金融志

阳新县金融志编纂委员会编 阳新 阳新县金融志编纂委员会 1991年 287页

012545573

阳新县金融志 1985—2008

阳新县金融志编纂委员会编 武汉 崇文书局 2009年 332页

009382670

阳新县教育志

阳新县教育志编纂委员会编 阳新 阳新县教育志编纂办公室 1989年 392页

012877343

阳新县教育志 1986—2004

阳新县教育志办公室编 阳新 阳新县教育局 2008年 502页

012256461
阳新方言志
黄群建主编 北京 中国三峡出版社 1995 年 224 页

008379274
阳新县地名志
湖北省阳新县地名领导小组编 阳新 湖北省阳新县地名领导小组 1985 年 491 页

012837574
阳新县水利志 1986—2005
阳新县水利志编纂委员会编 北京 中国水利水电出版社 2010 年 313 页〔湖北省水利志丛书〕

十堰市

008842835
十堰市志
湖北省十堰市地方志编纂委员会编 北京 中华书局 1999 年 1136 页〔中华人民共和国地方志丛书〕

011327676
十堰市志 军事卷 初稿
十堰市地方编纂委员会办公室编 十堰 十堰市地方编纂委员会办公室 1992 年 1 册

008380666
十堰市情
十堰市人民政府办公室 十堰市地方志办公室编 十堰 十堰市人民政府办公室 1995 年 397 页

013362648
十堰工会志
十堰工会志编纂委员会编 武汉 长江出版社 2011 年 394 页〔十堰市地方志丛书〕

012140280
十堰市民政志 1969—1989
十堰市民政志编纂委员会编 十堰 十堰市民政志编纂委员会 1990 年 257 页

013143622
十堰市老龄工作志 1985—2009
汪国甲主编 武汉 长江出版社 2011 年 330 页〔十堰市地方志丛书〕

013756074
十堰法院志 1866—2009
十堰市中级人民法院编 十堰 十堰市中级人民法院 2009 年 398 页

013225845
十堰经济开发区志
十堰经济开发区管理委员会编 十堰 十

堰经济开发区志总编会 2011 年 700 页

013936373
十堰市质量技术监督志 1933—2008
十堰市质量技术监督局编 2010 年 376 页

013506642
东风汽车房地产有限公司志 1984—2003
东风汽车房地产有限公司志史志办公室编 十堰 东风汽车房地产有限公司志史志办公室 2004 年 655 页〔东风汽车公司志丛书〕

012613912
十堰市畜牧兽医志 1866—2008
十堰市畜牧兽医志编纂委员会编 武汉 长江出版社 2009 年 485 页

013936372
十堰市农牧志
十堰市农牧志编纂领导小组编 十堰 十堰市农牧志编纂领导小组 1994 年 491 页

013506645
[东风汽车公司]工业工程公司志 1984—2005
东风汽车公司工业工程公司志办公室编 十堰 东风汽车公司工业工程公司志办公室 2005 年 403 页〔东风汽车公司志丛书〕

011295474
[东风汽车公司]技术中心志 1983—2003
宋远勋主编 武汉 长江出版社 2007 年 979 页〔东风汽车公司志丛书〕

013403991
[东风汽车公司]热电厂分卷 1999—2008
东风汽车公司热电厂史志办公室编 十堰 东风汽车公司热电厂史志办公室 2009 年 365 页〔东风汽车公司志丛书〕

013404050
[东风汽车公司]重型汽车厂分卷 1999.10.28—2011.5.5
东风汽车有限公司商用车重型车厂史志办公室编 十堰 东风汽车有限公司商用车重型车厂史志办公室 2011 年 716 页〔东风汽车公司志丛书〕

013308918
[郧阳地区]拨叉厂志 1967—1987
拨叉厂志编纂领导小组编 郧阳 拨叉厂志编纂领导小组 1987 年 174 页

013824341
[中国第二汽车制造厂]安技环保处志 1966—1983
安技环保处志编纂小组编 十堰 中国第

二汽车制造厂 1985 年 121 页〔中国第二汽车制造厂厂志丛书〕

013630754

[中国第二汽车制造厂]标准件厂志

1966—1983

标准件厂厂志编纂领导小组编 十堰 标准件厂厂志编纂领导小组 1985 年 146 页〔中国第二汽车制造厂厂志丛书〕

013824345

[中国第二汽车制造厂]财务会计处志

第二汽车制造厂财务会计处志编纂委员会编 十堰 中国第二汽车制造厂 1984 年 128 页〔中国第二汽车制造厂厂志丛书〕

013824859

[中国第二汽车制造厂]车架厂志

1965—1983

第二汽车制造厂车架厂厂志编纂小组编 十堰 中国第二汽车制造厂 1985 年 205 页〔中国第二汽车制造厂厂志丛书〕

013512043

[中国第二汽车制造厂]车轮厂志

1969—1983

车轮厂厂志编纂办公室编 十堰 中国第二汽车制造厂车轮厂厂志编纂办公室 1985 年 255 页〔中国第二汽车制造厂厂志丛书〕

013323183

[中国第二汽车制造厂]车桥厂志

二汽车桥厂厂志编纂领导小组编 十堰 二汽车桥厂 1984 年 327 页〔中国第二汽车制造厂厂志丛书〕

013824860

[中国第二汽车制造厂]车身厂志

1969—1983

车身厂志编纂委员会编 十堰 中国第二汽车制造厂 1984 年 190 页〔中国第二汽车制造厂厂志丛书〕

013824861

[中国第二汽车制造厂]冲模厂志

冲模厂志编纂小组编 十堰 中国第二汽车制造厂 1984 年 195 页〔中国第二汽车制造厂厂志丛书〕

013379643

[中国第二汽车制造厂]传动轴厂志

1965—1983

传动轴厂志编写小组编 十堰 传动轴厂志编写小组 1985 年 348 页〔中国第二汽车制造厂厂志丛书〕

013630756

[中国第二汽车制造厂]电力处志

电力处志编纂领导小组编印 1985 年 175 页〔中国第二汽车制造厂厂志丛书〕

013866313

[中国第二汽车制造厂]动力厂志

1966—1983

动力厂志编纂领导小组编 十堰 中国第二汽车制造厂 1984年 279页〔中国第二汽车制造厂厂志丛书〕

009808398

[中国第二汽车制造厂]二汽车箱厂志 1966—1983

车箱厂志编纂委员会编 十堰 二汽车箱厂 1985年 212页〔中国第二汽车制造厂厂志丛书〕

013824864

[中国第二汽车制造厂]二修志

二修志办公室编 十堰 中国第二汽车制造厂 1984年 172页〔中国第二汽车制造厂厂志丛书〕

009839678

[中国第二汽车制造厂]发动机厂志

1966—1984

中国第二汽车制造厂发动机厂志编纂领导小组编 十堰 中国第二汽车制造厂 1985年 216页〔中国第二汽车制造厂厂志丛书〕

013824865

[中国第二汽车制造厂]粉末冶金厂志

粉末冶金厂志编纂领导小组编 十堰 中国第二汽车制造厂 1985年 186页〔中国第二汽车制造厂厂志丛书〕

013824868

[中国第二汽车制造厂]工会志

1973—1984

工会会志编纂小组编 十堰 中国第二汽车制造厂 1986年 177页〔中国第二汽车制造厂厂志丛书〕

013824874

[中国第二汽车制造厂]工具处志

章国华主编 十堰 中国第二汽车制造厂 1984年 217页〔中国第二汽车制造厂厂志丛书〕

013824877

[中国第二汽车制造厂]供应处志

1966—1982

供应处志编纂小组编 十堰 中国第二汽车制造厂 1984年 189页〔中国第二汽车制造厂厂志丛书〕

013961384

[中国第二汽车制造厂]后勤服务志

后勤服务志编纂领导小组编 十堰 中国第二汽车制造厂 1984年 86页〔中国第二汽车制造厂厂志丛书〕

013464369

[中国第二汽车制造厂]化油器厂志

1966—1983

化油器厂志编纂委员会编 十堰 化油器厂志编纂委员会 1985年 196页〔中

国第二汽车制造厂厂志丛书〕

013824879
[中国第二汽车制造厂]机动处志
二汽机动处志编辑室编 十堰 中国第二汽车制造厂 1985 年 177 页〔中国第二汽车制造厂厂志丛书〕

013824881
[中国第二汽车制造厂]教育处志
中国第二汽车制造厂教育处志编纂委员会编 十堰 中国第二汽车制造厂 1985 年 151 页〔中国第二汽车制造厂厂志丛书〕

014053139
[中国第二汽车制造厂]精密铸造厂厂志 1969—1983
精密铸造厂厂志编纂办公室编 1984 年 182 页〔中国第二汽车制造厂厂志丛书〕

013630773
[中国第二汽车制造厂]劳资处志 1966—1983
劳资处志编纂小组编 十堰 中国第二汽车制造厂劳资处志 1985 年 245 页〔中国第二汽车制造厂厂志丛书〕

013824883
[中国第二汽车制造厂]全质管理志 1978—1984
全面质量管理办公室编 十堰 中国第二汽车制造厂全面质量管理办公室 1985 年 154 页〔中国第二汽车制造厂厂志丛书〕

013824888
[中国第二汽车制造厂]设备修造厂志 1966—1983
设备修造厂志编纂小组编 十堰 中国第二汽车制造厂 1984 年 204 页〔中国第二汽车制造厂厂志丛书〕

013630774
[中国第二汽车制造厂]设备制造厂志
设备制造厂厂志编纂组编 十堰 设备制造厂厂志编纂组 1986 年 287 页〔中国第二汽车制造厂厂志丛书〕

013824889
[中国第二汽车制造厂]生产调度处志 1965—1984
第二汽车制造厂生产调度处编 十堰 中国第二汽车制造厂 1985 年 71 页〔中国第二汽车制造厂厂志丛书〕

013824892
[中国第二汽车制造厂]水箱厂志 1965—1983
水箱厂志编纂委员会编 十堰 中国第二汽车制造厂 1985 年 235 页〔中国第二汽车制造厂厂志丛书〕

013824953
[中国第二汽车制造厂]通用铸锻厂

志 1966—1983

通用铸锻厂厂志编纂领导小组编 十堰 中国第二汽车制造厂 1985年 204页〔中国第二汽车制造厂厂志丛书〕

013824955

[中国第二汽车制造厂]销售处志 1972—1983

销售处志编写小组编 十堰 中国第二汽车制造厂 1984年 91页〔中国第二汽车制造厂厂志丛书〕

011068473

[中国第二汽车制造厂]仪表厂志 1965—1983

仪表厂厂志编纂领导小组编 十堰 中国第二汽车制造厂仪表厂厂志编纂领导小组 1984年 164页〔中国第二汽车制造厂厂志丛书〕

013464383

[中国第二汽车制造厂]运输处志

运输处志编纂委员会编 十堰 运输处志编纂委员会 1984年〔中国第二汽车制造厂厂志丛书〕

014053140

[中国第二汽车制造厂]中心实验室志 1965—1983

李朝霞 杨旦民 刘法馗编写 支德瑜校核 中心实验室志编纂领导小组编 十堰 中国第二汽车制造厂 1985年 132页〔中国第二汽车制造厂厂志丛书〕

013940868

[中国第二汽车制造厂]中心实验室志 1965—1983

李朝霞 杨旦民 刘法馗编写 1985年 145页〔中国第二汽车制造厂厂志丛书〕

013134096

[中国第二汽车制造厂]铸造一厂志 1965—1983

铸造一厂厂志编纂领导小组编 十堰 铸造一厂厂志编纂领导小组 1984年 161页〔中国第二汽车制造厂厂志丛书〕

013630776

[中国第二汽车制造厂]总装配厂志 1966—1983

总装配厂志编纂领导小组编 十堰 总装配厂志编纂领导小组 1984年 189页〔中国第二汽车制造厂厂志丛书〕

013512047

[中国东风汽车公司]柴油发动机厂分卷 1985—1999

东风汽车公司柴油发动机厂史志办公室编 2000年 365页〔中国东风汽车公司志丛书〕

013379651

[中国东风汽车公司]车架厂分卷

1984—1998

东风汽车公司车架厂史志办公室编 十堰 东风汽车公司车架厂史志办公室 1999年 486页〔中国东风汽车公司志丛书〕

013323188

[中国东风汽车公司]车身厂分卷 1984—1998

东风汽车公司车身厂史志办公室编 十堰 中国东风汽车公司 1999年 321页〔中国东风汽车公司志丛书〕

013512048

[中国东风汽车公司]传动轴厂分卷 1984—1997

东风汽车公司传动轴厂史志办公室编 十堰 东风汽车公司传动轴厂史志办公室 1999年 368页〔中国东风汽车公司志丛书〕

013512052

[中国东风汽车公司]东风活塞轴瓦有限公司分卷 1984—1998

东风汽车公司塞轴瓦有限公司史志办公室编 十堰 东风汽车公司塞轴瓦有限公司史志办公室 1999年 319页〔中国东风汽车公司志丛书〕

013647311

[中国东风汽车公司]东风康明斯发动机有限公司志 2000—2008

东风康明斯发动机有限公司史志办公室编 襄樊 东风康明斯发动机有限公司史志办公室 2009年 520页〔中国东风汽车公司志丛书〕

013323193

[中国东风汽车公司]动力设备厂分卷 1984—1998

东风汽车公司动力设备厂史志办公室编 十堰 中国东风汽车公司 1999年 458页〔中国东风汽车公司志丛书〕

013323211

[中国东风汽车公司]锻造厂分卷 1983—1998

东风汽车公司锻造厂史志办公室编 十堰 中国东风汽车公司 1999年 434页〔中国东风汽车公司志丛书〕

013323219

[中国东风汽车公司]化油器公司分卷 1984—1998

东风化油器有限公司史志办公室编 十堰 中国东风汽车公司 2001年 407页〔中国东风汽车公司志丛书〕

013661740

[中国东风汽车公司]基建材料处分卷 1984—1998

东风汽车公司基建材料处史志办公室编 十堰 东风汽车公司基建材料处史志办公室 2000年 132页〔中国东风汽车公司志丛书〕

013343627

[中国东风汽车公司]教育培训部分卷 1984—1998

东风汽车公司教育培训部史志办公室编 十堰 东风汽车公司教育培训部史志办公室 2000年 374页〔中国东风汽车公司志丛书〕

013323224

[中国东风汽车公司]精密铸造厂分卷 1984—1998

东风汽车公司精密铸造厂史志办公室编 十堰 中国东风汽车公司 1999年 387页〔中国东风汽车公司志丛书〕

013824966

[中国东风汽车公司]煤气厂分卷 1983—1999

东风汽车公司煤气厂史志办公室编 十堰 中国东风汽车公司 2001年 314页〔中国东风汽车公司志丛书〕

013512067

[中国东风汽车公司]刃量具厂分卷 1984—1999

东风汽车公司刃量具厂史志办公室编 十堰 东风汽车公司刃量具厂史志办公室 2001年 349页〔中国东风汽车公司志丛书〕

013661736

[中国东风汽车公司]商用车总装配厂志 1999—2008

东风汽车有限公司商用车总装配厂史志办公室编 十堰 东风汽车有限公司商用车总装配厂史志办公室 2009年 459页〔中国东风汽车公司志丛书〕

013824967

[中国东风汽车公司]通用铸锻厂分卷 1984—1998

东风汽车公司通用铸锻厂史志办公室编 十堰 中国东风汽车公司 1999年 273页〔中国东风汽车公司志丛书〕

013323228

[中国东风汽车公司]制泵厂分卷 1984—1998

东风汽车公司制泵厂史志办公室编 十堰 中国东风汽车公司 1999年 359页〔中国东风汽车公司志丛书〕

013940873

[中国东风汽车公司]铸造一厂分卷 1984—1999.6

东风汽车公司铸造一厂史志办编 1999年 507页〔中国东风汽车公司志丛书〕

013708142

[中国东风汽车公司]总装配厂分卷 1984—1998

东风汽车公司总装配厂史志办公室编 十堰 东风汽车公司总装配厂史志办公室 1999年 317页〔中国东风汽车公司志丛书〕

011311783
第二汽车制造厂志 1969—1983
东风汽车公司史志办公室编印 十堰 东风汽车公司史志办公室 2002 年 608 页

013128860
东风轮胎厂志 1968—1983
东风轮胎厂志编委会办公室编 十堰 东风轮胎厂志编委会办公室 1990 年

013647314
东风汽车有限公司零部件事业部东风汽车传动轴有限公司志 1998—2008
东风汽车传动轴有限公司史志办公室编 十堰 东风汽车传动轴有限公司史志办公室 2009 年 318 页〔东风汽车公司志丛书〕

013647319
东风汽车有限公司零部件事业部东风汽车紧固件有限公司志 1999—2008
东风汽车紧固件有限公司史志办公室编 十堰 东风汽车紧固件有限公司史志办公室 2009 年 406 页〔东风汽车公司志丛书〕

013987623
东风志 1984—2007
东风汽车公司志编辑部编 武汉 2008 年 2 册

013706322
十堰电力工业志 1954—2008
十堰供电公司电力工业志编纂委员会编 武汉 湖北人民出版社 2012 年 440 页

013629876
十堰电信志 1895—2008
中国电信股份有限公司十堰分公司编 十堰 中国电信股份有限公司十堰分公司 2009 年 542 页〔十堰市地方志丛书〕

008823330
十堰市大事记要
湖北省十堰市地方志编纂委员会编 武汉 湖北科学技术出版社 1993 年 280 页〔十堰市地方志丛书〕

012174907
十堰市福利汽车零部件厂志
十堰 十堰市福利汽车零部件厂 2005 年 219 页〔中国湖北省十堰市地方志丛书〕

012613917
十堰市水利志
湖北省十堰市水利水电局 十堰市水利志编纂委员会编 郧县 湖北省郧县印刷厂 2002 年 388 页〔湖北省水利志丛书〕

009685704

十堰市烟草志

十堰市烟草志编纂委员会编 武汉 崇文书局 2006年 598页〔十堰市烟草志丛书〕

013225849

十堰市交通志

十堰市交通志编纂委员会编 武汉 武汉出版社 1994年 302页〔湖北省交通志丛书〕

013824895

[中国第二汽车制造厂]铁路运输处志 1970—1983

铁路运输处志编纂领导小组编 十堰 中国第二汽车制造厂 1985年 173页〔中国第二汽车制造厂厂志丛书〕

011570305

十堰市邮电志 1840—1985

十堰市邮电志编纂委员会编 十堰 十堰市邮电志编纂委员会 1990年 164页

013098066

中原解放区陕南行政区财政志

湖北省郧阳地区财政局编 郧阳 湖北省郧阳地区财政局 1990年 245页

008990506

十堰市金融志

张福生主编 北京 中国文史出版社 1991年 275页〔地方志丛书〕

013822708

十堰市教育志

十堰市教育志编纂委员会编 武汉 中国地质大学出版社 1996年 214页

012175228

郧阳医学院志 1965—2005

郧阳医学院志编写组编 郧阳 郧阳医学院 2005年 360页

013660299

十堰市医药卫生学校校志 1958—2008

十堰市医药卫生学校志编审委员会编 郧县 郧县报社印刷厂 2008年 186页

012003163

中国民间故事集成 湖北卷 郧阳地区民间故事集

郧阳地区民间文学集成办公室 郧阳地区群众艺术馆编 1988年 760页

011188903

湖北民间歌曲集成 郧阳地区分册

湖北省群众艺术馆等合编 湖北 1991年 394页

011329678

十堰文物志

潘彦文 龚德亮主编 武汉 长江出版社 2007年 731页

008379631
湖北省十堰市地名志
十堰市地名领导小组办公室编 十堰 十堰市地名领导小组办公室 1982 年 431 页

008487349
武当山志
武当山志编纂委员会编 北京 新华出版社 1994 年 424 页

013067196
十堰市人民医院院志
刘春华主编 十堰市人民医院院志办公室编 十堰 十堰市人民医院 1999 年 219 页

013756076
十堰市人民医院院志 1982—2012
十堰市人民医院院志编纂委员会编 十堰 十堰市人民医院院志编纂委员会 2012 年 326 页

009107241
太和医院院志 1965.11—2000.11
太和医院院志编辑委员会编 十堰 太和医院 2000 年 416 页

012140302
太和院志
十堰 太和医院 2005 年 378 页

013824959
[中国第二汽车制造厂]医疗卫生志 1966—1984
二汽医疗卫生志编纂领导小组编 湖北 二汽医疗卫生志编纂领导小组 1986 年 97 页〔中国第二汽车制造厂厂志丛书〕

009853824
中国武当中草药志
陈吉炎等主编 武汉 湖北科学技术出版社 2009 年 589 页

013959378
十堰市土壤志
十堰市土壤普查办公室编 十堰 十堰市土壤普查办公室 1985 年 242 页〔湖北省第二次土壤普查资料 52〕

009382558
十堰市蔬菜品种志
十堰 1989 年 232 页

008990083
湖北汽车工业学院志 1972—1998
刘开明主审 王超副主审 庞凤君主编 杨发悌副主编 湖北汽车工业学院史志办公室编 武汉 武汉测绘科技大学出版社 1999 年 285 页〔中国东风汽车公司志丛书〕

茅箭区

013066350

茅箭区志 1984—2005

十堰市茅箭区地方志编纂委员会编 武汉 湖北人民出版社 2011年 672页

丹江口市

006548205

丹江口市志

张二江主编 北京 新华出版社 1993年 752页〔中华人民共和国地方志丛书〕

009244235

孙家湾村志

孙家湾村志编写组编 孙家湾村 孙家湾村志编写组 1990年 412页

013956881

丹江口电力志 1956—2007

湖北丹江电力股份有限公司编 丹江口 湖北丹江电力股份有限公司 2010年 252页〔丹江口市地方志丛书〕

010962447

丹江口市烟草志

丹江口市烟草志编纂委员会编 武汉 崇文书局 2006年 290页〔十堰市烟草志丛书〕

009020532

汉江集团公司志

汉江集团公司志编纂委员会编 武汉 武汉大学出版社 2002年 556页

014028632

丹江口市财政志

丹江口市财政志编纂委员会编 2010年 2册〔丹江口市地方志丛书〕

009992398

丹江口市税务志

湖北省丹江口市税务志办公室编纂 丹江口 湖北省丹江口市税务志办公室 1990年 207页

013957630

湖北省丹江口市金融志

丹江口市金融志办公室编 丹江口 丹江口市金融志办公室 1988年 217页

012003128

中国歌谣集成 湖北卷 丹江口市歌谣分册

丹江口市民间文学集成办公室 丹江口市文化馆编 丹江口 1989年 889页

011147994

中国民间故事集成 湖北卷 丹江口市民间故事集

丹江口市民间文学集成办公室编 丹江口 丹江口市民间文学集成办公室 1987年 699页

012003194

中国谚语集成 湖北卷 丹江口市谚语集

丹江口市民间文学集成办公室 丹江口市文化馆编 丹江口 1989年 236页

008382933

湖北省均县地名志

均县地名领导小组办公室编 均县 均县地名领导小组办公室 1982年 472页

012810020

鄂西北胜境志

陈禾塬编著 北京 中国文联出版社 2003年 383页

012967470

丹江口市第一医院志 1951—2011

丹江口市第一医院志编纂委员会编 丹江口 丹江口市第一医院志编纂委员会 2011年 440页

郧县

008990393

郧县志

湖北省郧县地方志编纂委员会编 武汉 湖北人民出版社 2001年 1202页〔中华人民共和国地方志丛书〕

013707173

郧县劳动志 1986—1994

湖北省郧县劳动局编 郧县 湖北省郧县劳动局 1995年 260页

012769569

郧县建设志

湖北省郧县建设局编 郧县 湖北省郧县建设局 2000年 351页

013323143

郧县粮食志 暂定稿

湖北省郧县粮食局编 郧县 湖北省郧县粮食局 1990年 388页

013343574

郧县电力志 1955—2008

郧县电力志编纂委员会编 郧县 郧县星力印务有限责任公司 2011年 475页

010962459

郧县烟草志

郧县烟草志编纂委员会编 武汉 崇文书局 2006年 357页〔十堰市烟草志丛书〕

013661596

郧县交通志

郧县交通志编纂委员会编 郧县 郧县交通志编纂委员会 1997年 196页〔中华人民共和国地方志丛书〕

012878910

郧县邮电志

湖北省郧县邮电局编纂委员会编 郧县 湖北省郧县邮电局编纂委员会 1999年 299页〔中华人民共和国地方志丛书〕

013464331

郧县财政志

郧县财政志编纂委员会编 郧县 郧县财政志编纂委员会 2007年 547页〔湖北省地方志丛书〕

013797076

新区小学校志 1985—1994

新区小学校志编纂领导小组编 郧县 郧县城关镇新区小学 2005年 113页

013865441

新区小学校志 1995—2004

新区小学第二届校志编纂领导小组编 2005年 266页

008379851

湖北省郧县地名志

郧县地名领导小组编 郧县 郧县地名领导小组 1983年 758页

郧西县

007587994

郧西县志

湖北省郧西县地方志编纂委员会办公室编 武汉 武汉测绘科技大学出版社 1995年 819页〔中华人民共和国地方志丛书〕

011480456

郧西林业志

郧西林业志编纂委员会编 郧西 郧西林业志编纂委员会 2006年 434页

010962456

郧西县烟草志

郧西县烟草志编纂委员会编 武汉 崇文书局 2006年 223页〔十堰市烟草志丛书〕

013236349

郧西县税务志

郧西县国家税务局编 郧西 郧西县国家税务局 2005年 363页

008380904

湖北省郧西县地名志

郧西县地名委员会办公室编 郧西 郧西县地名委员会办公室 1983年 702页

竹山县

009020814

竹山县志

竹山县地方志编纂委员会编 北京 方志出版社 2002年 913页〔中华人民共和国地方志丛书〕

012872483

竹山县移民志 1969—1989

竹山县移民建设指挥部编纂 竹山 竹山县移民建设指挥部 1991年 205页

013323310

竹山县农业志

竹山县农业局编 竹山 竹山县农业局 1999年 454页

013726888
大唐华银电力股份有限公司金竹山火力发电分公司志 1983—2010
金电公司志编纂委员会编 金竹山镇 金电公司志编纂委员会 2012年 521页

010962470
竹山县烟草志
竹山县烟草志编纂委员会编 武汉 崇文书局 2006年 271页〔十堰市烟草志丛书〕

013012729
竹山县交通志
竹山县交通局编 竹山 竹山县交通局 1997年 218页〔地方志系列丛书〕

013464432
竹山邮电志
竹山邮电志编纂组编 1993年 158页

011066634
竹山县财政志
湖北省竹山县财政局编 竹山 竹山县财政局 2005年 498页

013464430
竹山县税务志
竹山县国家税务局编印 竹山 竹山县国家税务局 2003年 371页

013236419
竹山县教育志 1865—2005
竹山县教育局编 郑州 中州古籍出版社 2011年 516页

013323309
竹山县公路志 古代—2009
湖北省竹山县公路管理局编 竹山 湖北省竹山县公路管理局 2010年 215页

008378516
湖北省竹山县地名志
竹山县地名领导小组办公室编 竹山 竹山县地名领导小组办公室 1983年 609页

012724151
竹山县卫生志 1991—2008
竹山县卫生志编纂委员会编 竹山 竹山县卫生志编纂委员会 2009年 440页

013965096
竹山县土壤志
竹山县土壤普查办公室编 竹山 竹山县土壤普查办公室 1986年 128页〔湖北省第二次土壤普查资料 56〕

竹溪县

007482454
竹溪县志
竹溪县志编纂委员会编 竹溪 1993年 813页

013661843

竹溪县中峰镇志 1949—2011

竹溪县中峰镇志编纂委员会编 武汉 竹溪县中峰镇志编纂委员会 2011年 253页〔竹溪县地方志丛书〕

013323314

竹溪县粮食志 1867—1987

湖北省竹溪县粮食局编 竹溪 湖北省竹溪县粮食局 1992年 192页

010962472

竹溪县烟草志

竹溪县烟草志编纂委员会编 武汉 崇文书局 2006年 216页〔十堰市烟草志丛书〕

013866376

竹溪县交通志

竹溪县交通局编 竹溪 竹溪县交通局 1990年 282页

014056731

竹溪教育志 1868—2008

竹溪县教育局 竹溪县教育志编纂委员会编 2011年 533页〔竹溪县地方志丛书〕

011327101

竹溪县教育志 1867—1985

竹溪县教育委员会教育志办公室编 竹溪 竹溪县教育委员会教育志办公室 1988年 201页

008380843

湖北省竹溪县地名志

竹溪县地名领导小组编 竹溪 竹溪县地名领导小组 1982年 477页

009797315

竹溪植物志

甘启良编著 武汉 湖北科学技术出版社 2005年 1298页

013012737

竹溪植物志补编

甘启良编著 武汉 湖北科学技术出版社 2011年 1226页

014056736

竹溪县人民医院志 1950—2008

竹溪县人民医院志编纂委员会编 竹溪 竹溪县人民医院志编纂委员会 2010年 329页

013707230

竹溪县卫生志 1867—1985

黄龙元主编 竹溪县卫生局编 竹溪 竹溪县卫生局 1988年 169页

房县

005591344

房县志

湖北省房县志编纂委员会编纂 北京 中国文史出版社 1991年 795页

013819365
房县畜牧志
房县畜牧局编 1985年 119页

010962449
房县烟草志
房县烟草志编纂委员会编 武汉 崇文书局 2006年 191页〔十堰市烟草志丛书〕

013335032
房县农村信用合作社志 1952—2008
房县农村信用合作联社编 房县 房县农村信用合作联社 2009年 228页

010142777
黄龙滩房县库区志
房县库区建设指挥部 房县地方志办公室编 房县 房县库区建设指挥部 房县地方志办公室 1995年 468页〔中华人民共和国地方志丛书〕

008379790
湖北省房县地名志
房县地名领导小组办公室编 房县 房县地名领导小组办公室 1984年 644页

013703337
房县卫生志
房县卫生局编 房县 房县卫生局 2006年 253页

宜昌市

009252777
宜昌地区简志 1949—1984
湖北省宜昌地区地方志编纂委员会编 湖北 新华印刷厂 1986年 610页

008456355
宜昌市志
湖北省宜昌市地方志编纂委员会编 合肥 黄山书社 1999年 1333页〔中华人民共和国地方志丛书〕

011571172
宜昌人口志
宜昌市人口志编纂委员会编 西安 太白文艺出版社 2007年 536页

012052513
宜昌市政协志 1949—2006
宜昌市政协志编纂委员会编 宜昌 宜昌市政协志编纂委员会 2007年 504页

011310904
宜昌市民政志 1949—1985
湖北省宜昌市民政局编 宜昌 湖北省宜昌市民政局 1990年 369页

013072759

宜昌市民政志 1979—2004

宜昌市民政局编纂 宜昌 宜昌市民政局 2010年 691页〔宜昌市地方志丛书〕

013012564

宜昌法院志 1840—2005

湖北省宜昌法院志编纂委员会编 宜昌 三峡电子音像出版社 2010年 760页

012723385

宜昌乡镇企业志 1976—2004

宜昌市经济委员会编纂 宜昌 宜昌市经济委员会 2009年 274页

013757247

宜昌房地志 评审稿 初稿

宜昌市房地产管理局编 宜昌 宜昌市房地产管理局 2005年 619页〔宜昌市志丛书〕

013323109

宜昌市城乡建设志

宜昌市城乡建设志编纂委员会编 宜昌 宜昌市城乡建设志编纂委员会 2009年 666页

011327702

宜昌市房地志 1840—1990

贺新民主编 周兴勇 詹同副主编 湖北省宜昌市房地志编纂办公室编 宜昌 湖北省宜昌市房地志编纂办公室 1992年 363页

009675304

葛洲坝水力发电厂志

葛洲坝水力发电厂志编纂委员会编 武汉 长江出版社 2004年 549页

013091074

葛洲坝水泥厂志

葛洲坝水泥厂志编纂委员会编 北京 中国建材工业出版社 1996年 448页

010576615

三峡卷烟厂志

三峡卷烟厂志编纂委员会编 武汉 崇文书局 2006年 505页〔湖北省烟草志丛书〕

013899388

三峡卷烟厂志资料长编

三峡卷烟厂志编纂委员会编 2004年 3册 1997页

013072754

宜昌市鄂西织布厂厂志 1949—1985

宜昌市鄂西织布厂厂志编纂室编 宜昌 宜昌市鄂西织布厂 1990年 392页

009685785

宜昌市烟草志

宜昌市烟草志编纂委员会编 武汉 崇文书局 2006年 834页〔宜昌市烟草志丛书〕

011296038
宜昌水利志
宜昌水利志编纂委员会编 武汉 长江出版社 2007年 580页〔湖北省水利志丛书〕

011292467
宜纺机厂志 1966—1986
许逸民总编辑 宜昌纺织机械厂厂志编辑室编 宜昌 宜昌纺织机械厂 1988年 413页

013661782
中南冶勘公司研究所所志 1965—1984
所志编纂委员会编 宜昌 所志编纂委员会 1985年 116页

008835233
宜昌地区交通志
宜昌地区交通志编纂委员会编 北京 中华书局 2001年 679页

011327703
宜昌市交通志
宜昌市交通志编纂委员会编 宜昌 宜昌市交通志编纂委员会 1992年 324页〔湖北省交通志丛书〕

008527995
宜昌地区水运志
宜昌地区水运志编纂委员会编 北京 人民交通出版社 1994年 516页

012767168
宜昌粮食志 1949—1999
宜昌市粮食局编 宜昌 湖北省宜昌市粮食局 1999年 746页

013757248
宜昌市财政志 1989—2005
宜昌市财政局编 宜昌 宜昌市财政局 2008年 591页

011910032
宜昌税务志 1840—2007
许泽新主编 武汉 湖北人民出版社 2009年 672页

012769435
宜昌市金融志 1840—1985
宜昌市金融志编辑室编 宜昌 宜昌市金融志编辑室 1989年 310页

012814478
宜昌文化志
冯万林主编 武汉 湖北人民出版社 2009年 920页

012636774
宜昌日报社志 1949—2005
宜昌日报社志编纂委员会编 宜昌 三峡电子音像出版社 2009年 360页

010476481
宜昌广播电视志
宜昌广播电视志编纂委员会编 北京 方

志出版社 2006年 622页

012769436
宜昌市群众艺术馆志 1949—2009
周兆祥主编 宜昌市群众艺术馆编 宜昌 宜昌市群众艺术馆 2009年 318页

013757251
宜昌市教育志 1979—2000
宜昌市教育局编 宜昌 宜昌市教育局 2009年 614页

009441900
宜昌市教育志 1840—1986
宜昌市教育志编纂办公室主编 宜昌 宜昌市教育志编纂办公室 1990年 543页

012723382
宜昌市第一中学志 1910—2009
宜昌市第一中学志编委会编 宜昌 三峡电子音像出版社 2010年 389页

011188814
湖北民间歌曲集成 宜昌地区分册
湖北省群众艺术馆 宜昌地区群众艺术馆合编 湖北 1987年 824页

008378995
湖北省宜昌市地名志
湖北省宜昌市地名委员会编 宜昌 湖北省宜昌市地名委员会 1984年 319页

001737283
三峡游览志
李华章 谷雨生编写 武汉 湖北省新华书店发行 1984年 186页〔湖北旅游丛书〕

012769434
宜昌市第一人民医院院志 1949—2009
宜昌市第一人民医院编 宜昌 宜昌市第一人民医院 2009年 540页

西陵区

012545409
西陵区志 1987—2003
宜昌市西陵区地方志编纂委员会编 武汉 长江出版社 2009年 704页〔宜昌市地方志丛书〕

伍家岗区

013689475
伍家岗区志 1986—2005
宜昌市伍家岗区地方志编纂委员会编 武汉 武汉出版社 2012年 885页〔湖北省宜昌市地方志丛书〕

013756983
伍家岗区教育志 1986—2010
伍家岗区教育志编纂委员会编 宜昌 伍家岗区教育志编纂委员会 2012年 485页

猇亭区

012316946

猇亭区志 1992—2005

宜昌市猇亭区地方志编纂委员会编 武汉 湖北人民出版社 2009年 801页〔宜昌市地方志丛书〕

夷陵区

006555919

宜昌县志

湖北省宜昌县地方志编纂委员会编纂 北京 冶金工业出版社 1993年 959页〔中华人民共和国地方志丛书〕

013189996

宜昌县志 1979—2001

宜昌市夷陵区地方志编纂委员会编 北京 方志出版社 2011年 2册

008823385

新中国五十年宜昌县大事记

中共宜昌县委史志办公室编 北京 中国三峡出版社 2000年 361页

014052922

夷陵宣传志 1949—2009

中共宜昌市夷陵区委宣传部编 宜昌 中共宜昌市夷陵区委宣传部 2010年 336页〔宜昌市夷陵区地方志丛书〕

011479486

宜昌市夷陵区审计志 1984—2005

宜昌市夷陵区审计志编纂委员会编 宜昌 宜昌市夷陵区审计志编纂委员会 2007年 332页〔宜昌市夷陵区地方志丛书〕

009880087

宜昌县烟草志

宜昌县烟草志编纂委员会编 武汉 崇文书局 2006年 370页〔宜昌市烟草志丛书〕

009382680

宜昌县财政志

宜昌县财政志编纂委员会编 合肥 黄山书社 1998年 433页〔湖北省地方专业志丛书〕

012769438

宜昌县金融志 1864—1985

湖北省宜昌县金融志编纂领导小组编 宜昌 湖北省宜昌县金融志编纂领导小组 1989年 326页

013939694

宜昌市夷陵区文化体育志 1840—2007

宜昌市夷陵区文化体育志编纂委员会编 宜昌 宜昌市夷陵区文化体育志编纂委员会 2011年 384页〔宜昌市夷陵区地方志丛书〕

011793600

中国民间歌曲集成 湖北卷 宜昌县分卷

宜昌县民歌编辑组编 宜昌 宜昌县民歌编辑组 1989年 418页

008381150

湖北省宜昌县地名志

宜昌县地名领导小组编 宜昌 宜昌县地名领导小组 1982年 616页

011327092

宜昌县卫生志 1860—1985

宜昌县卫生志编纂领导小组编 宜昌 宜昌县卫生志编纂领导小组 1988年 200页

宜都市

012723399

宜都市志 1979—2000

宜都市地方志编纂委员会编纂 武汉 湖北人民出版社 2010年 758页

004970779

宜都县志

湖北省枝城市地方志编纂委员会编 武汉 湖北人民出版社 1990年 752页

013096429

松宜煤炭志

松宜煤炭志编纂委员会编 松宜 松宜煤炭志编纂委员会 1995年 432页

014052926

宜都电力志 1926—1985

湖北省宜都县电力局编 枝城 湖北省枝城市新华印刷厂 1988年 86页

009880090

宜都市烟草志

宜都市烟草志编纂委员会编 武汉 崇文书局 2005年 336页〔宜昌市烟草志丛书〕

012724013

枝城市交通志 1865—1990

枝城市交通志编纂领导小组编 枝城 枝城市交通志编纂领导小组 1992年 314页

010061333

中国民间歌曲集成 湖北省 枝城市分卷

枝城市文化馆编 枝城 枝城市文化馆 19uu年 3册

008382922

湖北省宜都县地名志

宜都县地名领导小组编 宜都 宜都县地名领导小组 1982年 373页

013464218

宜都市第一人民医院志 2000—2010

宜都市第一人民医院志编纂委员会编 宜都 宜都市第一人民医院 2010年 396页

当阳市

012096556
当阳市志 1979—2000
湖北省当阳市地方志编纂委员会编 武汉 武汉出版社 2008年 739页〔湖北省地方志丛书〕

007903899
当阳县志
湖北省当阳市地方志编纂委员会编纂 北京 中国城市出版社 1992年 908页〔中华人民共和国地方志丛书〕

009996549
草埠湖农场志 1954—1987
草埠湖农场志编纂委员会编 当阳 草埠湖农场志编纂委员会 1988年 376页

013894491
当阳卷烟厂厂志资料长编
2003年 2册

010576574
当阳卷烟厂志
当阳卷烟厂志编纂委员会编 武汉 崇文书局 2006年 561页〔湖北省烟草志丛书〕

009879615
当阳市烟草志
当阳市烟草志编纂委员会编 武汉 崇文书局 2006年 425页〔宜昌市烟草志丛书〕

009685675
当阳交通志
当阳交通志编纂领导小组编 当阳 当阳市交通局 1989年 257页

009252273
当阳县教育志
当阳县教育委员会编 武汉 湖北人民出版社 1995年 316页

008380890
湖北省当阳县地名志
当阳县地名领导小组办公室编 当阳 当阳县地名领导小组办公室 1982年 620页

013334571
当阳土壤志
宜昌地区当阳县土壤普查办公室编 当阳 宜昌地区当阳县土壤普查办公室 1985年 224页

枝江市

013723722
枝江市志 1979—2002
湖北省枝江市地方志编纂委员会编纂 北京 方志出版社 2012年 1172页〔中华人民共和国地方志丛书〕

007378019
枝江县志
湖北省枝江县地方志编纂委员会编纂 北京 中国城市经济社会出版社 1990年 949页〔中华人民共和国地方志丛书〕

013961378
枝江人口志
枝江市人口志编纂委员会编 枝江 枝江市人口与计划生育局 2008年 590页

013134029
枝江政协志 1980.12—1996.11
枝江政协志编纂委员会编 枝江 枝江政协志编纂委员会 1998年 265页

012956916
枝江法院志 1949—2005
枝江法院志编纂委员会编 枝江 枝江法院志编纂委员会 2009年 267页

012636584
枝江国土资源志
枝江国土资源志编纂委员会编 枝江 枝江国土资源志编纂委员会 2009年 676页〔枝江市地方志丛书〕

013190082
枝江县粮食志
枝江县粮食局编 枝江 枝江县粮食局 1989年 199页

009880096
枝江市烟草志
枝江市烟草志编纂委员会编 武汉 崇文书局 2006年 316页〔宜昌市烟草志丛书〕

013866307
枝江交通志
湖北省枝江县交通局编 澳门 澳门人文出版社 1993年 238页

013343619
枝江供销社志 1950—1985
湖北省枝江县供销合作社联合社编 1992年 250页

007509343
枝江商业志
湖北省枝江县商业局编 北京 中国城市经济社会出版社 1990年 347页

013704251
枝江市第一高级中学校志 1965—2005
孙发斌主编 枝江一中学校志编纂委员会编 枝江 枝江一中学校志编纂委员会 2005年 430页

008378529
湖北省枝江县地名志
枝江县地名领导小组编 枝江 枝江县地名领导小组 1982年 442页

远安县

013190031
远安县志 1979—2005
湖北省远安县地方志编纂委员会编纂 北京 方志出版社 2011 年 1023 页〔中华人民共和国地方志丛书〕

007378017
远安县志
湖北省远安县地方志编纂委员会编纂 北京 中国城市经济社会出版社 1990 年 758 页〔中华人民共和国地方志丛书〕

008379160
远安县志续编
湖北省远安县地方志编纂委员会编纂 北京 中国三峡出版社 1996 年 462 页〔中华人民共和国地方志丛书〕

013072840
远安县政协志 1981—2007
远安县政协志编纂委员会编 远安 远安县政协志编纂委员会 2009 年 430 页〔远安县地方志丛书〕

013797204
远安县林业志
远安县林业志编委会编 远安 远安县林业局 2009 年 581 页〔远安县地方志丛书〕

013939754
远安县农业志
远安县农业局编 1989 年 301 页

009880093
远安县烟草志
远安县烟草志编纂委员会编 武汉 崇文书局 2005 年 338 页〔宜昌市烟草志丛书〕

013866258
远安交通志
远安交通志编纂委员会编 远安 远安县新华印刷厂 1992 年 233 页

013939751
远安县交通运输志 1991—2010
远安县交通运输志编纂委员会编 远安 远安县交通运输局 2011 年 382 页

010197126
远安县金融志
远安县金融志编纂室编 远安 远安县金融志编纂室 1990 年 197 页

008382921
湖北省远安县地名志
远安县地名领导小组 阳承杰编 远安 远安县地名领导小组 1983 年 443 页

013939756
远安县水利志 1949—2005
远安县水利志编纂委员会编 远安 远安

县水利志编纂委员会 2011 年 481 页

兴山县

008015397
兴山县志
湖北省兴山县地方志编纂委员会编纂 北京 中国三峡出版社 1997 年 656 页〔中华人民共和国地方志丛书〕

013091078
古夫镇志 1949—2003
古夫镇志编纂委员会编 古夫镇 古夫镇志编纂委员会 2006 年 388 页〔兴山地方志丛书〕

013823023
兴山县对口支援志 1984—2004
兴山县对口支援志编纂领导小组编 宜昌 宜昌市广鹏印业有限公司 2007 年 106 页〔兴山县地方志丛书〕

010230660
兴山县移民志 1984—2003
彭业明主编 兴山县移民志编纂委员会编 北京 中国三峡出版社 2006 年 417 页〔湖北兴山地方志丛书〕

009880081
兴山县烟草志
兴山县烟草志编纂委员会编 武汉 崇文书局 2006 年 404 页〔宜昌市烟草志丛书〕

012767146
兴山县金融志 1745—1985
湖北省兴山县金融志编纂室编 兴山 湖北省兴山县金融志编纂室 1990 年 225 页

011328652
兴山县教育志 1986—2003
艾廷玺 汪文贵 雷天林编 兴山 兴山县教育志编纂工作领导小组 2006 年 404 页〔兴山县地方志丛书〕

008385194
兴山县地名志
湖北省兴山县地名领导小组编 兴山 湖北省兴山县地名领导小组 1982 年 436 页

012767149
兴山县水土保持志 1955—2004
兴山县水土保持局编纂 2005 年 316 页〔湖北兴山地方志丛书〕

秭归县

006497386
秭归县志
湖北省秭归县地方志编纂委员会编 北京 中国大百科全书出版社 1991 年 629 页

012690300
秭归县志 1979—2005

秭归县地方志编纂委员会编 北京 方志出版社 2010年 907页

011294792
秭归县人口志
秭归县人口志编纂委员会编 秭归 秭归县人口志编纂委员会 2005年 484页

013134401
秭归县政协志 1981—1992
中国人民政治协商会议秭归县委员会编 秭归 中国人民政治协商会议秭归县委员会 1993年 145页

008453123
秭归县移民志
湖北省秭归县移民志编纂领导小组编 北京 新华出版社 1998年 296页

009441908
秭归县移民志 续卷
秭归县移民志编纂领导小组 田兵 舒德玉主编 北京 新华出版社 2004年 419页

011810579
秭归县国土资源志
秭归县国土资源志编纂委员会编 秭归 秭归县国土资源志编纂委员会 2005年 538页

009880101
秭归县烟草志
秭归县烟草志编纂委员会编 武汉 崇文书局 2006年 384页〔宜昌市烟草志丛书〕

009147404
秭归县交通志
湖北省秭归县交通志编纂领导小组编 北京 中国大百科全书出版社 1993年 333页〔中华人民共和国地方志丛书〕

011501628
秭归县交通志 续卷
秭归县交通志编纂领导小组编 北京 新华出版社 2007年 369页

011501626
秭归县财政志
秭归县财政志编纂领导小组 任荣 舒德玉主编 北京 方志出版社 2007年 479页

008381130
湖北省秭归县地名志
秭归县地名领导小组 刘光新主编 周明 丁志军编 徐文银绘图 秭归 秭归县地名领导小组 1982年 513页

009553745
秭归县水土保持志
秭归县水土保持志编纂领导小组编 北京 中国水利水电出版社 2004年 322页

013965101
秭归县土壤志
姜从权主编 秭归县土壤普查办公室编 秭归 秭归县土壤普查办公室 1985年 198页〔湖北省第二次土壤普查资料 66〕

008492843
秭归迁城志
秭归迁城志编纂领导小组 谭平 舒德玉主编 北京 中华书局 1999年 399页

长阳土家族自治县

012713921
长阳土家族自治县志 1979—2000
湖北省长阳土家族自治县地方志编委会编 北京 方志出版社 2011年 994页〔中华人民共和国地方志丛书〕

005331590
长阳县志
湖北省长阳土家族自治县地方志编纂委员会编纂 北京 中国城市出版社 1992年 824页〔中华人民共和国地方志丛书〕

012132538
长阳人口志
闫洪南主编 吴开荣执行主编 武汉 湖北人民出版社 2009年 490页

013090918
长阳土家族自治县人大志
长阳土家族自治县人大志编委会编 武汉 湖北人民出版社 2011年 464页

011757389
长阳移民志
向大法主编 武汉 湖北人民出版社 2007年 288页

009879613
长阳土家族自治县烟草志
长阳土家族自治县烟草志编纂委员会编 武汉 崇文书局 2006年 490页〔宜昌市烟草志丛书〕

012758753
长阳文化体育志
长阳土家族自治县文化体育局编纂 长阳 长阳土家族自治县文化体育局 2006年 532页

013758766
长阳土家族自治县教育志
长阳土家族自治县教育志编纂领导小组编 长阳 长阳土家族自治县教育志编纂领导小组 1988年 207页

008380742
长阳县地名志
湖北省长阳县地名领导小组办公室编 长阳 湖北省长阳县地名领导小组办公室 1982年 881页

013037931
长阳水利电力志 1979—2000
长阳水利电力志编纂领导小组编 长阳 长阳水利电力志编纂领导小组 2009年 474页

五峰土家族自治县

006092390
五峰县志
湖北省五峰土家族自治县地方志编纂委员会编纂 北京 中国城市出版社 1994年 707页〔中华人民共和国地方志丛书〕

009880076
五峰土家族自治县烟草志
五峰土家族自治县烟草志编纂委员会编 武汉 崇文书局 2006年 456页〔宜昌市烟草志丛书〕

008380928
湖北省五峰县地名志
五峰县地名领导小组编 五峰 五峰县地名领导小组 1982年 377页

013756975
五峰土家族自治县地方病防治志
中共五峰土家族自治县地方病防治领导小组办公室编 五峰 中共五峰土家族自治县地方病防治领导小组办公室 2001年 298页

襄阳市

006548249
襄樊市志
湖北省襄樊市地方志编纂委员会编纂 北京 中国城市出版社 1994年 1073页〔中华人民共和国地方志丛书〕

005536207
襄阳县志 1989
湖北省襄阳县地方志编纂委员会编纂 武汉 湖北人民出版社 1989年 786页

012767064
襄樊纪检监察志 1950—2007
中共襄樊市纪委 襄樊市监察局编纂 襄樊 中共襄樊市纪委 襄樊市监察局 2009年 452页

013660416
襄阳市人民代表大会志 1950.6—2012.1
襄阳市人民代表大会志编纂委员会编 武汉 湖北人民出版社 2012年 352页

011066999

襄樊市政协志 1956—1994

襄樊市政协志编审委员会编 襄樊 襄樊市政协 1995年 356页

009472553

襄阳县政协志 1980—1999

襄阳县政协志编纂委员会编 襄阳 襄阳县政协 1999年 281页

012839326

中国湖北武警志襄樊市支队志

中国人民武装警察部队湖北省总队襄樊市支队编 襄樊 中国人民武装警察部队湖北省总队襄樊市支队 2002年 312页

012545460

襄樊高新技术产业开发区志 征求意见稿

襄樊高新技术产业开发区志编纂委员会编 襄樊 襄樊高新技术产业开发区志编纂委员会 2007年 269页

012662527

襄樊高新技术产业开发区志 1992—2009

襄樊高新技术产业开发区志编纂委员会编 武汉 湖北人民出版社 2010年 248页

009382631

襄樊市劳动志

襄樊市劳动局编 襄樊 襄樊市劳动局 1986年 221页

010195813

襄樊市房地产志 1886—1987

湖北省襄樊市房地产管理局编 襄樊 湖北省襄樊市房地产管理局 1988年 468页

009685860

襄樊电力工业志 1914—1995

襄樊电力工业志编纂委员会编 襄樊 襄樊电力工业志编纂委员会 1999年 294页

009685779

襄樊市烟草志

襄樊市烟草志编纂委员会编 武汉 崇文书局 2006年 647页〔襄樊市烟草志丛书〕

010962481

襄阳县烟草志

襄阳县烟草志编纂委员会编 武汉 崇文书局 2006年 470页〔襄樊市烟草志丛书〕

013865286

襄樊交通志 1986—2005

襄阳市交通运输局 襄樊交通志编纂委员会编 武汉 湖北人民出版社 2012年 517页

009962615

铁道部电气化工程局第二工程处志

1978—1998

唐之明主编 中铁电气化局集团第二工程有限公司史志编纂委员会编 武汉 湖北人民出版社 2006年 492页

011793131

襄樊市粮食志 1885—1985

襄樊市粮食局编 襄樊 襄樊市粮食局 1992年 512页

009382690

中原解放区江汉行政区财政志

湖北省襄樊市财政局编纂 武汉 1990年 295页

009382702

中原解放区桐柏行政区财政志

湖北省襄樊市财政局 税务局编纂 襄樊 湖北省襄樊市财政局 1985年 160页

009382640

襄樊文化艺术志

丁剑卿主编 北京 人民中国出版社 1990年 323页

011068484

襄阳县文化志

襄阳县文化志编组编 襄阳 襄阳县文化志编组 1985年 120页

010142796

襄樊报业志

孙东海 戴叔尧主编 武汉 湖北人民出版社 1988年 380页

012140742

襄樊市昭明小学校志 1903—2008

襄樊市昭明小学编纂 襄樊 襄樊市昭明小学 2008年 406页

010142798

湖北省襄樊市第四中学校志

襄樊四中校志编写领导小组 田怀振总纂 田怀振等成员 罗元德主编 沈献章 殷普耀 杨少波撰稿 武汉 湖北人民出版社 1994年 253页

012316932

襄樊市长春高级中学校志 1999—2009

湖北省襄樊市长春高级中学编 襄樊 襄樊市长春高级中学 2009年 200页

008380275

襄阳人物志

李道南编撰 魏佐朝 杨吟香编审 湖北省襄阳县地方志编纂委员会办公室编 襄阳 湖北省襄阳县地方志编纂委员会办公室 1985年 197页

008378767

湖北省襄樊市地名志

襄樊市地名领导小组编 襄樊 襄樊市地名领导小组 1983年 216页

008382965

湖北省襄阳县地名志

襄阳县地名领导小组办公室编　襄阳　襄阳县地名领导小组办公室　1983 年　341 页

009382634

襄樊市中心医院志 1986—1998

襄樊市中心医院院志办编　襄樊　襄樊市中心医院　1993 年　291 页

013959603

襄阳县土壤志

襄阳县土壤普查办公室编　襄阳　襄阳县土壤普查办公室　1982 年　251 页〔湖北省第二次土壤普查资料 44〕

010109742

襄樊市城市规划志

陈家驹编纂　襄樊市城市规划管理局供稿　武汉　中科院武汉分院科技印刷厂　1991 年　484 页

襄城区

013732429

襄樊卷烟厂志

襄樊卷烟厂志编纂委员会编　武汉　崇文书局　2006 年　1091 页〔湖北省烟草志丛书〕

007506733

襄樊交通志

湖北省襄樊交通志编纂委员会编　北京　中国城市经济社会出版社　1990 年　423 页〔中华人民共和国地方志丛书〕

008492792

襄樊铁路分局志 1958—1995

襄樊铁路分局史志编纂委员会编　北京　中国铁道出版社　1999 年　492 页

012140754

襄樊四中校志 1954—2004

苏超时主编　王祖泽　陈仁庆副主编　武汉　湖北人民出版社　2004 年　354 页

009441894

隆中志

袁本清编著　李云编审　襄樊　襄樊市风景区管理处　1992 年　209 页

011909148

襄樊著述志

李翼鹏编　湖北　湖北襄樊印刷二厂　1987 年　559 页

襄州区

012175080

襄阳县(区)政协志 1999.1—2005.12

政协襄樊市襄阳区委员会文史委员会编　襄阳　政协襄樊市襄阳区委员会文史委员会　2006 年　608 页

老河口市

007903967
老河口市志
湖北省老河口市地方志编纂委员会编 北京 新华出版社 1992年 718页〔中华人民共和国地方志丛书〕

008408137
老河口市乡镇企业志
湖北省老河口市乡镇企业管理局编 老河口 老河口市乡镇企业管理局 1990年 167页

008407965
城乡建设志
老河口市城乡建设管理委员会城乡建设志编纂办公室编 老河口 老河口市城乡建设管理委员会城乡建设志编纂办公室 1993年 156页〔老河口市地方志丛书〕

008216451
[老河口市]农业机械志
老河口市农业机械管理局农业机械志编纂委员会编 老河口 老河口市农业机械管理局农业机械志编纂委员会 1997年 176页〔老河口市地方志丛书〕

008823854
纺织工业志
老河口市纺织工业局纺织工业志编纂委员会编 老河口 老河口市纺织工业局纺织工业志编纂委员会 1995年 158页〔老河口市地方志丛书〕

010576604
老河口市烟草志
老河口市烟草志编纂委员会编 武汉 崇文书局 2006年 348页〔襄樊市烟草志丛书〕

008823851
[老河口市]供销合作志
老河口市供销合作社联合社供销合作志编纂领导小组编 老河口 老河口市供销合作社联合社供销合作志编纂领导小组 1994年 130页〔老河口市地方志丛书〕

007672348
[老河口市]金融志
湖北省老河口市金融志编纂委员会编 老河口 湖北省老河口市金融志编纂委员会 1993年 177页〔老河口市地方志丛书〕

008411244
文化艺术志
湖北省老河口市文化局文化艺术志编纂领导小组编 河北 1993年 242页

011762832
老河口市教育志 1898—1985
老河口市教育委员会编 老河口 老河口

市教育委员会 1989年 325页

008453177
老河口市教育志续编 1986—1990
老河口市教育委员会编 老河口 老河口市教育委员会 1997年 165页〔老河口市地方志丛书〕

008378554
湖北省老河口市地名志
老河口市地名委员会办公室编 老河口 老河口市地名委员会办公室 1983年 127页

008486743
[老河口市]卫生志
老河口市卫生局卫生志编纂委员会编 老河口 老河口市卫生局卫生志编纂委员会 1994年 402页〔老河口市地方志丛书〕

枣阳市

003491348
枣阳志
湖北省枣阳市地方志编纂委员会编纂 北京 中国城市经济社会出版社 1990年 700页〔中华人民共和国地方志丛书〕

010173047
湖北枣阳乡土志
姜道章著 台北 中国文化大学华冈出版社 2006年 368页

010576626
枣阳卷烟厂志
枣阳卷烟厂志编纂委员会编 武汉 崇文书局 2006年 594页〔湖北省烟草志丛书〕

010962484
枣阳市烟草志
枣阳市烟草志编纂委员会编 武汉 崇文书局 2006年 385页〔襄樊市烟草志丛书〕

013012614
枣阳市财政志 1912—2006
枣阳市财政局编 枣阳 枣阳市财政局 2009年 405页〔枣阳市地方志丛书〕

008378707
枣阳县地名志
枣阳县地名领导小组办公室编 枣阳 枣阳县地名领导小组办公室 1984年 392页

013961334
枣阳县土壤志
柏世凯主编 枣阳 枣阳县土壤普查办公室 1987年 224页〔湖北省第二次土壤普查资料 45〕

宜城市

013597715
宜城市志 1979—2005
湖北省宜城市人民政府 湖北省宜城市地方志编纂委员会编纂 武汉 湖北人民出版社 2011 年 762 页〔湖北省地方志丛书〕

008846439
宜城志
湖北省宜城市地方志编纂委员会编 北京 新华出版社 1998 年 937 页

010962483
宜城市烟草志
宜城市烟草志编纂委员会编 武汉 崇文书局 2006 年 308 页〔襄樊市烟草志丛书〕

013133896
宜城教育体育志 1986—2005
宜城市教育体育局编纂 宜城 宜城市教育体育局 2011 年 413 页〔宜城市地方志丛书〕

014052925
宜城县教育志
宜城县教育委员会编 宜城 宜城县教育委员会 1989 年 708 页

012540586
湖北省宜城县地名志
宜城县地名领导小组编 宜城 宜城县地名领导小组 1982 年 452 页

南漳县

003801418
南漳县志
湖北省南漳县地方志编纂委员会编纂 北京 中国城市经济社会出版社 1990 年 628 页〔中华人民共和国地方志丛书〕

013342309
南漳县志 1986—2007
南漳县人民政府 南漳县地方志编纂委员会编 武汉 湖北人民出版社 2012 年 850 页〔湖北省地方志丛书〕

010962477
南漳县烟草志
南漳县烟草志编纂委员会编 武汉 崇文书局 2006 年 372 页〔襄樊市烟草志丛书〕

008528715
南漳县教育志 1902—1985
湖北省南漳县教育志编写组编 南漳 湖北省南漳县教育志编写组 1987 年 359 页

008379220
南漳县地名志
南漳县地名委员会办公室编 南漳 南漳

县地名委员会办公室 1984 年 492 页

009411528
长渠志
长渠志编纂委员会编 北京 方志出版社 2003 年 296 页 〔湖北省水利志丛书〕

谷城县

007903914
谷城县志
湖北省谷城县地方志编纂委员会编 北京 新华出版社 1991 年 570 页

013597554
谷城县志 1986—2005
湖北省谷城县人民政府 湖北省谷城县地方志编纂委员会编纂 武汉 湖北人民出版社 2012 年 839 页 〔湖北省地方志丛书〕

010962475
谷城县烟草志
谷城县烟草志编纂委员会编 武汉 崇文书局 2006 年 276 页 〔襄樊市烟草志丛书〕

009864719
谷城县金融志 送审稿
谷城县金融志编纂办公室编 谷城 谷城县金融志编纂办公室 1985 年 79 页

012139131
谷城县革命老区志 1927—1945
谷城县党史地方志办公室 谷城县老区建设促进会编 谷城 谷城县党史地方志办公室 2006 年 93 页

008380174
湖北省谷城县地名志
谷城县地名领导小组办公室编 谷城 谷城县地名领导小组办公室 1985 年 597 页

保康县

007900123
保康县志
湖北省保康县地方志编纂委员会编 北京 中国世界语出版社 1991 年 780 页 〔中华人民共和国地方志丛书〕

013189990
尧治河村志 1949—2009
保康县尧治河村志编纂委员会编 保康 保康县尧治河村志编纂委员会 2010 年 432 页

009797102
保康县人大志 1950—2003
杨跃进主编 保康县人大志编纂委员会编 保康 保康县人大志编纂委员会 2003 年 509 页

011066696
保康政协志 1982—2002
刘荣德 赵清华主编 政协保康县委员会编 保康 政协保康县委员会 2002年 407页

010962474
保康县烟草志
保康县烟草志编纂委员会编 武汉 崇文书局 2006年 324页〔襄樊市烟草志丛书〕

008453161
保康县供销合作社志 1939—1985
湖北省保康县供销合作社联合社编 保康 湖北省保康县供销合作社联合社 1987年 283页

008378758
湖北省保康县地名志
保康县地名领导小组办公市编 保康 保康县地名领导小组办公室 1984年 302页

鄂州市

008636598
鄂州市志
鄂州市地方志编纂委员会编纂 北京 中华书局 2000年 1018页

013045503
樊口简志
樊口简志编纂委员会编 樊口街道 樊口简志编纂委员会 2004年 454页

012970629
旭光村志
旭光村志编纂委员会编 鄂州 旭光村志编纂委员会 2004年 261页

013751660
鄂州市纪检监察志 1951—2007

鄂州市纪检监察志编纂委员会编纂 鄂州 鄂州市纪检监察志编纂委员会 2009年 376页

012132722
鄂州市政府志
鄂州市人民政府办公室编 鄂州 鄂州市人民政府办公室 1990年 131页

012967544
鄂州市政协志 1984—2006
鄂州市政协志编纂委员会编 鄂州 鄂州市政协志编纂委员会 2008年 554页

011564526
鄂州政协志 1950.2—1989.4
政协鄂州市文史资料委员会编 鄂州 中

国人民政治协商会议鄂州市委员会文史资料委员会 1989年 112页

008846452
鄂州市物资志
湖北省鄂州市物资局编 鄂州 湖北省鄂州市物资局 1989年 156页

013819358
鄂州市畜牧兽医志 1949—2009
鄂州市畜牧兽医局编 鄂州 鄂州市畜牧兽医局 2010年 296页

011472203
程潮铁矿志
武钢矿业有限责任公司程潮铁矿志编纂委员会编 武汉 武钢矿业有限责任公司 19uu年

013626268
鄂钢焦化厂志 1995—2001
鄂钢焦化厂志编纂委员会编 鄂州 鄂钢焦化厂志编纂委员会 2001年 133页

013626271
鄂钢焦化分厂志 1970—1994
鄂钢焦化分厂志编纂委员会编 鄂州 鄂钢焦化分厂志编纂委员会 1995年 205页

013703305
鄂州电力工业志 1929—2008
鄂州电力工业志编纂委员会编 鄂州 鄂州电力工业志编纂委员会 2009年 562页

013681542
鄂州电力志 1929—2008
鄂州电力志编纂委员会编 鄂州 鄂州电力志编纂委员会 2009年 619页〔国家电网〕

009685682
鄂州市烟草志
鄂州市烟草志编纂委员会编 武汉 崇文书局 2006年 727页〔鄂州市烟草志丛书〕

013894563
鄂州市烟草志资料长编
鄂州市烟草专卖局修志办公司编 2004年 2册 668页

009960269
鄂州市交通志
鄂州市交通局交通志编纂委员会编 上海 上海社会科学院出版社 1991年 298页〔湖北省交通志丛书〕

009311425
鄂州市供销合作社志
鄂州市供销合作社联合社编 鄂州 鄂州市供销合作社联合社 1987年 359页

012872245
鄂州市供销合作社志 1983—2007

鄂州市供销合作社编纂 鄂州 鄂州市供销合作社 2010年 319页

010195570
鄂州市粮食志 送审稿
鄂州市粮食局编 鄂州 湖北省鄂州市粮食局 1988年 495页

012714120
鄂州市粮食志 1983—2007
鄂州市粮食志编纂委员会编纂 鄂州 鄂州市粮食志编纂委员会 2009年 439页

009335311
鄂州市物价志 1644—1987
鄂州市物价局编 鄂州 鄂州市物价局 1991年 238页

009685678
鄂州市金融志
鄂州市金融志编纂办公室编 鄂州 鄂州市金融志编纂办公室 1991年 269页〔鄂州市地方志丛书〕

012831378
鄂州市广播电视志 1950—2009
鄂州市广播电影电视局 鄂州市广播电视台编纂 鄂州 鄂州市广播电影电视局 鄂州市广播电视台 2010年 251页

012265038
湖北省鄂州市第二中学校志 1956—2006
鄂州 湖北省鄂州市第二中学 2006年 76页

012679298
鄂州方言志
万幼斌著 成都 天地出版社 2000年 312页

013179459
鄂州市物价志 1984—2007
鄂州市物价志编纂委员会编 鄂州 鄂州市物价志编纂委员会 2011年 565页

012132715
鄂州市建制沿革志
鄂州市地方志总编室编 鄂州 鄂州市地方志总编室 1991年 84页

013314420
鄂州地震志
秦先华主编 鄂州 鄂州市地震局 2008年 152页

009960293
鄂州中医志
鄂州中医志编纂委员会编 武汉 湖北科学技术出版社 2006年 240页

011995601
鄂州市中心医院志 1946—2006

曹莉萍主编 鄂州市中心医院志编纂委员会编 鄂州 鄂州市中心医院志编纂委员会 2006年 519页

013506653
鄂州市卫生志 1983—2007
鄂州市卫生志编纂委员会编 武汉 湖北科学技术出版社 2011年 698页

009125518
粑铺大堤志
粑铺大堤志编纂委员会 湖北省鄂州市水利局编 北京 中国水利水电出版社 1998年 217页〔湖北省水利志丛书〕

009335316
鄂州市环境保护志 初稿
鄂州市环境保护局编 鄂州 鄂州市环境保护局 1988年 135页

鄂城区

007503286
鄂城县简志
熊亚云编 鄂城县人民政府编 1987年 78页

014047737
茅草村志

新庙镇茅草村志编纂委员会编 鄂州 鄂州市信谊印务有限公司 2008年 428页

009960259
长港农场志
长港农场志编纂委员会编 湖北 长港农场志编纂委员会 1988年 361页

009961488
湖北省鄂城钢铁厂志 1957—1985
湖北省鄂城钢铁厂厂志办公室编 鄂城 湖北省鄂城钢铁厂厂志办公室 1987年 732页

013628053
炼铁分厂志 1958—1998
炼铁分厂志编纂组编 鄂州 炼铁分厂志编纂组 1998年 297页

008378551
湖北省鄂城市地名志
鄂城市地名领导小组编 鄂城 鄂城市地名领导小组 1981年 166页

008379839
湖北省鄂城县地名志
鄂城县地名领导小组办公室编 鄂城 鄂城县地名领导小组办公室 1981年 387页

荆门市

007585934
荆门市志
湖北省荆门市地方志编纂委员会编 武汉 湖北科学技术出版社 1994年 882页

012903559
中共荆门市委党校志 1959—2009
中共荆门市委党校志编纂委员会编 武汉 湖北人民出版社 2009年 323页〔荆门市地方志丛书〕

013792545
荆门市接待志 1949—2008
荆门市接待志编纂委员会编 武汉 湖北人民出版社 2010年 393页

012639095
荆门交警志 1978—2000
荆门市交警支队编 荆门 荆门市交警支队 2002年 404页

013335437
荆门物资志
荆门物资志编纂委员会编 武汉 华中理工大学出版社 1997年 495页

012811634
荆门市供水总公司志 1969—2007
荆门市供水总公司志编纂委员会编 武汉 湖北人民出版社 2009年 416页

011580219
荆门市建设志
荆门市建设志编纂委员会编 北京 新华出版社 1994年 496页

013064799
荆门市土地志
荆门市土地志编纂委员会编 荆门 荆门市土地志编纂委员会 1998年 338页

013897666
荆门市志烟草志资料长编
荆门市烟草专卖局修志办公室编 2002年 427页

011320864
国电荆门热电厂志 1985—2004
国电长源荆门热电厂办公室编 荆门 荆门热电厂 2006年 317页

012265140
荆门电力变电志 1979—2007
荆门电力变电志编纂委员会编 武汉 湖北人民出版社 2009年 113页〔荆门电力工业志丛书 6〕

012265150
荆门电力工业志 1922—2007

荆门电力工业志编纂委员会编 武汉 湖北人民出版社 2009年 497页〔荆门电力工业志丛书 1〕

012265152
荆门电力输电志 1989—2007
荆门电力输电志编纂委员会编 武汉 湖北人民出版社 2009年 136页〔荆门电力工业志丛书 7〕

012265155
荆门供电公司直属单位简志 1978—2007
荆门供电公司直属单位简志编纂委员会编 武汉 湖北人民出版社 2009年 249页〔荆门电力工业志丛书 8〕

009310508
荆门炼油厂志 1969—1983
夏其山主编 荆门炼油厂志编纂委员会编 荆门 荆门炼油厂志编纂委员会 1985年 190页

012639100
荆门石化志 1984—2008
桂雅频主编 北京 中国文化出版社 2010年 563页

013183687
荆门市煤炭化学工业志
荆门市煤炭化学工业志编纂办公室编 荆门 荆门市煤炭化学工业志编纂办公室 1988年 254页

011327130
荆门市水利志
荆门市水利志编纂委员会编 武汉 湖北教育出版社 1989年 315页

013774279
荆门市水利志 1986—2008
荆门市水利志编纂委员会编 武汉 长江出版社 2012年 529页〔湖北省水利志丛书〕

009685700
荆门市烟草志
荆门市烟草志编纂委员会编 武汉 崇文书局 2005年 423页〔荆门市烟草志丛书〕

009241074
荆一化志
荆门市第一化肥厂厂志编纂委员会编 荆门 荆门市第一化肥厂 1996年 280页

008453098
漳河水库移民志
湖北省漳河水库移民志编纂委员会 湖北省漳河工程管理局编 北京 中国水利水电出版社 1996年 202页〔湖北省水利志丛书〕

008382991
荆门粮食志
荆门粮食志编纂委员会编 北京 人民交

通出版社 1995 年 438 页

013627993
荆门商业志
荆门市商业志编纂委员会编 荆门 荆门市商业志编纂委员会 1991 年 656 页

008453126
荆门财政志
湖北省荆门市财政志编纂委员会编纂 北京 中国城市经济社会出版社 1989 年 221 页〔中华人民共和国地方志丛书〕

013932173
荆门国家税务志 1984—2007
胡宏新主修 北京 中国文化出版社 2010 年 551 页

013531093
荆门市财政志 1979—2005
荆门市财政志编纂领导小组编 武汉 湖北人民出版社 2012 年 463 页〔荆门市地方志丛书〕

009768593
荆门税务志
湖北省荆门市税务志编纂委员会撰 北京 中国铁道出版社 1991 年 527 页〔中华人民共和国地方志丛书〕

013183708
荆门市青少年活动中心志 2000—2010
荆门市青少年活动中心志编委会编 荆门 荆门市青少年活动中心 2010 年 176 页

012954938
荆门市教育志
邹诗泉主编 北京 教育科学出版社 1989 年 262 页

012968124
荆门市教育志 1979—2005
荆门市教育志编纂委员会编 武汉 湖北人民出版社 2010 年 440 页〔荆门地区教育志丛书〕

013148631
新时期荆门招生考试志
付子林主编 北京 中国广播电视出版社 2004 年 295 页

008644686
湖北省荆门市地名志
荆门市地名领导小组办公室编 荆门 荆门市地名领导小组办公室 1983 年 242 页

008381110
湖北省荆门县地名志
荆门县地名领导小组办公室编 荆门 荆门县地名领导小组办公室 1982 年 2 册 760 页

012639103

荆门市第二人民医院志

荆门市第二人民医院志编纂委员会主编 湖北 湖北人民出版社 2011年 363页

013183681

荆门市第一人民医院志 1950—2010 征求意见稿

荆门市第一人民医院志编辑委员会编 荆门 荆门市第一人民医院志编辑委员会 2010年 461页

011954484

荆门市石化医院院志 1951—2006

荆门市石化医院院志编纂委员会编 荆门 荆门市石化医院 2006年 394页

013335435

荆门卫生志

湖北省荆门市卫生志编纂委员会编纂 北京 中国文史出版社 1990年 202页

010731590

漳河水库志 1990—2000

湖北省漳河工程管理局编 北京 中国水利水电出版社 2006年 326页

东宝区

012714088

东宝区政协志 1987—2007

东宝区政协志编纂委员会编 荆门 东宝区政协志编纂委员会 2009年 313页

012264193

东宝电力工业志 1934—2007

东宝电力工业志编纂委员会编 武汉 湖北人民出版社 2009年 253页〔荆门电力工业志丛书 2〕

013752692

荆门市东宝区教育志 1949—2005

荆门市东宝区教育志编纂委员会编 武汉 湖北人民出版社 2012年 317页〔荆门地区教育志丛书〕

钟祥市

007903913

钟祥县志

湖北省钟祥县县志编纂委员会编纂 武汉 湖北人民出版社 1990年 1043页

013932257

冷水镇志 1986—2009

冷水镇志编纂委员会 杜生福主编 钟祥 冷水镇志编纂委员会 2012年 579页

013866370

中国共产党钟祥市委员会党校志 1959.8—2008.12

中共钟祥市委党校编 钟祥 中共钟祥市委党校 2010年 308页〔钟祥地方志丛书〕

013190412
钟祥市政协志 1988.1—2008.2
钟祥市政协志编纂委员会编 北京 中国文化出版社 2008年 382页

011327100
钟祥县政协志
中国人民政治协商会议湖北省钟祥县委员会政协志编纂委员会编 钟祥 中国人民政治协商会议湖北省钟祥县委员会政协志编纂委员会 1988年 393页

009685867
钟祥机构编制志
湖北省钟祥县机构编制委员会办公室编 钟祥 钟祥市机构编制委员会 1989年 222页

012052666
钟祥市工商行政管理志
钟祥市工商行政管理局编 钟祥 钟祥市工商行政管理局 1998年 310页

011327615
钟祥县劳动人事志
湖北省钟祥县劳动人事志编纂委员会编 钟祥 湖北省钟祥县劳动人事志编纂委员会 1991年 400页

012898418
官庄湖农场志
官庄湖农场志编纂委员会主编 湖北 官庄湖农场志编纂委员会 2000年 334页

013987607
大口林场志 1957—2008
大口林场志编纂委员会编 2010年 469页

013798786
钟祥县农业志 1949—1989
钟祥县农业志编纂委员会编 钟祥 钟祥县农业志编纂委员会 1990年 206页

012249948
放马山矿务局志 1971—1991
湖北省荆州地区放马山磷矿矿务局志编纂委员会编 湖北 湖北省荆州地区放马山磷矿矿务局志编纂委员会 1991年 508页

012317820
钟祥电力工业志 1950—2007
钟祥电力工业志编纂委员会编 武汉 湖北人民出版社 2009年 283页〔荆门电力工业志丛书 4〕

009992702
钟祥市烟草志
钟祥市烟草志编纂委员会编 武汉 崇文书局 2005年 423页〔荆门市烟草志丛书〕

014056718

钟祥市烟草志资料长编

钟祥市烟草专卖局修志办公室编 2003年 3册

012175598

钟祥水利志

钟祥水利志编纂委员会 湖北省钟祥市水利局编 北京 中国水利水电出版社 1999年 305页〔湖北省水利志丛书〕

005018561

钟祥县邮电志 1182—1984

湖北省钟祥县邮电局编 1987年 270页

011292120

钟祥县供销商业志 1949—1981

湖北省钟祥县供销合作社编 钟祥 湖北省钟祥县供销合作社 1983年 403页

013824986

钟祥税务志

湖北省钟祥税务志编纂委员会编 钟祥 湖北省钟祥税务志编纂委员会 1995年 560页

009797307

钟祥县金融志 1820—1985

钟祥县金融志编纂委员会编 钟祥 钟祥县金融志编纂委员会 1987年 261页

013148980

钟祥市教育志 1988—2005

钟祥市教育志编纂委员会编 北京 中国文化出版社 2010年 794页

008380898

湖北省钟祥县地名志

钟祥县地名领导小组办公室编 钟祥 钟祥县地名领导小组办公室 1982年 2册 705页

京山县

002988540

京山县志

湖北省京山县志编纂委员会编纂 武汉 湖北人民出版社 1990年 831页

012661362

京山政协志 1981—1999

政协京山县文史资料委员会编 京山 政协京山县文史资料委员会 1999年 416页〔京山文史 17〕

012266372

太子山林场管理局志

太子山林场管理局志编纂委员会编 湖北 湖北省太子山林场管理局 2007年 436页

012265134

京山电力工业志 1951—2007

京山电力工业志编纂委员会编 武汉 湖

北人民出版社 2009 年 297 页〔荆门电力工业志丛书 5〕

009992467
京山县烟草志
京山县烟草志编纂委员会编 武汉 崇文书局 2005 年 414 页〔荆门市烟草志丛书〕

009961575
京山县印刷厂厂志 1952—1992
京山县印刷厂厂志编写组编 京山 京山县印刷厂 1992 年 129 页

013861854
京山县交通志
湖北省京山县交通局编 京山 京山县印刷厂 1985 年 185 页

008378954
湖北省京山县地名志
京山县地名领导小组编 京山 京山县地名领导小组 1981 年 589 页

013958696
京山县土壤志
京山县土壤普查办公室编 京山 京山县土壤普查办公室 1984 年 231 页〔湖北省第二次土壤普查资料 43〕

沙洋县

011908936
唐林村志 1950—2005
唐东福主编 唐林村志编修组委员会编 唐林村 唐林村志编修组委员会 2008 年 275 页

012639009
沙洋人民代表大会志 1987—1998
张昌海主编 沙洋人民代表大会志编纂委员会编 沙洋 沙洋人民代表大会志编纂委员会 2003 年 996 页

012266240
沙洋电力工业志 1922—2007
沙洋电力工业志编纂委员会编 武汉 湖北人民出版社 2009 年 215 页〔荆门电力工业志丛书 3〕

009992697
沙洋县烟草志
沙洋县烟草志编纂委员会编 武汉 崇文书局 2005 年 309 页〔荆门市烟草志丛书〕

013225776
沙洋县教育志 1979—2005
沙洋县教育志编纂委员会编 武汉 湖北人民出版社 2011 年 525 页〔荆门地区教育志丛书〕

012661243

荆楚古刹纪山寺志

释净心主编 香港 国际炎黄文化出版社 2010年 204页

013184675

沙洋人民医院院志 1951—2000

沙洋人民医院院志编纂委员会编 沙洋 沙洋人民医院 2000年 238页

孝感市

007990124

孝感市志

湖北省孝感市地方志编纂委员会编 北京 新华出版社 1994年 1008页〔中华人民共和国地方志丛书〕

013959610

孝感市志 1949—2005

湖北省孝感市地方志编纂委员会编 武汉 湖北人民出版社 2013年 2册 2550页

007469302

孝感县简志

湖北省方志纂修委员会编 武汉 湖北人民出版社 1959年 110页

013957671

[中共孝感市委]机关工委简志 1950.9—2007.12

中共孝感市委市直机关工作委员会编 2009年 229页

012613253

孝感市人民政府志 1949—2008

孝感市人民政府办公室编 孝感 孝感市人民政府办公室 2009年 177页

013226576

孝感市民政志 1724—1991

孝感市民政志编纂领导小组编 孝感 孝感市民政志编纂领导小组 1992年 184页

012970554

孝感市民政志 1949—2005

孝感市民政志编纂委员会编 孝感 孝感市民政志编纂委员会 2010年 414页〔孝感市地方志丛书〕

013321217

孝感市国土资源志 1984—2008

孝感市国土资源局编 孝感 孝感市国土资源局 2010年 187页

012899978

孝感市畜牧业志 1949—2008

孝感市畜牧业志编纂委员会编 孝感 孝感市畜牧业志编纂委员会 2010年

408 页

013186065
孝感市农业志
孝感市农业局编 孝感 孝感市农业局 1998 年 1 册

013097826
孝感市农业志 1949—2009
孝感市农业志编辑委员会编 武汉 崇文书局 2011 年 832 页

008453156
孝感地区水利志
孝感地区水利志编纂委员会编 武汉 武汉大学出版社 1996 年 352 页

010109766
孝感电业志 1923—1985
孝感供电局修志办公室编 孝感 孝感供电局 1997 年 222 页

010008695
孝感市烟草志
孝感市烟草志编纂委员会编 武汉 崇文书局 2006 年 707 页〔孝感市烟草志丛书〕

013899731
孝感市烟草志资料长编
孝感市烟草志编纂委员会编 2004 年 747 页〔湖北省烟草志丛书〕

013865393
孝感地区交通志
孝感地区交通志编纂委员会编纂 武汉 湖北科学技术出版社 1994 年 401 页〔湖北省交通志丛书〕

013321211
孝感车务段段志 1897—1993
孝感车务段段志编纂组编 孝感 孝感车务段段志编纂组 1993 年 291 页

009335326
孝感市邮电志 送审稿
孝感市邮电局编 孝感 孝感市邮电局 1988 年 214 页

010109758
孝感地区粮食志 1949—1985
孝感地区粮食志编纂组编 孝感 孝感地区粮食志编纂组 1989 年 170 页

009335320
孝感市财政志
骆明福主编 武汉 华中师范大学出版社 1996 年 451 页

012837490
孝感市税务志
骆明福主编 武汉 华中师范大学出版社 1994 年 582 页

013226561
孝感地区金融简志 1949—1985

孝感地区金融志编纂委员会编 孝感 孝感地区金融志编纂委员会 1989年 199页

013226565
孝感市金融志 1875—1985
孝感市金融志编纂委员会编 孝感 孝感市金融志编纂委员会 1988年 320页

013865407
孝感市教育志 1883—1987
孝感市教育志编纂领导小组编 1990年 248页

012636917
孝感学院志 1943—2008
丁么明主编 武汉 湖北人民出版社 2010年 851页

011188812
湖北民间歌曲集成 孝感地区分册
湖北省群众艺术馆 孝感地区群众艺术馆合编 湖北 1987年 424页

009790341
湖北省孝感县地名志
孝感县地名领导小组编 孝感 孝感县地名领导小组 1982年 718页

013959612
孝感土壤志
湖北省孝感市土壤普查办公室编 孝感 孝感市土壤普查办公室 1985年 245页〔湖北省第二次土壤普查资料17〕

013865411
孝感市水利志 1990—2007
湖北省孝感市水利局 孝感市水利志编辑委员会编 武汉 湖北人民出版社 2012年 344页

孝南区

011892125
龙店区志
孝感市龙店区志编纂办公室编 1989年 387页

013225495
朋兴乡志 1949—2009
朋兴乡志编纂委员会 陈伟主编 朋兴乡 朋兴乡志编纂委员会 2011年 616页〔孝南区地方志丛书〕

013320984
书院街志
书院街志编纂委员会编 香港 环球出版社 2010年 244页〔孝南区地方志丛书〕

013865414
孝南区民政志 1990—2008
孝南区民政志编纂委员会编 孝感 孝南区民政志编纂委员会 2009年 197页

012613250

孝南区民政志 1991—2001

孝南区民政志编纂领导小组编 孝感 孝南区民政志编纂领导小组 2003 年 209 页

012662540

孝南区劳动保障志

孝南区劳动保障志编委会编 孝感 孝南区劳动保障志编委会 2009 年 348 页

013236415

朱湖农场志

朱湖农场志编纂委员会编 孝感 朱湖农场 1986 年 197 页

010008697

孝南区烟草志

孝南区烟草志编纂委员会编 武汉 崇文书局 2006 年 418 页〔孝感市烟草志丛书〕

013757104

孝感市孝南区国税志 1994—2008

孝感市孝南区国税志编纂委员会编 孝感 孝感市孝南区国税志编纂委员会 2010 年 341 页

应城市

007905722

应城县志

湖北省应城市地方志编纂委员会编纂 北京 中国城市出版社 1992 年 1056 页〔中华人民共和国地方志丛书〕

013707134

应城党校志 1959—2011

中共应城市委党校著 北京 中国文化出版社 2011 年 298 页

013865536

应城民政志 1882—1985

应城民政志编纂领导小组编 应城 应城民政志编纂领导小组 1992 年 248 页

013323113

应城市军事志 1949—2005

应城市人民武装部军事志编纂委员会编 应城 应城市人民武装部军事志编纂委员会 2007 年 352 页

013686444

应城县粮食志

应城市粮食局编 应城 应城市粮食局 1991 年 273 页

012099927

双环公司志

湖北双环化工集团有限公司编 湖北 湖北双环化工集团有限公司 2004 年 552 页

010008708

应城市烟草志

应城市烟草志编纂委员会编 武汉 崇文

书局 2006 年 454 页〔孝感市烟草志丛书〕

013866330
中国人民解放军第九〇四五工厂志
九〇四五工厂厂志办公室编 1992 年 271 页

013236280
应城县商业志
应城县商业局编纂办公室编 应城 应城县商业局编纂办公室 1989 年 326 页

013757964
应城县财政志 1882—1985
应城市财政局编 应城 应城市财政局 1991 年 204 页

013236275
应城县金融志
应城县金融志编纂委员会编 应城 应城县金融志编纂委员会 1988 年 297 页

013236268
应城县教育志 1904—1985
应城县教育志编纂领导小组编 应城 应城县教育志编纂领导小组 1989 年 233 页

010577079
应城风物志 历史人文风情 100 篇
应城 2001 年 194 页〔应城市地方志丛书〕

008382632
湖北省应城县地名志
应城县地名领导小组编 应城 应城县地名领导小组 1981 年 361 页

009335138
湖北应城石膏矿志
湖北应城石膏矿志编纂委员会编 武汉 武汉工业大学出版社 1990 年 358 页

安陆市

008191638
安陆县志
湖北省安陆市地方志编纂委员会编纂 武汉 武汉出版社 1993 年 905 页

012658099
安陆市人大志
安陆市人大志编纂委员会编 安陆 安陆市人大志编纂委员会 2005 年 783 页

009382710
安陆县粮食志 1835—1987
安陆县粮食局编 安陆 安陆县粮食局 1988 年 243 页

010008650
安陆市烟草志
安陆市烟草志编纂委员会编 武汉 崇文书局 2006 年 321 页〔孝感市烟草志丛书〕

013751431

安陆市金融志 1986.1—2000.12

安陆市金融志编纂委员会编 安陆 安陆市金融志编纂委员会 2005年 360页

010140762

安陆县金融志 1843—1985

安陆县金融志编纂委员会办公室编 安陆 安陆县金融志编纂委员会 1987年 286页

012809878

安陆市文化体育新闻出版志 1949—2009

安陆市文化体育新闻出版局 曹成海主编 武汉 长江文艺出版社 2010年 625页

010109650

安陆县教育志 1854—1985

湖北省安陆市教育委员会编纂 安陆 1989年 346页

008381119

湖北省安陆县地名志

安陆县地名普查办公室编 安陆 安陆县地名普查办公室 1982年 445页

汉川市

013897211

汉川市志 1986—2005

湖北省汉川市地方志编纂委员会编纂 武汉 长江出版社 2010年 948页〔中华人民共和国地方志丛书〕

005591317

汉川县志

湖北省汉川县地方志编纂委员会编纂 北京 中国城市出版社 1992年 831页〔中华人民共和国地方志丛书〕

011328408

分水镇志

汉川市分水镇人民政府镇志编纂办公室编 分水镇 汉川市分水镇人民政府镇志编纂办公室 1998年 387页〔中华人民共和国地方志丛书〕

012639732

庙头镇志 1949—2008

汉川市庙头镇人民政府 庙头镇志编辑部编纂 汉川 庙头镇志编辑部 2010年 458页〔中华人民共和国地方志丛书〕

010279682

汉川市人民代表大会志

汉川市人民代表大会志编纂委员会编 汉川 汉川市人民代表大会 2003年 367页

012541634

汉川政协志 1956.2—1999.2

汉川政协志编纂委员会编 汉川 汉川政协志编纂委员会 1999年 294页

013683687
汉川法院志 1873—1985
汉川县人民法院史志编写组编 汉川 汉川县人民法院 1987年 93页

012952064
汉川市劳动保障志 1949—2009
汉川市劳动保障志编纂委员会编 武汉 长江出版社 2010年 227页〔汉川市地方志丛书〕

013316218
汉川市林业志 1986—2005
汉川市林业志编纂委员会编纂 汉川 汉川市林业志编纂委员会 2011年 190页〔汉川市地方志丛书〕

013683688
汉川市水产志 1442—2005
汉川市水产局编 汉川 汉川市水产局 2010年 327页〔汉川市地方志丛书〕

013222109
汉川农牧志
湖北省汉川县农牧志编纂办公室编 汉川 湖北省汉川县农牧志编纂办公室 1987年 192页

010008664
汉川市烟草志
汉川市烟草志编纂委员会编 武汉 崇文书局 2006年 430页〔孝感市烟草志丛书〕

013183524
湖北省汉川发电厂志 1989—1998
汉川发电厂编纂 汉川 汉川发电厂 1999年 253页

011759044
汉川粮食志
汉川县粮食局编 汉川 汉川县粮食局 1990年 237页

013688731
汉川市财政志 1949—2009
汉川市财政志编纂委员会办公室编 武汉 长江出版社 2012年 548页〔汉川市地方志丛书〕

013183468
汉川税务志
汉川国税局编 汉川 汉川国税局 2002年 257页

012952059
汉川市金融志 1986—1998
汉川市金融志编纂委员会 左文烈总纂 冯爱林 李利兰副总纂 汉川 汉川市金融志编纂委员会 2000年 277页

010109680
汉川县金融志 1849—1985
汉川县金融志编纂委员会编 汉川 汉川县金融志编纂委员会 1988年 268页

013752416

汉川市教育志 1986—2008

湖北省汉川市教育志编纂委员会编 汉川 湖北省汉川市教育志编纂委员会 2011年 521页

010109677

汉川县教育志

湖北省汉川县教育委员会编纂 汉川 汉川县教育委员会 1988年 621页

008379848

湖北省汉川县地名志

汉川县地名领导小组办公室主编 汉川 汉川县地名领导小组办公室 1982年 410页

011310836

汉川县卫生志 1727—1985

汉川县卫生志编纂委员会编 汉川 汉川县卫生志编纂委员会 1990年 438页

孝昌县

013899728

孝昌县志 1993—2012

孝昌县地方志编纂委员会编纂 武汉 湖北人民出版社 2013年 1025页

010008694

孝昌县烟草志

孝昌县烟草志编纂委员会编 武汉 崇文书局 2006年 261页〔孝感市烟草志丛书〕

大悟县

008453120

大悟县志

湖北省大悟县地方志编纂委员会编 武汉 湖北科学技术出版社 1996年 892页〔中华人民共和国地方志丛书〕

013955618

大悟县志 1988—2008

大悟县地方志编纂委员会编纂 武汉 湖北人民出版社 2013年 1226页

006802895

大悟志略

大悟县地方志编纂委员会编 武汉 湖北人民出版社 1989年 332页

013179399

大悟县政协志

大悟县政协志编纂委员会编 大悟 大悟县政协志编纂委员会 2008年 523页

010008654

大悟县烟草志

大悟县烟草志编纂委员会编 武汉 崇文书局 2006年 494页〔孝感市烟草志丛书〕

013221074
大悟县金融志 1916—1985
大悟县金融志编纂委员会编 大悟 大悟县金融志编纂委员会 1987年 260页

013221072
大悟县教育志 1930—1990
吴传清主编 傅敦和 杜汉生副主编 湖北省大悟县教育委员会编纂 大悟 湖北省大悟县教育委员会 1992年 588页

008380243
湖北省大悟县地名志
大悟县地名领导小组编 大悟 大悟县地名领导小组 1983年 501页

云梦县

008094640
云梦县志
湖北省云梦县志编纂委员会编 北京 生活·读书·新知三联书店 1994年 648页

008844948
云梦县志 送审稿
云梦县志编纂委员会办公室编 云梦 云梦县志编纂委员会办公室 1990年 42页

014052435
下辛店镇志
下辛店镇志编纂委员会编 2012年 700页〔湖北省地方志丛书〕

013758002
云梦县城关镇志
云梦县城关镇志编纂委员会编 云梦 云梦县城关镇志编纂委员会 2009年 209页

012612985
云梦县工会志 1950—2007
云梦县工会志编审委员会编 云梦 云梦县总工会 2009年 257页

013236332
云梦县人大志 1950—2009
云梦县人大志编纂委员会编 云梦 云梦县人大志编纂委员会 2011年 661页

013236336
云梦县政协志
中国人民政治协商会议云梦县委员会编纂 云梦 中国人民政治协商会议云梦县委员会 2009年 462页

013757993
云梦法院志 1950—2010
云梦县人民法院志编纂委员会编 云梦 云梦县人民法院 2012年 238页

011325497
云梦县军事志 初稿
湖北省云梦县人民武装部编纂 云梦 湖

北省云梦县人民武装部 1987 年 141 页

010008718
云梦县烟草志
云梦县烟草志编纂委员会编 武汉 崇文书局 2006 年 234 页〔孝感市烟草志丛书〕

013236330
云梦县金融志 1839—1985
云梦县金融志编纂委员会编 云梦 云梦县金融志编纂委员会 1988 年 250 页

013901148
云梦县教育志 1588—2008
湖北省云梦县教育志编纂委员会编 云梦 湖北省云梦县教育志编纂委员会 2011 年 704 页

008382693
湖北省云梦县地名志
云梦县地名领导小组编 云梦 云梦县地名领导小组 1982 年 291 页

012723429
云梦县人民医院院志 1940.10—2003.12
湖北省云梦县人民医院编 云梦 湖北省云梦县人民医院 2005 年 244 页

荆州市

008191656
荆州地区志
荆州地区地方志编纂委员会编纂 北京 红旗出版社 1996 年 922 页

013183710
荆州人事简志
荆州地区行政公署人事局编 荆州 荆州地区行政公署人事局印 1994 年 240 页

009992447
湖北省荆州地区工商行政管理志
荆州地区工商行政管理局编 荆州 工商行政管理局 1994 年 404 页

011762367
荆州城自来水志
荆州城自来水志编纂委员会编 荆州 1996 年 333 页

011764780
太湖港农场志
湖北省国营太湖港农场志编纂委员会编 湖北 太湖港农场志编纂委员会 1988 年 239 页

013093043
荆州市农垦志 1994—2005
荆州市农垦志编纂委员会编 荆州 农垦志编纂委员会 2010年 305页

009961578
荆州电力志
荆州电力志编辑室编 荆州 荆州电力志编辑室 1987年 324页

009685702
荆州市烟草志
荆州市烟草志编纂委员会编 武汉 崇文书局 2006年 733页〔荆州市烟草志丛书〕

013897668
荆州市烟草志资料长编
荆州市烟草专卖局修志办编 2004年 6册

008835215
荆州地区交通志
荆州地区交通志编纂委员会编 合肥 黄山书社 1992年 706页

012873000
荆州交通征稽志 1987—2005 定审稿
荆州交通征稽志编委会编 荆州 荆州市公路规费征收稽查处 2006年 236页

009675361
荆州地区水运志
荆州地区水运志编纂委员会编 南宁 广西人民出版社 1989年 353页

013093054
荆州市银行志 1994—2005
荆州市银行志编纂委员会编 荆州 荆州市银行志编纂委员会 2008年 341页

012097631
荆州电台志
荆州人民广播电台编 荆州 荆州人民广播电台 2008年 345页

012954945
荆州科技志
杨剑波主编 荆州科技志编纂委员会编 武汉 武汉大学出版社 1993年 218页

013990881
荆州花鼓戏志
中国戏曲志湖北卷编辑部 湖北省荆州地区行政公署文化局 谢声华主编 北京 中国戏剧出版社 1993年 340页

013317833
荆州市中心血站志 1980—2008
荆州市中心血站志编纂委员会编 荆州 荆州市中心血站 2009年 310页

013990882
荆州市妇幼保健院荆州市妇女儿童医院院志 1984—2005

2005 年 297 页

013990883
荆州市中心医院院志 2000—2010
荆州市中心医院编 荆州 荆州市中心医院 2010 年 442 页

013446282
荆州医院志
湖北省荆州地区人民医院编 荆州 湖北省荆州地区人民医院 1990 年 273 页

012719123
荆州市卫生志 1985—2005
荆州市卫生志编纂委员会编 荆州 荆州市卫生局办公室 2010 年 393 页

012251329
荆州市中心医院志 1990—1999
荆州市中心医院院志办公室编 荆州 荆州市中心医院院志办公室 2000 年 330 页

009675364
荆州卫生志
湖北省荆州地区行政公署卫生志局编 荆州 湖北省荆州地区行政公署卫生志局 1990 年 369 页

012968125
荆州水产简志
荆州市水产局编 荆州 荆州市水产局 2002 年 55 页

013990770
江汉第四石油机械厂志 1941—1990
江汉第四石油机械厂志编纂委员会编 香港 香港灵艺广告印刷有限公司 1991 年 384 页

010245164
江汉第四石油机械厂志 1991—2001
江汉第四石油机械厂志编纂委员会编 湖北 江汉第四石油机械厂 2001 年 360 页

008453117
渭水水库志
渭水水库志编纂委员会 湖北省荆沙市渭水工程管理局编 北京 中国水利水电出版社 1996 年 252 页〔湖北省水利志丛书〕

009252267
'98 荆州抗洪志
'98 荆州抗洪志编纂委员会 荆州市地方志办公室编 北京 中国经济出版社 1999 年 380 页

010244198
荆江大堤新志 试写稿
荆州地区长江堤防志编纂委员会编 湖北 荆州地区长江堤防志编纂委员会 1984 年 1 册

013730132
荆江堤防志

荆州市长江河道管理局编 北京 中国水利水电出版社 2012年 921页 〔湖北省水利志丛书〕

沙市区

011441932
沙市区志 1994—2004
荆州市沙市区地方志编纂委员会编纂 武汉 湖北人民出版社 2007年 615页

006256164
沙市市志
沙市市地方志编纂委员会编 北京 中国经济出版社 1992年

013096309
沙市市人民代表大会志 1949—1994
沙市市人民代表大会志编纂组编 沙市 沙市市人民代表大会志编纂组 1997年 277页

009675369
[沙市]民政志
沙市市民政局民政志办公室编 沙市 沙市市民政局民政志办公室 1987年 275页 〔沙市市地方志丛书〕

010195601
沙市市政协志 1955.5—1991.12
中国人民政治协商会议湖北省沙市市委员会办公室编 沙市 中国人民政治协商会议湖北省沙市市委员会办公室 1992年 223页 〔沙市市地方志丛书〕

011287765
沙市政权志 1911—1985
沙市政权志编纂办公室编 沙市 沙市政权志编纂办公室 1989年 285页 〔沙市市地方志丛书〕

013129036
[沙市]工商行政管理志
沙市市工商行政管理局编 沙市 沙市市工商行政管理局 1990年 223页

008453149
沙市市建设志
沙市市建设志编纂委员会编 北京 中国建筑工业出版社 1992年 354页

011328177
沙市市自来水志
沙市市自来水志编纂组编 沙市 沙市市自来水志编纂组 1995年 372页

010195596
[沙市]农业志
沙市市农业志编纂领导小组办公室编 沙市 沙市市农业志编纂领导小组办公室 1993年 235页 〔沙市市地方志丛书〕

013647637

湖北省沙市棉纺织厂厂志 1965—1985

厂志编写小组编纂 沙市 湖北省沙市棉纺织厂厂志编写小组 1986年 194页

013660085

沙市第一棉纺织厂厂志 1930—1981

湖北省沙市市第一棉纺织厂厂志编写组编纂 沙市 湖北省沙市市第一棉纺织厂厂志编写组 1983年 296页

009961611

[沙市]交通志

沙市市编纂委员会办公室公路交通编史研究编辑室编 沙市 沙市市编纂委员会办公室公路交通编史研究编辑室 1987年 292页〔沙市市地方志丛书〕

010195592

沙市贸易志 商业篇 初稿

沙市贸易志办公室编 沙市 沙市贸易志办公室 1985年 1册

007685462

沙市商业志

沙市 1989年 260页

007672312

沙市市商业志

湖北省沙市市商业志编纂领导小组办公室编 沙市 湖北省沙市市商业志编纂领导小组办公室 1989年 260页

013184663

沙市市教育志

沙市市教育志编纂办公室编 武汉 武汉市汉口四黄印刷厂 1991年 202页

012051825

沙市二中校志

杨希学主编 沙市 沙市二中 2005年 195页

013462822

沙市五中校志 1956—2006

沙市第五中学校庆办公室编 荆州 沙市第五中学校庆办公室 2006年 193页〔辉煌50年丛书〕

012096738

观音垱地名志

观音垱地名志编纂委员会编 观音垱 观音垱地名志编纂委员会 2005年 108页

008378530

沙市市地名志

湖北省沙市市地名委员会编 沙市 湖北省沙市市地名委员会 1984年 426页

013184654

沙市市传染病医院院志 1974—1989

沙市 院志编纂小组 1989年 81页

010195599

[沙市市]卫生志

湖北省沙市市卫生志办公室编 沙市 湖北省沙市市卫生志办公室 1988年 379页〔沙市市地方志丛书〕

013184667
沙市水利堤防志
沙市市水利堤防志编纂委员会编 太原 山西高校联合出版社 1994年 224页

荆州区

012721842
马店村志
任善炎主编 荆州 中共荆州市荆州区党委办公室 荆州市荆州区地方志办公室 2004年 193页

010201728
菱角湖农场志
菱角湖农场志编纂委员会编 北京 中国文史出版社 1991年 229页

009880063
荆州区烟草志
荆州区烟草志编纂委员会编 武汉 崇文书局 2006年 480页〔荆州市烟草志丛书〕

013093050
荆州区卫生志
荆州区卫生志编纂委员会编 荆州 荆州市荆州区新闻出版局 2011年 473页

石首市

013991514
石首市志 1986—2005
湖北省石首市地方志编纂委员会编纂 武汉 湖北人民出版社 2014年 842页

007342623
石首县志
湖北省石首市地方志编纂委员会编纂 北京 红旗出版社 1990年 705页〔中华人民共和国地方志丛书〕

012969618
石首机构编制志
石首机构编制志编纂领导小组编 石首 石首机构编制志编纂领导小组 1992年 303页〔中华人民共和国地方志丛书〕

009880071
石首市烟草志
石首市烟草志编纂委员会编 武汉 崇文书局 2005年 392页〔荆州市烟草志丛书〕

011327205
石首交通志
石首市交通志编纂小组编 北京 红旗出版社 1990年 174页〔中华人民共和国地方志丛书〕

013145416

石首教育志 1866—1985

石首教育志编纂领导小组编 1987 年 346 页

012722365

石首市教育志 1986—2005

石首市教育局教育志办公室编 石首 石首市教育局 2006 年 624 页

008381142

湖北省石首县地名志

石首县地名领导小组办公室编 石首 湖北省石首县地名领导小组办公室 1983 年 577 页

洪湖市

006420759

洪湖县志

洪湖市地方志编纂委员会编纂 武昌 武汉大学出版社 1992 年 668 页

012967649

洪湖市老区建设促进会志 1991—2007

洪湖市老区建设促进会志编纂委员会编 洪湖 洪湖市老区建设促进会 2010 年 216 页

010290775

洪湖县水产志

洪湖县水产志编辑室编 洪湖 洪湖县水产局 1987 年 222 页

009880051

洪湖市烟草志

洪湖市烟草志编纂委员会编 武汉 崇文书局 2006 年 383 页〔荆州市烟草志丛书〕

010008644

洪湖交通志 1840—1987

洪湖交通志编纂委员会编 合肥 黄山书社 1992 年 409 页

013415125

洪湖教育志

洪湖市教育委员会编 洪湖 洪湖市教育委员会 1996 年 278 页

013530971

洪湖教育志 1987—2007

洪湖市教育局编 武汉 湖北人民出版社 2012 年 801 页

011292259

瞿家湾志

瞿家湾志编纂委员会编 瞿家湾 瞿家湾志编纂委员会 1986 年 195 页

008380886

湖北省洪湖县地名志

洪湖县地名办公室编 洪湖 洪湖县地名办公室 1983 年 697 页

松滋市

013775283
松滋市志 1986—2005
松滋市史志办公室编纂 武汉 武汉出版社 2012年 774页

007903886
松滋县志
湖北省松滋县志编纂委员会编 松滋 松滋县志编纂委员会 1986年 843页

013131123
沙道观镇志
沙道观镇志编纂委员会编 沙道观镇 沙道观镇志编纂委员会 2009年 313页

003035283
松滋县民政志
松滋县民政局编 1985年 152页

003035282
松滋县林业志
湖北省松滋县林业局编印 1986年 221页

009880074
松滋市烟草志
松滋市烟草志编纂委员会编 武汉 崇文书局 2006年 386页〔荆州市烟草志丛书〕

003035279
松滋交通志
湖北省松滋县交通局编 松滋 湖北省松滋县交通局 1984年 209页

012722457
松滋邮电志
松滋邮电志编纂委员会编 松滋 松滋邮电志编纂委员会 1998年 446页

003033414
松滋县供销志 1939—1985
松滋县供销社编 松滋 松滋县供销社 1987年 243页

003035277
松滋县粮食志
湖北省松滋县粮食局编印 1984年 234页

003034603
松滋县商业志 1911—1984
松滋县商业局编 1985年 272页

009685813
松滋县财政志
湖北省松滋县财政局编 松滋 松滋县财政局 1986年 154页

009685817
松滋县税务志 1911—1987
松滋县税务局编 松滋 松滋县税务局 1989年 286页

014052252

松滋金融志

松滋县金融志编纂办公室编纂 松滋 松滋县金融志编纂办公室 1990年 273页

003035281

松滋县教育志

湖北省松滋县教育委员会编纂 松滋 湖北省松滋县教育委员会 1986年 489页

012003201

中国谚语集成 湖北卷 松滋分卷 松滋谚语

冯其林责任编辑 松滋县民间文学三大集成领导小组 松滋县文化馆编 松滋 松滋县印刷厂印 1987年 362页

008025752

湖北省松滋县地名志

松滋县地名领导小组办公室编 1983年 771页

013321145

渭水流域志

渭水流域志编纂委员会编 北京 中国炎黄文化出版社 2011年 982页

003033413

松滋县卫生志 1911—1985

松滋县卫生局编 松滋 松滋县卫生局 1985年 312页

012099949

松滋水利志

松滋水利志编纂领导小组 松滋市水利局编 北京 中国环境科学出版社 2008年 284页〔湖北省水利志丛书〕

公安县

007378027

公安县志

公安县志编纂委员会编 上海 汉语大词典出版社 1990年 775页

012898412

公安县志 1980—2000

公安县地方志编纂委员会编纂 北京 中国环境科学出版社 2010年 610页

009685800

藕池镇志

公安县藕池镇志编写组编 藕池镇 公安县藕池镇志编写组 1984年 245页

013335265

公安县机构编制志

钟明朗主编 公安县机构编制委员会办公室编 公安 公安县机构编制委员会办公室 2004年 284页

009879618

公安县烟草志

公安县烟草志编纂委员会编 武汉 崇文

书局 2006 年 342 页〔荆州市烟草志丛书〕

013860546
公安交通志
公安县交通局编史修志办公室编 公安 公安交通局编史修志办公室 1985 年 283 页

009125493
公安县公路志
黄文富主编 北京 方志出版社 2003 年 442 页

012718816
公安县财政志
公安县财政志编纂委员会编 公安 公安县财政志编纂委员会 1992 年 237 页

011995653
公安县财政志 1991—2005
公安县财政志编纂委员会编 武汉 湖北人民出版社 2008 年 498 页

009123728
公安县教育志
湖北省公安县教育委员会编 武汉 湖北大学史志文萃杂志社 1987 年 291 页

008382928
湖北省公安县地名志
公安县地名委员会办公室编 公安 公安县地名委员会办公室 1984 年 368 页

008839919
荆江分洪工程志
荆江分洪工程志编纂委员会编 北京 中国水利水电出版社 2000 年 542 页〔湖北省水利志丛书〕

011325457
荆江分洪工程专志 初稿
公安县建工部荆江分洪工程专志编辑室编 1987 年 373 页

监利县

008225734
监利县志
湖北省监利县县志编纂委员会编 武汉 湖北人民出版社 1994 年 951 页

013990767
监利县志 1979—2006
监利县地方志编纂委员会编 武汉 湖北人民出版社 2013 年 906 页

012545487
新沟镇志
新沟镇志编纂委员会编 武汉 武汉出版社 2003 年 261 页〔武汉市名街名镇名乡名村志丛书〕

013926353
监利县权力机关志
匡计洪主编 湖北省监利县人大常委会办公室编 监利 监利县人大常委会办

公室 1989年 295页

009472525
监利县政协志 1956.5—1996.5
监利县政协志编纂委员会编 监利 监利县政协志编纂委员会 1997年 296页

009553759
监利县编制志
监利县编制委员会办公室 邓浩光主编 刘荣该副主编 武汉 湖北人民出版社 1993年 327页

012202877
监利公安志
监利公安志编纂委员会编 监利 监利公安志编纂委员会 1994年 413页〔中国地方志丛书〕

009799929
人民大垸农场志 1957—1987
人民大垸农场志编纂委员会编 湖北 人民大垸农场 1988年 397页

013531034
监利县粮食志
监利县粮食局编 监利 监利县粮食局 1988年 395页

013990765
监利县农业志
监利县农业志编纂委员会编 武汉 崇文书局 2011年 502页

009880054
监利县烟草志
监利县烟草志编纂委员会编 武汉 崇文书局 2006年 391页〔荆州市烟草志丛书〕

013861791
监利交通志
监利交通志编纂委员会编 北京 中国城市出版社 1991年 313页

010245102
监利邮电志
监利县邮电志编纂委员会编 监利 监利县邮电志编纂委员会 1999年 378页

013957726
监利县金融志 1851—1985
湖北省监利县金融志编纂室编 监利 湖北省监利县金融志编纂室 1988年 322页

013897612
监利县教育志 1859—1986
监利县教育志编纂领导小组编 监利 监利县教育志编纂领导小组 1987年 260页

008381138
湖北省监利县地名志
监利县地名领导小组办公室编 监利 监利县地名领导小组办公室 1984年 479页

009685793
监利水利志
监利水利志编辑室编 北京 中国水利水电出版社 2005年 522页

009348062
监利堤防志
监利堤防志编纂委员会 张佑清主编 武汉 湖北人民出版社 1991年 506页

江陵县

007903892
江陵县志
湖北省江陵县县志编纂委员会编纂 武汉 湖北人民出版社 1990年 899页

010476521
江陵县志 公安 司法志 军事志 初稿
江陵 19uu年 69页

010469065
江陵县志 近现代人物志 1 初稿
江陵 1987年 1册

008453129
新编江陵县志文存
浦士培 李天荣主编 郑州 中州古籍出版社 1994年 336页

009335487
郝穴镇志 1986.10
郝穴镇志编写组编 郝穴镇 郝穴镇志编写组 1986年 455页

010146975
滩桥志
中共滩桥镇委员会 滩桥镇人民政府编 滩桥镇 滩桥镇人民政府 1997年 457页

012999209
江陵县政协志
江陵 江陵县政协 1984年 34页

009675351
江陵县民政志
江陵县民政志编纂领导小组编 江陵 江陵县民政志编纂领导小组 1990年 225页

009442777
六合垸农场志
国营六合垸农场志编纂委员会编 湖北 国营六合垸农场 1987年 273页

009880058
江陵县烟草志
江陵县烟草志编纂委员会编 武汉 崇文书局 2006年 332页〔荆州市烟草志丛书〕

010777067
江陵县造纸厂志
江陵县造纸厂志编纂委员会编 江陵 江陵县造纸厂 199u年 233页

009675318
江陵县交通志
江陵县交通志编辑组编 江陵 江陵县交通志编辑组 1986年 268页

011325455
江陵县饮食服务行业志 1863—1985
江陵县饮食服务公司编 江陵 江陵县饮食服务公司 1987年 252页

009675349
江陵粮食志
江陵县粮食志编写组编 江陵 江陵县志编纂委员会 1987年 344页

009675324
江陵县金融志
严钦诰主编 武汉 中国地质大学出版社 1993年 142页

009675320
江陵县教育志 1877—1981
江陵县教育志编纂领导小组编 江陵 江陵县教育志编纂领导小组 1984年 380页

008378617
湖北省江陵县地名志
江陵县地名领导小组办公室编 江陵 江陵县地名领导小组办公室 1982年 606页

013774223
江陵县卫生志
江陵县卫生志编撰小组编 1982年 1册

010577384
三湖农场志 1960—1985
三湖农场志编纂委员会编 湖北 三湖农场 1990年 361页

011324981
江陵县土壤志
宋同远主编 1983年 186页〔湖北省江陵县土壤普查资料 32〕

009382482
江陵县水利志
江陵县水利志编辑组编 江陵 江陵县志编纂委员会 1984年 201页

009864709
'98江陵抗洪志
湖北省江陵县人民政府编 江陵 江陵县人民政府 1999年 200页

003399133
江陵堤防志
江陵堤防志编写组编 江陵 江陵县志编纂委员会 1984年 226页

黄冈市

009020802
黄冈市志
湖北省黄冈市地方志编纂委员会编纂 武汉 崇文书局 2004 年 2 册 2182 页〔中华人民共和国地方志丛书〕

003032729
黄冈县简志
刘里仁等编 1987 年 75 页

007060787
黄冈县志
黄冈县志编纂委员会编 武昌 武汉大学出版社 1990 年 703 页

008453096
黄冈地区概况
王浩洪统稿 万宝国等主撰 黄冈地区地方志办公室编 湖北 黄冈地委机关印刷厂 1992 年 353 页

011585035
团风镇志
湖北省黄冈县团风镇编史修志办公室编 团风镇 团风镇编史修志办公室 1986 年 379 页

012541771
黄冈市法院志
李京洲编写 黄冈 黄冈市法院志编写领导小组 2000 年 357 页

008990518
黄冈地区水产志
黄冈地区行政公署水产局编 武昌 武汉大学出版社 1992 年 278 页

008450966
黄冈地区水利志
黄冈地区水利志编纂委员会 湖北省黄冈市水利局编 北京 中国水利水电出版社 1997 年 422 页〔湖北省水利志丛书〕

012872543
黄冈电力志 1918—1999
黄冈电力志编纂委员会编 黄冈 黄冈电力志编纂委员会 2003 年 321 页

010109685
黄冈市烟草志
黄冈市烟草志编纂委员会编 武汉 崇文书局 2006 年 820 页〔黄冈市烟草志丛书〕

013683719
黄冈县电力志
黄冈县电力志编辑室编 黄冈 湖北省黄冈县电力志编辑室 1986 年 276 页

009335140
黄冈地区工业志
湖北省黄冈地区行政公署工业局史志编纂委员会编 黄州镇 黄冈地区行政公署工业局史志编纂委员会 1988年 360页

009961555
黄冈县交通志
黄冈县交通史志编辑室编 黄冈 黄冈县交通史志编辑室 1984年 190页

007986709
黄冈地区水运志
张明主编 汪国祥副主编 上海 上海社会科学院出版社 1991年 324页

008453095
黄冈地区邮电志
黄冈市邮电局编 武汉 湖北人民出版社 1996年 379页

010195574
黄冈县供销合作志 征求意见稿
黄冈县供销合作社修志办公室编 北京 中华书局 1984年 218页

010195575
黄冈县粮食商业志 征求意见稿
黄冈县粮食商业志编写组编 黄冈 黄冈县粮食商业志编写组 1985年 1册

009335339
黄冈县粮食商业志
黄冈县粮食局编 黄冈 黄冈县粮食局 1988年 401页

013704274
黄冈县商业志 1882—1985
黄冈县商业志编纂办公室编 武汉 湖北省科学技术出版社 1988年 321页

013820271
黄冈县财政税务志 1882—1982
黄冈县财政局修志组编 黄冈 黄冈县财政局修志组 1985年 283页

009382453
黄冈地区金融简志 至1987
黄冈地区金融志编纂办公室编写 黄冈 黄冈地区金融志编纂办公室 1988年 194页

009961560
黄冈县金融志 1882—1985
黄冈县金融志编纂办公室编 黄冈 黄冈县金融志编纂领导小组 1987年 242页

013704272
黄冈市教育志
黄冈市教育志编纂委员会编 武汉 湖北人民出版社 2012年 710页

010142769

黄冈县教育志 1875—1985

黄冈县教育志编纂委员会编 黄冈 黄冈县教育志编纂委员会 1987年 271页

011295881

黄冈职业技术学院校志

白颢主编 郭杏芳副主编 武汉 武汉出版社 2007年 293页

013820305

辉煌六十年 黄冈职业技术学院校志

张鹤桥 陈年友主审 李卫光主编 武汉 武汉出版社 2009年 290页

011148710

中国民间歌曲集成 湖北省黄冈地区分卷

黄冈地区文化局 黄冈地区群众艺术馆编 湖北 1983年 602页

011566042

黄冈县路口地方志 1882—1982

路口区史志编辑室编 黄冈 路口区史志编辑室 1986年 456页

008990519

鄂东人物志 现代人物卷

黄冈地区地方志编纂委员会办公室编 黄冈 黄冈地区地方志编纂委员会办公室 1994年 606页〔黄冈地区资料丛书〕

008381104

湖北省黄冈县地名志

黄冈县地名领导小组编 易恒学等校对 黄冈 黄冈县地名领导小组 1982年 538页

009961498

黄冈地区土壤志

湖北省黄冈地区土壤普查办公室编 罗田 罗田县印刷厂印 1985年 252页〔湖北省第二次土壤普查资料 90—1〕

013688775

黄冈市水利志 1991—2010

黄冈市水利志编纂委员会编 北京 中国水利水电出版社 2012年 420页

007677584

白莲河水库志

1990年 229页

黄州区

009961559

黄冈县民政志 1882—1984

黄冈县民政志编辑室编 黄冈 黄冈县民政志编辑室 1985年 233页

011319950

黄冈县城乡建设志

黄冈县城乡建设志编辑室编 黄冈 黄冈县城乡建设志编辑室 1985年 230页

010109697

黄州区烟草志

黄州区烟草志编纂委员会编 武汉 崇文书局 2006年 433页〔黄冈市烟草志丛书〕

012967948

黄州区交通志

余国清主编 黄冈 黄冈市黄州区交通局 2008年 213页

009348781

黄冈县供销合作志

黄冈县供销合作志编辑室编 黄冈 黄冈县供销合作志编辑室 1985年 252页

麻城市

013688999

麻城市志 1986—2005

麻城市地方志编纂委员会编 武汉 长江出版社 2011年 868页

007446325

麻城县简志

1987年 43页

008486811

麻城县志

湖北省麻城市地方志编纂委员会 严仪周主编 北京 红旗出版社 1993年 609页

013774634

麻城工会志

麻城市总工会编 麻城 麻城市总工会史志编纂委员会 1990年 212页

010008678

麻城市烟草志

麻城市烟草志编纂委员会编 武汉 崇文书局 2006年 347页〔黄冈市烟草志丛书〕

010142792

麻城县电力志

麻城县电力志编辑室编 麻城 麻城县电力志编辑室 1989年 173页

013774635

麻城市工业志

麻城市工业局史志编纂委员会编 麻城 麻城市工业局史志编纂委员会 1988年 397页

009992480

麻城县粮食志 1840—1985

麻城 麻城县粮食局 1989年 283页

011997396

麻城市人物志 试写本

麻城市志办公室编 麻城 麻城市志办公室 1987年 107页

008380888

湖北省麻城县地名志

麻城县地名领导小组编 麻城 麻城县地名领导小组 1984 年 2 册 1156 页

014047724
麻城县土壤志
麻城县土壤普查办公室编 麻城 麻城县土壤普查办公室 1983 年 295 页〔湖北省第二次土壤普查资料 09〕

武穴市

007583821
广济县简志
李金桥 董品编写 1987 年 77 页

005331717
广济县志
湖北省武穴市地方志编纂委员会编 上海 汉语大词典出版社 1994 年 941 页

013010701
武穴市志 1988—2007
湖北省武穴市地方志编纂委员会编 武汉 湖北人民出版社 2011 年 742 页

012767003
武穴法院志 1645—2005
武穴法院志编纂委员会编 武穴 武穴法院志编纂委员会 2009 年 454 页

010008688
武穴市烟草志
武穴市烟草志编纂委员会编 武汉 崇文书局 2006 年 458 页〔黄冈市烟草志丛书〕

013647476
广济县工业志
广济县工业志编纂领导小组编 广济 广济县工业志编纂领导小组 1984 年 230 页

009335482
广济县金融志 1840—1985
广济县金融志编纂领导小组编 广济 广济县金融志编纂领导小组 1988 年 221 页

013072608
武穴市教育志
武穴市教育志编纂委员会编纂 武穴 武穴市教育志编纂委员会 2001 年 704 页

003394938
广济方言志
严学宭审定 卢源斌 史纪 刘启宇编著 广济 广济县县志编纂委员会 1985 年 183 页

008381135
湖北省广济县地名志
广济县志编纂委员会办公室编 广济 广济县志编纂委员会办公室 1984 年 516 页

团风县

010008682
团风县烟草志
团风县烟草志编纂委员会编 武汉 崇文书局 2006年 354页〔黄冈市烟草志丛书〕

红安县

007486730
红安县简志
潘龙沛 曾虹 刘永瑞编写 1987年 96页

007378031
红安县志
唐健主编 刘传鼎 董德文副主编 红安县县志编纂委员会编 上海 上海人民出版社 1992年 883页〔中国地方志 湖北省〕

013897298
红安县林业志
红安县林业志编纂委员会编 红安 红安县林业志编纂委员会 1988年 3册 198页

013626682
红安化肥厂志
红安化肥厂志编纂委员会编 红安 红安县化肥厂志编纂委员会 1988年 182页

010008668
红安县烟草志
红安县烟草志编纂委员会编 武汉 崇文书局 2006年 356页〔黄冈市烟草志丛书〕

013222223
红安县供销合作志
红安县供销合作联合社修志办公室编 红安 红安县供销合作联合社修志办公室 1988年 220页

010140773
红安县金融志 1879—1985
红安县金融志编辑室编 红安 红安县金融志编纂领导小组 1987年 245页

010109683
红安县教育志 1905—1985
湖北省红安县教育委员会编 红安 湖北省红安县教育委员会 1987年 330页

013957441
红安县土壤志
吴成胜主编 湖北省红安县土壤普查办公室编 红安 湖北省红安县土壤普查办公室 1983年 180页〔湖北省第二次土壤普查资料 08〕

罗田县

007585263
罗田县简志
1987年 54页

008486799
罗田县志
罗田县地方志编纂委员会编 北京 中华书局 1998年 815页

013793258
罗田县志 1986—2005
罗田县地方志编纂委员会编 武汉 武汉出版社 2012年 828页

010008675
罗田县烟草志
罗田县烟草志编纂委员会编 武汉 崇文书局 2006年 376页〔黄冈市烟草志丛书〕

012505363
罗田县交通志
阎福金主编 武汉 武汉春风文化传播公司 2007年 217页

009961582
罗田县金融志 1874—1985
罗田县金融志编纂办公室编 罗田 罗田县金融志编纂办公室 1988年 294页

009441896
罗田县教育志 1876—1986
罗田县教育委员会教育志办公室编 罗田 罗田县教育志编纂组 1990年 398页

008380922
湖北省罗田县地名志
罗田县地名领导小组编 罗田 罗田县地名领导小组 1984年 715页

013958857
罗田土壤志
罗田县土壤普查办公室编 罗田 罗田县土壤普查办公室 1985年 115页〔湖北省第二次土壤普查资料 10〕

英山县

007283460
英山县简志
英山县人民政府编 1987年 142页

008823859
英山县志
英山县志编纂委员会编纂 北京 中华书局 1998年 786页

008990524
英山县志 茶志
英山县志编纂委员会编 北京 中华书局 2000年 164页

010197124

英山县人民代表大会志 讨论稿

英山县人大常委会人大志编纂组编 英山 英山县人大常委会 1987年 247页

010142800

英山县粮食志 送审稿

英山县粮食局编 英山 英山县粮食局 1988年 157页

011793364

英山县农牧业志 1841—1990

英山县农牧业志编纂办公室编 英山 英山县农牧业志编纂办公室 1990年 239页

010008715

英山县烟草志

英山县烟草志编纂委员会编 武汉 崇文书局 2006年 333页〔黄冈市烟草志丛书〕

012956604

英山县财政税务志

英山县财政税务志编纂办公室编 英山 英山县财政税务志编纂办公室 2010年 785页

010140779

英山县金融志 1846—1985

英山县金融志编纂小组编 英山 英山县金融志编纂小组 1988年 255页

011571183

英山县教育志

英山县教育委员会教育志办公室编 英山 英山县教育委员会教育志办公室 1990年 244页

013222229

英山方言志

陈淑梅编 武汉 华中师范大学出版社 1989年 267页

008379797

湖北省英山县地名志

英山县地名领导小组办公室编 英山 英山县地名领导小组办公室 1982年 523页

013961201

英山县土壤志

应山县土壤普查办公室编 应山 应山县土壤普查办公室 1984年 242页〔湖北省第二次土壤普查资料 28〕

浠水县

007582439

浠水县简志

李念周等编写 1987年 85页

008823829

浠水县志

湖北省浠水县志编纂委员会编纂 北京 中国文史出版社 1992年 802页〔中

华人民共和国地方志丛书〕

013775966
浠水氮肥厂志
湖北省浠水氮肥厂志编纂委员会编 英山 英山县印刷厂 1986年 306页

011570957
浠水县烟草志
浠水县烟草志编纂委员会编 200u年 262页〔黄冈市烟草志丛书〕

013775971
浠水轴承厂志
湖北省浠水县工业局史志编纂委员会编 浠水 湖北省浠水县工业局史志编纂委员会 1985年 335页

013865248
浠水县交通志
浠水县交通志编纂领导小组编 上海 上海社会科学院出版社 1993年 439页

013510740
浠水县邮电志
湖北省浠水县邮电局编 浠水 浠水邮电志编纂委员会 1993年 279页

011310826
浠水县财政税务志 1657—1985
浠水县财政税务志编纂委员会编 浠水 浠水县财政税务志编纂委员会 1989年 378页

013226535
浠水县财政志 1986—2007
浠水县财政志编纂委员会编 浠水 浠水县财政志编纂委员会 2011年 443页

008453160
浠水县金融志 1796—1989
浠水县金融志编纂委员会编 武汉 湖北人民出版社 1993年 411页

010195695
浠水县教育志 送审稿
浠水县教育委员会教育志办公室编 浠水 浠水县教育委员会教育志办公室 1988年 2册

012814417
浠水县教育志 1986—2006
浠水县教育志编纂委员会编 武汉 湖北人民出版社 2010年 342页

012140703
浠水新四军人名志
何光裕主编 浠水 浠水县新四军历史研究会 2004年 177页

008378526
湖北省浠水县地名志
浠水县地名领导小组编 浠水 浠水县地名领导小组 1983年 634页

蕲春县

007490819
蕲春县简志
宋光锐 张其威 李铁营编写 1987 年 67 页

007932053
蕲春县志
湖北省蕲春县地方志编纂委员会编纂 武汉 湖北科学出版社 1997 年 950 页

013375417
蕲春县人大志 1949.12—2004.12
蕲春县人大志编纂委员会编 蕲春 蕲春县人大志编纂委员会 2005 年 554 页

009472542
蕲春县政协志 1981.1—2001.1
徐舟济主编 蕲春县政协志编纂委员会编 蕲春 蕲春县政协志编纂委员会 2002 年 404 页

009472532
蕲春县民政志 1987—2002
张国启主编 蕲春县民政志编纂委员会编 蕲春 蕲春县民政志编纂委员会 2003 年 173 页

012096321
八里湖农场志 1986—2006
蕲春县八里湖农场志编纂委员会编 蕲春 蕲春县八里湖农场志编纂委员会 2008 年 451 页

010008681
蕲春县烟草志
蕲春县烟草志编纂委员会编 武汉 崇文书局 2006 年 373 页〔黄冈市烟草志丛书〕

013659760
蕲春县交通志
蕲春县交通志编纂领导小组编 蕲春 蕲春县交通志编纂领导小组 1989 年 239 页

010777036
蕲春县粮食志
蕲春县粮食局编 蕲春 蕲春县粮食局 1989 年 233 页

013863568
蕲春县财政志
蕲春县财政志编委会编 蕲春 蕲春县财政志编委会 1989 年 360 页

009864768
蕲春县金融志 1889—1985
蕲春县金融志编辑室编 蕲春 蕲春县金融志编辑室 1988 年 272 页

009472528
蕲春县广播电视志 1956—1996
蕲春县广播电视志编纂领导小组编 蕲

春 蕲春县广播电视志编纂领导小组 2002年 178页

009675367
蕲春县教育志
湖北省蕲春县教育局教育志编纂组编 蕲春 湖北省蕲春县教育局教育志编纂组 1987年 339页

013509227
蕲春县第一高级中学校志
蕲春县第一高级中学校志编辑组编 蕲春 蕲春县第一高级中学校志编辑组 1999年 336页

008381199
湖北省蕲春县地名志
蕲春县地名领导小组编 蕲春 蕲春县地名领导小组 1983年 770页

013958929
蕲春土壤志
张金尧主编 蕲春县土壤普查办公室编 蕲春 蕲春县土壤普查办公室 1987年 180页〔湖北省第二次土壤普查资料 13〕

013861581
湖北省蕲春县水利志 1949—2008
王兴海主编 香港 中国文化出版社 2009年 405页

黄梅县

003032727
黄梅县简志
桂迁秋 黄石远编写 1987年 65页

007903952
黄梅县志
黄梅县人民政府编 武汉 湖北人民出版社 1985年

010138047
黄梅县志 送审本
黄梅县地方志编纂委员会编 黄梅 黄梅县地方志编纂委员会 19uu年 30册

008865179
五祖寺志
黄梅五祖寺志编纂委员会编 武汉 湖北科学技术出版社 1992年 304页

013184344
龙感湖农场志 1956—1985
龙感湖农场志编纂委员会编 龙感湖 龙感湖农场志编纂委员会 1988年 416页

010008670
黄梅县烟草志
黄梅县烟草志编纂委员会编 武汉 崇文书局 2006年 367页〔黄冈市烟草志丛书〕

013415296
黄梅县邮电志
黄梅县邮电局编 黄梅 黄梅县邮电局 1994年 227页

009382460
黄梅县财政税务志 1949—1990
黄梅县财政税务志编辑委员会编 黄梅 黄梅县财政税务志编辑委员会 1993年 356页

009226894
黄梅县金融志
黄梅县金融志编辑室编 黄梅 黄梅县金融志编辑室 1992年 197页

012832072
黄梅戏志
王长安主编 北京 中国戏剧出版社 2006年 612页

008380845
湖北省黄梅县地名志
黄梅县地名领导小组办公室编 李华白 吴德怀编辑 黄梅 黄梅县地名领导小组办公室 1985年 716页

013415292
黄梅县水利志
黄梅县水利志编委会编 黄梅 黄梅县水利志编委会 2011年 381页

咸宁市

005591345
咸宁市志
湖北省咸宁市地方志编纂委员会编 北京 中国城市出版社 1992年 981页〔中华人民共和国地方志丛书〕

009407919
咸宁地区水利志
咸宁地区水利志编纂委员会编 武汉 湖北人民出版社 2001年 550页〔湖北省水利志丛书〕

012684988
咸宁电力工业志 1907—2008
咸宁电力工业志编纂委员会编 武汉 湖北人民出版社 2010年 312页

010576620
咸宁卷烟厂志
咸宁卷烟厂志编纂委员会编 武汉 崇文书局 2006年 528页〔湖北省烟草志丛书〕

009685771
咸宁市烟草志

咸宁市烟草志编纂委员会编 武汉 崇文书局 2006年 777页〔咸宁市烟草志丛书〕

013865269
咸宁交通志
湖北省咸宁市交通志编纂委员会编 交通部中国公路交通史编审委员会 1985年 541页

013706916
咸宁市金融志
咸宁市金融志编纂委员会编 咸宁 咸宁市金融志编纂委员会 2011年 743页

011188721
湖北戏曲音乐集成 提琴戏曲音乐（续集）
咸宁地区文化局 提琴戏曲音乐编选小组编印 1984年 356页

008378977
咸宁市地名志
湖北省咸宁市地名领导小组编 咸宁 湖北省咸宁市地名领导小组 1984年 722页

咸安区

010293968
咸安区烟草志
咸安区烟草志编纂委员会编 武汉 崇文书局 2006年 508页〔咸宁市烟草志丛书〕

赤壁市

007514040
蒲圻志
湖北省蒲圻市地方志编纂委员会编纂 深圳 海天出版社 1996年 763页〔中华人民共和国地方志丛书〕

012096477
赤壁市民政志 1840—2003
赤壁市民政志编纂委员会编纂 香港 天马图书有限公司 2003年 545页

013065007
柳山湖镇移民志 1958—2010
柳山湖镇移民志编纂委员会编 柳山湖镇 柳山湖镇移民志编纂委员会 2010年 388页

010293962
赤壁市烟草志
赤壁市烟草志编纂委员会编 武汉 崇文书局 2006年 369页〔咸宁市烟草志丛书〕

012096484
赤壁市交通志 1987—2005
赤壁市交通志编纂委员会编 赤壁 赤壁市交通志编纂委员会 2007年 420页〔赤壁市地方志丛书〕

012540889
赤壁市财政志 1986—2005
赤壁市财政局编 赤壁 赤壁市财政局 2009年 284页〔赤壁市地方志丛书〕

012266022
蒲圻县财政志
蒲圻县财政局编 蒲圻 蒲圻县财政局 1987年 575页

013923952
赤壁一中百年志 1912—2012
赤壁一中百年志编纂委员会编写 北京 中央文献出版社 2012年 365页

008377577
蒲圻县地名志
湖北省蒲圻县地名领导小组编 蒲圻 湖北省蒲圻县地名领导小组 1982年 333页

008990516
三峡试验坝陆水蒲圻水利枢纽志
三峡试验坝—陆水蒲圻水利枢纽志编纂委员会编 武汉 湖北人民出版社 1999年 323页

009125521
四邑公堤志
四邑公堤志编纂委员会编 武汉 湖北人民出版社 1991年 268页

嘉鱼县

006819847
嘉鱼县志
湖北省嘉鱼县地方志编纂委员会编纂 武汉 湖北科学技术出版社 1993年 1101页〔中华人民共和国地方志丛书〕

011325459
老官乡志
嘉鱼县老官乡地方志编纂领导组编 老官乡 嘉鱼县老官乡地方志编纂领导组 1987年 250页

012832119
嘉鱼县经济贸易志 1979—2005
嘉鱼县经济贸易志编纂委员会编 嘉鱼 嘉鱼县经济贸易志编纂委员会 2009年 503页

010293966
嘉鱼县烟草志
嘉鱼县烟草志编纂委员会编 武汉 崇文书局 2006年 322页〔咸宁市烟草志丛书〕

012265102
嘉鱼县财政志
嘉鱼县财政局编 嘉鱼 嘉鱼县财政局 1989年 220页

008385589

嘉鱼县地名志

湖北省嘉鱼县地名领导小组编 嘉鱼 湖北省嘉鱼县地名领导小组 1982年 379页

013957723

嘉鱼县卫生志

嘉鱼县卫生志编纂领导小组 嘉鱼县卫生志编辑室编 嘉鱼 嘉鱼县卫生志编纂领导小组 1990年 312页

013957722

嘉鱼土壤志

嘉鱼县土壤普查办公室编 嘉鱼 嘉鱼县土壤普查办公室 1986年 187页〔湖北省第二次土壤普查资料 26〕

011327183

嘉鱼县堤防志

嘉鱼县堤防志编纂办公室编 嘉鱼 嘉鱼县堤防志编纂办公室 1990年 252页

通城县

007377978

通城县志

湖北省通城县志编纂委员会编 通城 湖北省通城县志编纂委员会 1985年 746页

013603307

通城县粮食志 1842—1988

湖北省通城县粮食局编 通城 湖北省通城县粮食局 1990年 216页

008377870

通城县地名志

湖北省通城县地名领导小组编 通城 湖北省通城县地名领导小组 1982年 329页

011324997

通城县土壤志 初稿

通城县土壤普查办公室编 通城 通城县土壤普查办公室 1983年 81页

崇阳县

007903897

崇阳县志

崇阳县志编纂委员会编纂 武昌 武汉大学出版社 1991年 820页

013334549

崇阳县国土资源志 1949—2005

崇阳县国土资源志编纂委员会编 崇阳 崇阳县国土资源志编纂委员会 2011年 409页

010109655

崇阳县水利志

崇阳县水利志编纂委员会编 武汉 武汉测绘科技大学出版社 1991年 197页

013141070

崇阳县水利志 1985—2005

崇阳县水利志编纂委员会编 武汉 长江出版社 2011年 285页

010293965

崇阳县烟草志

崇阳县烟草志编纂委员会编 武汉 崇文书局 2006年 371页〔咸宁市烟草志丛书〕

013702933

崇阳县教育志 1840—2005

崇阳县教育志编纂委员会编 武汉 湖北人民出版社 2012年 355页

008378968

崇阳县地名志

湖北省崇阳县地名领导小组编 崇阳 湖北省崇阳县地名领导小组 1982年 539页

013955628

崇阳土壤志

戴由贵主编 崇阳县土壤普查办公室编 崇阳 崇阳县土壤普查办公室 1983年 165页〔湖北省第二次土壤普查资料29〕

通山县

007482370

通山县志

湖北省通山县志编纂委员会编纂 北京 中国文史出版社 1991年 709页

014052299

通山县乡镇企业志

徐凌云编著 通山 湖北省通山县乡镇企业管理局 1986年 92页

013226363

通山县林业志

通山县林业志编辑室编 通山 通山县林业志编辑室 1987年 207页

010293978

通山县烟草志

通山县烟草志编纂委员会编 武汉 崇文书局 2006年 350页〔咸宁市烟草志丛书〕

009382626

通山县文化志

吴展鹏主编 通山 湖北省通山县文化局 1987年 279页

013706850

通山县教育志

朱朝炬主编 通山县教育委员会编 通山 通山县教育委员会 1989年 316页

012252715

通山方言志

黄群建编 武汉 武汉大学出版社 1994年 237页

008379203
通山县地名志
湖北省通山县地名领导小组编 通山 湖北省通山县地名领导小组 1983年 262页

随州市

008823949
随州志
湖北省随州市地方志编纂委员会编纂 北京 中国城市经济社会出版社 1988年 712页〔中华人民共和国地方志丛书〕

009382619
随州市城乡建设志 初稿
随州市建委修志办编 随州 1989年 305页

009853122
随州市烟草志
随州市烟草志编纂委员会编 武汉 崇文书局 2006年 514页〔随州市烟草志丛书〕

013096434
随州道路运输志 1924—2005
随州市道路运输志编委会编 随州 随州市道路运输志编委会 2008年 392页

008990600
随州市供销合作社志 1980—1985
随州市供销合作社志编纂室编 随州 随州市供销合作社志编纂室 1987年 119页

010195613
随州贸易志
随州贸易志编辑室编 随州 随州贸易志编辑室 1987年 216页

009864796
随州税务志 1949—1989
杨道金主编 随州 随州市税务局税务志办公室 1991年 415页

010195609
随州教育志 1869—1990
随州市教育委员会编 随州 随州市教育委员会 1996年 345页

008453080
随州市第一人民医院人物志
随州市第一人民医院人物志编辑委员会编 随州 随州市第一人民医院人物志编辑委员会 2000年 101页

008381155
湖北省随州市地名志
随州市地名领导小组办公室编 随州 随州市地名领导小组办公室 1983年

229 页

008990605
随州市第一人民医院院志 1950.1—2000.1
湖北省随州市第一人民医院院志编辑委员会编 随州 湖北省随州市第一人民医院院志编辑委员会 1999 年 291 页

013959394
随州土壤志
随州市土壤普查办公室编 随州 随州市土壤普查办公室 1983 年 205 页〔湖北省第二次土壤普查资料 46〕

广水市

008488256
应山县志
湖北省应山县志编纂委员会编纂 武汉 湖北科学技术出版社 1990 年 726 页〔中华人民共和国地方志丛书〕

010576593
广水卷烟厂志
广水卷烟厂志编纂委员会编 武汉 崇文书局 2006 年 811 页〔湖北省烟草志丛书〕

009853120
广水市烟草志
广水市烟草志编纂委员会编 武汉 崇文书局 2006 年 691 页〔随州市烟草志丛书〕

013222037
广水市邮电志
广水市邮电志编纂领导小组编 广水 广水市邮电志编纂领导小组 2003 年 601 页

008378524
湖北省应山县地名志
应山县地名领导小组编 应山 应山县地名领导小组 1981 年 664 页

随县

008990609
随县林业志
随县林业局编 随县 随县林业局 1984 年 191 页

009382572
随县水利志
湖北省随县水利局随县水利志编写组编 随县 湖北省随县水利局随县水利志编写组 1984 年 428 页

009335357
随县邮电志
随县邮电局编 随州 随县邮电局 1985 年 85 页

009441898
随县金融志 1869—1981
随县金融志编写组编 随县 随县金融志编写组 1982年 155页

008990608
随县科技志
随县科学技术委员会编 随县 随县科学技术委员会 1983年 155页

009382565
随县教育志 1900—1983
随县教育志编辑组编 随县 随县教育志编辑组 1983年 193页

008990589
柳林社志
随县柳林社志编写组编 湖北 随县柳林社 1982年 199页

008990593
淅河志
随县淅河志编写组编 随县 淅河志编写组 1983年 171页

009382610
随县人物志 初稿
随县县志编纂办公室编 随县 随县史志办公室 1981年 26页

012505184
湖北省随县地名志
随县地名领导小组编 随县 襄樊日报印刷厂 1984年 845页

恩施土家族苗族自治州

008453183
恩施州志
湖北省恩施土家族苗族自治州地方志编纂委员会编 武汉 湖北人民出版社 1998年 1186页

013894570
恩施州志 1983—2003
湖北省恩施土家族苗族自治州地方志编纂委员会编著 武汉 湖北人民出版社 2013年 1304页

013647458
恩施州委党校志 1952—2012
中共恩施州委党校编 北京 方志出版社 2012年 649页

013141198
恩施州审计志 1983—2003
恩施州审计志编纂委员会编 恩施 恩施州审计志编纂委员会 2006年 206页

012658411
恩施州林业志 1735—1995

齐书清 熊忠武主编 恩施土家族苗族自治州林业局编 恩施 恩施土家族苗族自治州林业局 1997年 413页

010140769

恩施土家族苗族自治州烟草志

恩施土家族苗族自治州烟草志编纂委员会编 武汉 崇文书局 2006年 620页〔恩施土家族苗族自治州烟草志丛书〕

012132742

恩施州车坝水力发电公司电力工业志 1999—2005

恩施州车坝水力发电公司电力工业志编纂委员会编 武汉 湖北人民出版社 2009年 123页〔恩施土家族苗族自治州电力工业志丛书 13〕

012049241

恩施州电力工业志 1933—2005

恩施州电力工业志编纂委员会编 武汉 湖北人民出版社 2009年 420页〔恩施土家族苗族自治州电力工业志丛书 1〕

012132755

恩施州水利电力工程建设公司电力工业志 1959—2005

恩施州水利电力工程建设公司电力工业志编纂委员会编 武汉 湖北人民出版社 2009年 66页〔恩施土家族苗族自治州电力工业志丛书 11〕

012049242

恩施州水利电力勘测设计院电力工业志 1956—2005

恩施州水利电力勘测设计院电力工业志编纂委员会编 武汉 湖北人民出版社 2009年 141页〔恩施土家族苗族自治州电力工业志丛书 10〕

012132767

恩施州天楼地枕水力发电公司电力工业志 1970—2005

恩施州天楼地枕水力发电公司电力工业志编纂委员会编 武汉 湖北人民出版社 2009年 88页〔恩施土家族苗族自治州电力工业志丛书 12〕

008990581

恩施自治州交通志

恩施自治州交通志编纂委员会编 武汉 湖北人民出版社 1993年 568页〔湖北省交通志丛书〕

011564524

鄂西自治州邮电志 讨论稿

鄂西 1990年 162页

008665518

恩施土家族苗族自治州邮电志

恩施土家族苗族自治州邮电局编 北京 人民邮电出版社 1994年 161页

012191761

恩施州教育志 1983—2003

恩施州教育志编纂领导小组编 武汉 崇文书局 2009年 417页

011757676
鄂西民族药志
恩施土家族苗族自治州国家民族事务委员会 恩施土家族苗族自治州卫生局编 恩施 恩施民委 1985年 289页

010962602
湖北恩施药用植物志
方志先 廖朝林主编 詹亚华 李建强主审 湖北省农科院中药材研究所编 武汉 湖北科学技术出版社 2006年 2册

恩施市

008823367
恩施市志
湖北省恩施市地方志编纂委员会编 武昌 武汉工业大学出版社 1996年 663页

013819360
恩施市志 1983—2003
恩施市地方志编纂委员会编 武汉 武汉人民出版社 2011年 793页

013939431
舞阳坝街道志
恩施市舞阳坝街道志编纂委员会编 武汉 湖北人民出版社 2012年 505页

012658409
恩施市国土资源志
恩施市国土资源志编纂委员会编 武汉 湖北人民出版社 2010年 554页

008990584
恩施市林业志
齐书清主编 恩施市林业局编 恩施 恩施市林业局 1990年 330页

012132733
恩施市电力工业志 1933—2005
恩施市电力工业志编纂委员会编 武汉 湖北人民出版社 2009年 379页〔恩施土家族苗族自治州电力工业志丛书 2〕

009685684
恩施市烟草志
恩施市烟草志编纂委员会编 武汉 崇文书局 2006年 337页〔恩施土家族苗族自治州烟草志丛书〕

008385842
湖北省恩施县地名志
恩施县地名办公室编 恩施 恩施县地名办公室 1983年 550页

利川市

006548206
利川市志
湖北省利川市地方志编纂委员会编 武

汉 湖北科学技术出版社 1993 年 624 页

012952135
利川市志 1986—2003
利川市地方史志编纂委员会编 武汉 湖北人民出版社 2010 年 858 页

012139231
湖北利川长顺水电有限责任公司电力工业志 1978—2005
湖北利川长顺水电有限责任公司电力工业志编纂委员会编 武汉 湖北人民出版社 2009 年 183 页〔恩施土家族苗族自治州电力工业志丛书 14〕

012251389
利川市电力工业志 1951—2005
利川市电力工业志编纂委员会编 武汉 湖北人民出版社 2009 年 267 页〔恩施土家族苗族自治州电力工业志丛书 3〕

010576612
利川市烟草志
利川市烟草志编纂委员会编 武汉 崇文书局 2006 年 705 页〔湖北省烟草志丛书〕

007659745
利川市民族志
利川市民族志编纂委员会 潘顺福主编 吕长斌 刘明昌编 成都 四川民族出版社 1991 年 292 页

008377834
湖北省利川县地名志
利川县地名办公室编 利川 利川县地名办公室 1984 年 693 页

013336265
利川黄连志
吴德成主编 北京 中国文史出版社 2004 年 432 页

建始县

007806613
建始县志
建始县地方志编纂委员会编 武汉 湖北辞书出版社 1994 年 845 页

013820363
建始县志 1983—2003
建始县地方志编纂委员会编 北京 方志出版社 2012 年 953 页

012139147
国投建始小溪口水电有限责任公司电力工业志 1987—2005
国投建始小溪口水电有限责任公司电力工业志编纂委员会编 武汉 湖北人民出版社 2009 年 148 页〔恩施土家族苗族自治州电力工业志丛书 16〕

011890986

建始县电力工业志 1949—2005

卢祖章主编 建始县电力工业志编纂委员会编 武汉 湖北人民出版社 2008年 449页〔恩施州电力工业志丛书〕

010142780

建始县烟草志

建始县烟草志编纂委员会编 武汉 崇文书局 2006年 392页〔恩施土家族苗族自治州烟草志丛书〕

009685798

建始县邮电志 初稿

建始县邮电局编 建始 建始县邮电局 uuuu年 250页

011147853

中国民族民间舞蹈集成 建始县卷

湖北省建始县民族事务委员会 湖北省建始县文化局编 1984年 215页

008378724

湖北省建始县地名志

建始县地名办公室编 建始 建始县地名办公室 1983年 436页

巴东县

007477998

巴东县志

湖北省巴东县志编纂委员会编 武汉 湖北科学技术出版社 1993年 671页

011890436

巴东县移民志 1971—2005

谢先荣 谭祖光主编 巴东县移民志编纂委员会编 北京 中国三峡出版社 2008年 346页

010201242

湖北省巴东县民政志

巴东县民政志领导小组编 巴东 巴东县民政志领导小组 1989年 218页

010201239

巴东县城乡建设志

巴东县城乡建设环境保护局编 巴东 巴东县城乡建设环境保护局 1989年 558页

012173662

巴东县电力工业志 1933—2005

巴东县电力工业志编纂委员会编 武汉 湖北人民出版社 2009年 336页〔恩施土家族苗族自治州电力工业志丛书 8〕

010142785

巴东县烟草志

巴东县烟草志编纂委员会编 武汉 崇文书局 2006年 384页〔恩施土家族苗族自治州烟草志丛书〕

012742145

巴东县金融志 1935—1985

湖北省巴东县金融志编纂领导小组编

巴东 湖北省巴东县金融志编纂领导小组 1991年 414页

013751438
巴东县民族志
湖北省巴东县民族事务委员会编 巴东 湖北省巴东县民族事务委员会 1996年 188页

008378834
湖北省巴东县地名志
巴东县地名领导小组编 巴东 巴东县地名领导小组 1983年 439页

宣恩县

008823350
宣恩县志
宣恩县志编纂委员会编 武汉 武汉工业大学出版社 1995年 487页

013148654
宣恩县志 1979—2000
宣恩县地方志编纂委员会编 北京 方志出版社 2011年 487页

012052487
宣恩县军事志 1979—2005
宣恩县人民武装部军事志编纂委员会编 宣恩 宣恩县人民武装部军事志编纂委员会 2007年 250页

010686793
宣恩县林业志
王宝琦主编 宣恩 宣恩县林业局 1992年 210页

011909914
宣恩县电力工业志 1958—2005
宣恩县电力工业志编纂委员会编 武汉 湖北人民出版社 2009年 416页〔恩施土家族苗族自治州电力工业志丛书 6〕

010142782
宣恩县烟草志
宣恩县烟草志编纂委员会编 武汉 崇文书局 2006年 375页〔恩施土家族苗族自治州烟草志丛书〕

013321314
宣恩一中校志 1938.11—1996.12
宣恩一中校志编纂委员会编 恩施 宣恩一中 1998年 496页

008378975
湖北省宣恩县地名志
宣恩县地名办公室编 宣恩 宣恩县地名办公室 1983年 456页

咸丰县

003801419
咸丰县志
咸丰县志编纂委员会编 武昌 武汉大学

出版社 1990年 603页

012132776
湖北咸丰朝阳寺电业有限责任公司电力工业志 1967—2005
湖北咸丰朝阳寺电业有限责任公司电力工业志编纂委员会编 武汉 湖北人民出版社 2009年 163页〔恩施土家族苗族自治州电力工业志丛书 15〕

011955715
咸丰县电力工业志 1950—2005
咸丰县电力工业志编纂委员会编 武汉 湖北人民出版社 2009年 410页〔恩施土家族苗族自治州电力工业志丛书 4〕

010253931
咸丰县烟草志
咸丰县烟草志编纂委员会编 武汉 崇文书局 2006年 342页〔恩施土家族苗族自治州烟草志丛书〕

013865267
鄂西土家族苗族自治州咸丰县交通志 1736—1985
咸丰县交通局修志组编 咸丰 咸丰县交通局 1990年 189页

010008724
咸丰县民族志
周伟民 安治国主编 武汉 湖北人民出版社 2006年 412页〔恩施州民族研究丛书〕

008378841
湖北省咸丰县地名志
咸丰县地名办公室编 咸丰 咸丰县地名办公室 1984年 374页

009685823
咸丰县土壤志
咸丰县土壤普查办公室编 咸丰 咸丰县土壤普查办公室 1983年 313页〔湖北省第二次土壤普查资料 74〕

来凤县

003801281
来凤县志
湖北省来凤县县志编纂委员会编纂 武汉 湖北人民出版社 1990年 618页

013897899
来凤卷烟厂厂志资料长篇
来凤卷烟厂修志办公室编 来凤 来凤卷烟厂修志办公室 2004年 556页

010576601
来凤卷烟厂志
来凤卷烟厂志编纂委员会编 武汉 崇文书局 2006年 487页〔湖北省烟草志丛书〕

012174105
来凤县电力工业志 1955—2005

来凤县电力工业志编纂委员会编 武汉 湖北人民出版社 2009年 352页〔恩施土家族苗族自治州电力工业志丛书5〕

010253927
来凤县烟草志
来凤县烟草志编纂委员会编 武汉 崇文书局 2006年 273页〔恩施土家族苗族自治州烟草志丛书〕

008382944
来凤土家族自治县地名志
湖北省来凤土家族自治县地名办公室编 来凤 湖北省来凤土家族自治县地名办公室 1983年 538页

010686812
来凤县土壤志
来凤县土壤普查办公室编 来凤 来凤县土壤普查办公室 1985年 303页〔湖北省第二次土壤普查资料75〕

鹤峰县

004900367
鹤峰县志
湖北省鹤峰县史志编纂委员会编纂 武汉 湖北人民出版社 1990年 627页

013704218
鹤峰县志 1986—2005
鹤峰县志编纂委员会编著 武汉 湖北人民出版社 2012年 758页

008869289
鹤峰交通警察志
张大学主编 北京 新华出版社 1998年 373页

011474445
鹤峰县电力工业志 1956—2005
鹤峰县电力工业志编纂委员会编 武汉 湖北人民出版社 2007年 362页〔恩施州电力工业志丛书〕

010253919
鹤峰县烟草志
鹤峰县烟草志编纂委员会编 武汉 崇文书局 2006年 351页〔恩施土家族苗族自治州烟草志丛书〕

009864759
鹤峰民族贸易志 1885—1985 初稿
鹤峰县民族贸易局民贸志编纂小组编 鹤峰 鹤峰县民族贸易局民贸志编纂小组 1986年 218页

013957434
鹤峰苏区文化志 1929—1933
向宏理主编 张群安 黄平副主编 鹤峰 鹤峰县国营民族印刷厂 1990年 175页〔湖北省革命文化史料〕

011328454
鹤峰县民族志

钟以耘 龚光美主编 北京 国际文化出版公司 2001年 539页

008385292

鹤峰土家族自治县地名志

鹤峰土家族自治县地名领导小组办公室编 鹤峰 鹤峰土家族自治县地名领导小组办公室 1982年 234页

省直辖县级行政区划

仙桃市

013092921

黄荆区志

黄荆区志编纂领导小组编 黄荆区 黄荆区志编纂领导小组 1986年 442页

003801296

沔阳县志

仙桃市地方志编纂委员会编 武汉 华中师范大学出版社 1989年 736页

013133812

西流河区志

西流河区地方志编纂小组编 西流河区 西流河区地方志编纂小组 1986年 676页

012899957

仙桃市志 人物志 1986—2010

仙桃市地方志编纂委员会办会室编 武汉 湖北人民出版社 2011年 276页

011793309

杨林尾区志 1840—1985

郭明庭主编 杨林尾区 湖北省仙桃市杨林尾区志编纂领导小组办公室 1989年 541页

012251053

胡场地方志 1986—2002

胡场镇第二届志书编纂工作领导小组编 胡场镇 胡场镇第二届志书编纂工作领导小组 2007年 334页

008990575

沔城志 增订本

沔城志编纂委员会编 武汉 湖北科学技术出版社 2000年 419页

012208101

彭场镇志

彭场镇地方志编纂领导小组编 彭场镇 彭场镇地方志编纂领导小组 1989年 372页

011325420
沔阳县宗教志
中共沔阳县委统战部编 沔阳 中共沔阳县委统战部 1986年 74页

013096605
仙桃法院志 1894—2006
仙桃市人民法院编 仙桃 仙桃市人民法院 2009年 359页

011809304
仙桃市房地产管理志 1959—2005
湖北省仙桃市房地产管理局主编 武汉 湖北人民出版社 2008年 377页

012139423
九合垸原种场志 1957.10—1996.12
九合垸原种场编 九合垸原种场 1998年 232页

013093138
沔阳纺织志
湖北省沔阳纺织志纺织工业公司编 沔阳 沔阳纺织志纺织工业公司 1987年 189页

010576619
仙桃市烟草志
仙桃市烟草志编纂委员会编 武汉 崇文书局 2006年 347页〔湖北省烟草志丛书〕

013899716
仙桃市烟草志 资料长编
仙桃市烟草专卖局修志办公室编 仙桃 仙桃市烟草专卖局修志办公室 2003年 754页

011809311
仙桃水利志
仙桃水利志编纂委员会 湖北省仙桃市水利局编 武汉 长江出版社 2008年 347页〔湖北省水利志丛书〕

013066386
沔阳交通志
沔阳交通志编纂委员会编 沔阳 沔阳县交通局 1985年 219页

013224688
沔阳县供销合作社志
仙桃市供销合作社编纂领导小组编纂 仙桃 仙桃市供销合作社编纂领导小组 1996年 239页

012837478
仙桃财政志 1986—2005
仙桃财政志编纂委员会编 仙桃 仙桃财政志编纂委员会 2009年 332页

012969347
沔阳县金融志 1840—1985
仙桃市金融志编纂委员会 金光明主编 仙桃 仙桃市金融志编纂委员会 1993年 255页

009252753

仙桃教育志 1985—1999

仙桃市教育委员会 吴德才主编 傅献瑞副主编 武昌 武汉工业大学出版社 2000年 364页

013898436

沔阳县民族志

中共沔阳县委统战部编 仙桃 中共沔阳县委统战部 1987年 92页

008378619

湖北省沔阳县地名志

沔阳县地名领导小组办公室编 沔阳 沔阳县地名领导小组办公室 1982年 534页

010244264

沔阳县人民医院志 1950—1989

匡桂青编 仙桃市第一人民医院编 仙桃 仙桃市第一人民医院 1990年 221页

012814419

仙桃市第一人民医院志 1950—2000

仙桃市第一人民医院院志办公室编 仙桃 仙桃市第一人民医院 2000年 243页

013958876

沔阳土壤志

沔阳县土壤普查办公室编 沔阳 沔阳县土壤普查办公室 1983年 137页〔湖北省第二次土壤普查资料 38〕

潜江市

013377008

潜江市志 1986—2005

潜江市地方志编纂委员会编 武汉 长江出版社 2011年 835页

007378037

潜江县志

潜江市地方志编纂委员会编 北京 中国文史出版社 1990年 720页

013148805

张金镇志

张金镇志编纂委员会编 张金镇 张金镇志编纂委员会 2009年 428页

011325438

西大垸农场志 送审稿

西大垸农场志编纂委员会编 西大垸农场志编纂委员会 1986年 2册

009996607

总口农场志 1955—1985

总口农场志编纂委员会编 1988年 454页

008846444

江汉油田图志

江汉油田图志编辑委员会编 湖北 1995年 190页

010142788

江汉油田志 1961—1985

江汉油田志编辑室编纂 潜江 江汉油田报报社 1985年 472页

010142791

江汉油田志 1986—1990

丘昌济主编 江汉油田志编纂委员会编 北京 人民出版社 1993年 673页

011996767

江汉油田志 1991—1995

丘昌济 卢耀祖 江平均主编 江汉油田志编纂委员会编 北京 民主与建设出版社 1998年 816页

009790336

江汉油田志 1996—2000

江汉油田志编纂委员会主编 北京 方志出版社 2004年 573页

010576613

潜江市烟草志

潜江市烟草志编纂委员会编 武汉 崇文书局 2006年 458页〔湖北省烟草志丛书〕

013898954

潜江市烟草志资料长编

潜江市烟草专卖局修志办公室编 2003年 2册 905页

008453180

潜江水利志

潜江水利志编纂委员会 湖北省潜江市水利局编 北京 中国水利水电出版社 1997年 346页〔湖北省水利志丛书〕

008385860

中国石油地质志 第9卷 江汉油田

江汉油田石油地质志编写组编 北京 石油工业出版社 1991年 488页

009797130

潜江交通志

潜江交通志编委会编 北京 中国铁道出版社 1992年 355页

012877094

潜江交通志 1989—2005

潜江交通志编纂委员会编 潜江 潜江交通志编纂委员会 2006年 284页

013461876

潜江县金融志

潜江县金融志编辑室编 武汉 湖北教育出版社 1987年 337页〔潜江县地方志丛书〕

012266036

潜江文化志 1906—2005

潜江文化志编纂委员会编 武汉 长江出版社 2009年 418页

012766393

潜江市教育志 1986—2005

潜江市教育局编 武汉 湖北人民出版社 2010年 578页

008380926

湖北省潜江县地名志

潜江县地名领导小组办公室编 潜江 潜江县地名领导小组办公室 1983年 501页

010279814

江汉油田勘探志 1958—2000

汪仕忠 金朝熙主编 北京 石油工业出版社 2004年 598页

013190331

中国油气田开发志 江汉油气区油气田卷

中国油气田开发志总编纂委员会编 北京 石油工业出版社 2011年 791页

013667004

中国油气田开发志 第18卷 江汉油气区卷

中国油气田开发志总编纂委员会编 北京 石油工业出版社 2011年 343页

008402809

东荆河堤防志

东荆河堤防志编纂委员会编纂 武汉 武汉大学出版社 1994年 387页

012266032

潜江市环境保护志

潜江市环境保护局编 北京 中国文史出版社 2009年 278页

天门市

007481896

天门县志

湖北省天门市地方志编纂委员会编纂 武汉 湖北人民出版社 1988年 1157页

011327192

岳口镇志

岳口镇人民政府地方志办公室编 岳口镇 岳口镇人民政府地方志办公室 1990年 293页

013603202

天门市人口与计划生育志 1949—2004

天门市人口和计划生育委员会编 天门 天门市人口和计划生育委员会 2008年 326页

010576617

天门市烟草志

天门市烟草志编纂委员会编 武汉 崇文书局 2006年 585页〔湖北省烟草志丛书〕

008453147

天门水利志

天门水利志编纂委员会 湖北省天门市水利局编 北京 中华书局 1999 年 389 页〔湖北省水利志丛书〕

009338160
天门金融志 1800—1985
天门金融志编纂领导小组编 天门 天门金融志编纂领导小组 1990 年 312 页

013226354
天门教育志
天门教育志编纂委员会编 天门 天门教育志编纂委员会 1990 年 536 页

012684770
天门市教育志 1986—2003
湖北省天门市教育局编 武汉 湖北人民出版社 2006 年 594 页〔湖北省地方志丛书〕

012814271
天门市实验小学校志 1908—2008
天门市实验小学校志编纂委员会编 天门 天门市实验小学校志编纂委员会 2008 年 606 页

012836430
天门市皂市小学校志 1909—2009
天门市皂市小学校志编纂委员会编 天门 天门市皂市小学校志编纂委员会 2009 年 334 页

008382970
湖北省天门县地名志
天门县地名领导小组办公室编 天门 天门县地名领导小组办公室 1982 年 470 页

011764801
天门市第一人民医院院志 1950.6—2004.6
天门市第一人民医院编纂委员会编 天门 天门市第一人民医院 2004 年 487 页

012638738
天门市卫生志 1984—2003
天门市卫生志办公室编纂 天门 天门市卫生局 2005 年 532 页

011805969
天门卫生志
天门县卫生志编辑室编 天门 天门县卫生局 1984 年 180 页

神农架林区

013959359
神农架林区志 1980—2004
湖北省神农架林区地方志编纂委员会编 神农架林区 湖北省神农架林区地方志编纂委员会 2011 年 722 页

013863639
神农架林区政协志 1984.12—2011.1

神龙架林区政协志编纂委员会编 2011
年 416 页

012766546
神农架林区民政志
神农架林区民政局 神农架林区地方志
办公室编 神农架林区 神农架林区民
政局 神农架林区地方志办公室 2002
年 351 页〔神农架林区地方志丛书〕

013959360
神农架农业志 1980—2006
神农架农业志编纂委员会编 湖北 神农
架农业志编纂委员会 2006 年 228 页
〔地方志系列丛书〕

010576616
神农架林区烟草志
神农架林区烟草志编纂委员会编 武汉
崇文书局 2006 年 318 页〔湖北省烟
草志丛书〕

013067178
神农架交通志
神农架林区交通局编 神农架林区 神农
架林区交通局 2001 年 313 页

007882004
神农架志
湖北省神农架林区地方志编纂委员会
编 武汉 湖北科学技术出版社 1996
年 371 页

008380894
湖北省神农架林区地名志
神农架林区地名领导小组办公室编 神
农架 神农架林区地名领导小组办公
室 1982 年 392 页

013863641
神农架自然保护区志 1982—2011
湖北神农架国家级自然保护区管理局
编 武汉 湖北科学技术出版社 2012
年 253 页